W I Z A R D

WIZARD BOOK SERIES
Vol. 75

狂気とバブル

なぜ人は集団になると愚行に走るのか

チャールズ・マッケイ［著］
塩野未佳、宮口尚子［訳］

Extraordinary Popular Delusions & the Madness of Crowds

by Charles Mackay

Pan Rolling

訳者まえがき

本書はチャールズ・マッケイが今から一五〇年ほど前に上梓した『常軌を逸した集団妄想と群衆の狂気（Memoirs of Extraordinary Popular Delusions and the Madness of Crowds)』一八五二年版の邦訳である。民衆が何かに取りつかれ、それが恐ろしい妄想に変わり、やがて社会全体が理性を失っていった歴史上有名な事例を取り上げ、なぜ人は集団になると愚行に走るのかをジャーナリストの視点から解き明かした作品である。「歴史は繰り返す」といわれるが、果たして人間は歴史から学ぶことができないのだろうか。なぜ人は同じ過ちを何度も繰り返してしまうのか。著者によると、民衆が愚行に走る理由は三つある。それらにさまざまな要因が重なって取り返しのつかないところまで行ってしまうようだ。この点について考えるうえで、著者が歴史家のフランソワ・ギゾの興味深い言葉を引用しているのでご紹介してみよう。

「西欧は度重なるアジア侵略で疲れてしまったのだ、と繰り返しいわれているが、……人間は実際にやっていないことで疲れる、つまり祖先の仕事で自分たちが疲れるわけがないからだ。疲れというのは個人的なもので、受け継がれる感覚ではない。……」。また、人間は過去のことをすぐに忘れてしまうともいわれている。

第一部の三話は、いずれも経済史上に残る有名なエピソードで、相場の加熱やバブル経済を語る際に歴史の教訓としてたびたび引用されているものである。魔女狩りの本質は人々の無知や偏見からくる差別だと思われるが、今でもそうした差別やいじめは続いている。十字軍に端を発した戦争も過去の歴史物語などではなく、現在も進行している。ギゾの論理からすると、過ちや愚行が繰り返されるのは、祖先が経験したことを後世の人間が実際に経験しているわけではないからであり、戦争がなくならないのは、残虐さや痛みを実際には知らない人間が引き起こすからだということになる。だとしたら、残念ながら戦争や差別は永久になくならないし、いずれまた、どこかで投機熱も沸騰する。日本でもつい最近、痛い経験をしたばかりである。現象的には違っていても、実際には同じ過ちが形を変えて繰り返されているのである。そういう意味で、著者の視点は現代にも十分に通じるものであり、これらのテーマに沿った現代の物語を想起することもできる。先の三つの理由というのがだいじなキーワードなのではないだろうか。

また、著者はこうした恐ろしい愚行や狂気の事例ばかりを取り上げているわけではなく、ちょっとした社会現象、

「ブーム」についても考察している。占いや予言、流行語、幽霊屋敷など、笑ってしまうようなエピソードや、不毛な探求を続けながら愚か者たちをだまし続けた錬金術師や詐欺師たちの壮絶な人間ドラマを通して、けっして変わることのない人間の深層心理、心の奥深くに潜む人間の本質――つまり、同じ過ちを繰り返してしまうという人間の特質にほかならない――にも迫っている。著者は愚行だと一蹴しているが、磁気療法師や彼らに群がる人々に対しては、もし著者が現代に生きていたら何を思うだろう。今では磁気療法、催眠療法に限らず、西洋の近代医学の概念とは異なる東洋の民間療法が「統合医療」として正式に採り入れられるようになってきた。これは文明や科学が進歩した、つまり人間が歴史から学んだ明らかな証しであろう。

政治、経済、宗教、社会、文化と、本書のテーマは多岐にわたっている。作詞家でもあった著者は、本書にも詩歌を随所に織り交ぜて、無味乾燥な文章に終始することなく、ときには優しく、ときには怒りを込めて、ときにはユーモアを交えて、詩的な表現も駆使しながら、あくまでも一般庶民の目線で社会全体を見詰めている。したがって、本書はヨーロッパ社会の断片を生き生きと描き出した貴重な記録だともいえるのである。

本書は時系列的な歴史書ではなく、民衆の妄想や狂気にまつわるエピソードをテーマ別にまとめてあるため、関心のある章から読んでいただければ幸いである。また、西洋史、とくに英国やフランスの史実に基づく話が中心であるため、原文にない説明も少々加えて訳してある。逆に削除した部分もある。

最後に、今回チャールズ・マッケイの素晴らしい作品を翻訳する機会を与えてくださったパンローリング株式会社、専門分野の貴重な知識を提供してくださった友人、知人の皆様にこの場をお借りして心からお礼を申し上げたい。

二〇〇四年六月

塩野未佳

目次

まえがき

本書の狙いは、さまざまな理由から集団心理が興奮状態に陥った驚愕の事例を取り上げて、集団がなぜこうも簡単に道を踏み外してしまうのか、何かに陶酔しているときも悪事におぼれているときも、人間がなぜこうも他人に追従し、群れることを好むのかを明らかにすることである。

ご紹介するテーマについては皆さんもよくご存じのことと思う。本書で取り上げるにはかなり目先の変わった話も多いが、この企画が持ち上がったときにそれを取り上げるのが妥当かどうかを公正に判断してみたところ、完全に排除してしまうわけにはいかなくなったものである。南海泡沫事件やミシシッピ計画《スキーム》については、内容的にほかに類を見ないほど充実している。魔女狩りについても同じである。本書ではドイツで魔女狩りの恐怖が広がるに至った経緯をたどっているが、これはサー・ウォルター・スコットの『悪魔学と妖術』――この恐ろしくも最も興味深いテーマを扱った最高権威書――でも比較的触れられていない部分である。

集団的な妄想が見られるようになったのはかなり昔の時代だが、それは広範囲に伝播し、しかも長い年月を経てもくすぶり続けているため、その歴史を詳述していたら二〜三巻ではもちろん、五〇巻あっても足りない。本書は歴史書というよりは妄想の事例集のようなものと考えたほうがいいだろう――これは人間の愚行に関する膨大な書物のほんの一部にすぎず、まだまだ完成には程遠いが、かつて英国の古典学者リチャード・ポーソンも、もし自分がそんな本を書いたら五〇〇巻になってしまう！と冗談交じりに話していた。あまり深刻ではない事例、つまり愚行や妄想というよりは、人々が他人を模倣して過ちを犯した愉快な事例もいくつか収録した。

宗教にまつわる狂気の話は、全部を取り上げていたら優に書籍が一冊出来上がってしまうため、決められた本書の内容から考えて意図的に省いている。

おそらくもう一冊あっても読者は好意的に受け入れてくださるだろう。錬金術とそこから派生した哲学的な妄想の経緯については、過ぎし日の薔薇十字団や一九世紀の磁気療法師の話も含めて、決定版を書こうと考えている。

一八四一年四月二三日、ロンドンにて

まえがき

一八五二年版に寄せて

さまざまな国の歴史を紐解いていくと、個人の場合と同じように、国にもそのときの思いつきや一風変わった行動が見られる。その興奮が高まったり、無関心がエスカレートしたりしてくると、国からもなりふり構わずといった様子が見えてくる。地域社会全体が突如としてひとつの目標に専心し、それを追求していくうちに狂乱状態に陥ることがある。数百万という人々が同時にひとつの妄想に駆られ、それを追い掛けていくうちに、その妄想よりもさらに心を打たれる新たな狂気にとらわれてしまうこともある。また、貴賤に関係なく、ある国の民衆が一斉に武器を取り、勝利の栄光を求めるという恐ろしい欲望に駆られることもあれば、また別の国の民衆が異端信仰に心を奪われることもある。しかし、いずれも大量の血を流し、無数のうめき声を聞いたり涙を流したりという収穫を得たうえで、後世の人々がそれを刈り取らなければ、良心や分別は戻ってこないのである。大昔のヨーロッパ人はイエスの墓を守ろうとして正気を失い、激高したおびただしい数の群衆が聖地エルサレムを目指した。また別の時代には、悪魔を恐れて狂気に走り、何十万もの人々が魔女狩りの犠牲になった。人々が賢者の石に夢中になって愚かな行動に走り、ついには賢者の石探しという空前のブームが巻き起こった時代もある。また、気に入らない相手を緩効性の毒で殺しても軽犯罪としかみなされなかった時代もある。心臓を一突きするのははばかれるという人でも、相手のスープに毒を垂らすことには何のためらいも見せなかった。上流階級の女たちは人殺しという悪い病魔に侵され、やがてその女たちの支持を得て毒殺が大流行するようになったのである。世界中にその悪名をとどろかせたいくつかの妄想は何世紀にもわたってくすぶり続け、洗練された文明国でも、その先祖である野蛮人の間に広がったのと同じぐらい大きな広がりを見せた――例えば、決闘を闘うこと、お告げや予言を信じること、これが人々の心にくすぶる妄想を完全に取り除く知の進歩を阻んでいたのだろう。また、金銭が民衆の妄想の引き金になっていることも多い。分別のあるまじめな人が突如として救いようのない賭博師と化してしまい、一枚の紙切れの価値の上下に人生そのものを賭けてしまうといった具合である。こうしたさまざまな妄想のなかでも突出した出来事の歴史をたどるのが、本書の趣旨である。人間は集団で思考する、とよく言われるが、集団で狂気に走る場合もあり、良識を取り戻すには、ゆっくりと、一歩ずつ進んでいくしかないのである。

ご紹介するテーマについては皆さんもよくご存じのことと思う。本書で取り上げるにはかなり目先の変わった話も多いが、この企画が持ち上がったときにそれを取り上げるのが妥当かどうかを公正に判断してみたところ、完全に排除してしまうわけにはいかなくなったものである。南海泡沫事件やミシシッピ計画《スキーム》については、内容的にほかに類を見ないほど充実している。魔女狩りについても同じである。本書ではドイツで魔女狩りの恐怖が広がるに至った経緯をたどっているが、これはサー・ウォルター・スコットの『悪魔学と妖術』――この恐ろしくも最も興味深いテーマを扱った最高権威書――でも比較的触れられていない部分である。

集団的な妄想が見られるようになったのはかなり昔の時代だが、それは広範囲に伝播し、しかも長い年月を経てもくすぶり続けているため、その歴史を詳述していたら二〜三巻ではもちろん、五〇巻あっても足りない。本書は歴史書というよりは妄想の事例集のようなものと考えたほうがいいだろう――これは人間の愚行に関する膨大な書物のほんの一部にすぎず、まだまだ完成には程遠いが、かつて英国の古典学者リチャード・ポーソンも、もし自分がそんな本を書いたら五〇〇巻になってしまう！と冗談交じりに話していた。あまり深刻ではない事例、つまり愚行や妄想というよりは、人々が他人を模倣して過ちを犯した愉快な事例もいくつか収録した。

第一部

経済バブル

第1章 狂った投機熱――ミシシッピ計画
Money Mania――The Mississippi Scheme

ある者が違法な会社で結託し、
新たに株を発行し、度を超えた取引を奨励する。
魅力ある空虚な名前と雰囲気で、
まずは信用を高めておいて、後から底へと突き落とす。
そして無の実体を株に分け、
群衆の不和を引き起こす。

――デフォー

一七一九年から一七二〇年にかけて実行に移された壮大な計画《スキーム》には、ある男の性格と経歴とが密接に絡んでいる。ミシシッピ投機熱の歴史をご紹介するには、まずその偉大な仕掛け人であるジョン・ローの生涯について語るところから始めなくてはなるまい。ローが悪人なのか狂人なのかは歴史家の間でも意見が分かれるところだが、ローには生前から、しかもその計画《スキーム》の不幸な結末の余韻が冷めやらぬうちから、こうした形容辞が容赦なくつきまとっていた。ところが後世になると、果たしてローを非難したことは正しかったのかという疑問の声が上がるようになり、彼は悪人でも狂人でもなく、だましたというよりはだまされた側であり、加害者というよりは被害者だったという見方も出てくるようになった。ローは信用の理念や本質を見抜いており、当時最も金融を理解していた人物でもある。ローが作り上げた「システム」が大失敗に終わったといっても、それは彼自身のせいではなく、彼がシステムを作り上げた環境、つまり周囲の人間に問題があったのである。ローは人々の強欲があれほど狂乱状態に陥ることは計算に入れていなかった――信用が不信と同じように無制限に拡大し、期待が恐怖と同じように途方もなく膨らんでしまうとは思っていなかったのだ。フランス人がまるで寓話に出てくる男のように半狂乱になって、金の卵を産ませるべく自分が連れていったガチョウを殺すとは。ローにそんなことがどうして予測できただろう？　それがローの運命だったのである。エリー湖からオンタリオ湖まで初めてボートを漕いでいった冒険家の運命以上かもしれない。男は淀みなく流れる大河にボートを出した。順風満帆だった。だれが彼を止められただろう？　だが、悲しいかな、ボートは瀑布へと向かっていた。男を快適に運んでくれていた流れは、気づいたときには破壊的な流れへと変わっていた。引き返そうとはしたものの、流れが急すぎて、男の微力ではとうてい太刀打ちできるものではなくなっていた。刻一刻と巨大な滝が迫ってきた。そして激流と共に滝つぼに落ち、鋭い岩にぶち当たった。男は叫び声を上げながら粉々に打ち砕かれてしまった――だが、水流は逆上しながら荒々しく落下して泡と化し、しばらくはふつふつと泡立っていたものの、再び何事もなかったかのように静かな流れをたたえるようになった。ローとフランス国民の関係はまさにこのような関係であった。ローがボートを漕いでいった冒険家、フランス国民がその水流である。

ジョン・ローは一六七一年、エディンバラで生まれた。父親はファイフ（スコットランド東部の旧郡）にある旧家の末息子で、金匠（一七世紀後半にロンドンで栄えた金細工職人を兼ねた金融業者）を営んでいた。商売で蓄えた莫大な富は、当時普通に行われていたように、自分の名前に土地の名前をつけるという望みをかなえるには十分であった。ロジアン州西部から中部の境に広がるフォース湾に面したローリストンとランドルストンに土地を購入した父親は、その後ローリストンのローとして知られるようになった。この伝記の主人公、つまりそのローの長男であるジョンは、父親の会計事務所に一四歳で入り、三年間死に物狂いで働いて、当時のスコットランドの銀行業の本質を見極められるまでになった。数字の勉強にはいつも熱心で、その習熟度は同年代の少年たちの間でもずば抜けていたようだ。一七歳になったジョンは、長身でたくましく、健康な青年に成長した――顔には天然痘の痕が大きく残っていたものの、愛想が良く、知性にあふれていた。だがこのころ、ジョンは仕事をおろそかにして見栄を張るようになり、衣服に好きなだけ金を注ぎ込むようになった。女性にも大変もてて、「伊達男のロー」と呼ばれるほどであった――一方の男たちは、いつもめかしこんでいる彼を軽蔑して「ジャスミン・ジョン」と呼んでいた。一六八八年、父親の死をきっかけに、ジョンは退屈になっていた仕事を完全にやめてしまい、父親から相続したローリストンの土地からの上がりをいいことに、世界に目を向けようとロンドンに旅立った。

若くて虚栄心も強く、容姿端麗でそれなりに裕福、そして何よりも自由だったジョン。そんなジョンがイングランドの首都ロンドンで散財するのも無理はない。間もなく賭博場の常連となり、勝算をはじき出す難解な計算に基づいて賭けを続けていくうちに、相当な額を儲けられるようになってきた。ほかの客たちもジョンの幸運をうらやみ、そのやり方を見ながら同じところに賭けたりした。女性関係も華やかだった。上流階級の女たちはこの二枚目のスコットランド人――若くて金持ち、機知に富んでいて親切なスコットランド人――に、愛想良くほほ笑むのだった。だが、こうした成功も転落への道筋をつけただけであった。九年もの間放蕩生活という危険な誘惑にさらされた結果、ジョンは救いようのない賭博師になっていたのである。その賭博好きはどんどんエスカレートし、思慮分別がなくなるまでになってきた。大きな負けを取り返すには、さらに大きな賭けをするしかなく、運が悪かったある日に至っては、ロー家の土地を抵当に入れなくては払えないほど負けてしまった。とうとう来るところまで来てしまったのだ。また、ジョンの女性関係も厄介な問題を引き起こしていた。ビリエという女性（エリザベス・ビリエ嬢。後のオークニー伯爵夫人）との情事、つまりちょっとした遊びがウィルソン氏の怒りを買い、ウィルソン氏から決闘を申し込まれる羽目になったのだ。ジョンは受けて立ったが、その場で相手を撃ち殺すという不運に見舞われた。その日のうちに逮捕されたジョン。ウィルソン氏の親族からは殺人罪で告発され、有罪判決が下され、死刑を宣告された。その後、犯罪は故殺罪（計画性のない殺人罪）に当たるとして、死刑は罰金刑に減刑されたが、死亡したウィルソン氏の兄弟から上告され、王座裁判所に留置されてしまった。だが、ジョンは何も説明していないが、何らかの手を使って脱走を企てたのである。やがて州裁判所の裁判官が起訴されるという事態に発展し、ジョンはお尋ね者として官報に公告が貼り出され、懸賞金までつけられてしまった。

「キャプテン・ジョン・ロー。スコットランド人。二六歳。長身で色黒、やせ型。体格は良く、身長は一八〇センチ以上。顔に天然痘の大きな痕あり。鼻が大きく、なまりのある大声で話すのが特徴」

これはジョンの特徴を描写したというよりは風刺に近く、おそらく逃亡を支持する者が作ったのだろう。ジョンは逃亡に成功してヨーロッパ大陸に渡ると、三年の間、滞在する国々の金融や銀行業などの問題に大いに関心を寄せながら旅を続けた。アムステルダムに数カ月滞在していたときは、投機にもある程度手を出した。午前中は金融や貿易について学び、夜は賭博場で過ごした。ジョンがエディンバラに戻ったのは一七〇〇年ごろらしく、この年にはエディンバラで『取引審議会の設立に関する提言とその理由』という小論文を発表しているが、大きな注目を浴びることはなかった。

それから間もなく、ジョンはいわゆる「土地銀行」の設立に関する計画を発表した（**原注**　当時の才人らは、これを国という船を座礁させる「砂銀行」と呼んでいた）。その銀行では銀行券（紙幣）を発行するが、発行高は国土全体の価値総額を限度とし、通常の利息を付けて一般に貸し出される、つまり一定期間の所有権を付けて、その土地を担保に地価総額と同等額を融資するというものである。この計画はスコットランド議会で大きな議論を呼び、ローの計画に興味津々だったスクワドロンという中立派の政党がその銀行設立のための決議案を提出したが、結局のところ、議会は、紙幣の発行でどんなに信用が確立されようが、国にとっては適切なやり方ではないという趣旨の決議を可決した。

この計画に失敗し、ウィルソン氏殺しでも恩赦を得られなかったジョンは再び大陸に逃亡し、再びかつての賭博場へと足を運ぶようになった。その後一四年にわたってフランドル、オランダ、ドイツ、ハンガリー、イタリア、フランスと放浪の旅を続けたが、その間に各国の貿易や財政にますます精通するようになり、やがて紙幣なくして国家の繁栄はあり得ないという、確固たる信念を抱くようになったのである。この一四年間はずっと賭博で生活を支えていたようだ。ヨーロッパの主要都市にある大きな賭博場では、当時最も賭博に明るい者として知られていた。『世界伝記大事典』には、彼は若者に悪影響を及ぼす者だとして、まずはベネチアの、続いてジェノバの行政官から追放されたという記述がある。パリ滞在中にも警察長官のダルジャンソンからにらまれて、パリを追放されている。ローはパリから出ていく前に、バンドーム公爵、コンティ大公、そして派手好きなオルレアン公爵らと社交場で知り合っていた。このオルレアン公こそ、後々ローの運命に大きな影響を及ぼす人物なのである。オルレアン公はこのスコットランドの山師の快活さや趣味の良さを気に入っており、ローも自分の後援者になると約束してくれたこの公爵の才覚や気立ての良さを気に入っていた。こうしてローは、互いの仲間たちと交流を重ねていく中で、あらゆる機会をとらえては、近い将来必ずや政界の大物になるべく人物に自らの財務理論を吹き込むようになったのである。

ルイ一四世が没する少し前、つまり、一説によると一七八〇年、ローは財政計画を財務長官のデマレに提出した。ルイ一四世はその立案者がカトリック教徒かどうかを尋ね、そうでないと分かると、その人物とのかかわりを一切拒否したといわれている。

この出来事の後、ジョンはイタリアへ渡った。相変わらず財政計画に没頭していたローは、サボイ公ビクトール・アマデウスにもイタリアに土地銀行を設立するよう働き掛けた。すると公爵は、自分の公領はローが考えているような計画を実行するには制約が多すぎるし、公爵としては財に乏しく、すぐに破産してしまうと答えたが、フランス国王に再度建言してみたらどうかとも言ってくれた――公爵はフランス人の性格をよく知っており、フランス人は斬新だからというだけでなく、一見もっともらしい計画には飛びついてくるはずだという確信があったのだ。

一七一五年、ルイ一四世が逝去。王位継承者のルイ一五世はまだ七歳だったため、成人に達するまではオルレアン公フィリップが摂政として統治することになった。ローの立場はかなり有利になってきた。また波がやって来たのだ。これで大波が来れば大金が転がり込んでくるのは間違いなかった。摂政は友人だし、すでにローの持論や主張についてもよく理解していたからだ。そして何よりも、ルイ一四世の長い治世の浪費によって地に落ちたフランスの信用回復に尽力するジョンを応援しようという気になっていたからである。

ルイ一四世が没するや、長年抑圧されてきた民衆は国王に対する憎悪を爆発させた。生前は歴史上類を見ないほどの美辞麗句で賛美されていた国王も、今では暴君だ、偽善者だ、略奪者だとののしられる始末。国王の像という像はたたきつけられ、徹底的に破壊された。彫像も民衆の罵詈雑言の嵐の中で壊され、その名も自己中心や抑圧という言葉と同義語になった。軍の栄光も人々の記憶からかき消され、国王の大失態、浪費癖、残虐性以外は何ひとつ思い出されることがなくなってしまった。

フランスの財政はひどく疲弊していた。贅沢三昧で腐敗した国王。高級官僚から下級官僚に至るまで、ほとんどの官僚にその浪費癖と腐敗が移ってしまい、国家財政は破たんの一歩手前まで来ていたのである。国の債務は三〇億リーブルに達していたが、年間の歳入が一億四五〇〇万リーブル、歳出が一億四二〇〇万リーブルであった。残りは三〇〇万リーブル。これでは三〇億リーブルの債務返済の利息分しか残らないことになる。摂政はまず、ここまでひどくなった弊害の救済策を練ることから始め、この問題について検討するため、早々に諮問会議を召集した。サン＝シモン公は、危険だが大胆な救済策を講じないと革命は避けられないという考えを述べ、三部会を招集し、国の破産を宣告するよう摂政に進言した。一方、洗練された廷臣で、協調性を重んじるノアイユ公は、面倒な問題に巻き込まれるのは一切ごめんだとして、あらゆる影響力を駆使してサン＝シモン公の計画には真っ向から反対すると述べ、ご都合主義はいい加減で破壊的だという見解も添えた。摂政も同意見だったため、この苦し紛れの救済案は却下されてしまった。

こうしてようやく救済策が採択された。彼らは成功への自信をのぞかせていたが、結局は弊害を助長するだけであった。最初に提案されたいい加減な対策案も、国にとっては何ら得策ではなかった。救済策として、政府はまず貨幣の改鋳を命じ、貨幣価値を五分の一減価した。造幣局に金貨か銀貨を一〇〇〇枚持ち込んだ者は、額面上は同価値の硬貨と交換してもらえたが、金属の重さは持ち込んだ金属の五分の四に減っていた。こんなからくりで国庫には七二〇〇万リーブルが入ってきたが、国の商業活動はどこも大混乱を来していた。そこで国はわずかな減税措置を講じ、民衆の怒号を抑え込んだ。民衆はほんのわずかな目先の利益のために、将来起こり得る大きな弊害を闇に葬り去ってしまったわけである。

次なる対策として、政府は金貸し業者や徴税請負人の汚職事件を審理する特別裁判所を設立。どの国でも収税官が好かれることはまずないが、当時のフランスの収税官は、憎悪という憎悪がすべて向けられてしかるべき存在であった。こうした徴税請負人が「マルトティエ（不当に税を徴収する収税吏）」と呼ばれる下級官吏らと共に不正行為の償いをするよう命じられると、国中が途方もない歓喜に包まれたものである。

特別裁判所は、そもそものために設立されたわけだが、高等法院の院長と評定官、租税法院と訴願法院の判事、そして会計法院の役人から成り、財務大臣の管轄下に置かれ、幅広い権限を与えられた。また、通報者には罰金と押収額の二〇％を与えるとして、違反者に不利な証拠を提出することが奨励された。有罪判決を下された者が財産を隠ぺいしている場合には、その隠し財産を発見するのに協力した者にその一〇％が与えられることになった。

この特別裁判所設立の勅令が発布されると、心当たりのある者たちの間に大きな動揺が広がった。それまでは、相当な金額を横領しているのだろうという仮定で説明を求められただけだったからだ。だが、裁判は容赦なく行われ、彼らの恐怖は現実のものになっていった。間もなくバスティーユ監獄は、次々に移送されてくる囚人を収容し切れなくなってきた。全国の監獄も有罪者や容疑者であふれてきた。宿屋の主人や駅馬車の御者は、当事者が逃げてしまわないよう、馬の受け入れを拒否するよう命じられ、一般大衆にも、逃亡者をかくまったり逃亡に加担したりした場合には多額の罰金を科すとして、それらが厳しく禁止された。有罪になった者はさらし刑かガレー船漕役刑に処せられ、軽い刑の場合には罰金刑と禁固刑が言い渡された。ただ、裕福な金貸し業者で、パリから遠く離れた地方の収税官だったサミュエル・ベルナールだけは死刑になった。巨額の違法収益があったベルナールは――その地方では圧制者、暴君といわれていた――六〇〇万リーブル、つまり二五万英ポンドで見逃してくれるように頼み込んだのだ。

　だが、ベルナールはわいろの受け取りを拒否されて、死刑判決を受けたのである。この男より重い罪を犯していた者もいたようだが、いずれも軽い刑で済んだ。違反者が財産を隠していたため、押収額は罰金の額には届かなかった。政府もあまり厳しい取り締まりをしなくなったが、税金と称した罰金を犯罪者全員から無差別に徴収した――だが、腐敗は行政府全体にかなりはびこっており、実際には国庫に入る金などほとんどない状態であった。入ってきても、主に廷臣、そして廷臣の妻や情婦の懐に入っていたのである。徴税請負人のひとりが、その財産と犯罪に見合った額、つまり一二〇〇万リーブルの税を徴収されることになったときの話だが、政府に顔が利くある伯爵がその徴税請負人を呼びつけると、一〇万クラウン払ってくれれば減刑してもらえるよう頼んでやる、と言いだした。ところが、徴税請負人の答えはこうだった。

「遅いですよ。殿下の奥方ともう五万クラウンで話がついておりまして……」

　こんなふうにして取り立てられた額はおよそ一億八〇〇〇万リーブル。そのうちおよそ八〇〇〇万リーブルが国債の返済に充てられ、残りは廷臣たちの懐へ直行。ルイ一四世の後妻だったマントノン夫人も、このことについてこう書き記している。

「毎日のように摂政が新しく助成金を出すという話を耳にするのですが、横領した者から取り立てたお金がこんなふうに使われるなんて、と皆が文句を言っています」

　最初のうちはこうして怒りをあらわにしていた人々も、その怒りが収まると、今度は弱者に同情を寄せ始め、取るに足らないことのためにこうした厳しい対策を講じる政府に対して憤慨するのだった。悪党から取り立てた金で別の悪党の懐をうるおすとは、どう考えても納得できないというわけだ。数カ月の間にさらに多くの犯罪を処罰した特別裁判所も、今度は貧しい庶民の犠牲者を審理することになった。一般の通報者も大きな誘惑に駆られ、善良な商人たちを詐欺や恐喝のかどで訴えるようになった。商人たちは、無罪を証明するために法廷で取引内容を公開するよう求められた。至るところから不満の声が上がり、一年目が終わるころには、政府ももうこの辺で審理を中止したほうがいいと考えるようになった。特別裁判所は差し止められ、未結審の被告全員に大赦が認められた。

　ローが現れたのは、まさにこうして財政が大混乱を来している最中であった。国家の惨状に一番心を痛めていたのは摂政だったのだが、同時に摂政ほどそれに決然と立ち向かおうとしない人物もいなかった。仕事嫌いで書類にもろくに目を通さずに署名をし、自分がやるべき仕事も他人任せというありさま。高貴な身分からくる心労も負担になっていた。何らかの対策が必要なことは十分承知していたが、その気力もなく、そのために安楽な生活と快楽を犠牲にするだけの美徳もなかった。こんな性格の摂政が、旧知の仲であり、しかもその才能を高く買っていた聡明な山師が持ち込んできた壮大な計画《スキーム》に耳を傾けたのも当然だろう。

王宮に出向いたローは心から歓迎された。ローは摂政に二つの建白書を提出。そこには何度か減価された通貨の不足がフランスを襲っている弊害について書き連ねてあった。ローは、硬貨だけで紙幣を使わないのは困窮する商業国としては極めて不適切だと主張すると、とくに英国やオランダの例を引き合いに出して紙幣の利点を説いた。信用についても説得力のある見解をいくつも並べ、困窮を極めたフランスの信用回復の手段として、銀行の設立許可も申請した。その銀行に王室の歳入を管理させ、王室と土地を担保にした証券を発行させるというのである。さらに、その銀行は国王の名の下で運営されるが、三部会が任命する委員会の統制下に置くべきだとも提案した。

これらの建白書について審議が行われている間に、ローは自分で書いた金融や貿易に関する論文をフランス語に翻訳し、フランスで財政家として名を売ろうと、ありとあらゆる手を尽くしていた。間もなく、ローの話題が人々の口に上るようになってきた。摂政の腹心の友も摂政の称賛の言葉を広め、だれもが「ムッシュー・ラス」に大きな期待を寄せるようになった（**原注**　フランス人はフランス語風の発音にするため、ローのことをこう呼んでいた。計画《スキーム》が失敗に終わったとき、皆が「やつにはうんざりだ（lasse de lui）」と言ったことに端を発する。これからはローのことを「ムッシュー・エラース（Monsieur Helas）」と呼ぼうと言う者もいたぐらいだ！　〝helas〟とは「ああ、何ということだ！」などのため息や嘆声を表すフランス語）。

一七一六年五月五日には王令が発布され、ローは弟と共に「ロー・アンド・カンパニー」という名の銀行を設立することが許可された。証券（紙幣）は納税と引き換えに支払うことにした。資本金は六〇〇万リーブル。額面五〇〇リーブルの株式を一万二〇〇〇株発行し、四分の一を正貨で、残りを「国債（Billet d'état）」で払い込むこととした。ローが建白書に記した特権については、その安全性と利点が証明されるまでは全部をローに与えるのは得策ではないということで見送られた。

ローはあと少しで莫大な富を手にできるところまでこぎ

つけた。三〇年にわたる勉強が銀行経営へと導いてくれたのだ。ローはすべての証券を一覧払いで、またそのときに流通している硬貨で支払えることにした。この硬貨での支払いという方針が決め手となり、ローが発行する証券は、間もなく貴金属よりも評価が上がってきた。貴金属のほうは、政府の無分別な干渉によって常に目減りを余儀なくされていた。一〇〇〇リーブル相当の銀も、今日は額面価格と同価値があっても、翌日には六分の一も減価しているというありさま。ところが、ローの証券は発行時の価値を維持していたのである。ローはこのとき、全需要を満たす十分な保証もないまま証券を発行するような銀行家は死に値する、とも公言していた。その結果、ローの証券の評価はどんどん高まり、正貨の一％増しで買われるようになってきた。国内の商業がこの恩恵を感じ始めるまでにさほど時間はかからなかった。うなだれていた経済が徐々に顔を起こし始め、納税もきちんと行われ、文句を言う者もいなくなってきた――信用も確立され、この調子でいけばもっと良くなるのは間違いなかった。ローの証券は一年程度で一五％のプレミアムが付くようになったが、国債、つまりルイ一四世の浪費が招いた債務の保証として国が発行した債券のほうは、何と七八・五％も目減りしていた。こうしてはっきりと違いが出てくると、国中が注目し始め、ローの評判も日に日に良くなっていった。そしてほぼ同時に、リヨン、ラロシェル、トゥール、アミアン、オルレアンに銀行の支店も開設された。

摂政はローの成功にことのほか驚き、紙幣がここまで硬貨の補助になるのであれば、いっそのこと硬貨をやめて全部紙幣にしてもいいのでは、とまで考えるようになった。摂政は後にこの根本的な過ちを犯してしまうのだが、ローはというと、後世にその名を残すことになる、例の有名な計画《スキーム》に着手していた。そして今やローの要求にはノンと言えなくなっていた摂政に対し、広大なミシシッピ川とその西岸にあるルイジアナ州との独占貿易権を有する会社の設立を提案していた。かの国には貴金属が豊富に眠っているそうですし、しかも独占貿易で得られる利益に支えられたその会社は唯一の税収源、唯一の金のなる木になるのですよ……。会社の設立特許状が交付され、会社は一七一七年に法人格を取得。資本金は額面五〇〇リーブルの株式で二〇万株、すべて額面価格の国債で払い込むこととしたが、その国債の実際の市場価値はというと、せいぜい一六〇リーブル程度であった。

ついに国中が投機に熱中するようになってきた。ローの銀行は極めて順調で、彼が良かれと思って口にする約束は、いともあっさりと信用されるありさまだった。摂政も成功したローに毎日のように新しい特権を与えた。銀行はたばこの専売権と金銀の独占精錬権を取得したのに続き、とうとうフランス王立銀行にまで昇格してしまった。だが、こうして成功に酔いしれているうちに、ローも摂政も、かつてローが公言していた原理原則――すなわち、資金の裏づけがない証券を発行するような銀行家は死に値する――をすっかり忘れてしまい、摂政は銀行が個人銀行から国営銀行になった途端に一〇億リーブルもの紙幣を製造させていた。これがしっかりした原則から外れる第一歩だったのだが、それでローが非難される必要はまったくない。銀行業務がすべてローの統制下にあるうちは、発行高が六〇〇〇万リーブルを超えることはなかったのだ。ローがこのような無謀な増発に反対したかどうかは定かでないが、増発されるようになったのが王立銀行になった直後だったことを考えると、摂政がシステムを変更したことを非難するのが妥当であろう。

ローは自分が専制政治の下に生きていることは分かっていたが、そうした専制政治が、信用という繊細な枠組みに致命的な影響を与えられるのだ、ということには気づいていなかった。後に自分が損をして初めてそのことに気づくのだが、それまでは摂政に引っ張られて、自分の良識では絶対に許されない道を進んでいくのである。そうした最も非難すべき弱さを持ったローは、摂政が国中に紙幣をあふれさせるのを手伝っていたことになる。確固たる財政基盤もないのに、そんなことをしたらいずれ破たんするのは目に見えていた。だがローは、途方もない目先の富に目がくらみ、何らかの原因で警鐘が鳴らされたときも、いずれ訪れる最悪の日を予想することさえできなくなっていたのである。高等法院は外国人であるローの影響力にはなから戦々恐々としており、その計画《スキーム》の安全性にも懸念を抱いていた。ローの影響力が増してくると、その敵対心はますます強くなってきた。大法官のダゲッソーは、紙幣の増発や金銀硬貨の度重なる減価に反対していたため、摂政から突然免職を言い渡された。この免職の一件で高等法院はさらに敵意を募らせたが、摂政のご機嫌取りに余念がなかったダルジャンソンという男が空席だった大法官の職に、そして同時に財務大臣にも任命されると、その怒りはもう収まらなくなってしまった。新財務大臣は初の政策で硬貨をさらに切り下げた。そして国債を償却するため、正貨で四〇〇〇リーブル、また国債で一〇〇〇リーブル分を造幣局へ持ち込んだ者には五〇〇〇リーブル相当の硬貨を引き渡すという命令も下した。ダルジャンソンは、旧式で大判の硬貨四〇〇〇リーブル分から小判の新リーブル硬貨を五〇〇〇リーブル分製造したことをたいそう鼻に掛けていたが、商業や信用の原則についてはまったく無知だったため、自分の政策が商業や信用にどれほど大きな影響を与えているかにもまったく気づいていなかった。

高等法院はこうした新システムが愚策であり危険であることをすぐに見抜き、摂政に対して何度となく抗議した。だが、摂政は耳を貸そうとしなかった。すると高等法院は、大胆にも異例の権限を行使して、金銭の支払いは旧貨幣以外には認めないという命令を下したのである。ところが摂政は親裁座を召集して、その命令を取り消した。高等法院は抵抗し、また同じ命令を下すも、再び摂政は特権を行使して命令を取り消した。さらなる抵抗として、高等法院は一七一八年八月一二日にまた別の命令を下し、ローの銀行が歳入管理に直接的・間接的に関与することを一切禁じ、すべての外国人に対しても、自分の名義だろうと他人の名義だろうと、国の財政管理に介入することを禁じ、違反した場合には重い罰則を科すとした。高等法院はローがすべての悪の根源だと考えており、ローに異常なほど敵意を抱いていた評定官の中には、ローを裁判に掛けて、有罪判決が下った暁には裁判所の門に吊るして絞殺すべきだと言いだす者までいた。

危険を感じたローはパレロワイヤルに避難して、摂政に保護を求めた。そして何らかの措置を講じて、高等法院をおとなしくさせてもらえないかと懇願。摂政は亡き国王の息子のメーヌ公とトゥールーズ伯の嫡出に関する紛争の最中だったこともあり、ローの問題についてはあまり考えていなかったのだが、やがて高等法院に対し、院長と二人の評定官を逮捕して、へき地の牢屋に入れてやると脅しを掛けたのである。

こうしてローの将来の展望を遮っていた最初の暗雲が消え去った。身の危険への不安からも解放されたローは、あの有名なミシシッピ計画《スキーム》に全精力を注ぐようになった。高等法院の心配をよそに、会社の株価は見る見るうちに上昇していった。一七一九年の年明け早々には勅令が発布され、ミシシッピ会社は東インド、中国、南太平洋地域との独占貿易権、さらにはルイ一四世時代の財務総監（事実上の宰相）コルベールが設立したフランス東インド会社の全所有権が与えられた。ミシシッピ会社はこうして大幅に事業を拡大し、必要に応じてインド会社を引き継ぐと、新たに五万株を発行。今やローの展望は大きく開けていた。五〇〇リーブルの株一株につき二〇〇リーブルの年間配当も約束した。だが、この株は額面価格の国債で払い込むため、実際には一〇〇リーブルの価値しかなく、収益率も一二〇％程度といったところであった。

こうしたうまい話に、以前から高まっていた民衆の熱狂は爆発寸前になってきた。新たに発行された五万株についても、少なくとも三〇万以上の応募があり、カンカンポワ通りにあるローの自宅には朝から晩まで熱心な応募者が殺到した。もちろん全員の応募を受け付けるのは無理だった。幸運な新規株主の名簿ができるまでには数週間を要したため、応募者は待ち切れずにじりじりしていた。公爵や侯爵、伯爵らも、それぞれ妻を伴ってローの自宅前に連日のように詰め掛けては、名簿の発表を待つというありさま。だが、大通りでは毎日、何千もの群衆の押し合いへし合いが続くようになったため、彼らはそれを避けようと、近くのアパルトマンを借りた。そこなら新たなプルトス（ギリシャ神話の富の神）が富をばらまいてくれる神殿のそばで待機していられる。発行済みの株式は連日値を上げるし、輝かしい夢に吸い寄せられた国中の新規応募者も膨大な数に上ってきた。そこでローは、一株を額面五〇〇〇リーブルにして三〇万株発行すれば、摂政も民衆の熱狂に乗じて国債を償還できるのではないかと考えた。そのためには一五億リーブルを調達する必要があった。民衆もこうして熱望しているわけだし、政府が許可してくれさえすれば、応募金額も三倍に増えるはずだ。

ローは今や幸運への道をまっしぐらに走っていた。また、民衆もどんどん陶酔の絶頂に近づいていた。貴賤を問わず、だれもが無限の富を夢見て胸を膨らませていた。サン＝シモン公とビラール元帥以外、貴族の中で株の売買にかかわっていない者はいなかった。年齢や性別、生活水準に関係なく、ありとあらゆる人々がミシシッピ株に投機した。カンカンポワ通りは相場師たちの大きなたまり場になった。だが、狭くて不便な通りにおびただしい数の群衆が押し寄せてくるものだから、四六時中事故が絶えなかった。通りに面したアパルトマンは、年間の家賃が通常は一〇〇〇リーブル程度だったが、一万二〇〇〇～一万六〇〇〇リーブルにまで跳ね上がった。そこに店を構えていた靴屋も、店舗を貸し出したり、仲買人やその客に筆記用具を貸したりして、一日に二〇〇リーブルを稼いでいた。こんな話もある。通りに立っていたある猫背の男が、熱心な投機家たちに自分の背中を机代わりに貸して、毎日結構な金額を稼いでいたというのだ！　ここに仕事をしに集まってくる大勢の人間を見物しようと、さらに多くの人間が集まってきた。また、こうした群衆を目当てに、パリ中の泥棒や無頼漢も寄ってきて、騒動や暴動も後を絶たなくなってきた。夜になると、兵隊を送り込んで通りの連中を一掃しなければならなくなることも多々あった。

こんな不自由な住まいから抜け出そうと、ローはバンドーム広場に居を移したが、ここにも「相場師や投機家」がついて来た。広々とした広場も、カンカンポワ通りと同じように、あっという間に群衆でごった返してきた。朝から晩まで市も立つようになった。商取引をしたり飲み物を売ったりするテントや屋台も立ち並び、広場の真ん中では、賭博師たちが自ら持ち込んだルーレットで群衆から金を、正確にいうと紙幣を巻き上げていた。大通りや公園は閑散としてきた——遊び人がバンドーム広場を好んでぶらつくようになったからだ。バンドーム広場は、今や暇人にとってはおしゃれな休憩場所に、忙しい人にとっては待ち合わせ場所になっていた。すると、一日中ひどい騒音に悩まされる人も出てきたのである。広場に面した裁判所の大法官も、弁護士の話が聞こえないと言って、摂政と自治体に苦情を申し立てる始末。ローはこの騒音妨害の一掃には協力を惜しまず、カリニャン大公とソワソン館の購入契約を結んだ。ソワソン館の裏手に数エーカーに及ぶ庭園があったからだ。この契約によって、ローはこの館を法外な値段で購入し、大公は裏手の広大な庭園を新たな収入源としてそのまま保有することになった。庭園には銅像や噴水があり、すべてが美しく配置されていた。ローが新居に引っ越すや、直ちにソワソン館の庭園の外ではだれひとり株式の売買を行ってはならない、という勅令が発布された。そうこうしているうちに、木立の間には仲買人のために大小五〇〇余りのテントが設置された。テントには色とりどりの楽しい紐や垂れ幕が飾られ、大勢の人々が引きも切らずに出入りしており——途切れることのない人の声、雑音、音楽、そして仕事とも遊びともつかない人々の不思議な顔つき——、すべてがパリっ子たちを夢中にさせる魅力的な雰囲気を醸し出していた。こうした妄想が続いている間は、カリニャン大公も莫大な利益にあずかった。テントを月に五〇〇リーブルで貸し出していたのである。テント数が少なくとも五〇〇はあったことを考えると、その賃料収入だけでも月に二五万リーブル、つまり一万英ポンドを上回っていたのは間違いない。

正直者の老元帥ビラールは、同胞たちの愚行を見ては腹を立て、この話になると機嫌を損ねるのだった。ある日、バンドーム広場を馬車で通りがかったこの短気な紳士。人々の陶酔ぶりを目の当たりにしてすっかり気分を害してしまい、御者にいきなり馬車を止めるよう命じた。そして馬車から頭を出して、人々の「嫌悪感を抱かせる欲深さ」について、延々三〇分にもわたって熱弁を振るったのである。だが、これがまずかった。あちらこちらから元帥を嘲笑する声ややじ、数え切れないほどの冷やかしの言葉が飛んできた。しまいには大きな「モノ」が元帥の頭目掛けて投げつけられるようになった。元帥はそそくさと馬車を出した。もちろん、こんな経験はもうこりごりであった。

まじめで物静かな二人の文士、ラ・モット氏とテラゾン神父は、少なくとも訳の分からない陶酔には巻き込まれていないことを互いに喜んでいた。ところがその数日後、この立派な神父がソワソン館から出てきたではないか。ミシシッピ株を買いに来たのだ。すると何と、やはり株を買うためにやってきた友人のラ・モット氏と鉢合わせ。

「ほお！」と、神父は笑みを浮かべながらそう言った。

「ラ・モットさんじゃありませんか？」

「ええ」。ラ・モット氏はそう言うと、神父の脇をさっさと通り過ぎようとした。

「まさか、テラゾンさん？」

二人が次に顔を合わせたときには哲学や科学、宗教について語り合ったが、二人ともしばらくはミシシッピの「ミ」の字も口に出す度胸はなかった。だが、いったんその話に及ぶと、どんなことに対しても、自分は絶対に手を出さないなどと誓うものではない、賢者だからといって贅沢をしてはいけない理由はない、という意見で一致した。

そのころ、新たに富の神となったローは、あっという間に国の最重要人物にのし上がっていた。廷臣たちは摂政の控えの間から姿を消した。貴族や判事、司教までもがソワソン館に押し掛けた――陸軍や海軍の将校たち、上流階級や社交界の婦人たち、さらには由緒正しい家柄の者や公職に就く者たちもこぞって先を争い、インド会社の株を求めてローの控えの間で待っていた。

そんな状態に困り果てたローは、応募者の一〇分の一にも会うことができなかった。何としてでもローに会おうと、だれもがあの手この手の作戦を練るようになった。摂政と面会するのに三〇分待たされただけでも威厳を保てなくなる貴族たちも、「ロー様」に会えるとなれば六時間でも平気で待っていた。せめて名前だけでも伝えてもらおうと、ローの使用人には心づけを弾んだ。上流階級の婦人たちも、笑顔を振りまいてローに取り入ろうとした――だが、多くは二週間もの間、来る日も来る日も通い詰めて、ようやくその笑顔を見せられるというありさまだった。ローが何かに招待されたときも婦人たちの取り巻きが多かったが、彼女たちも全員、そうして新株の株主名簿に記名してもらおうとしていたのである。ローは女好きで有名だったが、後ろ髪を引かれる思いで仕方なく身を引くこともあった。また、ローと話をしたいがために、こっけい極まりない策略を考えだす者もいた。ある婦人に至っては、ローと会うために何日もの間粘っていたが、結局は失望してローの家で会うことをあきらめた。ところがこの婦人、自分が馬車にいない間はローを見張っているように、さらにはもしローを見掛けたら柱に馬車をぶつけて転倒させるように、と御者に命じたのである。御者は命令に従った。婦人は三日間町中を馬車で走り続けながら、転倒させるチャンスが来るのを心待ちにしていた。そしてついにローを見掛けた彼女は、綱を引っ張りながら御者に向かってこう叫んだのである。

「さあ、倒しなさい！　お願い、さあ、倒すのよ！」

御者は馬車を柱にぶつけた。婦人は叫び声を上げ、馬車は横転した。この「事故」を目撃していたローは、手を貸そうとしてその場へ駆け寄ってきた。ソワソン館に迎えられたこの狡猾な婦人は、すぐに事故の恐怖から立ち直ったほうがいいと考えると、まずはローに謝罪をしたうえで、すべて芝居だったことを打ち明けた。ローはにっこりしながら、婦人をインド会社株の購入者として名簿に記載したのだった。もうひとつ、マダム・ド・ブーシャの話がある。ローがある店で食事中であることを知った彼女は、馬車をそこへ走らせて、火事だと叫んで騒ぎ立てたのだ。居合わせた客は全員テーブルを離れた。ローも一緒だった――ところが、ほかの連中は逃げだしたというのに、ある婦人だけは大急ぎで店に入ってきて、ローに向かって走ってきたのである。ローはこのいたずらに気づき、皆とは反対方向に走り去った。

ほかにもこのような奇談は数多く語られており、やや誇張して伝えられているものもあるだろうが、この異様な時期の人々の精神状態を表すものとして書き残しておく価値がある。ある日のこと、摂政はダルジャンソンやデュボア神父など数人に向かって、モデナにいる娘の世話係をせめて公爵夫人級のご婦人に頼みたいのだが、と切りだした。

「それにしても、どこへ行って探せばいいのやら、さっぱり見当がつかんのだよ」と摂政。

「そんなことはないでしょう！」と、ひとりがわざとらしく驚きながらこう言った。

「フランス中の公爵夫人がどこにいるのか、お教えしましょうか。ロー氏のところに行けばいいんですよ。彼の控えの間にいらっしゃれば、ひとり残らずお会いになれますよ」

有名な医師のシラク氏は、まずい時期に株を買ってしまい、売りたくてうずうずしていた。ここ二～三日中も株価は続落。もう心ここにあらず。寝ても覚めても株のことしか考えられなくなってしまった。そんなとき、気分が優れないというある婦人から往診の依頼があった。婦人の家に着いたシラク氏は二階に通された。そして婦人の脈を診ながら、難しい顔でこうつぶやいたのだ。

「落ちている！　落ちている！　何てこった、どんどん落ちているじゃないか！」

　婦人は心配そうに医師の顔をのぞき込んだ。

「ああ、シラク先生」。婦人はそう言うと、立ち上がって呼び鈴を鳴らした。

「わたくし、死ぬのね！　死ぬのね！　落ちていくんだわ！　落ちていくのね！」

「何が落ちるんです？」と、医師は驚いて婦人に尋ねた。

「わたくしの脈ですわ！　わたくしの脈！　死ぬんですよね」

「落ち着いてください、マダム」と医師。

「株の話ですよ。実を言うと、大損をしていまして、気が気じゃないのです。自分でも何と言ったのか覚えていないぐらいでして……」

　株価というのはほんの数時間で一〇～二〇％も上昇することがあり、質素な暮らしをしていた多くの人々が、朝目覚めたときには相変わらず貧しくても、夜寝るときには大金持ちになっていたりする。病に倒れたある大株主は、保有していた二五〇株をそのときの売値の一株八〇〇〇リーブルで売ろうと思い、使用人をソワソン館に行かせた。ところが、使用人がソワソン館に着くと、株価は一万リーブルになっていたのである。その差は二〇〇〇リーブル。二五〇株だから、締めて五〇万リーブル、つまり二万英ポンドになる。使用人は何食わぬ顔でその差額分を自分の懐にしまい込むと、残金を主人に手渡して、その日の夜のうちに出国してしまった。ローの御者だった男も、短期間で自分の馬車を持てるほどの大金を手に入れると、ローに職を辞したいと言ってきた。その御者を高く買っていたローは、せめて辞める前に同じぐらい腕のいい後任者を探してきてほしいと懇願。御者はローの頼みを聞き入れると、その日の夕方にはかつての同僚を二人連れてやって来て、どちらかひとりを選んでほしい、残ったほうを自分が雇うと告げたのである。料理人や従僕が幸運に恵まれることもあり、中にはいとも簡単に手に入れた財産に思い上がりも甚だしく、愚にもつかない過ちを犯す者もいた。身分も変わってまばゆいばかりの生活を堪能しながらも、言葉遣いや作法は相変わらず。そんな彼らは、常に識者からは同情の、まじめな人間からは軽蔑の、そして万人からは嘲笑の対象になっていた。だが、上流階級の人間たちの愚行や卑劣な言動はそれ以上に不愉快であった。例えば、サン＝シモン公が語った話をひとつ取ってみても、威厳を失うような強欲がいかに社会全体に蔓延していたかが分かる。アンドレという品位も教養もない男は、ミシシッピ株への時機を得た投機を繰り返し、信じられないほど短期間で財を成していた。サン＝シモン公が言うとおり、「アンドレは金の山を築いた」のである。裕福になったアンドレは、次第に自分の身分の低さを恥じるようになり、何よりも貴族との縁組を望むようになった。彼には娘がいた。わずか三歳の幼子だったが、アンドレは貴族でありながら窮乏していたドイズ家との交渉に乗り出した。娘を一定の条件でドイズ家のだれかと結婚させようというわけである。ドイズ侯は恥も外聞もなくその申し出を受け入れると、娘が一二歳になったら自分が娘と結婚すると約束した。その代わり、父親に即金でまず一〇万クラウン、そして結婚するまでは毎年二万リーブルずつを納めてほしい、と言いだしたのである。ドイズ侯自身はそのとき三三歳。この恥知らずな交渉が正式に署名捺印されると、株式仲買人のアンドレは、さらに結婚式当日にも娘に数百万の財産を持たせることを決めた。交渉にずっと立ち会っていた家長のブランカス公も、その利益の分け前にあずかることになった。サン＝シモン公はこの問題を悪い冗談だと思って軽くあしらっていたが、こう付け加えている。

「人々はこの素晴らしい結婚に対して非難の手を緩めなかった」

サン＝シモン公はさらにこうも述べている。

「ローが失墜したことで数カ月後に計画は破たんするのだが、アンドレ氏の野望も一緒に打ち砕かれてしまった」

しかしドイズ侯のほうは、前金の一〇万クラウンを返そうなどという誠意は持ち合わせていなかったようだ。

このような出来事の数々は、屈辱的だったかもしれないが、おおむねばかげたものであった。だが、中にはかなり深刻なものもある。街では略奪騒ぎが日常茶飯事となった。人々が結構な金額を紙幣で持ち歩くようになったからである。殺人事件も多発するようになった。とくにある事件は、ただ極悪非道な犯罪というだけでなく、犯罪者の身分も高かったため、フランス中の注目を浴びることになったものである。

ドルン公の弟のドルン伯は、ダランベルグ家、ドリーニュ家、ド・モンモランシー家の親族で、若いがかなりの浪費家であった。無駄遣いも多く、派手好きで、節操もなかった。ドルン伯は、同じように無謀な二人の男、ピエモンテ出身のミル大尉とフランドル人のデタンプまたはレタンと一緒になって、いつも大金を持ち歩いていることで有名な株式仲買人から略奪してやろうと企てた。そしてインド会社の株を買いたいと仲買人に偽って、バンドーム広場近くのキャバレーで会う約束を取りつけたのだ。その仲買人、そうとは知らずに時間どおりに待ち合わせ場所に現れた――ドルン伯と二人の仲間も時間どおりに現れると、伯爵は二人を友人だと言って仲買人に紹介した。しばらく話をしていたが、ドルン伯が突然仲買人に飛び掛かると、短剣で相手の胸を三度刺したのである。仲買人は床にどっと倒れた。伯爵は一〇万クラウンにも相当するミシシッピ会社とインド会社の株券をごそごそと探り始めた。その間、ピエモンテ出身のミルは、仲買人が死ぬまで何度も何度も刺し続けていた。だが、仲買人もただ黙って剣に倒れたわけではない。その叫び声を聞きつけたキャバレーの客が集まってきたのだ。もうひとりの仲間のレタンは、階段でずっと見張っていたのだが、窓から飛び降りて逃亡。ミルとドルン伯の二人はその場で取り押さえられた。

白昼堂々と、しかもキャバレーという公共の場所で起きた犯罪に、パリ中が驚愕の渦に包まれた。翌日には殺人者の裁判が始まった。証拠は明々白々。二人とも有罪となり、生体車裂きの刑を言い渡された。高貴なドルン伯の親戚らは摂政の控えの間に押し掛けると、過ちを犯した若者にご慈悲を、と言って懇願し、伯爵は頭が混乱していたのだと主張。摂政は彼らと長いこと会おうとしなかった。残虐な犯罪はきちんと司法によって裁かれるべきだと考えていたからだ。だが、影響力を持つ彼らも黙って引き下がるわけがなく、しつこく懇願を続け、とうとう摂政の前に強引に立ちはだかって、彼らの一家を公開処刑の不名誉から救ってくれるよう頼み込んだのである。さらに、ドルン公は有名なオルレアン家とも親族なのだとほのめかすと、その親族のひとりが普通の死刑執行人の手で殺されるなどという不名誉は、摂政ご自身の恥辱にもなるのです、とまで言いだしたのだ。すると摂政は、立派なことに、どんなに懇願されようと耳を貸そうとはせず、彼らのこの切り札とも言える言い分にコルネイユの言葉を引用してこう答えたのだった。

「不名誉なのは犯罪なり。処刑台にあらず」

しかし、刑罰でどんな屈辱を受けようと、ほかの親族の方々とは喜んでお付き合いを続ける、とも付け加えたのである。来る日も来る日も親戚たちは摂政に懇願を続けたが、摂政は頑として動かなかった。とうとう親戚たちも、摂政が尊敬しているサン＝シモン公なら味方してくれるのではないかと考えた。生まれながらの貴族であるサン＝シモン公。殺人者といえども貴族が一般の罪人と同じ方法で処刑されることに衝撃を受けて、摂政にこう進言した。

「裕福で権力もある一族をこれだけ大勢敵に回すのは得策ではありません。ダランベルグ家が広大な土地を所有しているドイツには、車裂きの刑に処せられた者の親戚は、その世代が全員世を去るまでは、だれひとり公職を継いだり人を雇ったりすることができないという法律があるのです。ですから、犯罪者の刑罰を斬首刑に変更すべきです。ヨーロッパでは車裂き刑ほど不名誉な刑はないのですよ」

摂政はこの主張に動かされ、もう少しで同意するところまで心は傾いていた。そこへローが現れたのだ。殺害された仲買人の悲運に妙な関心を寄せていたローは、司法によって裁かれるべきだと言って、摂政に念を押した。

窮地に立たされたドルン一族。ほかに打つ手がなくなったロベック・モンモランシー大公は、囚人のいる地下牢に潜入すると、ドルン伯に毒を手渡しながら、これを飲んで一族を不名誉から救ってほしいと懇願した。ところが、ドルン伯は顔を背けて毒を飲むことを拒否。大公は再度毒を勧めたが、伯爵は断り続けた。堪忍袋の緒が切れた大公。とうとうきびすを返し、こう叫んで伯爵を見捨ててしまった。

「そんなに死にたければ死ぬがいい、しみったれ野郎！　そんなやつは首切り役人の手で殺されるしかないだろうよ」

ドルン伯自身も斬首刑を希望していた。摂政の教育係であった悪名高いデュボア神父を除けば、摂政に最も大きな影響力を行使できるのはローであった。だが、そのローは、正義のためにもドルン一族の身勝手な考えにはけっして屈してはなりません、と言って摂政を説得し続けたのである。もちろん、摂政はもともとローと同意見であった――犯行から六日後のこと、ドルン伯とミルはグレーブ広場で車裂きの刑に処せられた。もうひとりの共犯者のレタンは、逮捕されることもなく終わってしまった。

こうした迅速かつ厳格な裁判は、パリっ子にはとても好意的に受け入れられた。今や「ムッシュー・ド・カンカンポワ」と呼ばれるようになっていたローも、貴族をひいきしないようにと摂政を説得したことで称賛されていた。とはいえ、略奪や殺人事件の数は一向に減らず、羽振りのいい相場師が略奪に遭っても同情の声さえ聞かれなくなってきた。それまでは上流階級の公然たる悪徳と下層民の表に出てこない犯罪のはざまにあって、中流階級は比較的汚れていなかったのだが、もはやそんな状況でもなくなっていた。風紀の乱れは以前から目につくようになってはいたが、中流階級が急速に汚染されてくるといっそう顕著になってきた。有害な賭博熱も社会に浸透してきて、公衆の徳も個人の徳もこうした賭博熱の前にはなす術なしであった。

信頼が維持できている間は商業にも勢いがあった。儲からないことなどあり得なかったからだ。とくにパリではそのいい成果が実感できた。世界中からパリに入ってくる外国人は、そこで金儲けをするだけでなく、消費してくれたのである。摂政の母親のオルレアン公爵夫人は、世界中からおびただしい数の人間がなだれ込んできたため、この間にどの程度人口が増加したかを計算してみたところ、三〇万五〇〇〇人という数字が出てきた。主婦や家政婦は、宿泊する人のために、屋根裏部屋や台所、そして馬小屋のベッドも整えておかなければならなかった。通りはありとあらゆる馬車であふれ、事故を起こさないよう歩行者と同じ速度で進むことを余儀なくされた。国内の織機は豪華なレースや絹織物、ブロード地、ベルベットなどの生産に追われてフル回転。仕上がった生地は高値で取引され、価格は四倍にまで跳ね上がった。食料品も同じように値上がりした。パンや肉、野菜は、かつてないほど高い値段で売られるようになった――労働賃金もそれに比例して上昇。日当が一五スーだった職人は、今や六〇スーを稼いでいたし、住宅も建築ラッシュを迎えていた。実体のない繁栄が地上を照らしていた。皆、そのまばゆいばかりの輝きに目がくらんでしまい、嵐が猛烈な勢いで近づいているのを知らせようと暗雲が立ち込めていたのに、それに気づく者はいなかった。

魔法のつえで事態を一変してしまったローも、もちろんこの繁栄を謳歌していた。妻と娘は高位者から言い寄られ、公爵家の跡継ぎとの縁談まで持ち上がった。ローはフランス国内で立派な地所を二カ所購入し、シュリー公爵家ともロニー侯爵領の購入について交渉を進めていた。だが、ローの信仰が昇進の妨げになっていた。そこで摂政は、もしローが公にカトリックを信仰するのなら財務総監に任命すると約束。本職の賭博師であること以外にはこれといった信仰のなかったローだったが、二つ返事で摂政の申し出を受け入れると、大勢の見物人が見守るなか、ムラン大聖堂でタンサン神父から堅信を授けられた。翌日、ローはサンロック教区の名誉教区委員に選出され、その際に五〇万リーブルを寄贈した。ローは決まって大金を寄贈したが、必ずしもそれをひけらかしたりはしなかった。こっそりと多額の寄付をしていたのである。教会が本当に困窮しているという話を耳にすると、必ず対応した。

このころになると、ローはフランス国内で圧倒的な影響力を持つまでになっていた。オルレアン公も、ローの聡明さとその計画《スキーム》の成功に絶大なる信頼を寄せており、重要な案件については常にローに相談を持ち掛けていた。ローはけっして自らの成功で意気盛んになったことはなく、逆境にあったときの気取らない性格や愛想の良さ、聡明さをそのまま留めていた。女性に対する態度も変わらず、優しくて紳士的、しかも礼儀正しかったので、情婦でさえ腹を立てることはなかった。高慢な態度を見せるとしたら、それはうんざりするほどお世辞ばかりを並べ立てる貴族に対してであった。たったひとつの便宜を図ってもらいたいがために、いつまで自分にへつらってご機嫌取りをするつもりだろう。それを見て楽しんだりもした。だが、偶然にパリを訪れた同郷人が面会を求めてくると、それとは打って変わって親切丁寧に対応した。アイレー伯で後にアーガイル公となるアーチボールド・キャンベルは、バンドーム広場にローを訪ねてきたが、控えの間は著名人たちでごった返していた。この偉大な財務官に会って、新株の応募者名簿の一番上に名前を載せてもらおうと、だれもが必死になっていた。ところがローときたら、静かに書斎にこもり、父親から譲り受けたローリストンの土地の庭師に宛ててキャベツの栽培について手紙を書いているではないか！　アイレー伯はこの同郷人と延々とピケをして過ごし、ローの人の良さや良識、そして育ちの良さに魅了されて、その場を後にしたのだった。

貴族の中には、ブルボン公、ギシュ公、ド・ラ・フォルス公、ショルヌ公、ダンタン公、エストレ元帥、ロアン公、ポワ公、レオン公など、当時の一般大衆のだまされやすさにつけ込んで、破産した財産を立て直せるほどの大金を稼ぐ者もいた。ルイ一四世とモンテスパン夫人との間に生まれたブルボン公は、ミシシッピ株への投機では妙に運があった。シャンティーの城館を贅の限りを尽くした様式で再建したのである。また大変な馬好きでもあった公爵は、厩舎を建てると、イングランドから一五〇頭もの最高品質の競走馬を輸入してフランスで品種改良を行った。この厩舎は長い間ヨーロッパ中にその名をとどろかせることになった。さらにピカルディー地方にも広大な土地を購入し、オワーズ川とソンム川に挟まれた重要な土地をほぼ全体にわたって所有した。

こんな財産を手にすることができるわけだから、ローが狡猾漢からあがめられても不思議ではない。その崇拝ぶりは国王への崇敬どころではなかった。当時の三流詩人や「物書き」もローを賛美する言葉を書き連ねた。彼らいわく、ローは国家の救世主であり、フランスの守護神である――言葉の端々から知性があふれ、眉目秀麗で、やることなすことすべてが賢明だ。ローが外出すると、その馬車の後ろをおびただしい数の人間がつけ回すので、摂政も騎馬隊を護衛として常駐させて道を空けさせるほどであった。

このころ、パリにはかつてないほど華美で気品に満ちたオブジェがあふれていた。彫像や絵画、タペストリーが外国から大量に輸入されたが、どれもあっという間に買い手がつくという状態であった。フランス人は家具や装飾品として使われる小物の製造では群を抜いていたが、これらの小物ももう貴族だけのおもちゃではなくなり、商人や中流階級の家にも普通に見られるようになった。最も高価な宝石類も、一番景気のいいパリの市場に集まってきた。中でも摂政が購入した有名なダイヤは、その摂政の名で呼ばれ、長きにわたってフランスの王冠を飾るものとなった。購入価格は二〇〇万リーブル。この価格からは、株取引で勢いづいた臣下たちに比べたら、摂政がそれほど儲けているわけでもないことが分かる。最初にダイヤの購入を勧められたとき、のどから手が出るほど欲しかったにもかかわらず、摂政は断っている。摂政いわく、宝石ごときに多額の公金を使うなど、国の統治を任されている自分には許されないこと。この立派でもっともらしい言い訳に、宮中の貴婦人たちは動揺した。しばらくは、こんなに見事な宝石が国外に流出してしまうなんて、民間人が買うのはとてもではないが無理、という落胆の声しか聞こえてこなかった。貴婦人たちは摂政にしつこく宝石をねだり続けたが、すべて徒労に終わった。とうとうサン＝シモン公がおしゃべりの手腕を買われて、この重責を担うことになった。そして説得する際にローも立ち合わせたことで、人の良い摂政はついに折れ、何かいい支払い方法を考えるようにとローに言い残した。ダイヤの売り主は、決められた期間中に二〇〇万リーブルを支払うという保証を取りつけたうえ、その間に二〇〇万リーブルに対する五％の利息を受け取り、さらにはカットした後に残った貴重なくずダイヤもすべてもらえることになった。サン＝シモン公は回顧録の中で、この取引での自分の取り分について、少なからず満足しながら語っている。さらにダイヤは西洋スモモほどの大きさでほぼ丸型、真っ白で傷もなく、重さは五〇〇グレーン以上（一グレーンは五〇ミリグラム＝四分の一カラット）であったと説明した後に、含み笑いをしながらこう締めくくっている。

「摂政にあのような豪奢な買い物をさせたのは余の手柄である」

言い換えれば、サン＝シモン公は、摂政が仕事を放り投げた揚げ句、法外な値段でつまらないものを買って、しかも公金から支払ったのは自分がそそのかしたからであり、そんな自分を誇りに思っているということである。

そういう訳で、一七二〇年まではこのシステムも順風満帆であった。過剰に紙幣を増刷すればいずれ国は破産に追い込まれることになる、という高等法院の警告も無視された。摂政は財務の本質などまるで分かっておらず、これほどいい影響をもたらしたシステムなのだから、いくら増刷しても多すぎることはなかろうと考えていた。五億リーブルの紙幣でこれほど改善されたのだから、さらに五億リーブル刷れば経済はもっと良くなるはずだ。これが摂政の犯した大過であり、ローもそれを止めようとはしなかった。人々の異常なほどの強欲が妄想に拍車を掛けた。インド会社とミシシッピ会社の株価が上がると、それに合わせて「銀行券（Billet de banque）」、つまり紙幣も増発された。こうして出来上がった巨大なシステムは、下品極まりないロシアのポチョムキンが建てた豪奢な宮殿といい勝負であろう。この宮殿、皇妃を驚かせたり喜ばせたりするために建てられたものだが、ひとつひとつ積み重ねた大きな氷の塊と、やはり氷に気品あふれる職人技を施したイオニア様式の柱とが堂々とした玄関を形作っており、陽光に輝く氷の丸天井も、金ぱくをかぶせても溶けないほど頑丈であった。それはクリスタルとダイヤでできた宮殿のように、遠くからでも分かるほどの輝きを放っていたが、いったん南方から暖かい風が吹いてくると、重厚な建物も跡形もなく溶けてなくなってしまうのだった。ローのシステムも同じであった。人々の不信という強風が吹きつけるや、あっという間に崩れ落ち、二度と立て直されることはなかったのである。

最初にその兆候が現れたのは一七二〇年の初頭であった。コンティ大公はミシシッピ会社の新株購入を断られたことでローに腹を立て、使用人を銀行に行かせて巨額の証券を換金してしまった。その現金を運ぶには三台もの荷馬車が必要だった。ローは摂政に不平をこぼし、このようなことが繰り返されたら大変な損害を被ることになるので注意が必要だと勧告。さすがの摂政もそれぐらいのことは分かっており、コンティ大公を呼びにやると、引き出した正貨の三分の二を銀行に戻すよう命じ、もし戻さなかったら摂政の不興を招くと告げた。大公はこの独断的な命令に従うほかなかった。ローにとってはコンティ大公の評判が悪かったことが幸いした――だれもが卑劣で貪欲なコンティ大公を非難し、ローに対して失礼だと思っていた。しかし不思議なことに、こうしてぎりぎりのところで命拾いをしたローも摂政も、紙幣の発行を抑えようとは考えなかったのである。間もなく、不信感から復讐心に燃えるコンティ大公に続く者が現れた。勘が鋭い株式仲買人は、株価が永遠に上がり続けるわけがないと考えた。多額の金を注ぎ込んでいたことで知られるブルボン公やラ・リシャルディエールは、持っていた証券をこっそりと、しかも少しずつ正貨に換えては、外国に送金した。また、運べるだけの食器類や高価な宝飾類を購入して、イングランドやオランダにひそかに送っていた。仲買人のベルマレも迫り来る嵐の気配を感じ取り、およそ一〇〇万リーブルもの金貨や銀貨をかき集めると、それらを荷車に積み込んで干草や牛糞で隠しておき、自分も汚い作業服に着替えてから、だいじなその財産をベルギーまで運んでいった。ベルギーに入ると、アムステルダムまでの輸送手段は難なく見つかった。

それまではどんな階級の人でも必要な正貨の調達に苦慮することはなかった。だが、このシステムが長く続けば、正貨が不足してくるのは目に見えていた。あちらこちらから不満の声が上がるようになった。調べてみた結果、その原因が分かってきたのである。諮問会議では救済措置についての論議が百出した。ローも呼び出されて助言を求められたが、彼は硬貨の価値を紙幣のそれより五％切り下げるという勅令を出すべきだという考えであった。そこで勅令が発布された。だが、期待どおりの効果は出ず、そこでまた勅令が発布され、今度は一〇％に切り下げられた。銀行での換金額も、一度に金貨一〇〇リーブルと銀貨一〇リーブルまでに制限された。しかし、換金額を厳しく制限したことで銀行の信用は維持できたものの、何をやっても紙幣の信用を取り戻すには至らなかった。

万策は尽きた。だが、相変わらずイングランドやオランダへの貴金属の流出は止まらなかった。国内に残っていたわずかな硬貨は大切に保管されるか隠されるようになり、硬貨の不足が深刻さを増してきたのである。ついに商業活動にも支障が出てくるようになった。この緊急事態に、ローは正貨の使用を一切禁止するという大胆な策に打って出た。一七二〇年二月には再び勅令が発布されたが、これは意図していた紙幣の信用を回復するどころか、取り返しのつかないほど壊滅的な打撃を与えてしまい、フランスを革命の一歩手前にまで追い込んでしまった。この有名な勅令によって、五〇〇リーブル（二〇英ポンド）以上の硬貨を所持することが禁じられ、違反した場合には重い罰金が科せられ、所持している硬貨も全額没収されることになった。また、宝飾類や食器類、貴石を買い占めることも禁じられ、違反者を見つけた通報者には没収金の二分の一を与えるとして、通報が奨励された。国中が前例のない暴政に悲鳴を上げた。醜悪極まりない迫害が毎日のように行われた。通報者とその手下たちの侵入で、家族のプライバシーも踏みにじられた。一番高徳で正直な者たちがルイ金貨（ルイ一三世～ルイ一六世の時代に使用された）を持っているところを見つかり、告発されるという例もあった。使用人が主人を裏切ったり、ある市民が隣人をひそかに見張ったりするようになり、逮捕や押収も後を絶たなくなった。そのため、裁判所も激増する審理を裁き切れなくなってきた。あいつはどうやら家に金を隠しているようだ、という通報者の一言で、すぐに捜査令状が出された。イングランド大使のステア卿は、これでローのカトリックへの改宗が偽りのない事実だということに疑問を挟む余地はなくなった、と話している――大量の金を紙幣に変えることで化体説（聖体の秘跡において、パンとぶどう酒が完全にキリストの血と肉に変わること）を信じているという証拠を数多く示してから、宗教裁判所を設立しているからである。

摂政と不幸なローには、憎悪を表す言葉として考えられるありとあらゆる口汚い言葉が浴びせられた。硬貨は五〇〇リーブルを超えたらいくら持っていてもすべて違法通貨になったが、紙幣を持とうという者はだれひとりいなかった。今日の紙幣の価値が明日どうなるかは、だれにも分からなかったからだ。英国生まれのフランスの歴史家シャルル・ピノ＝デュクロは、『摂政時代の秘録（Secret Memoirs of the Regency）』の中で次のように述べている。

「これほど気まぐれな政府は見たことがない――信頼できない権力者があれほど狂気じみた暴政を行ったのも前代未聞である。当時の恐怖を体験した者や悪夢のように当時を振り返る者には、すぐに革命が勃発しなかった、つまりローと摂政が悲劇的な最期を遂げなかったのは信じ難いことだろう。二人とも恐怖におびえていたはずだが、人々は不平を漏らすだけであった――だれもが陰うつで意気地のない絶望感とつまらない狼狽にとらわれ、人々の心もすさんできて、勇敢に罪を犯すことさえできなくなっていた」

一度だけ、人々が蜂起しようとした場面があった。扇動的な文書が壁に貼り出され、著名人の家々には同じ文書がビラにして送りつけられた。そのうちのひとつが『摂政時代の思い出（Mémoires de la Régence）』に残されているが、それは次のようなものである。

「紳士淑女諸君　以下、告示する。状況が変わらなければ、来る土曜日と日曜日に『聖バルトロメオの大虐殺（一五七二年の聖バルトロメオの祝日にパリで起きたユグノー教徒に対する大虐殺）』が再現される。汝も使用人も動揺は禁物である。神が汝らを炎からお守りくださるだろう！隣人にも連絡されたし。一七二〇年五月二五日（土）」

街中には多くの密使がうろつき回り、人々も互いに疑心暗鬼になっていた。夜に集まってきたわずかな人数では大した暴動を起こすこともできず、すぐに散っていったが、首都の治安が回復することはなかった。

ルイジアナ州の株、すなわちミシシッピ会社の株価は急落し、以前ささやかれていたこの地の巨万の富の話を信じる者もほとんどいなくなってきた。そこでミシシッピ計画《スキーム》に対する信頼を回復しようと、政府は最後の努力を注いだ。パリのすべての貧者を対象に徴兵命令を出したのである。まるで戦時中のように、社会からのけ者にされている約六〇〇〇人が徴集され、ニューオーリンズ行きの船に乗せられると、無数にあるとされていた金鉱で働くための作業服と道具が与えられた。連日彼らは矛やスコップを担いで街を練り歩き、小隊に分かれて米国行きの船が出る外港へと向かった。だが、彼らの三分の二は目的地に着くことなく、国内の地方に散って道具を売り払い、元の貧しい生活に戻っていった。三週間もすると、残りの三分の一もパリに舞い戻ってきた。しかし、この策略が功を奏した。だまされやすいピ株がわずかながら値を戻したのである。ミシシッピ株がわずかながら値を戻したのである。大衆は、新しい鉱山でまた金の採掘が始まったようだから、フランスにもまた金塊や銀塊が入ってくるだろう、と信じ切っていた。

立憲君主国なら、公的信用を回復するもっと確かな方法があるはずだ。イングランドでもその直後、同じような妄想が同じような不幸を引き起こしたが、そのときの対策はフランスのそれとどれほど違っていたことか！　だが、残念ながら、フランスでは悪事を働いた張本人に救済が委ねられていたのである。救国を掲げてはいたものの、独断的な摂政は泥沼に深くはまっていくばかり。そして支払いはすべて紙幣で行うようにという命令を下すと、二月一日から五月末までに一五億リーブル、つまり六〇〇〇万英ポンドを上回る紙幣を印刷させたのである。ところが、再び警鐘が鳴らされた。今やどんな手段を使っても、硬貨に兌換できない紙幣を信用させることなど不可能になっていた。パリ高等法院の院長ランベールは、摂政に面と向かってこう言ったものだ。五〇〇万リーブルの紙幣を銀行に置いておくぐらいなら、金貨や銀貨で一〇万リーブル持っていたほうがましだと。このような考えが一般に広まった今となっては、正貨と流通紙幣の量は乖離するばかりで、紙幣の乱発は弊害を助長させるだけであった。摂政は硬貨の減価を考えていたが、どんな対策を打っても価値は上がっていく一方であった。二月に入ると、王立銀行をインド会社と合併させるという判断が下され、その旨の勅令が出されると、高等法院もそれを承認した。国は引き続き銀行券を保証したが、議会命令なしにはそれ以上発行することができなくなった。摂政は銀行の収益をすべてローの手から、そして国営機関となった銀行からインド会社に引き渡すことを決めた。この措置で、ミシシッピ会社やほかの会社の株は当面は値を戻したが、永続的な信用回復には至らなかった。

五月初旬に開かれた国務会議《コンセイユデタ》には、ローやダルジャンソン（財務省の同僚）をはじめ、ほかの大臣らも出席していた。そのときの計算では、流通紙幣の総額は二六億リーブルだったが、硬貨の総額はその半分にも満たないという数字が出た。会議の出席者は、通貨を均等化するための計画が必要だと考えた。紙幣を減価して正貨の価値に合わせるべきだという案や、正貨の額面価格を上げて紙幣と同等にするべきだという案が出た。ローはこの両方に反対したといわれているが、自分では何も提案できず、結局は紙幣を半分に減価することで決着した。五月二一日には、インド会社の株式と銀行券の価値を徐々に切り下げて、年末までには額面価値の半分にして流通させるという勅令が出された。しかし、高等法院はこの勅令を承認しなかったのである――これに対しては大きな怒号が飛び交い、国内情勢が緊迫してきたため、安定を保つ唯一の手段として、摂政の諮問会議は、七日後に紙幣を当初の価値に戻すという新たな勅令を発布して、自らの手続きを無効にすることを余儀なくされてしまった。

その五月二七日、銀行は正貨での支払いを停止し、ローとダルジャンソンは共に財務省の職を解かれた。弱気で優柔不断、しかも臆病者の摂政は、すべての損害の責任をローに転嫁した。ローはパレロワイヤルに立ち寄るも、立ち入りを拒否されてしまった。しかし夜になると呼び出され、秘密の扉から宮殿に入ることを許された。摂政は、公の場では厳しい態度を取らざるを得なかったのだと言って何とかローを慰めようとしたが、態度はころころと変わり、二日後にはローを連れてオペラを鑑賞し、ロイヤルボックスで隣に座っては人目を気にせずにローに気を使ってみせるのだった。だが、民衆のローに対する憎悪は激しく、その夜の出来事が決定的なものとなった。ローが馬車で自宅の門に入ろうとすると、群衆が馬車に石を投げながら襲い掛かってきたのである。御者がすぐに中庭に馬車を入れ、使用人がすぐに門を閉めていなければ、ローは馬車から引きずり下ろされて散々にやられていたはずだ。翌日にはローの妻子も馬車で競馬から戻る途中で襲われた。この話を聞かされた摂政は、ローにスイス人の強力な護衛隊を派遣した。護衛隊は昼夜を問わず、ローの邸宅の中庭に駐在した。ところが民衆の憤激は収まらず、護衛がいるにもかかわらず身の危険を感じたローは、パレロワイヤルの摂政のアパルトマンに身を寄せた。

大法官のダゲッソーは一七一八年にローの計画《スキーム》に反対して職を解かれていたが、ここへ来て呼び戻され、信用回復を支援することになった。摂政はようやく気がついたのだ。この腐敗した時代にあって、最も有能で、おそらく唯一と言ってもいいほど誠実な公人を不当に手荒く扱い、嫌疑を掛けていたことを。あの不名誉な免職の後、ダゲッソーはパリ南郊のフレーヌの屋敷に身を引いて、哲学の研究に真剣かつ楽しく没頭していたが、そのうちに、取るに足らない王室の陰謀のことなどすっかり忘れていた。元大法官をパリまでお連れするように。ロー自身と摂政の家に仕えていたコンフラン勲功爵がその命を受けて、駅馬車でフレーヌに向かった。ダゲッソーの友人らは、ローが担当している官職への復帰になど応じるべきではないと反対したが、ダゲッソーは自分にできることなら手を貸そうと言って快諾。パリに着いたダゲッソーは、高等法院の五人の評定官に財務委員との協議を認め、六月一日には、五〇〇リーブル以上の硬貨の所持を禁止した勅令を廃止する命令を発布。これによって好きなだけ正貨を保有することが認められるようになった。また、紙幣を引き出せるようにするため、パリ市の歳入を担保にした証券が、利息二・五％で新たに二五〇〇万リーブル発行された。引き出された紙幣は市庁舎前の広場で焼却された。新紙幣は主に一〇リーブル紙幣であった。銀行は兌換用の銀貨を十分に準備したうえで、六月一〇日に営業を再開した。

この措置はかなりの効果を発揮した。パリっ子たちはこぞって銀行を訪れては小額の紙幣を硬貨に換えていった――銀貨が不足してくると、銅貨で支払われるようになった。五〇リーブル分の銅貨ともなると大変で、貧乏人は持って歩くには重すぎるほどの銅貨をどっさり抱えながら、汗だくになって通りを歩いていたが、重すぎると不平をこぼす者はいなかった。銀行にはおびただしい数の群衆が押し寄せたため、毎日のように圧死者が出た。七月九日には群衆の数が異常に膨れ上がり、騒々しくなってきたので、マザラン庭園の入り口に駐在する護衛が門を閉めてしまい、入場を一切拒否してしまった。これに逆上した群衆は、柵越しに護衛らに向かって石を投げつけた。すると今度は護衛がこれに激怒。群衆に向かって発砲すると言って脅しを掛けたのだ。そのとき、護衛兵のひとりに石が直撃。護衛兵は石をゆっくり拾い上げると、群衆に向かって発砲した。ひとりが即死、重傷を負った者もいた。一触即発だった。群衆が一斉に銀行を襲撃するのではないかと思われたそのとき、マザラン庭園の門が再び開いたのだ。だが、群衆がそこで目にしたのは、自分たちに向けて銃剣を構えながら勢ぞろいしている兵隊であった。憤まんやる方ない群衆。彼らは泣き寝入りするしかなかった。

それから一週間後のこと、混雑は常軌を逸し、銀行の扉のところで一五人が押しつぶされて死亡。群衆の憤怒は頂点に達し、その三人の遺体を担架に乗せると、七〇〇〇～八〇〇〇人もが行列になって、担架を担ぎながらパレロワイヤルの庭園まで練り歩いていった。摂政とローがこの国にもたらした不幸の証しを見せつけてやろうというわけだ。ローの御者は中庭にある馬車の中に座っていたが、これが控えめどころか仕事熱心な男で、宮殿に向かってくる群衆を目にした途端、自分の主人が群衆の手に掛かったら大変だと思い、やつらは皆ごろつきだ、絞首刑にでもなればいいのだ、と思わず口を滑らせた。ところが、それが一部の群衆に聞かれてしまった。群衆は間髪を入れずに御者に襲い掛かってきた。ローも馬車に乗っているに違いないと思った群衆は、馬車がばらばらになるまで壊し続けた。この軽率な御者は命からがら逃げだした。ここで兵隊が現れて、事態は収束に向かった。摂政も、運ばれてきた遺体は自分が責任をもって埋葬することを約束すると、群衆はそそくさと退散していった。この騒動が勃発したとき、高等法院は審理の最中だったが、院長が立ち上がって様子を見に外に出てきた。中に戻った院長は、ローの馬車が破壊されていると報告。評定官らは一斉に立ち上がって喜びを爆発させた。ローをだれよりも憎悪していた評定官のひとりはこう叫んだ。

「それで、ローはどうなったんです？　やつもめった打ちにされたんですか？」

国の行く末を大きく左右するインド会社の信用に多くが依存していたのは間違いなかった。そこで財務諮問会議では、債務履行を可能にするには特権を与えるのが一番いいという意見が出た。それを受けて、インド会社にはすべての海上貿易の独占権も与えなければならないという提案が出され、勅令が発布された。だが、残念ながら、この対策によって国内の商人たちが大打撃を受けることを忘れていた。インド会社にこうした特権を無制限に与えるという考えは国中からはねつけられ、高等法院に対しては勅令を承認しないように、との嘆願書が何度も提出された。高等法院は勅令を承認しなかった。ところが摂政は、高等法院は扇動の火に油を注いだだけではないかと言って、評定官らをブロアへ追放するという決定を下したのだ。結局、ダゲッソーの仲裁で追放先はポントワーズに変更となった。かくしてポントワーズで罪を償うことになった評定官らは、今後は摂政を無視しようと心に決めた。彼らはポントワーズでの仮の生活をなるべく快適なものにしようと、あらゆる手を打った。院長は最高級の食事を用意して、パリにいる陽気で機知に富んだ仲間たちを全員招待した。婦人たちのためには、毎晩のように演奏会や舞踏会を催した。普段は厳格でまじめくさった顔をしている裁判官や評定官も、カードなどの娯楽に興じ、思い切って羽目を外し、楽しい数週間を過ごした。これもすべて、追放処分がいかに無駄であるかを摂政に見せつけるため、さらにその気になればポントワーズでもパリよりも快適な暮らしができるのだということを摂政に見せつけるためにほかならなかった。

世界中の国民の中でも、フランス人ほど不平不満を歌にしてしまう国民はいない。フランスの歴史は歌を見ていけば分かる、といわれるのもうなずける。ローは最高傑作とも言える計画《スキーム》が完全に破たんしたことで自分に嫌気が差していた。やがては風刺の対象にもなってきた――どの店先にもローの風刺画が置かれるようになり、ローや摂政に手厳しい内容の歌も聞かれるようになった。歌の多くは間違っても素晴らしいとはいえないが、そんな中でもある歌は、ローが作った紙幣で紙の使い方としては最も下劣な使い方をするよう勧めるものであった。しかし、オルレアン公爵夫人の書簡に残されていた歌を次に挙げるが、これは一番良くできた歌で、当時最も人気のあったものである。何カ月もの間、パリのどの街角からもこの歌が聞こえてきた。合唱曲に編曲してもとても楽しいものである。

ラスが来たよ、
われらのすてきな町に。
摂政さんはこう言った、
ラスは役に立つだろう、
国を立て直すのに。
ラ・ファリドンデーヌ！　ラ・ファリドンドン！
そう、やつのおかげでみんな金持ち、　ビリビ！
野蛮人のやり方で、　友よ！

この不信心者、フランス中の
金をかき集めようと、
まずはこう考えた。われらの
信用を取りつけようと。
やつは異端放棄の誓いを立てた。
ラ・ファリドンテーヌ！　ラ・ファリドンドン！
そう、あの狡猾漢も改宗した、　ビリビ！
野蛮人のやり方で、　友よ！

ラス、あの悪魔の子、
われらみんなに情けを掛けた。
われらから有り金全部巻き上げて、
だれにも金を返さない。
でもあの摂政、情にもろくてお人よし。
ラ・ファリドンテーヌ！　ラ・ファリドンドン！
取られた金を取り返そう、

ビリビ！
友よ！
野蛮人のやり方で、

次の風刺詩も同じ日付の書簡に残されていたものである。

月曜日には株を買い、
火曜日には大儲け。
水曜日には家財道具をそろえ、
木曜日には身なりを整えた。
金曜日には舞踏会、
そして土曜日には病院行き。

風刺画の中には、このころ大量に出回り、由々しき事態であることをはっきり示したものもある。それは『摂政時代の思い出』に残されている一枚の複製である。作者はそこにこんなことを書き記している。

「『株の女神』は、愚行の女神がひく凱旋車に乗っている。車をひいているのは擬人化されたミシシッピ会社（木の足がある）、南海会社、イングランド銀行、西セネガル会社、そしてさまざまな保証である。車が加速して転がっていってしまうと困るので、キツネのように長いしっぽとずる賢そうな目つきをしたこれらの会社の代理人が車輪の向きを変えている。車輪の上には株の銘柄とその価格が記されているが、価格は車輪の向きによってまちまちである。地面には合法的な取引の商品、出納仕訳帳、台帳が、愚行という荷車の下敷きになっている。後ろのほうでは、年齢、性別、貴賤に関係なく、雑多な群衆が莫大な富を求めて怒号を上げ、女神が惜しみなく分け与えている株の分け前にあずかろうと取っ組み合いのけんかをしている。雲の中に座っているのは悪魔。群衆の強欲と称賛の的であるシャボン玉を吹いている。他人の背中に飛び乗って、シャボン玉が割れてしまわないうちに触ろうと手を伸ばす人々。凱旋車のすぐ先は行き止まりで、三つの扉のある建物が立っている。先へ進むには三つの扉のうちどれかを通っていかなければならない。群衆もその後をついて行くことになるのだが、扉にはそれぞれ『狂人の病院』『病人の病院』『ならず者の病院』と記されている」

もう一枚の風刺画は大鍋の中に座っているローを描いたものである。大鍋は大衆の狂気という炎の上で煮えたぎっている。周りを取り囲む大勢の人々は、金や銀を次々と大鍋に投げ入れて、代わりにローが少しずつ配っている紙幣を嬉々として受け取っている。

このような興奮状態が続いている間は、ローも護衛を付けずに街中へ出ないよう細心の注意を払っていた。摂政のアパルトマンにこもっていれば、あらゆる攻撃から身を守ることができた。外出するときは、「お忍び」で行くか、しっかりした護衛が付いた王室馬車で出掛けるかのどちらかであった。民衆がいかにローを憎悪していたか、もしローが民衆の手に掛かったらどんなにひどい目に遭っていたかを示す面白い話がある。ブールセルという名の紳士がサンタントワーヌ通りを馬車で通りがかると、道をふさいでいる貸し馬車のせいで先に進めなくなってしまった。ブールセル氏の使用人は、いらいらしながら、貸し馬車の御者に向かって早く馬車をどかしてくれと叫んだが、断られた。すると使用人は御者の顔に一撃を食らわせたのだ。この騒ぎを聞きつけて、大勢のやじ馬がさっと集まってきた。ブールセル氏も馬車を降りて騒ぎを鎮めようとした。ところがこの御者、また新たな人殺しが現れたものと勘違いし、二人を厄介払いする方策を考えた。そしてとにかく大声でこう叫んだのである。

「助けて！　助けてくれ！　人殺しだ！　人殺しだ！　ローと使用人に殺される！　助けてくれ！」

この叫びを聞いた人々が仕事場から飛び出してきた。皆、棒やいろいろな武器を手にし、群衆もあのうわさの財政官に手っ取り早く復讐してやろうと、石を拾い集めていた。だが、ブールセルと使用人にとっては幸運だった。イエズス会の教会の扉が大きく開いていたのだ。嫌な予感がした二人は、扉のほうへ一目散に走っていった。だが、祭壇のところまで来たものの、群衆はまだ後を追ってくる。すると聖具室へ続く扉が開いていたので、そこへ逃げ込んで扉を閉めた。もし聖具室に逃げ込んでいなければ、きっとひどい目に遭っていたに違いない。教会に押し入ってきた群衆は、驚きと憤りをあらわにした司祭らに教会から出ていくよう諭されたが、ブールセル氏の馬車がまだ通りに止まっているのを見つけた群衆は、馬車にその憎悪をぶつけて憂さを晴らし、馬車に大きな損害を与えた。

パリ市の歳入を担保にした二五〇〇万リーブルの証券には利息が二・五％しか付かなかったため、ミシシッピ株を保有する多くの株主の間ではいまひとつ人気がなかった。つまり、証券に転換させるという政府の目論見は大きく外れてしまったのである――多くの株主は、相場が好転するのを祈りながら、値が下がったローの会社の株を持っていたほうがいいと思っていたからだ。八月一五日、早急に転換させることを狙った勅令が発布され、一〇〇〇～一万リーブルの証券はすべて、年金か銀行口座の購入か、または株式の分割払込金の未払い分の支払い以外に使用することが禁じられた。

一〇月には引き続き別の勅令が発布され、翌一一月以降はあらゆる価額の証券が無効になることが宣言された。造幣局の管理運営、税の取り立て、その他インド会社、つまりミシシッピ会社のすべての利権や特権は剝奪され、これらの会社は単なる個人企業に格下げされた。今や敵の手に落ちてしまったシステム全体にとって、これは致命的な打撃であった。ローはフランスの国務会議における影響力をすべて失い、会社もその特権を奪われた。こうなると債務を履行できるかすかな可能性もなくなってきた。民衆の妄想が頂点を極めていたころに違法な収益を得ているのでは、と疑われていた者たちは全員追及され、多額の罰金が科せられた。また、元の株主名簿を作成すること、その株主のうちまだ株を保有している者にはその株を会社に預託すること、さらには記名株式をまだ全部購入していない者には、一株五〇〇リーブルのところを一万三五〇〇リーブルで直ちに全株式を購入すること、という命令が事前に出されていた。実際に値下がりしている株にそんな大金を払わされるぐらいなら逃げたほうがましだ。株主たちは持てる荷物を全部まとめると、慌てて外国に避難しようとした。すると間もなく、港湾や国境の管理当局者にも、出国しようとする旅行者を全員逮捕して、金属製の食器類や宝飾類を所持していないか、最近の株式売買に関与していないかが確認できるまで身柄を確保しておくようにとの命令が下されたのである。数人の逃亡者には死刑が言い渡されたという記録も残っており、逃亡しなかった者もかなり専断的な裁判で処罰を受けた。

ロー自身も絶望し、フランスにとどまっても身の安全を確保できないと考えて出国を決断。まずはパリを離れて田舎にある邸宅に身を引きたいとして、許可を求めた――摂政は快く許可を与えてくれた。摂政自身も一連の不幸な出来事で大きな打撃を受けていたものの、ローの金融システムの本質や有効性に対する信頼はまったく揺らいでいなかった。摂政は自分の犯した過ちをしっかり見詰めていた――晩年になっても、より安定した基盤の上にもう一度システムを構築したいと切に願っていた。ローが最後に面会したとき、摂政は次のように語ったといわれている。

「実は、余は数々の過ちを犯している。それは余が人間だからであり、人間というのは過ちを犯すものなのだ。しかし、誓って言うが、いずれもよこしまな考えやいい加減な気持ちでやったものではないし、余の立ち居振る舞いのどれを取っても、かようなものは何ひとつない」

ローがパリを発ってから数日後、摂政はローに思いやりに満ちた手紙を送り、いつでも好きなときに出国するのを許可すること、またそのために旅券を準備するよう命じてあると伝えてきた。また、もし必要ならいくらでも金を用意するとも書かれていた。ローはお金の件を丁重に断ると、ブルボン公の愛人のプリー夫人が所有する駅伝馬車で、六人の騎馬兵を護衛に付けてブリュッセルへ旅立った。やがてベネチアに移り、そこで数カ月を過ごした。そこでもローは人々の関心を一身に集めていた。並外れた大富豪だと思われていたのである。だが、それはまったくの間違いだった。人生の大半を本職の賭博師として過ごした男に期待できる以上に気前が良くなっていたローだったが、破たんした国家を食い物にして自分が裕福になることは拒んだのだ。ミシシッピ株に対する人々の熱狂が頂点を極めていたころは、フランスをヨーロッパ一の富裕国に、ヨーロッパ一強大な国家にするという計画《スキーム》が最後には成功を収めることに一抹の疑念も抱いていなかった。だから儲けた金はすべてフランス国内の不動産に注ぎ込んだのだ——これはローが自分の計画の安定性に自信を持っていたことを示す確かな証拠である。食器類や宝石類を買いあさったり、いい加減な仲買人のように外国に送金したりすることもなかった。五〇〇〇～六〇〇〇英ポンド相当のダイヤを除き、ローは全財産をフランス国内に投資していたのである——フランスを後にしたときも、無一文同然であった。不当にも詐欺師呼ばわりされることが多いローに救いがあるとすれば、唯一この事実であろう。

ローが出国したことが知れ渡ると、彼の不動産や高価な蔵書はすべて没収された。ほかにも、ローの妻子の二〇万リーブル（八〇〇〇英ポンド）の年金証書が没収された。これはローが五〇〇万リーブルで購入したものである。だが、このときのために、ローの羽振りが良かったころに特別な勅令が用意されていた。そこには、どんな理由があろうともこれだけはけっして没収してはならないと明記されていた。人々はローが国外に逃亡したことに大きな不満を抱いていた。絞首刑にでもなれば、群衆も高等法院も喜んだのだろう。この商業革命の影響を受けなかったごく少数の人々は、あの「いかさま野郎」が出ていったという知らせを聞いて歓喜したが、財産を注ぎ込んだ者たち（もちろん、大半がこちらに属するのだが）は、国家財政の破たん、そして破たんに至った原因を熟知していたローの深い知識を、救済策を考える際になぜもっと生かせなかったのかと悔やんだ。

財務諮問会議と執政諮問会議の会合のテーブルには書類が並んでいた。それによると、流通している紙幣の総額は二七億リーブルに上っていた。摂政の名が呼ばれ、実際に紙幣が発行された日付からそれを承認する勅令を発布した日付までに間がある理由を説明するよう求められた。摂政はすべて自分の責任だと言うこともできただろうが、ここにいない人物に責任の一端を担ってもらおうと考えた。そこで、ローが自らの権限で一二億リーブルの紙幣を何度かに分けて発行し、自分（摂政）としては発行してしまったものはもう取り返しがつかないと思い、ローをかばうために増発を認める勅令の日付を早めたのだと述べた。摂政がここで真実をすべて語り、ローが安全な投機の域を超えてしまったのはもっぱら自分の節操のなさと焦燥感からなのだ、ということを認めていれば立派だったのだが。また、一七二一年一月一日の時点で国債総額は三一億リーブル、すなわち一億二四〇〇万英ポンド以上に上っており、その利息が三一九万六〇〇〇英ポンドであることも確認された。直ちに委員会、つまり「証券検証委員会」が任命され、債権者の証券すべての検査が行われた。債権者は五つのグループに分けられた。最初の四つは証券を実際に個人の資金で購入した者、残るひとつは正真正銘かつ誠実な取引の証拠を提出できない者のグループであった。ここに分類された証券は無効となり、最初の四つのグループの証券も、厳正かつ抜かりない精査が行われることになった。委員会は検査結果を報告し、これらの証券の利息を五六〇万リーブルに減らすよう勧告した。この勧告の根拠は、検査で明らかになった横領や強奪といったさまざまな行為であった。

そして勅令が発布され、高等法院もそれを正式に承認した。その後、もうひとつの特別裁判所が王立兵器廠《アルスナル》に設置され、最近の不幸な時期に財務省内で起きた汚職行為をすべて審理することになった。ファロネという訴願審査官は、クレマン神父と二人の聖職者と一緒にさまざまな横領行為に関与しており、その額は一〇〇万リーブルを超えていた。ファロネとクレマン神父には斬首刑が、聖職者の二人には絞首刑が言い渡された――その後、刑はバスティーユ監獄での終身刑へと減刑された。同様の不正行為は次々と発覚し、懲役刑や罰金刑が言い渡された。

摂政やローと同様に、ダルジャンソンもミシシッピの狂気にかかわった者たちから不人気という称号を授かった。ダルジャンソンは大法官の職を解かれ、ダゲッソーにその地位を譲ることとなった――だが、国璽尚書（大法官が任務執行不能の場合に、代わって国王の印璽を保管した）の肩書きはそのまま残り、出席したいときにはいつでも会議に出席することが許された。ダルジャンソンはパリから身を引いて田舎の邸宅に隠居しようと考えたが、すでにその体力もなくなっており、ふさぎ込み、飽き足りない生活を送るようになった。そして持病を悪化させ、一年もしないうちに世を去った。パリっ子たちはダルジャンソンを心底嫌っていたが、死んだ後も墓石にその怒りをぶつけるのだった。一族の墓があるシャルドヌレの聖ニコラ教会に向かって葬列が歩いているときも、暴徒がそれを包囲した。喪主として葬列に参加していた二人の息子は、個人攻撃から身を守ろうと、急いで裏通りに逃げ込む羽目になった。

ローはといえば、しばらくの間は、よりしっかりした基盤の上にもう一度信用を立て直すためにフランスに呼び戻されるのを期待していた。ところが、一七二三年に摂政が急死。暖炉のそばで情婦のファラリス公爵夫人と語り合っているときに突然息を引き取ったのだった。期待を断ち切られたローは、また元の賭博師の生活に舞い戻っていった。莫大な富を築いた唯一の名残であるダイヤを質に入れることも一度ならずあったが、どうにかうまく勝ち越して、質に入れたダイヤを買い戻していた。ローマでは債権者のしつこい取り立てに遭ったためコペンハーゲンに居を移したが、そこで英国政府から祖国に居住する許可をもらうことができた。一七一九年にはウィルソン氏殺しに対する恩赦も与えられた。海軍司令長官の船で引き渡されたローは、上院でちょっとした議論に参加する機会を得た。コニングスビー伯は、祖国も宗教も見捨てた男がこんなに丁重に扱われていることに不満を漏らし、南海会社の役員たちの非道さに人々が当惑しているというのに、こんな男が英国にいるのは危険極まりないと述べた。伯爵はこの件に関して申立通知を送ったが、却下されてしまった。上院議員はだれひとり司令長官の心配事になど関心がなかったのだ。ローは約四年の間英国で過ごしたが、その後ベネチアに渡り、多額の借金を抱えたまま、一七二九年に客死した。ローの墓碑銘には次のように記されている。

高名なるスコットランド人、ここに眠る。
計算高さでは天下一品、
訳の分からぬ法則で、
フランスを病院へ送った。

ローの銀行とルイジアナ会社の両方の経営に携わっていた弟のウィリアム・ローは、不正運用のかどでバスティーユに投獄されていたが、結局は何の罪も立証されず、一五カ月後に釈放された。その後一家系を築き、フランスでは今でもローリストン伯爵として知られている。

第二章では、同時期に、また極めてよく似た状況の中で英国の人々を熱狂の渦に巻き込んだ出来事をご紹介するが、英国の場合は、立憲政治の活力と良識のおかげで、フランスが経験した惨事に比べれば傷は浅い。

第2章　南海泡沫事件

The South-Sea Bubble

ついに腐敗が、大洪水のごとく
すべてを押し流した。強欲も忍び寄り、
生まれの卑しい霧のごとく広がり、太陽を隠した。
政治家も愛国者も同じく株の売買に精を出し、
貴婦人も執事も同じく窮地に立たされた。
判事は仲買いで大儲け、司教も町民につけ込んだ。
有力な公爵は半クラウン欲しさにカードをごまかし、
英国中が汚らしい金儲けのとりこになった。

——ポープ

南海会社《サウスシー・カンパニー》は一七一一年、あの高名なオックスフォード伯爵ハーレーによって設立された。ホイッグ党内閣の解散で失墜した公的信用の回復、そして総額一〇〇〇万ポンド近くにも上る陸海軍の負債やその他の流動負債の弁済が目的であった。英国政府はこの債務を肩代わりしていたこの商社——当時はまだ名もない会社であった——を救済するため、利息六％で融資することを決定。そこでこの会社は、年間六〇万ポンドに上るその利息を捻出するため、ぶどう酒、食酢、インド製品、加工絹製品、たばこ、鯨のひれをはじめとする各種製品に永久的な関税を課すことになった。南海（当時のスペイン領の南米や太平洋諸島）との独占貿易権が与えられ、法令で法人組織となったこの会社は、以来ずっとその「南海」の名で知られている。大蔵大臣だったオックスフォード伯はこの会社設立に自分が貢献したことをたいそう鼻に掛けていたため、取り巻き連中もこの計画を「オックスフォード伯爵の傑作」と呼んでいた。

南海会社や南米東海岸の富豪たちの間では、かなり早い時期から荒唐無稽な構想が持ち上がっていた。ペルーやメキシコの金鉱や銀鉱のことはだれもがうわさで知っていた——だれもが金や銀が無尽蔵に出てくるものと思い込み、英国の会社に行ってもらうだけで百倍もの金塊や銀塊になって返ってくると信じていた。スペインが貨物輸送を目的にチリとペルーの四つの港への入港許可を認めるらしい、といううわさが広まると、人々の信頼も高まり、やがて南海会社株が何年にもわたって高い人気を博することになった。

ところが、スペイン国王フェリペ五世は、スペイン領南米の港で英国に自由貿易を認めるつもりなどさらさらなかった。交渉が続けられたが、結果は「アシエント（請負契約）」、つまり三〇年間スペインの植民地にアフリカの黒人奴隷を供給する権利、メキシコ、ペルー、あるいはチリとの貿易を目的に、年に一度船を入港させる権利を得られただけであった。積荷の総トン数も金額も制限されていた。後者の権利にも、スペイン国王に利益の四分の一を献上したうえ、残りにも五％の税金が課せられるという厳しい条件が付いていた。オックスフォード伯と仲間たちは、意気揚々どころか、せっかく苦労してここまでこぎつけたのに、大した結果が得られず愕然とした。

まさに「大山鳴動してねずみ一匹」であった。

それでも南海会社に対する人々の信頼は揺るがなかった。オックスフォード伯がこんなことを宣言してしまったからだ。スペインは年に一度の船の入港に加え、初年には貨物運搬のためにさらに二隻の入港を許可してくれたと。一覧が発行され、そこには対英貿易用に開かれたとされる東海岸の全港湾が仰々しく記載されていた。ところが、年に一度の船も一七一七年までは入港できず、翌年にはスペインとの国交断絶によって貿易が差し止められてしまったのである。

一七一七年の議会開会に先立つ演説で、英国国王は公的信用について厳しく言及し、国の借り入れを返済できるよう適切な対策を講じるべきだと勧告した。二大金融会社である南海会社とイングランド銀行は、すぐ後の五月二〇日の議会でその対策案を提示。南海会社は一〇〇〇万ポンドの資本金を株式募集などで一万二〇〇〇万ポンドに増資し、六％ではなく五％の利息で融資する案を提示した。イングランド銀行も有利な条件を提示した。下院では審議が続けられ、ついに三つの法令、すなわち南海法（the South-Sea Act）、銀行法（the Bank Act）、一般会計法（the General Fund Act）が可決、成立した。最初の法令では南海会社案が承認され、会社側は、アン女王の統治時代の九年目と一〇年目の四回に及ぶ富くじの財源として政府が抱えていた有利子債務の償還用に二〇〇万ポンドを融資する準備に入った。二つ目の法令では、銀行がそうして政府から返済される一七七万五〇二七ポンド一五シリングと五％の金利を受け取り、二〇〇万ポンドに上る大蔵省証券を解約できるように譲渡すること、また一年前の通知で全額払い戻し可能な一〇万ポンドの年金型国債を、利息五％のままで引き受けることに同意した。さらに、同じく利息五

%という条件で、議会によって払い戻しが可能な二五〇万ポンドを超えない金額を、必要に応じて融資するようにも求められた。一般会計法は、こうした収入源から得られる金額で返済することになる各種不足金を列挙したものであった。

　こうして南海会社という名称は引き続き大衆の目に触れることになった。対南米貿易ではほとんど収益は増えなかったが、金融会社として繁栄を続けていった。株の人気も高く、成功で勢いづいてきた取締役たちも、勢力拡大の新たな手段を模索し始めた。そういえば、ジョン・ローのミシシッピ計画《スキーム》がフランス中を熱狂させているではないか。ピンときた彼らは、英国でも同じことができるのではないかと考えた。予想ではローの計画《スキーム》は失敗に終わりそうだったが、彼らの思いは変わらなかった。自分たちは賢いから大丈夫だ。そう自負していた彼らは、ローの二の舞いは踏まずに計画を永続させ、信用の糸も途中で切れないように目いっぱい伸ばしてみせる、などと想像を膨らませていた。

　ローの「システム」の人気は絶頂期を迎えており、何千人もの人々がカンカンポワ通りに押し寄せては狂った欲望に身を滅ぼそうとしていた。南海会社の取締役らが国債を完済するための有名な計画を議会に提出したのは、ちょうどこのころである。ヨーロッパで一、二を争う二つの国の人々が、無限の富という幻想に魅了されていた。英国が行き過ぎた投機に走るようになったのはフランスよりも少し後だったが、狂乱状態に陥るや、フランスには負けたくないという気持ちが強くなってきた。一七二〇年一月二二日、下院は超党派で委員会を作り、開会時に国王が行った財政赤字についての演説、またその債務の償還と減債を目的に南海会社が行った提案について議論した。その提案はいくつかの項目に分けられ、詳細に記載されていた。総額三〇九八万一七一二ポンドに上る債務は、一七二七年夏までは年利五%で南海会社がじかに引き受け、それ以後は、議会が望めば全額弁済が可能となり、利息も四%にするというものであった。提案は圧倒的な支持を得たが、下院に多くの仲間を持つイングランド銀行は、自分たちも累積する利益の分け前にあずかりたいと考えた。最も苦しい時期にも国のために素晴らしい貢献をしてきたわけだし、いずれにしても、このような話で利益が生まれるのであれば、これまで国のために何もしてこなかった会社よりも自分たちのほうが優先されるべきだというわけである。これでこの問題に関する審議が五日間先送りされた。この間に、銀行の理事たちは新たな計画を練った。南海会社のほうも、銀行が自分たちよりもさらに有利な条件を提示してくるのではないかと心配になってきて、早速これまでの計画を見直すと、期待に添えるようにといくつか変更を加えた。主な変更は、当初の提案では政府の債務償還期間を七年としていたが、それを丸四年間にしたことである。銀行のほうもこの異例の入札には負けまいと心に決めると、理事たちが初めの提案を見直して、まったく新しいものを提示した。

下院はこうして両者が提出した二つの案の審議に入った。銀行側の代弁者の筆頭はロバート・ウォルポール、南海会社の代表は大蔵大臣エイズルビーであった。二月二日、南海会社の提案が最も国益にかなうと判断され、その提案が受理されると、そのための議案を提出することが許可された。

取引所があるエクスチェンジ小路《アレイ》は異常な興奮に包まれていた。前日には一三〇ポンドだった南海会社の株価は、徐々に値を上げて三〇〇ポンドになり、議案が各方面で審議されている間も驚くほどの速さで上昇していった。これを大胆にも非難する政治家は、下院ではウォルポールただひとりと言ってもよく、ウォルポールは、説得力と重みのある言葉で今後起こりそうな害悪について警告していた。ウォルポールいわく、これは「株取引という危険な遊びであり、能力ある人々を貿易や産業から奪うものである。危険なわなだ。分別のない人々にありもしない富への期待を抱かせて、働いて得た収入を巻き上げながら破産へ追い込もうとしているのだ。この計画の本質は第一級の悪行だ。熱狂する人々をどんどん駆り立てて、資本からは払えるはずもない配当の支払いを約束しながら、人為的に株価を吊り上げるに決まっている」。そしてまるで予言者のようにこうも付け加えたのである。もしこの計画が成功したら、取締役たちは政府を自由に操って、絶対的な特権階級を築くだろう。そして議会の決議を左右するようになるはずだ。また、もし失敗したら――ウォルポールは失敗すると固く信じていたが――、国全体に不満が噴出し、国は崩壊する。こんなのは妄想だ。最悪の日が来たら、きっと来るだろうが、人々は夢から覚めたときのように、これは現実なのかと自問するはずだ。しかし、ウォルポールがどんなに熱弁を振るっても無駄だった。彼は偽予言者呼ばわりされたうえ、カーカー鳴いて凶事が起きるのを知らせるしわがれ声のカラスにまで例えられる始末であった。だが、仲間たちは彼をギリシャ神話に出てくるカッサンドラに例えながら（カッサンドラの予言は的中しないと信じてもらえなかった）、議員たちの顔をじっとにらみつけた。かつては議員たちも彼の口から飛び出す言葉のひとつひとつに最大の注意を払って耳を傾けていたのに、今や南海会社の問題について話すというのが分かった途端、皆が席を立ってしまうのだった。

議案は二カ月にわたって下院で審議された。この間、南海会社の取締役やその仲間たち、なかでもあの社長のサー・ジョン・ブラントは、株価を操作しようとあらゆる手を尽くしていた。そうこうしているうちに、とんでもないうわさが飛び交うようになった。英国とスペインが協定を結ぼうとしており、スペインは全植民地で英国に自由貿易を許可するらしい。ポトシラパズ鉱山の豊かな財宝が英国に入ってきて、銀も鉄のようにたっぷり手に入る。メキシコ人は、金鉱を留守にしてまで英国が輸出した綿織物や毛織物を買いに来ているらしい。南海会社と取引のある商社には史上類を見ないほどの利益が転がりこんできているし、だれでも株に一〇〇ポンドを投資すれば、年に数百ポンドの見返りが期待できる……。こうして南海会社の株価は四〇〇ポンド近くまで上昇したが、かなりの変動を繰り返しながら、結局は三三〇ポンドで落ち着き、議案が賛成一七二、反対五五で下院を通過するまではその水準を維持していた。

上院では前例がないほどのスピードで議案の審議が進められた。四月四日に第一回読会、五日に第二回読会が開かれ、六日には委員会に付託され、七日には第三回読会が開かれて、議案は上院を通過した。

上院議員のうち数人はこの議案に強く反対したが、その警告もかすんでしまった。一般大衆と同じように、議員たちも投機熱にうなされていたのである。ノース卿とグレー卿は、議案の中身はまともなものではなく、一握りの人間の懐を肥やして多数の人間を破滅させるという致命的な結果を招くと述べた。続いてウォートン公が発言したが、下院でウォルポールが行った雄弁な演説の二番煎じにすぎず、ノース卿とグレー卿の発言には耳を傾けていた議員でさえ聴こうとしなかった。クーパー伯も反対の立場で発言し、議案を有名な「トロイの木馬」に例えた。トロイの伝説と同じように、いくら盛大な拍手喝さいで迎えられても、社内に裏切り者と崩壊の要因が潜んでいたのではどうしようもないというわけだ。サンダーランド伯はすべての異論に反論しようとしたが、質疑応答が終わってしまい、結局この「プロジェクト」については反対がわずか一七人、賛成が八三人という結果になった。上院でも議案は可決され、その日のうちに国王も裁可を与え、国の法律として成立した。

このころは、まるで全国民が株式仲買人にでもなったかのようだった。エクスチェンジ小路《アレイ》は毎日人込みで身動きが取れず、コーンヒル通りでも多くの馬車が立ち往生していた。みんな株を買いにやって来たのだ。「愚か者はだれしも悪党たらんとする」と、人々はこのころ発表されたバラードを街中で口ずさんでいた。

するとと雑多な庶民に混じって
星型勲章やガーター勲章の人も現れた。
株を売買するために、
ユダヤ人と異邦人のけんかを見聞きするために。
そこへ貴婦人たちもやって来た。
毎日立派な馬車で通ってきた。
いや、宝石を質に入れたのか、
小路《アレイ》で賭けをするために。

あらゆる人々の無節操な金欲を満たすには、南海会社だけでは足りなかった。そこで、取締役らは途方もないもうひとつの計画に着手したのである。株主名簿はたちまち埋まり、出来高も膨大になってきた。一方ではもちろん、株価を吊り上げるためのさまざまな工作が行われていた。

ところが、議案が国王に裁可されると、あらゆる期待に反して南海会社の株価が突如として下がり始めたのである。四月七日には三一〇ポンドだったのが、翌日には二九〇ポンドまで下落。取締役たちはすでにこの計画に味を占めていたので、株価操作もしないでただ価格が本来の水準に下がっていくのを黙って見ているはずがなかった。早速、多忙な手下たちが仕事に取り掛かった。プロジェクトの関係者全員が公衆の面前で南米の海に眠っている財宝について長々と演説をぶったのだ。エクスチェンジ小路《アレイ》は熱心な人々で込み合っていた。彼らが自信たっぷりに吹聴してくれたおかげで、たったひとつの風説にも株価はすぐに反応した。フランスにいるスタンホープ伯がスペイン国王からの申し入れを受けたらしい。南海会社との貿易の安全と拡張のために、何でもジブラルタル海峡とマオン港をペルーの数カ所の港と交換したいと言っているそうだ。そうなれば年に一回ペルーの港まで船を出さなくてもよくなるし、スペイン国王に利益の二五％を献上する必要もなくなる。逆に、会社は自由に船を建造したり船を借り上げたりできる。外国の王様にも一銭も払わなくて済むようになるんだ……。

目の前にまぼろしの金塊がぶら下がっていた。

すると株価は急騰。四月一二日、法案が可決してから五日後に、取締役たちは額面一〇〇ポンドの株を三〇〇ポンドで、新しく一〇〇万株売り出すと発表した。これに対してあらゆる階層の人々から申し込みが殺到したため、最初の募集だけで当初の一〇〇万ポンドを二〇〇万ポンド以上も上回る額を調達することができた。払い込みは一株につき六〇ポンドずつを五回に分割して払えばよかった。数日のうちに相場は三四〇ポンドにまで回復し、募集した株式は最初の払い込み額の倍の値で買われていった。四月二一日、株価をさらに押し上げようと、取締役会は夏季配当を一〇%にすること、応募者全員に同一の権利を与えることを宣言。取締役らはこれを受けて、金に目がくらんだ連中をさらに熱狂させようと、再び一〇〇万ポンド分の株式募集を開始した。相場は四〇〇%も上昇していた。またもやあらゆる階層の人々が投機に異常なほど熱中し、わずか数時間で一五〇万ポンド分がその値で売れてしまった。

そうこうしているうちに、無数の株式会社があちこちに出没するようになった。これらは間もなく「泡沫会社《バブル》」と呼ばれるようになるが、これぞまさに、人間の創意が生み出した最高のあだ名であろう。人々はおおむね自分たちがつけたあだ名に満足していた。「泡《バブル》」ほどぴったりの名前はない。一～二週間は営業を続けていても、その後の消息はまったく不明という会社もあれば、そんな短期間でさえ続かない会社もあったが、昼夜を問わず、連日のように新しい計画が生まれていた。コーンヒル通りでこつこつ働く仲買人と同様、特権階級の人々もこの投機熱にうなされていた。プリンス・オブ・ウェールズ（英国皇太子）もある会社の取締役会に名を連ね、投機で四万ポンドも儲けたといわれている。ブリッジウォーター公がロンドン市とウェストミンスターの造成計画に着手したかと思えば、シャンドス公も別の計画を立ち上げていた。計画は約一〇〇件に上ったが、どれもほかの計画に負けず劣らず荒唐無稽で怪しげなものだった。ロバート・ウォーレスの『英国の政治的現状の特徴』の言葉を借りると、これらの会社は、「狡猾な悪党によって設立運営され、欲の皮が突っ張った多くの愚か者が後に続いたが、結局のところ、実態はその俗称が示すとおりのもの――単なる泡沫《バブル》でいかさま――だったようだ」。こうした不当なやり方でおよそ一五〇万ポンドの資金が動いた計算になるが、財産を失ったのは多くの愚か者、私腹を肥やしたのは多くの悪党であった。

なかには一見信用できそうな会社もあり、そのような会社ならば人々の熱狂が落ち着いてから立ち上げても関係者は皆利益を手にできただろうと思われるが、残念ながら、どれも株の値上がりで儲けるためだけの会社であった。発起人《プロジェクター》たちが初の上げ相場に乗じて株を売却すると、翌朝にはもう会社が消えているという具合だ。メイトランドは『ロンドンの歴史（History of London）』の中で大まじめに記しているが、大いに奨励されていたプロジェクトのひとつは、「のこぎりの切りくずで作った板を取引する」

会社の設立というものだったらしい。これは間違いなく冷やかしのつもりだろうが、設立されたと思ったら次の瞬間にはもう破たんし、破たんするかしないかのうちに数百の人間を破産に追い込んでいたでたらめな計画が数十件もあった。このことを示す証拠はいくらでもある。永久に運動を続ける車輪を取り扱う会社（資本金一〇〇万ポンド）があるかと思えば、「イングランド産の馬の飼育を促進し、教会の土地や所属地を造成し、教区の牧師館や司祭館の修理および建て替えを行う会社」というのもあった。最後の二つにしか関心がなさそうな聖職者が、なぜ馬の飼育になど首を突っ込むのだろう。それはキツネ狩りをする聖職者の集団がこの会社を興したのではないか、という前提で説明するしかない。昔のイングランドでは、聖職者がキツネ狩りをするのがごく普通のことだったからだ。この会社の株には応募が殺到。笑止千万で話にもならない会社ほど人々を熱狂させるものなのだ。身元不明の山師が興したとされる「大きな利点があるが、それが何なのかはだれにも分からない事業を運営する会社」ほど、それをよく表している会社はないだろう。確かな証拠が数多く残っていなければ、こんな計画にだまされる人がいたとはとても信じられない。一般大衆のだまされやすさに大胆にもうまく乗じたこの巧妙な男は、目論見書にはただこう記しただけであった。必要な資本金は五〇万ポンド、額面一〇〇ポンドの株式を五〇〇〇株発行、一株当たりの手付金を二ポンドとし、手付金を払った応募者には年間一株当たり一〇〇ポンドを受け取る権利を与えると。どうしてそれほどの利益が得られるのかという説明もなかったが、一カ月後にきちんと詳細を発表するから、その時点で残りの九八ポンドを払ってくれればいい、というのである。翌朝の九時、この狡猾漢はコーンヒル通りに事務所を開いた。大勢の応募者が殺到し、午後三時に事務所を閉めたときには、受け取った手付金だけで一〇〇〇株分に上ることが分かった。つまり、男は六時間で二〇〇〇ポンドを手にしたわけである。一か八かの勝負で大満足したずる賢い男は、その日の晩には大陸へと旅立っていた。その後の男の消息はまったくつかめていない。

英国の作家スウィフトは、エクスチェンジ小路《アレイ》を南海湾に例えてこの状況を見事に表現している。

多くの応募者がここをさまよい
互いに激しくぶつかり合う。
みんな穴の開いた小船を漕ぎながら、
ここで金を釣ろうとおぼれ死ぬ。

地中深く葬られたと思いきや、
今度は天まで昇っていく。
よろめきながら行ったり来たり、
酔っ払いのごとく途方に暮れる。

そのときギャラウェイの崖に隠れていた
未開の民が、難破船のそばで腹ごしらえ。
寝転んで沈没船を待ちながら、
死人の服も剝ぎ取った。

もうひとつ、大成功を収めた詐欺があった。それは「グローブの許可証」と呼ばれ、四角いトランプのカードと何ら変わらないものだったが、ろうに「帆布株応募許可証」という文字印が押してあり、エクスチェンジ小路《アレイ》近くにあるグローブ酒場の名前が入っていた。カードを持っている人は、将来新しい帆布製造工場の株を買う「許可」がもらえるだけであった。この工場の発起人《プロジェクター》は、当時資産家として知られていた男だったが、後に横領で南海会社の取締役らと共に処罰されている。この許可証、エクスチェンジ小路《アレイ》では六〇ギニーで販売されていた。

男女を問わず、有名人も皆、こうした泡沫《バブル》会社の株に手を出していた——男たちは酒場やコーヒーハウスで仲買人と会い、女たちは帽子店や雑貨小間物店を溜まり場にしていた。だが、だれも自分が買った会社の株価が本当に上がるとは思っていなかった——うまい具合にすぐに値を上げてくれたら、さっさと愚かな連中に売ってしまえばいいと思っていたのである。人々が大混乱に陥ったこともある。何と同時に売り出されていた同じ泡沫《バブル》会社の株なのに、エクスチェンジ小路《アレイ》の端と端とで一〇%も価格に差があることが分かったのだ。常識人たちは、この異常にのぼせ上がった連中を気の毒だと思いつつもハラハラしながら見詰めていた。議会の内外では、もうすぐとんでもないことが起こる、と明言する者もいた。ウォルポール氏も嫌な予感がしてきた。理性ある少数の人々も同じ不安を抱き、そうした不安は政府にも嫌というほど伝わってきた。六月一一日の議会開会日、国王は「これらの非合法な会社はすべて人々の迷惑になる。よって株式仲買人を起訴し、これらの会社の株式は一切取引禁止とする。違反した者には五〇〇ポンドの罰金を科す」と宣言。ところが、こうした宣言も何のその、狡猾な相場師は仕事を続け、たぶらかされている連中がさらに彼らを後押しした。七月一二日、枢密院に集まった控訴院の裁判官らは、特許状や免許状の申請をすべて却下して、泡沫《バブル》会社をすべて解散させるという命令を下した。次にご紹介する裁判官の命令は、不正な会社の一覧を含むが、今読んでも興味深いものである。今でも多くの人々には同じような行為に走る傾向が多分にあるからだ。

「一七二〇年七月一二日、ホワイトホール枢密院議場にて。枢密院の控訴院裁判官閣下が出席

控訴院裁判官閣下は、枢密院において、多様な目的で株式を募集するために着手された種々の計画から一般人が多くの不都合を被っていることを勘案し、また国王陛下の臣民の多くが、その計画を実行できる設立特許状および免許状の申請が認められるとの保証を口実に投資を勧誘されていることを勘案し、本日、かような詐欺行為を防止するため、この件に関連してすでに受理している申請書と共に、商務省および英国の弁護士と法務次長に報告書を提出するよう命じ、さらにそれらを十分に検討したうえで、英国枢密院の勧告により、以下に挙げる申請を謹んで却下する。

一．英国大水産という名称で水産貿易を行うための特許状を求める数人からの申請

二．前述の水産業運営にうまく寄与できる付加的権限を付与する特許状を求めるイングランド王立水産会社からの申請

三．やはり前述の事業運営を可能にする設立特許状を求める国内の水産業に携わるジョージ・ジェームズと数人の著名人からの申請

四．グリーンランドおよびその他の地域において捕鯨漁業を復活させ事業を続行させるための会社設立を求める数人の商人、貿易業者、その他登録者からの申請

五．グリーンランドで貿易事業、とりわけデービス海峡で捕鯨漁業を運営するための会社設立を求める大多数の商人を代表するサー・ジョン・ランバートおよび登録者による申請

六．グリーンランドにおける貿易事業を求めるもう一件の申請

七．賃貸または貨物輸送用船舶の購入および建造のための会社設立を求める商人、紳士、市民からの申請

八．麻および亜麻の播種のための特許状を求めるサミュエル・アントリムらからの申請

九．共同出資による帆布製造工場の運営推進のための会社設立免許状を求める数人の商人、船長、製帆工、帆布製造工からの申請

一〇．帆布および高品質のホランド（綿布）製造を目的とした土地購入のための借り入れができるように、会社設立

免許状を求めるトーマス・ボイド、および数百人の商人、船主、船長、製帆工、織工、その他の貿易業者からの申請
一一．現在与えられている特権を追認する以外にはいかなる者にも帆布製造免許を与えないのと同様に、綿および綿絹混紡の製造業を営む付加的権限を与えないように求めた、故ウィリアム王とメアリー女王が付与した亜麻布と帆布の製造特許の関係者数人からの申請
一二．火災保険事業を運営するための会社設立を求める数人の市民、商人、ロンドンの貿易業者、その他イングランド内で火災が発生した場合に補償を求める英国株の申込者からの申請
一三．英国国内で発生した火災による損害を補償する保険事業運営を目的とした会社設立を求めるロンドン市およびその他英国の地域の国王陛下の臣民からの申請
一四．ハーブルク・カンパニーという名称の会社設立を求め、一二〇〇万ポンドの資本金を共同出資したトーマス・バージェスおよびその他国王陛下の臣民を代表とする共同出資者からの申請
一五．ドイツから木材を輸入するための会社設立を求める木材卸売業者エドワード・ジョーンズらからの申請
一六．製塩所を運営するための会社設立を求めるロンドンの商人数人からの申請
一七．染色業者が使うアカネという木を育てる土地の購入を目的に、十分な資金調達ができる権限を持った会社設立免許状を求めるロンドンの商人キャプテン・マクフェドリス、数人の商人、服地屋、帽子屋、染色業者、その他の貿易業者からの申請
一八．バージニア州で吸われているバージニアたばこの栽培および乾燥加工に関する発明、ならびにそれを英国領全域に持ち込むための特許状を求めるかぎたばこ製造人、ロンドンのジョーゼフ・ガレンドからの申請」

泡沫会社《バブル》一覧

同上の命令によって、以下に挙げる泡沫会社《バブル》を非合法的な会社とし、よって無効とする。

一．スウェーデン産の鉄を輸入する会社
二．ロンドンに石炭を供給する会社（資本金三〇〇万）
三．イングランド全国の住宅の建築および建て替えを行う会社（資本金三〇〇万）
四．モスリン製造会社
五．国内でアルミ工場を経営し、改良する会社
六．ブランコ島およびサルタルタガスへの入植を促進する

会社
七．ディールの町に淡水を供給する会社
八．フランドル地方のレース製品を輸入する会社
九．国内の土地を造成する会社（資本金四〇〇万）
一〇．イングランド産の馬の飼育を促進し、教会の土地や所属地を造成し、教区の牧師館や司祭館の修理および建て替えを行う会社
一一．国内で鉄鋼を製造する会社
一二．フリント郡の土地を造成する会社（資本金一〇〇万）
一三．建設地を購入する会社（資本金二〇〇万）
一四．頭髪を取引する会社
一五．ホーリー島に製塩工場を建てる会社（資本金二〇〇万）
一六．不動産の売買、ならびに抵当権を設定して貸し付けを行う会社
一七．大きな利点があるが、それが何なのかはだれにも分からない事業を運営する会社
一八．ロンドンの通りを舗装する会社（資本金二〇〇万）
一九．全国どこでも葬儀を取り仕切る会社
二〇．土地を売買し、利子を付けて貸し付けを行う会社（資本金五〇〇万）
二一．国内で王立水産会社を経営する会社（資本金一〇〇万）
二二．船員の賃金を保証する会社
二三．勤勉な人々を支援し励ますための貸付会社を建てる会社（資本金二〇〇万）
二四．賃貸借可能な地所を購入し、造成する会社（資本金四〇〇万）
二五．スコットランドと米大陸からピッチ、タール、その他の海軍軍需品を輸入する会社
二六．衣類、フェルト地、パンタイル瓦を取引する会社
二七．エセックス州の領地と王領を購入し、造成する会社
二八．馬の保険を取り扱う会社（資本金二〇〇万）
二九．毛織物製品の輸出、ならびに銅、真鍮、鉄の輸入を行う会社（資本金四〇〇万）
三〇．大規模な診療所（資本金二〇〇万）
三一．製粉所の建設、ならびに鉛鉱の購入を行う会社（資本金二〇〇万）
三二．せっけんの製造技術を改良する会社
三三．サンタクルス島（ガラパゴス諸島）に入植させる会社
三四．ダービーシャー州に炭鉱を掘り、鉛鉱の精錬を行う会社

三五．ガラス瓶やその他のガラス製品を製造する会社
三六．永久に運動を続ける車輪を取り扱う会社（資本金一〇〇万）
三七．造園会社
三八．子どもの財産を保証し、殖やす会社
三九．税関で商品の積み下ろしをし、商人に代わって商談を行う会社
四〇．イングランド北部で毛織物工場を経営する会社
四一．バージニア州からクルミ材を輸入する会社（資本金二〇〇万）
四二．糸と綿でマンチェスター製織物を製造する会社
四三．ヨッパやカスティーリャ王国で使われているせっけん（カスチールせっけん）を製造する会社
四四．国内における錬鉄および鉄鋼を改良する会社（資本金四〇〇万）
四五．レース、ホランド（綿布）、キャンブリック（平織りの綿織物）、亜麻布等の取り扱いを行う会社（資本金二〇〇万）
四六．国内産・その他の一定製品の貿易および改良を行う会社（資本金三〇〇万）
四七．ロンドンの市場に畜牛を供給する会社
四八．鏡、馬車用ガラス等を製造する会社（資本金二〇〇万）
四九．コーンウォール州とダービーシャー州で錫鉱と鉛鉱を管理する会社
五〇．菜種油の製造会社
五一．ビーバーの毛皮を輸入する会社（資本金二〇〇万）
五二．厚紙と包装紙の製造会社
五三．毛織物製造に使う油やその他の原料を輸入する会社
五四．絹製品の改良、ならびに増産を行う会社
五五．株式、年金、割り符を担保にして貸し付けを行う会社
五六．未亡人その他の人々に小割引で年金を支払う会社（資本金二〇〇万）
五七．麦芽醸造酒を改良する会社（資本金四〇〇万）
五八．米大陸での大規模な水産会社
五九．リンカーンシャー州の沼沢地を購入し、造成する会社（資本金二〇〇万）
六〇．英国の紙製品を改良する会社
六一．船舶抵当賃借会社
六二．熱風で麦芽を乾燥する会社
六三．オロノコ川流域で貿易事業を営む会社
六四．コルチェスターその他の町でベーズ製品（フェルト地に似た生地）を効果的に製造する会社

六五．海軍軍需品の購入、食糧の供給、労働者への賃金支払いを行う会社
六六．貧しい熟練工を雇用し、商人等に時計を供給する会社
六七．耕作地を改良し、畜牛を飼育する会社
六八．英国馬の品種改良を行う別会社
六九．馬の保険を取り扱う別会社
七〇．英国のとうもろこし貿易事業を運営する会社
七一．主人および女主人に使用人から被った損害を補償する会社（資本金三〇〇万）
七二．私生児を受け入れて扶養する施設や病院を建てる会社（資本金二〇〇万）
七三．火を使用せず、原料も損なわずに粗糖を漂白する会社
七四．英国に有料道路と波止場を建設する会社
七五．窃盗・強盗保険を取り扱う会社
七六．鉛から銀を抽出する会社
七七．陶磁器とデルフト焼きを製造する会社（資本金一〇〇万）
七八．たばこを輸入し、スウェーデンおよび北欧に再輸出する会社（資本金四〇〇万）
七九．石炭を使用した製鉄会社
八〇．ロンドン市とウェストミンスター市にわらと干草を供給する会社（資本金三〇〇万）
八一．アイルランドで帆布と荷造り用布を製造する工場
八二．バラストを積み込む会社
八三．海賊に襲われないような船を購入し、艤装する会社
八四．ウェールズ地方から材木を移送する会社（資本金二〇〇万）
八五．岩塩を取り扱う会社
八六．水銀を可鍛精鉄に変成させる会社

政府の糾弾や一部の良識人からの嘲笑を物ともせずに、これらの泡沫《バブル》会社以外にも新しい会社が次々に出現した。印刷所は風刺画であふれ返り、新聞もはびこる愚行を皮肉った文言で埋め尽くされた。抜け目ないトランプ製造会社は「南海トランプ」なるものを売り出した。このトランプ、今では稀少品だが、カードにはそれぞれ、通常の小さな図柄のほかにも、四隅のどこか一カ所に泡沫《バブル》会社の風刺画が描かれており、下にはそれにぴったりの警句が添えられていた。最も名の知れた泡沫《バブル》会社のひとつに「ピュックル機械会社」というのがあるが、これは丸や四角の砲弾や砲丸を発射させ、戦争に大きな革命を起こそうという会社である。スペードの八には、人々の支持を得るための彼らの主

張がこんなふうに記されている。

海外の愚か者ではなく、国内の愚か者たちを
たたきのめすたぐいまれなる発明。
だが、友よ、この恐怖の機械を恐れるなかれ。
これに乗じた連中だけが傷を負うのだから。

ハートの九には「イングランドの銅と真鍮の会社」の風刺画と共に次の警句がある。

金貨と銀貨をイングランドの銅に
交換したがるせっかちな愚か者。
小路《アレイ》に行けば、自分のばかさ加減を思い知る。
高価な金属を粗悪な真鍮と交換するなんて。

ダイヤの八は、アカディアへの入植を促進する会社を荒削りな詩で称賛したものである。

やつは金持ち、金を使いたくてたまらない。
北米に投じた結構な金を、
急いで使ってもらおうではないか。
ロバの耳もやつに敬意を表してお辞儀をするさ。

このように、すべてのカードが同じような形で悪徳計画を白日の下にさらしており、だまされた「かも」を笑い飛ばしていた。こうした計画を実施するために集めた資金は総額で三億ポンド以上に上っていた。

さて、そろそろ欲張りでだまされやすい多くの人々の財産をのみ込んだ途方もない南海湾へと話を戻そう。五月二九日の相場は五〇〇。政府の年金受給者の三分の二が国債を南海株に交換していた。五月の間は相場も上昇を続け、二八日には五五〇、四日後には一気に跳ね上がり、五五〇から八九〇まで上がった。いくら何でもこれ以上は無理だろう、というのが世間の見方。そこで、この辺りで売って利益を確定しようという人が大勢現れた。国王と貴族のお供でハノーバーへ向かうところだった従者たちも売りに走った。六月三日のエクスチェンジ小路《アレイ》にいたのはほとんどが売り手で、買い手はほとんどおらず、相場は八九〇から六四〇へと一気に下落。取締役たちは動揺し、手下に買い注文を出すよう命じた。その努力が実を結んだのか、夕方にかけて信用は回復し、相場も七五〇まで戻した。その後多少の変動はあったものの、六月二二日に募集を締め切るまではこの水準で推移した。

相場を維持しようとして重役たちが使ったさまざまな手

口については、さほど重要ではないので詳しく述べる必要はない。最終的には一〇〇〇％にまで上昇したことを付け加えておけば十分であろう。これは八月初旬の相場である。泡が最も大きく膨らんだのはこのときだが、すでにはじける前の揺らぎは始まっていた。

政府の年金受給者たちは、会社の取締役らに不満をあらわにした。応募者名簿の作り方が不公平だというのだ。社長のサー・ジョン・ブラントらが株を処分したという話が広く知れ渡ると、その不安はさらに広がった。そして八月に入ると株価はどんどん下がり、九月二日に付けた相場はわずか七〇〇であった。

事態はただならぬ様相を呈してきた。自分たちの信頼が失われるのをできれば避けようと、取締役らは九月八日、マーチャントテイラーズ・ホールで株主総会を開催。朝九時、会議室は息もできないほど人で埋まり、チープサイドも入場できない人たちであふれ返り、大騒ぎになっていた。取締役やその仲間たちも大勢やって来た。議長に指名されたのは、副社長のサー・ジョン・フェローズ。フェローズは出席者にこの会議の趣旨を伝えた。そして取締役会での決議事項をいくつか読み上げると、これまでのいきさつ、償却債務と未償却分の金額、そして株式応募総額について説明した。続いて書記のクラッグスが短い演説をし、取締役らの力量を褒め称えたうえで、この計画を完ぺきに遂行するには株主全員が団結することが最も効果的だと主張。そして取締役会の賢明で巧みな経営に謝意を述べると、会社の利害と発展に一番合った方法でこれからも経営に手腕を発揮してもらいたい、という動議で締めくくった。熱狂的な南海会社の支持者として知られていた下院議員のハンガーフォード氏は、売り時を心得ているから相当儲けているに違いないといわれていたが、そんなハンガーフォード氏もここぞとばかりに大言壮語。

「これまでも株価の変動やこの種の団体の多くが興亡を繰り返すのを見てまいりましたが、南海会社ほど短期間のうちに素晴らしい成果を上げた会社はほかに見当たりません。その偉業は国王や聖職者、あるいは裁判官をもしのぐものです。ひとつの共通の利害であらゆる人々をひとつにしたのです。つまり、国内に広がっていたあらゆるきしみや憎悪を、完全に消滅させたとはいえないまでも、少なくとも眠らせてしまったのですから。株価の上昇で、金持ちは大きく財産を殖やし、田舎紳士も自分の土地の値段が二倍、三倍になるのを目の当たりにしています。それに、南海会社は教会にも多大な貢献をしています。このプロジェクトで大金を手にした聖職者も少なくないでしょう。要するに、彼らは国全体を豊かにしてくれたのです。経営陣のことはけっして忘れないでいただきたい」

演説も後半に入ると少々やじが飛ぶようになった。仰々しい美辞麗句が皮肉にも聞こえたからだ。だが、取締役とその仲間たち、そして会議室にいた勝ち組は皆熱烈な拍手を送った。ポートランド公もこれに同調し、なぜ不満の声を漏らすのか不思議でたまらないなどと述べた――もちろん、公爵は投機の勝ち組であり、『ジョー・ミラー笑話集』に出てくる丸々と太った市会議員、つまり贅沢な食事をするときにはいつも腹の上で腕を組み、この世には本当に飢えた人間などいるのか、などと豪語する男と同じような状態であった。

この総会ではいくつかの決議が採択されたが、一般投資家には何の効果もなかった。まさにその日の夕方、相場は六四〇になり、翌朝には五四〇まで下げた。その翌日もどんどん下げて、とうとう四〇〇まで落ちてしまった。下院議員のブロデリック氏は、大法官のミドルトン氏に宛てた九月一三日付けの手紙（コークス著『ウォルポール』でも紹介されている）の中で次のように記している。

「さまざまな憶測が飛び交っております。南海の取締役はなぜこんなに早くから疑念を払拭するのに躍起になるのかと。間違いなく、そうしたほうがいいと思ったからそうしたのでしょう。彼らは限度をはるかに超えて信用を拡大してしまい、正貨の裏づけもないという状態です。幹部たちは早々に身を引いて、雲隠れしています。大損をしているのは、だまされた思慮分別のない大衆で、強欲とモグラ塚から山を作りたいという思いを前に、判断力も鈍ってしまっています。これでは何千という家族が無一文になってしまいます。驚愕は筆舌に尽くし難いものがあります――憤怒も例えようのないもので、事態は絶望のどん底へと向かっていますが、その衝撃を避けるにはどうしたらいいのか、わたくしには何の考えも計画も浮かんできません。今度はこうしたほうがいいのでは、と考えることすらできないのです」

それから一〇日後、相場はまだ下げ止まらなかった。ブロデリック氏は再びこう記している。

「会社はまだ何の決断も下せずにいます。森の奥深くまで入り込み過ぎて、道に迷ってしまったのでしょう。最近町に来た紳士たちによりますと、南海会社の人間はどこでも鼻につく存在になっているようです。多くの金匠がすでに逃げだしているそうですし、これからもその数は増えそうです。持ちこたえられるのは、そのうち三分の一、いや、四分の一といったところでしょうか。この件に関しては、わたくしの判断が最初から正しいと思っておりました。一〇〇〇万ポンドの資金（流通している通貨量より多い）では、紙幣の信用限度を超えた二億ポンドの資金など動かせるわけがないのですから。つまり、原因は何であれ、危険な状態になれば、いくら立派なわが国でも地に落ちるのは避けられないということです」

九月一二日、書記のクラッグス氏の熱心な頼みに応じて、南海会社と銀行の重役たちが何度か会合を持った。すると、あるうわさが流れた。銀行が南海会社の六〇〇万ポンドの債務を引き受けることに同意したらしい……。これで相場は六七〇まで戻した。ところが、午後になってうわさが根も葉もないものだったことが分かると、相場はたちまち五八〇まで下げ、翌日には五七〇に、その後もずるずると下げて、しまいには四〇〇にまで落ちてしまった（**原注**　詩人のゲイは、この惨たんたる年に若きクラッグスから南海株を数株贈られ、一時は二万ポンドの大金持ちになった気分でいた。友人は株をさっさと処分したほうがいいと説得したが、体面や栄誉にあこがれていたゲイは、自分の財産のことをとやかくいわれるのに我慢できなかった。その後も株を売るようにとしつこく勧められた。今売れば、死ぬまで毎年一〇〇ポンドずつは使えるぞ……。フェントンも、「それだけあれば清潔なシャツが買えるし、羊の肩肉も毎日食える」と説得。ゲイはこの助言も聞き入れなかった。だが、値上がり益はおろか、もらった株券そのものも紙切れと化し、ゲイは命の危険にもさらされるほど不幸のどん底に突き落とされてしまったのだった——ジョンソン著『詩人伝』より）。

内閣はこの事態を深刻に受け止めていた。取締役たちも街を歩くたびに侮辱を受けた——危険な暴動のにおいが充満していた。ハノーバーにいる国王にも即刻帰国するよう懇願する急使が派遣され、田舎の屋敷にいたウォルポール氏も呼び戻され、南海会社の多額の債務を肩代わりしてくれるよう、その周知の影響力でイングランド銀行の理事たちを説得してほしいと頼まれた。

銀行は南海会社の問題にはかかわりたくないと思っていた。救いようのない災難に巻き込まれるのを恐れていたのだが、結局はあからさまに嫌な顔をしながらもすべての提案をのむことにした。しかし、国内世論は銀行が救済に乗り出すことを求めていた。この緊急事態に、産業界の大物たちも助言を求められた。今後の交渉の条件として最終的にウォルポール氏が作った契約の案文が採用されると、人々の不安も多少は収まった。

翌九月二〇日、南海会社の取締役会がマーチャントテイラーズ・ホールで開催された。取締役らがイングランド銀行その他に同社の債務を引き受けてもらうことに同意するか、さもなければ何か適当だと思う別の契約を銀行と結ぶ権限を与えられるという決議が採択された。発言したパルトニー氏は、異常事態が襲ってくるとは思いも寄らなかったと述べた。皆不安と恐怖におびえながらおろおろし、何かとてつもない大惨事が起きるのではないかと想像を膨らませていたが、どんな大惨事なのか、どの程度のものなのかはだれにも見当がつかなかった。

夜のごとく暗く、
一〇人の復讐の女神のごとく獰猛で、
地獄のごとく恐ろしい。

二日後に開かれたイングランド銀行の理事会では、頭取が南海会社問題についての数回にわたる会議の報告をしたうえで、役員にはまだ決定を下せるような名案はないと述べた。続いて決議案が出されると、適切な金額、条件、期間で、南海会社の債務を肩代わりする権限を役員に与えることを全会一致で可決した。

こうして両者は、公共の利益にとって最良の措置を自由に講じられるようになったのである。信用回復のため、銀行では新たに三〇〇万ポンドの株式募集を開始した。一五ポンドにつき一％の手付金、三ポンドにつき一％のプレミアム、そして五ポンドにつき一％の利回りという通常の条件であった。早朝から手付金を持って熱心な大群が集まってきたため、売り出した株はその日のうちに完売になるのではないかと思われた。ところが、昼前には雲行きが変わってきた。それを元に戻そうと努力の限りを尽くしたが、南海会社の株は急落。会社の信用はがた落ちとなり、大手の金匠や金貸し業者に人々が殺到するようになった。ところが、業者の中には南海株を担保にして多額の貸し付けを行っているところもあり、そういう業者は店をたたんで姿をくらましてしまった。南海会社の主要取引先であった刃物会社も支払い停止に追い込まれた。恐慌はまだ始まったばかりだ。そう考えた人々が銀行に押し寄せたため、銀行は午前中に募集して集めた金額を上回る額を払い戻すことになった。翌日（九月二九日）は休日で、銀行も一息つくことができ、こうした嵐にも何とか耐えられたが、元競争相手の南海会社は遭難してしまった。相場は一五〇まで下げると、徐々にちゃぶつきを繰り返しながら、とうとう一三五まで落ちてしまった。

これでは公的信用の回復など不可能だ、崩壊の波をせき止めるどころか、救おうとしている相手と一緒に流されてしまう。そう気づいた銀行は、半ば合意していた契約の履行を拒否することにした。救済を続ける義務など一切ない——いわゆる契約といっても、大ざっぱな草案にすぎないわけだし、重要な項目も何カ所か空欄のままになっている。解約しても何の罰則もない。『議会史』の表現を借りると次のようになる。

「このように、八カ月の間にあの強力な組織が生まれ、大きくなり、そして死んでいった。不思議なぜんまいで巻き上げられたこの組織は、見事な高さまで跳ね上がり、ヨーロッパ中の視線と期待を一身に集めたが、その土台は詐欺や幻想、民衆の軽信性と陶酔だったため、取締役らの詐欺行為が発覚した途端に地に落ちてしまった」

この会社が全盛期を迎えている間、つまり危険な妄想が膨らんでいる間に、国内の風紀もかなり乱れてきた。議員の職務怠慢を暴こうとして始まった議会の調査では、議員らの醜態が白日の下にさらされ、その恥ずかしさといったら、素行不良の犯罪者やそうした犯罪者を生み出した周囲の人間の知性と何ら変わらなかった。結果として生じたすべての弊害を詳細に調査するのは、研究としては極めて興味深い。個人もそうだが、国家も捨て身の賭けなどしようものなら必ず罰せられるのだ。遅かれ早かれ、必ず罰が下るのである。著名な作家スモレットは次のように語っているが、これは完全な間違いである。

「歴史家にとっては、これほどつまらない時代はない。感性や想像力に富んだ読者がこんな取引を詳しく書き連ねたものを読んでも楽しくないし、興味も持たないだろう。ぬくもりも、生彩も、装飾もないのだから。詳しいといっても、ただ下品な悪徳や悪意に満ちた墜落を描いた退屈な絵を並べているだけである」

だが、逆に――スモレットもしその気になっていれば気づいたかもしれないが――、このテーマは小説家ものどから手が出るほど欲しがる面白いインスピレーションを与えてくれている。略奪されて絶望のどん底にいる人々にぬくもりは感じられないのだろうか？　貧困にあえぎ没落していった多くの家族の悲哀を描いた絵に生気や生彩はないのだろうか？　昨日は裕福だったのに一夜明けたら文無しになっていた人間を描いた絵もそうなのだろうか？　絶大な権勢を誇っていたのが国外追放になり、浮浪者に身を落としてしまった人間の絵はどうだろう？　国全体に響き渡る自責の声やのろいの声を描いた絵もそうなのか？　いきなり理性や分別という束縛を取り払うと、狂ったように黄金の幻想を追い求め、単なる幻想なのだといっても頑として聞く耳を持たず、しまいには鬼火を追い掛ける作男のように泥沼にはまってしまった人々の絵は退屈だ、何の役にも立たないというのか？　こうした人間の過ちが多くの歴史を塗り替えているではないか。卑劣な廷臣たちがさらに卑劣な国王に取り入ろうして企てた策略、あるいは残忍な戦いや包囲戦の記録などは、これでもかというほど流麗な文体で書かれているし、想像力や空想をかき立てるような魔力で包んで詳述され、何度も繰り返し語られているではないか。その一方で、人々の道徳観や幸せな生活に暗い影を落とした出来事については、無味乾燥で退屈なもの、ぬくもりも生彩もないものとして、ほとんど注目されないまま見過ごされている。

この有名な泡沫《バブル》が大きく膨らんでいる間、英国には異常な光景が広がっていた。一般大衆は病的な興奮状態に陥っていた。慎重な取引でゆっくりと確実に利益を得るだけではもう満足できなくなっていた。明日になれば無限の富が手に入るのだから、今日は何も気にせずに贅沢をしてもいいという気分になっていたのである。これまで聞いたこともなかった奢侈や贅沢が身近なものになってくると、それに伴って風紀も乱れてきた。賭博に勝っていきなり富を手にした教養も品位もない横柄な男たち。本当の意味で洗練された者たちは、そんな彼らを見て、金を持っていれば卑劣な人間でも出世できる社会になってしまったのか、と恥じることしきり。こうした連中の、サー・リチャード・スティールの言葉を借りると、「数字人間」たちの横柄な態度は、彼らがまた困窮状態に陥っても忘れられることはなかった。議会でも、取締役の多くが着服の問題よりもその高慢な態度について追及された。そのひとりは自尊心ばかりが高い無知な成り金で、馬には金の餌を与えていると豪語していたのに、自分はパンと水だけの生活に成り下がっていた。偉そうな顔をしていた者も高飛車な演説をぶっていた者も、全員が面目を失い、百倍もの貧困と屈辱という報いを受けることになった。

こうした状態は全国に広がり、ただならぬ様相を呈してきた。そこでジョージ一世もハノーバーの滞在期間を短縮して、急きょ帰国。一一月一一日に戻ってきた国王は、一二月八日に議会を召集した。あちらこちらの町で市民集会が開かれ、不正行為で国を崩壊寸前にまで追い込んだ南海会社の幹部らを立法で処罰せよ、という嘆願書が採択された。だが、南海会社だけでなく国にも同じぐらいの責任があるとはだれも想像していなかったようだ。だまされた自分たちの軽信性や強欲――気高い国民性がすっかり影を潜めてしまうような恥ずべき金銭欲、あるいは策謀に長けた発起人《プロジェクター》が仕掛けたわなに喜んではまってしまうような心酔――を非難する者はおらず、完全に棚上げしていた。国民は純真で正直、勤勉な人々であって、強盗の一味に身包みを一切合切剝がされたのだから、やつらの首を吊り、引き回し、容赦なく四つ裂きにするべきだというのである。

これがほぼ一致した国民感情であった。上院も下院も理性を失っていた。南海会社の幹部らは、その犯罪が明るみに出る前は、処罰を受けるといっても非難の声が浴びせられる程度であった。国王も、正しい救済策を見つけてそれを適用するには、全国民の慎重さ、落ち着き、覚悟が必要であることを忘れないようにと呼び掛けた。この呼び掛けに応えて行われた討論では、数人の演説者が南海会社の幹部たちに猛烈な悪罵を浴びせた。中でもモールズワース卿の激しさは一際目立っていた。

「ある人に聞いたのだが、まさにこの国の大惨事の張本人である南海会社の幹部を処罰する法律がないのだそうだ。こういう場合には古代ローマの例に倣って罰するべきだというのだが、古代ローマには親殺しの犯人を罰する法律などなかったらしい。それは自分の手を父親の血で染めるような非人道的で邪悪な子がいることを想定していなかったからだが、ローマではこの極悪犯罪が起きた時点ですぐに処罰する法律を作ったそうだ。そして憎むべき罪人を袋に入れて縫いつけて、生きたままテベレ川に投げ込むという判決を下したのだ。この話をしてくれた人も、極悪非道な南海会社の発案者や執行人を国家反逆者だと思っていたから、彼らを同じように袋に入れて縛ってからテムズ川に放り投げられたらさぞかし満足だろう」

ほかの議員も感情や裁量の許すかぎり発言した。ウォルポール氏は比較的穏やかだったが、まず取り組むべきは公的信用の回復だと述べた。

「もしロンドンの町で火災が起きたら、良識ある者は、放火犯はどこだと聞くよりも、消火活動をしたり炎が燃え広がらないように皆で協力するはずだ。深い傷を負った公的信用が血を流して横たわっているのだから、一刻も早い助けが必要なのだ。刺客を処罰するのはその後で十分だ」

一二月九日、国王の言葉に応えたひとつの声明文が満場一致で採択された。その前に、国の大惨事を救済する対策を模索するだけでなく、その大惨事の張本人も処罰するという下院の決意を表明する文言を加えるべきだとして、修正が加えられている。

調査は迅速に進んだ。南海会社の取締役らはこれまでの取引の一部始終の説明を議会に提出するよう命じられた。この惨状は株式仲買人の不正行為が主な原因であり、公的信用を回復するにはそうした不正行為を防止する法律を制定するしかないという決議が採択された。するとウォルポール氏が立ち上がり、こう発言した。

「以前にもちょっと申し上げましたが、わたしは公的信用を回復する計画に多くの時間を割いてまいりました。しかし、それを実行に移すには、基本的な条件が整っている必要がありますし、計画を実行する前に、その基本的な条件が信頼できるものかどうかが分からないといけません。つまり、債務の引き受けや出資金、その他南海会社との契約を現状のままにしておくのかということです」

この問題提起は激しい議論を巻き起こした。最終的には賛成二五九、反対一一七で、南海会社の取締役会で株主の救済策が変更されないかぎり、あるいは法律で無効にされないかぎり、契約はすべて現状維持とすることで合意に達した。翌日、ウォルポール氏は公的信用を回復するための計画を超党派で構成する委員会に提出したが、それは事実上、南海株九〇〇万ポンド分をイングランド銀行に移譲し、同じ額を一定の条件で東インド会社にも移すというものであった。この計画案は下院に好意的に受け入れられた。多少の異論はあったものの、この二大会社からの申し出を受け入れるようにとの命令が下された。イングランド銀行も東インド会社も債務を肩代わりすることには難色を示し、この計画について検討するために召集された取締役会でも、助けてやりたいが何の効果もないという反対意見が出た。だが、最終的には南海会社の債務引き受けの条件に合意し、委員会にその報告書が提出されると、法案がウォルポール氏主導の下、無事に議会の両院を通過した。

同時に南海会社の取締役、社長、副社長、財務担当者、現金出納係、事務員らに一二カ月間出国を禁止し、彼らの不動産や動産の捜索と、それらの移動や譲渡の防止を目的とした法案が提出された。この法案は下院の有力議員のほぼ全員から支持された。席に座っている書記のクラッグス氏に目をやっていたシッペン氏は、南海会社の事業絡みで大蔵大臣が何やら怪しげな行動を取っているという悪いうわさを信じており、その件を厳しく追及することにした。そして英国下院が元の活気と精神を取り戻し、公共の利益のために一致団結して行動しているのを見てうれしく思う、と発言。確かに南海会社の取締役や重役の身柄と財産を確保することは必要だ。

「しかしだ」、とシッペン氏はクラッグス氏をきっと見詰めながら付け加えた。

「ほかにも南海の取締役らと何ら変わらない罪を犯している公職の人間がいる。そのうちにクラッグス氏がお名前を挙げてくださるだろうがね」

クラッグス氏は怒りをあらわにしながら立ち上がると、もし自分のことをおっしゃっているのなら、下院議員であろうとなかろうと、自分に疑念を抱く方々を納得させる用意があると発言。黙れという大きな怒号が議場のあちこちから飛んできた。大混乱の中、モールズワース卿が立ち上がり、クラッグス氏はなぜ下院議員全員を敵に回すような厚かましい態度を取るのかと述べた。モールズワース卿は六〇を過ぎた高齢者だったが、クラッグス氏が下院で発言したことには何でも答えるし、自分の周りには多くの若者がおり、皆下院の外でも恐れずクラッグス氏に真っ向から立ち向かうだろうと述べた。また黙れと叫ぶ声があちこちから響いてくると、議員たちが一斉に立ち上がった。全員がすぐにでも騒ぎだしそうな雰囲気であった。静粛に。いくら議長がそう命じても効果はなかった。混乱は数分間続いたが、その間席に着いていたのはモールズワース卿とクラッグス氏ぐらいであった。やがてクラッグス氏の名を呼ぶ声が激しくなると、クラッグス氏も下院全体を支配している感情には逆らわないほうがいいと考えて、議院内では許されない不謹慎な言葉で説明した。下院内で自分の行動を非難する人を納得させるというのは、別にけんかを売ることではなく、自分の行動について説明することだと述べた。これでこの問題は決着し、下院では南海会社問題の調査をどのように行うべきか、大勢で行うのか特別に調査委員会を設置するのか、という議論が進められた。最終的には一三人で構成する秘密調査委員会が設置され、関係者の身柄を拘束し、書類や記録を押収する権限が与えられた。

下院と同じように、上院も熱心に、そして早急に審議を進めた。ローチェスター主教いわく、この計画はまるでペストのようだ。ウォートン公も議会はえこひいきなどすべきではないとし、自分としては、もし親友がこのプロジェクトに関与していたら、そんな親友は失っても仕方がないと思っているとも発言。また、このうえなく屈辱的で言語道断なやり方で国民の金を強奪したのだから、犯罪者の処罰は徹底的にやると述べた。スタンホープ卿も、重役だろうとなかろうと、犯罪者が保有しているファーシング銅貨を全部押収して、公的損失を補てんすべきだと述べた。

こうして議会が喧々諤々としている間に、人々の興奮は極限に達していた。コークス著『ウォルポール（Walpole）』を読むと、南海会社の取締役の名前はどれもありとあらゆる詐欺師や極悪人と同義語のように考えられていたことが分かる。郡や市、自治都市など、全国から、傷ついた国を救う正義と極悪な横領犯に対する処罰を求める嘆願書が提出された。犯罪人の処罰についてそれほど過激でなかった穏健派の議員たちは、被害者たちから共犯者だとして繰り返し罵詈雑言を浴びせられ、匿名の手紙や公文書で手っ取り早い報復を受けた。大蔵大臣のエイズルビー氏ともうひとりの大蔵官僚クラッグス氏に対する非難の声は大きく、上院は直ちに二人の調査に踏み切ることを決定。一月二一日には、南海会社にかかわったすべての株式仲買人に対し、一七一九年の聖ミカエル祭以降、国家財政委員会か大蔵省の役人と取引した株式や応募の記録をすべて下院に提出するようにとの命令が下された。記録が提出されると、膨大な数の株券がエイズルビー氏に譲渡されていたことが判明した。また、南海会社の五人の取締役の身柄を国杖守衛官の保護監視下に置くようにとの命令も下された。五人の中には、著名な歴史家ギボンの祖父に当たるエドワード・ギボン氏も含まれていた。そしてスタンホープ伯から動議が出されると、満場一致で可決された。その動議とは、南海法案がまだ議会で審議されている最中に、実際には有価約因が未払いの株式や十分な担保がない株式を真に受けて信用し、幹部の便宜を図って南海会社の取締役か手下から、あるいは議会の議員から株を買うなどというのは、よく知られた危険な不正行為だ、というものである。その数日後にはもうひとつの動議が可決。保有している株をこっそり売却した南海会社の取締役や重役は、悪名高き不正行為と背信の罪を犯し、それによって公的信用を大きく失墜させるという不幸な事態を招いた、というものである。エイズルビー氏は大蔵大臣を辞任し、個人の犯罪に関する正式な審議が議会に持ち込まれるまでは、議会も欠席した。

そうこうしているうちに、南海会社の財務担当者で、不誠実な取締役の危険な秘密をすべて委ねられていたナイトが、帳簿や書類をまとめて国外へ逃亡。変装して小舟で川を行き、このために借りておいた船に乗り換えて、無事カレーにたどり着いた。秘密調査委員会が議会にこの状況を報告すると、二つの嘆願書を国王に提出することが全会一致で決まった。ひとつは、ナイトを逮捕した者には報奨金を出すことを国王に宣言してもらうこと、そして二つ目は、国王が直ちに港の閉鎖を命じ、ナイトやほかの南海会社の重役が国外に逃亡できないよう、沿岸に厳重な警戒を敷くよう命じることを求めたものであった。インクがようやく乾いたところで、議会から委任されたメシュエン氏が嘆願書を国王に提出。そしてその日の夕方、国王はナイトを逮捕した者には二〇〇〇ポンドの報奨金を与えると宣言した。下院は議会の扉に鍵を掛けるよう、そしてその鍵を議場に置いておくよう命じた。秘密調査委員会のメンバーのロス将軍は、国民を破滅に追い込んだ一連の極めて悪質な不正行為についてはすでにつかんでいるので、遅かれ早かれ議会に報告すると告げた。ほかの不正行為も暴くため、その間に南海会社の取締役や主要な重役数人の身柄を拘束し、書類も押収する必要があるという。これに対する動議も満場一致で可決された。下院議員のサー・ロバート・チャップリン、サー・セオドア・ジャンセン、ソーブリッジ氏、F・アイルズ氏、そして南海会社の取締役たちが議会に召喚され、不正行為についての答弁を求められた。サー・セオドア・ジャンセンとソーブリッジ氏はそれに応じ、身の潔白を証明しようとした。議会は辛抱強く咨弁を聴いてから退場を命じた。そこで動議が出され、彼らを悪評高い背信罪、つまり国王の臣民の多くに莫大な損害をもたらし、公的信用を大きく傷つけた罪に問うことを満場一致で可決した。そして違法行為をしたとして、議会からの追放と身柄を守衛官の保護監視下に置くとの命令が下された。その四日後に召喚されたサー・ロバート・チャップリンとアイルズ氏も議会から追放された。同時に国王にも嘆願書が提出された。ナイトが英国領のどこかに逃げた場合には、諸外国の大使らにも英国当局への引き渡しに便宜を図るよう命じてほしいというものだ。国王はすぐさま同意し、その日の夜のうちに世界中に使者が派遣された。

身柄を拘束された重役の中にはサー・ジョン・ブラントもいた。そもそもの計画の立案者であり、生みの親でもあるとして、世間一般の非難を浴びていた男である。英国の詩人アレグザンダー・ポープがバザースト卿アレンに宛てた手紙の内容をご紹介するが、この男、実は国教会の教義に従わない国教反対者でありながら、熱心な信者だと公言していたのである。

「神は愛することができない」と

ブルントは冷たい目をして言い、
「飢えた不幸な男なのだ」と
信心ぶって否定する……。
深く傷ついたブラントよ！
なぜ英国の嫌悪を買うのだ？
魔女はこんな言葉でわれわれの運命を彼に告げた。
ついに腐敗が、大洪水のごとく、
長い間、用心深い大臣たちは抵抗していたが、
すべてを押し流し、強欲が忍び寄り、
生まれの卑しい霧のごとく立ち込め、太陽を隠した。
政治家も愛国者も同じく株の売買に精を出し、
貴婦人も執事も同じく窮地に立たされた。
判事も仲買いで大儲け、司教も町民につけ込んだ。
有力な公爵も半クラウン欲しさにカードをごまかし、
英国中が汚らしい金儲けのとりこになった。
フランスもアン女王とエドワード国王の軍には
黙っていなかった！
裁判官の資格もない大物公証人！　頭を殴ってやれ。
貴族の豪奢もなく、市民の儲けもない。
いや、それが当然の結末、
恥ずかしくて見ていられない。
議会は堕落し、愛国者は反対する。

崇高な志を持つ党の憤激も鎮まっていく。
両者をなだめ、国の安寧を取り戻すため。
——ポープがバザースト卿アレンに宛てた手紙

ブラントは常に当時の贅沢や腐敗、不公平な議会、党派心の乏しさを糾弾していた。高貴な特権階級や貴族の貪欲に対しては、とくに舌が滑らかになった。元公証人のブラントは、後に南海会社の社長になったわけだが、単なる社長にとどまらず、最も精力的に動く経営者となった。特権階級の人間の貪欲を糾弾するようになったのがこの職に就いてからなのかどうかは不明だが、激しい憎悪の念を燃やすだけの物事を見てきているのは間違いない。ところが、自分で非難しておきながら、その悪に染まっていたとなると、いくら非難しても聞いてくれる人などいるわけがない。ブラントは上院の証人喚問席に連行されると、長時間にわたって尋問を受けた。いくつかの重要な質問には答えを拒否。すでに下院の秘密調査委員会の尋問を受けているが、何と答えたのか覚えていないので、矛盾した答えになるといけないから別の尋問には答えられない、というわけだ。この申し立て自体も間接的な有罪証拠となったが、議会にはちょっとした動揺が広がった。その後も法案が無事に可決するよう、行政機関の職員か議員に株を譲渡したことがあるかどうかを何度も厳しく追及された。ブラントは再び答弁を拒んだ。できるだけ議会には敬意を払いたいが、どうしても話せないという。ブラントの記憶をよみがえらせようといろいろ試みられたが、いずれも無駄に終わり、結局ブラントは退室を命じられた。閣僚の賛成派と反対派の間で激しい議論が続いた。行政もブラントの都合のいい記憶喪失に一枚かんでいるに違いないという声が上がった。ウォートン公はスタンホープ伯を非難したが、スタンホープ伯はこれに激怒。ところが、反論しながら興奮しすぎたのか、すっかり頭に血が上ってしまった。急に気分が悪くなったスタンホープ伯は、議場を出て部屋に退いた。直ちに吸角法による治療が施された。翌朝も血液の吸引が行われ、少しずつだが回復の兆しが見えてきた。悲劇的な結末などだれが予想しただろう。夕方、眠気が襲ってきた。そしてうつむけにばったり倒れ、そのまま息を引き取ったのである。この政治家の突然死で国中が深い悲しみに包まれた。ジョージ一世もことのほか動揺し、何時間も私室に閉じこもったままであった。慰めようもないほどの喪失感だったようだ。

南海会社の財務担当者のナイトは、ベルギーのリエージュ付近のチルルモンでブリュッセル在住の英国人リーシズ氏の秘書に取り押さえられ、アントワープの要塞に留置された。英国政府はオーストリアの宮廷に何度も引き渡しを要求したが、無駄に終わった。ナイトはブラバント（ヨーロッパ西部の旧公国）に保護を求め、そこで裁判を受けたいと願い出た。「喜ばしき特権（Joyeuse Entrée）」の条項によって、ブラバントには国内で逮捕されたすべての犯罪者をその国内で裁く特権が与えられていた。ブラバントはその特権を主張して、英国当局にナイトを引き渡すのを拒否したのである。英国は要求を続けたが、その間にナイトは要塞から脱走してしまった。

二月一六日、秘密調査委員会が議会に最初の報告書を提出した。委員会によると、調査には数々の困難や当惑がつきまとっているという――調べた人物はだれもが正義を踏みにじろうとしている。提出された数々の帳簿には虚偽の記載や架空の項目があり、株主名簿では株主の名前が空欄になっていた。再三にわたる修正や変更の跡や、帳簿にはページが引きちぎられている個所もあった。また、重要な帳簿の中には破棄されたもの、持ち出されたもの、隠ぺいされているものがあることも判明した。調査を開始した途端、委員会も関連する問題が極めて多岐で広範囲にわたっていることを実感した。多くの人間が法の執行のさまざまな局面で使命を帯びており、それを口実に、不当なやり方で多くの人々の巨額に上る財産を勝手に動かしていたのである。南海法が成立していないうちから、すでに帳簿には一二五万九三二五ポンドという金額が記載されており、株式の申込金という名目で五七万四五〇〇ポンドもの金額が計上されていることが分かった。これらの株式もすべて架空のもので、議員を買収して法案成立に動いてもらうために処分したものであった。取引の日付もさまざま、価格も一五〇～三二五ポンドとさまざまであった。会社に増資の権限がないときに売却された株の多さにも驚いた委員会は、すべての取引を厳密に調査することにした。社長、副社長、そして数人の重役が出頭を命じられ、厳しく追及された。これらの取引が記帳されたころの南海会社は、まだこれほど多くの株式を発行していなかったことも分かった。自社ではせいぜい三万ポンド以下というごく少数しか発行できなかったはずだ。さらに調査を進めていくと、この金額分は、会社が形だけの応募者の便宜を図って保有していたもので、一定の時期に引き渡しや受諾に関する双方の合意書もまったく交わされていないことも判明した。応募者らしき人物からも、前払い金、手付金、保証金などは一切支払われていない――つまり、法案が否決されることも考えられるため、仮にそのときに株価が下がっても、会社は一切損失を被ることがないようにしていたのである。逆に株価が上がれば（実際には法案が可決し、株価も上がったが）、値上がり益はそのまま会社の儲けになる。つまり、法案が可決した後に株式の口座を作り、ナイトがそれを調整し、形だけの応募者には会社の金から値上がり益を支払っていたというわけだ。主にサー・ジョン・ブラント、ギボン氏、そしてナイト氏が自由に処分していたこの架空の株は、法案の可決に便宜を図ってもらうためのわいろとして、政府の数人とその関係者にばらまかれていた。サンダーランド伯には五万ポンド分、ケンダル公爵夫人には一万ポンド分、プラテン伯爵夫人には一万ポンド分、その二人のめいには一万ポンド分、クラッグス書記官には三万ポンド分、チャールズ・スタンホープ氏（国家財政委員会の書記官のひとり）には一万ポンド分、刃物会社には五万ポンド分という具合であった。また、スタンホープ氏が株の譲渡益として二五万ポンドもの大金をターナー・カズウォール社から受け取っていたことも明らかになったが、スタンホープ氏の名前の一部が消され、「スタンゲープ」に変更されていた。大蔵大臣のエイズルビーはもっと恐ろしい利益を手にしていた。南海会社の取締役でもあったエイズルビーは、同社に口座があり、その額は七九万四四五一ポンドにも上っていた。それだけでなく、エイズルビーはまったくの独断で、何の保証もないまま、二回目の株式募集を一〇〇万ポンドではなく一五〇万ポンドにするよう同社に勧めていたのである。三回目の募集も行われたが、かなり破廉恥なやり方であった。エイズルビー氏の名前で七万ポンド、上院議員のクラッグス氏の名前で六五万九〇〇〇ポンド、サンダーランド公の名前で一六万ポンド、スタンホープ氏の名前で四万七〇〇〇ポンドとあった。この報告書には、さらにあまり重要でない六人の名前も載っていた。最後に委員会は、主にこの仕事を任されていたナイトが行方不明のため調査が難航していると断じていた。

一回目の報告書は印刷するよう命じられ、一日置いて次の日から検討に入った。憤怒と活気が入り混じった激しい討論が続いた後、取締役や議員、関係する行政機関の職員らの行動を非難する決議が採択された。彼らは全員が自らの財産をもって一般投資家に与えた損害を賠償するべきだ、彼らの行為は腐敗したもの、破廉恥で危険なものであるとの声明も発表され、不幸な被害者を救済するための法案を提出するようにとの命令が下された。

一連の不正取引について最初に説明を求められたのはチャールズ・スタンホープ氏だったが、彼はこう反論している。

「数年前に自分の有り金を全部ナイト氏に預けてしまったし、ナイト氏が持ってきてくれた株にかなりの謝礼を払っている。ターナー・カズウォール社からもらった株のことは何も知らない。何もかもわたしの知らないところでやったことであり、わたしが責任を負えるはずがない」

ターナー・カズウォール社もこの件に関しては責任を認めたが、スタンホープ氏が二五万ポンドも儲け、自分の名義でこの会社に預けていたというのは、どんなに公平に考えても極悪非道であった。ところがこのスタンホープ氏、たった三票差ではあったが、過半数で無罪放免となったのだ。あの手この手の裏工作のたまものであった。チェスターフィールド伯の息子であるこのスタンホープ卿、迷っている議員たちに事前に手を回し、無罪放免に投票するか議会を欠席するかのどちらかにするよう、精いっぱいの熱弁を振るって説得していたのである。優柔不断な田舎紳士の多くがその説得に惑わされ、結果的にこうなってしまったというわけだ。この無罪放免という評決によって、国中に不平不満の嵐が巻き起こった。暴徒もロンドン各地に集結――どこで暴動が起きてもおかしくない空気が漂っていた。もっと悪質な不正行為の調査が同じような結果に終わりそうなときにはとくにそうだった。エイズルビー氏については、いくら法律が不備だとはいえ、重責を担った高位者なのだから不正を働くなどもってほかだが、最も重い罪を犯していたのは、どうやらそのエイズルビー氏のようだ。尋問はスタンホープ氏が無罪放免になった翌日に始まった。辺り一帯が大変な興奮に包まれ、議場のロビーや大廊下は結果を早く知りたくてうずうずしている群衆であふれんばかりになった。討議は丸一日続いた。エイズルビー氏の味方はほとんどいなかった――犯罪行為は明らかであり、しかも悪質極まりないものだったので、だれにも擁護する勇気などなかったのだ。そしてついに評決が下された。反対票もゼロであった。

「エイズルビー氏は自分の不当な利得のために破滅的な南海会社の計画を奨励し、それを推し進め、重役たちと結託して悪行に走った揚げ句、国の公的な貿易や信用を失墜させた。よって同氏をその不法行為のかどで不名誉にも下院から追放し、ロンドン塔にて禁固刑に処する。また、一年間、つまり次期議会が終了するまでは出国を禁止し、その悪行のせいで損害を被った人々の救済に充てられるよう、全財産を記した正確な報告書を作成することとする」

この評決には大きな歓喜の声が上がった。すでに夜中の一二時半を過ぎていたが、この評決は瞬く間にロンドン中にとどろいた。喜びの証しとして、家の明かりをともす者もいた。翌日、エイズルビー氏はロンドン塔に移送されたが、タワーヒルにはそれを一目見ようと群衆が集まってきた。実際にやじを飛ばしたり投石したりすることはできなかったが、群衆は大きなかがり火をたいて、その周りで踊りながら喜びを爆発させた。ほかの場所でもいくつものかがり火がたかれ、ロンドンはまるで祭日を思わせる雰囲気に包まれた。だれもがまさに大惨事から免れてきたかのように祝福し合っていた。スタンホープ氏が無罪放免になったことで人々の怒りが頂点に達し、いつ収まるとも知れなかったため、こうした厳しい処分になったのである。

さらに一般大衆に納得してもらおうと、翌日にはターナー・カズウォール社のサー・ジョージ・カズウォールも下院からの追放とロンドン塔幽閉、そして総額二五万ポンドの返納が命じられた。

次はサンダーランド伯に絡む委員会の報告書が審理に付された。貴族の名折れだとして、議会は伯爵を擁護しようとあらゆる手を尽くしていた。伯爵の尋問は主にサー・ジョン・ブラントの証言を基に行われていたため、ブラントの言葉が信用できないことを立証しなければならず、それが至難の業であった。上院議員と枢密顧問官の名誉にかかわる問題ではとくにそうだった。閣僚の仲間全員が伯爵を擁護しており、もし有罪の評決が下されようものならトーリー党が政権を握ることになる、といううわさも流れた(当時の与党はホイッグ党)。そして結局のところ、賛成二三三、反対一七二で無罪放免となったのだが、国民全体が伯爵の有罪評決を確信していた。至るところで怒りが爆発寸前になり、ロンドンにはまた暴徒が集結したが、幸い何ら騒動は起こらなかった。

この日、最年長のクラッグス氏が世を去った。翌日に尋問を控えての死であった。服毒自殺をしたという説がまことしやかにささやかれていたが、国家財政委員会の書記官だった息子を五週間前に天然痘で亡くし、その悲しみに打ちひしがれていたようだ。彼は最愛の息子のために莫大な富を蓄えていた。だが、受け取った金は不正行為によるもの。しかも、そのために自分の名誉を売り渡し、名声にも取り返しのつかない泥を塗ってしまったのだ。これ以上悪事が暴露されるのを恐れるあまり心労が重なり、最後には卒中の発作を起こして息を引き取ったのだった。一五〇万ポンドの資産を残したが、これは没収され、自らが立役者となって作り出した不幸な妄想の被害者の救済に充てられた。

次々に南海会社の取締役が尋問に付されていった。損失を補てんするため、彼らの資産から総額二〇一万四〇〇〇ポンドが没収されたが、それぞれが人生をやり直せるようにと、罪状に応じて一定の金額を残しておくことが許された。サー・ジョン・ブラントに認められた金額は、一八万三〇〇〇ポンド以上の資産のうち五〇〇〇ポンドのみ、サー・ジョン・フェローズは二四万三〇〇〇ポンドのうち一万ポンド、サー・セオドア・ジャンセンは二四万三〇〇〇ポンドのうち五万ポンド、エドワード・ギボン氏は一〇万六〇〇〇ポンドのうち一万ポンド、サー・ジョン・ランバートは七万二〇〇〇ポンドのうち五〇〇〇ポンドであった。深く関与していなかったほかの犯罪者はより寛大な処分を受けた。厳しい罰金刑を受けたエドワード・ギボン氏を祖父に持つ歴史家のギボンは、その著書『祖父の生涯と著作の思い出（Memoir of his Life and Writings）』の中で、当時の議会のやり方を振り返り、興味深い記述を残している。ギボン自身は公平に見ているわけではないとしているが、こうした破滅的な時期に行われた手続きから何らかの論評ができる書き手はすべて被害者側に立って書いているわけだから、これもけっして公平とはいえない。だからこの偉大な歴史家の回想録には付加価値が付くようになったのである。もっぱら「片訟を聴かず（audi alteram partem）」の原則の上に立っているのなら、ギボンの見解も考慮する価値はある。ギボンは次のように述べている。

「祖父は一七一六年に南海会社の取締役に選出されたのだが、祖父の帳簿を見ると、この致命的な役職を引き受ける前に、すでに六万ポンドの私有財産があったことが分かる。だがその財産も、一七二〇年の難破で壊滅的になり、三〇年の苦労がたった一日で水の泡と化してしまった。南海会社が正しく機能していたのか悪用されたのか、祖父やその同僚の取締役たちが有罪なのか無罪なのかについては、わたしには判断する権限もないし、公平な判断ができるわけでもない。ただ、昨今の公平の原則からすると、公平という大義を汚し、不公平をさらにはびこらせるような専横的なやり方は非難されるべきである。国全体が黄金の夢から覚めた途端に、一般大衆から、さらには議会からも犯罪者を処罰せよとの怒号が上がった。しかしながら、たとえ有罪だろうが、国のどの法律でも取締役らを処罰できないという現実があったのである。モールズワース卿の法案は、過激だったためそのままの状態では通らなかったが、刑罰法案――つまり、当時彼らが犯した犯罪には前例がなかったため、そうした犯罪を後から処罰するための遡及法――が提出された。議会は取締役らの身柄を拘束し、出廷する際には異常なほどの警備を敷き、早々に彼らに屈辱の烙印を押してしまった。彼らは宣誓をしたうえで、私有財産の価値を厳密に報告するよう命じられ、譲渡や移転ができないよう、全財産が凍結された。刑罰法では、一般にすべての臣民にはその証言を弁護士に聴いてもらえる権利が付与される。彼らは聴いてほしいと嘆願したが、拒否された。弾圧する側が何の証拠も求めず、何の反論も聴こうとはしなかったのだ。取締役たちの今後の生活の支えとして、それぞれの財産の八分の一を残しておこうという提案が最初にあったが、豊かさや罪の重さもそれぞれ違い、八分の一では多すぎるという者が多いし、逆に少なすぎるという者もいる。そんな声が上がった。そこで、それぞれの人格と行状が個別に検討された。ところが、まじめで厳粛な法廷尋問どころか、三三人の英国人の財産と名誉は軽々しい話の種にされ、放縦な連中の気晴らしにされるだけであった。最も卑劣な委員に至っては、悪口を言ったり黙って投票したりするなど、自分たちの恨み辛みを晴らしていた。傷は侮辱によって悪化し、その侮辱にさらに悪い冗談が加わった。二〇ポンド残しておいてやろう、それとも一シリングにしようか、などという動議も冗談半分で出された。ある取締役はもう一件のプロジェクトにも関与しており、それで何やら大勢の人間が損をしているというあいまいなうわさも、その取締役が有罪である証拠だとして認められる始末。ある男は、自分の馬には金の餌を与えているんだ、などという愚かな発言をしただけで身を滅ぼすことになったし、別の男は、高慢になり過ぎて、ある日国家財政委員会で上司に礼儀正しくあいさつするのを拒んだというだけで有罪にされてしまった。欠席して証言を聴いてもらえなかった者は全員、委員会の独断で罰金刑や財産没収が言い渡されたが、その金額たるや、彼らの全財産にほぼ匹敵するほどの額であった。議会のどんな権力をもってしても、こうした行き過ぎた迫害を止めることはできなかった。祖父の処分が同僚よりも寛大なものになる見込みはなかった。トーリー党の方針を支持していたし、太いパイプもあったため、それが与党には気に入らなかったのだ。祖父の名はひそかに通報されていた。祖父が有能だったのは周知のことであり、知らなかった、間違いだった、などという言い訳は通用しなかった。南海の取締役たちの一回目の尋問の際、祖父は最初に身柄を拘束されたひとりだったが、最終的な処罰でもその罰金の額の多さから極めて重い罪だったことが分かった。祖父が宣誓して下院に報告した金額は、先に清算した分は除いて、推定で総額およそ一〇万六五四三ポンド五シリング六ペンスであった。祖父にどのぐらいの財産を残しておくかについては、一万五〇〇〇ポンドと一万ポンドという二つの案が提示されたが、結局は全会一致で少ない額のほうに決まった。だが、こんな大惨事に見舞われても、熟年に達していた祖父は、議会も奪うことのできなかった技量と信用力とで、新たな財産を築いたのである。一六年間の苦労は十分に報われた――わたしは、この新たに築いた財産も最初のものと比べてそう遜色がないものだと思っている」

取締役らの処分は終わった。議会の次なる仕事は、公的信用を回復することであった。ウォルポールの計画では不十分だと分かると、その評判も落ちていった。一七二〇年末時点の南海会社の株式資本は総額で三七八〇万ポンドになることが分かった。そのうち、全株主に割り当てられていたのはわずかに二四五〇万ポンド。残りの一三三〇万ポンドは法人格を持つ会社のもの、つまり国民の妄想によって得た利益であった。会社からは八〇〇万ポンド強の額が引き出され、株主や出資者全員に分配された。ひとり当たりの分配金は約三三ポンド六シリング八ペンス。これは大きな救済となった。さらに命令が下された。借り入れ時に、または会社の求めに応じて、実際に買った株を担保にして南海会社から借り入れをしている人には、その金額の一〇％を支払えば返済を全額免除するというのである。株価が不自然な上昇を見せていたとき、彼らはこのような方法で一一〇〇万ポンド程度の貸し付けを行っていたが、株価が通常の水準まで下がった今では、一一〇万ポンドを回収できたにすぎなかった。

しかし、公的信用を完全に回復させるには長い時間が必要だった。冒険心にあふれる「起業家」はギリシャ神話に出てくるイカロスのように高く跳びすぎてしまい、熱さで翼のろうが溶けだして、イカロスと同じように海に落ちてしまった。だが、波にもまれているうちに、自分には硬い土の上が合っているのだということを学んだのだった。それ以来、起業家は二度と高く跳ぼうとはしなかった。

商業が大きく飛躍した時代には、この事件の後も何度か度を越した投機に走る風潮が見られた。ひとつのプロジェクトが成功すると、同じようなプロジェクトが雨後の筍のように出てくるのが普通である。貿易立国の模倣好きな大衆は、必ずこうした成功に飛びついて、金儲けに夢中になった人々を二度とはい上がることのできない奈落の底へと突き落とすのである。南海会社のプロジェクトから生まれた同類の泡沫《バブル》会社は、いずれも有名な恐慌が起きた一八二五年にあっという間の生涯を閉じている。そのときも、一七二〇年のときと同じように強欲からくる不正行為で私腹を肥やした者はいたが、どちらの場合も最後の審判が下されている。一八三六年の計画も、一時は悲惨な結末を迎えそうな気配だったが、幸いにも手遅れになる前に回避された（**原注**　南海会社は一八四五年まで存続したが、一般大衆が商業賭博に心酔した例としては英国史上最大のものである。本書の初版は、「鉄道熱」が頂点に達した年の数年前に出版されている）。

第3章 チューリップバブル The Tulipomania

これは何という狂乱だ、同胞よ！

――ルカヌス

チューリップという名称は、ターバンを意味するトルコ語に由来するといわれている。そのチューリップが西欧に入ってきたのは一六世紀中ごろのこと。中世スイスの博物学者コンラート・ゲスナーは、チューリップを有名にした功績は自分にあると主張しているが――間もなく世界中が大騒ぎになるとは夢にも思っていなかった――、チューリップを初めて見たのは一五五九年、珍しい外来種の収集家として有名だった博学のヘルバルト参事官が所有するアウグスブルクの庭園であった。コンスタンチノープルにいる友人から球根が送られてきたのだそうだ。コンスタンチノープルでは昔からチューリップの花が大いにもてはやされていた。それから一〇年か一一年の後には、とくにオランダやドイツの資産家の間でチューリップ人気が沸騰。アムステルダムの金持ちはコンスタンチノープルから直接球根を取り寄せては法外な値段で購入した。イングランドで最初に栽培されたのは一六〇〇年にウィーンから持ち込まれたものである。その人気は年々高まり、一六三四年にはとうとうチューリップを収集していない資産家は趣味の悪さを証明しているようなもの、とまでいわれるようになった。ポンペイウス・デ・アンジェリスや『恒心論』の著者として有名なライデンのリプシウスなど、多くの識者もチューリップの熱烈な愛好家であった。チューリップ人気はあっという間に中流階級にまで広がり、しがない商人や商店主までもがチューリップの希少性やそのチューリップにいかに法外な金額を払ったかを競い合うようになった。ハーレムに住むある貿易商は、たった一個の球根を買うのに全財産の半分を注ぎ込んだことで知られている。けっしてそれを売って儲けようというのではなく、自宅の温室に植えて知人たちに見せびらかしたかっただけなのだ。

オランダ人のように思慮深い人々の目にも貴重なものに映ったぐらいだから、よほど価値があった花なのだろうと思いきや、チューリップにはバラのような気品も芳香もなければ、「スイートな香りのスイートピー」のような魅力もなく、花持ちも悪かった。実は、イングランドの詩人カウリーはチューリップをこんなふうに絶賛している。

チューリップがいると華やいでくる。
でも気ままで気位が高く、いたずら好き。
世界中どこにもない色がここにはある。
いやいや、色を混ぜ合わせて化粧を直すのだ。
紫や金色も自由自在、
最高級の衣装をまとうのが好き。
唯一の望みは人の目を楽しませること、
そして華美な装いではだれにも負けないこと。

あまり詩情豊かとはいえないが、これが詩人による描写である。ヨハン・ベックマンは『西洋事物起源』（岩波文庫）の中で、チューリップをさらに忠実に、カウリーの詩よりも魅力的な散文で表現している。ベックマンの筆に掛かると、チューリップはこのようになる。

「チューリップほど偶然や弱さ、病気によって多彩な色合いを持つようになった植物はない。野生のうちは、つまり自然の状態のままのときには、色はほぼ一色で、葉は大きく、並外れて長い茎があった。ところが栽培されて弱ってくると、栽培する者はとても好印象を持つようになった。花弁はより淡い色になり、小さくなり、色合いも多彩になってきた。葉も柔らかな緑色を帯びるようになった。しかし、この栽培が生んだ傑作は、美しくなるにつれてどんどん弱ってきたため、どんなに熟練した腕前があっても、いくら入念に育てても、植え替えることも生かしておくことも難しくなってしまった」

母親は健康な子どもより病気がちで苦しんでいる子どものほうをよりかわいがる傾向にあるが、これと同じで、多くの人はかなり世話の掛かるものに知らず知らずのうちに愛着を抱くようになる。このはかない花に対して異常なほどの賛美が惜しみなく与えられたのも同じ理由からだろう。一六三四年にはオランダ人の間でチューリップ熱が高まり、国内の一般の産業もなおざりになってきた。最下層民までもがチューリップの取引に手を出すようになった。熱狂的な愛好者が増えるにつれて値段も跳ね上がり、とうとう一六三五年には、球根四〇個を買うのに一〇万フロリンという大金を投じる者が急増した。するとその後は、買った球根をグレーンよりも小さい重量単位であるペリットで売る必要が出てきた。アドミラル・リーフケンというチューリップの品種は、四〇〇ペリットで四四〇〇フロリン、アドミラル・ファン・デル・アイクは四四六ペリットで一二六〇フロリン、チルダーは一〇六ペリットで一六一五フロリン、バイスロイは四〇〇ペリットで三〇〇〇フロリン、そして最も貴重な品種であるセンペル・アウグストゥスに至っては、二〇〇ペリットで最低でも五五〇〇フロリンであった。この品種の人気は高く、質の悪い球根でも二〇〇〇フロリンという値が付くほどであった。一六三六年初頭のある時期には、この品種の球根はオランダ中を探しても二個しかなかったといわれている。しかも、その二個も最高品質のものではない。ひとつはアムステルダムのある卸売業者が所有しており、もうひとつはハーレムにあった。何としてでもその球根が欲しかった投機家たち。ある投機家は、ハーレムのチューリップと引き換えに一二エーカーの宅地の単純不動産権を提供した。アムステルダムの球根のほうは、四六〇〇フロリンと新しい馬車、葦毛の馬二頭、そして馬具一式と引き換えに売られた。当時の精励恪勤な作家アブラハム・ムンティングは、チューリップバブルに関する一〇〇〇ページにも及ぶフォリオ判を書き上げた人物だが、次のようなリストも保持している。これはバイスロイという稀少な品種の球根一個に相当する物品とその価格とを記したものである。

（フロリン）

小麦二ラスト……………………四四八
ライ麦四ラスト…………………五五八
肥えた雄牛四頭…………………四八〇
肥えた豚八頭……………………二四〇
肥えた羊一二頭…………………一二〇
ぶどう酒大樽二個………………七〇
ビール四タン……………………三二
バター二タン……………………一九二
チーズ一〇〇〇ポンド…………一二〇
ベッド一式………………………一〇〇
服一着……………………………八〇
銀杯一個…………………………六〇

二五〇〇

（一ラストは約一八〇〇キログラム）

この愚行が極限に達していたころに外国から帰国した者は、自分たちの無知に気後れすることもあった。デュクロレイ・ド・ブランビルの『旅（Travels through Holland, Germany, Swizerland and other parts of Europe but espcially Italy―1742～1745）』には面白い話がひとつ紹介されている。珍種のチューリップを数多く持っていることを得々としていたある豪商が、レバント地方（東方）向けの高価な委託荷物を受け取ったときのことである。船乗りから荷物が到着したという知らせが入った。いろんな荷物を抱えた船乗りが会計室に入ってきた。豪商は知らせてくれたお礼に、朝食用にと言って上等な薫製ニシンをたんまりと分けてやった。ところがその船乗り、玉ねぎが大の好物だったらしく、この気前のいい商人の勘定台に玉ねぎにそっくりな球根が置いてあるのを見つけると、絹やビロードと一緒に置いてあるのはどう見てもおかしいと考えて、こっそりと機会を見計らいながら、ニシンの付け合わせにしようと球根を自分の懐に滑り込ませたのである。船乗りは球根を持って何事もなく外に出ると、朝食を取るため波止場へと向かった。すると間もなく、商人は三〇〇〇フロリン（二八〇英ポンド）もする高価なセンペル・アウグストゥスがなくなっていることに気がついた。事務所全体はたちまち蜂の巣をつついたような大騒ぎ。至るところで貴重な球根捜しが始まったが、結局は見つからずじまい。商人は精神的にすっかり参ってしまった。改めて球根を捜してみたものの、やはり見つからなかった。すると、だれかがようやくあの船乗りのことを思い出したのだ。

不運な豪商は、やっと出てきた船乗りという言葉を耳にした途端、通りに飛び出していった。心配した家族も後を追った。船乗りのほうは、何という単細胞だろう！　どこかに隠れようとは考えなかったのか。ぐるぐる巻いた太い綱の上にちょこんと座って、「玉ねぎ」の最後の一かけらをかみしめている最中だった。今食べている朝食が、まさか自分の船の船乗り全員に一年間大盤振る舞いできるほど——球根を盗まれた豪商が言っているように、「オランニェ公と総督府の役人全員に豪勢なご馳走を振る舞えるほど」——高価なものだとは夢にも思っていなかった。かつてアントニーはクレオパトラの健康を祝して、真珠をぶどう酒に入れて飲んだ。ロンドン市長のサー・リチャード・ウィッティントンも、国王ヘンリー五世のように愚かしくも盛大に娯楽に興じた。財政家のサー・トーマス・グレシャムにしても、エリザベス一世が王立取引所を創設したときに、女王の健康を祝してぶどう酒にダイヤを入れて飲んでいた。だが、このふざけたオランダ人の朝食は、そのどれにも引けを取らないほど豪華なものだった。しかも浪費家の先達に勝っているのだ——真珠をぶどう酒に混ぜても味が良くなったり体にいい飲み物になったりすることはないが、球根は薫製ニシンと一緒に食べると実に美味なのだ。ただ、彼が豪商から重罪のかどで訴えられ、数カ月間獄中生活を強いられたという点では、完敗であった。

もうひとつ、英国人の旅人の話もこれに負けず劣らずこっけいである。この紳士、アマチュアの植物学者だったのだが、偶然にも裕福なオランダ人の温室にチューリップの球根が置いてあるのを見つけた。どんなものかを知らなかった紳士は、ペンナイフを取り出すと、実験してみようと球根の皮をむき始めたのである。そうやって半分ぐらいの大きさになったところで、紳士は球根を二つに切り分けて、しばらくの間変わった形をした見慣れない球根を学術的な観点から観察していた。すると突然、温室の持ち主が飛んできて、自分のしたことがどういうことか分かっているのか、と恐ろしい形相をしながら食って掛かってきたのである。

「世にも珍しい玉ねぎの皮をむいているんですが」と紳士は答えた。

「一〇万ドゥイベルだぞ！　アドミラル・ファン・デル・アイクだ」とオランダ人。

「それはどうも」。旅人は手帳を取り出すと、今聞いたことをそのまま書き留めながらこう尋ねた。

「それで、このアドミラルというのはこちらの国では広く普及しているんですか？」

「くたばれ、この野郎！」。オランダ人はそう言うと、驚いている学者の襟首をつかんだ。

「役場へ行こうじゃないか、そうすりゃ分かる」

抗議もむなしく、旅人は通りを引きずられるようにして連れていかれ、やじ馬も大勢その後に続いた。行政官の前に連れてこられた旅人はびっくり仰天。実験をしていた球根は四〇〇〇フロリンもする高級品だったのだ。血眼になって情状酌量を訴えたにもかかわらず、球根の価格を弁償するという保証が取れるまで、旅人は牢屋に入れられてしまった。

一六三六年には珍種のチューリップの需要が急増し、アムステルダム証券取引所、ロッテルダム、ハーレム、ライデン、アルクマール、ホールンなどの町には定期市が設けられるまでになった。ここで初めて賭博が広まりそうな兆しも見えてきた。新しいものにはすぐに反応する株式仲買人たちもチューリップを大々的に取り扱い、価格を上下させようと知恵を絞りながら使える手は何でも使った。最初のうちは、こうした賭博熱と同じように信頼性も高く、だれもが儲かった。チューリップの仲買人たちはチューリップの値動きに投機して、値が下がったところで買い、上がったら売るというやり方で大金を手に入れた。成り金が急増した。黄金の餌が目の前にぶら下がっていたのである。まるで蜂蜜のつぼにハエが群がるように、人々は引きも切らずチューリップ市場へ押し寄せた。チューリップ熱は永遠に続く、世界中の金持ちがオランダに注文を出してきて、こちらの言い値で買ってくれるだろう。ヨーロッパの金持ちもゾイデル海沿岸に集まってくるし、好景気に沸くオランダからは貧乏人などいなくなるに違いない。だれもがそんな想像を巡らせていた。貴族、市民、農民、商人、漁師、従者、使用人、煙突掃除人や洗濯婦までもがチューリップに手を出した。あらゆる階層の人々が、財産を現金に換えて花に投資した。チューリップ市場で契約金の支払いに充てるため、家や土地を譲渡する者や格安で売りに出す者も現れた。外国人も同じ熱にうなされ始め、世界中の資金がオランダに流れ込んでくるようになった。生活必需品の値段も次第に上がり、それに伴って土地や住宅、馬や馬車、あらゆる贅沢品の値段も上昇した。数カ月もすると、オランダはまさに富の神プルトスの部屋に通じる控えの間と化してきた。取引量も増え、複雑化してきたため、卸売業者の指針となる法規制を整備する必要も出てきた。チューリップの取引を専門に扱う公証人や書記も任命され、ただの「公証人」という名称が消え、「チューリップ公証人」と名を改めるところも出てきた。取引所がない小さな町では、大きな酒場がチューリップの「展示場」となり、だれもがそこで取引をし、贅沢な遊びの値段を交渉した。夕食どきともなると、酒場は二〇〇～三〇〇人の客で埋まることもあった。テーブルや食器棚の上には一定間隔で満開のチューリップを挿した大きな花瓶が置かれ、食事中の客を楽しませていた。

しかし、分別のある人々はようやく、こんな愚行が永遠に続くわけがないと考えるようになってきた。金持ちももう庭に植えるのではなく、再び売ってわずかな利益を確保するために買うようになった。最後には大損する人が出てくるだろうという懸念が広がった。こうした確信が強まってくると、価格は下がり、二度と上がることはなくなった。信頼も崩れ、卸売業者はパニックに陥った。ＡがＢから一〇個のセンペル・アウグストゥスを一個四〇〇〇フロリンで、契約から六週間後に購入することに応じた。Ｂは約束の日に合わせて花を準備していた。ところが六週間たつと、価格は一個三〇〇～四〇〇フロリンに暴落。するとＡは差額を払うことも、チューリップを受け取ることも拒否。オランダではどの町でも、契約不履行者が連日公示されるようになった。つい数カ月前にはオランダには貧困など存在しないと豪語していた連中も、購入時の四分の一の値段でもだれも買ってくれないような球根をいくつも持っていることに突然気がついた。至るところで苦悶の声が上がり、互いが隣人を責めるようになった。何とか金持ちになりたいと思っていた者は、他人に気づかれないように財産を隠すと、イングランドなど他国の国債に投資した。つましい生活からやっと抜け出した成り金も、また元の生活に舞い戻っていった。相当数の商人が破産寸前まで身を滅ぼし、高貴な家柄の典型のような人々も、一族の財産を取り返しがつかないほど失ってしまった。

　最初の恐怖が鎮まると、チューリップの保有者たちが集まって、人々の信用を回復する最善策を考えようと公開の会合を開く町も現れた。アムステルダム全域から集まった代表者は、この弊害の救済策について政府と協議することで大筋合意。初めのうちは政府も干渉しようとせず、チューリップの保有者同士で案を出してみるようにと助言していた。そこで保有者たちは何度か会合を持ったが、裏切られた人々を納得させられるような案、つまり少しでも損失分を取り戻せるような案はまったく出てこなかった。だれもが不平不満や非難の言葉を口にし、会合は荒れる一方であった。だが、そうした悪意に満ちた議論も出尽くすと、アムステルダムに集まった代表者たちは、投機熱が絶頂を迎えていたときに、あるいは一六三六年一一月以前に交わされた契約をすべて無効にすること、またそれ以後の契約については、売り主に契約金額の一〇％を払えば契約を解除できるとすることで合意した。だが、この決定に納得する者はいなかった。チューリップを保有している売り主たちは当然不満を漏らし、購入契約を済ませていた人々も不当な扱いをされていると考えた。一時は六〇〇〇フロリンもしたチューリップが、今ではたったの五〇〇フロリン。これで一〇％の示談金を払ったら、時価より一〇〇フロリンも高くついてしまう。オランダ中の裁判所には契約違反に対する訴訟が持ち込まれるようになったが、裁判所のほうは、賭博性の強い取引を審理するわけにはいかないとして訴えを退けた。

　この問題はとうとうハーグの地方議会でも取り上げられ、議会が知恵を絞れば信用回復の手だてが何かしら見つかるだろう、とだれもが大きな期待を寄せた。どんな決定が下されるのだろうと、人々の期待も頂点に達した。だが、その期待は裏切られてしまった。議員は何週間もの間審議を続けたが、三カ月もたってからようやく、もっと情報を集めてからでないと最終的な決定は下せないと宣言。しかし一方で、売り主は立会人を同席させたうえで、チューリップの「現物」を合意した金額で購入者に引き渡すべきだとも勧告した。もし購入者が受け取りを拒否したら、売り主は競売に掛けて売りに出すことができ、実際の価格と契約で決められた価格との差額は原契約者に負担させるべきだというのである。これはまさに代表者たちが押していた案だったが、すでに実効性がないことが分かっていた。オランダには支払いを強制できる裁判所はなかった。アムステルダムでもこの問題が提起されたが、賭博で抱えた債務は法的には債務ではないとして、裁判官は全員一致でこの件に介入することを拒んだ。

こうして問題は解決されずじまい。政府の力では救済策を見いだすのは無理であった。相場が突然反落したとき、不幸にも多くのチューリップを保有していた者は、冷静に自分の大損を受け入れたが、儲けた者はその利益を確保することができた。しかし、国の経済は深刻な打撃を受けており、回復するまでには長い年月を要した。

イングランドでもオランダと同じような状況が生まれた。一六三六年にはロンドン取引所でチューリップの取引が始まり、仲買人たちはアムステルダムの相場と同程度まで値を吊り上げようと奮闘した。パリでもチューリップ熱をあおろうと必死になったが、ロンドンでもパリでも彼らの思惑は外れてしまった。それにしても、模範の力というのはすごいもので、チューリップは最も愛される花になり、それ以来、一部の人々の間ではほかのどの草花よりも愛好されるようになってきた。オランダ人は今でもチューリップには目がないことで知られており、チューリップの値段は相変わらずどの国よりも高い。英国の金持ちが自分の立派な競走馬や古い絵画を自慢するのと同じように、オランダ人は自分のチューリップを自慢するのである。

一九世紀初頭の英国では、奇妙に思われるかもしれないが、チューリップはオーク材よりもお金になる。珍種でも発見されようものなら、その価格は刈っていない穀草一二エーカー分の値段に匹敵するのである。『ブリタニカ大百科事典』第三版の補遺の執筆者によると、一七世紀末ごろのイングランドでは、チューリップには最高一〇ギニーの値が付いていたが、それを最後に価格は下落を続け、一七六九年には、最も高価だったのはドン・ケベードとバレンティーニアという品種だったが、前者は二ギニー、後者は二・五ギニーまで値を下げた。これが最も安い値段だと思われる。一八〇〇年には球根一個の値段がほぼ一五ギニーにまで上がり、一八三五年にはミス・ファニー・ケンブルという品種の球根が、ロンドンで競売に掛けられて七五ポンドで落札されている。さらに驚くのは、チェルシーのキングスロードの庭師が持っていたチューリップの価格である――その目録には二〇〇ギニーと表示されていた。

第二部

人殺しの狂気

第４章　毒殺の大流行

The Slow Poisoners

ペスカーラ　かような記事は一度も読んだことがない。
ステファーノ　思いますに、耳にしたことがある方には、面白くも何ともない話でしょう。
ペスカーラ　確かに。教えてやろうか、できるだけ手短に言うが、どの程度やつらが狂気に走ったかを。

——ミラノ公爵

じわじわと効いてくる毒。これを使って人を殺すという、残忍極まりない手口が時代を問わずに用いられている。犠牲者の死が周囲にはあたかも自然死であるかのように見せるためである。このテーマに関心がある読者は、ヨハン・ベックマンが秘密の毒薬について著した『西洋事物起源』（岩波文庫）を参照されるといい。ベックマンはこの作品で、古代ギリシャ・ローマ時代の著作からいくつかの事例を集めて紹介している。この犯罪は一六世紀初頭から徐々に増え始め、一七世紀になるとペストのようにヨーロッパ全体に蔓延した。犯人は魔女や妖術師を装った者が多く、とうとう自称妖術師や超能力師の間では、魔術や妖術が教育の一部門となってきた。ヘンリー八世の即位から二一年目に入ると、魔術や妖術を大逆罪とする法令が可決され、有罪判決を言い渡された者は釜ゆでの刑に処せられることになった。

この手口を使った犯罪では最初にして、残忍さでも他を圧倒しているのが、一六一三年のトマス・オーバーバリー卿の殺害だ。これはイングランド国王ジェームズ一世の治世に泥を塗ることになった事件である。それから五〇年後にはフランスとイタリアで毒殺熱が猛威を振るったが、その歴史を見ていく前に、まずこのオーバーバリー卿の事件について触れておこう。

ロバート・カーというスコットランドの若者は、ジェームズ一世に早くから目を掛けられ、数々の名誉を授かっていた。理由はほかでもない、世界はこの眉目秀麗な若者を放っておかなくなるだろうというものだった。ジェームズはというと、即位してからも凶悪犯罪を繰り返しているのではないかと嫌疑を掛けられていた——そして今、ジェームズの歴史を詳しく調べていけばいくほど、その容疑が固まってきた。それはともかく、麗しきカーは、国王の気色悪いキスを受けるため、人前でもそのすべすべしたほおを差し出しながら、さっと立ち上がるのだった。一六一三年にはスコットランドの大蔵卿に任命され、ロチェスター子爵という爵位を授かってイングランド貴族となった。彼にはほかにも数々の名誉が用意されていた。

こうしたとんとん拍子の出世ではあったが、彼には長い付き合いの友人がいた。王室秘書官のトマス・オーバーバリー卿――自身の書簡でも脅迫していることから、国王の悪事に加担していたも同然で、国王の危険な秘密をひそかに知っていたようだ――は、カーの昇進を早めるために裏で大きな圧力を掛けていた。カーも何らかの形で彼に恩を返していたのは間違いない。オーバーバリー卿の友情はこれだけにとどまらず――もっとも、この二人の間に友情というものが存在していればの話だが――、キューピット役も果たしており、ロチェスター子爵とエセックス伯爵夫人フランシス・ホワードとの密通を影で支えていたのである。この貴婦人、実は気性が激しい恥知らずの女であった。夫は好き勝手にやらせてくれる男で、夫から解放された彼女は、離婚の手続きを始めていた。こういうときには、慎み深く繊細な女性なら、包み隠さずに自供するぐらいなら死ぬほうを選ぶはずだ。スキャンダラスな手続きが成功するが早いか、彼女はロチェスター子爵との結婚に向けて、あらゆる贅を尽くした準備に入ったのだった。

オーバーバリー卿は、自分の庇護者とエセックス伯爵夫人との密通を進んで応援していたものの、こんな不道徳な女と結婚したら昇進に支障が出てくるのではないかとも考えていたようだ。そこであらゆる影響力を行使して、子爵に結婚を断念するよう迫った。だが子爵の意思は固く、その情熱も伯爵夫人のそれと変わらず、激しいものだった。あるときホワイトホール（ロンドン中心部にあった宮殿）の柱廊を歩きながら、オーバーバリー卿は子爵にこんなふうに切りだした。

「あのう、閣下、あのような卑しい女と結婚なさったら、結局は名誉にも傷が付きますし、閣下ご自身も身を滅ぼすことになりますぞ。閣下はわたくしの助言や同意を一度も聞いてくださったことがない。もし聞き入れてくださるのなら、断固たる態度を貫かれるのが一番です」

「これで貸し借りなしだな」

怒ったロチェスター子爵は、こんな悪罵を浴びせながらその場を立ち去った。このときの会話が、不幸なオーバーバリー卿を破滅に追いやるきっかけになったのである。

オーバーバリー卿の軽率な忠告のことは伯爵夫人にも伝えられ、それ以来、夫人もオーバーバリー卿に対する徹底的な復讐を公言するようになった。しかし、二人ともそれを表に出さず、完全に猫をかぶったように振る舞った。やがてオーバーバリー卿は、ロチェスター子爵の推薦でロシア王室付き大使に任命された。この見え透いた恩寵は、執念深い恐ろしい陰謀のほんの序の口にすぎなかった。子爵はオーバーバリー卿を心から必要としているふりをして、大使の職を辞退するようにと助言。これはオーバーバリー卿を排除するための策略でしかなく、同時に、もし大使の職を断って悪い結果になったら自分が間に立つから、とも約束していた。わなにはまったオーバーバリー卿は大使の職を辞退した。腹を立てたジェームズ一世は、直ちにオーバーバリー卿をロンドン塔に投獄するよう命じた。

オーバーバリー卿がしっかり監禁されているので、敵も復讐に向けた作業に入ることができた。最初にロチェスター子爵がしたことは、王室に顔が利くことを利用して、塔の副官を罷免させ、自分の手下のジャービス・エルウィズ卿を後釜に指名させることだった。この男は手先のひとりで、もうひとり、リチャード・ウェストンという男が必要だった。以前は店を経営していたが、後に薬剤師に転身した男である。ウェストンは副守衛の詰め所に配属され、オーバーバリー卿を直接監視することになった。これで陰謀者の構想に好都合な条件がすべてそろったことになる。

狡猾なロチェスター子爵は、その間にもオーバーバリー卿に友情あふれる手紙を書き、この不運にじっと耐えてくれと言いながら、仲間たちが立腹している国王をなだめようと奮闘してくれており、なるべく早く釈放してもらえるよう努力すると約束していた。相変わらず異常なほど同情しているふりをしながら、手紙と一緒に、塔では手に入らないパン菓子や美味な食べ物などを差し入れた。すべての食べ物に毒を盛って。ときどき同じような差し入れがジャービス・エルウィズ卿にも届けられたが、手紙を添えていないときには毒を混入していない、という示し合わせができていた――だから不幸な囚人がこれを口にすることはなかった。毒を調達するのに雇われていたのがターナーという女だ。彼女は以前、悪評高い家を所有していたことがあり、ロチェスター子爵と伯爵夫人のやましい関係を応援するために何度か貸していた。毒を調合したのはランベス（大ロンドン中部にある自治区）の自称占い師のフォーマン博士で、薬剤師のフランクリンが助手を務めていた。二人とも毒の使用目的を知っており、パン菓子やほかの食べ物にほんの少量を混ぜ合わせるだけで、犠牲者の体が徐々にぼろぼろになるよう、腕を振るった。ターナー夫人は定期的に毒入りの食べ物を副守衛に届け、副守衛がそれをオーバーバリー卿に差し入れた。食べ物だけでなく、飲み物にも毒を混入した。オーバーバリー卿が口にする塩にはヒ素が、コショウにはカンタリスが混じっていた。彼の健康は見る見る損なわれ、日に日に衰弱していったが、食欲はあり、菓子やゼリーを食べたがった。ロチェスター子爵は相も変わらず彼を慰めては何を欲しがっているかを考えて、パン菓子をふんだんに届けた。ヤマウズラやジビエ、子豚の肉を差し入れることもあった。ターナー夫人はジビエのソースにカンタリスをたっぷりと、豚肉には硝酸銀棒を混ぜ込んだ。公判での供述どおり、オーバーバリー卿はこんなふうに二〇人を毒殺できるほどの毒を飲まされたのである。だが彼の体は頑強で、まだ持ちこたえていた。薬剤師のフランクリンは、フォーマン博士と一緒に七種類の毒、つまり硝酸、ヒ素、水銀、ダイヤモンドの粉末、硝酸銀棒、巨大な蜘蛛、カンタリスを調合したことを自白した。オーバーバリー卿があまりにもしぶといので、ロチェスター子爵もエセックス伯爵夫人に宛てた手紙の中で、なぜもっと早く殺せないのかと焦燥感をつづっている。伯爵夫人は早速、守衛に対して、囚人を即刻始末するようにと命じた。オーバーバリー卿は、この期に及んでようやく裏切られたのではないかと疑い始めたものの、毒を飲まされているとは思ってもいなかったようだ。ただ、一生自分を幽閉しておくつもりなのか、自分に厳しく当たるよう国王を仕向けているのかと疑ってはいた。一度ロチェスター子爵に手紙を書いて、早く釈放してくれなければ子爵の破廉恥な行為を世界中に暴露する、と脅かしたことがある。オーバーバリー卿はこう記している。

「閣下とわたくしは、近く別の公判に臨むことになりましょう。……このような窮地に追い込まないでくださいませ。閣下もわたくしもきっと後悔することになります。……わたくしの生死には関係なく、閣下の不名誉は永遠に消えることはありません。きっと生ける者の中でも最も忌まわしい者として、世界中にその名が刻まれましょう。……わたくしは確信いたします。閣下はありとあらゆる秘密に通じた国王など無視すべきです。……これが共通の秘密、共通の危険の結果だとおっしゃるのですか？」

ロチェスター子爵のような無情な男に仕える彼には、こうした忠告、そして自分が握っている危険な秘密に関する助言は、どれも裏目に出てしまった――救われるどころか、逆にどんどん追い詰められていったようだ。ロチェスター子爵は、あたかも助言を聞き入れているかのように振る舞っていたが、明らかに殺人者の論理、すなわち「死人に口なし」の論理で動いており、こうした内容の手紙を受け取るたびに、早く始末しろと情婦に不平をこぼしていたのである。残虐行為を成就させるため、ウェストンにも圧力を掛けた。やがて彼らの忍耐も限界に達し、一六一三年の一〇月、ついにオーバーバリー卿に昇汞《しょうこう》が投与された。こうして六カ月にわたって彼らにもてあそばれた揚げ句、その苦痛にピリオドが打たれたのである。そしてその死の当日、遺体は冷たくならないうちに無造作に毛布に包まれて、葬儀なども一切行われずに、塔の近くの墓穴に埋葬された。

アンソニー・ウェルドン卿は、『ジェームズ一世の宮廷と人物像（Court and Character of James Ⅰ）』の中で、この悲劇の結末についてやや異なる説明をしている。

「フランクリンとウェストンがオーバーバリー卿の独房を訪れたとき、彼は生まれつきの体力と毒の効果のはざまで苦悶していた。炎症性の腫れ物や斑点、膿胞が現れていたが、生まれつきの体力のほうが勝っていた。彼らは医師が調べたらばれてしまうと恐れながらも、寝具で窒息させるという悪行に同意し、それを実行したのである。こうして彼の惨めな生涯に終止符を打ち、陰謀者には、彼は毒で死んだと思わせた。この二人が殺したとはだれひとり思わなかった」

突然の死、妙に慌てて行われた葬儀、検死が行われていないことなどから、疑惑がどんどん膨らんできた。これまでひそひそとささやかれていたうわさも、公然と聞かれるようになった。故人の親族も、彼は殺されたのだ、と自分たちの確信を公然と語った。しかし、ロチェスター子爵はまだ王朝でも絶大な権力を誇っていたため、その名誉を失墜させるような言葉を口にする者はいなかった。その後間もなく、ロチェスター子爵とエセックス伯爵夫人との結婚式が盛大に執り行われた。国王自身も式に出席していた。

オーバーバリー卿はジェームズ一世の性格をよく知っており、その知識はロチェスター子爵が思っていた以上に深かった。この結婚によって結局はジェームズの手下も離れていくという予言も、どうやら当たっていたようだ。このころ、ロチェスター子爵は以前にも増して国王の恩寵にあずかっていたが、長続きはしなかった――罪悪感という、活発な監視機能が働いていたのである。うわさはまったく収まる気配を見せなかった。長い間罪の意識にさいなまれていたロチェスター子爵は、とうとう見る影もなくなってきた。顔色は悪く、目もどんよりしていた。ふさぎ込み、注意力も散漫になり、物悲しそうな様子を見せ始めたのである。国王もそれを察し、とうとう一緒にいても楽しくなくなってきたのか、別の寵臣を探し始める始末であった。

バッキンガム公爵ジョージ・ビリエ。国王の頭に浮かんだのはこの男であった――頭の回転が速く、容姿端麗、平気で悪事を働く男。ジェームズ一世には、この最後の二つの資質だけでも十分だった。ロチェスター子爵の影響力は衰え、バッキンガム公が台頭してきた。地に落ちた寵臣には友はいなかった。するとロチェスター子爵に関するうわさがこれまで以上にしつこく聞かれるようになってきた。新しい寵臣も、元の寵臣の失墜をあおった。そして元寵臣を完全に破滅に追いやろうと躍起になり、オーバーバリー卿の親族にも、彼の変死について調査するよう促した。

ジェームズは、自分がかかわっていない犯罪には厳罰を与えた。また、謎解きの才能を鼻に掛けており、オーバーバリー卿の事件は、そんなジェームズの性分に合った仕事であった。まずはジャービス・エルウィズ卿の逮捕を命じることから始めた。しかし最初のうちは、ロチェスター子爵がこれほど深くかかわっていることには気づかなかったようだ。ところが緩効性の毒を用いるという残忍な犯行を知ると、恐怖におののき、司法官を全員呼びにやらせた。アンソニー・ウェルドン卿によると、国王は司法官たちの前でひざまずき、こう懇願したという。

「司法官閣下、最近耳にしたのだが、毒殺の取り調べをなさっているそうだな。おお！　何と悲惨な国に成り下がってしまったのだ（世界では唯一親切にもてなす有名国だ）！　食べ物がわなになるようでは、常に命の危険を感じながら食事をしなければならぬ。わが国にもイタリアの習慣を導入すべきである！　そこでだ、恐ろしい審判の日に答えを出してくれればよいが、この事件の厳重なる取り調べを命じる。公平無私に、私情も一切入れずに行うこと。この罪を容認したら、閣下だけでなく閣下の子孫までが神にのろわれるであろう。余がこの罪を容認したら、余だけでなく、末代まで永久に神にのろわれるであろう！」

献身的なスチュアート家がのろわれたのは、紛れもない事実であった。神はこの固い誓いを破った国王とその子孫をのろったのだ！

ジャービス・エルウィズ卿の次に逮捕されたのが、副守衛のウェストン。続いてフランクリン、ターナー夫人、最後にサマセット伯爵夫妻が逮捕された。オーバーバリー卿の死後、ロチェスター子爵はこの伯爵の位に昇進していた。

最初に法廷に立たされたのはウェストンだった。興味津々の民衆は緊張していた。話し声も一切聞こえてこなかったが、その日の法廷は息が詰まりそうなほど込み合っていた。『政治犯裁判（State Trials）』という報告書には、「主席裁判官のコークが、自分の生命を維持する、あるいは守る手段を持たない男に対し、秘密裏に殺そうとした毒殺者らの自己中心性と卑劣さを、そしてイングランドの毒殺事件でもいかに異例の事件であるか、われわれ国民にとっていかに憎むべき犯行であるかを、陪審員らに明らかにした。しかし、悪魔に悪知恵を吹き込まれ、一カ月、二カ月、三カ月、あるいはもっと長い時間をかけて、彼らも挙げている四つの感覚、すなわち「聴覚」「味覚」「嗅覚」「触覚」を殺し、「自然の体温」、つまり「湿潤体」を消耗させることで、遠く離れたところにいながらにして毒殺することができたのである」と書かれている。

「神様、どうかご慈悲を！　神様、どうかご慈悲を！」

起訴状が読み上げられても、ウェストンはそう答弁するにとどまった。どのように裁かれたいかを尋ねられても、自国の判事に頼るのを拒み、神のみに裁かれたいと述べた。だが、しばらくはこうして粘っていたが、命令不服従のかどで恐ろしい刑罰を科せられるのを心配してか（**原注**　命令不服従に対する刑罰には、「押しつぶし刑」「さらし刑」「飢餓刑」があった。「押しつぶし刑」というのは、地面に仰向けに寝かされた罪人の上に重りを載せていき、罪人が死ぬまで重りを徐々に増やしていくというもの。実際にはここまでやらない場合もあり、正常に戻った罪人は次の刑罰、「さらし刑」を受ける。これは一定期間、罪人を裸で屋外に立たせ、人々のさらし者にする刑である。三つ目の「飢餓刑」はさらにひどい刑罰で、法令には、「手に入るパンでも最もまずいパンと、処刑場近くの沼や水たまりの汚水だけで持ちこたえるという刑で、水を飲む日にはパンを食べてはならず、パンを食べる日には水を飲んではならなかった」と記されており、この刑罰を受ける者は、体力が続くかぎり細々と生き永らえた）、とうとう「無罪です」と抗弁し、裁判も法律にのっとって進められた。

ウェストンの状況証拠はすべて完全に立証され、ウェストンには有罪判決が下され、タイバーン（ハイドパーク近くにあった公開処刑場）で処刑された。ターナー夫人、フランクリン、エルウィズ卿も裁判に付されて有罪となり、一六一五年一〇月一九日から一二月四日の間に処刑された。サマセット伯爵夫妻の重要な公判は、翌年の五月になってから開かれた。

エルウィズ卿の公判では、サマセット伯爵夫人のおじに当たるノーサンプトン伯爵、そして鷹匠の頭《かしら》であるトマス・マンソン卿もこの犯罪について知っていたことを示す状況証拠が明らかにされた。ノーサンプトン伯爵はすでに死亡していたが、トマス・マンソン卿は逮捕され、裁判に付された。しかし、この男を絞首刑にするのはあまりにも危険であった。ジェームズの忌まわしい秘密を知りすぎていたからだ。死に際に秘密を暴露することも考えられ、そうなると国王自身の身も危うくなる。過去の罪を覆い隠すには、新たに罪を犯すことも必要だった――マンソン卿の公判は突然結審し、マンソン卿は釈放された。

すでにジェームズは誓いを破っていた。毒殺犯を罰することに熱中しすぎ、早まったのではないかと危惧し始めたのである。サマセット伯爵が有罪になるのは間違いなく、彼も国王に恩赦と刑事免責を求めてくるのは目に見えていた。拘留期間中も、国王が自分を裁判に掛けるようなことは「あえて」しないだろうと、自信たっぷりに断言していた。しかし、そうはならなかった。ジェームズは苦悶していた。二人の間の秘密が今になってばれることなどあり得ない。だが、これは憶測だったのかもしれない。国王が悪事におぼれていると考える者も現れた。ヘンリー王子の死と関係があると断言する者も出てきた。この高徳の若者は、サマセット伯爵をことのほか忌み嫌っていた。若くして世を去った王子だが、父親もその死に涙することなく、当時はサマセット伯爵に毒殺されたのだと世論もささやいていた。おそらく、何らかの犯罪が国王の心に重くのし掛かってきたのだろう――サマセット伯爵とその共犯者を公開処刑することはできなかったのである。だから、自分の寵臣がオーバーバリー卿の殺害に深く関与していたと分かったときのジェームズの苦悩といったら、それはすさまじいものだった。囚人をいわゆる安全な心の状態に持っていくため、苦渋に満ちたジェームスはあらゆる手を打った。容疑を認め、自分の寛大な措置を信じるよう、ひそかに助言もした。伯爵夫人にも同じ助言が伝えられた。大法官のフランシス・ベーコンにも、証拠から認められそうなサマセット伯爵への「慈悲と寛容」をすべて列挙した文書を作成するよう指示した。そしてサマセット伯爵にも、再度罪を認めるよう促し、何も悪いようにはしないと約束した。

サマセット伯爵夫人が最初に被告席に立った。起訴状の朗読中、夫人は終始体を震わせ、涙を流していたが、その後か細い声で罪を認めた。死刑を宣告すべきかどうかを尋ねられると、素直にこう答えた。

「とても悲しいことですが、どんなことをしてもわたくしの罪が軽くなるわけではありません。どうかご慈悲を。主人たちが国王陛下にお願いしてくださるでしょう」

伯爵夫人の死刑が確定した。

翌日にはサマセット伯爵の裁判が行われた。伯爵は国王の約束を信用していないのか、無罪を主張した。きっと国王の性格を知っていたからだろうが、落ち着きと自信に満ちた様子で証人に厳しく反対尋問をし、執拗に弁明した。しかし、一一時間にも及ぶ公判の結果、伯爵は有罪となり、重罪犯として死刑が言い渡された。

犯人とジェームスとの秘密が何であれ、ジェームスは立派な誓いを立てたにもかかわらず、死刑執行令状に署名するのをためらっていた。もしかしたら自分にも死刑が宣告されていたかもしれないからだ。伯爵夫妻はロンドン塔に収監され、五年ほど獄中生活を送った。ところが、刑期が終わると、民衆は驚愕の声を上げて憤慨した。行政長官も名誉を汚されてしまった。二人とも国王によって赦免されたのである。だが、宮殿からは離れて暮らすよう命じられた。重罪犯として死刑を宣告されたため、伯爵の財産は没収されることになったが、ジェームズは二人の財源から年間四〇〇〇ポンドの収入を得ることを認めていたのである！　これ以上の厚顔無恥はないだろう。

二人の犯罪者の晩年については何ひとつ分かっていない。ただ、それまで互いに抱いていた愛情が憎悪に変わり、数カ月の間一言も言葉を交わすことなく、ひとつ屋根の下で暮らしていたということだ。

彼らの残忍非道な犯罪が明るみに出ても、毒殺という手口に歯止めが掛かることはなかった。それどころか、これから見ていくが、常軌を逸した模倣犯罪が増えてきたのである。まったく、人間の本性というのは訳が分からないものである。ジェームズ自身も、間違いなくこのとりこになっていたようだ。バッキンガム公の罪は完全に確定したわけではなく、状況証拠次第であった。この容疑は、数百人を処刑台に送ってもまだ足りないほど明らかであった。犯罪に関与した動機は、在位期間の後半に自分を冷たくあしらった国王に復讐したいという思い、国王が自分を降格させるのではないかという不安、そして、もし現国王が失脚して新たな治世になっても、後継者に対する多大な影響力をそのまま行使できるようにしたいという思いからであった。

『ハーリー収集歴史雑文集（Harleian Miscellany）』第二巻には、医学博士でジョージ一世の医師団員でもあったジョージ・イーグリシャムが著した『復讐の予兆（Forerunner of Revenge）』という小論文が収録されている。著述家のハリスはこれを引用し、悪意と偏見に満ちた著作だと述べている。もちろん誇張した言い方ではあるが、一連の証拠との関連を示している。イーグリシャムは次のように述べている。

「国王がマラリア熱を患っているとき、バッキンガム公はその機に乗じて、医師団が全員食卓を囲んでいる間に国王に白い粉を差し出した。国王はしばらくの間拒絶していたが、しつこくせがむものだから、とうとう根負けして白い粉をぶどう酒に入れて飲んでしまった。すると病状は見る見る悪化し、痛みやしびれ、激しい腹痛に何度も襲われた。苦痛にさいなまれた国王は大声でこう叫んだ。

『こんな粉を入れなければよかった！』」

続けてこんな話もしてくれている。

「バッキンガム公爵夫人（公爵の母親）が国王の胸に膏

薬を塗ったため、国王は弱々しくなり、息切れして、あえぐようになった。医師団は、国王が毒殺されたと叫んだが、バッキンガム公は医師らに部屋から出ていくよう命じ、そのひとりを自分の部屋で厳重に監視させ、もうひとりを宮殿から追い出したのだ。国王が世を去ると、その遺体と頭部は異常にむくんできた。髪の毛と頭皮は枕にくっつき、手足からはつめがはがれてきた」

ところで、バッキンガム公の支持者であるクラレンドンは、ジェームズ一世の死について、まったく異なる説明をしている。彼の弁はこうだ。

「マラリア熱が原因だ（軽い痛風を患った後であった）。それが太って見苦しくなった五八歳の体の中で多くの慢性的皮膚病と結びつき、四回か五回の発作で死に至ったのだ。国王の没後は、醜く中傷的な論文が数多く書かれたが、どれも根も葉もないものであった。それが世に出てきたのは、厳しく悪意に満ちた検死が行われたときであった。その後、新聞の特許検閲法が失効すると、国王に背くのを怖がる者もいなくなり、王室に対する無比の非難や傲慢無礼も高く評価されるようになった」

こうした自信に満ちた説が発表されたにもかかわらず、流布しているうわさはまったくのでたらめだということを世間に納得させるのは、ほとんど不可能だったようだ。クラレンドンによると、取り調べも甘く、権勢を誇る寵臣たちは違憲的な影響力を最大限に振りかざして、こうしたうわさを打ち消すのに躍起になっていた。

バッキンガム公は、魔術師にしてやぶ医者でもあったラム博士から毒を調達したといわれているが、ラム博士は毒を扱う以外にも占い師を自称していた。民衆の怒りも、国王に対しては比較的害を与えることなく収まったものの、この男に向かうと、男はロンドンの街中を安全に歩くこともできなくなった。最期も実に惨めであった。ある日、自分では大丈夫だと思い、だれにも気づかれないように変装してチープサイド（ロンドンのシティーを横切る大通り）を歩いていたが、たむろしていた悪童どもに気づかれてしまった。彼らはやじったり石を投げたりしながら、こう叫んだ。

「毒薬使い！　毒薬使い！　魔法使いを倒せ！　魔法使いをぶっつぶせ！」

するとあっという間にごろつきが集まってきたので、博士は一目散に逃げだした。だが、後を追い掛けられ、ウッド通りで取り押さえられてしまった。そして髪の毛をつかまれ、沼地をずっと引きずり回されてセントポール寺院まで連行された。ごろつきどもは、捧で殴ったり石を投げたりしながら、こう叫んでいた。

「魔法使いを殺せ！　毒殺者を殺しちまえ！」

この暴動のことを耳にしたチャールズ一世は、ホワイトホールから鎮圧に向かったが、到着したときにはもう間に合わず、博士を助けることはできなかった。骨という骨はすべて折られ、すでに虫の息であった。チャールズはひどく憤慨し、首謀者を司法の手に委ねられなかったとして、市に対して六〇〇ポンドの罰金を科した。

だが、毒殺が最も盛んに行われていたのはイタリアであった。この国ではかなり昔から、毒殺が敵を抹殺する申し分ない正当手段だと考えられていたようで、一六～一七世紀のイタリア人は平気で敵対者を毒殺し、良心の呵責などみじんもなかった。それは今日の英国人が加害者を相手取って訴訟を起こすのと同じ感覚だった。一九世紀初期の著作を読むと、スパーラとトファーニアが闇取引を続けていたころ、婦人たちは堂々と化粧台に毒入りの瓶を置いて、何のためらいもなく他人に振りかけていたことが分かる。現代の女性たちがオーデコロンやラベンダー水を使うのと同じだ。流行というのは恐ろしいもので、人殺しでさえ単なる軽犯罪だとみなされていたのである。

一六四八年、ナポリ王国を手中に収めようとしてドン・キホーテのような陰謀を企てたギーズ公アンリの回想録には、毒殺について民衆が抱いている感情とも関連する興味深い特徴がいくつか見られる。ジェンナーロ・アンネーゼという男は、短期間だが漁師のマザニエーロとして民衆を蜂起させた驚くべき経歴の持ち主である。それでギーズ公にもにらまれるようになったのだが、ギーズ公の信奉者も彼の暗殺を決意した。この任務を引き受けるよう依頼を受けた親衛隊長は、ギーズ公も実に淡々と報告しているとおり、「短剣」を使うのが一番効果的だと助言されたものの、この提案には殊勝ぶって嫌悪感を示した。やれといわれればいつでもジェンナーロを「毒殺」する用意がある、短剣で殺すなんてみっともない、親衛隊員としてふさわしくない！というわけである。ようやく毒薬を使うことに同意が得られると、ギーズ公の信頼も厚い代理人のアウグスティーノ・モッラが液体入りの瓶を持ってきて、公爵に見せた。以下は公爵自身の答弁である。

「アウグスティーノが夜、余を訪れてこう言った。

『ジェンナーロから解放してくれる毒をお持ちしました。これでやつも終わりです。どんなにやつを公平に扱おうが大した問題ではない。この瓶をご覧ください。澄んだ美しい水が入っていますでしょう。四日間でやつの反逆罪は完全に罰せられます。親衛隊長も任務を引き受けてくれましたしね。何の味もしませんから、ジェンナーロも怪しんだりはしないでしょう』」

公爵はさらにこう述べている。

「毒薬はきちんと投与したのだが、ジェンナーロは、彼にとっては幸運だったが、その日は油であえたキャベツ以外、夕食をまったく取らなかった。これが解毒剤の役目を果たしたのだ。彼は大量に吐き出して助かった。その後五日間はひどく体調を崩していたが、毒を飲まされたことにはまったく気づかなかった」

しばらくすると、毒の販売が儲かる商売になってきた。それから一一年後にはローマにもかなり広がってきたため、怠惰な政府もようやく重い腰を上げ、干渉するようになった。ベックマンは『発明の歴史』で、またルブレットは『英国国教の歴史資料集（Magazin zum Gebrauche der Staaten Kirche Geschichte』で、一六五九年には大勢の若い女性が夫を緩効性の毒薬で殺したことを告解室で告白していることが、ローマ教皇アレクサンドル七世の耳にも入ったと記している。カトリックの聖職者は、普通は神聖な告解の秘密など絶対に口外したりしないものだが、この犯罪がこれほどまでに横行していることに衝撃を受け、動揺を隠せなくなってきた。そこで、告解者の名前こそ明かさなかったものの、教会幹部にこの極悪犯罪について報告しなければならないと考えた。また、若い未亡人がやけに多いという話題がローマっ子の口にも上っており、夫婦仲が悪いと夫のほうがすぐに病気で死ぬ、ともいわれていた。教皇庁がいざ調査を始めてみると、若い未亡人の会が結成されており、何か不可解な目的でヒエロニーマ・スパーラという老女の家で夜な夜な集会を開いていることがすぐに分かってきた。この醜い老女、実は有名な魔女にして占い師で、若い口うるさい女たちの代表を務めていた。後になって確認されたのだが、若い女たちの何人かはローマ有数の名家の出であった。

この女たちの秘密の集会が実際に開かれているという確たる証拠をつかむため、ある女性が政府に雇われ、彼女たちと接触するよう命じられた。豪華な身なりをさせられ、十分な資金を渡された彼女は、こんな仕事は朝飯前だと考え、スパーラの客を連れてくるという目標を正式に掲げた。そして夫の不貞と虐待にひどく悩んでいるふりをして、スパーラに飛び切りの特効薬を少々分けてくれないかと頼んでみた。その効き目については、ローマの女たちが、残酷な夫を「最後の長い眠り」に導くほどだと誇らしげに話していた。スパーラはわなにはまり、買いに来た彼女の懐具合に見合った金額で、「滴薬」を少量売ってくれた。

こうして入手した液体は分析され、予想どおり、緩慢な毒薬であることが判明した。ギーズ公が話していたとおり、澄んだ透明の液体で、味もなかった。この証拠をつかんだ警察は、老女とその仲間の身柄を確保した。小柄で醜い老女だといわれていたスパーラは、拷問に掛けられても罪を認めるのを執拗に拒んだ。もうひとりのグラティオーザという女はそれほどかたくなではなく、この極悪な婦人団体の秘密を全部暴露した。それ相応の（まったくそんなことはなかった）拷問の責め苦で自白を迫られると、やはり有罪判決が下されると思い観念したのか、子孫に不動産の権利を保証する十分な証拠を出してきた。彼女たちも有罪となり、過失の度合いに応じて、さまざまな刑罰を言い渡された。スパーラ、グラティオーザ、そして夫を毒殺した三人の若い女たちは、ローマで絞首刑に処せられた。三〇人を上回る女たちは街中を引き回されることになった。そして数人は、高位であることから、品位を落とすような刑罰ではなく、国外追放と多額の罰金刑に処せられた。それから数カ月後にもさらに数人の女が毒殺のかどで絞首刑になり、また別の集団――若い美少女たちも大勢含まれていた――が、ローマの街中を裸同然で引きずり回された。

　こうした厳しい刑罰にもかかわらず、毒殺が下火になることはなく、嫉妬深い女や、父親、おじ、兄弟の遺産を手にしたくてやきもきしている強欲な男たちが毒に頼っていた。無味無臭、しかも無色だったため、まったく疑われることなく投与することができるのだ。毒殺者が相手を一週間で殺したいのか、それとも一カ月で、あるいは六カ月で殺したいのか、また、自分の希望する分量を伝えれば、熟練した売人が自由自在に調合してくれた。売人には女が多く、中でもとくに有名だったのがトファーニアという名の魔女で、このやり方で何と六〇〇人以上の毒殺にかかわっていたのである。この女、どうやら少女時代から毒の販売に手を染めていたらしく、最初はパレルモに住んでいたが、後にナポリに移り住んだ。あの愉快な旅人のレバト神父も、イタリアからの手紙の中で彼女に関する奇妙な点をいくつも記している。一七一九年、レバトがチビタベッキア（ローマ近郊にあるラツィオ州最大の港町）にいたころのことだが、ナポリ総督が、「アクエッタ」という商品名で大量の毒がナポリで売られていることを突き止めた。さらに調査を進めていくと、トファーニア（このころには七〇歳近くになっており、スパーラの処刑直後にこうした悪事に走り始めたようだ）が大量の毒を小瓶に入れてイタリア全土に発送しており、小瓶には「バーリの聖ニコラの糧《マンナ》」（バーリとはイタリア南部プーリア州の州都）という銘が記されていた。

　バーリの聖ニコラの墓はイタリア全土に知られていた。そこから染み出てくる奇跡の油を、それをもらった人がどの程度信じているかに応じて利用すると、ほとんどどんな遺伝的疾患でも治るといわれていた。トファーニアはこの名を自分の毒にうまく悪用し、寝ずに監視している税関職員の目を逃れたのである。税関の職員は、ほぼ全員が聖ニコラとその聖油に敬愛の念を抱いていた。

この毒はスパーラが製造した油に似ていた。同種療法学《ホメオパシー》の父といわれる医師のサムエル・ハーネマンは、このテーマに関する著作で、ヒ素を含んだ中性塩を摂取すると、徐々に食欲不振、失神、しつこい腹痛、体力減退、息切れを起こすと述べている。ガリアルディ師によると、緩効性の毒なので、普通は数滴をお茶やショコラ、スープに垂らしても、ほとんど気づかれることはないらしい。オーストリア皇帝付き医師のガレッリは、ホフマンに宛てた書簡の中で、この毒は、微粒状にしたヒ素をキンバラリアという草木を加えて（理由は説明されていない）煮出した大量の湯で溶かしたものだと述べている。ナポリの人々はこれを「アクア・トフィニーナ」と呼んでいたが、やがて「アクア・トファーナ（トファーニアの水）」の名でヨーロッパ全土に知られるようになった。

これほど大々的に悪徳商売を続けていたというのに、この女の居場所を突き止めるのは至難の業であった。常に見つかるのを恐れて暮らしていたからだ。名前や住所を転々とし、信心深い人間を装っては何カ月もの間修道院で共同生活をしていたこともあった。見つかりそうになると、いつも教会に保護を求めた。間もなくナポリ総督が捜索していることを知らされると、いつもどおり修道院に避難した。捜索が甘かったのか、それとも彼女のほうが一枚も二枚も上手だったのかはともかく、数年間はどうにか当局の厳しい目をくらますことができた。さらに驚くのは、彼女の組織が枝分かれしていることからも分かるとおり、商売が以前と同じように大々的に続いていたことである。レバトが述べているとおり、夫を憎み始末したいと思っているが、この素晴らしいアクアを買うお金がない貧しい妻たちに、大いに共感を示していたこの女が彼女たちに贈っていたのである。

しかし、こんなゲームを永遠に続けることは、やはり許されなかった。トファーニアはついに女子修道院にいるところを発見され、逃亡生活にもピリオドが打たれた。ナポリ総督は何度か院長に女を引き渡すよう陳情したが、無駄だった。監督管区の大司教の援護を受けた尼僧院長が、相変わらず引き渡しを拒否していたのである。この犯罪者が追いこまれた重大な局面に、民衆の関心も頂点に達し、大勢の人々がこの女を一目見ようと女子修道院を訪れた。

なかなか身柄の引き渡しに応じてくれないことに、ナポり総督の忍耐も限界に近づいてきたようだ。良識はあったが、あまり熱心なカトリック教徒ではない総督は、たとえ教会でも凶悪犯をかくまうべきではないと判断し、女子修道院の特権を公然と無視して部隊を送り込んだのである。兵士たちは暴力と武力を行使して塀を壊し、女を連れ去った。大司教のピニャテッリ枢機卿はひどく憤慨し、破門にして市全体に政務禁止令を敷くと脅しを掛けた。団結心に燃えてきた下位の聖職者たちも皆この問題を取り上げて、迷信を信じる頑迷な人々に必死で働き掛けながら、総督府に大挙して突入し、監禁されている女を救出する用意があることを訴えた。

これは困難を極めた。だが、総督はこんなことでおじけづくような男ではなかった。確かにこの間はずっと、まれに見るほど機敏に、冷酷に、そして精力的に行動してきた。破門すると脅かされたが、それが悪い結果を招かないよう、大司教の邸宅の周囲に見張りを配備し、大司教が破門宣告を出すほど愚かな人間ではないことを見極めようとした。そんなことをしたら市全体が飢え死にしてしまうし、大司教自身も市民のひとりだ。禁止令が敷かれているかぎり、商売人も市内には食糧を運んできてくれなくなる。大司教にとっても、大司教の同志にとっても、かなり不便になるはずだ。そして総督の予想どおり、善良な大司教は、今回は雷を落とすのを控えたのだった。

しかし、まだ民衆の問題が残っていた。そこで政府職員は、騒ぎを鎮め、今にも起こりそうな暴動を防ごうと、巧みに民衆の中に入り込み、トファーニアが市内のあらゆる井戸や泉に毒を混入したという話を広めたのである。これが効果てきめんだった。民衆の気持ちがこの女からさっと引いていったのだ。つい今しがたまでこの女を聖女に祭り上げていた民衆が、今や魔女だと言って罵詈雑言を浴びせ、逃がしてやりたいという切なる思いも、今度は早く罰してやりたいという気持ちに変わっていた。トファーニアも拷問に掛けられた。彼女は一連の犯行を自白し、自分を雇った人物の名前をすべて吐き出した。その後絞殺刑に処せられたトファーニアの死体は、かくまわれていた修道院の塀の上から中庭に投げ捨てられた。聖職者には管区内に避難していた者の埋葬だけは許可したが、これはご機嫌取りだったようだ。

この女の死後は毒殺熱の勢いも衰えてきた。しかし、早い時期にフランスで流行していた毒殺についても少し見ていく必要があるだろう。フランスでは一六七〇～一六八〇年に大流行していたため、書簡作家のセビニエ夫人もその書簡の中で、フランス人と毒殺犯が同義語になってしまうのではないかという懸念を表していたほどだ。

イタリアの場合と同様、政府にこうした犯罪についての情報を最初にもたらしたのは聖職者であった。名家の女性だけでなく、下層階級の女たちもが、夫を毒殺したことを告解室で聖職者に告白していたからである。この告白の結果、エグジリとグラゼロという二人のイタリア人が逮捕され、パリのバスティーユ監獄に入れられた。毒殺に使う毒を調合し、販売した容疑である。グラゼロは獄死したが、エグジリは裁判に掛けられることもなく、七カ月間生き延びた。ところがその直後、エグジリは獄中でサント・クロワというもうひとりの囚人と知り合いになった。フランス人の間にまだ毒殺犯罪が横行していたのは、このサント・クロワの犯行を模倣する者が多かったからである。

この男から悪知恵を仕入れた者の中で最も悪名高いのがブランビリエ侯爵夫人である。家柄でもそうだが、婚姻関係によっても、フランス有数の貴族と深い関係を持つ若い女性である。幼少時代から冷酷で、かなりの不良少女だったらしく、彼女本人の告白が真実なら、一〇歳になったころには悪事にどっぷりと浸かっていた。ところが、美しくて教養もあり、世間の目には模範的で優しい女性に映っていたようだ。ギヨ・ド・ピタベルは『著名裁判集(Causes Célèbres)』の中で、セビニエ夫人も書簡の中で、物腰が柔らかく、感じの良い女性で、とても邪悪な心が潜んでいるようには見えなかったと記している。彼女は一六五一年にブランビリエ侯爵と結婚したが、侯爵との数年間の生活は惨めなものだった。侯爵はだらしなく、浪費癖のある性格で、彼女にサント・クロワ――彼女に暗い影を落とし、次から次へと犯罪に引きずり込んだ男――を紹介したのもこの男である。やがて、考えるとぞっとするほど彼女の罪は重くなっていく。この男にやましい情熱を抱いた夫人は、彼を喜ばせるため、一気に悪の深みにはまっていった。そしてもう行き着くところまで行ってしまってから、ようやく天罰が下るのである。

外見はまずまずだったので、彼女も自分の悪癖を隠そうともしない夫と法的に離婚するのはたやすいことだと考えた。この一件で、彼女の家族は激怒した。どうやら彼女の化けの皮が完全にはがれてくるのはこの後のようだ。愛人のサント・クロワと公然と悪巧みを続けていたため、父親のドーブレ氏も彼女の行動に憤激して、「封印状」（裁判抜きで投獄を命じる国王の封印が押された令状）を手に入れると、サント・クロワを一二カ月間バスティーユに投獄させたのである。

サント・クロワはイタリアにいたことがあり、毒薬の知識が少々あった。忌まわしいスパーラの秘密も多少は知っており、エグジリの手ほどきで知識を物にしていた。これでエグジリとの間に急速に友情のようなものが芽生えていったのである。イタリアで使われている液体の毒だけでなく、後にフランスで有名になる「相続粉末」と呼ばれる粉末毒の調合法を教わったのもこの男からである。情婦と同じく、この男も人当たりが良く、才気煥発で聡明だったため、世間の目には、復讐と飽くなき金銭欲という二つの激しい情熱を秘めているようには映らなかった。やがてこの二つの情熱が、共に不幸なドーブレ家で満たされることになるのである――復讐は自分を投獄したから、そして金銭欲はドーブレ家が裕福だからである。無謀で浪費家のサント・クロワはいつも金に困っていたが、ブランビリエ夫人以外に金づるはひとりもいなかった。だが夫人自身にも、とても彼の要求を満たせるほどの財力はない。サント・クロワは嘆きながら、自分が裕福になれないのは何かが邪魔しているからだと考えた。そして彼女の父親であるドーブレ氏、そして彼女の二人の兄を毒殺すれば、彼女が遺産を相続できる、という身の毛もよだつようなことを思いついたのである。三人の殺害など朝飯前だ。サント・クロワはこの計画をブランビリエ夫人に伝えたところ、彼女は何のためらいも見せずに手を貸すことに同意した。サント・クロワが毒を調合し、彼女が三人に飲ませることになった。このときの彼女のやる気と熱の入れようは、目を疑うほどであった。彼女はよくできる生徒で、毒の製法についても、サント・クロワと同等の専門知識をすぐに修得した。最初に投与したときの効果を試すため、彼女はよく犬やうさぎ、鳩に与えていたが、やがて毒の効果をもっときちんと確かめようと、病院に立ち寄るようになり、うわべだけの慈善行為で持っていったスープに混入して、哀れな病人に投与するようになった（原注　ボルテールは『ルイ一四世の時代（Le Siècle de Louis XIV）』の中でこれを否定しているが、理由は明らかにしていない。ボルテールはこう述べている。「人民が言うとおり、また裁判にかかわっていない弁護士が人民のために著した『著名裁判集』にも記されているとおり、彼女が病院で毒を試したというのは間違いである」）。どの毒薬も一回の投与で殺す目的で調合されていないため、死んでしまう心配もなく、一度は他人に試すことができた。また、鳩肉のパイに毒を入れて、父親が食事に招いた客にもこの恐ろしい実験をしていた。さらに効果を確かめようと、今度はとうとう自分でも毒を飲んだのである！　一気に飲んでしまうという、この命知らずの実験で効果を確認した彼女は、サント・クロワから解毒剤を手に入れた。こうしてあらゆる不安や疑念が払拭されると、白髪の父親に投与し始めたのである。最初は直接自分の手でショコラに入れて飲ませた。効果は抜群だった。高齢の父親は病に倒れ、娘はどう見ても優しく、そして心配そうに、ベッドのそばで父親を見詰めていた。翌日には、とても栄養があるからと言って薄いスープを飲ませた。これにも毒を入れてあった。こんなふうにして、彼女は徐々に父親の体をやつれさせ、一〇日もしないうちに死に至らしめたのである！　当然、ドーブレ氏は病死したものと思われ、何の疑惑も持ち上がらなかった。

父親に最後の悲しい別れを告げるため、夫人の二人の兄が地方から戻ってきた。妹は子としての情愛から、見るからに悲嘆に暮れていたが、若き二人の兄は、わざわざ命を無駄にするために戻ってきたも同然だった。二人はサント・クロワとすでに押さえられたも同然の黄金とのはざまに立たされていたが、運命はすでに決まっていた。毒を投与する役として、ラ・ショセという男がサント・クロワに雇われており、六週間もたたないうちに二人とも帰らぬ人となってしまった。

今度という今度は疑惑が持ち上がった。だが、念には念を入れて事を運んできたため、夫人に非難の矛先が向けられることはなかった。侯爵夫人には妹がおり、彼女にも親族が死亡すれば遺産の半分を相続する権利があった。しかし、取り分が減ってしまうとしてサント・クロワは納得せず、父親や兄弟と同じ方法でこの妹も殺してしまおうと考えた。ところが、強い嫌疑を抱いていた彼女はパリを離れ、目の前に潜んでいる破滅から免れることができたのだった。

侯爵夫人がこうした殺人を請け負ったのは恋人を喜ばせるためだったが、ここまで来ると自分が楽しむためにも悪事を働きたくなってきた。彼女はサント・クロワとの結婚を望んでいた。だが、夫とは別居しているものの、離婚が成立しているわけではない。裁判所に離婚を申し立てるよりも、夫を毒殺するほうが早い。離婚を申し立てても、多分拒否されるだろう。彼女はそう考えたのである。ところが、サント・クロワはもう毒薬という罪深い道具に飽きてきていた。悪人というのは、自分と同じような悪人を賛美したりはしないものである。自分は悪人でありながら、彼は悪人と結婚する気など毛頭なく、侯爵の死を切望していたわけでもなかった。ところが陰謀に巻き込まれてしまったらしく、彼女に夫を殺すための毒を調合してしまったのだ。だが、治療法はしっかりと教えてやった。ある日、侯爵夫人が夫に毒を投与すると、翌日にはサント・クロワが毒消しを飲ませた。しばらくはこうして二人にもてあそばれていた侯爵だが、とうとう身も心もぼろぼろになって逃げだしていった。

しかし、天罰が下る日が間近に迫ってきた。恐ろしい災難によって、謀殺が白日の下にさらされることになったのである。サント・クロワが調合した毒は極めて毒性が強く、自分でも調合しているときに吸わないよう、マスクをしていなければならなかった。ところがある日、そのマスクが外れてしまい、哀れなサント・クロワは自らの犯罪で命を落としてしまったのだ。翌日、サント・クロワが実験室にしていた人目につかない下宿で、その遺体が発見された。友人も親族もいなかったらしく、彼の身の回り品は警察の保護下に置かれた。その身の回り品の中に小さな箱があり、箱には次のような文面の妙な紙切れが貼ってあった。

「まことに恐縮ではあるが、この小箱を手にした方にお願い申し上げる。どうかこの小箱を、ヌーブサンポール街に住むブランビリエ侯爵夫人の手元に返していただきたい。箱の中身はすべて彼女に関係するもの、彼女のみが所持すべきものであり、彼女以外には、いかなる方にもまったく無用のものである。彼女が余より早く逝った場合には、箱のふたを開けず、中身を替えたりせずに、そのまま焼却していただきたい。無知を理由に弁明なさらぬよう、余は神とあらゆる神聖なるものに誓い、ここに真実のみを申し上げる。余の当然かつ正当な意図が妨げられることがあれば、余の荷を軽くするため、現世でも来世でもその方の良識を疑わざるを得ない。これを余の遺言とする。

一六七二年五月二五日、パリにて作成。

（署名）サント・クロワ」

＊　＊　＊

この大まじめな嘆願書は、書き手が考えていたようにその遺志が尊重されることはなく、それどころか、警察の大きな関心を集めた。小箱は開封された。中には数枚の紙切れ、数本のガラス瓶と粉末が入っていた。粉末は分析のために化学者に委ねられ、紙切れは警察のほうで保管し、中身が確認された。中からは、サント・クロワの指図によるブランビリエ侯爵夫人宛ての三万フランの約束手形が出てきた。ほかの紙切れはさらに重要なものだった。侯爵夫人と従僕のラ・ショセが最近の殺害にかかわっていることをにおわせていたからだ。サント・クロワの死を知らされた侯爵夫人は、すぐさま紙切れと箱を受け取ろうとしたが、警察に拒否されたため、ぐずぐずしてはいられないと思い、直ちに国を離れた。翌朝には警察が後を追ったが、すでに夫人はイングランドに逃亡していた。運が悪かったのはラ・ショセである。決定的なサント・クロワの死についてまったく知らなかったことで、彼の悪事が明るみに出てしまったのだ。自分の身に危険が及ぼうとは夢にも思っていなかった。彼は逮捕され、裁判に付された。そして拷問に掛けられると、オーブレ家の二兄弟に毒を飲ませたこと、サント・クロワとブランビリエ侯爵夫人から一〇〇丁のピストルをもらい、この仕事で終身年金を約束されていたことを自白した。ラ・ショセは生きたまま車裂きの刑に処せられることになり、侯爵夫人は欠席裁判で斬首刑を言い渡された。ラ・ショセは一六七三年三月、パリのグレーブ広場で処刑された。

ブランビリエ侯爵夫人は三年ほどイングランドで逃亡生活を送っていたようだが、一六七六年の初めには厳しい追っ手の目をくらましたと考えて、フランスに戻るべく、ひそかにリエージュに向けて出発した。だが、慎重に慎重を重ねて行動していたにもかかわらず、フランス当局はすぐに彼女が帰国したとの通報を受け、当局の捜査官がリエージュ市内で彼女を逮捕できるよう、直ちに市と協定を結んだ。騎馬憲兵隊士官のデグレがパリを発った。そしてリエージュに到着すると、侯爵夫人が修道院に避難しようとしているのを知った。修道院などに逃げ込まれようものなら、長いといわれている司法の手も届かなくなる。だが、デグレはそこであきらめるような男ではなく、法の力を超えた戦略に打って出た。自ら司祭に扮装して修道院に入る許可を求め、侯爵夫人との面会を実現させたのである。デグレはこう言った。自分はリエージュに立ち寄ったフランス人だが、美貌と不幸な身の上で知られるご婦人にごあいさつもしないでここを立ち去るわけにはいかないと。このお世辞が彼女の虚栄心をくすぐった。低俗だが説得力のある表現を使うと、「これで女の弱みは握った」わけである。そうみたデグレは、実に巧みに愛や賛美の言葉を吐き連ねた。まんまとだまされた侯爵夫人は、とうとう警戒をすっかり緩めてしまった。それほどしつこく誘ったわけでもないのだが、修道院の塀の外でデグレと会うことに同意したのである。二人が密会するには、修道院の中にいるよりもずっと都合がいい。新しい恋人らしき男との約束を忠実に守って現れた侯爵夫人。だが、粋なしゃれ男の腕に抱かれるのではなく、警察に身柄を確保されてしまったのである。

直ちに侯爵夫人の公判が行われた。彼女に不利な証拠は山ほどあった。夫人に有罪判決を下すには、拷問にあえぎながら自白したラ・ショセの供述調書だけでも十分だったが、それ以外にも、サント・クロワの箱に貼ってあった不可解な紙切れ、夫人のフランスからの逃避行、そしてこれはほかのどれよりも強力で不利な証拠だが、サント・クロワの身の回り品の中から見つかった夫人直筆による文書があった。この文書の中で、夫人はサント・クロワにこれまでの非行について詳細に語っており、父親と二人の兄の殺害についても記しているのである。この時点で、彼女の有罪は明らかだった。公判が開かれている間、パリ中が騒然としていた。人々の話題を独占したのも侯爵夫人であった。彼女の犯罪の詳細がすべて公表されると、皆むさぼるようにそれを読んだ。最初に病院でこっそり毒を試された数百人も、このときそれを知ることになった。

一六七六年七月一六日、パリの刑事裁判所は、父親と兄二人の殺害、ならびに妹の殺人未遂で侯爵夫人に有罪の評決を下した。そしてはだしのまま首に綱を掛けて、運搬台に乗せて引き回す刑に処したうえで、火が燃え盛るたいまつを手にしてノートルダム大聖堂の正門まで行き、そこで加辱罪に処し（大勢の面前で罪を認め、謝罪して許しを請うという、旧制度下の刑罰）、さらにそこからグレーブ広間まで行き、斬首刑に処するという刑罰が言い渡された。その後、遺体は焼かれ、遺灰は風がまき散らすままにするという。

判決が言い渡されてから、侯爵夫人は罪をすべて自白した。死を恐れているようには見えなかったが、それは果敢だったからではなく、無頓着だったからだ。セビニエ夫人によると、運搬台で処刑場まで運ばれるときも、死刑執行人に圧力を掛けて「わたしをわなにはめた、あのならず者のデグレ」の姿が見えないよう、すぐ隣に立つように言ってほしいと、贖罪司祭に頼んでいたという。また、その行列を見ようと窓際に集まっていた婦人たちにも、こう叫んでいた。

「何をご覧になっていらっしゃるの？　きれいな景色をご覧になれて、本当によろしかったこと！」

彼女は処刑場に着いてからも笑っていたが、死ぬときもその冷酷非情さは変わらなかった。その後、民衆が彼女の遺灰を集めにやって来た。聖遺物として取っておくためだった。彼女は殉教した聖女であり、彼女の遺灰はあらゆる病を治癒する力があるものとして、神の恵みによって授けられたのだという。愚かな民衆によって、本当に神聖なのかどうかが疑わしい人物まで列聖されてしまうことがよくあるが、このときの民衆の行為ほどおぞましいものはない。

侯爵夫人が処刑される前に、ラングドック地方の出納官で聖職者の歳入長官でもあるプノティエ氏が告訴された。告訴したのはサン・ローラン夫人。歳入長官の地位を狙って、先ごろ死亡した夫の元歳入長官を毒殺したというのである。ところが、状況証拠が明らかにされず、大きな圧力も掛かったため、裁判は開かれなかった。この男、サント・クロワとブランビリエ侯爵夫人と親密な関係だったことで知られており、毒も二人から手に入れたとされていた。だが二人とも、この男に関係しそうなことは何ひとつしゃべろうとはしなかった。とうとう取り調べも行き詰まってしまい、プノティエはバスティーユに数カ月投獄された。

このころ、プノティエの共犯者としてボンジー枢機卿の名前が取りざたされていた。枢機卿の財産はいくつもの年金の支払いで困窮していたが、当時は毒薬がごく普通に使われるようになっており、年金受取人がばたばたと死んでいた。枢機卿は年金受取人とよく話をしていたが、その後、こんなことを口にしていた。

「余の星に感謝せねばいかんな。どの年金受取人よりも長生きしておるのだから！」

ここへ来て、また毒殺熱が民衆の心をとらえ始めた。このころから一六八二年までは、フランスの監獄は毒殺の容疑者であふれており、奇妙なことに、ほかの容疑者がそれに比例して減っていた。これまでもイタリアでどの程度この犯罪が広まっていたかを見てきたが、もしかしたらフランスのほうがイタリアを凌駕していたかもしれない。こうした無味無臭の毒薬を使っていとも簡単にできてしまう極悪の犯罪が、悪人たちを魅了していたのである。嫉妬、復讐、強欲、そしてちょっとした意地悪をするときでさえ、同じように毒薬が使われていた。発覚するのを恐れてピストルや短剣、あるいは一回の投与で殺せる強い毒薬を使うのを思いとどまった者も、緩効性の毒なら恐れなかった。当時の腐敗した政府も、プノティエのような裕福で有力な廷臣の極悪犯罪には目をつぶっていたかもしれないが、民衆の間にこうした犯罪が広がっているのを知って憤慨した。実際に、これはヨーロッパ諸国にフランス人の恥をさらしているようなものだった。ルイ一四世はこうした悪習を根絶しようと、いわゆる火刑裁判所を設立した。これは囚人の裁判と刑罰に威力を発揮した。

このころ、際立って悪名高く、数百人を死に追いやった二人の女がいた。二人ともパリ在住で、名前はラ・ボワザンとラ・ビゴルーという。スパーラやトファーニアと同じように――この二人の模倣犯だが――主に夫を始末したがっている女たちに、そしてまれなケースだが、妻を始末したがっている男たちに毒を売っていた。表向きの職業は助産婦だ。また、自称占い師でもあり、あらゆる階層の客がいた。貴賤を問わず、大勢の人々が未来を占ってもらおうと、二人の「屋根裏部屋」に押し掛けた。二人の予言は主に死についてであり、女たちには夫がいつ死ぬかを、また貧しい世継ぎには、バイロンの言葉を借りると、「もうずいぶん前から待ちぼうけを食らわせている」金持ちの親族がいつ死ぬかを予言していた。二人は自分たちの予言が外れないよう、十分な注意を払っていた。嫌な雇用主には、ガラスや食器が割れるなど、死が迫っている兆しが家の中に現れると予言しては、使用人にお金を握らせて、指定された時間きっかりに、あたかも偶然割れたかのようにガラスか食器を割ってもらった。助産婦という仕事のおかげで多くの家庭の秘密を知り得た二人は、やがて、それを残忍な犯罪に利用するのである。

この恐ろしい商売が発覚するまでにどのぐらい続いていたのかは不明である。一六七九年末のこと、とうとう捜査官が二人を逮捕した。二人とも裁判に掛けられ、有罪判決を受けた。そして一六八〇年二月二二日（澁澤龍彦著『毒薬の手帖』［河出文庫］によると二月二〇日）、グレーブ広間で真っ赤に燃えた鉄を両手に当て、その後その両手を切断したうえで生体火刑に処せられた。パリや地方にいる多くの共犯者も逮捕され、裁判に付された。著述家によってばらつきはあるが、その多くが女性であり、三〇～五〇人が主要都市で絞首刑に処せられた。

ラ・ボワザンは、毒を買いに彼女の家を訪れた客のリストを保管していたが、リストは逮捕されたときに警察に押収され、裁決機関の調査に付された。リストにはリュクサンブール陸軍元帥、ソワソン伯爵夫人、ブイヨン公爵夫人の名前があった。陸軍元帥は、この女の家を訪ねるという不名誉な愚行だけで有罪になったようだが、当時のうわさでは、それ以上に不名誉なことをしていたらしい。『ユトレヒト講和条約以前のヨーロッパにおける事件の記録（Memories of the Affaires of Europe since the Peace of Utrecht）』の著者は次のように話している。

「毒薬と予言を生業にしていた悪党一味によると、陸軍元帥は悪魔に魂を売り渡しており、この男が売った毒でデュパンという若い女が死んだと断言している。ほかにも、悪魔と契約を結んで、自分の息子とルーボワ侯爵の娘を結婚させようとしていた、という話もある。この悪質でばかげた告発に対し、陸軍元帥は最初に告発されたときにバスティーユに自首してきたが、高慢さと純真さが入り混じったような態度でこう答弁している。

『余の先祖でありますマシュー・ド・モンモランシーはルイ六世（肥満王）の未亡人と結婚しましたが、そのときもモンモランシーは、悪魔ではなく三部会にお願い申し上げた。それはこの未成年の君主のためにモンモランシー家にお力添えをいただくためであります』

この勇猛な男は、約二メートル四方の独房に入れられたが、公判は数週間にわたって中断され、全部終わるまでに一四カ月もかかった。だが、この男には何の判決も下されなかった」

ソワソン伯爵夫人は、裁判という危険にさらされるのを避けてブリュッセルに逃亡したが、相続粉末によるスペイン女王毒殺未遂という不名誉を晴らすことはできなかった。

ブイヨン公爵夫人は逮捕され、火刑裁判所に送られた。ところが、彼女の場合は緩効性の毒とは何の関係もなく、ただ後世の神秘を詮索して、悪魔を見ながら自分の好奇心を満たそうとしていただけのようだ。裁判官のひとりで、ラ・レニエという背が低く醜い男が、ひどくまじめくさった顔で、本当に悪魔を見たのかと尋ねた。すると公爵夫人は、裁判官の顔をまじまじと見詰めながらこう答えた。

「ええ、もちろんですとも！　今も見ていますわ。背が低くて醜い老人の姿をしています。とても意地が悪くて、裁判官の服を着ていますね」

ラ・レニエ氏は用心して、この聡明でよくしゃべる夫人にそれ以上尋問するのを控えた。夫人は数カ月間バスティーユに投獄されたが、何ひとつ立証されないまま、顔が利く友人たちの仲裁で釈放された。こうした著名人の犯罪に厳罰を下せば、鼻持ちならない庶民の模倣犯罪を抑えることもできたのだろうが、彼らは刑罰を免れることが多く、それが逆に犯罪の増加に拍車を掛けることになったのである。致命的だったのは、プノティエの出獄と、プノティエの雇い主であるボンジー枢機卿の羽振りが良くなったことである。この犯罪はとどまるところを知らず、二年にわたって大流行し、ついには一〇〇人以上が火刑台や絞首台に送られるに至った。毒殺熱が下火になってきたのはそれからである（**原注**　緩効性の毒を使った殺人は、残念ながら、一九世紀になってイングランドで再び流行の兆しを見せ、国民性に汚点を残すほどに広まった。毒殺犯は主に下層階級の女たちであり、犠牲者はその夫か子どもである。犯行の動機は、多くの場合、想像し得る最も次元の低いもの——加入している埋葬クラブから保険料、つまり埋葬費用をもらいたいというもの——であった。最近可決、成立した法律ではヒ素やその他の毒物の販売が制限されているため、この極悪非道の犯罪を根絶するのは不可能でも、食い止めることは可能であろう——一八五一年）。

第5章 決闘と神の判決

Duels and Ordeals

その昔、ある思慮深い哲学者があり、
自らが実証したとおり、世界は
闘いにうつつを抜かしていると断じた。
――『ヒューディブラス』

ほとんどの著述家は決闘の起こりをこう説明する。四～七世紀ごろにヨーロッパを席巻し、剣で突くこと以外に争いの有効な決着の付け方を知らなかった好戦的な蛮族の悪しき習慣からきたものであると。事実、決闘というのは、その根本的かつ主要な意味からするとまさに戦闘そのものであり、人間を含む野生動物が獲物を奪ったり守ったりする際の、あるいは侮辱を受けたとして仕返しをする際の常套手段である。骨を奪い合う二匹の犬、堆肥の上で美しい雌鳥のために闘う二羽のチャボ、ウィンブルドンコモン（ロンドンの公園）で傷つけられた名誉を回復しようと互いに撃ち合う愚か者。皆、この点では同じ土俵に立っており、だれもが単なる決闘者にすぎない。文明が発達してくるにつれ、知識人や情報通は、当然のことながらこうした争いの調停法を恥じるようになり、その結果、損害を被った者が補償を得られるような一種の法律ができるようになった。しかし、被告側にいくら確たる証拠があっても、依然として原告の主張を覆せないケースが多く、初期のヨーロッパ社会ではおびただしい件数に上っていたのだろうが、すべてにおいて闘いが最後の頼みの綱になっていた。そうなるともう、原告がいくら訴えても無駄であり、言い分の正しいほうの戦士に力を貸し、勝利を与えてくれるのは神しかいないと考えられるようになった。モンテスキューも『法の精神（De l'Esprit des lois）』で指摘しているとおり、未開の国から来たばかりの人間にとって、このような考え方は別段不思議なことではなかった。戦闘の習慣がすっかり身に着いている彼らにとって、その一番の美徳である勇気に欠ける者は、臆病以外の欠点についても当然のごとく疑いの目が向けられた。一般に、勇気の欠如と裏切り行為とは切っても切れないものと考えられていた。したがって、交戦で無比の勇敢さを示した者は、世間から罪の許しを得ることができたのである。もしこうした武力に訴える男たちとは異なる識者が彼らの激情を抑える手段を見いだしていなければ、その当然の帰結として、社会は原始時代に逆戻りしていたかもしれない。このような考えの下、政府もまずは一騎打ちで合法的に罪を立証する、あるいは否認するような訴訟をなるべく制限した。しかし、五〇一年にはブルグント王国のグンディバルト王の法律が可決し、宣誓して証言する代わりに決闘による真実の証明があらゆる訴訟で認められるようになった。シャルルマーニュ（カール大帝）の治世に入ると、ブルグント族の習慣がフランク王国一帯に広まり、原告だけでなく、その証人や判事までもが、訴因や証拠、その判決を弁護するのに剣に頼るようになってきた。シャルルマーニュの後を継いだカロリング朝のルイ一世（敬虔王）は、悪習の拡大を阻止しようと努め、重罪訴追や民事裁判、あるいは権利条令にかかわる係争、紋章裁判所での訴訟、あるいは爵位に対する攻撃に限って決闘を認めることにした。女性、病人、身体障害者、一五歳未満または六〇歳以上の男子を除いて、だれひとりこの審理を免れることはできなかった。国王に代わって、聖職者が戦士を育成することになった。こうしてこの習慣は、時代の流れと共にすべての民事訴訟や刑事訴訟の審理に拡大され、すべて決闘で判決が下されるようになっていったのである。

知的領域を支配する聖職者はというと、すべてを武力が支配するような法制度をけっして認めておらず、決闘には最初から断固として反対し、当時の偏見が許すかぎり、この宗教の原則とはかけ離れた好戦的な精神に歯止めを掛けようとした。バレンティア公会議の場で、そして後のトレント公会議の場でも、聖職者たちは決闘にかかわった者、さらにはそれを補佐した者や見物人までをも全員破門にし、かような慣習は凄惨で忌まわしく、肉体と精神を滅ぼすために悪魔がもたらしたものだと宣言した。決闘を黙認した王族や諸侯からも闘いが認められている場所での世俗的権力、管轄権や統治権をすべて剝奪するとも宣言。しかしこの決定も、その後は歯止めを掛けようとしていた習慣をただ助長していたにすぎなかったようだ。

しかし、全能の神が助けを求められるたびに不当に告発された人のために奇跡を起こしてくれると考えるのは、冒瀆であり、誤りであった。司祭たちも、決闘は糾弾したが、その根底にある考え方を糾弾することはなく、個人や国家間で起きるあらゆる争いや不和に神が介在すると信じることは善しとした。神明裁判を規定していたのもまさにそうした考え方であり、彼らはあらゆる影響力を行使してこの神判を支持し、決闘に反対した。神判なら有罪か無罪かを判定する全権が自分たちの手中に残るが、決闘では何の権限も特権も享受できなくなる、というわけである。このような説得が功を奏している間は、彼らも国の第一者だったし、そうありたいと願っていた。ところが、先が読めないあらゆる裁判で個人の強力な武勇が認められるようになると、彼らの権限や影響力もこうした貴族の力には及ばなくなってきた。

要するに、彼らが決闘に反対したのは、流血の惨事を起こした決闘者に破門という雷を落とすのをただ嫌がっていたからではなく、争いや不和を公平に扱う自分たちの権力を維持したかったからなのだ。自分たちが行使するに最もふさわしい、その権力を維持したかったからなのだ。知識や文明はその体制の中で芽吹いていた。だから彼らは知識人の代表なのだ。一方の貴族は、人間の体力、武力を代表している。こうして聖職者は、この権力を教会に集中させ、民事や刑事のあらゆる裁判で最終審判を下すために五種類の審理を確立し、その管理監督権をすべて自分たちの手中に収めたのである。その五つとは、福音伝道者への宣誓、高位者に対する十字架審もしくは火審、下層民に対する水審、そして自分たちと同じ聖職者に対するパンとチーズ（「のろわれた食べ物」）の審理である。

福音伝道者への宣誓は、次のような形で行われた。シャトレ伯ポール・エイが『ベルトラン・デュ・ゲクランの思い出（Memoirs of Bertrand du Guesclin）』で語っているが、被告人はまず新約聖書と殉教した聖人たちの遺物に、または彼らの墓に自分が無実であると宣誓した。同時に定評のある実直者を一二人探し出してきて、被告人が無実であることを信じる、という宣誓をしてもらわなければならなかった。だが、この審理のやり方はその後どんどん悪用されるようになり、とくに遺産相続の訴訟では、最も真剣に熱を入れて宣誓した者が必ず勝ったのである。後に決闘審理が好まれるようになる主な原因のひとつが、この審理の悪用である。だから封建領主、つまり当代の権力者が断固として偽誓をすれば必ず成功するようなやり方よりも、正々堂々と闘うほうが好まれたというのも、当然といえば当然なのである。

シャルルマーニュは、息子たちの間で争いが起きた場合の頼みの綱として十字架審あるいは十字架判決を選んだが、それはこんなふうにして行われた。何らかの罪を犯して告発された者は、宣誓して無罪を主張し、自分に有利な判決を願って十字架に訴えてから、教会の祭壇の前に連れていかれた。司祭は事前にまったく同じつえを用意しておいたが、ひとつには先端に十字架の形が彫ってある。二本とも入念に、また数度の儀式を経て上等な毛織物に包まれてから、祭壇の上か聖遺物の上に置かれた。続いて、満足した神がその聖十字架の判決によって被告人が無罪か有罪かを見破ることができるよう、厳粛なる祈りが捧げられた。次いで司祭が祭壇のほうに歩み寄って一本のつえを手に取ると、助手がうやうやしく巻いてある毛織物を外した。もしそこに十字架が彫ってあれば、被告人は無罪。もし彫られていなければ有罪である。すべての裁判でこうして下される判決が間違っていたともいえないし、彼らが完全に運を天に任せていたと考えるのもばかげている。おそらく誠実で正しい判決が数多く下されていたのは間違いない。だから司祭が前もって状況証拠を厳しく取り調べ、厳しく審査をして、被告人が有罪か無罪かを確認したうえで、十字架が彫ってあるつえを手にした、あるいはしなかったというのを信じないわけにはいかないのである。

火審でも、判決を下す権限ははっきりと彼らの手中に残った。一般に、火は罪なき者を燃やすことはないとされていたため、聖職者も当然のことながら、罪なき者や無罪を宣言したいと思う者が神判を受ける際には、火から楽に身を守れるよう、あらかじめ十分警告しておくようにした。神判のひとつに、畑に一定間隔で赤く燃えたすきの刃を並べ、被告人に目隠しをしてから、はだしでその上を歩かせるというのがあった。燃えたすきの刃が置かれていない場所を規則的に歩けば、被告人は無罪。もしやけどをすれば有罪であった。すきの刃を並べられるのは聖職者だけだったため、彼らは事前に結果を予想することができた。被告人を有罪にしたければ、不規則な間隔ですきの刃を置いておけばいいのである。そうすれば、被告人は必ずどれかを踏むことになる。ウェセックス朝のエセルレッド一世の妃でエドワード懺悔王の母であるエマがウィンチェスター大司教オールウィンとの密通罪で告発されたとき、彼女はこの方法で潔白を証明している。しかし、王朝の評判だけでなく、王妃としての評判もおぼつかなくなっていたため、聖職者が熱したすきの刃で有罪判決が下されるのを案じる者はいなかった。こうした試罪法は「神の審判（Judicium Dei）」、または「神明裁判（Vulgaris Purgatio）」と呼ばれたが、ほかの方法で審理が行われることもあったようだ。そのひとつに、重さが一ポンド、二ポンド、または三ポンドある赤く熱した鉄板を、やけどをしないで握るというものがある。ごつごつした手の男性だけならともかく、柔らかくて繊細な肌の女性がやっても無事だったとなれば、当然、手にあらかじめさび止めのようなものが摺り込んであったか、明らかに熱鉄というのが冷鉄を赤く塗っただけのものだったかのどちらかだと考えられる。もうひとつの方法は、熱湯の入った大釜に素手を入れさせ、司祭がその大釜を亜麻布やフランネルで何重にも覆い、司祭たちだけの管理の下で、辛抱強く審理を受ける者を三日間、厳重に教会内に閉じ込めておくというものである。もし三日が過ぎた時点で腕に何の傷跡もなければ、被告人の無罪が確定した（原注　近代インドの火審はこれとよく似ているが、フォーブスの『東方の思い出（Oriental Memoirs）』第一巻第一一章にはこう記されている――「死罪で告訴された男が神判を受けることを選択した場合、その男は数日間幽閉され、ごまかしを防ぐために、しかるべき役人の見ている前で右手を腕まで厚い油布で覆われ、しっかりと縛ってから密閉される。英国人居住区では、その覆いは仲間によって密閉され、被告はヨーロッパ人の監視下に置かれる。神判の日には、油が入った大釜を火に掛けて、沸騰してきたら硬貨を釜に落とす。そして審判と原告が見ている前で被告の腕の覆いが取り外され、洗われる。この儀式の最中に、参列しているバラモンが神に祈願する。バラモンの祝福を受けたら、被告は沸騰した釜の中に腕を入れて硬貨を取り出す。それから再審理に定められた時刻まで再び被告の腕は密封される。そしてその覆いを破ったときに斑点が現れていなければ、被告には無罪が言い渡され、斑点が現れたら、その罪によって刑罰を受けることになる」……この審理に際して、被告は沸騰した釜に手を入れる前にある作用に訴える――「汝よ、火が全体に行き渡っている。清き者！　有徳と罪業を証明する者は、この腕に真実を語らせるのだ！」。もし何のごまかしもしていなければ、この審理による判決は必ず同じものになるはずだが、この方法で有罪を宣告される者も無罪を宣告される者も出てくるため、中世キリスト教の司祭と同じように、バラモンが無罪にしたいと考えている者を救うために、何らかの詐欺行為を働いていたのは明らかである）。

水審の場合は、わざわざこんな面倒なことをする必要はなかった。水審は貧者や下層民だけを対象にした審理であり、彼らが水中に沈もうが浮いてこようがどうでもよかったからである。近代の魔女のように、被告人は沼か川に放り投げられ、もし沈めば、つまり溺死してしまえば、残された仲間たちは被告人が無実だったことを知るという慰めが得られたが、もし浮かんできたら有罪となった。いずれにしても、彼らは社会からはじき出されるのであった。

しかし、あらゆる神判の中から聖職者が自分たちのために残しておいたのは、同じ教区の聖職者が有罪宣告されることなどまずあり得ないような神判であった。人間の中で最低の極悪人でも、この神判を無事に通過していたのである。これは「のろわれた食べ物」と呼ばれ、こんなふうに行われた。一切れの大麦パンと一切れのチーズを祭壇の上に置き、告発された聖職者が正式な祭服をまとい、ローマカトリックの仰々しい儀式が執り行われる中で、ある呪文を唱え、数分間熱心に祈りを捧げる。この祈りは大変な苦難であり、もしその被告人が罪を犯していれば、神が大天使ガブリエルを送り込んで被告人ののどを詰まらせて、パンもチーズものみ込めなくしてしまうのである。司祭がこの神判でのどを詰まらせたという例は一件も報告されていない（**原注**　インドではこれとよく似た神判が一九世紀の今でも行われており、パンとチーズの代わりに祈りを捧げた米が使われている。想像力が働いてしまい、有罪となる者は一粒の米ものみ込めない例が少なくない。罪の意識と天罰に対する恐怖心から、のみ込もうとするとのどが詰まるような感覚に襲われるのだ。そして被告人はひざまずき、自分が犯した罪を全部自白してしまうのである。ローマカトリック教会のパンとチーズにしても、もし聖職者以外の人間が神判を受ければ、間違いなく同じことが起きていただろう。聖職者は自分たちが仕掛けたわなにはまるほど愚かではなかった）。

教皇グレゴリウス七世の時代のカスティーリャ王国では、セビリアの聖イシドロが国の教会に献上したモサラベ聖歌ではなくグレゴリオ聖歌を導入すべきかどうかが検討されていたが、これがかなりの議論を呼んでいた。教会は新しいものの受け入れを拒み、両者がそれぞれ選んだ二人の戦士による決闘で決着を付けるべきだと提案した。司祭は宗教を軽視した解決法には賛成しかねたが、火審でそれぞれの聖歌の真価を試すことに異論はなかった。そして大きなたき火がたかれ、グレゴリオ聖歌の写本とモサラベ聖歌の写本が投げ入れられた。燃やすのを拒むことでどちらのほうが神に心地よく聞こえるかを炎に決めてもらおうというわけだ。この奇跡を目の当たりにしたバロニウス枢機卿によると、グレゴリオ聖歌の写本は、投げ入れられたと思ったらすぐに大音響と共に飛び出してきたそうだ。明らかに無傷であった。居合わせた者は皆、聖人がグレゴリウス七世側に付いたのだと考えた。火はその直後に消された。ところが、何と不思議なことだろう！　聖イシドロの聖歌の写本が灰の下から出てきたではないか。しかも傷ひとつない状態で。炎で熱くなってもいなかった。この時点で決着が付いた。両方とも神には同じように心地よく聞こえたのだ。そして両方ともセビリアの全教会で交互に歌われることになったのである。

神判がこのような問題だけに限定されていれば、信者もおおむね反対はしなかったのだろうが、これが人間と人間との争い事を解決する最終手段として導入されたものだから、第一の美徳が勇気という者は、当然のことながら抵抗を示した。事実、貴族たちは早い段階から神判を羨望のまなざしで見詰めていた。そしてその真意に気づくのも早かった。その真意とは、つまりキリスト教会を、民事も刑事も含め、あらゆる訴訟の最終審裁判所にするということにほかならなかったのである。また、貴族も同じ理由から、一騎打ちで決着を付けるという昔ながらのやり方で十分だと思っていた。だが、それ以上に彼らが決闘に固執していたのは、決闘で勇姿と手際の良さを見せた戦士が勝ち取る無罪判決のほうが、それを勝ち取るのに何も必要ない決着の付け方より信頼できそうに思えたからだ。このほかにもうひとつ理由がある。神判ではなく公正な決闘の信頼性を高めるには、おそらくこのどちらよりも説得力がある。折しも貴族が騎士団を結成し始めたころで、聖職者のやかましい抗議の声が聞こえていたにもかかわらず、戦争は人生を懸けた唯一の務めとなり、貴族にとっては唯一品位ある仕事になっていた。名誉心や道徳心も芽生え、それらに対する攻撃に復讐できるのは、群衆の拍手喝さいの中で行われる決戦の場だけであり、群衆の称賛という評決も、神判という冷たく儀式張った無罪判決よりもはるかに満足感を与えてくれるからだ。ルイ一世の子ロタール一世は、フランク王国内の火審と十字架審を廃止したが、イングランドではその後もずっと認められており、ヘンリー三世の統治時代の初期に議会命令でようやく禁止されている。その間に十字軍が騎士団制度を完成させ、間もなく騎士道精神が神判制度を破たんに追い込んでいった。そして確固たる基盤のうえに公正な決闘が確立されていったのである。制度としての騎士道が崩壊すると、貴族の馬上試合や一騎打ちも廃れていったのは確かだが、それに端を発する決闘は今日まで存続しており、決闘を根絶しようと努力する賢者や哲学者と対立している。未開の時代から後世に伝えられたあらゆる過ちの中でも、これほど根強く、しぶとく残っているものはほかにないだろう。これによって、人間の良識や分別と名誉との間に大きな隔たりができてしまった。良識ある人間が愚者の水準にまで落ちてしまい、決闘を非難する多くの者もそれに甘んじて、実践せざるを得なくなってしまったのである。

こうした闘いがどのように統制されていったのかを知りたい読者は、モンテスキューの『法の精神』に当たってみるといい。昔の決闘法について詳細に記されている。まさにモンテスキューが指摘しているとおりである。モンテスキューは、一切血を流さない優れた決着の付け方に触れ、極めて愚かな方法で処理される賢明な問題が数多くあるように、極めて賢明な方法で処理される愚かな問題も数多くあると述べている。その例としては、笑止千万で冒瀆的な決闘審理という、賢明かつ宗教的な裁定に勝るものはないだろう。

十字軍の時代、そして火薬や印刷機の発明によって幕を開けた新時代とのはざまの時代に、立法という合理的な制度が生まれた。貿易や産業に携わる大都市の人々は、争いや不和が起きるたびに、裁判官や判事の判決に甘んじて従った。上流階級の人間とは異なり、彼らの習慣や生活様式は、どんな場合でも決闘で決着を付けるようなものではなかったのだ。とうもろこし一袋、幅広の布地、牛の値段のことでいざこざが起きれば、市長か地方行政官が納得のいくような形で調停した。勇敢な騎士や貴族も、けんか好きは相変わらずだったが、さすがに決闘審理にばかり頼っていたら威厳も卓越した名誉も失ってしまうのではないかと考えるようになった。各国政府も同じ考えを抱き、こうした決闘で合法的に手続きが進められる裁判に制限を加えていった。ルイ九世以前のフランスでは、「大逆罪」「強姦罪」「放火罪」「住居侵入・窃盗罪」の訴訟にのみ決闘が認められていたのだが、ルイ九世はこうした制限をすべて撤廃し、民事訴訟でも全面的に合法化してしまった。ところがこれがうまく機能せず、一三〇三年にはフィリップ四世（端麗王）が、これらを刑事事件では国家反逆罪、強姦罪、放火罪に、民事事件では係争中の遺産相続問題に限定する必要があると判断した。騎士団は、自らの名誉を懸けた最高の審判となり、事が起きるたびにそれを弁護し、復讐することが認められた。

記録に残っている最古の決闘の中でも極めて特異な決闘が、ルイ二世（吃音王）の時代、八七二年に行われた。ある朝のこと、ガスティノワ伯アンジュジェ（インゲルゲリウス）がベッドで死んでいるのを伯爵夫人が発見した。伯爵の親族であるゴントランは、夫を殺害したとして伯爵夫人を告訴した。ゴントランは、夫人は以前から不貞を働いているとも主張し、夫人の代わりに決闘で闘う戦士を選んでくるように、そしてその戦士を殺して夫人の有罪を確定したいと言って挑戦状をたたきつけたのである。伯爵夫人の友人や親族は皆、彼女の無罪を信じていた。しかし、ゴントランは勇猛果敢で通っている戦士。だれも彼とは対決しようとせず、フランスの作家ブラントームも古風な言い回しで、「親族はできそこないの臆病者なり」と述べている。悲嘆に暮れた伯爵夫人。次第に絶望感が漂ってきた。そのとき、インゲルゲリウスという名の戦士が忽然と立ち現れたのだ。それはよわい一六のアンジュー伯爵、洗礼式で伯爵夫人の腕に抱かれ、伯爵と同じ名を授けられた少年だった。彼は名づけ親である伯爵夫人をとても愛しており、夫人のためならどんな敵とも対決しようと申し出てきたのである。国王は進取の気性からくる寛大な少年に思いとどまってもらおうと説得しながら、挑戦者としての並々ならぬ体力と百戦錬磨の技量、そして不屈の勇気が必要なことを必死に説いた。しかし、インゲルゲリウスはあくまでも決断を曲げなかった。王室は悲しみに包まれ、あれほど勇敢な美少年をこんなに死に急がせるなんて何と残酷な、という声が一斉に上がった。

決戦の舞台の準備が整うと、伯爵夫人が正式に戦士を承認し、決闘者は攻撃を開始した。ゴントランは獰猛さをむき出しにして敵に向かって馬を走らせた。ところが敵の楯に激しく当たってしまい、バランスを崩して地面に転がり落ちた。若き伯爵は、ゴントランが落馬したすきをとらえて彼に槍を突き刺した。そして馬から下りて、その首をはねたのだ。「その打ち首を彼が国王に差し出すと、国王は実に愛想よく、うれしそうに受け取った。まるで都市国家を献上されたかのような喜びようであった」とブラントームは語っている。続いて、歓喜に沸き返る中、伯爵夫人の無罪が宣言された。夫人は名づけ子にキスをすると、うれしさのあまり、人目もはばからずインゲルゲリウスの首に抱きついて号泣した。

一一六二年には、モンフォール伯ロベールがイングランド王ヘンリー二世の前でエセックス伯爵を告発した。五年前にコールズヒルでウェールズ軍と闘った際、裏切ってイングランドの王旗を敵の手に渡したというのである。そのとき、モンフォール伯は真実を一騎打ちで証明しようと申し出た。エセックス伯もその挑戦を受けて立ち、レディング（バークシャー州中部にある都市、州都）近郊に決戦の舞台がしつらえられた。おびただしい数の見物人が決闘を見ようと集まってきた。最初のうちは勇敢に闘っていたエセックス伯だが、次第に冷静さと自制心を失い、あっさりと敵に優勢を取られてしまった。これで勝負は決まった。エセックス伯は馬から振り落とされた。大けがを負っていたので、だれの目にももう命はないものと映った。親族に頼まれたレディング修道院の修道僧が埋葬のために死体を移動し、モンフォール伯の勝利が宣言された。ところが、エセックス伯はまだ死んではおらず、失神していただけだった。その後、修道僧らの介護のおかげで、数週間でけがから回復したものの、心に負った傷はそう簡単には癒えなかった。高貴で勇敢な臣民ではあったが、負け戦をしてしまったことから、だれからも裏切り者、腰抜け呼ばわりされるようになった。仲間たちに良く思われない世界に舞い戻るのは耐えられない。そこで彼は僧侶になり、残りの人生を修道院の中で過ごした。

レンヌ高等法院の次席検事だったデュ・シャストレは、スペインで起きた奇妙な決闘について触れている。セビリアのあるキリスト教徒の紳士があるムーア人の騎士に挑戦状を送りつけ、真実を証明したいと申し出た。どんな武器を使おうと、キリスト教は神聖で素晴らしい宗教だが、イスラム教は不信心で憎悪すべき宗教だというのである。スペインの高位聖職者は、この決闘の結果、自分たちの管轄内でキリスト教が譲歩することになるとは思ってもいなかったが、ひょっとするとムーア人騎士のほうが強いのかもしれん、と不安になり、この騎士に応戦を撤回するよう命じ、もし受けて立ったら破門にするという条件を付けた。

デュ・シャストレはこんな話もしてくれている。オットー一世の時代、法学者たちの間では、父親のいない孫には祖父の死後その遺産をおじたちと平等に相続させるべきか否か、という問題が持ち上がった。この問題は困難を極め、その時の法律家はだれひとり解決することができなかった。そしてついに、一騎打ちで決着を図るべきだという決定が下され、二人の戦士が選ばれた。ひとりはこの孫の請求に賛成する側、もうひとりは反対する側だった。長い闘いの後、おじたちが選出した戦士が落馬して死亡。こうして孫の権利が確定することになり、祖父の遺産のうち、もし父親が生きていたら相続していた分と同じ取り分を全員が相続できることになった。

まさにこうした奇妙な理屈で、またこれよりもっとくだらない口実で、一四～一五世紀のヨーロッパではほとんどの国で決闘が行われていたのである。歴史に残る事例があるのでご紹介しよう。実に取るに足らない理屈で一騎打ちを迫られた男の物語である。その男とはフランスの勇敢な大元帥、ベルトラン・デュ・ゲクラン。レンヌでの小競り合いではイングランドのウィリアム・ブレンバ大尉から優勢を奪ったが、それでブレンバ大尉の親友でもあり仲間でもあるウィリアム・トゥルーセルは大いに傷ついた。こうなったらもうデュ・ゲクランとの一騎打ちしかない。トゥルーセルはランカスター公にこのフランスの名将との決闘を許可してくれるよう申し入れたが、公爵は、状況が許さないとして許可しなかった。しかしトゥルーセルは、何が何でもデュ・ゲクランと剣を交えたいという激情に駆られており、あらゆる機会をとらえてはデュ・ゲクランにけんかを売ろうとした。思いを抱き続けていればいいこともある。そう、ある手段を思いついたのだ。親族のひとりがデュ・ゲクランに捕らえられており、身代金を支払うまで彼の監視下にあった。トゥルーセルはこれを口実にけんかを売ることにし、デュ・ゲクランの元に使者を送った。そして捕虜を釈放するよう要求し、いずれ身代金を支払うという約定書を添えた。この敵意むき出しのイングランド人の伝言を受け取ったデュ・ゲクランは、身代金を全額支払わなければ約定書も受け取らないし、捕虜も釈放しないと返事をした。これを受け取ったトゥルーセル。すぐさまデュ・ゲクランに挑戦状を送り返すと、約定書の受け取りを拒否して名誉を傷つけたとして賠償を求め、槍、剣、短剣でそれぞれ三回ずつ攻撃する決闘を申し込んだのである。デュ・ゲクランはマラリア熱で病床に伏していたが、この挑戦に応じ、バスノルマンディー地方の王国総代官であるダンドレーム陸軍元帥に、自分が決闘の日時と場所を決めることを伝えた。陸軍元帥は、見物している貴族や紳士たちをもてなすための一〇〇フロリン金貨を敗者が支払うという条件で、必要な手はずをすべて整えてくれた。

ランカスター公はブレンバ大尉をしかりつけると、病気で体力も衰えているデュ・ゲクランと闘うとは騎士団や国民の名折れだと言い放った。これを聞いたトゥルーセルはわが身を恥じ、デュ・ゲクランに病気が完治するまで決闘を延期したいと申し入れた。それに対するデュ・ゲクランの返答はこうだ。「挑戦状を受け取った以上は決闘を延期するつもりはなく、汝のような敵とはただ対決するだけでなく、打ち勝つだけの力は十分に残っている。もし指定した時間に決戦の場に現れなければ、騎士と呼ぶに値しない男として、名誉の剣を携える価値のない男として、その名を全国に知らしめる」。トゥルーセルがこの尊大な返答をランカスター公に伝えると、公爵も当意即妙に決闘の許可を出した。

指定された決闘の日。数千人の見物人が見守る中を、二人の戦士が決戦の場に姿を見せた。デュ・ゲクランは、ド・ボーマノワール陸軍元帥、オリビエ・ド・モーニー、ベルトラン・ド・サン＝ペルン、ラ・ベリエール子爵など、フランス貴族の精華とも言える面々を従えていた。一方のイングランド人は、二人の介添人、二人の従者、二人の短剣士、二人のらっぱ吹きというお決まりの随行員だけを伴ってやって来た。一回戦ではデュ・ゲクランが劣勢に立たされた。楯を持つ手に痛打を受けたデュ・ゲクランは、馬の首の左側に前のめりになり、発熱で弱っていたこともあって、もう少しで落馬するところだった。もうだめだろうと考えた仲間たちは彼の悲運を嘆いた。ところが、デュ・ゲクランは体力を振り絞り、決死の勇姿を見せたのである。そして二回戦。敵の肩に狙いを定めて一突きすると、敵が馬から落ちた。致命傷だった。デュ・ゲクランも馬を下りて、落馬した敵の首を落とそうと剣を手に。そのとき、ダンドレーム陸軍元帥が黄金のつえを決闘場に投げ入れてきた。決闘終了の合図である。群衆がうれしそうに拍手喝さいする中、勝利を宣言されたデュ・ゲクランは、後に見物人に競技を見せるつまらない決闘者たちに舞台を明け渡して退場。しばらくの間、四人のイングランド人従者と四人のフランス人従者とが先のない槍で闘ったが、フランス人側が優勢を取ったところで競技終了となった。

一五世紀が幕を開け、シャルル六世の治世に入ると、有名な決闘の命令がパリ高等法院から出された。ド・カルージュ氏が聖地遠征で留守にしている間に、夫人がルグリス氏に暴行された。帰国したド・カルージュ氏は、強姦と名誉棄損の二つの罪でルグリスに決闘を挑んだ。するとルグリスは、夫人は自分の意思で応じたのだと言って罪を否認。夫人の無実だという証言も、高等法院からは証拠不十分とされ、仰々しくも決闘が命じられたのである。ブラントームはこう話している。

「指定された日、夫人が決闘を見ようとして馬車でやって来たが、国王は彼女を馬車から降ろすと、罪人なのだから無罪が証明されるまでは見物するに値しないと判断し、絞首台に寄り掛かって神の許しと決闘による判決を待つように、と命じた。短い闘いだったが、ド・カルージュ氏が敵を倒し、強姦と名誉棄損を自白させた。ルグリスは絞首台まで連れていかれ、見物人の目前で高く吊るされた。その間に紋章官から夫人の無実が宣言され、夫、国王、そして見物人全員に認められた」

同じような決闘は四六時中、枚挙にいとまがないほど行われていたが、やがて国王自身が決闘を闘うという不幸な事件が起きるに至り、フランス国王アンリ二世も、民事事件であろうと刑事事件であろうと、貴族の名誉が懸かっていようと、このような決闘は今後一切認めないことを正式に宣言した。

この歴史に残る決闘は一五四七年に行われた。ラシャテニュレー領主のフランソワ・ド・ビボンヌとジャルナック領主のギー・ド・シャボは、幼なじみであり、フランソワ一世の宮廷でもその勇姿と堂々たるお付きでひときわ目立つ存在であった。フランソワは友の収入がそれほど多くないのを知っていたので、ある日こっそり、どうしたらそんなにゆとりができるのだと尋ねた。するとギーは、父親が若くてきれいな女性と再婚したのだが、その女性が夫よりも息子のほうを愛してくれ、金も好きなだけくれるのだ、と答えた。フランソワは裏切ってその秘密を王太子に漏らした。すると王太子が国王に、国王が廷臣に、その廷臣が今度は知り合い全員にしゃべってしまった。その話は瞬く間に父親のジャルナック領主にも伝わった。父親は息子に使いを送り、この話の出どころを教えてくれ、そしてこんな関係を続け、それを鼻に掛けている自分は汚らわしいのか、と聞いてきた。息子は憤慨して、そんなことを口にした覚えはないし、そんなことを言うなんてまったく非常識だと否定し、裁判所に一緒に行って非難した敵と対決しようと言いだした。そして二人は裁判所へ。若きギーが法廷に入ると、王太子、フランソワ、そして数人の廷臣が待っていた。ギーは大声で叫んだ。

「余が義母と罪深い関係にあるなどと言う者は、うそつきで臆病者だ！」

全員の視線が王太子とフランソワに注がれた。するとフランソワが前に進み出てこう断言した。ギーが自分でその事実を認めたのであり、しかも、自分に異なる供述を強要しようとしたのだと。こういう供述をされたのでは、どんなに法的証拠がそろっていても論破するのは難しい。そこで諮問委員会は、決闘で決着を付けるよう命じた。だが、フランソワ一世は決闘を断固として認めず（**原注**　このときはフランソワ一世も決闘を嫌っていることを示したものの、自分の裁判ではこのような異論を唱えていない。歴史書の読者は、神聖ローマ皇帝カール五世の決闘の申し込みにフランソワ一世がどう対応したかを思い出してほしい。カール五世は、フランソワは約束を破った、彼に独力で闘っても持ちこたえられるだろうと記している。それに対してフランソワは、自分はうそをついていた――「のど元がつかえてうそをついた」――と言い、いつでも好きなときに一騎打ちを闘う用意がある、と答えた）、これ以上この問題にかかわり合いを持つことを二人に禁じ、もし違反したら国王の不興を招くと脅した。ところが、翌年にはそのフランソワ一世が逝去し、王太子のアンリ二世が妥協して、決闘を行うことで決着を付けたのである。

サンジェルマンアンレー城の中庭に決闘場がしつらえられ、一五四七年七月一〇日が決戦の日と定められた。両者の決闘状は『カステルノーの回想録』に残されているが、次のようなものである。

「ラシャテニュレー領主フランソワ・ド・ビボンヌの決闘状

陛下

聞くところによりますと、先ごろコンピエーニュにおきまして、ジャルナック領主のギー・ド・シャボは、ギーと義母との罪深い関係を大言壮語していると吹聴した者は不愉快で卑劣である、と断言したという話でありますが、わたくしは、陛下のご善意とご意思に沿うようお答えいたします。ギー・ド・シャボは悪意をもってうそをついております。自らの言葉を否定する回数だけうそをつくことになりましょう。わたくしはかの男の言葉であることを確認しております。繰り返しになりますが、ギーは何度かわたくしに語りました。義母とベッドを共にすることを自慢しておりました。

フランソワ・ド・ビボンヌ」

これに対するジャルナック領主の返事はこうだ。

「陛下

陛下のご善意とお許しを賜りたく存じます。実は、フランソワ・ド・ビボンヌはわたくしに罪を転嫁しようとしてうそをついております。その件に関しましては、コンピエーニュで陛下に申し上げました。そこで、陛下に心よりお願い申し上げます。公平なる決闘をどうかお認めくださいますように。われらは死ぬまで闘う所存でございます。

ギー・ド・シャボ」

準備は空前の規模と壮麗さで進められ、国王も観戦したい意向をほのめかした。フランソワは自らの勝利を確信しており、決闘の後、舞台の端にこしらえた立派なテントでの夕食会に、国王をはじめ、廷臣の大物一五〇人を招待していた。ギーのほうはそれほど自信がなく、かなり自暴自棄になっていた。決戦の日の正午。決闘者が対峙し、敵から身を守るためのお守りも魔よけも一切所持しておらず、妖術も一切使わないという、お決まりの宣誓をした。そして二人は剣を手に、攻撃を開始。フランソワは強靭な肉体を持つ男で、強気だったが、ギーは敏捷で柔軟性があり、最悪の事態に備えていた。しばらくは勝負が付かない闘いだったが、ついにギーが敵の猛攻に圧倒された。だが、楯で頭を覆いながら前かがみになって、体力のなさを敏捷性で補いながら体勢を立て直した。こうしてうずくまった姿勢で、フランソワの左太ももを二度突こうと狙いを定めた。足の動きに支障が出ないよう、左太ももがむき出しになっていたのだ。二度とも成功した。見物人が驚愕の声を上げる中、また国王が後悔の念にさいなまれる中、フランソワが地面に転がり落ちた。すると彼は短剣を手にし、ギーに一撃を加えようと最後の力を振り絞った。しかし、もう自分の体を支えることもできず、力も限界に達してしまい、補佐の腕の中にどっと倒れ込んだ。ここで審判が入ってきた。勝利を宣言されたギーはひざまずき、頭を覆っていた楯をどかすと、両手をしっかり握りしめながらこう叫んだ。

「おお、主よ、われこそ値せぬなり！」

フランソワはこの結果を大いに悔しがり、けがの手当てを断固として拒んだ。外科医が巻いた包帯も引き裂いてしまい、二日後に息を引き取った。それからというもの、狡猾で予測できない攻撃は、フランス語で「ジャルナックの一撃（coup de Jarnac）」と呼ばれるようになった。寵臣を失って悲嘆に暮れるアンリ二世は、前述のとおり、自分の命があるかぎり二度と決闘は認めないと正式に宣誓した。数人の著述家、中でもムズレーは、国王が決闘を禁止する勅令を発布したと書いているが、ほかの著述家はこれに疑問を抱いている。どの裁判所にもこの勅令の記録がないため、発布されたことはないのではないかというのである。

事実、その二年後には、諮問委員会が同じような儀礼で闘う決闘を新たに命じており、この見解を裏づける形となっている。だが、決闘者の身分の低さから、ごく地味なものとなった。正式に宣誓したにもかかわらず、アンリ二世が介入してやめさせたという記述はどこにもなく、逆に決闘を奨励し、騎士道の規則にのっとって行われているかどうかの監視役として、ド・ラ・マルク元帥を指名しているのである。決闘者はファンディーユとダゲール。御寝の間で言い争っていた二人の廷臣は、最初は言葉の応酬だけだったのだが、次第に殴り合いを始めた。これを知った諮問委員会は、決闘場で決着を付けるしかないと判断。ド・ラ・マルク元帥は、国王の許可を得て、決闘の場をシャンパーニュ地方の町スダンに指定した。剣の腕前がいまひとつのファンディーユは、当時剣豪のひとりとうたわれていたダゲールとの決闘を何としてでも避けたかった。しかし、諮問委員会は厳然と闘うことを命じた。さもないとあらゆる名誉を剝奪すると。ダゲールはシャルトル伯のフランソワ・ド・バンドームを伴って、ファンディーユはネベール公を伴って決戦の場に現れた。ファンディーユは三流剣士の面持ち、しかもどうしようもない腰抜け。イングランドの詩人カウリーのごとく、人間にこんな罵詈雑言を浴びせるような男であった。

「(死に神の確かな代理人)、そいつが
　この平和な世界に恐ろしい剣をもたらしたのだ」

ファンディーユはまさに一回戦で落馬してしまい、地面にたたきつけられると、征服者に求められるままにすべてを白状し、屈辱にまみれながらその場を立ち去った。

ある男がアンリ二世の死にざまをぜひ見てみたいという思いに駆られた。決闘の件で偽りの宣誓をしたと考えたからだ。王女の結婚式の際に開催された大規模な勝ち抜き戦で、国王は槍を数本折りながらも、当時の勇猛果敢な騎士たちと闘った。覇気満々とした国王はそれだけでは納得せず、さらなる名声を求めてとうとう若きモンゴメリー伯とも一戦を交えることに。だが、敵の槍で目を負傷してしまい、それがもとでまもなく世を去った。享年四一歳であった。

続くフランソワ二世、シャルル九世、アンリ三世の治世には、決闘がただならぬ増加を見せた。この時期、ヨーロッパのほかの国でも決闘はけっして珍しいものではなかったが、とくにフランスでは日常茶飯事に行われており、歴史家もこの時代を、「決闘の恐怖が支配する時代」として語っていた。パリ高等法院もできるだけ決闘をやめさせようと努め、一五五九年六月二六日付けの政令で、決闘に参加した者、それに手を貸した者、あおった者は全員、国家反逆者、法律違反者、公共の平和の侵害者とすることを宣言した。

一五〇九年にアンリ三世が殺されたとき、彼が寵愛していたリール＝マリボーという若い貴族がその死をとても重く受け止めて、これ以上生きていくのはよそうと決心した。だが、名誉の自殺を考えたわけではなく、彼いわく、主人である国王のあだ討ちをして名誉の死を遂げたい、アンリの暗殺は社会にとって大きな不幸ではないと言ってはばからない者と決闘する用意がある、と公言したのである。すると気性が荒く、勇敢さも実証済みのマロールという若者が、その言葉を真に受けてしまった。直ちに決闘の日時と場所が指定された。そのときがやって来た。準備万端整ったマロールは、介添人のほうを振り向いてこう尋ねた。敵はかぶとか面しか付けていないのか、それともサラード（鉄かぶと）を付けているのか？　介添人が、面だけだと答えると、マロールは大喜びしながらこう言った。

「結構なことだ。もしやつの頭のど真ん中に槍を突き刺して殺せなければ、余は世界一の性悪者だと思われるだろうな」

実際、彼は一回戦で敵に槍を突き刺したのである。不幸なリール＝マリボーは即死。うめき声を上げる間もなかった。ブラントームはこの話の中で、こう付け加えている。勝者なら死体を見ながら大喜びして首を切り落とし、テントから引きずり出すか、ロバの背に乗せてさらし者にするのだろうが、彼の場合は分別があり、礼儀をわきまえていたこともあって、勝利の栄光に浸りながら、死んだ敵の親族に立派に埋葬してやるようにと頼んだのだ。だが、それがパリの女性たちの反感を買い、名誉も名声も失墜してしまった。

アンリ四世は決闘を断固認めないと宣言したが、それは幼少時の教育と社会の不利益からであった。国王の座に就いても、この不法行為で人を罰する気にはならず、決闘は国民の間に好戦的な機運を助長させるだけだと考えていた。だが、騎士のクレキがドン・フィリップ・ド・サボワールとの決闘許可を求めてきたときには、こう答えたといわれている。

「行くがいい。もし余が王でなければ、そなたの介添人になっていただろう」

これが国王の気質だというのが分かれば、王令があまり注目されなかったというのもうなずける。ド・ロムニー氏が一六〇七年に行った計算によると、アンリ四世が一五八九年に即位してからは、少なくとも四〇〇〇人のフランス人貴族が決闘で命を落としている。その一八年間を見ると、週に四回か五回、つまり月に一八回の割合で決闘が行われていることになるのだ！　このことを回想録で報告している宰相シュリーも、この数字には疑問を抱いておらず、これはおおむね簡単にできることと後先を考えない気立てのいい国王のせいであり、その悪い例が宮廷を、都市を、そして国全体を腐敗させているのだ、とも付け加えている。この賢明な宰相は決闘の問題に着目し、それに多くの時間を費やしたが、シュリーによると、激しい怒りのあまり何度も発作を起こしたそうだ。国王もしかりである。いわゆる上流社会に出入りしている男、本人としても介添人としても決闘に参加したことがないという男は皆無に近く、もしいるとしても、その望みは、だれかに責任をなすりつけることで決闘をしないという非難をかわすことだった。シュリーは国王に書簡を送り続け、勅令を新たに発布してこの野蛮な習慣を改めていただきたい、違反者の罰を重くしていただきたい、いかなる場合にも、たとえ別の決闘で負傷した者からであっても、けっして許可を与えてはなりませぬ、他人の命を奪った者に対してはなおさらです、と懇願した。また、こうも助言した。ある種の裁判所、つまり名誉法廷を設立し、誹謗中傷など、普段決闘で決着を付けているような問題をすべてそこで審理するようにすべきであり、司法はその裁判所に管理させ、裁判には告訴人の怒りを鎮められるだけの迅速さと厳格さを求め、法を犯した者は自らの好戦的な性格を悔いるよう仕向けなければならないと。

友であり宰相でもあるシュリーにしつこいぐらいに懇願されたアンリ四世は、フォンテーヌブロー宮のギャラリーに臨時諮問委員会を招集し、この問題の検討に入った。全員が集まると、国王は、この問題についてだれか決闘の起源、発展過程、そして違った形の決闘について報告できる者はいるかと尋ねた。シュリーは満足そうに指摘しているが、国王に説明してその学識の深さをひけらかせる者はひとりもいなかった。実際、全員が黙りこくっていた。シュリーも一緒になって沈黙を守っていたが、物知り顔に見えたのか、国王が彼のほうを向いてこう言った。

「宰相！　そなたは本件については詳しそうだな。顔に書いてあるぞ。頼むから、どうか思っていること、知っていることを話してくれ。命令だ」

内気な宰相は話すのを拒んだ。それはこの問題に疎い同僚たちへの単なる配慮からだった、と本人は言っているが、国王から再三懇願され、とうとう古代から近代に至る決闘の歴史を語り始めた。シュリーは回想録にこの歴史の話は残していない。出席していた閣僚や議員にも、それを残しておいたほうがいいと考える者はいなかった。つまり、世界は間違いなく学術的にも優れた論文を剝奪されたわけである。その結果、王令が発布され、シュリーはそれを遠く離れた地方に伝達するのに全時間を費やした。あらゆる関係者に対し、国王は本気であり、違反者には法律を適用して厳重に処罰するという明確な告示を伝えた。シュリー自身は新しい法律にどのような条項が盛り込まれたのかを語っていないが、マティアス師がよりはっきり伝えてくれている。それによると、貴族や紳士の名誉にかかわるあらゆる訴訟の公聴会を開くためにフランスの判事付き事務官の職が騎士裁判所に創設され、決闘に訴えた者は死刑と財産没収をもって罰せられ、介添人や補佐はその地位、名誉、役職を剝奪され、王室から追放されるということである。

しかし、国王の心には教育や不利益の影響がいつまでもくすぶり続けており、頭では決闘を糾弾していても、心情的には共感していたのである。厳罰に処すると脅してはいたものの、決闘の件数が減ることはなく、博学のシュリーも、社会を脅かし大混乱に陥れる悪がはびこっていることを相変わらず嘆いていた。次の国王の時代になっても決闘がなくなることはなかったが、ようやくシュリー以上にうまく処理できる人物、リシュリュー枢機卿が現れた。リシュリューは、最高位の騎士たちを数人、見せしめとして厳罰に処したのである。ルイ一三世の宮廷付き英国大使のハーバート卿は、その書簡の中で、アンリ四世の時代には、決闘で従者を殺したりしない上流社会に出入りしている男を見つけるのは容易ではなかった、と繰り返し記している。ミロ修道院長も、決闘の狂気が痛ましいほどの破壊を招いた時期、と話している。実際、男たちは決闘に激しい興奮を覚えていた。気まぐれや虚栄心、そしてほとばしる情熱もが闘いの必要性をあおっていたのである。友人たちも本人のけんかの巻き添えを食らった。断ろうものなら、今度は自分たちに決闘状がたたきつけられた。復讐が何世代にもわたるという家族も多かった。二〇年の間に、一騎打ちで他人を殺そうという人間に、八〇〇〇通もの決闘許可証が発行されている。

ほかの著述家もこのことを確認している。アムロ・ドゥーセイエは回想録の中でこの件に触れ、ルイ一三世が即位してからしばらくは決闘がごく日常的に行われていたため、「昨日はだれとだれがやったんだ？」というのが朝のあいさつ代わりになっていた、と記している。夜のあいさつは、「今朝はだれとだれがやったんだ？」である。この時期、最も評判が悪かった決闘者はド・ブートビル。相手にはこんな人殺しと決闘する理由などまったくなく、無理やりやらされていたのである。だれかが勇敢だという話を耳にすると、この男、その人を訪ねていってこう言うのである。

「そなたは勇敢だそうだな。なれば、余と闘わなければならない！」

毎朝、無比の悪名を誇る刺客や決闘者がこの男の家に集まっては、パンとぶどう酒の朝食を取り、フェンシングの訓練に励んでいた。バランサイ侯爵は、後に枢機卿の地位にまで上り詰めた男だが、ド・ブートビルとその仲間たちの間ではすこぶる評判が良かった。本人として、または介添人として、この男が何らかの決闘にかかわらない日はほとんどなかった。ところがある日のこと、バランサイ侯爵が自分の親友であるド・ブートビル本人に決闘を申し込んだのだ。ド・ブートビルが介添人として自分を呼ばずに決闘を闘ったから、というのがその理由だ。このけんかは、次の決闘のときには必ず介添人として使うから、とド・ブートビルが約束したことで収まった。そんな訳で、その日のうちにド・ブートビルは外に出ていってポルト公爵にけんかを売ってきた。バランサイ侯爵は、約束どおり、喜んで介添人の仕事、そしてカボア侯爵と侯爵の介添人を突き刺す役目を買って出た。この介添人、これまでに負傷したこともなく、後になってから、バランサイ侯爵も初めて聞く名前だと認めた男である。

リシュリュー枢機卿は嘆かわしい公衆の道徳に目を光らせており、この害悪に歯止めを掛けるには最も厳しい罰を与えるしかないという点では、偉大なる前任者シュリーと考えが一致していたようだ。実は、リシュリューは競争相手のせいでこの問題に必死で取り組まざるを得なくなっていたのである。当時はリュソンの司教だったリシュリューは、アンリ四世妃マリー・ド・メディシスへの陳情の件で、テミーヌ侯爵の感情を害したことがあった。聖職者に決闘を申し込むわけにはいかないので、テミーヌ侯はリシュリューの弟に挑むこととした。チャンスはすぐに訪れた。テミーヌはリシュリュー侯に話し掛けながら、無礼な言い方で、リュソン司教が誓いを破ったと文句を垂れた。リシュリュー侯は、その話し方や話の内容に憤慨し、その場で挑戦を受け入れた。二人はアングレーム通りで落ち合い、不幸なリシュリュー侯は心臓を突かれて即死してしまった。それ以来、決闘はリシュリューの宿敵になったのである。理性や良識、そして兄弟愛の影響もあって決闘を憎むようになったリシュリューは、フランス国内での権力が揺るぎないものになってくると、精力的に決闘の沈静化に乗りだした。『政治的遺言（testament Politique)』の「決闘を阻止する手段」という章でも、このテーマに関するさまざまな思索を記している。自ら勅令を発布したものの、貴族は実にささいで他愛のないことを持ち出しては、あくまでも決闘にこだわっていた。そこでリシュリューは、とうとう恐怖の見せしめを行った。悪名高きド・ブートビルがブーブロン侯爵に決闘を申し込み、剣を交えた。二人とも決闘そのもので命を落とすことはなかったが、その後がいけなかった。二人とも高位者であるとして、リシュリューが二人に厳罰を適用することを決めたのだ。二人とも裁判で有罪判決が下され、首をはねられた。これまで神聖なる社会を汚し続けてきた血に飢えた無頼漢は、こうして駆逐されたのである。

一六三二年には二人の貴族が剣を交えたが、二人とも命を落とした。法律違反に気づいた法の番人が、両者の仲間が死体を片づけに来る前に決闘の現場に到着。枢機卿が作り上げた厳しい法典にのっとって、死体は裸にされるという屈辱を受け、首を切り落とされてから公衆の面前で数時間、絞首台に吊るされた。

この厳罰で国民の熱狂もしばらくは引いたものの、すぐに元に戻ってしまった。正しい考え方に立ち返らなければならないのだが、男たちには名誉に対する誤った概念が深く染みついていた。リシュリューも、衝撃的なものではあったが、こうした見せしめをして道を踏み外した者を罰することはできたが、正しい道に導くことまではできなかった。いくら鋭敏だとはいえ、彼は決闘の精神を誤解していたのである。決闘者が恐れていたのは死ではなく、不名誉、屈辱、仲間から軽蔑されることだったのだ。それから八〇年以上たってから、アディソンもこう指摘している。

「死を恐れないことを誇っている男たちを思いとどまらせるには、死をもってしても不十分である。しかし、決闘者が全員さらし台に立たされるとなれば、虚の名誉を重んじる男たちの数も激減するだろうし、このような不条理な習慣も廃れるだろう」

リシュリューにはこのような発想はみじんもなかった。

シュリーによると、この当時、ドイツ人もかなり決闘に夢中になっていたようだ。法律で決闘場に定められた場所が三カ所あった。フランケン公領のビッツブルク、そしてシュワーベン公国のウスパッハとハレである。そしてもちろん、そこでは法の裁きに基づいて、多くの男たちが罪を償い、互いに殺し合っていた。かつてのドイツでは、決闘を拒否するのは大変な不名誉とされていた。回復可能な傷を一カ所負っただけであっさりと敵に降伏するような男には悪評が立ち、ひげをそることも、武器を所持することも、馬に乗ることも、国の役職に就くことも許されなかった。決闘の敗者には、世にも物々しい葬儀が執り行われた。

一六五二年、ちょうどルイ一四世が成人した直後のことだが、ボーフォール公とヌムール公との間で血みどろの死闘が繰り広げられた。二人とも四人の従者を連れていた。義兄弟でありながら昔から憎しみ合っており、絶え間ない衝突で、それぞれが率いる部隊は大混乱に陥っていた。以前から二人とも決闘のチャンスをうかがっていたが、会議で座る席を間違えたことから、ようやくそのチャンスが巡ってきたのだった。二人はピストルで闘ったが、一発目がヌムール公の胴体を貫通し、ほぼ即死の状態で決着が付いた。するとヌムール公の介添人だったビラール侯が、ボーフォール公の介添人を勤めていたエリクールに決闘を挑んだ。初対面の男だった。挑戦が受け入れられ、当の本人同士よりも激しい死闘を展開した。剣を使った闘いだったが、最初の闘いほどすぐには決着が付かず、立ち会っていた残りの六人にとってもハラハラさせられる闘いとなった。結局、エリクールの死で勝負が付いた。ビラール侯の剣が心臓を一突きしたのである。これ以上残酷野蛮な決闘は想像もつかない。ボルテールもこうした決闘は頻繁に行われていると述べているし、『逸話事典（Dictionnaire d'Anecdotes）』の編纂者も、介添人の数は決まっていなかったと記している。一〇人、一二人、二〇人というのも珍しくなく、当事者が致命傷を負うと、その後で両者入り乱れて闘うことも多かった。男が示す最も固い友情のしるしが、友を決闘の介添人にすることであり、多くの貴人がこの役目で友の力になりたいと望むあまり、どんなに小さな誤解でもそれをどうにかして決闘にまで持っていこうと躍起になっていた。おそらく決闘にかかわることを光栄に思っていたのだろう。ビュシー＝ラビュタン伯が回想録の中でこの例に触れているが、それによると、ある晩、伯爵が劇場から出てくると、ブリュックという見ず知らずの貴人に礼儀正しく呼び止められ、脇へ連れていかれて、ティアンジュ伯爵が自分のことを飲んだくれだと言っているのは本当か、と聞かれた。ビュシー伯は、ティアンジュ伯とはめったに会わないので、本当に何も知らないと答えた。するとブリュックからこんな返事が返ってきた。

「だが、彼はそなたのおじ様に当たるお方でしょう！　しかも、ずっと国を離れておられるということで、借金を返してもらえないのです。ですから、そなたに返していただきたい」

「おっしゃりたいことは分かりました。余におじの代わりになれとおっしゃるのでしたら、お答えしましょう。そなたを飲んだくれだと言ったのがだれかは存じませんが、その方はうそつきです！」

「だが、余の弟が言っていたのです。まだ子どもですがね」

「それでしたら、むちで打っておやりなさい。うそをつくんじゃないと」

「弟をうそつき呼ばわりしたくはありませんね」

そう言葉を返したブリュックは、ビュシー伯との決闘を心に決めた。

「さあ、剣を抜くがいい。気をつけろ！」

二人とも人が行き交う街中で剣を抜いたが、通行人に引き離されてしまった。しかし、二人はまたの機会に、今度は正規の闘い方で闘おうということで意見が一致。それから数日後のことだが、面識もなく名前も知らない、ある高貴な男がビュシー伯を訪ねてきて、介添人としてお役に立てないかと聞いてきたのである。その男はこうも言った。伯爵ともブリュックとも面識はなく、評判を聞いて知っているだけだが、どちらかの介添人になろうと心に決めていたので、二人のうち勇敢なビュシー伯に付くことに決めたのだと。ビュシー伯はその丁寧な申し出に心から礼を言ったが、すでに四人の介添人が決まっているので勘弁してほしいと詫びた。また、介添人をこれ以上増やそうものなら、決闘ではなく乱闘になってしまうと危惧していた。

このような争いが当たり前のように起きていたら、きっと恐ろしい世の中になっていただろう。幼少のころからこの害悪を目の当たりにしてきたルイ一四世は、やはり早くから改善しようと決めていた。しかし、その願いがかなったのは、国王が緩効性の毒を使った毒殺者や自称妖術師を裁く「火刑裁判所」を設立し、決闘を禁止する勅令を発布した一六七九年になってからであった。有名な勅令が発布されたその年、ルイはその中で、前任者のアンリ四世とルイ一三世の厳しい立法を繰り返し強調し、確認したうえで、だれであろうと、違反者にはけっして許しを与えないという決意を表明した。この有名な勅令によって、フランスの元帥らで構成する高等名誉裁判所が設立されたのである。彼らはその職に就いた瞬間から、根拠が十分な不平不満を持ち込んできたすべての者に正当な補償を与えることで頭がいっぱいになった。苦情を申し立てられた貴人が名誉裁判所の命令に背いたら、その人には罰金刑と禁固刑が言い渡され、国内にいないためそれが不可能な場合には、帰国するまでの間、その財産が没収された。

決闘状を送った者は全員、どのようなものであれ、それが不法行為の原因になる場合には、名誉裁判所からあらゆる救済を剝奪されたうえ――三年間、国の役職に就くことを禁止された――禁固二年、さらに年間所得の半分を罰金として支払うという刑罰が言い渡された。

その挑戦を受け入れた者にも同じ刑罰が与えられた。使用人か、またはほかの人物で、そうと知りながらその挑戦状の持参人になった者は、もし有罪ならばさらし刑に処せられ、初犯の場合には公衆の面前でのむち打ち刑が、二回目の違反では三年間のガレー船漕役刑が宣告された。

実際に決闘で闘った者には、相手が死に至っていなくても殺人罪が適用され、それに従って罰せられた。高位者には斬首刑が、中流階級の者には絞首刑が適用され、キリスト教の埋葬式も拒否された。

この厳しい勅令を発布すると同時に、ルイ一四世は大貴族に対して、どんな口実であろうと今後二度と決闘にはかかわらないという約束を要求した。ルイはすべての決闘者に厳罰を適用するという決断を変えることはなく、多くの決闘者が国の方々で処刑された。その結果、少しずつ悪が駆逐され、数年後には決闘の数が一二件に、その翌年にはゼロになった。国王の明示された命令で、こうした状況を記念したメダルも造られた。ルイは決闘をなくすという目的を心から気に掛けており、遺書の中でも、とくに後継者に対して、決闘を禁止した王令に気を配るよう、そしてそれに背いた者に無分別に寛大な措置を取ることのないようにと言い残した。

かつてのマルタ島には、決闘に関する風変わりな法律があった。この法律によって、決闘は認められたことは認められたが、ある決められた街路で闘うことという条件が付けられていた。無謀にもどこかほかの場所で決着を付けようなどと考えただけで、殺人罪が適用され、それに従って罰せられた。これも実に変わった法律だが、聖職者、騎士、女性に求められたら、剣をさやに収めなければならなかった。さもないと重い罰金刑が科せられた。ところが女性も騎士も、どうもこうした温和で情け深い特権をあまり行使していたとは思えない。女性のほうは決闘のそもそもの原因になるばかりで、騎士のほうも、決闘者の傷ついた名誉に同調するあまり、二人を引き離すことはできなかった。唯一の調停者は聖職者であった。ブライトンによると、騎士が死んだ現場の向かいの壁には必ず十字架が描かれており、いわゆる「決闘通り」には二〇ほどの十字架があったようだ。

イングランドでも、一六世紀末から一七世紀初頭にかけては非公開の決闘が噴気に堪えないほど行われていたが、決闘裁判の件数は、歴史に残っている数例を除いてぐんと減ってきている。そのひとつはエリザベス一世の時代に、もうひとつはずっと後のチャールズ一世の時代に行われたものである。サー・ヘンリー・スペルマンがエリザベス一世の時代の決闘について述べているが、これが実に不可解で、しかも完全に法律にのっとったものなのである。同様の決闘が一八一九年まで行われていたことを考えると、ますます腑に落ちない。ケント郡の民訴裁判所で一定の領主権を回復するための手続きが開始されると、被告は決闘で自分の領主権を立証したいと申し出た。原告はこの挑戦を受け入れ、手続きを延期する権限を持たない裁判所も、本人に代わって闘う決闘者に同意を示した。女王陛下は二人に歩み寄るよう促したが、自分たちを裁く法律がその正当性を認めているのだからと反論されてしまい、認めざるを得なかった。決戦当日には、民訴裁判所の判事、そして訴訟にかかわっている弁護団全員が、決闘の審判員として、決闘場がしつらえられたトットヒルの草地に集まっていた。決闘者は決戦に備えていた。そして大勢の見ている中で原告と被告が前に出て互いを確認するよう求められた。被告はそれに応え、正式な決闘のルールにのっとって相手を確認した。ところが、原告が現れなかった。原告の姿がなければ許可も下りない。そうなると決闘は始まらない。ここに現れないことは請求を放棄したものとみなされ、原告は請求棄却を宣言され、今後はどこであろうと、ほかの裁判所に改めて訴えることも一切禁じられた。

エリザベス女王は、個人的にはこうした係争の決着の付け方には反対だったようだが、女王の司法官も法律顧問もこの野蛮な法律を改めようとはしなかった。連日のように起きていることから、非公開の決闘はいっそう義憤をあおることになった。ジェームズ一世の時代になると、このフランスの狂気がイングランド人の間にかなり広がってきたため、フランシス・ベーコンも、大法官だったころにその力強い説得力でこの害悪の改革に一役買った。プリーストとライトという二人が本人と介添人として決闘にかかわったときには、星室裁判所に告訴状を貼り出して、上院議員らが賛成多数で認可した命令を言い渡している。つまり、「十分覚えておく価値があり、世界中に知らしめるに値するもの」として、告訴状を印刷し、全国に配布するというのである。ベーコンはまず、決闘の悪影響がどのような性質のものか、そしてどの程度の規模になるのかを考えた。

「平和を乱し――戦士を奪い――、私人には災難を、国には危難を、そして司法には侮辱をもたらしている」

その原因について、ベーコンはこうみている。

「第一の理由は、間違いなく名誉や手柄、面目というものを誤って解釈していることにある。しかし、すでにこの悪影響の種は広い範囲でまかれており、つまらない論文や青く未熟な自負心によって育まれている。これに関して付け加えるならば、男たちが不屈の精神や剛勇の本当の意味と解釈をほとんど忘れてしまっていることにあろう。不屈の精神については、果たしてここが自分の居場所なのかどうか、さらに言えば、そこにいる価値があるのかどうか、闘う土俵を見極めるべきだということである。また、人命についても、無駄に他人に与えてしまうのではなく、もっと尊重すべきだということだ。かようなことに人命を懸けるというのは、自己の弱さ、自己を軽視していることにほかならない。人命をもてあそんではならない。名誉ある奉仕や公共の利益、立派な大義名分、崇高な行動に供されるべきである。これなら金を払えば済むものを、わざわざ血の代償を払うことはない。つまらない決闘のたびに巨額の金を工面する自由はないし、血を流す勇気もない。ただし、そうする価値のある理由なら話は別であるが」

ジェームズ一世の時代に決闘絡みで起きた最も異常な事件といえば、スコットランド貴族のサンクワイア卿とフェンシングの達人ターナーとの事件である。二人が技術の試験を受けているとき、図らずもサンクワイア卿の目にターナーの剣が突き刺さってしまった。ターナーは深い悔恨の念を表した。サンクワイア卿は達観者の面持ちでこの悲劇に耐え、敵を容赦した。それから三年後、サンクワイア卿はパリにおり、アンリ四世の宮廷に頻繁に出入りしていた。ある日、この愛想のいい君主が、話の最中になぜ失明したのだと聞いてきた。当時は屈指の剣士であることを得々としていたサンクワイア卿は、赤面しながら、フェンシングの達人の剣が刺さったのだと答えた。アンリはうわべだけの決闘反対派であることを忘れ、単なる話の流れからではあったが、うかつにもその男の生死を聞いてきた。それ以上は何も触れなかったが、この問いはスコットランドの男爵の自尊心にぐさりと突き刺さったのである。その後間もなく帰国した男爵は、復讐の炎を燃やしていた。彼の第一の目的は、フェンシングの達人に決闘を申し込むこと。だが、熟考を重ねた結果、自分の爵位からすると、公平かつ公開の決闘で対等に対峙するわけにはいかなかった。そこで二人の刺客を雇い、二人が達人を襲ってホワイトフライアーズの自宅前で暗殺するということにした。刺客はこの仕事を引き受け、暗殺を実行した。サンクワイア卿は危惧を抱きながらも一〇〇〇ポンドの報酬を支払った。その後数日間は身を潜めていたが、正義の女神が偽名を名乗り、暗殺者に寛大な措置を取ってくれることを願って（幸い、偽名を名乗ってくれた）、自ら裁判所に出頭した。自分は貴族だし、貴族なら偽りの名誉に懸けては自らの手で復讐するのが筋ではないか、というわけだ。彼のために最高権力者らが仲裁に入ったが、ジェームズ一世だけは、これは称賛に値することだが、彼らの言葉にまったく耳を貸そうとはしなかった。ベーコンは大法官の立場でこの囚人を起訴し、有罪に持っていった。サンクワイア卿は一六一二年六月二九日、重罪犯としてウェストミンスターホール前にしつらえられた絞首台で息絶えた。

公開の決闘、つまり決闘審判は、通常の裁判で決着が付かないような争いをやめさせるために、法の認可の下で行われていたが、ベーコンはこれにも反対し、いかなる場合でも決闘を認めるべきではないと考えた。そこで、国内では決闘を全廃するという不変かつ確固たる決議案を表明することを提案。これ以上害悪を野放しにしないように、またそうした温床にもならないよう十分に注意し、有罪になった者は星室裁判所で厳しく罰せられ、高位者は王室から追放される、というものである。

次の治世に入ると、初代のリエイ領主であるドナルド・マッケイが、スコットランド王室に対する陰謀でハミルトン侯とかかわりを持ったとしてデビッド・ラムゼイを反逆罪で告訴したところ、決闘で自らの主張を立証したいとしてラムゼイから決闘を申し込まれた。最初は政府もその事件をコモンローで審理に掛けようとしたのだが、ラムゼイは刑を免れる見込みがあると考え、ほとんど打破されているが、反逆罪の審判では依然として万人の権利として認められていた古い習慣に訴えた。リエイ卿はすぐにその挑戦を受け入れた。そして決着を付けるために裁判所が定めた日に出廷するという確約が取れるまで、二人ともロンドン塔に幽閉された。事件の取り扱いはウェストミンスター法廷に任され、その担当としてリンゼイ伯がイングランド保安武官長に任命された。ところが決闘当日の直前になって、リエイ卿が自責の念に駆られているというようなことをラムゼイがほぼ認めたため、チャールズ一世も手続きを中止した。

ところがこの時期、イングランドでは決闘に至るような個人的な問題以上にのっぴきならない出来事が起きていた。共和国（一六四九年の君主制廃止から一六五三年の護国官制確立までの時代を指す）ではこの種の習慣を奨励していたわけではなかったため、抑圧された貴族がその習慣と偏見とをよそへ持ち出して、外国の裁判所で決闘を行っていたのである。しかし、クロムウェル率いる議会軍は、そのころは社会悪もそれほどひどい状態ではなかったが、一六五四年に決闘防止策として、かかわった者全員を処罰するという命令を下した。王政復古を果たしたチャールズ二世も、この件に関する声明を出した。チャールズ二世の時代には破廉恥極まりない事件が起きている――決闘そのものも破廉恥だが、それだけでなく、主犯者を赦免しているのである。

役立たずのバッキンガム公は、シュルーズベリー伯爵夫人を誘惑したとして、一六六八年一月に夫である伯爵から決闘状をたたきつけられた。チャールズ二世も決闘をやめさせようとしたが、それは公衆の道徳という観点からではなく、寵臣の命を心配してのことだった。そこでアルベマール公に、バッキンガム公を家に監禁するか、さもなければ決闘をやめさせる別の手を打つようにとの命令を下した。アルベマール公はその命令を無視した。国王自身がもっと確かな方法で決闘をやめさせればいいと考えたのだ。決闘はバーンエルムズで行われた。傷ついたシュルーズベリー伯は、親族のサー・ジョン・タルボット、アルンデル公の子息のバーナード・ハワード卿を伴って現れた。バッキンガム公のほうは、二人の従者、ホルムズ大尉とサー・ジョン・ジェンキンズを連れてやって来た。当時の残酷な流儀にのっとって、本人だけでなく、介添人もが直接剣を交えた。ジェンキンズは心臓を突かれ、その場で死に絶え、サー・ジョン・タルボットは両腕に大けがを負った。バッキンガム公は軽症を負っただけで難を免れ、不運な敵の体に槍を突き刺してから、この不幸のすべての原因である哀れな女と一緒に決闘場を後にした。夫人は給仕の服を身に着けて、疑われないように愛人の馬の手綱を握りながら近くの森で勝負が付くのを待っていた。大きな権力が物を言った。犯罪者は刑罰を免れ、寵臣と同じく卑劣な国王も、いともあっさりと関係者全員を無条件で赦免したのである。直後に発布された勅令で、チャールズ二世は正式に殺人犯を赦免したが、今後はこうした犯罪者に寛大な措置を取るつもりは一切ないとも宣言した。こうなるともう、国王、寵臣、情婦のうちだれが一番破廉恥なのか分からなくなってくる。

アン女王の時代になると、決闘がごく一般に行われていることに対する不満が噴出してきた。アディソン、スウィフト、スティールなどの著述家も、ペンの力を使ってこれを非難した。とりわけスティールは、『タトラー』紙や『ガーディアン』紙で、不信心で不条理な決闘をやり玉に挙げて、反論や嘲笑を繰り返しながら、同郷人を正しい思考に導こうと努めた。

スティールの喜劇『良心的恋人たち（The Concious Lovers)』には、人間を悲惨な過ちに導いた「名誉」という言葉の乱用についての見事な描写がある。スウィフトもこのテーマに触れているが、互いに撃ち合う悪漢や愚者には何の悪影響もないと述べている。優位に立ったのはアデイソンとスティールだった。スティールは『ガーディアン』紙の中で、このテーマに関する論評のほとんどを、次のような印象的な言葉で要約している。

「キリスト教徒という呼び名と紳士という呼び名が、ひとりの人間の中で対立している。もし負傷者を許さないというのなら、永遠の生を期待すべきではないが、屈辱にまみれても殺人を犯すつもりはないというのなら、この世の生が危うくなる。だから良識も宗教も、世界から完全に締め出され、人はほとばしる情熱でさんぜんと輝き、人間の本質が到達できる困難の極みが赦免であることなど意にも介さずに、ささいなことで究極の復讐に走るのだ。臆病者が闘うことも多く、勝利することも多いが、許しを与えることはけっしてない」

スティールも小冊子を発行し、その中でルイ一四世の勅令について、また殺人の狂気から救おうとして国王が取った措置について詳しく説明している。

一七一一年五月八日のこと、ケント郡の憲兵であったサー・コルムリー・ディーリングが、やはり下院議員のリチャード・ソーンヒルに決闘で殺された。その三日後、サー・ピーター・キングが立法府にこの問題を持ち込み、こうした決闘が異常なほど増加していることについて詳細に説明すると、決闘の防止と刑罰について定める法案の提出を許可された。法案はその日の第一読会で審議され、翌週の第二読会で可決された。

ほぼ時を同じくして、上院もこの問題で危機的な局面を迎えていた。もしアン女王が決闘の話を耳にしていなければ、また決闘を断念するという宣誓を強要していなければ、最高位の議員二人が闘っていたかもしれないのである。また、それから三カ月後には、別の議員が記録に残る最も異常な決闘で命を落としている。最初の事件はマールバラ公とポーレット伯との間で勃発したもので、幸いにも剣を交えることなく解決を見たが、もうひとつの悲劇はハミルトン公とモハン卿との間で起きたものである。

最初の事件は貴族同士の議論が発端だった。敵との総当たり戦を拒んだオーモンド公の行動について議論しているとき、ポーレット伯が、オーモンド公の勇気を疑う者などだれもいないだろうと発言したのである。

「オーモンド公はな、将校たちの歩合を勝手に処分して自分の懐を肥やそうとしたどこかの将軍様とは訳が違うんだ。そのために部隊を破滅に追いやって、戦闘のさなかか、さもなければ城壁に大勢の将校の頭を強打させるような将軍様とはな」

全員がこの言葉はマールバラ公への当てつけだと思ったが、マールバラ公は沈黙していた。だが、内心明らかに耐えていた。閉会後間もなく、モハン卿がポーレット伯を訪ねてきて、マールバラ公が先の議論での発言についてどうしても説明が聞きたいので、「ちょっと外の空気でも吸いに行かないか」と話している、と言うのである。ポーレット伯はこれを聞いて誤解したふりなどせず、マールバラ公の挑戦状は持っているのか、と率直に尋ねた。するとモハン卿は、この伝言には何の説明も要らないだろうし、自分（モハン卿）がマールバラ公の介添人を勤めるから、と言ってその場を去った。ポーレット伯も帰宅して、これからマールバラ公と決闘をしに出掛けてくる、と妻に語った。妻は夫の無事を案じながらも、それをダートマス公に伝えた。ダートマス公は直ちに女王の名代でマールバラ公に使いをやって、外で混乱を起こさないようにと命じ、ポーレット伯爵邸にも二人の歩哨を付けて警備に当たらせた。そしてこうした予防措置を取りながら、事の全容を女王に報告したのである。女王陛下はすぐさまマールバラ公に使いを送り、このような決闘の習慣に憎悪していることを伝え、今後決闘には二度とかかわらないという固い誓いを求めた。公爵は固く誓い、事件は終結した。

ハミルトン公とモハン卿との嘆かわしい決闘は一七一二年一一月に行われたが、こんなことが原因であった。二人の貴族が争う裁判は一一年も続いており、その結果、二人とも互いを冷ややかな目で見るようになった。二人は一一月一三日に大法官裁判所主事のオールバー氏の部屋で会ったが、そのときのやりとりで、ハミルトン公は訴訟の証人のひとりの行動について触れ、証人は自分にうそをついているし、正義感もない男だと言った。モハン卿は、自分に有利な証人に対するこの言葉を聞いてやや憤慨し、慌ててこう言い返した。その証人、ホワイトワース氏はハミルトン公とまったく同じで、うそもついていないし、正義感もある男だと。ハミルトン公は返事をしなかったが、居合わせた人はだれひとり、彼が怒っているとは思っていなかった。ハミルトン公が部屋を出るときも、低い声で丁寧にモハン卿にあいさつしていた。その日の夕方、マカートニー将軍がモハン卿の挑戦状を持って二度公爵を訪ねてきたが、会うことはできず、三度目にようやく居酒屋にいるのを見つけ、その意向を伝えた。公爵は挑戦を受け入れ、その翌々日の日曜日、一一月一五日の朝七時が決闘の時間に決まった。

そのときが来ると、二人はハイドパークで対峙した。公爵は親族のハミルトン大佐を伴って、モハン卿はマカートニー将軍を伴って現れた。二人はどぶを飛び越えてナーサリーに入り込み、決闘に備えた。ハミルトン公はマカートニー将軍のほうを振り向いてこう言った。

「将軍殿、この決闘のきっかけを作ったのはそなただ。好きなようにやってくれ」

モハン卿は、介添人には剣を交えてほしくなかったが、ハミルトン公は、マカートニーもダンスに加わるべきだと言い張っていた。準備が整うと、二人の本人が配置に就き、死に物狂いに剣を闘わせ、二人とも致命傷を負って倒れた。モハン卿は即死、ハミルトン公も馬車に運ばれる途中、使用人の腕の中で事切れた。

この不幸な成れの果ては、ロンドンだけにとどまらず、国中を興奮のるつぼに陥れた。ハミルトン公の死を深く嘆いたトーリー党員は、この悲惨な決闘をホイッグ党員のせいにした。その党首であるマールバラ公は、政治的に決闘に決着を付けて模範を示したばかりだった。彼らはモハン卿を「ホイッグ派いじめ」と呼び（彼はすでにホイッグ党員を三人、決闘で殺していた）、ハミルトン公を殺してその仕事を国から奪い取るため、モハン卿とマカートニー将軍がけんかをでっち上げたのだ、と公然と主張した。また、ハミルトン公が負った致命傷はモハン卿が負わせたものではなく、マカートニーが負わせたものだとも主張し、あらゆる手段を使ってこの主張を宣伝した。ハミルトン大佐とマカートニー将軍に対しては、検死陪審が故意の殺人という評決を答申し、ハミルトン大佐は数日後に自首し、ダートマス卿の邸宅に詰めていた枢密顧問官の前で取り調べを受けた。ハミルトンは、モハン卿が負けそうだったし、公爵が彼に襲い掛かっているのが分かったので、彼は公爵の補佐のところに駆け寄ったのだ、と供述。また、もっと楽に彼を助けられたかもしれない、自分は二人の剣を振り落とした、公爵が立ち上がるのに手を貸していたらマカートニーが彼を押したのが見えた、とも述べた。この宣誓供述書が提出されると、直ちに王令が発布された。マカートニー逮捕の手掛かりとして五〇〇ポンドの報酬を出すというものであった。後にはハミルトン公爵夫人も、さらに三〇〇ポンドの報酬を追加した。

ところが、ハミルトン大佐をさらに取り調べた結果、供述はどれもまったく信用できないものであり、重要なところでいくつか矛盾した供述をしていることが分かった。大佐はモハン卿殺害の罪でオールドベイリー（ロンドンの中央刑事裁判所の通称）に召喚され、ロンドンの政界も、結果が気になってハチの巣をつついたようになった。トーリー党員らは、大佐の無罪放免を祈りながら、審理が始まる何時間も前から法廷に通じる扉や通路を取り囲んで待っていた。証人尋問は四時間も続いた。犯人は相変わらずマカートニー将軍がハミルトン公を殺害したという主張を続けていたが、新聞によると、ほかの点については口汚く言葉を濁していた。大佐は故殺罪で有罪となった。この好ましい評決は各方面から称賛され、「判事や出席していた紳士たちだけでなく、一般大衆もこれには大満足し、大声を上げ、何度も拍手喝さいして満足感を示した」。

民衆の錯乱状態も一段落し、この問題について冷静に考えようという機運が生まれてきた。マカートニーが詮索好きで差し出がましいというのはだれもが認めるところだが、そのマカートニーが公爵を刺したというハミルトン大佐の主張はだれひとり信じていなかった。かつての仲間も皆、大佐を避けるようになり、彼の生活は退屈極まりないものになっていった。そしてその四年後、大佐は悲しみのどん底でこの世を去った。

マカートニー将軍も同じころに自首し、王座裁判所で殺人のかどで裁判に掛けられた。ところが、彼は故殺罪で有罪宣告されただけで済んだのである。

一七一三年の議会が開会すると、女王は演説の中で決闘が頻発していることについて鋭く言及し、迅速で効果的な改善策を講じるよう立法府に勧告した。ところが、その法案は提出されはしたものの、第二読会で否決されてしまい、世間の常識人は大きく落胆した。

一七六五年には、バイロン卿とチャワース氏が有名な決闘を闘っている。クラブで夕食を取っているときに始まったけんかは、猟の獲物はどちらの土地のほうに多いかが原因であった。ぶどう酒と激情とで熱くなった二人は、すぐに席を立って隣の部屋に入り、テーブルを挟んで、獣脂ろうそくの明かりが力なく照らす中で剣を交えたのだった。チャワース氏のほうが剣の腕前が上だったのだが、致命傷を負って間もなく死亡した。バイロン卿は貴族院で殺人の罪で審理に付されたが、決闘は計画的なものではなく、かっとなって発作的に闘ったことが明らかになり、故殺罪で有罪判決が下され、謝礼の支払いの打ち切りが命じられただけで済んだ。ところが、これは国にとって実にまずい判例になってしまった。当然のことながら、このような評決が出た後は、決闘を悪く言う者もいなくなった。

フランスでは厳罰が適用されていた。一七六九年、グルノーブル高等法院は、議員のひとりであるデュシェラス氏の非行を審理していた。デュシェラスは、フランドル部隊の大尉に決闘を申し込み、大尉を殺していた。介添人を務めていたデュシェラスの従者も、主人と共に大尉を殺したかどで出廷を命じられた。二人とも有罪。デュシェラスは車刑に処せられ、従者は終身ガレー船漕役刑を言い渡された。

一七七八年一一月には、ライス伯爵とバーリ子爵という二人の外国人の山師が、バス（エイボン州の都市）で残忍獰猛な決闘を行っている。賭博の取引に絡んでいざこざが起き、バーリ子爵はライス伯爵の主張にこう反論した。

「それはうそだろう！」

ライス伯爵はすかさず、今使った言葉に嫌な意味があるのを知っているか、と尋ねた。するとバーリは、そういう意味があるのは十二分に承知しているし、ライスが都合のいいように解釈しているのではないかと答えた。直ちに決闘が申し込まれ、受け入れられた。呼び出された介添人は、深夜を少し過ぎていたにもかかわらず、関係者を全員引き連れて時間どおりにやって来た。そしてクラバートンダウンへと向かい、外科医と一緒に夜明けまでそこで待機した。夜が明けると、彼らは決闘の準備に入り、それぞれがピストル二丁と剣で武装した。介添人が選んで決めた決闘場では、まずバーリが発砲し、敵の太ももにけがを負わせた。ついでライス伯がピストルを向けて、バーリの胸を撃った。これで彼らの怒りは爆発し、もうだれも後に引けなくなってきた。二人は何歩か後ずさりすると、いきなり突進して互いに二発目を撃ち合った。弾はどれも命中しなかった。二人はピストルを投げ捨てると、今度は流血の闘いで勝負を付けようと剣を取った。配置に就いた二人は同時に襲い掛かっていった。突然、バーリがよろめいた。そして真っ青な顔をして地面に倒れながらこう叫んだ。

「どうか命だけは！」

だが、了解したという敵の返事を聞くか聞かないかのうちに、不幸なバーリは草むらに倒れ込み、苦渋に満ちたうめき声を上げながら死んでいった。その後、この残酷な決闘を生き抜いた者は家を追い出され、下宿屋で危険な数週間を過ごした。その間、検死陪審がバーリの遺体を検死したが、故殺罪の評決を下すだけという面汚しをしでかしてしまった。だが、こうした評決が下されたにもかかわらず、ライス伯は、けがが治癒したところで殺人の罪で起訴された。公判に入ると、彼は自分の行為について長々と答弁し、決闘が公平だったこと、計画的なものではなかったことを切々と訴え、ついでに長年固い友情で結ばれていたバーリ子爵の不幸な死に深い哀悼の意まで表したのである。陪審はこの答弁を重く受け止めたらしく、この残忍極まりない決闘者にはまたしても故殺罪が言い渡され、しるしばかりの刑罰を受けただけで済んでしまった。

一七八九年には、状況から見るとそれほどでもないが、当事者の地位の高さから考えると特筆すべき決闘が行われた。このときの決闘者はヨーク公とレノックス大佐。大佐はリッチモンド公のおいで跡継ぎであった。この決闘は、ヨーク公が護衛隊の将校らの目の前で、ドービニーにいるレノックス大佐の命令にはだれも従ってはならないと言ったことが発端となった。レノックス大佐は、閲兵を受けている公爵に近づいていくと、その真偽を公然と尋ねた。ヨーク公はその問い掛けには答えずに、整頓された部屋でレノックス大佐を前に、公爵、軍の司令官という地位があるから後援は必要ないと、やはり公然と言い放った。さらに、任務に就いていないときには民間の紳士のように茶色い外套を身に着けていられるから、実に満足感があるとも抜かしたのである。レノックス大佐は満足感、つまり公爵の胴体を撃ち抜くこと、あるいは自分が撃たれることを、のどから手が出るほど望んだ。そこで彼は公爵殿下に決闘を申し込み、ウィンブルドンコモンで対決した。レノックス大佐が最初にピストルを放ったが、弾はヒューッという音を立てて敵の頭の脇を通過した。飛び出している巻き毛をかすめていったと言ったほうがいいほどの近さであった。公爵が発砲するのを拒否したため、介添人が仲裁に入って闘いは終わった。

そのほとぼりも冷めやらぬうちに、レノックス大佐はこれに端を発した別の決闘にかかわることになった。スウィフトが小冊子に二人の争いについて記しているが、その表現にヨーク公がひどく激怒して、この作家にはピストルで罪滅ぼしをしてもらうしかないとまで考えたようだ。二人はアックスブリッジ通りで対決したが、双方ともに負傷者は出なかった。

アイルランド人は昔から決闘好きで知られていた。相手に対してほんのささいな違法行為をしただけでも、決闘を申し込まれる可能性が十分にあった。サー・ジョナ・バリントンは『回想録（Memoirs）』の中で、英国との合併の前には、ダブリンで激しい選挙戦が繰り広げられている間は一日に三〜二〇件の決闘が行われるのも珍しくなかったと記している。選挙期間中のように騒然としている時期でなくても、決闘者の一方、あるいは双方が死に至ったいくつかのケースを除いて、普通の年代記編者もあまり注目しないような決闘は日常茶飯事に行われていた。

当時のアイルランドでは、軍人だけでなく、どの職業に就く者も、努力して高位に昇進するには剣かピストルを使わなければならなかった。どの政党にも必ず用心棒軍団、つまりけんか好きがおり、お呼びが掛かると、社会ののけ者たるにふさわしい彼らが四六時中、標的を見つけては発砲していたのである。彼らは相手の体のどの部分でも好きなところに命中させられることを鼻に掛けており、決闘の前には、相手を殺すのか、身体障害者にするのか、それとも外見を傷つけて生涯醜い容姿にするのか――一年ぐらい寝たきりの状態にするのか、それとも単に手足をかすめるだけにするのか――までも決めていた。

　こうした悪は恐ろしいほどにはびこってきた。そして一八〇八年、国王ジョージ三世にとうとうこの習慣を嫌っていることを印象づけるチャンスが、決闘で人を殺した者は必ず刑罰を受けることをアイルランド人に示すチャンスが巡ってきたのである。一八〇七年六月、キャンベル少佐とボイド大尉との間で、閲兵中の命令の際の言葉遣いがきちんとできていたかどうかで争いが勃発。二人ともアイルランドに駐屯する第二一連隊の将校であった。こんなささいなことでも辛らつな言葉が飛び交い、その結果、キャンベル少佐からボイド大尉に決闘状が突きつけられたのである。その直後、二人は食堂に下がると、それぞれが部屋の隅で構えた。斜距離はわずか七歩。仲間や介添人の立ち合いもない状態で二人は撃ち合い、ボイドがろっ骨の四本目と五本目の間に致命傷を負って倒れた。間もなく外科医が駆けつけると、いすに腰掛けたボイドが嘔吐《おうと》し、激しく苦悶していた。ボイドは別の部屋に連れていかれたが、キャンベルも後に続いた。心の中は苦悩と動揺に満ちていた。ボイドは一八時間持ちこたえたが、息を引き取る直前に相手からの問いに答えてこう言った。決闘は公平ではなかったと。そしてこうも付け加えた。

「おれを死に急がせたな、キャンベル。このろくでなし」

「何ということを！　このような紳士諸氏を前に、全部が不公平だったというのか？　準備ができていなかったとでもいうつもりか？」

ボイドは弱々しい声で答えた。

「いや、違う！　仲間が来るまで待っていてほしかったのだ」

すべてが公平だったかと再び尋ねられると、この瀕死の男はこうつぶやいた。

「ああ」

だが、そのすぐ後で、ボイドはこう言った。

「このろくでなし！」

今度はキャンベルも動揺を隠せず、発作的に両手をもみ絞りながらこう叫んだ。

「おお、ボイド！　二人のうちではおまえのほうが幸せじゃないか。わたしを許してくれるか？」

ボイドが答えた。

「許してやろう。気持ちは分かる。おまえがおれの気持ちを分かってくれるようにな」

ボイドはその直後に息を引き取った。キャンベルはアイルランドを脱出し、数カ月の間偽名を使って家族と共にチェルシー区域で暮らしていたが、一八〇八年八月に逮捕され、アーマー（北アイルランド南部の州）で裁判に掛けられた。獄中で彼はこう言っていた。もし有罪になれば、アイルランドの決闘者のいい見せしめにさせられるだろうと。だが、故殺罪だけで勘弁してくれるかもしれないという希望を抱きながら、必死で自分を励ましていた。審理では、決闘は侮辱された直後に行われたものではなく、キャンベルがいったん帰宅して家族とお茶を飲んでから、決死の闘いをするためにボイドを探しに行ったということが立証された。判事は故意の殺人という評決を下したが、決闘は公平なものだったということで、情状酌量を勧告した。翌週の月曜日、キャンベルは死刑を宣告されたが、その後刑の執行が数日間延期された。その間、権力を行使したさまざまな裏工作がなされた。かわいそうな妻もウェールズ公の前でひざまずき、不幸な夫のために国王に働き掛けてほしいと懇願。国王の寛大な措置を求めて、愛情あふれる妻、勇気ある女性としてできることはすべてやった。しかし、ジョージ三世は頑として動かなかった。見せしめが必要です、というアイルランド総督の説明を聞いたからである。かくして法は当然の経過をたどり、誤った名誉心を重んじていたこの男は、重罪犯として死を遂げたのである。

一九世紀初頭にも根っからの決闘好きがいた。それはドイツの大学生だ。彼らは実につまらない口実で決闘をし、他国では拳で殴り合うという、害が少ない方法で調停するような学生同士の争いも、剣やピストルで決着を付けていた。ある時期、剣を使った闘いを好むこうした乱暴な若者たちの間で、敵の鼻を切り落としてくれる道具のようなものがはやったことがある。こんなふうに相手の容姿を台無しにすることが野心の対象だったのである。またドイツの決闘者は、こうした実に気色の悪い戦利品をいくつ勝ち取ったかを数えていた。敵の権力圏を縮小したり都市を奪取したりして満足している将軍の気分だったのだろう。

だが、今日の決闘を細かく見ていくのは退屈だ。決闘に至った一般的な原因を調べていくと、どのケースも実にささいなことや取るに足らないことのどちらかなのだ。議員同士の決闘も一時期はごく普通に行われており、中には決闘の因習に従ったとして名声を汚した大物、ワレン・ヘイスティングズ、サー・フィリップ・フランシス、ウィルケス、ピット、フォックス、グラタン、キュラン、ティエルネイ、カニングの名前もある。賢明な者たちでさえ、愚かな考えが支配していた束縛から抜け出すのは一苦労であった――著名人もだれひとり、心の奥底ではこうした愚かな行為を糾弾したりせず、逆に力を貸していたぐらいである。理性というのは、いくら鉄のように頑としていても、いとも簡単に論破されてしまうが、不安定でもろい愚考は、たとえ川が氾濫してもけっして揺るがない精神に挑んでいき、徹底的に相手を打破してしまうものなのである。護衛隊の将校だったトーマス大佐は決闘で命を落としたのだが、その死の前夜、大佐の遺書には次のような文言が書き加えられた。

「まず、わたしが今（この悪い世の中の擁護できない習慣に従って）こうして取らざるを得ない不信心な行動にご慈悲とお許しを賜りたく、全能の神に誓います」

この愚かな賢者のような精神状態にあった者がいったいどのぐらいいたのだろう！　大佐は自分の過ちに気づき、それを忌まわしく思っていたが、偏見を抱いた無分別の人間の言葉を恐れて抵抗できなかったのだ。決闘を拒んだからといって、彼を責められる者はいないはずだ。

最も恥ずべき理由で起きた決闘は無限大に拡大していたようである。スターンの父親はガチョウが原因で決闘をしているし、偉大なるサー・ウォルター・ローリー（英国の軍人、探検家）は居酒屋の勘定のことで闘っている（**原注**一時期、ローリーは決闘の常習者だったらしく、同時代の有名人よりも多くの決闘に関与していたようだ。複数の人間の命を奪ったローリーだが、長生きし、自分の罪の深さを十分悟らされ、二度と決闘にはかかわらないと固く誓った。辛抱強さを示す彼のエピソードは有名である。次に挙げるが、繰り返し語る価値がある話である。あるコーヒーハウスでの出来事だが、つまらないことで彼と若い男との間で言い争いが始まった。すると若い男がかっとなって、生意気にも彼の顔につばを吐いた。ところがこのローリー、皆がやるように剣を突き刺したり決闘を申し込んだりはせず、冷静にハンカチを取り出して顔をぬぐうと、こう言ったのである。

「若いの、おれがつばを拭き取るのと同じように、心の中からおまえを殺したという汚点をあっさりぬぐい取れれば、おまえなんかもうこの世にいないだろうよ」

若者はすかさず彼に許しを請うた）。

多くの決闘（その多くが死闘である）は、トランプをしているとき、あるいは劇場の座席での言い争いが原因だが、一方で、夜中に酔った勢いで申し込まれ、それが受け入れられるというケースも多く、翌朝になって双方が死ぬか、どちらかが死ぬまで闘いは続けられた。

近代でも最悪の二つの決闘は、犬のけんかや娼婦のおべっかと同じぐらいくだらない話が原因だ。それはマクナマーラとモンゴメリーとの間で起きたものだが、原因を作ったのはマクナマーラである。もうひとつは、ベストとキャメルフォード卿との間で起きたもので、後者のほうからけしかけたものである。モンゴメリーの犬がマクナマーラの犬に襲い掛かり、それぞれの飼い主が犬に代わって仲介に入ったのだが、その後口論を始めた。結局、一騎打ちで勝負を付けることになった。二人は翌日対決し、モンゴメリーが撃たれて死亡、相手も重傷を負った。事件は社会に大きな衝撃を与え、必要な場合には手を貸そうと現場に待機していた外科医のヘビサイドも、殺人ほう助のかどで逮捕されてしまい、ニューゲートの牢獄に収監された。

ベストとキャメルフォード卿の決闘では二丁のピストルが使われたが、英国ではこれが一番いい流儀だと考えられていた。二丁のうち一丁が高性能のピストルで、決闘者双方が硬貨を投げて、好きなほうを選ぶということになった。ベストがいいほうのピストルを勝ち取り、最初に発砲した。キャメルフォード卿は致命傷を負って倒れた。だが、キャメルフォードの死に同情する者はいなかった。彼は札つきの決闘者で、この種の対戦には何度もかかわっており、この男のせいで何人もの人が血を流していたからだ。自業自得というものだ。暴漢が暴漢たるにふさわしい死に方をしただけだったのである。

最後に、この誤った名誉という狂気を鎮めるために、文明世界の多くの国で取られてきた措置に目を向けてみよう。フランスと英国の政府の努力についてはこれまでにも述べたが、成功には程遠いということが十分お分かりいただけたと思う。他国でも同様の努力をしたものの、やはり同じ結果に終わっている。専制君主国では、君主の意向が強く反映され、力強い支持も得られるため、一時的には害悪も収まるが、しばらくすると再び悪化の一途をたどり、死に神がその鉄の拳を広げてくる。そうなると、後を継ぐ君主も、この問題に関してはあまり確固たる見解を持たずに統治することになる。これはフリードリヒ大王の時代のプロシアのケースだが、フリードリヒ大王が決闘に反感を抱いていたことを物語るエピソードが残っている。大王は自分の軍の中では決闘を認めたが、公平な勝負かどうかを判定するために、整列している歩兵大隊全員の目の前で闘うこと、という条件を付けていたようだ。歩兵大隊は、一方の決闘者が倒れたら、もう一方の決闘者を直ちに撃つようにという厳しい命を受けていた。実際にこの習慣にピリオドを打ったのは、大王の有名な決断であった。

オーストリア皇帝ヨーゼフ二世は、解決策はそれほど変わったものではないにしろ、フリードリヒと同様、決闘には断固反対していた。次の書簡はヨーゼフ二世がこの問題をどう考えていたかを示すものである。

「将軍殿へ

将軍殿

直ちにK伯爵、ならびにW大尉を逮捕されたし。伯爵は若く血気にはやる男で、家柄に対する間違った概念と誤った名誉心を抱いている。W大尉は高齢の兵士であるが、争いはすべて剣とピストルで解決することを善しとし、若き伯爵からの決闘状を、見苦しくも立腹しつつ受け取っている。

軍には決闘に関与してほしくない。かような習慣を正当化し、冷然と剣で刺し合う者の信条には、嫌悪の念を抱かざるを得ない。

敵との遭遇であらゆる危険に身をさらす勇猛果敢な将校――攻防戦では常に勇気、豪胆、不屈の精神を示す将校――がいれば、余は高く評価する。その折には死と直面するも、そのときの冷静さは国のためになり、同時に自らの名誉を高めることにもなる。ただし、その将校の中に復讐と憎悪にすべてを捧げる者がいれば、余は軽蔑する。かような人間は古代ローマの剣奴に等しい。

命令だ。二人を軍法会議の審理に掛けるべし。余がどう見ても公平だと判断できる方法で、二人の争いの原因を取り調べるべし。そして有罪なる者には、その命と法に自らを捧げるよう命ずるべし。

かような野蛮な習慣は、オスマン帝国のスルタン・バヤジットかタメルラーノ（ティムール帝国の創始者であるテイムールのヨーロッパでの呼び名）の時代ならともかく、家族を憂うつにするだけであり、仮に余の将校の半分を奪われようと、余はこれを鎮圧し、罰するつもりである。それでも、良き臣民の中にも英雄の高潔さや特質を持ち合わせる者はいる。かような者のみが法を尊重しているといえるのである。

一七七一年八月　　　　ヨーゼフ」

米国の習慣は大きく異なっている。極西部には、野蛮で高度な文明も発達していない州がいくつかあるが、そこではまだ決闘は一度も行われておらず、決闘に関しては、モーセの十戒に示されている戒めに勝る特別な法もない。十戒には、「あなたは殺してはならない」とある。だが、近代文明が発達してくるにつれて、至るところで決闘が行われるようになり、未開拓地の住民が市民と呼ばれるようになるころには、ヨーロッパや自分たちの周囲を支配している誤った名誉心を取り込んで、先駆者たちと同じようにピストルで問題解決を図るようになってきた。米国の多くの州では、決闘の申し込み、実際の決闘、または介添人として関与した者には独房での禁固刑と一年未満の懲役刑が言い渡され、二〇年間公職に就く資格を取り消される。バーモント州では、官職に就く資格が全面的に取り消され、市民権が剝奪されたうえで罰金が科せられる。決闘で人が死亡した場合には、殺人罪と同じ刑罰が適用される。ロードアイランド州では、たとえ死者が出なくても、決闘者は首にロープを掛けられて絞首台に送られ、その状態で一時間、やじ馬の視線にさらされる。さらに治安判事が判断すれば、一年間投獄される。コネティカット州でも、官職あるいはほかの職業に就く資格が全面的に剝奪され、一〇〇〜一〇〇〇ドルの罰金が科せられる。イリノイ州の法律では、州の職員は、就任に先立って、過去に決闘にかかわったことは一度もなく、将来もけっしてかかわらないという宣誓をさせられる。

さまざまな時代にヨーロッパでは決闘禁止の勅令が発布されているが、ポーランド国王フリードリヒ・アウグスト二世が一七一二年に発布した勅令では、国王は、決闘の本人と介添人には死刑を、また決闘状の持参人にも軽い刑罰を科すという命令を下している。一七七三年にはミュンヘンでも勅令が発布された。これによって、決闘で双方に死亡者も負傷者もいないという場合でも、その本人および介添人は絞首刑に処せられ、遺体は絞首台の下に埋められることになった。

ナポリ王も一七三八年に王令を出し、死闘にかかわった者全員を死刑に処すると命じた。決闘で殺された者、また決闘後に刑を執行された者の遺体は、聖別されていない地に埋葬され、宗教的な儀式も一切執り行ってはならない、また埋葬した場所には墓碑も一切建ててはならないとされた。決闘で双方あるいは一方が負傷した場合、また何の損傷もなかった場合には、その状況に応じて、罰金刑、禁固刑、地位と名誉の喪失、公職に就く資格の剝奪など、異なる刑罰が科せられた。決闘状の持参人にも罰金刑と禁固刑が科せられた。

文明世界全体でこうした厳しい法律が施行されれば、決闘のような習慣も消滅すると思うのだが、これほどまでに広まってしまったことに、学識者や善良な人々は嘆き悲しんでいる。ところが、立法者はただ顔をしかめているだけで、過去にこの習慣をやめるよう人々を教育したことはない。今後も彼らが心の中で決闘に共感しているかぎり、教育するようなことはなさそうだ。法廷にいる厳格な裁判官は、無礼な敵対者からうそつき呼ばわりされている不運な人間に対してこう言うだろう。

「もし決闘を申し込むなら、そなたは殺人を企てていることになり、殺人罪のそしりを免れない！」

だが、その同じ裁判官が高位の印である法衣を奪われ、世間でほかの人々と交わるようになれば、おそらくこう言うに違いない。

「もし決闘を申し込まないなら、そなたは殺人罪を犯す危険もないし、仲間からは、自分たちと付き合うにはふさわしくない人間だ、嘲笑され軽蔑される以外には何の価値もない、心の狭い哀れな人間だと思われるだろう！」

責任は社会にあるのであり、決闘者にあるのではない。女性の影響も大きい。男たちが悪事に走るか走らないかは、女性の力によるところが実に大きいのである。残念ながら、単なる獣のような勇猛さが女性の目には魅力的に映ってしまうらしく、名をはせている決闘者はよく英雄のごとく扱われるようになり、闘いを拒もうものなら、たとえ真の勇気を持っていても、卑怯者、臆病者だとののしられる。米国議会の議員だったグレーブ氏は、一八三八年の初めにジレー氏を下院の議場で、正確かつ雄弁に言えば、決闘で殺してしまったのだが、彼自身を責めるよりも、決闘という不幸な問題を嘆くそうした社会のほうを責めるべきであろう。後悔の念にさいなまれているこの政治家はこう述べている。

「事実上、国の最高の法律になっているのは世論である。ほかの法律は、いくら人間的かつ神聖なものであろうと、どれも遵守されなくなっている。遵守されないばかりか、世論に触れるにつれて廃れ、消滅しているのである。この国を、そしてこの下院を支配する最高の法律のせいで、もし背いたら名誉が失墜すると思い、わたしはこのおきてに従わざるを得なかった。この悲劇的な事件に渋々かかわり合いを持たざるを得なかったのだ。この国について行ったら、この下院の扉を開けたら、あとはわたしの忌まわしい手を血で汚すだけだったのだ！」

社会がこうした機運にあるかぎり、侮辱的な言葉にも腹を立てない者はその侮辱の言葉に値し、したがって嘲笑の対象となると社会が考えているかぎり、いくら厳しい法律があっても、決闘はけっしてなくなりそうもない。男たちは被った損害の償いをしてもらわなければならなかったが、その損害がどの裁判所にも認められないような損害だった場合には、損害を被った者が自らあだ討ちをし、命の危険を冒してでも仲間たちの意見に身を委ねることになる。識者は世論を軽視しがちだが、何度も命を危険にさらすより、社会の中で社会に属さずに――彼らの前歴を知る者たちすべての物笑いの種になり、指をさして嘲笑する対象となって――生きていくほうがいいと思っている人間はほとんどいないのである。

文明の名を汚すような習慣の勢いを唯一抑えられるとすれば、それは名誉法廷を設立することだろうが、名誉法廷では、今でも甚大な害を与えている微妙でほとんど目に見えない犯罪行為すべてを考慮する必要がある。ルイ一四世が設立した名誉法廷がモデルになるのではないだろうか。適切な謝罪が行われる今日では、決闘で闘う者はいない。言葉だろうと行動だろうと、名誉を傷つけられたすべての者の訴状を公平に評価し、犯罪者に正式に謝罪をさせるのがこの法廷の義務である。もし犯罪者が謝罪を拒めば、もうひとつの法を犯したことになる。高等裁判所に背いた犯罪者、またけがを負わせた相手に背いた犯罪者には、罰金刑と禁固刑が言い渡される。禁固刑は、犯罪者が自らの過ちを認め、裁判所が求めるような譲歩をするまで続けられる。

この名誉法廷ができた後に、平和的な判決とは相いれない流血の惨事を招いて有罪になった者、そしてピストルという古くて野蛮な手段に頼った者には、何らかの措置が取られることになろう。そうした犯罪者を絞首刑にしても何にもならないのだ。彼らは少しも死を恐れていないのだから。彼らを悟らせるには名誉を失墜させるしかないのである。流刑か踏み車の刑、公衆の面前でのむち打ちが適当であろう。

第三部

奇跡と未来への妄想

夏目漱石「夢十夜」より
第三夜

第6章 近世ヨーロッパの予言者たち
Modern Prophecies

終末に対する恐怖が何度となく世界を襲った。中でも一〇世紀の中ごろにキリスト教世界を襲った恐怖といったら、それはもう並大抵のものではなかった。フランスやドイツ、イタリアには狂信者があまたと現れ、聖書に記されている千年紀の終わりが近づいている、神の御子が雲の中から現れて敬虔な者とそうでない者を裁く日が近い、などと説教を始める始末。こうした妄想は人々の間で急速に広まっていった。教会がどうにか抑え込んだかにもみえたが、まったく効果はなかった。

最後の審判の舞台はエルサレムだといわれていた。九九九年にはおびただしい数の巡礼者が東方を目指し、エルサレムで主が現れるのを待った。その数はあまりにも多く、見捨てられた軍隊と見間違えるほどであった。だれもが財産を処分してから西欧を発ち、聖地ではそれを売ったお金でやりくりしていた。建物という建物もほとんど崩れ落ちる寸前であった。もうすぐ終末が来るのなら建て直しても無駄だというわけである。立派な建物も、多くが故意に取り壊された。普通ならきちんと維持管理されている教会も、同じようにないがしろにされた。騎士や一般市民、農奴も皆一緒になって、妻子を連れて東へと歩を進めた。歩きながら賛美歌を口ずさみ、恐る恐る空を見上げては、空がぱっくりと口を開けて光背に包まれた神の御子が降りてくるのを、かたずをのんで待っていた。

一〇〇〇年目になると巡礼者の数も増えてきた。皆、疫病を恐れるように恐怖におびえていた。自然現象も彼らの不安をかき立てた。雷が鳴ると、歩いている者は皆ひざまずいた。雷は審判の日を告げる神の声だといわれていたからだ。大地が口を開けて、雷に打たれて死んだ者をのみ込んでしまうのではないか。多くの人がそう考えた。星が空を流れるたびに、エルサレムのキリスト教徒は外に飛び出し、涙を流しながら祈りを捧げるのだった。旅の途中の巡礼者も同じ不安に駆られていた。

夜になれば光の玉が、
幾度か丸い空より落ちにけり。
長き火焔の尾を引き、落下せん。
すると軍はその孤独な歩みを止めん。

（原注　リュシアン・ブォナパルト『シャルルマーニュ――叙事詩』）

恐怖の炎をあおったのは狂った伝道師であった。星が流れるたびに説教をし、最後の審判が刻一刻と迫っていることを強調した。

流れ星はこの世が間もなく終わりを告げる前兆だと考えられていた。こうした考えは今でも残っている――だが、もはや単なる前兆ではなく、破滅をもたらすものだとされている。つい最近のことだが、一八三二年には、流れ星のせいで地球が滅亡したら大変だというこのうえない恐怖がヨーロッパ大陸に、とくにドイツに広がった。このときの予言者は天文学者であった。地球の危機が真剣に論じられた。その結果、恐ろしい流星に人間も世界も木っ端みじんにやられてしまうのではないかという不安が高まり、それだけで、その年は多くの人が仕事の請負や商談の取りまとめを控えるようになった。

疫病が猛威を振るうようになると、終末が近づいているという、頭のおかしい狂信者の予言を信じる者が増えてきた。大きな災害が起きると、軽々しく人の言うことを信じたりだまされたりする人が激増するのが世の常である。ペストがヨーロッパ全土で大暴れした一三四五年から一三五〇年にかけては、終末はすぐ目前だという考えが浸透していた。ドイツ、フランス、イタリアのどの主要都市にも自称予言者が出没し、一〇年以内に大天使のらっぱが鳴り響き、雲の中から救世主が現れて世界に審判を下すだろう、などと予言していた。

一七三六年、ロンドン中が仰天して腰を抜かしてしまった。有名なホイストンが、その年の一〇月一三日に世界は滅ぶだろうと予言したのである。世界が滅びるといわれたその日、イズリントンやハムステッド（いずれも大ロンドンの自治区）、その間の草原には、「終わりの始まり」になりそうなロンドンの滅亡をこの目で確かめようと、群衆が集まってきた。この愚挙のことは、「審判の日のうわさでロンドンに起きた出来事に関する本当の話（A true and faithful Narrative of what passed in London on a Rumour of the Day of Judgement）」と題されたスウィフトの『文学雑文集（Miscellanies）』第三巻で皮肉たっぷりに語られている。

この妄想について語った本当の体験談なら面白いのだが、ポープやゲイの機知に富んだ話は当てにならない。

一七六一年には、二回の大地震の衝撃と、三回目の地震で何もかもがおしまいになるという予言とで、ロンドン市民は恐怖におののいた。最初の地震は二月八日。ライムハウスとポプラー周辺で煙突がいくつか崩れ落ちた。二回目の地震は三月八日で、主にロンドン北部からハムステッドやハイゲート方面で強く感じられた。一回目からちょうど一カ月後に二回目の地震が起きたものだから、たちまち大騒ぎになった――近衛騎兵連隊の兵士だったベルという男も、一カ月後に三回目の地震が起きるに違いないと強く思い込み、もともと頭がいかれていたのだが、これで完全に正気を失ってしまい、四月五日にロンドンは滅亡すると言いながら街中を走り回っていた。ほとんどの人は四月五日ではなく「四月一日」ではないかと思っていたが、その予言を固く信じ、差し迫る災難に巻き込まれまいと、家族全員で逃げだす算段をする者も何千といた。恐怖の日が近づくにつれて興奮も高まってきた。すると、すぐに人の言葉を信じてしまう多くの人々は、ロンドンの悲運を見守ろうと、約三〇キロ圏内の村々に一斉に避難した。イズリントン、ハイゲート、ハムステッド、ハロー、そしてブラックヒースは恐怖で固まった避難民であふれ返った。だれもが安全な避難所に泊めてもらおうと、家の主人に法外な金を払った。そんな家に泊めてもらう余裕のない者は、「その日」の二～三日前まではロンドンにとどまり、それから近郊の野原で野宿をしながら、すさまじい衝撃で高台にある都市がすっぽりと灰に埋もれてしまうのを待っていた。ヘンリー八世の時代にも同じような騒ぎがあったが、それと同じで、恐怖はすぐに人に移り、一週間前には予言を聞いてあざけり笑っていた人も、他人が荷物をまとめているのを見ると慌てて荷造りして逃げだすありさまだった。川なら絶対に安全だということで、港に係留している商船という商船に人が押し寄せた。皆、四月四日から五日にかけては船で過ごしながら、セントポール寺院がぐらぐら揺れたりウェストミンスター寺院の塔が風になびいたりしながら、もうもうたる土煙にまみれて崩れ落ちる瞬間を、首を長くして待っていた。避難民の多くは予言が外れたものと確信し、翌日には帰宅したが、ロンドンの安全が確認できるまではあと一週間はみたほうがいい、という慎重派も多かった。ベルの予言は瞬く間にすっかり信用を失い、簡単にだまされる連中からもただの大ばか者扱いされるようになってしまった。ほかにもいくつか予言をしてみたものの、もうだまされる者はいなかった。それから二～三カ月の後、ベルは精神病院に収容された。

終末に対する恐怖は、一八〇六年にもリーズと周辺の善良な人々を襲った。そのときの状況はこうだ。近くの村で一羽のめんどりが卵を産んだのだが、その卵には「キリスト来る」という言葉が記されていた。現場を訪れた人々は、その不思議な卵を食い入るように見詰めながら、審判の日が近いことを確信した。嵐の海でいつ海底に沈むのかとびくびくしている水夫のように、信徒たちはたちまち信心深くなると、熱心に祈っては、これで過去の悪行は悔い改めたと心ひそかに信じるのだった。ところが、本当の話を聞かされた途端にそんな気持ちも緩んでしまい、せっかく信心深くなったのにすっかり元に戻ってしまった。ところがある晴れた日のこと、この出来事を耳にした数人の紳士が、哀れなめんどりが奇跡の卵を産んでいる最中に捕まえにやって来たのだ。間もなく、卵に酸性のインクで文字を書いてから、残酷にもめんどりの体内に無理やり戻したに違いないことが確認された。この話を聞かされると、祈りを捧げていた連中は笑いだし、世の中も以前と同じように陽気に過ぎていった。

一六三〇年、ミラノを疫病が襲ったときのことだが、リパモンティが興味深い作品『デ・ペステ・メディオラニ(De Peste Mediolani)』の中に心を打つ言葉を残している。こうした災禍に見舞われた人々は、占星術師や詐欺師の予言に熱心に耳を傾けたというのである。ペストの発生が一年前に予言されていただけでも不思議である。一六二八年には大きな彗星が見られたが、占星術師の意見は分かれた。血なまぐさい戦争の前触れだと言う者、そして大飢饉の予兆だと主張する者。だが、彗星の青白い色から判断して、ほとんどの人がペストの前兆だと考えた。予言が当たった彼らは、ペストが猛威を振るっている間は名声を維持していた。

何百年も前の予言の中には、今でも生きているものがある。それは運命論者になるよう誘導するもので、庶民の心にかなりの悪影響を及ぼしている。回復の望み――どんな病でもこれが一番の慰めなのだが――を奪い去ることで、病状を三倍も悪化させていた。不幸な人々は、ある変わった予言のせいで、気が狂わんばかりになってしまった。昔から言い伝えられている古い二行連句は、一六三〇年に悪魔がミラノ中に毒をばらまくだろうと予言していたのである。四月のある早朝、まだペストの流行が絶頂を迎える前の話だが、道行く人は町中の大通りに面したどの扉にも妙な塗料、つまり染みが付いているのを見て驚いた。ペストで腫れて化膿した部分を染み込ませたスポンジのようなものが付着していたのだ。住民は皆、妙なものの出現に素早く反応するようになり、瞬く間に大きな不安が広がった。あの手この手の犯人捜しが始まったが、犯人は見つからずじまい。ついに昔の予言が人々の脳裏をよぎり、悪魔のたくらみに打ち勝てるようにと、教会という教会で祈りが捧げられた。よその国の密使が伝染性の毒を町中にばらまいたのだという意見も多かったが、圧倒的多数を占めていたのは、悪魔が自分たちを殺そうと陰謀を企てて、超自然の力で感染を広めたのだという意見であった。そうこうしているうちに、ペストが恐ろしい勢いで広まってきた。疑心暗鬼が生まれた。井戸水や畑に植わっているとうもろこし、実った果物など、すべてが悪魔に毒を塗られているとだれもが信じるようになった。家の壁、外の歩道、扉の取っ手など、触れるものには何でも毒が塗られていると考えられた。人々の怒りは頂点に達した。悪魔の手下に対する監視も厳しくなり、だれかを厄介払いしたければ、「あいつが扉に軟膏を塗っているのを見た」と言うだけでよく、その相手には間違いなく暴徒に殺されるという運命が待っていた。八〇を過ぎたある老人は、毎日聖アントニオ教会に顔を出していたが、ひざまずいた姿勢から立ち上がり、マントのすそでいすを拭いてから腰掛けようとしているところを目撃された。たちまち、老人がいすに毒を塗っているという叫び声が上がった。教会は女たちであふれていたが、その女たち、老いてよぼよぼになった男に襲い掛かると、ぞっとするような悪罵を浴びせながら頭髪をつかんで引きずり出してしまった。そして拷問に掛けて仲間の名前も白状させようと、ぬかるんだ道を引きずって、市の判事の家まで連れていったのだ――だが、老人は道中で事切れてしまった。ほかにも民衆の憤怒の犠牲になった者が大勢いた。

モラという男は、薬剤師兼理髪師だったようだが、悪魔と結託してミラノに毒をまいたとして告発された。モラの自宅は包囲され、多くの化学薬品が発見された。気の毒な男は、感染を予防するための薬品だと主張したのだが、薬品を調査した複数の医師が毒だと断言。モラは拷問に掛けられながらも身の潔白を主張し続けたが、とうとう拷問でへとへとになり、悪魔やよその国の勢力と一緒になって町中に毒をまいたことを自白してしまったのだ。扉に毒を塗り、泉の水を病菌で汚したと。共犯者の名前も何人か挙がった。彼らも捕らえられ、同じような拷問に掛けられた。そして全員が有罪判決を受け、処刑された。モラの家は更地にされ、彼の罪をしのぶ記念碑が建てられた。

大衆がこのようなことに気を取られている間にも、ペストの猛威は広がっていった。処刑を見に来たやじ馬たちが病気を移し合ったのである。しかし、彼らの怒りと軽信性は、ペストの猛威にも引けを取らないほどすさまじいものであった――いくら不思議で矛盾に満ちたものでも、すべてが真実だと考えられた。そんな話の中でも、長い間人々をすっかりとりこにしてしまった話がある。悪魔を目撃したという話である。悪魔はミラノに住んでおり、そこで毒を塗った軟膏を作って手下に渡し、ばらまかせていたというのだ。ある男に至っては、その話のことを考えるあまり空想ばかりが暴走し、とうとうそれが現実だと確信するまでになってしまった。その後はミラノの市場に立っては、集まってくる人々にこんな話をするようになった。

「夜遅く、大聖堂の扉のところに立っていたんだが、近くにはだれもいなかった。すると六頭の乳白色の馬がひく黒い荷馬車がすぐそばで止まったんだ。馬車の後ろからは、そろいの黒い服を着て、黒い馬にまたがった奉公人が長い列をなしてついて来た。馬車には威風堂々とした長身の見慣れない男が座っていた。長い黒髪を風になびかせて、でかい黒い瞳からは炎のような光が走って、唇は言いようのない嘲笑でゆがんでいた。あまりの威圧感に圧倒されてしまったが、がたがた震えながらもその男をじっとにらみつけてやった。肌の色は今まで見たどんなやつの肌よりも黒く、周りはむせ返るように暑かった。あの世から来たに違いない。おれはそう直感した。見慣れない男は、その狼狽ぶりを見ると、穏やかだが偉そうに、そばへ来いと言うんだ。おれには断る力もなく、気がついたときには馬車の中にいた。馬車は疾風のように走りながらミラノの大通りのある扉の前まで来たが、その間、見慣れぬ男は一言もしゃべらなかった。通りには人が大勢いたが、驚いたことに、だれもこの馬車とおびただしい奉公人の行列には気づいていないんだ。馬車や行列は人の目には見えないんだよ。馬車を止めたところは商店みたいだったが、内部はまるで半ば廃墟と化しただだっ広い宮殿だった。おれは謎の案内人と薄暗い大部屋をいくつか通り抜けた。すると巨大な大理石の柱に囲まれた部屋があり、幽霊議員たちが集まってペストがどの程度蔓延しているかについて話していた。建物のほかの部分は真っ暗闇だったが、ところどころから稲妻の光が差してきたから、たくさんの骸骨がしゃべったり愚弄し合ったりしながら走り回り、馬跳びのようなことをしているのが見えた。建物の裏手は手入れもされていない荒れ地で、真ん中に黒い石が立っていた。その両側を、汚染された水が恐ろしい轟音を立てながら滝のように流れているんだ。それが土に染み込んで、さらに市内のすべての泉に溶け込んで、使い物にならない水にしていたんだよ。すべてを見せられた後で、おれは金や宝石であふれた別の大部屋に連れていかれ、もしひざまずいて自分を崇拝し、これから用意する軟膏でミラノ中の家や扉に毒を塗ることを承諾すれば、ここにある金や宝石をやろうといわれたんだ。おれはもう、そいつが悪魔だというのは分かっていたから、誘惑された途端に、抵抗する力を与えてくださいと神に祈った。祈りは通じた――おれはこの買収を拒んだのだ。見慣れぬ男はおれを恐ろしい形相でにらみつけると、頭上にものすごい雷鳴をとどろかせ、瞳から強烈な稲妻を光らせた。だが、次の瞬間、おれは大聖堂の入り口にひとりで立っていたんだ」

男はこの不思議な話を、歪曲することもなく、来る日も来る日も繰り返し吹聴した。すると、人々もこれが真実だと固く信じるようになった。その不思議な建物を探す人も大勢現れた。だが、いくら探しても見つからなかった。男が似ている建物をいくつか指さし、警察も捜索を行ったが、ペストの悪魔も、幽霊の大広間も、毒の泉も見つからずじまいであった。だが、この話は人々の脳裏にこびりついてしまったらしい。ペストに感染して半ば正気を失った目撃者がぞろぞろ現れると、自分たちも悪魔のような男を見たし、真夜中に乳白色の馬にひかれた馬車が雷より大きな音を立てて通っていくのを聞いた、などと言いだしたのだ。

悪魔に雇われて毒をまいた、と自白した人は信じられないほどの数に上った。集団的な狂乱が広まったが、その感染力はペストとさして変わらなかった。肉体だけでなく想像力まで侵された人々が、次々に進んで自白するようになったのだ。彼らにはだいたいペストの症状が見られ、自白している最中に息絶える者もいた。

一六六五年にロンドンでペストが大流行したときも、人々は同じようにやぶ医者や狂信者の予言に熱心に聴き入った。英国の小説家デフォーによると、人々はこのころ、予言や天文学的な占い、夢、老婆の話などにかつてないほど夢中になっていたらしく、天文暦やその予言に例えようのない恐怖を感じていたようだ。ペストが大流行する前の年でさえ、その年に現れた彗星におびえ、飢饉やペスト、火災が起きるのではないかと心配していた。ペストがまだそれほど広まっていないころには、狂信者が「数日中にロンドンは滅亡する」などと叫びながら通りを走り回っていたものだ。

一五二四年、これも予言を信じたことが発端だが、さらに常軌を逸した出来事がロンドンで起きた。当時のロンドンには占い師や占星術師があふれるほどおり、階級を問わず、運勢をみてほしいという人々が訪れていた。一五二三年六月には、早くも数人の占い師が、一五二四年二月一日にテムズ川が氾濫してロンドン全域が浸水し、一万戸の家が押し流されるだろうと予言している。人々はこの予言を絶対的なものと信じた。日を追うごとにさらに信頼は高まり、ついには大きな不安に突き動かされた人々が家族総出で荷物をまとめ、ケント州やエセックス州に移動するようになってきた。そのときが近づくにつれて、移住民の数も増えてきた。一月には妻子を連れた労働者の一群が二〇～三〇キロ離れた村までとぼとぼと歩いていく姿が見られた。そこで大惨事を見守ろうというわけだ。上流階級の人々も同じように荷馬車などの乗り物で移動した。一月の半ばごろには、少なくとも二万人が絶望的な都市を離れ、むき出しになった家の壁だけが間近に迫った洪水に流されるのを待っているという状態だった。裕福層は、多くがハイゲートやハムステッド、ブラックヒースの高台に住まいを手に入れた。テムズ川を北上したウォールサムアビーや南に下ったクロイドンなど、離れた場所にテントを張る者もいた。聖バーソロミュー修道院のボルトン院長も不安でたまらなくなってきた。そこで、大金をはたいてハローオンザヒル地区に要塞まがいのものを建てると、二カ月分の食糧を蓄えた。そして一月二四日、ロンドンが崩壊するという恐怖の日の一週間前になると、修道院の僧侶や幹部、家族を引き連れてそこへ移った。何隻ものボートが荷馬車に積まれて要塞に運ばれ、熟練の漕ぎ手が何人も配備された。洪水がハローのような高台に押し寄せてきたら、安全な場所を求めてさらに遠くまで逃げなければならないからだ。裕福な市民はこの避難所を一緒に使わせてほしいと頼んだが、院長はしばらく考え込んだ揚げ句、個人的な友人と、封鎖されたときのために備えた食糧をたくさん持参した人だけにそれを認めた。

とうとう、ロンドンの運命を担った大きな太陽が東から昇ってきた。増水するのを見ようと、避難民は早くから起きだしていた。川は突然水かさを増すのではなく、少しずつ増えていくということなので、テムズ川が隆起して通常の水位より上がってから逃げても十分間に合うだろうと考える者もいたが、多くの人々は不安でそんな話も信じられず、一五〜三〇キロ先まで逃げなければ安心はできないと思っていた。そんなテムズは、土手に集まった愚か者たちのことなど意にも介さずに、いつもと変わらず静かな流れをたたえていた。潮の干満もいつもどおり、水位もいつもどおり。まるで二〇人の占星術師が正反対のことを予言したかのようだ。日も暮れてくると、市民も茫然自失し、自分たちのばかさ加減にますます困惑の度合いを強めるのだった。夜のとばりが降りても、意地っ張りな川はまったく水位を上げず、一万軒どころか一軒の家さえ押し流すことはなかった。だが、それでも人々は怖くて眠れず、夜盗のように大洪水が夜起きると嫌だと言って翌朝まで起きている者も大勢いた。

川が氾濫するなどという誤った予言をした連中を川へ放り投げてやろうか。翌日にはこんな議論が真剣に持ち上がった。だが、幸い、予言者は民衆の怒りを鎮める名案を思いついた。ちょっとした（ほんのわずかな）計算違いで、この恐ろしい大洪水の日を一世紀間違えて予言してしまったのだ、と言いだしたのである。結局のところ、やはり星は正しく、彼ら、不義のやからは間違っていたのだということで落ち着いた。今生きているロンドン子たちは全員無事で、ロンドンが水浸しになるのは、一五二四年ではなく一六二四年である。これを聞いた修道院長のボルトンは要塞を解体し、疲れ切った移民たちもロンドンに戻っていった。

大英博物館のハーリー文庫に収録され、ロンドン古美術商協会の報告書で発表された解説によると、ロンドンの大火の目撃証人は、ロンドン市民の軽信性をよく表す別の事例についても語っている。著者はヨーク公のお供でフリート橋とテムズ川に挟まれた地区を毎日訪れていたが、火の回り具合を調べようとしたら、人々の迷信が邪魔をして調べられなかったという。マザー・シプトンも予言の中で、ロンドンは灰と化すが、人々はそうならないための努力も惜しむだろうと語っていた。

（原注　この予言は、好評を博した『マザー・シプトンの生涯（Life of Mother Shipton）』の中で詳細に語られていたようだ。

イングランドは破滅から復興し、
国王もこれまで同様統治せり。
されどロンドンには大量死、
多くの家も倒されん。）

サー・ケネルム・ディグビーはチャールズ一世の廷臣として有名だが、その息子が予言の能力があると主張し、どんな力をもってしても予言が実現するのを防ぐことはできない、と説いていた。立派な予言の本には、ロンドンの滅亡が予言されているという。多くの人はかけがえのない支援をし、教区全体を荒廃から救っていたかもしれないのだが、腕を組んでそれを傍観しているだけだった。だが、もっと多くの人々は、気がとがめる様子も見せず、救い出せなかった都市を略奪することばかり考えていた。

マザー・シプトンの予言は、英国の多くの田舎では今なお信じられている。小作人や使用人の間では絶大な人気があり、英国一の人気を誇るシプトンは、地域社会の中で教育を受けていない人々の心を完全につかんでいる。シプトンはヘンリー七世の時代にナレズボローで生まれ、未来の出来事を予知する能力と引き換えに、悪魔に魂を売り渡したといわれている。生きている間は魔女だといわれたが、魔女の悲しい定めから逃れて長生きし、ヨークシャーにあるクリフトン近郊の自宅で安らかな眠りに就いた。地元の教会墓地には彼女をしのんで次のような墓碑が刻まれたらしい。

一度も偽らざる女、ここに眠る。
その力はしばし試練にさらされしも、
その予言は生き続け、
その名を永遠にとどめ置かん。

マザー・シプトンに関する従来の伝記には次のように記されている。

「彼女が何か注目すべきことや真剣な熟考を要することを語らない日は一日たりともなかった。至るところから人が訪ねてきた。それほど彼女は有名だったのだ。老いも若きも、富める者も貧しき者もやって来た。中でも未婚の若い女たちが、将来の疑問を晴らしてもらいに来た。そしてだれもが、疑問を晴らしてくれた彼女の説明にすっかり満足して帰っていった」

ほかにもベバリー大修道院の院長が彼女を訪れたが、彼女はヘンリー八世の修道院への弾圧、ヘンリー八世とアン・ブリンの結婚、スミスフィールドでの異端の火刑、スコットランドのメアリー女王の処刑を予言。ジェームズ一世の即位も予言したが、ジェームズについては次のような言葉を添えている。

寒々とした北方より
あらゆる悪が押し寄せり。

修道院の院長が次に訪れたときにはさらに別の予言を行ったが、彼女の信奉者によると、その予言はまだ実現しておらず、今世紀（一九世紀）中には実現するかもしれないという。

そのときは来たり、
血の海に大洪水が合流するときが。
大いなる怒号が――泣き叫ぶ大声が――聞こえん。
海は空よりすさまじき轟音を立てん。
三頭の獅子がそれぞれ闘い、
民には歓喜を、王には栄誉をもたらさん。
烈火のごとき年が暮れるや、
従来どおりの平和が訪れん。
至るところに豊穣が見られ、
剣士は大地を耕さん。

しかし、彼女の予言のうち最も有名なのは、ロンドンに関する予言である。多くの人々は、この不幸な国が大災禍に見舞われて、ロンドンからハイゲートまでが一続きの家並みでつながってしまうことを考えて身震いした。これは彼女が死ぬ直前の予言だが、これまでと同じ勢いでさらに住宅の建築熱が続けば、ロンドンとハイゲートがひとつになるのは時間の問題だという。十分に考えられることである。これは革命、つまり強大な君主の失墜と大量の流血をはっきり示したものなのである。天使でさえ人間の苦悩にさいなまれ、顔を隠して哀れな英国に涙することだろう。

しかし、いくらマザー・シプトンが有名だとはいえ、英国の予言者にはまだその上がいた。マーリン、この無敵のマーリンが他を圧倒し、単独首位の座を守っているのである――英国一の大予言者なのだ。英国の詩人ドレートンも、愛国詩『多幸な国（Poly-Olbion）』でこんなふうに詠んでいる。

マーリンとその力が及ばぬところがあるのか？
世界はいつの年もやはりマーリンに満ちあふれ、
一〇〇〇年もの長き年月を彼の予言は生きてきた。
それは時の流れが止まるまで朽ちることはない。

スペンサーもその素晴らしい詩で、この名だたる予言者について力強く表現している。

魔力において彼より洞察鋭き者はいるのか、
過去にも、そして未来にも。
その言葉で空に向かって呼び掛ければ、
太陽も月も彼にひれ伏す。
陸から海まで、海から乾いた陸まで
彼がしのいだ陰気な夜は昼と化し、
ひとりでも多くの人間を動揺させ、
多くの人間が卑劣極まりなきを企てしも、
追い散らす敵は必ずや傾く。
その名の恐怖は今日までとどろき、
その名を口にしただけで、悪魔もおののく。
本物の人間は言う、やつは人の子にあらずと。
命あるもの、またはほかの生き物の子にもあらずと。
だが、不思議な力で生を受け、また立ち去りし。
ずる賢き妖精が誤った奇術を
美しき尼僧にかけたのだ。

スペンサーはこの詩句で、人々がいかにマーリンの予言を信じていたかを詠んでいる。一般に、マーリンはブリテン人の族長ボーティガーン（五世紀）の近代版だと考えられていた。マーリンが実在の人物なのか、それとも軽々しく信じてしまう人々の空想のたまものなのかは意見が分かれるところだが、この男が実在の人物で、しかも修道士ベーコンが当時の知識人を凌駕するほどの知識人だったのと同じく、当時の理解をはるかに超えた知識人だったとすると、それに感嘆した人々が、スペンサーが挙げているような超自然の力があると考えても少しも不思議ではない。

アーサー王伝説を初めて伝えたジェフリー・オブ・モンマスがマーリンの叙情詩、つまり予言をラテン語の散文詩に翻訳しているが、マーリンはジェフリーだけでなく、昔の多くの年代記編者からも絶大な支持を得ている。チャールズ一世の時代に出版されたトーマス・ヘイウッドの『マーリンの生涯――イングランド年鑑で翻訳され完成したその予言と予想（Life of Merlin, with his Prophecies and Predicitions interpreted and made good by our English Annal)』に載っている偽の予言は、すべてヘイウッド自身の創作のようだ。実に平易で分かりやすい言葉で書かれているため、「事後に」作られたものだというのは明々白々である。リチャード一世については、ヘイウッドはこんな詩を書いている。

獅子心、サラセンの台頭に立ち向かい、
栄誉の獲物を奪いけり。
初めは薔薇と百合が手を携えるも、
餌食を分けたらまた敵同士。
外では偉業を成し遂げるも、
内ではすべてが無秩序と化す。
獅子は檻に閉じ込められるも、
苦悩の後に引き渡されて自由の身。

純真なトーマス・ヘイウッドは、これらはどれも現実の出来事だと大まじめに語っている。リチャード三世についても同じように単純明快で、こんな詩を書いている。

背むしの怪物が、牙をむきつつ生まれ出て、
作り物の嘲笑と自然の軽蔑とが
胎内から不合理に放出されり。
そして足を前に踏み出して世界へ突き進まん。
今いる低き大地から、
ひざまで浸かる血の海を懸命に歩いて渡らん。
怪物が目指すあらゆる希望の高みまで。
そして衣をまとい、その醜い姿を賛美する。
しかし、立ち上がっても大丈夫だと思った途端、
外から自然の子がやって来て、陸に上がらん。

この出来事の後の別の予言では、ヘンリー八世がローマ

教皇から権力を奪い、そしてそれを「英国へ持ち帰り」、「髪をそり落とした僧侶を根こそぎ国から追い払い」、さらには「たけり狂った男、その男に色情を抱く女」をけっして容赦せず、また、直近の王位継承者の治世には「(たいまつ用の) たきぎの束と火刑台が現れる」と述べている。ヘイウッドは自分の時代にマーリンの予言を終わらせてしまい、自分の死後の英国の運命についてはまったくといっていいほど触れていない。ヘイウッドが引用したもの以外にも数々の予言があったが、ヘイウッドいわく、それらは現在マーリンの名で外国に渡っているらしい。ただ、ヘイウッドはひとつの価値観を読者に示している。それは次のようなものである。

麻 (HEMPE) が実り、
刈り入れ間近というときに、
ようやく英国人は脳なしだったことに気づくのだ。

この予言は、ヘイウッドが絞首台のことを念頭に置いて行ったものだと思われるかもしれない (〝hempen〟には「絞首刑の」という意味もある)。誤った予言の行く末は絞首台、というのが当時は珍しくなかったからだ。だが、ヘイウッドはこう説明している。

「この『麻 (HEMPE)』という単語は五文字から成っている。だから、ヘンリー八世以降の五人の王子の名前を考えてみれば、この予言は容易に解釈できるはずだ。〝H〟は即位前のヘンリー八世を表し、〝E〟はその息子のエドワード六世を、〝M〟はエドワードの後を継いだメアリー一世、〝P〟はそのメアリーと結婚してイングランド王室に入ったスペインのフェリペ二世、最後の〝E〟はエリザベス一世を指し、その没後には王位をめぐって何か問題が起きるのではないかという大きな不安が生じた」

ところが、実際には予言どおりにならなかったため、狡猾なヘイウッドはこんな言い訳をして窮地を脱している。

「この予言はまだ真実かどうか分からないが、以前の予想に従えば的中しないだろう。ジェームズ一世の治世が平和のうちに始まってからは、ロンドンだけでなく王国全土で多くの人が死んでいるし、その後の七年間も、国はまだその泥沼から抜け出せないでいる」

これはピーター・オブ・ポンテフラクトの逃げ口上とそっくりである。ポンテフラクトはジョン王の死と退位を予言し、苦痛を与えたとしてジョンによって絞首刑にされている。この偽の予言についての生々しく興味深い記述がグラフトン著『イングランド年代記 (Chronicles of England)』に残っている。この中でグラフトンは次のように記している。

「このころ、イングランドの司祭たちは、ヨークシャー出身のピーター・ウェイクフィールドという偽の予言者を見つけてきた。この男、隠者だが、暇でぶらぶらしている無駄口の多い商人であった。さて、このピーターに信頼を集め、国王に対する臣民の信頼を一気に失墜させようと、いろんな連中が毎日のようにうわさをばらまいていた。キリストが子どもの姿になって、一度はヨークで、もう一度はポンフレットで彼の手の上に現れたのだが、その子は彼に『平和、平和、平和』という言葉を口にしながら彼に三回息を吹き掛けて、いろんなことを教えた。彼はそれをすぐに大司教に伝え、人々に乱れた生活を悔い改めるよう説いてもらった。その子は悦に入りながらも、天国の喜びと地獄の悲しみを見守っているそうだ。何でも国内でキリスト教徒らしく生活しているのは三人しかいないらしい……。

この偽予言者、ジョン王のことも予言したようだ。王位に就いていられるのはせいぜい次の昇天日まで、つまり西暦一二一一年、戴冠式から一三年目までだという。これは予言ではなく、啓示だとも言ったらしい。そこで、殺害されるのか退位させられるのか、それとも自ら王位を譲るのか、という質問が飛んだが、彼は分からないと答えた。でも、これからはジョン王も含めて、その血を引く者も親族の者もだれひとり王位に就くことはないだろうと断言していた。

国王はこれを聞いて大笑いし、その話を一蹴すると、『はっ！　何と愚かな悪党よ、分別も何もあったものではないな』とはき捨てるように言った。だがこの愚かな予言者は、国王の怒りに触れないようにと逃げだして、それ以上予言をするのをやめてしまった。そして国外に脱出したが、そこでも軽々しくこの話を吹聴していた。そもそも彼は暇な浮浪者で、しゃべりすぎるぐらいしゃべっていたのである。その直後、国王を愛する者たちが彼を悪人だとして捕らえて投獄したのだが、国王はこのことを知らなかった。

このうそばかり言う予言者の評判は国中に広まり、愚か者だとしてその名も知られるようになったころ、人々の賢明さも影を潜めてしまった。なぜなら、彼はもう獄中生活をしており、うわさだけがどんどん広がり、抑えが利かなくなってきたからだ。やることなすこと、すべてがばかげていたし、無駄なおしゃべりやどうでもいい行動も増えてきた。それからというもの、民衆は乱暴で無礼な態度を取るようになり、昔のうわさ話は外国へ流れていき、新しい話もでっち上げられる、作り話にさらに作り話が加わって、うそがうそで塗り固められるといった状況が続いた。毎日のように国王に対する誹謗中傷の言葉が作り出されたが、ひとつとして本当の話はなかった。うわさが立ち、罰当たりな言葉も広く聞かれるようになった。敵は喜ぶし、司祭たちの裏切り行為も続いた。さらに同じような言動が見られたが、結局はどれも愚かな予言者が言いだしたことだ、という話になってしまった。『ピーター・ウェイクフィールドが言ったんだ』『彼が予言したことだ』『だからこうなったんだ』など、ピーター本人が知らない間に好き勝手なことがいわれるようになった。そして前から予言されていた昇天日がやって来ると、ジョン王は野外にテントを張らせ、貴族や紳士らと共にかつてないほど荘厳な儀式を執り行った。楽器や歌で心を癒し、周りをすべて信頼できる仲間たちで固めた。その日が大盛況のうちに終わろうというころ、敵は困惑して、寓意的な解釈をして予言のつじつまを合わせようとしていた。そしてこんなふうにつぶやいた。『彼はもう国王ではない。ローマ教皇が即位するのだ。彼ではない』と（このときジョンはローマ教皇から破門にされて悩んでいた）。

このとき議会は、この偽予言者が国を混乱に陥れ、人々の心を悪用した揚げ句、下院を怒らせて国王に反発させたのだと言って、国王を説得した。予言者の言葉は、高位聖職者たちの助けもあって海を渡り、フランス国王の耳にも届いて、国を侵略する勇気を与えてしまうことになったからだ。これがなければ、フランス国王もあのような行動には出ていなかっただろう。だが、偽善者の暗いまどろみの中に真実が隠ぺいされていたわけだから、一番だまされたのはフランス国王ということになる。ジョン王は予言者の絞首刑を命じた。彼の息子も絞首刑に処せられ、もう二度と偽の予言者が出てこられないように息の根を止めてしまったのである」

あらゆる予言が真実だと強く主張するヘイウッドは、ピーター・ポンフレット、またはポンテクラフトを好意的に解釈し、もし自分も残念ながらピーターと同じ時代に活躍していたなら、きっと運命を共にしていただろうと述べている。ヘイウッドによると、ピーターは予言者だっただけでなく、詩人でもあり、ジョン王のさまざまな災難について予言したが、それは後に現実のものとなった。ジョン王が即位して一五年もたたないうちに王座から引きずり下ろされることを予言して、うそつき予言者といわれて税を徴収されたとき、ピーターは大胆にも、それは当然のことであり、真実であるとはっきり答えている。正確にいえば、ジョン王はローマ教皇に王位を譲り、毎年貢物を納め、ジョンではなくローマ教皇が王位に就いている。ヘイウッドは、この説明は十分納得できるものであり、予言者に対する信頼が失われることは永遠にないと考えている。

ここでマーリンの話に戻すと、マーリンについては、一九世紀になってもなお、バーンズがもうひとりの悪名高き人物を描いたときの言葉でこんなふうに語られるはずだ。

偉大なるはその力、その名声なり、
あまねく知られ有名なるは、その名前なり。

マーリンの名声は、祖国のみならずヨーロッパ諸国にまで広まった。ロベール・ド・ボスロンが著したとされる『人生、予言、そして奇跡（Life, Prophecies, and Miracles)』は、一四九八年にパリで印刷されたものだが、実に変わった作品である。そこにはマーリンの父親は悪魔であり、生まれてくると同時に口が利け、若い貞節な母親に向かって、意地悪な隣人たちが予言していたように、産床で死ぬことはないと言って安心させたという。地元の判事はこの驚愕の話を耳にして、母子共に自分の元に呼び寄せた。二人はその日のうちに判事のところに出向いていった。この幼い予言者の力を正式に試してみようと考えた判事は、きみの父親はだれだか知っているかいと尋ねた。これに対し、乳飲み子だったマーリンははっきりと響く声でこう答えた。

「うん。ぼくのお父さん、悪魔なんだ。だからぼくも悪魔の力を持っているし、過去のことも現在のことも、未来のことも、全部知っているよ」

判事はびっくりしながら手をたたいて褒め称え、この子も母親もけっして乱暴に扱ってはならない、という賢明な決定を下したのである。

古い言い伝えでは、ストーンヘンジにはマーリンの力が宿っているとされている。あの力強い石の数々は、マーリンの指令でアイルランドからソールズベリー平野までをぐるぐる回りながら飛んできて、それをマーリンが今のように配置したのだと信じられている。ここでサクソン人に殺害された三〇〇人のイングランド人族長の悲運を記念したものらしい。

カーマーゼン近くのアバーグウィリーには、マーリンの洞窟と彼が呪文を唱えていた場所が今でも残っている。スペンサーは『妖精の女王（Faerie Queene)』でこの場所を描いているが、何とも美しい表現ではないか！　同じ詩句が繰り返し出てくるが、何の釈明も要らない。その繰り返しがなければ、いくら英国の偉大な予言者を描いても完ぺきなものにはならないのだから。

昔の言い伝えでは、ここに賢きマーリンあり（といわれている）。
その幸福感を地中深く、
生ける者なく、
陽光から遮断されし深淵に沈めるため、
彼は周りの精霊に相談した。

もし汝が同じ道を行くならば、
その恐ろしき場所を見に行くべし。
見るも恐ろしい洞窟らしい。
岩の下の小さな空間、
敏速なバリーから、ダイナボーの木深い丘へと
あっという間に転げ落ちた。
だが、汝に言っておこう。いかなるときも、
その不吉な木陰に入ってはならぬ。
恐怖のあまり、残酷な悪魔が汝をむさぼり食うに違いないから！

地上高く立ち、身を低くし耳を澄まさば、
鉄の鎖の恐ろしき音が、
真鍮の鍋の騒々しき音が聞こえん。
それは長きにわたり苦痛を抱えた多くの精霊が
痛みで興奮する音。弱った頭はさらに痛みに襲われ、
辛すぎる労役に苦しめられ、
大きなうめきや悲痛な叫びが、
激しい動作や響き渡る騒音が、
恐ろしい岩の下から響いてくる。

原因は、たぶんこうだ。少し前、
マーリンが死ぬ少し前、彼は
周りを囲む真鍮の壁を、
カイル・ミルディンを後世に伝えるべく、
精霊に完成させるよう依頼した。
だがその作業の間、彼が昔から愛していた
湖上の美人が、彼に急いで工員を送り、
彼が戻るまで作業の手を緩めぬよう命じ、
精霊たちが仕事を邪魔されたからだ。

そのうちに、あの美人のまやかしのお付きの行列に
彼は驚き、棺の下に埋められ、
二度と作業に戻れなくなった。
でも精霊たちは仕事をやめない。
彼の命令に恐れおののき、
昼夜を問わず労苦が続く、
真鍮の壁を裏に建てるまで。

英国にはほかにも予言者がいるが、その中でも、高度な知の光に照らされながらもひときわ生彩を放っているのがロバート・ニクソンである。チェシャー州の知的障害者で、マザー・シプトンの現代版とも言える。ダラメアの森の外れにあるベイルローヤル近くで貧しい両親から生まれたとされており、農民として育てられたが、あまりにも無知無能だったため、だれからも相手にされなかった。手に余る精神障害者だとして、間が抜けてつじつまの合わない話に耳を傾ける者もいなかった。だから彼の予言の数々が見捨てられてしまったのだろう。だが、すべて聞く耳を持たない人々に捨てられる運命にあったのかというと、そうでもない。ある出来事がきっかけでニクソンは注目を浴びるようになり、一流の予言者としての才能が認められることになったのである。畑を耕していたニクソンは、突然作業の手を止めると、目を血走らせ、妙なしぐさをしながらこう叫んだ。

「さあ、ディック！　今度はハリーだ！　ああ、だめだ、ディック。よくやったぞ、ハリー！　今日はハリーの勝ち！」

一緒に畑にいた農民たちは、この感情の高ぶりから発せられた言葉が何を意味しているのか見当もつかずにいた。ところが次の日、その謎が解けたのである。使いの者が大慌てで知らせに来た。ニクソンが感情を吐露させていたちょうどそのころ、ボズワースの戦いでリチャード三世が殺害され、ヘンリー七世が即位を宣言したというのである。

この予言者のうわさが国王の耳に届くまでにそう長くはかからなかった。国王はすぐにこの男に会って話がしたいと言い、使者を彼の元にやった。ところが、この使者がチェシャー州に着かないうちにニクソンはこのことを察し、自分を待ち受ける名誉に恐怖を感じていた。一説によると、国王が会いたいと言ったその瞬間に、ニクソンは超自然の方法でそのことを察知し、苦悶しながらオーバーの町に向かって走りながら、狂ったように叫んでいたらしい。ヘンリーが使いをよこした、宮廷に行かなくちゃならない。そこで「締めつけられる」、つまり飢え死にさせられると。人々はこの言葉に少なからぬ驚きを見せたが、それから三日後には実際に使者がやって来て、彼を宮廷へ連れていってしまった。これでチェシャー州の善良な人々も、ニクソンが歴史でも類を見ない素晴らしい予言者のひとりだという印象を強めたのである。ニクソンが宮廷に着くと、ヘンリー国王は、大切なダイヤモンドをなくしてことのほか困っていたらしく、ニクソンにダイヤのありかを聞いてきた。実はヘンリー国王、自分でダイヤを隠しておいて、予言者の能力を試そうとしていたのだ。すると驚いたことに、ニクソンは古いことわざを使って国王にこう答えた。

「蛇の道はヘビ（隠し癖のある者が物を発見できる）」

それからというもの、国王もニクソンには予言の才があると思い、その言葉を漏らさず書き留めておくよう命じたのだった。

宮廷で暮らしている間中、ニクソンは飢え死にすることばかりを恐れ、故郷に帰してくれなければ飢え死にする、それが自分の運命だと言って、国王に何度となく訴えた。だがヘンリーはそんな言葉に耳を貸そうとせず、官吏や料理人に、ニクソンには好きなだけ食べさせてやるようにと厳しい命令を出していた。ニクソンは恵まれた生活を送り、貴族の執事にでもなったかのように活躍し、市議会議員にでもなったかのように丸々と太った時期もあった。ところがある日、国王が狩りに出掛けようとすると、ニクソンが宮殿の門に駆け寄ってきて、宮殿に置いていかないでほしい、飢え死にさせないでほしいと言って国王にすがりついたのだ。国王は笑いながら官吏を呼びつけると、留守中はこの予言者を格別丁重に扱うようにと言い残して森へ出掛けてしまった。国王がいなくなると、宮殿の使用人たちはニクソンをからかい、侮辱した。国王はニクソンを丁重に扱い過ぎだと思っていたのである。ニクソンは官吏に不平をこぼした。すると官吏は、これ以上ニクソンが乱暴に扱われないようにと、国王の私室にニクソンを閉じ込めて、一日四度の食事をそこへきちんと運ぶようにした。ところが、その官吏の元に国王の使者がやって来て、生死にかかわる問題が発生したのですぐにウィンチェスターに来るようにという命令を伝えたのである。官吏は大急ぎで使者の後ろに控えていた馬に飛び乗ると、そのまま走り去ってしまった。かわいそうなニクソンのことなどすっかり忘れていた。官吏が宮殿に戻ったのはそれから三日後のことだったが、官吏はそこで初めてニクソンのことを思い出し、すぐさま国王の私室に向かった。ニクソンは床に横たわっていた。ニクソン自身が予言していたとおり、餓死していたのである。

ニクソンの予言の中でも当たっているとされるのが次に挙げる僭王時代に関連するものである。

イングランドに偉大なる男来る。
だが、王の子が
男から勝利を奪わん。

カラスが多くの貴族の血を飲み、
北が南に立ち向かう。

北のおんどりが逃げだし、
自尊心の証したる羽が引き抜かれ、
生まれたその日をのろわん。

ニクソンを称賛する者によれば、これらの予言は真昼の太陽のように明快だという。最初の予言は、カロデンの戦いでチャールズ・エドワード王子がカンバーランド公爵に敗北を喫することを表しており、二番目の予言は、ダーウェントウォーター卿、バルメリノ卿、ロバット卿の処刑を、そして最後の予言は、イングランドの沿岸から僭王が退散することを表しているらしい。予言の中には、まだ実現していないものもある。

七、八、九の間、
イングランドで不思議なことが起こらん。
九から一三の間
大きな不幸が起こらん。
わが国の金と男たちにより、
恐ろしき戦が始まろう。
鎌と大袋の間で
イングランドは臓物を手に入れん。
異国がかぶとに雪を詰め込みてイングランドを侵略し、
服のすそに疫病、飢饉、殺人をしのばせて持ち込まん。
ナントウィッチの町が大洪水で流されん。

最初の二つについてはまだ何の解釈もされていないが、何かが起きれば、おそらくこれに無理やり当てはめて解釈されることになるのは間違いない。三つ目、かぶとに雪を詰めた国がイングランドを侵略するという予言は、高齢の女性たちによれば、来るロシアとの戦争をはっきりと予言したものだそうだ。最後の予言については、実際にこの町の住民の中には、町にはこの予言どおりの運命が待っていると信じる者も少なくない。だが、彼らにとって救いなのは、予言ではこの災難が起きる年については一切触れられていない点である。だから彼らも、災難が起きるといっても二〇〇〇年も先の話だろうと考えている。

ニクソンの伝記作家たちは、ニクソンについてこう締めくくっている。

「彼の予言は、ただの作り話だと言う人もいるが、実際に起きたことから考えると、今では彼の予言のほとんどが正しかったことが立証されており、今後もさらに立証されそうなのは明らかだ。また、それに備えるには、どんな場合でも敵に精いっぱいの力で挑むだけでなく、自らの気まで不道徳な生き方もやめ、神にご加護と安全を祈り続けることも必要だ」

これを聞いたら、論理的に矛盾した話ではあるが、皆涙を流すに違いない。まさにそのとおりである！

予言者以外にも、イングランドにはリリー、貧しきロビン、パートリッジ、そして医者のフランシス・ムーアが、フランスとベルギーにはマテュー・ランズベールといった暦製作者もいた。しかし、彼らの思い上がりや自負心は確かに強かったが、マーリンやシプトン、そしてニクソンらと比べると、おとなしいものであった。マーリンらの予言は天気予報を超えていたし、一度に一年分の予言しかしなかった暦製作者とは訳が違うからだ。こうした予言者が出てくると、暦製作者はほとんど話題にも上らなくなってしまった。あの有名なパートリッジでさえ忘れ去られてしまったのである。一七〇八年にはその予言がイングランド中を興奮のるつぼに陥れ、実際にはまだ生存しているというのに、その死がアイザック・ビッカースタフによって見事に証明されたという、あのパートリッジでさえそうなのだ。これでは間違いなく拍子抜けしてしまう。彼らとその名声を記念して後世に伝える者がいないのも当然だ。

第7章　運勢判断

Fortune-Telling

かくして人はまだ予想せんとする、
運命という秘密の構想を。
魔法使いに確認を依頼する、
何が起き、何が起きないのかを。

——『ヒューディブラス』第三章三編

ここでは、本書の企画に沿って、未来という深い闇をのぞいてみたいという切実な思いに駆られて人間が愚行に走った事例を見てみることにしよう。賢明な目的を持っていた神は、そうした恐ろしい秘密を覆い隠している厚いベールを幾度となくはがし、まさにその賢明な目的のために、多少の例外はあるが、永遠に無知であることを人間の宿命とした。人間にとっては、明日何が起きるのかを知らないことが幸いしている。しかし人間は、こうしたありがたい恩恵を賜っていることにも気づかずに、いつの時代にも、まだ見ぬ時代の出来事を知ろうと、厚かましくも時の歩みを先取りしようとしてきた。しかも、この憶測を研究なるものにすり替え、その研究をさらに無数の科学や体系に分類し、生涯を懸けて無駄な追究に没頭してきたのである。過去にこれほど世界中を簡単に丸め込めるものはなかった。程度の差はあれ、どんな人間にも好奇心はあるが、その好奇心に打ち勝つには、延々と内省を繰り返し、もし未来を知ることが正しいことならば、未来はわれわれの見えないところに潜んでいるはずはないという強い信念を抱くしかない。

こうした人間の許し難い考えの根底には、森羅万象において人間は重要な存在なのだという間違った判断がある。空の星々はわれわれを見守ってくれている、その動きや角距離で、われわれを待ち受ける喜びや悲しみを表してくれているのだ、などと考えるだけで、人間の自尊心はどれだけくすぐられることか！　このとてつもなく大きな宇宙にあっては、人間など、夏の木の葉を餌にする目に見えないほど小さな無数の虫たちに比べたらはるかに数が少ない。しかし、人間は、永遠の世界は何よりも人間の運命を予知するために創られたのだ、などと浅はかな考えを抱いていた。足の上を這う虫も未来を知りたがっているのは分かる。

空を横切るいん石にしても、虫をぺろりと丸のみする小鳥が接近していることを知らせるものだし、嵐や地震、国内で勃発する革命や権勢を誇っていた君主の失墜も、虫たちの誕生や成長、そして死滅を図らずも予知しているのだと想像することはできる。だが、われわれはそんな虫たちの高慢さをいかに哀れんでいることか！　人間は少なからず厚かましさを見せつけてきた。いわゆる占星術、運勢判断、降霊術、土占い、手相占い、その他ありとあらゆる占いは、少なからず高慢である。

古代多神教の神託や神意を代弁する預言は別にして、近代に入ってから未来を予言して一世を風靡した人物に限定すると、一六世紀と一七世紀がそんないかさま師の黄金時代だったことが分かる。その多くについては錬金術師として一五章で触れている。予言と錬金術が組み合わさるのも、ごく普通のことなのである。人間の寿命を何世紀も延ばすことができる、などという非常識な能力を自慢していた人物は、同時にそうした異常な長寿を強調するような出来事も予言していたものとみられる。たったひとつの秘密が解けただけでも、世界中の人々は、いとも簡単にあらゆる秘密が解けたものと思ったのだろう。一六世紀ごろのヨーロッパで最も有名な占星術師は錬金術師であった。アグリッパ、パラケルスス、ディー博士、そして薔薇十字団は、未来に関する知識のみならず、賢者の石や不老長寿の霊薬を持っているとも主張していた。

彼らの時代は、神秘主義や悪魔思想、超自然主義が空前の広がりを見せていた。悪魔や星は人間界に常に干渉していると考えられ、どちらとも正式な儀式を経て対話をしなければならなかった。陰気で憂うつ症の人は隆霊術や魔術に走り、明るく向上心の強い人は占星術に没頭した。占星術は当時のあらゆる君主や政府から奨励された。エリザベス一世からメアリー二世と夫のオランニェ公ウィレム三世の時代のイングランドでは、世事占星術の評判が高かった。当時活躍したディー博士、ラム博士、フォーマン博士、そしてリリー、ブッカー、ガッドブリー、エバンス、その他国中の主要な町や村にいた無数の名もないぺてん師たちは、星を見ながら運勢を占い、盗品捜しの手助けや幸せな結婚か不幸な結婚かの診断、実り多い旅になるか否かの予測、その他靴の修理屋の開業から軍隊の行進に至るまで、何か新しいことを始めるのに縁起がいい日を予言して人気を博していた。サミュエル・バトラーの言葉を借りると、人間とは、

運命の闇の助言を商いし、
月の賢明なる助言を売る。

至るところより人々来たり、
重大な物事が改善され、
真鍮と白目の鍋は路頭に迷い、
リネンは道をくねくねと歩みゆく。

ウィリアム・リリーの著書『リリーの生涯とその時代(Memoirs of His Life and Times)』には、当時はできそこないの詐欺師が大勢おり、リリーが徹底的に侮蔑していたことを示す記述が数多く見られる。それは彼らが占星術師だったからではなく、金銭をもらって盗品捜しをし、高尚な学問の威厳を損ねたからである。バトラーの『ヒューディブラス』とその興味深い注釈を読むと、あの魔術や妖術の時代には、いかに多くのやからがだまされやすい人々を食い物にしていたかがよく分かる。一九世紀になっても、フランシス・ムーアを気取った暦製作者が大きな名声を得ているではないか！

しかし、チャールズ一世から共和国（コモンウェルス。一六四九年の君主制廃止から一六五三年の護国官制確立までのイングランドの体制）の時代までは、最高の学者や貴族、著名人が、臆することなく占星術師に相談を持ち掛けていた。バトラーはリリーを「シドロフェル」という名で不朽のものにしたが、そのリリーは、『占星術入門（An Introduction to Astrology)』という作品の執筆を提案し、この学問が合法であることを国中に認めてもらいたかったと話している。リリーによると、多くの兵士はこれに賛成し、独立党の党員の多く、また下院の大勢の名士、リリーの親友、そしてリリー派に回り、できればその予言を封じ込めたいと思っている長老派に反対する人々が賛成したらしい。その後、リリーは計画を実行に移し、本が出版されたときにはブッカーという占星術師と一緒にウィンザーにある議会軍の司令部に赴いた。彼らはそこで歓迎され、フエアファクス将軍が仮住まいしていた庭園でもてなしを受けた。将軍も後に彼らを紹介されると、快く迎え入れ、二人の予言についてもそれとなく話をした。将軍は二人の占星術が合法で、神意とも合致しているといいと考えていたが、将軍自身は占星術など理解していなかった。ただ、二人の占星術師が神に畏敬の念を抱いていることは間違いなさそうだったので、そんな二人にいい評価を下したのだ。リリーは占星術が聖書とほぼ一致していることを強調し、星に関する知識から、議会軍があらゆる敵に打ち勝つだろうと自信たっぷりに予言した。この山師、オリバー・クロムウェルの護国卿時代には思う存分執筆できたと述べている。彼は独立党員になり、軍の兵士も皆友人であった。スコットランドを訪れたときも、ある兵士が予言の本を手にして軍の前に立っていた。そしてそばを通りがかった数人の兵士に向かってこう叫んでいた。

「ほら！　リリーが何と言っているのか聴いておけ！　今月は勝利が待っているぞ！　最後まで闘うんだ！　勇士たちよ！　その月の予言を見ておくのだ！」

ロンドンの大火の後——リリーはこれも自分が予言したのだと主張しているが——、リリーはこの災害の原因究明のために任命された下院の委員会に召喚された。リリーは一六五一年に出版された『君主制か否か（Monarchy or no Monarchy）』の中に象形文字を刻んだ版を挿入し、片面には屍衣を身にまとって墓を掘る人々を、そして反対側の面には炎に包まれた大都市を描いていた。大火の後、賢明な議員がリリーの本のことを思い出し、下院にそのことを話したため、彼を召喚することになったのだ。リリーは召喚に応じた。サー・ロバート・ブルックはリリーにその理由を告げると、知っていることを話すよう求めた。虚栄心の強いリリーにとっては、自分の才能をひけらかすめったにない機会だったので、自画自賛しつつ、いわゆる科学について延々と熱弁を振るい始めた。チャールズ一世が処刑されてしまい、これから議会や国がどうなるのかがぜひとも知りたくなったので、星回りを調べてみたところ納得した。そしてその判断を紋章と象形文字で入れたのだが、平民には本当の意味が分からぬよう、賢者だけに分かるように、何の注釈も添えなかったのだと。多くの哲学者がよくやるように、自分でもまねをしてみたのだという。

「火災が起きる年は予言しましたか？」と議員のひとりが尋ねた。

「いいえ。そのようなことはしたくありませんでしたし、詳しく調べもしませんでした」とリリー。しばらく討議が続いた後、議会はこの占星術師は何の役にも立たないと分かり、丁重に退席を願った。

リリーがいかにくだらない話で大衆につけ込んでいたかを示すには、リリーの予言、そしてリリー自身が自己満足しながら語った予言についての解説をひとつ挙げれば十分だろう。リリーはこう述べている。

「一五八八年にギリシャ語で書かれた予言があるが、そこからはまさに一六四一～一六六〇年のイングランドの長い混乱期が読み取れる」

そして最後はこう結んでいる。

「彼の後は、恐ろしい死の男がやって来て、その男と共に、家柄では世界一のG王室がやって来る。そして彼が王座に就き、イングランドを正しい道に導き、あらゆる異端を排除する」

次に挙げるのは、このどうにでも取れるあいまいなたわ言の解説である。

「修道院は八〇年か九〇年前に廃止されている。将軍閣下の名はモンク（Monk、すなわち修道僧）である。よって死の男である。王室の〝G〟、つまり〝C〟（ギリシャ語の〝G《ガンマ》〟はラテン語の〝C〟を指し、アルファベットでは三番目の文字）は、チャールズ二世のことである。家柄からしても世界一だろう」

フランスやドイツの占星術師は、イングランドの占星術師と比べるとはるかに優遇されていた。かつてはシャルルマーニュとその後継者が、妖術師と同様に占星術師にも怒りを爆発させた。あの縁起を担ぐルイ一一世も宮廷で大勢の占星術師をもてなし、あの迷信深かったカトリーヌ・ド・メディシスも、重要な問題に着手するときには必ずと言っていいほど占星術師に相談していた。カトリーヌは主に同胞を大切にしていたこともあり、カトリーヌが王妃であった間は、イタリア人の祈禱師や魔術師、ありとあらゆる占い師がフランスをわが物顔で歩いていた。だが、当代随一の占星術師といえば、間違いなく、カトリーヌの夫のアンリ二世の侍医でもあった、あの高名なノストラダムスである。ノストラダムスは一五〇三年、プロバンス地方のサンレミで生まれた。父親は公証人であった。五〇歳を過ぎるまでは無名だったが、『予言集』の中の『百詩篇集《サンチュリ》（Les Centuries)』という、あいまいでほとんど理解不能な言葉で書かれた四行詩集で注目を集めるようになった。一五五六年には多くの人々の口に上るようになり、アンリ二世もこの才能ある男を重用しようと決め、自分の侍医に任命した。一六六八年にアムステルダムで出版されたノストラダムスの『真の百詩篇と予言（Vrais Centuries et Prophéties)』のまえがきにある伝記の部分を読むと、ノストラダムスはアンリ二世と未来の秘密についてよく語り合い、医師としての通常の手当てのほかに、褒美として数々の素晴らしい贈り物をもらっていたことが分かる。アンリ二世の没後は故郷に隠退したが、一五六四年にはシャルル九世の訪問を受けた。フランスだけにとどまらず、世界中で向こう数百年以内に起きる出来事について驚くほど知っていることに感服したシャルル九世は、ノストラダムスを王付き顧問、ならびに王付き医師に任命しただけでなく、ほかの面でもたいそう優遇した。伝記作家はこう続けている。

「結局は、ノストラダムスに与えられた名誉の数々、大貴族や識者が世界中からやって来ては、ノストラダムスをまるで神の御言葉を伝える預言者扱いして話をしているさまをすべて書いていたら、きっと冗長になってしまうに違いない。実際のところ、多くの外国人がフランスを訪れた目的は、ほかでもない、ノストラダムスに占ってもらうためだったのだ」

ノストラダムスの予言は、一〇〇〇を超える四行詩から成り、大昔の神託のように不可解なものであった。また、時間的にも空間的にもかなり幅を持たせてあったため、数世紀のうちにはどこかで必ず予言が現実のものになるとも言える。リリーがモンク将軍と恐ろしい死の男に関する説明でもやっていたように、ちょっとした工夫で実際に起きた出来事を予言にうまく当てはめることができるのだ。

（**原注**　では実際にやってみよう。ノストラダムスは『第二・百詩篇集』第六六の四行詩でこう述べている。

大いなる危険から捕虜が逃げん。
わずかなる間に幸運が一変せん。
宮殿では人々が捕らえられ、
吉兆によりて市は包囲さるる。

「何だ、これは？」。占いを信じる者ならそう言うかもしれない。

「ナポレオンがエルバ島から脱出する――つまりナポレオンの運命が変わり、連合軍がパリを占拠する――ということか？」

もう一度やってみよう。『第三・百詩篇集』第九八の四行詩で、ノストラダムスはこう述べている。

二人の王子が互いに激戦を仕掛けん。
反目、実に激しく、
互いが互いのとりでを奪い合う。
二人の治世と生涯は争い事が絶えざらん。

リリーの再来のような人なら、この予言は簡単に解読できるだろう。分かりやすくいえば、実に明白なのである。これを書いたとき、ノストラダムスがドン・ミゲルとドン・ペドロ〔ポルトガル国王ジョアン六世の二人の王子〕を念頭に置いていなかったとしても、これほど明白で分かりやすい四行詩がほかにあるだろうか？）

一九世紀になっても、フランスやベルギーのワロン地方ではノストラダムスの人気がとても高く、年老いた農民の妻たちは、絶大なる信頼を置いてその予言を調べている。

カトリーヌを輩出した有名なメディチ家でも占星術師を優遇していた。一五世紀初頭のこと、フィレンツェにバジーリオという男が住んでおり、未来の闇を洞察する能力があるとして、イタリア全土にその名を知られていた。当時はまだ一般市民だったコジモ・ディ・メディチに対し、出世時の東上昇線《アセンダント》には、ローマ帝国初代皇帝のアウグストゥス（ユリウス・カエサルの後継者）や神聖ローマ皇帝カルロス五世と同じく素晴らしい星が来ているので、高位に上るだろうと予言したらしい。また別の占星術師はアレッサンドロ公の死を予言したが、その状況を細部に至るまで実に詳しく語るものだから、自分の予言を成就させるために本人が直接手を下したのではないかとまでいわれていた――信用を維持するため、これは同業者同士でごく普通に使われていた手口であった。だが、その予言者は自信たっぷりに、公爵は親しい友人、しかも細身で小顔、肌の色は浅黒く、人並み外れて寡黙な人物の手に掛かって死ぬ、と予言したのである。後にそれは現実のものとなり、アレッサンドロ公は私室で従兄弟のロレンツォに殺害されてしまう。ロレンツォの特徴はまさに先の描写と一致していた。『老いと死に対する賢者の勝利（Hermippus Redivivus）』の著者コハウゼンは、この話を書きながら、この占星術師は公爵殺しへの関与については完全に無実だが、公爵に身の危険を知らせるため、公爵の友人に雇われたのではないかと考えている。

一五世紀にロマーニャ地方に住んでいたアンティオコス・ティベルタスという占星術師については、さらに驚くべき話がある。当時イタリアの小都市国家はほとんどが占星術師を雇っていた。ティベルタスもパリで数学の才能を開花させ、数々の予言をしていたが、推測にしてはなかなか鋭いものがあったため、リミニ公国の君主パンドルフォ・ディ・マラテスタに迎えられた。彼の評判はすこぶる良く、書斎はいつも著名人や助言を求める人でごった返していた。ティベルタスは短期間のうちに莫大な富を築いた。しかし、これほど恵まれた生活を送っていたにもかかわらず、ティベルタスの人生は惨めなもので、結局は絞首台でその生涯を終えることになった。やがて後日談が人々の口に上るようになり、後続の占星術師も、自分たちの科学が真実である確かな証拠だとして声高々に引き合いに出すようになった。それは、ティベルタスが生前に注目すべき三つの予言をしていたという話である――ひとつ目は自分自身、二つ目は友人、三つ目は庇護者のパンドルフォ・ディ・マラテスタに関するもの。最初に予言したのは、友人で当時立派な司令官を務めていたギド・ディ・ボグニに関するものであった。ギドはことのほか自分の運命を知りたがり、ティベルタスにしつこく頼み込んでくるので、ティベルタスもギドを納得させようと星を調べ、ギドの手相をみてやった。そして申し訳なさそうな顔をしながらギドにこう言った。

「占星術と手相学のどんな法則からしても、誤って親友から嫌疑を掛けられ、その結果命を落とすことになる」

するとギドは、自分の運命を占うことはできるのか、とティベルタスに聞いてきた。そこでティベルタスがまた星位を調べてみると、永遠の真理によって自分が絞首台の上で死ぬ運命にあることが分かった。この予言——現状からするととても当たるとは思えないが——のことを耳にしたマラテスタは、自分の運命も知りたくなり、どんなに好ましくない結果が出ようとも包み隠さず話してほしいとティベルタスに頼んだ。ティベルタスは求めに応じ、イタリア屈指の諸侯のひとりが極度の困窮に苦しみ、最後はボローニャ市の病院で赤貧の状態で死ぬだろうと告げた。ところが、この三つの予言はすべて当たってしまったのである。ギド・ディ・ボグニは、ローマ教皇軍にリミニ市を明け渡した背信のかどで、義父であるベンティボリオ伯爵から告発され、その後暴君マラテスタの命により、見せ掛けだけの友情から招かれていた晩餐の席で暗殺された。ティベルタス自身も、ギドの裏切りに関与していたという理由で投獄された。ティベルタスは脱獄を試み、地下牢の窓から堀までは下りたものの、そこで歩哨に見つかってしまった。この一件はマラテスタにも伝えられ、翌朝、マラテスタはティベルタスの処刑を命じた。

このとき、マラテスタは予言のことなどすっかり忘れており、自分の運命についてもまるで不安を感じていなかった。だが、予言は静かに実現へと動きだしていた。ギド・ディ・ボグニがまったく知らないところで、リミニをローマ教皇に明け渡すという陰謀が練られていたのである。必要な手段がすべて講じられ、リミニはバレンティノワ伯爵に占拠された。混乱の中、マラテスタは変装してどうにか宮殿から脱出し、隠れ家を転々としたが、敵はどこまでも追ってきた。やがてかつての友人や、ついには実の子どもたちにも見捨てられてしまった。そしてついに、ボローニャで衰弱が原因で病に倒れた。だが、マラテスタの隠れ家の世話をしたがる者はひとりもおらず、マラテスタは病院に移送され、そこで世を去った。ただ、これらの予言が事後に行われたということを知ったら、せっかくの驚くべき話も興ざめであろう。

ルイ一四世が生まれる数週間前のことだが、バソンピエール元帥や廷臣たちから呼び寄せられて王宮に居を構えることになったドイツのある占星家は、未来のフランス国王の十二宮図《ホロスコープ》を即座に作れるよう準備しておくようにとの命を受けた。占星家は、王子が生まれた瞬間にその知らせを受けられるようにと、王妃が産床にいる間に隣接する部屋に案内された。占星家の所見の結果は〝diu〟〝duré〟〝felicíter〟という三つの言葉で表された。すなわち、生まれたばかりの王子は「長生き」して「長期間」国を治め、多くの苦難を伴うが、「華々しい栄誉」を授かるだろうという意味である。悪い予言などできるはずがない。占星家も食べていかなければならず、しかも廷臣でもあったからだ。その後、王子誕生を記念してメダルが鋳造され、片面には王子の誕生時の天宮図が刻まれた。これはアポロンの戦車をひく王子を表したもので、〝Ortus solis Gallici〟（ゴールの太陽が昇る）という銘が刻まれている。

星占いに関して一番うまい言い訳をしたのが、偉大な天文学者ヨハネス・ケプラーである。ケプラーは嫌々ながら占星術をしており、友人からも星位をみてほしいとさんざん頼まれたが、率直に結果を話して感情を害してしまうといけないからと言って、たいてははっきりと断っていた。普段は広く流行している星占い熱に身を任せており、「位置推算表（Ephemerides）」をゲルラッハ教授に送る際にも、何の役にも立たない推測だが、飢え死にしてしまうのでやむを得ず心血を注いでいるのだと記している。また、『テルティウス・インテルベニエンス（Tertius Interveniens）』の中でも次のように述べている。

「汝らのように並外れて博学な哲学者たちよ。汝らはこの天文学の娘を不当に非難しておられる！　その娘は自分の魅力で母親を養っていかねばならないのだ。それが分からないのか？　来世ではどうなるかという希望を人々に与えなければ、天文学者の微々たる報酬ではパンすら買えないのだ」

降霊術（口寄せ）は、占星術に次いで未来を詮索したいと願う人々が最も頼りにした、いわゆる科学である。記録に残っている最古の例は、旧約聖書のサムエル記に記されているエンドルの魔女とサムエルの精霊の話である。古代の多くの国では、死者の霊を呼び出せば、神が肉体を離脱した者に明示した恐ろしい秘密が明らかになると信じられていた。これに言及している多くの書物は古典的な読み物だというのがすぐに分かるが、降霊術が公然と行われていた国はどこにもない。どの国の政府も極悪犯罪だと断じている。占星術がもてはやされ、教授たちがちやほやされ、褒美をもらっていた一方で、降霊術師は例外なく火刑台や絞首台に送られていた。ロジャー・ベーコン、アルベルトゥス・マグヌス、アルノー・ド・ビルヌーブをはじめ、多くがこうした邪悪なことにかかわっているとして、世間からは何世紀にもわたって非難されていた。

この種の問題については民衆の妄想が極めて根深く、どんなに苦労しても罪状が誤りであることを立証することはできなかった。しかし、危険を物ともせずに、いつの時代にも、どの国にもいた自称降霊術師のおびただしい数からして、これが大いにはやっていたことは明らかである。

土占い（風水）は、地面に描かれた線や円、その他の数字で未来を占う術で、今でもアジア諸国で広く行われているが、ヨーロッパではほとんど知られていない。

卜占（前兆占い）は、鳥の飛び方や内臓で占うもので、古代ローマでは最も人気のあった占いである。今日最も熱心に実践しているのは、北部インドの極悪非道なタグ（かつて北部インドで破壊の女神《デビ》を崇拝し、旅人を殺して略奪していた盗賊団）である。

易断（占い）は、種類も実にさまざまで、最も息の長い人気を誇っている。有史以来、最も人間の心を支配しており、おそらく人類の歴史と共に歩んでいるものである。ユダヤ人、エジプト人、カルデア人、ペルシャ人、ギリシャ人、ローマ人も皆同じように実践し、近代になっても世界中の国々に知られている。アフリカやアメリカ大陸の荒野を放浪している無学の部族でさえ、この占いに親しんでいる。易断とは、文明が発達した今日のヨーロッパで行われているように、主にカードやティーカップ、手相で占うものである。ロマ（ジプシー）はこれを商売にしたが、無数のつつましい家庭では、良き母が、あるいは良き父が、ティーカップの底の状態を見て、今年は豊作かどうか、豚がたくさん子豚を産んでくれるかどうかを占った。未婚の娘たちも同じ方法で結婚できるかどうか、自分が選んだ男の肌は黒いのか白いのか、金持ちなのか貧しいのか、優しいのか冷たいのかを知ろうとした。カード占いは、近代の人々に最も好まれているものだが、もちろん近代科学である。まだ歴史は浅く、六〇〇年もたっていないからである。手相占いは、昔のヨーロッパでは村の若い娘の半数が強く信じていたが、ティーカップ占いと同じように、家父長制時代にはエジプト人にも知られていたようだ。われわれは創世記で知ったのだが、ヨセフもティーカップで占っていた。エジプト人の間ではつえ占いも行われていた。比較的最近のことだが、この占いで秘宝が見つかったという話もある。ヨーロッパではここへ来て姓名判断、すなわち人の名前の文字で運勢をみる占いが急に人気を集めているようだ。文字はさまざまに置き換えることができ、より近代的な占いだといえるが、信じている人は比較的少ないものと思われる。

次に、かつて行われていたさまざまな占いの一覧を挙げてみる。これはジョン・ゴールが『マガストロマンサー（Magastromancer）』という著書に列挙したものだが、ウィリアム・ホーンの『年鑑（Year-Book）』の一五一七ページにも引用されている。

元素占い（さまざまな元素で占う）

空気占い（空気で占う）
火占い（火で占う）
水占い（水で占う）
土占い（土で占う）
神託占い（精霊のお告げ、聖書もしくは神の御言葉で占う
　といわれている）
悪魔占い（悪魔と悪霊の手を借りて占う）
偶像占い（偶像、彫像、肖像などで占う）
霊占い（人の霊魂、感情もしくは気質で占う）
人柱占い（人間の内臓で占う）
獣占い（獣で占う）
魚占い（魚で占う）
植物占い（薬草で占う）
石占い（石で占う）
くじ占い（くじで占う）
夢占い（夢で占う）
姓名判断（名前で占う）
数値占い（数値で占う）
対数占い（対数で占う）
胸占い（胸から腹部にかけての兆候で占う）
腹部占い（腹部の音もしくは兆候で占う）
海軍占い（海軍で占う）
手相占い（手で占う）
足占い（足で占う）
つめ占い（つめで占う）
頭蓋骨占い（ロバの頭蓋骨で占う）
灰占い（灰で占う）
煙占い（煙で占う）
香料占い（香料の燃え方で占う）
ろうそく占い（ろうの溶け方で占う）
水鉢占い（たらいに入れた水で占う）
鏡占い（鏡で占う）
紙占い（紙に書かれた筆跡や恋文によって占う）
剣占い（短刀や剣で占う）
水晶占い（水晶で占う）
指先占い（指輪で占う）
ザル占い（ザルで占う）
おの占い（のこぎりで占う）
金属音占い（真鍮その他の金属製の容器で占う）
人相・骨相占い（皮膚や骨格などで占う）
星占い（星で占う）
心霊占い（影で占う）
酒占い（ぶどう酒の滓で占う）
イチジク占い（イチジクで占う）

チーズ占い（チーズで占う）
食物占い（食事、小麦粉、籾殻占う）
穀物占い（トウモロコシや穀物で占う）
鶏占い（おんどりで占う）
円陣占い
灯火占い（ろうそくやランプで占う）

夢判断は夢を解釈する術で、太古の昔の名残だが、世界中に変化をもたらした精神革命や物質革命の後もなお存続しているものである。五〇〇〇年に及ぶ歴史には、能力ある者なら夢で未来を占うことができる、という信仰が広く普及していたことを示す証拠があまたと刻まれている。もし大昔に存在していればの話だが、夢判断の法則については分かっていない。だが、今日ではひとつの単純な法則ですべての秘密が明らかになっている。キリスト教国の物知りが言うには、夢というのは逆に解釈しなければならないらしい。つまり、もし不潔なもの、汚いものの夢を見たら、何か価値あるものが得られ、もし死者の夢を見れば、生きている者から便りが届き、金や銀の夢を見れば、そのどちらか一方を失う危険に遭遇し、多くの友人がいる夢を見れば、多くの敵に悩まされるということである。しかし、この法則はどんな場合にも当てはまるわけではない。子豚の夢を見るのは幸運のしるしだが、大きな牛の夢を見るのは不幸のしるし。歯が抜ける夢を見たら、近々友人を失うしるし、家が火事になる夢を見たら、遠い国から知らせを受け取るということである。もし害虫の夢を見たら、それは家族のだれかが病気になる前触れであり、蛇の夢を見たら、それは友人の中にいずれは最も憎悪すべき敵になる人物がいるということである。だが、最も幸先が良い夢は何かといえば、それは自分が泥やぬかるみに首まではまってしまい、必死でもがいている夢である。澄んだ水は悲嘆のしるし。もし自分が公道に裸で立っていて、服を探しているのにどこにあるのか見つからず、群衆にじろじろ見られているという夢を見たら、大きな問題や心配事があり、混乱しているしるしである。

英国や欧米大陸の多くの地域では、村や田舎の老女の夢判断がまるで神託のようにあがめられている。辺ぴな田舎では、毎朝きちんと朝食のテーブルで自分たちが見た夢の話をし、その夢の解釈によってその日が楽しい一日になるか悲惨な一日になるかを占う家族も珍しくない。彼らにとっては、咲いている花の夢も熟している果実の夢も、必ず幸先の良いしるしか、悪いことが起きる前触れであった。野や森の木々も、夢に出てきたとなれば、人の運命に同じような影響を与えるものとなる。灰の夢は長旅のしるしで、樫の木の夢は、長寿と繁栄のしるしである。もし何かの木の皮を剝ぐ夢を見たら、それが未婚女性の場合には処女性を失うときが近づいていること、既婚女性の場合には肉親に先立たれることの兆しで、男性の場合には大金が転がり込んでくる前兆である。落葉樹の夢は大きな悲しみの予兆であり、枝がない木の幹の夢は絶望と自滅を暗示している。老木の夢は太い木材の夢に比べると縁起が良い。まきの夢はもっと幸先が良く、いろいろな意味での安楽や繁栄を予示している。ライムの木の夢は航海を予知するものだが、イチイやハンノキの夢は、若者が見た場合には病気を、高齢者が見た場合には死を予知するものとなる（**原注**　イングランドでもフランスでも夢占いの本や同類の駄作の売れ行きが極めて好調だったというのは驚きである。イングランドでは二冊の本が大人気を博し、長い年月の間にロンドンだけでも五〇回以上も版を重ね、マンチェスター、エディンバラ、グラスゴー、ダブリンでも重版されている。一冊は『マザー・ブリジットの夢占いと運命の神託（Mother Bridget's Dream-book and Oracle of Fate)』で、もう一冊は『ノーウッドのジプシー（Norwood Gipsy)』である。このテーマに関心を寄せる者の話では、こうした作品は一～六ペンスで販売されており、主に使用人の少女や十分な教育を受けていない人々が買い求めたそうだ。毎年一万一〇〇〇部以上売れており、過去三〇年間の平均売上部数がこの数字を下回った期間はまったくないらしい。したがって、三十年間の総売上部数は三三万部にも上ることになる）。

次の一覧は、未来に関する伝言を託された花や果実のうち、出典が確かなものの中からアルファベット順に並べたものである。

●アスパラガス（Asparagus）――収穫してから束ねたものは涙の前触れであり、夢の中でアスパラガスが大きく成長していたら、幸運のしるし。

●アロエ（Aloe）――花がついていないものは長寿を意味し、花がついているものは遺産を意味する。

●アーティチョーク（Artichokes）――この野菜は、近いうちにまったく予想もしていなかった人物から親切にされるしるし。

●キンミズヒキ（Agrimony）――この薬草は家族の中から病人が出ることを示す。

●アネモネ（Anemone）――愛の予兆。

●アスバサクラソウ（Auriculas）――花壇に生えているものは幸運を、植木鉢の場合には結婚を、それを摘んでいる夢はやもめ暮らしを意味する。

●コケモモ（Bilberries）――楽しい旅。
●エニシダの花（Broom-flowers）――家族が増えることを意味する。
●カリフラワー（Cauliflowers）――すべての友人から冷たくされること、または貧困に陥り、だれも同情してくれないことを示す。
●ギシギシの葉（Dock-leaves）――国からの贈り物。
●スイセン（Daffodils）――未婚の女性がこの夢を見た場合には、大声で叫んでもだれにも声が届かないような森の中や暗い場所、もしくはうら寂しい場所には恋人と一緒に行かないように、という守護天使からの警告だと思わなければならない。もしその警告に耳を貸さないと、ああ、悲しいかな！　その娘の将来は、

娘は二度と花冠をまとうことなかれ、
代わりに哀れな糸杉をまとわん。
大枝からも悲惨な老枝が折れん。

●イチジク（Figs）――もし熟していなければ金銭的な苦しみを意味し、乾燥していれば、貧者にはお金が入ってくることを、金持ちの場合には歓喜を意味する。
●パンジー（Heart's-ease）――心の痛み。
●ユリ（Lilies）――喜び。スイレン（Water-lilies）は海の危険を表す。
●レモン（Lemons）――別離。
●ザクロ（Pomegranates）――独身者には幸せな結婚生活を、夫婦げんかをした既婚者には仲直りを意味する。
●マルメロ（Quinces）――楽しい仲間。
●バラ（Roses）――まったく悲しみがないとはいえないが、幸せな愛情を意味する。
●ソレル（Sorrel）――この薬草の夢は、大きな不幸を克服するために自分の持てる分別をすべて発揮する機会が近々訪れることを示す。
●ヒマワリ（Sunflowers）――自尊心が深く傷つけられることを意味する。
●スミレ（Violets）――独身者には不運の、既婚者には喜びの前兆。
●黄色い花（Yellow-flowers）――あらゆる種類の黄色い花は嫉妬を意味する。
●イチイの実（Yew-berries）――男女共に品性を失うことを意味する。

夢の解釈の法則はけっして普遍的なものではない。バラの夢を見た翌朝、イングランドの農民の娘はほおを喜びで

輝かせるが、ノルマンディーの田舎の女たちは、まったく同じ夢を見ても失望やいら立ちを恐れる。樫の木の夢を見たスイス人は、同じ夢を見たイングランド人の喜びを分かち合うことはない。スイス人は、ちょっとしたことから計り知れない災難が急に降り掛かる警告だと考えるのである。このように、無知で何でもすぐに信じる人々は、自分で自分を苦しめているのであり、そのいら立ちを捕らえようとして網を広げながら、何の価値もない希望と明らかな悪である不安とのはざまで一生を終えるのである。

前兆——未来を解明したいというはかない望みを抱く中で、人間は自ら頭痛の種を背負い込んでしまったわけだが、そんな厄介な手段の中でも、予兆や前兆というのは突出している。決まった時期に起きる自然現象は、ほとんどの場合、幸先の良いしるしか悪いことが起きる予兆だと考えられている。圧倒的に多いのが悪いことが起きる予兆だが、どうやら人間というのは、周囲の環境の中から楽しむ理由を見つけるよりも、自分自身を苦しめる才能に長けているようだ。自ら道を外れては勝手に自分を窮地に追い込んでいるのだから。人生という酒にまだ苦味が足りないのか、口に合うようにと余計な毒を作ったり、人間が作らなければ絶対に存在しないようなおぞましいものを考え出したりしては、自分で怖がっているのである。ジョーゼフ・アディソンは次のように述べている（原注　『スペクテイター』誌第七号、一七一〇～一七一一年三月八日）。

「正真正銘の不幸や災難と同じぐらい、われわれはちょっとした出来事にも悩まされている。わたしは流れ星が夜の睡眠の邪魔になると思っているし、恋の病にかかった男が、鳥の暢思《ちょうし》骨《こつ》を引っ張った途端に（暢思骨をちぎれるまで引っ張り合い、長い骨を奪ったほうが先に結婚する、願い事がかなうという言い伝えから）、だんだん青ざめてきて食欲をなくすのを見たこともある。家族は強盗団よりも真夜中に甲高い声で鳴くフクロウを恐れていたし、いや、むしろライオンのうなる声よりもコオロギの鳴き声を聞いて震え上がっていた。前兆や兆候で想像力が膨らんでしまっているため、どんなにささいなことにも恐怖を感じてしまうのだ。単なるさびたくぎや折れ曲がった針でも、奇跡を起こしたり、化け物になったりするのである」

アディソンがこの記事を書いてから三〇〇年ほどたつが、その間に、多くの欺まんや妄想が時代の歩みと共に打ち砕かれている。だが、この前兆だけはそのまま残り、臆病者はびくびくし、その存在をのろっている。前兆を信じるのは、何も身分の低い者や無学の者だけにとどまらない。立派に軍を指揮していたある将軍も、ろうそくのろう涙を見ては怖がり、文学界で堂々と最高栄誉を授かった識者も、

子どもが誘拐されるのではないかと恐れて子どもたちを自分のそばに集めていた。というのも、

丑三つ時が忍び寄り、
深い眠りが人の目を閉じたそのとき、

のら犬が月に向かって吠えていたからである。そんな予兆を信じるとは常識人らしからぬこと、などと人前で平気で口にする者でも、壁の中からシバンムシ（死番虫）と呼ばれる何の害もない虫がカチカチと音を立てながら動いているのが聞こえたり、炎の中から空洞になった矩形の石炭が飛び出してくるのが見えたりすると、何の根拠もないのに死に対する恐怖心を抑えられなかったという。

ほかにも数々の不吉な前兆が、教養のない人々や気の弱い人々を不安に陥れていた。もし彼らに急に震えが襲ってきたら、その瞬間、いつか自分の墓になる場所を敵が踏みつけていると思ってしまうのだ。もし朝一番に外に出たときに雌豚を見掛けたら、その日は悪い一日になるしるしだ。同じように、朝の散歩中にロバを見るのも不吉なことである。また、はしごの下を歩いたり、聖ミカエル祭の日にガチョウの卵を食べ忘れたり、カブトムシを踏みつけたり、ひとつの殻に二つの木の実が入っていた場合にそれを食べたりするのも、極めて不吉なことなのである。同じく、うっかり塩をひっくり返してしまった人には苦悩が訪れ、穀物をひっくり返してしまった人には悲しみの日が訪れるといわれている。もし一三人が食卓に着くと、そのうちのひとりが一年以内に亡くなり、全員が不幸になる。不吉な前兆の中でもこれが最悪のものである。ひょうきん者のキッチナー博士がよく口にしていたことだが、一二人分の夕食しか用意されていないときに一三人が食卓に着くのは実に不吉なことだそうだ。残念ながら、多くの人々は賢明な物の考え方をしておらず、心の安らぎを得るには至っていない。ヨーロッパのどの国にも同様の迷信が広がっており、一三という数字は何かにつけて災いの前兆である。財布の中に一三枚の硬貨があるのに気づいたら、まるで汚らわしいものにでも触るように、半端な硬貨を投げ捨てる。達観した詩人のベランジェは、『食卓の一三人（Thirteen at table）』という美しい詩でこの屈辱的な迷信を詩的にとらえ、いつものように、詩の中に真の英知の教えを織り混ぜた。ベランジェは夕食の席で塩をひっくり返してしまい、部屋を見回してみると、自分が一三番目の客であった。彼は不幸な運命を嘆き、病や苦しみ、墓場を想像していた。するとと突然、死に神が現れたので仰天した。ところがその死に神は、肋骨が透けて見え、矢を持って威嚇する気味の

悪い敵の姿ではなかった。それは光の天使であり、敵というよりは友であり、われわれを屈辱に縛りつけている足かせを外してくれていたのだ。だが、その天使が近づいてくると、人間は愚かにも自分で自分を苦しめているのだと教えてくれている。

もし死をこのようにとらえながら、死に神がやって来るまで賢く素晴らしい人生を送ることができれば、人間はいくら大きな悲しみや苦しみが訪れてものんびり構えていられるはずだ！

良い兆しの中でも最も知られているのは、まだら馬に出合うことである。二頭のまだら馬に出合うともっと幸先が良く、そのときに三度つばを吐いて妥当な願い事をすれば、三日以内に願いがかなえられるという。うっかり靴下を裏返しに履いてしまった。これもまた良い兆しである。ならば、わざと靴下を裏返しに履いてみよう。でも、何も良いことは起こらない。二度くしゃみをするのは縁起が良いが、三度くしゃみをすると良い兆しは効力を失い、幸運は事前に摘み取られてしまう。もし見知らぬ犬がついて来てなついてきたら、それは大きな成功、幸運の兆しである。もし見慣れない雄猫が家にやって来て、家族に打ち解けてなついてきたら、それもまた良い兆しである。だが、もしそれが雌猫ならば、逆に大きな災難の前兆となる。もし庭に蜂の大群が降りてきたら、何か大変な栄誉と歓喜が待っているというしるしである。

こうして未来を垣間見ることに加え、体の中でむずがゆい部位に注意を集中させてみると、ちょっとした運勢が分かることがある。つまり、目や鼻がかゆいのは間もなく困ったことが起きる兆し、足がかゆいのは見知らぬ地を歩く兆し、ひじがかゆいのはベッドを共にする人が変わる兆しである。右手のかゆみは近々お金が転がり込んでくるという予兆で、左手のかゆみはお金の支払いを要求される兆しである。

これらは近代ヨーロッパで広く信じられている前兆のほんの数例である。全部挙げていたら、あまりの多さにうんざりし、そのばかばかしさに辟易してしまう。東方諸国で信じられている同様の妄想を書き連ねるのはもっと無駄である。読者の皆さんはロレンス・スターンの『トリストラム・シャンディ』（岩波文庫）にあらゆるのろいの文句が載っていたのを覚えていらっしゃるだろう――考えられるのろいはすべてこの本に載っている。東方で信じられている前兆を挙げていくと、やはりこれぐらい膨大なものになるのである。人体や感情の動きもすべて、あるときには前兆になる。自然界の形状や物体、雲の形や天候の変化、色や音、それが人間や獣、鳥や昆虫、無生物であっても、すべてが前兆なのである。どんなに役に立たないものでも、どんなにつまらないものでも、ささいな希望を与えることがあるし、十分窮地に追い込めるほどの恐怖心を植えつけることもできるのである。

いにしえの時代から、未来の秘密を詮索するにはほかの日よりもある特定の日が好ましいといわれている。そんな特定の日を強調するような迷信が、前兆を信じる習慣から生まれている。次に挙げるのは、マザー・ブリジットの『夢と予言の書（Dream and Omen Book）』という人気のある本からそのまま書き写したものだが、ここからは一九世紀英国の人々の信条が読み取れる。古代のこうした習慣に関心がある向きには、『エブリディ・ブック（Everyday Book）』が大いに役立つだろう。

元日（一月一日）――未婚の若い娘が寝る前に、若いめんどりの卵の黄身、クモの足、細かく砕いたウナギの皮をよくかき混ぜて作ったお守りを一パイントの冷たいわき水に入れて飲むと、将来の運勢が夢の中で明らかになるでしょう。でも、同じ年のほかの日に再び試しても、もうお守りの効果はありません。

バレンタインデー（二月一四日）――独身女性が早朝に家の玄関から外に出て、もし最初に出会った人が女性なら、その年の結婚はないでしょう。もし男性なら、三カ月以内に結婚しますよ。

聖母マリアのお告げの祝日（三月二五日）――この日、次のおまじないを唱えると、絶対にうまくいきます。三一粒の木の実を赤い毛糸と青い絹糸で作った一本の糸でつなぎ、寝るときにそれを首に巻きつけて、次のおまじないを繰り返し唱えます。

ああ、お願いです！　知りたいのです、
本当に愛する人はだれなのか！

深夜を過ぎると間もなく、夢の中に本当に愛する人が現れるでしょう。同時に、あなたの未来に起きる主な出来事がすべて分かるでしょう。

聖スウィジン祭（七月一五日）前夜――最も知りたいことを三つ選び、新しいペンと赤いインクを使って、あらかじめすべての角を切り落として焦がしておいた上質の網目紙に書き留めます。その紙を恋結びにして、あなたの髪の毛を三本抜いて紙に巻き込みます。その紙を三晩続けて枕の下に敷いて寝ると、未来を知りたいというあなたの好奇心が満たされるでしょう。

聖マルコの日（四月二五日）前夜――時計の針が一二時を

回ったら、一番近くの教会墓地へ行き、教会の南側にある墓地から草を三束むしってきて（丈が長く生い茂っている草のほうが良い）、枕の下に敷いて、次のおまじないを真剣に三回唱えてから寝ましょう。

　聖マルコの日の前夜は予言で祝福しました。
　わが希望と不安にも安息を。
　わが運命を告げたまえ、幸福なのか不幸なのか、
　わが身分は高いのか、低いのか、
　未婚のままなのか、花嫁になれるのか、
　わが星が持つ運命を。

その夜何も夢を見なければ、あなたは独身を通し、惨めな一生を送るでしょう。もし雷雨の夢を見たら、あなたの人生には大変な苦悩と悲しみが伴うでしょう。

聖燭節（二月二日）前夜――聖燭祭の日（聖マリアお清めの日ともいう）の前夜には、三人、五人、七人もしくは九人の未婚の女性が四角い部屋に集まります。部屋の四隅にはヘンルーダとローズマリーで作った花束を吊るします。それから小麦粉、オリーブ油と白糖でお菓子の生地を作ります――未婚女性全員が平等に作業を分担し、費用も等分します。その後お菓子を等分に切り分けたら、切り分けたお菓子に各人が自分のイニシャルを書いておきます。そしてそれを一時間かけて焼きますが、その間中、女性たちは一言もしゃべってはならず、皆腕と足を組んで座っていなければなりません。その後、お菓子を一切れずつ紙で包みますが、女性たちはその紙にそれぞれ『ソロモンの歌』の愛のパートを書き記します。これを枕の下に敷いて寝れば、見た夢が実現するでしょう。未来の夫や子どもたちの姿も見られますし、家族が貧しくなるか裕福になるか、安楽な生活ができるのか、それとも正反対の生活になるのかも分かりますよ。

夏至祭（六月二四日）――三つのバラを硫黄でいぶし、午後三時きっかりにひとつ目のバラをイチイの木の下に埋め、二つ目のバラを新しい墓に埋め、三つ目のバラを枕の下に三晩置いておき、三晩が過ぎた時点でそれを炭火で燃やします。その間に見る夢は、未来の運命を予感させるものになるでしょう。（マザー・ブリジットが言うには、）もっと不思議で大切なのは、あなたと結婚する男性はあなたの元を訪れるまでは心穏やかではいられないということです。さらに、あなたはその男性の夢の中に永遠に現れ続けるでしょう。

聖ヨハネ祭（夏至祭）前夜――最高級の黒いベルベット（質が悪いと使い物になりません）で新しい針刺しを作り、

片側には売っているもので一番小さい針（ほかの針ではだめです）であなたの正式な名前を刺します。反対側には大きな針で十字を作り、円形で囲みます。これを夜、靴下を脱いだらその中に入れて、ベッドのすそのほうに吊るしておきます。そうすれば、夢の中に未来の生活がすべて出てくるでしょう。

その年最初の新月の日――澄んだ温泉の水を一パイントくんできて、そこに「白い」めんどりが産んだ卵の「白身」、コップ一杯の「白」ぶどう酒、皮をむいたアーモンドの「白い」実、スプーン一杯の「白い」バラ水を入れます。寝る前にこれを飲みますが、三口だけにします。次の詩をはっきりと分かるような声で、ただし他人に聞こえない程度の声で、それぞれ三回繰り返します。

明日の朝までに
澄んだ水の夢を見るなれば、
われ貧しくならん、
その後も富は生まれぬしるし。
ビールを味わう夢を見るなれば、
わが元気も半ばなり。
悲喜こもごも、
楽しきとき、悲しきとき、
ぶどう酒を飲む夢を見るなれば、
富と歓喜はわがものなり。
強い酒ほど楽しからん――
わが運命の夢よ、現れよ！　現れよ！

二月二九日――この日は四年に一度しか来ないので、未来を垣間見たいという人、とくに未来の夫の容姿や顔の色つやを知りたくてたまらないという未婚女性にとってはとても縁起が良い日です。この日のおまじないは次のとおりです。一番小さな針二七本を三本ずつ、獣脂のろうそくに刺します。逆さにしたろうそくの底に火をつけて、粘土で作った燭台に立てます。この粘土は処女のまま死んだ娘の墓から取ってきたものでなければなりません。夜中の一二時きっかりにこの燭台を暖炉の左隅に置いて、すぐに寝ます。ろうそくが燃え尽きたら、針を抜いて左足の靴に入れておきます。九晩が過ぎないうちにあなたの運命が明らかになるでしょう。

未来を解明しようとするさまざまな方法、とくに近代になってから行われるようになった方法をざっと振り返ってみた。国民性や特性によって、解釈に多少の違いはあるものの、どこの国でも主な愚行の特徴は基本的には同じようだ。山岳地帯に住む人にとっては、頻繁に見掛ける自然現象が未来を予言するものになる。同じように、平地に住む人々は、周囲にあるさまざまなしるしから自分たちの運命を知ろうとし、迷信をその地域独特の色に染めようとする。しかし、あらゆる人々を駆り立てているのはひとつの同じ感情なのである――どんな無限の恵みが潜んでいるのかを知りたいという、ひとつの欲望なのである。占いや予言に関する人々の好奇心がすっかり失せるとは、まず考えられない。気の弱い人、不信心な人、無知な人にとっては、死や不幸というのは相変わらず恐怖の対象だが、そうした恐怖がこの世に存在するかぎり、聖職者がいくら不信心だと言って説教しても、哲学者がいくら不条理だと説いても無駄であろう。ただ、やはりこうした愚行が見られなくなってきたことは確かである。占い師や予言者は以前のような信望を失い、かつては大手を振って歩いていたのに、今ではすっかりと鳴りを潜めてしまった。今までのところ、これは大きな進歩である。

第8章　磁気療法師
The Magnetisers

ある者は彼らを驚くべき賢者とみなし、
ある者は狂人だと考えた。

――ビーティ『吟遊詩人』

病気の治療では、人間の想像力が素晴らしい効果を発揮することがよく知られている。手を動かし目で見詰めるだけで、衰弱して信じやすくなっている患者は健康を取り戻す。パンで作った薬も、信頼し切って服用すれば、薬局にあるどんな薬よりもよく効いたりする。オランニェ公ウィレムは、一六二五年のブレダの包囲戦の際に、瀕死の状態にあった兵士全員の壊血病を治してしまった。どんな治療法を試してもうまくいかなかったので、医師の力を借りてこの慈善的ないかさま療法を使ったのである（**原注**　駐屯地が壊血病で苦しんでいた。オランニェ公は医師たちにカモミール、ニガヨモギ、樟脳のせんじ汁を入れた薬瓶を二～三本送り、「これは極めて高価なもので、めったに手に入らない。東方から大変苦労して手に入れたのだ。とても強い薬なので、一ガロンの水にほんの二～三滴垂らせば効果がある」とうそをつくよう命じた。兵士たちは指揮官の言葉を信じ、うれしそうに薬を飲むと、見る見るうちに良くなっていった。その後、兵士たちは一度に二〇～三〇人ずつオランニェ公の周りに群がっては、その技術の高さを褒め称え、感謝の言葉を浴びせた）。同じような事例は、とくに魔術の歴史を紐解いていくと数多く見られる。魔女や妖術師のばかげた儀式や奇妙なしぐさ、残忍で訳の分からない言葉を見聞きしただけで、信じやすく臆病な女たちは震え上がり、ヒステリー症などの病気を発症していた。今でこそこうした病気のことはよく知られているが、当時は患者や一般大衆だけでなく、魔女や妖術師本人も、すべて悪魔の仕業だと考えていた。

錬金術が不評を買うようになり、それに人々が非難の声を上げる術を学ぶようになったころ、突如としてこの人間の想像力に端を発した新たな妄想が生まれ、錬金術師の中からも提唱者が出てくるようになった。その多くが、かつて探求していた科学を捨てて磁気療法師へと転身している。この妄想は鉱物磁気に始まり、やがて動物磁気に移っていった。妄想はこの動物磁気という名で今日まで残っており、その「かも」も数千、数万に上っている。

鉱物磁気療法師は、まずは現代のやぶ医者の立派な前身として注目を浴びた。元祖薔薇十字団だというパラケルススの栄誉に異議を唱える者が出てきたのである――だが、磁気療法の第一人者だというパラケルススの主張に異議を唱える者はほとんどいなかった。パラケルススについては錬金術の章で触れるが、多くの錬金術師と同じく、パラケルススも医師であった。また、金を造るだの、不死の体にするだのとうそぶいていただけでなく、どんな病気でも治せるとも豪語していた。治療という観点から見ると、磁石に神秘的な力や超自然の力があると考えた最初の人物がパラケルススだろう。磁石は賢者の石であり、金属を変成させることはできなくても、人間のあらゆる苦痛を和らげ、老化を防止することはできる。これを固く信じたパラケルススは、東方の伝説で有名なアダマントの山（何物にも侵されないといわれた伝説の石。ダイヤモンドの語源）を探して長い間ペルシャやアラビアを旅し、バーゼルで医者をしているときに、いかがわしい薬のひとつを「アゾット（水銀の意味。アラビア語で水銀を意味する〝azzauq〟が変化したもの）」と名づけた――パラケルススいわく、石もしくは水晶には磁性があり、てんかんやヒステリー、けいれん性の疾患を治してくれるのだそうだ。間もなくパラケルススを模倣する者が現れ、その名も至るところにとどろいた――かくしてその過ちの最初の種がまかれ、それ以来しっかりと根を張り、広く繁殖してしまったのである。近代の施術師は否定しているが、これが磁気療法の始まりだと考えていいだろう。というのも、パラケルススに始まり、やがてメスマーが登場してその妄想に新たな特性を加えるまでに、次々と鉱物磁気療法師が出現しているからである。

パラケルススは、磁石によって人間の体から土に病気を「移植」することができると主張していた。これには六通りの方法があるらしい。実例として挙げるにはひとつで十分だろう。

「ある人が病気で苦しんでいたら、それが局部的なものだろうと体全体に及ぶものだろうと、次の治療を試させるといい。ミイラ薬（古代のミイラを粉末にして調合した霊薬）を添着した磁石を用意し、肥えた土と混ぜる。次にその土に病気と同質の、あるいは適合した種をまく。そしてその土をミイラ薬と一緒によく振って混ぜ合わせ、土器の中に敷く。次にその土器に種を置き、病に侵された手足や体を洗った水を毎日やる。これで病気は人体から土壌にまかれた種に移植される。これが終わったら、今度は種を土器から地面に植え替え、芽が出て草に成長するまで待つ。成長していくにつれて病気は良くなり、完全に成長すれば病気もすっかり治っているはずだ」

イエズス会士のキルヒャーは、錬金術師による多くの詐欺行為を暴露しようとして彼らに異論を唱えていたが、磁石の効力は固く信じていた。ヘルニアで苦しむ患者を診察したキルヒャーは、粉末にした磁石をのみ込むよう患者に言うと、体の外部の腫れている部分にも鉄くずで作った湿布を貼った。こうすれば、磁石が体内の対応する部位に到達したときに鉄に引きつけられる、つまり腫瘍に引きつけられるため、腫瘍が安全かつ素早く小さくなるというわけだ。

この新たな磁気説が広がるにつれて、どんな金属性物質による傷でも磁石で治せるのではないかと考えられるようになった。やがてこの妄想がどんどん膨らみ、剣で負った傷を治すには剣そのものを磁化すれば十分ではないか、とまでいわれるようになったのだ！　これが一七世紀中ごろに大旋風を巻き起こした、あの有名な「武器軟膏」の原点である。次にご紹介するのはパラケルススが考えた処方だが、心臓や脳、動脈を貫通した場合以外は、鋭利な武器によるどんな傷でも治すことができるというものである。

「絞首台に吊るされたまま放置されている盗賊の頭部に生えたコケ、本物のミイラ薬、まだ温かい人間の血を各一オンス、人の脂肪を二オンス、亜麻仁油、テレビン油、アルメニアの膠塊《こうかい》粘土を各二ドラム用意して、これらをすり鉢でよく混ぜ合わせ、出来上がった軟膏を長楕円形の細い壷に入れておく」

傷口からあふれた血に浸した武器にこの軟膏を入念に塗ってから、武器を涼しい場所に置いておく。その間に傷口を澄んだきれいな水で十分に洗浄し、清潔で柔らかい亜麻布で包んでおく。そして一日に一回亜麻布を取って、膿などを洗浄する。この治療の奏功について、動物磁気に関する優れた記事を執筆した記者は『フォーリン・クォータリー・レビュー』誌第一二号で、何の疑問もないと記している。

「というのは、こういうときは外科医もまったく同じ方法を用いるからである。武器に軟膏を塗ること『以外』は！」

ヨーロッパ大陸では「武器軟膏」が相変わらず大変な人気を博しており、自分が発明したのだと言って名誉に群がる熱心なやからも大勢現れた。錬金術師の章でご紹介するロバート・フラッド博士、つまり薔薇十字団員のフルクテイブスは、この治療法をイングランドにぜひ紹介したいと考えた。その試みが成功したことも何度かあったが、フラッド博士は、この軟膏の素晴らしい効能について大言壮語して患者の気力を維持する一方で、何でもないことだが極めて重要な治療法、つまり洗浄する、包帯を巻くなどの処置をけっして怠らなかったのも当然である。どの時代の経験からも、こういう場合にはこれで十分対応できるということが分かっていたからだ。またフラッド博士によると、正しい使い方をすれば磁石はどんな病気でも治せるが、人間にも地球と同じように北極と南極があるため、磁力は人が北側に位置しているときにしか発生しないというのである！　博士の人気が沸騰していたころ、博士や博士お気に入りの治療法、つまり軟膏がやり玉に挙がったことがあったが、その効き目に対する信頼性が揺らぐことはほとんどなかった。「フォスター牧師」と名乗る人物が『武器軟膏をふき取るスポンジ（Hyplocrisuma Spongus）』という小論文を書き、その中で、かような軟膏を使ったり勧めたりするのは妖術と同じような悪行であり、軟膏は悪魔の発明品であるゆえ、しまいには少しでもそれを勧めた者は必ず悪魔につけ込まれるはずだ、と述べている。

「実は、パラケルススは悪魔から軟膏をもらっており、パラケルススが皇帝に、皇帝が廷臣に、廷臣がバッティスタ・デラ・ポルタに、デラ・ポルタが医学博士のフラッドに手渡したのだ。フラッド博士は有名なロンドンの町に住み、そこで医療を施していたのだが、軟膏を手に入れようと必死になっていた」

こうして非難されたフラッド博士は、その軟膏について反論しようと筆を取ると、次のように応酬した。

「フォスター牧師のスポンジを握りつぶそう。スポンジを持つ者が同輩に対して厚かましい態度を取っている。その中傷的な記事の激しい炎は、真実という強烈な酢で修正され、完全に鎮火されている。そして最後には、武器軟膏をふき取るという立派な効果も押しつぶされ、きれいさっぱりなくなっている」

この論争から程なく、武器軟膏の信奉者としてさらに有名なサー・ケネルム・ディグビーという人物が現れた。父親はサー・エベラード・ディグビーといい、火薬陰謀事件（一六〇三年にエリザベス一世が逝去した後、スコットランド王ジェームズ六世がイングランド王ジェームズ一世として即位すると、カトリック教徒たちの間で自分たちを弾圧するジェームズへの不満が高まり、暗殺計画が持ち上がった。そして一三人のカトリック教徒がこの陰謀を企てた）に関与したとして処刑された人物である。この紳士、ほかの面では優れた学者であり有能な男だったのだが、錬金術師の途方もない考えにすっかり染まっていた。賢者の石を信じており、デカルトにも生命の水（elixir vitoe）をはじめ、人間の寿命を無限に延ばせる手段の発見に全力を注いでほしいと願っていた。美しい妻のベネティア・アナスタシア・スタンリーには、その愛らしさを一〇〇年保てるようにと、練金術師の章でご紹介するアルノー・ド・ビルヌーブが考えたとされる方法に従って、まむしを餌にして育てた肥育鶏の料理を与えていた。そんな男が武器軟膏のような考えに取りつかれたとなれば、それを大いに利用しないはずはない。だが、それはディグビーの手によって軟膏から粉末に変えられ、「共鳴の粉（powder of sympathy）」と名づけられた。ディグビーは、ペルシャやアラビアで学んだカルメル会修道士や東方で絶大なる知名度を誇っていた哲学者からこの知識を得たと吹聴していた。ジェームズ一世、プリンス・オブ・ウェールズ（イングランド皇太子）、バッキンガム公、その他多くの貴族がその効き目を信じていた。その治療法について、ディグビーはモンペリエの学会で次のような特筆すべき事例を発表している。『デンドロロジア（Dendrologia）』など数々の作品の著者として有名なジェームズ・ハウエル氏は、たまたま親友二人が決闘中のところを通りがかり、急いで二人を引き離そうとした。ハウエル氏はひとりの剣の柄をつかみながら、同時にもうひとりの剣の刃を握った。互いへの憤激でわれを忘れていた二人は、友人の妨害を必死に振り払おうとした。そのとき、ハウエル氏が刃を握っていた剣の持ち主が乱暴にその剣を引き払ったため、ハウエル氏の腕はもう少しで切断されてしまうほど深い傷を負ってしまった。神経や筋肉はずたずたに切れ、傷は骨まで達していた。もうひとりのほうはほぼ同時に剣を放し、相手の頭に一撃を加えようと狙っていたが、それを見ていたハウエル氏がその一撃を止めようとして、けがをした腕をさっと上げた。すると、すでにけがを負っているハウエル氏の腕の裏側に剣が当たり、またひどく切れてしまった。

「まるで不幸な星が頭上で暴れているかのように、二人とも親友をあやめていたかもしれない。あのとき、もし二人が正気だったら自分の命を捧げられるほどの親友だというのに」とサー・ケネルム・ディグビーは話している。

傷を負った手から流れる血でべっとり汚れたハウエル氏の顔を見て、二人は剣を投げ捨ててハウエル氏を抱き締めると、切れて大量に出血している静脈をつなごうとして靴下留めで腕を縛った。そしてハウエル氏を家まで運び、外科医を呼びにやった。ハウエル氏と懇意にしていたジェームズ一世は、後に自分の外科医にハウエル氏の看護に当たらせた。この話は、サー・ケネルム・ディグビーの言葉を借りて続けたほうがいいだろう。

「熱心に頼まれたのが幸運だった。四〜五日してから出掛ける準備をしていると、ハウエル氏がやって来て、傷を診てほしいという。

『このようなけがに効く驚くべき治療法をご存じだとうかがっております。今診てもらっている外科医は、傷が悪化して壊疽になり、腕を切断しなければならなくなるのではと心配しているのです』と。実際、ハウエル氏の表情からは、ひどい炎症で耐えがたい激痛に耐えているのが分かった。わたしは喜んで診て差し上げると伝えたが、同時にこう申し上げた。

『もしわたしが手で触れたり目で見たりしないで治療するのをご存じでしたら、おそらくそれを偶然だ、効き目がない、あるいは迷信だと言って、わたしの治療法はお選びにならなかったでしょうね』

するとハウエル氏はこう言った。

『あなたの治療法については、多くの人から素晴らしい話を聴いておりましたので、効き目についてはまったく疑っておりません。わたくしが申し上げられるのはただひとつ、スペインのことわざにあります〝Hagase el milagro y hagalo Mahoma〟、つまり、ムハンマドならなせるが、奇跡よ起きろ、ということです』

それから、何か血の付着したものはあるかと聞いてみた。すると、ハウエル氏はすぐに最初に腕を縛った靴下留めを取りにやらせた。わたしは手を洗うときに使う水の入ったたらいを持ってきてくれるよう頼み、書斎に保管してある硫酸の粉を一つかみ、その水に溶かした。血に染まった靴下留めが届くと、すぐにそれを水に浸したが、その間ハウエル氏が何をしているのかを見てみた。するとわたしの作業はまるで気に留めず、部屋の隅で男性と立ち話をしていたのだ。ハウエル氏は急に驚いて飛び上がった。自分に何か妙な変化が起きたのに気づいたかのようだった。どこか悪いところはあるかと尋ねたら、こう答えた。

『悪いところがあるかどうかは分かりませんが、もう痛みは感じません。濡れた冷たいハンカチのように、心地よい冷たさが腕に伝わってきて、痛かった炎症も治っていますよ』

『わたしの治療でもうそれだけ良くなられたのですから、これからは膏薬を全部はがして、傷口を清潔にして、冷たくもなく熱くもない適温に保つだけでいいでしょう』。わたしはそう答えた。

間もなく、このことはバッキンガム公に、そしてしばらくすると国王にも伝わり、二人とも状況を知りたがっていた。夕食の後、わたしはたらいの中から靴下留めを取り出して、燃え盛る暖炉の前に置いて乾かしていたら、まだ靴下がほとんど乾いていないときにハウエル氏の使用人が慌てやって来て、ご主人が今まで経験したこともないような熱さ、それも腕が炭火の中に置かれているような熱さを訴えているという。そこでわたしはこう言った。

『今は熱いかもしれないが、すぐに楽になる。その原因も分かっているので、それに応じて対応するし、あなたが戻るまでにご主人はその熱さから解放されているかもしれない。だが、もし楽にならなかったら、すぐにこちらに来るように、もし無理なら来なくてもいい』

使用人はすぐに帰ったが、そのとき、靴下留めをたらいの水に戻したところ、ハウエル氏はもう何の痛みも感じていないことが分かった。その後痛みはまったく感じなくなったということだ。簡単にいえば、五～六日は傷跡が残ったが、その後、傷は完全に癒えた」

これがサー・ケネルム・ディグビーの驚愕の話である。当時の施術師らも負けてはいなかった。彼らは治療のたびに「共感の粉」や「武器軟膏」を使う必要はないと考えていた。剣で受けた傷の痛みを和らげるには、同じ剣を手で磁化すれば十分で（これが「動物」磁気説のかすかな夜明けである）、指で剣を「上方向」になでると、けが人の痛みはすぐに和らぎ、逆に「下方向」になでると、耐え難い苦痛を感じるだろうという。

磁気の力や可能性については、もうひとつ、実に特異な考え方があった。たとえ何千キロ離れていようと、体に「共鳴の文字」を彫ると、二人の人間が互いに何を考えているのかを意思の力で素早く伝達し合うことができると信じられていたのである。二人の腕からそれぞれ肉片を切り取って、まだそれが温かく、出血しているうちに双方に移植する。切り取られた肉片は、移植された腕で新たに成長するが、元の腕とは強い共鳴関係を保っているため、その肉片の元の持ち主は、切り取られた肉片に何らかの傷をつけられた場合には必ず気がつくという。移植された肉片に例えばアルファベットの文字の入れ墨を彫ってみると、伝達機能が働く。つまり、どちらか一方の人間が磁気を帯びた針で自分の腕を刺すだけで、たとえ相手が大西洋の大海原の向こう側にいようと、直ちにその信号を受け取るというわけだ。一方の人間が腕の上のいずれかの文字を刺すと、相手は自分の腕にある同じ文字に痛みを感じるという。

サー・ケネルム・ディグビーと同時代に、やはり同じように有名だったのがバレンタイン・グレートラクス氏だが、この男の場合は、磁気についてはまったく言及しておらず、何の持論も主張せずに、当時大流行していた鉱物磁気よりも現在の動物磁気に近いいかさまを自分や他人に試していた。グレートラクス氏は、高い教養も財産もあるコーク郡のアイルランド紳士の子として生まれた。少年時代にはうつ病のような状態に陥ったが、やがてある衝動が走り、心に妙な確信が生まれた。眠っていようが起きていようが関係なく、その衝動は断続的に訪れて、るいれき（国王病）を治す力を神が与えてくださったことを告げたのだ。妻にこのことを話すと、妻は夫を愚か者だと言って一蹴した。神のお告げだというのに、グレートラクス氏はまだ確信が持てず、そこで自分の力を試してみようと思い立った。それから数日後、リズモア教区のサルターズブリッジに住むウィリアム・メイハーという人物を訪ねた。この男、目とほおとのどを、ひどいるいれきに冒されていた。グレートラクス氏はこの信心深い男に手を当てた。そしてなでながら、熱心に祈った。すると数日のうちにメイハーは見違えるほど回復し、やがてほかの治療法にも助けられて、ほぼ完治してしまったのである。これでグレートラクス氏も納得した。この治療がうまくいったことで、自分には聖なる使命が与えられたのだという確信を強くした。その後も連日のように衝動を覚え、神からマラリア熱も治療するようにとの命令が下されるようになった。日を追うごとにその力も大きくなり、てんかんやかいよう、痛みや歩行困難を治すまでに至った。コーク郡は、この型破りな医者を一目見ようという人々で大騒ぎになった。心気症やうつ病などの場合にも、確かにいい効果を与えていたのだから。本人の説明によると（**原注**　「ボイルの法則」で知られる著名な物理学者、ロバート・ボイルに宛てた書簡で説明している）、至るところから大勢の人々が押し掛けてきたので、自分の用事をこなす時間も、家族や友人と楽しく過ごす時間もなくなってしまったそうだ。一週間のうち三日間、朝の六時から夜の六時までは空けておかなければならず、その間だけ、訪れた人々に手を当てるようにした。それでも来訪者の数は後を絶たず、近隣の町でも宿が満杯になるほどであった。やがてグレートラクス氏は田舎の家を離れてヨールに出てきたが、そこにもアイルランド全土はもとより、イングランドからも大勢の病人が訪れるようになったため、行政官もヨールが病菌に汚されるのではないかと心配するほどであった。信じやすい哀れな病人の中には、グレートラクス氏に会った途端に発作を起こす者もいた。グレートラクス氏はそんな彼らの顔に手を当てて、祈りを捧げながら回復させた。それだけではない。手袋をした手で触って痛みを取り除いたり、昼夜を問わず悪霊に苦しめられていた女性から何人もの悪魔、つまり悪霊を追い払ったりしたこともある、というのである。グレートラクス氏いわく、「どの悪魔も、彼女ののどまで入り込んで窒息させようとしていた」。このことから、この女性の病気はヒステリー症以外の何物でもないことは明らかである。

リズモア教区の僧侶は、教区民よりははっきりとグレートラクス氏のうぬぼれが見えていたようで、この新しい予言者、つまり奇跡を起こす者を頑として認めようとはしなかった。そしてグレートラクス氏に教区の法廷に出頭するよう命じ、一切の触診を禁じてしまった。だが、グレートラクス氏は教会のことなど一向に気にすることなく、自分の能力は天から直接授かったのだと考えて、患者に発作を起こさせては、近代の磁気療法師の流儀に従って、また意識を元どおりに回復させるという療法を続けた。とうとうグレートラクス氏の評判は絶大なものとなり、コンウェイ卿もロンドンから彼を呼びにやらせ、すぐにロンドンに来て妻のひどい頭痛を治してほしいと言いだした。何年も前から頭痛に悩まされており、イングランド屈指の医師でも治せないという。

グレートラクス氏は承諾し、コンウェイ夫人に触診と祈りによる治療を試してみた。だが、頭痛を和らげることはできなかった。気の毒なコンウェイ夫人。頭痛の原因は、いくらその治療法を信じても、いくら豊かな想像力を働かせても何の助けにもならないほど深刻なものだった。そこでグレートラクス氏は、数カ月間ウォーリックシャー州ラグレーにあるコンウェイ卿の屋敷に住み込んで、アイルランドでやっていたのと同じ治療を施してみた。やがてグレートラクス氏はロンドンに引っ越して、リンカーンズインに居を構えた。すると、そこもすぐに臆病で信じやすい大都会の女たちで連日混雑するようになってきた。このころ（一六六五年）のグレートラクス氏に関する実に面白い文章が「アイルランド人の予言者」という題で『聖エブルモン雑文集（Miscellanies of St. Evremond）』第二巻に収められている。これはこの初期の磁気療法師を最も生き生きと描いたものである。近年になって現れた後継者たちとグレートラクス氏の言い分のどちらがばかげているかは、判断に迷うところである。

「ド・コマンジュ氏がローマ教皇庁の駐イングランド大使だったころ、ロンドンにアイルランド人の予言者がやって来た。奇跡を起こす名医との触れ込みだった。上流階級の人々は、ド・コマンジュ氏にその人を招待してほしいと頼み込んだ。奇跡を起こすのをこの目で見たいというのである。ド・コマンジュ氏は招待すると約束した。ド・コマンジュ氏にも、友人たちに礼を尽くすためというより、自分の好奇心を満足させたいという思いがあったからだ。そしてグレートラクス氏に、ぜひお会いしたい旨を伝えたのである。

予言者がやって来るといううわさはあっという間に町中に広がり、ド・コマンジュ邸は、これですぐに病気が治ると確信した病人たちであふれた。彼らは長時間待たされていらいらしていたが、そんな中、ついにそのアイルランド人が、威厳はあるが気取りのない様子で現れた。とてもいかさま師とは思えなかった。ド・コマンジュ氏は質問攻めにしてやろうと準備万端整えており、オランダの科学者ファン・ヘルモントやフランスの自然法哲学者ジャン・ボーダン（ボディヌス）を読んで学んだ事柄についても論じたいと思っていた。だが、残念ながら、そんな願いはかなえられなかった。集まってきた人の数が多過ぎて、待ち切れなくなった手足の不自由な人たちが病を治してもらおうとわれ先にと押し合いへし合いの状態になってきたからだ。使用人も病人たちをきちんと順番に並ばせるのに脅したり、暴力を振るったりというありさまだった。

その予言者は、どんな病も悪霊が原因だと話していた。無気力になるのも悪魔に取りつかれているからだという。最初に連れてこられたのは通風とリューマチに苦しむ男だったが、医者でも治せないほど病状は重かった。

『ああ！　アイルランドにいるころにこういう例をずいぶん見ましたよ。これは水の霊です。悪寒を起こさせて、弱った体に水様液をあふれさせるのです』

奇跡の男はそう言った。そして患者に向かってこう言い放った。

『水中のすみかを離れてこの哀れな体を痛めつけにやって来た悪霊よ、新居を離れて元のすみかに戻るのだ！』

この後、病人は退室を言い渡され、次の病人が連れてこられた。憂うつ症で悩んでいるのだという。実際、男はうつ病を患っているように見えた。想像の中で病にかかるような人は、現実の世界でも病に冒されることが多いものである。

『空気の霊よ、帰るのだ。命令だ。空中に帰るのだ――嵐を起こすという天命をまっとうし、これ以上この哀れで不幸な体に風を起こしてはならぬ！』

アイルランド人はこう言った。そして患者はすぐに退室させられ、三人目の患者が連れてこられた。三人目は、アイルランド人の考えによれば、ごくつまらない精霊に苦しめられているだけだった。ほんの一瞬たりとも自分の命令には逆らえない精霊だという。アイルランド人は、だれにも見えないしるしを見つけたので精霊だと分かったのだと言うと、周囲の人にほほ笑みながらこう言った。

『この種の精霊は大した危害を加えません。とても面白い精霊ですよ』

この男の話を聴いていると、精霊については名前や地位、人数、仕事や与えられた役割など、何でも知っていると思う人もいるだろう。しかもこの男、人間界のことよりも悪魔の陰謀のほうがずっと詳しいと豪語していたのである。こんな男が短い間にどれほどの名声を得たかは想像がつかない。至るところからカトリック教徒も新教徒《プロテスタント》もやって来たが、皆がこの男の手には神の力が宿っているものと信じていた」

聖エブルモンは、自分たちの間に割り込んできた夫婦げんかという悪魔を追い出してほしいと頼んできた夫婦のやや怪しげな話をしてくれたが、その後で、このアイルランド人が人々の心に及ぼした影響について次のように総括した。

「皆、この男には絶大なる信頼を寄せていたので、目が見えない人は、見えてもいないのに光が見えたと思い込み――耳が聞こえない人は聞こえたと思い込み――、足の不自由な人はまっすぐ歩くことができたと信じ込み、まひの患者は手足が動くようになったと感じていた。健康願望を抱くことで、病人はしばらく病気のことを忘れてしまうのである。病人と同じように、単に好奇心で集まってきた人にも豊かな想像力というのがあり、病人には病気を治してほしいという強い欲求があるから偽の治療が功を奏するように、見たいという欲求がある人には目が見えたように思い込ませてしまうという効果があったのだ。これがこのアイルランド人が人の心に及ぼした影響であり、それが人の体にも影響を及ぼしているのである。このアイルランド人の奇跡の話はロンドン子の話題を独占した。また、その奇跡は一流の専門家や大家のお墨付きを得ていたこともあり、けむに巻かれてしまった民衆はろくに考えもせずに信じ込み、教養のある者たちも、あえてその知識ではねつけるようなことはしなかった。世論もすっかり丸め込まれてしまい臆病になっていたのか、この傲慢で、しかもどう見ても確かな根拠のある過ちに敬意を表していた。この妄想の実態を見抜いていた人々も、偏見に満ちあふれ感嘆するばかりの大衆に向かって、こんなものは信じられないと大声で言ったところで無駄だと思っていたので、そういう見解を自分たちの中にしまい込んでおくしかなかったようだ」

バレンタイン・グレートラクス氏がこうしてロンドンの人々を「磁力で引きつけていた」ちょうどそのころ、イタリアではフランチェスコ・バニョーネという狂信者が、同じようないかさまで大成功を収めていた。バニョーネは弱った女性にただ手で触れるだけだった。また、（この狂信的な行為をさらに効果的なものにするために）ときには聖遺物を使って催眠状態に導いては、磁気の効果をすべて示してみせた。

彼らに加え、ヨーロッパ各地には、多くの病気に効くかもしれないと考えて磁気の研究に注目し始める識者もいた。

中でもファン・ヘルモントは、磁気が人体に及ぼす効果に関する論文を発表した。スペインのイエズス会修道士で著述家のバルタザール・グラシアンも、このテーマに関する大胆な見解を発表して名を成した。

「磁石は鉄を引きつける。鉄はどこにでもある。したがって、どんなものでも磁気の影響を受けているのである。また、これは人間同士の調和を生み出すとか、不和を助長するといった一般原則が形を変えたものにすぎない。共感や反感、情熱を引き起こすものと同じ作因でもある」

フォスター牧師がフルクティブス、すなわちフラッド博士を攻撃し、武器軟膏に異論を唱える中で、バッティスタ・デラ・ポルタもその生みの親のひとりとして言及されているが、デラ・ポルタもやはり磁気の効果を固く信じており、当時としてはあまりにも突拍子もない方法で患者の想像力に働き掛けたものだから、妖術師だとして非難され、ローマの宮廷で磁気療法を施すのを禁じられてしまった。

磁気の力を信じていた者はほかにもおり、中でもセバスチャン・ビアディヒとウィリアム・マックスウェルは格別の注目を集めていた。ビアディヒはドイツのメクレンブルク州のロストック大学で医学を教えており、『心の新薬（The New Medicine of the Spirits）』という学術論文を書き、それをロンドン王立学会に提出した。この論文は一六七三年に出版されたが、ビアディヒはこの中で、磁気は天体と地球の間だけでなく、生命体すべての間に影響を及ぼしているという主張を展開した。ビアディヒによると、地球全体が磁気の影響下にあり、生命は磁気によって維持され、死もその結果だというのである！

もうひとりの熱狂的な支持者マックスウェルは、パラケルススを称賛する弟子であり、偉大な哲学者たちが封印してきた奇跡を起こす数々の手法について、そのあいまいな部分に光を当てたのは自分だと大言壮語している。マックスウェルの著作は一六七九年にフランクフルトで出版された。次のくだりからは、マックスウェルが、想像力は病気の治療だけでなく生産にも多大な影響を与えることに気づいていたことがうかがえる。

「もし奇跡を起こしたければ、生命ある者から物質性を取り除き――肉体の精神性を高め――、眠っている精神を覚醒すればいいのだ。こういうことをしないかぎり――思考を束ねられないかぎり――、奇跡のようなことは起こせない」

実は、ここに磁気のあらゆる秘密、同様の妄想がすべて潜んでいるのである。肉体の精神性を高め――眠っている精神を覚醒し、つまり、別の言い方をすると、想像力に働き掛けて――、信じる気持ちや絶対的な信頼を引き出せば、何でもできてしまうということなのである。先のくだりは、シャルル・デュポテ氏が許可を得て、今では動物磁気学者が唱えた学説をしっかりと裏づけたものとしてある著作に引用したものだが、これはまさに失敗である。もし動物磁気療法師が、マックスウェルが漠然と示した方法でどんな奇跡でも起こせると信じているとしたら、自然界全体に遍在し、彼らが指先から弱っている人や病気の人の体に流し込んでいるとする普遍流体はいったいどうなるのだろう？

一八世紀の初め、ある驚くべき狂信的行為にヨーロッパ中の注目が集まったことがある。動物磁気療法師らは、それは自分たちの科学を立証するものだと主張していた。いわゆるコンバルション派（けいれん派）。一八世紀初頭の熱狂的なヤンセン主義の信奉者を指す）は、聖メダール教会でパリの助祭神父フランソワ・ド・パリの葬儀が執り行われた後にその墓の周りに大勢集まって、どうしたらけいれんを起こせるかを互いに教え合っていたのである。彼らは聖フランソワ・ド・パリがどんな病気でも治してくれると信じており、ヒステリー症の女たちをはじめ、あらゆる愚か者たちが至るところから墓地にやって来たが、その数たるやすさまじく、連日のように墓地に続く大通りを埋め尽くすほどであった。彼らは自らを興奮状態に陥れ、次々に発作を起こしていた。あらゆる精神的能力は持ち合わせているようだったが、普通なら十分命の危険にさらされるような苦痛を自主的に与える者もいた。こうした状況は、高度な文明や宗教にとっては一大事であった――卑わいな言動、不条理、迷信が言いようのない形で渾然一体となっていた。聖パリの墓の前でひざまずいて祈る者がいるかと思えば、悲鳴を上げる者、世にも恐ろしい声を発する者もいた。女たちはとくに必死になった。礼拝堂の片側には大勢の女たちがいたが、全員がけいれんを起こしていた。だが、反対側ではもっと多くの女たちが興奮し過ぎて一種の狂乱状態に陥り、ぞっとするようなみだらな行為にふける始末。打たれたり踏みつけられたりして喜んでいる狂人もいた。モンテグルの解説をここで引用するが、モンテグルによれば、とくにある女はこうして虐待されても悦に入っていることから、この女を満足させるにはとにかく強烈な一撃でないとだめだという。ヘラクレスのような怪力の男が重い鉄棒で力いっぱい打ちつけても、女は相変わらず、もっとたたいてくれとせがむのだった。男が強くたたけばたたくほど女は喜び、その間中、ずっとこんなことを口走っていた。

「いいわ、ああ、何て気持ちがいいんでしょう。あなたは素晴らしいわ！　頑張って。もっと強く、もっと強く打ってちょうだい！」

できればもっと強く打たれたほうがいい、という狂信者もいた。この状況について語ってくれたキャレ・ド・モンジェロンは、大槌で六〇回殴ってもまだ女は満足しなかったという。後にモンジェロンは、同じ大槌を使って同じ力の入れ具合で実験をしてみた。すると、二五回打ちつけたところで石壁に穴が開いたそうだ。ソネという別の女は、ひるむことなく真っ赤に焼けた火鉢の上に体を横たえていたので、サラマンドル（火の精）という愛称で呼ばれていた。もっと輝かしい殉教を望んで、自ら十字架にはりつけになろうとする者もいた。J・P・F・ドゥルーズ氏は『動物磁気（Animal Magnetism）』という論評の中で、この狂喜は磁気が生み出したものであり、この狂信者たちがそうとは気づかずに互いを引きつけ合っていることを立証しようとした。またドゥルーズ氏は、ヒンドゥー教徒は筋力が衰えるまで腕を水平に伸ばし続けたり、指を折って拳を作り、その状態で手の甲から見えるまでつめを伸ばすといった危険を冒したりしているが、それも磁気の影響だと主張しているのである！

六〇〜七〇年の間、磁気療法はほぼドイツだけで広まっていた。識者や賢者は天然磁石の特性に注目した。イエズス会士のヘル神父はウィーン大学で天文学を教えていたが、磁気治療で有名になった。一七七一年か一七七二年には変わった形の鋼板を発明し、それを裸体に当てていくつかの病気を治療した。一七七四年、ヘル神父はこの治療法をメスマーに報告した。メスマーはヘル神父の発明に自ら改良を加え、自分自身の新説を打ち立てることで、「動物磁気」の先駆者になったのである。

この新たな妄想を敵視する者たちの間では、破廉恥な山師だとしてメスマーを非難するのがはやってきたが、一方でメスマーの弟子たちは、彼を人類の改革者だとしてあがめており、薔薇十字団がその創始者を称賛するときの言葉とよく似た言葉で、人間と創造主たる神とのより親密な関係をもたらす秘密の発見者、品位をおとしめる肉体の束縛から魂を救出する者、人間が時間に挑戦することを可能にした男、空間の障害を克服した者、などと呼んでいた。メスマーが用意周到に主張を変えていったこと、そして、そうした主張を維持するために公にされた証拠を検証すれば、どちらの見解がより正しいのかは間もなく明らかになるだろう。こうした論文を書いた者たちは、メスマーのことを、自分自身を欺きながら他人を欺く媒体になった男だと考えているが、それはメスマーがこうした論文に居場所を見いだし、フラメルやアグリッパ、ボルリ、ベーメ、カリオストロの信奉者の中に現れることから推測できるかもしれない。

フランツ・アントン・メスマーは一七三四年五月、ドイツのシュワーベン地方にあるメルスブルクで生まれ、ウィーン大学で医学を学んだ。一七六六年に学位を修得し、博士論文のテーマとして、「天体が人体に及ぼす影響」を選んだ。テーマの扱い方は完全に昔の占星術医師のやり方だったため、しばらくは嘲笑にさらされることになったが、こうした早い段階から、後の優れた学説に対する信念がわずかに芽生えていたようだ。メスマーは論文の中で、「太陽、月、恒星は軌道上で互いに影響を及ぼし合い、地球に対しても、海上だけでなく大気圏内でも潮の干満を引き起こすなどの影響を及ぼし、さらに同様の方法で、宇宙全体に偏在し、相互作用と調和によってすべてを結びつけるわずかな移動流体を媒体として、あらゆる有機体にも影響を及ぼしている」と主張している。これはとくに神経系統に影響するもので、二種類の状態を作り出しているが、メスマーはそれを「緊張」と「緩和」と呼び、いくつかの疾患に見られるさまざまな周期的変化を説明できると考えていた。メスマーは後にヘル神父と会って意見を聴いたところ、自分の考えの多くが間違っていないことを確信した。そしてその確信をさらに強めようと、ヘル神父に磁気板を作ってもらい、それを使って自分で実験をしてみることにした。

メスマーはそれなりに尽力したが、うまくいったので驚いた。磁気板を装着した者が効果を信じることで、その磁気板に不思議なことが起きたのだ。メスマーは実験に関するそれ相当の報告書をヘル神父に送った。ところが、ヘル神父はそれを自分の幸運な発明の成果として発表してしまい、メスマーについては自分が雇って仕事をさせた医者だと語ったのである。メスマーはこの扱いに腹を立て、自分のほうがヘル神父より優秀だと考えた。そこでメスマーはこの発明を自分のものだと主張し、信頼を裏切ったとしてヘル神父を告発したうえ、他人の発見を自分のものにしたがる卑怯者だと言って非難したのである。ヘル神父はそれに応えたが、結果的にちょっとした論争となり、数カ月の間ウィーンの知識人たちに話題を提供することとなった。最終的に勝利を収めたのはヘル神父だったが、メスマーはそれに臆することなく自分の見解を広め、ようやく動物磁気説にたどり着くのである。

メスマーの患者の中に、エスターリーンというけいれん性の疾患に苦しむ若い女性がいた。定期的に発作を起こし、いったん発作が起きると一気に頭に血が上り、その後は錯乱状態に陥って失神してしまうのである。メスマーはすぐに天体の影響を基にした療法でこの症状を軽くすることに成功。そこで発作が襲ったり鎮静化したりする周期を予知することができるのではないかと考えた。そしてこうした病気の原因について自分なりに満足のいく説明ができるようになると、ある考えがとっさにひらめいた。自分が長い間信じてきたこと、それが間違いないという確証が得られれば、一定の治療を施せるのでないかというのである。彼が信じてきたこととは、つまり、地球を構成する物質間には天体間に存在するのと同じような相互作用があり、それによって、先に述べた潮の干満という周期的な変化を人工的に作れるのではないかということである。メスマーはすぐにこうした作用があることを確信した。ヘル神父の鋼板で実験をしていたときは、治療の効果は鋼板の形状によって変わると考えていたが、そのうちにまったく鋼板を使用しなくても、ただ自分の手を当てながら、患者の頭から足のほうに向かって動かすだけで、しかもかなり距離が離れていても、同じ効果が得られることが分かったのだ。

これでメスマーの学説は完成した。メスマーはこの発見を報告書にまとめると、ヨーロッパ中の学術団体に送付して審査を依頼した。返事をくれたのはベルリン科学アカデミーだけだったが、それもメスマーの治療法に好意的なもの、へつらいの言葉とは程遠いものであった。だが、メスマーは気を落とさなかった。自分の話を聴いてくれる人々に、磁気、すなわち流体は宇宙全体に偏在し――人間の体内にも存在し――、意思の力で過剰にある磁気を他人に送り込むことができるのだという主張を繰り返した。ウィーンの友人に宛てた手紙の中でも、メスマーは次のように書いている。

「磁気というのは電流体とほぼ同じもので、中間体によって同じように伝搬されることが分かった。媒体として使えるのは鋼だけではない。紙やパン、羊毛、絹、石、皮、ガラス、木、人間、犬――要するに、わたしが触れたものはすべて磁気を帯び、そうした物質が天然磁石と同じ効果を病人に与えるのである。電気を使うのと同じ方法で、磁気を帯びた物質を使って水がめにも帯電させてみた」

長い間、メスマーは自分の希望に合った快適な住まいをウィーンで見つけることができなかった。その主張も侮辱されるか無視されるかで、エスターリーン嬢の一件でも名声を博するどころか、悪評が立つ始末。そこでメスマーは活動の場を変えることにし、シュワーベン地方とスイスに旅に出た。スイスでは有名なガスナー神父と出会った。神父はバレンタイン・グレートラクス氏と同様、悪魔を追い払ったり、単に病人の上に手を当てて病気を治したりしては面白がっていた。神父が近づくと、ひ弱な少女たちはけいれんを起こし、うつ病患者は勝手に病が治ったと思い込むのだった。神父の家は毎日のように足の不自由な人、目の見えない人、ヒステリー症の患者たちに占領されていた。

メスマーはその場で神父の治療法の効果を認めると、これは自分が新たに発見した磁力の明らかな成果だと断言した。神父の患者のうち数人がすぐにメスマーの触診を受けると、症状が誘発されてきた。続いてメスマーはベルンとチューリッヒの施療院で貧困者に手を当てて、ほかならぬメスマー自身の報告によると、眼炎と黒内障を治すことに成功した。その後、これらの成功を記念してウィーンに戻った。敵を黙らせたい、少なくとも新たに勝ち得た名声に敬意を払ってもらいたい、そしてこの治療法をもっと厳密に審査してもらいたいと願ってのことだった。

ウィーンに錦を飾るはずだったメスマーだが、以前と同じで順風満帆とはいかなかった。完全に視力を失い、けいれんを起こしやすいパラディス嬢に病気を治してあげると約束したメスマーは、何度か彼女に磁気を送った後に、病気は完治したと告げた――いずれにしても、もし治っていなければ、それは彼女が悪いのであり、自分のせいではないと。ところが、バースという名の当時の著名な眼科医が彼女を訪れて、彼女は以前と変わらず目が見えないままだと診断したのである――しかも、家族までもが、彼女は以前と変わらずよくけいれんを起こすと言いだしたのだ。メスマーは、病気は治っていると強く主張した。あるフランス人哲学者と同じで、メスマーも自分の学説が現実に阻まれるのは許せなかったに違いない（原注　名前は不明だが、ある熱心な哲学者が何かのテーマに関連して申し分ない学説を唱え、少なからずそれを鼻に掛けていた。「でも、君、現実は君の学説とは違うよ」。友人がそう告げたところ、「違うって？　じゃあ、現実には気の毒なことをしたな」と哲学者は肩をすくめながら答えた）。これは陰謀だ。パラディス嬢も家族にそそのかされて、自分の評判に泥を塗るために目が見えないふりをしているのだ。メスマーは声を荒げながらそう言った。

この怪しげな治療の結果から、メスマーはウィーンも自分の活動場所ではないことを悟った。パリ、この怠惰な都、放蕩の都、快楽を追求する都、目新しいもの好きの都は、彼のような哲学者にはうってつけの仕事場であった。メスマーは再びパリに向けて旅立った。一七七八年にパリに入ると、まずは控えめに、主だった医師に自分とその学説について知ってもらうことから始めた。最初のうちは落胆することのほうが多く、自分を応援するどころか嘲笑する人のほうが多いことを知った。だがメスマーは、自分に対する大きな自信と、どんな困難にも負けない忍耐力とを兼ね備えていた。そこで彼は豪華なアパルトマンを借りると、新たな自然の力を試してみようという来訪者にその場を開放した。とても信望の厚い医師のデスロン氏も磁気療法師に転身し、それ以来、パリでは動物磁気療法、いわゆる「メスマリスム」が人気を博するようになったのである。女たちは夢中になり、この療法に感心した彼女たちの口コミで、あらゆる階層の人々にその名が知れ渡ることとなった。メスマーは超売れっ子になった。高貴な者も卑しい者も、裕福な者も貧しい者も、また、信じやすい者も疑い深い者も、こんな素晴らしい約束をしてくれるこの偉大な魔術師の力をとりあえず確かめてみようと、だれもが先を争うようにやって来た。だれでも知っていることだが、メスマーも想像力がどんな影響を及ぼすかを知っており、その点では、磁気の魔法の効果を高めるにはすべてが完ぺきでなければならないと判断。そこでパリのアパルトマンにこれ以上ないというほど美しい内装を施した。総鏡張りともいえる広々としたサロンの豪華なステンドグラスからは聖なる光がかすかに漏れ、廊下全体にはオレンジの花の香りが広がり、暖炉の上の骨董のつぼには最高級の香がたかれていた。奥の部屋からは風鳴琴の美しい調べが、また時折、甘い女性の声も上から、下からかすかに漏れてきてはアパルトマンを包み込み、訪れた人全員の暗黙の約束でもある神秘的な静寂を破っていた。

「何て気持ちがいいんでしょう。こんなのは初めてですわ！」。心地よい刺激を求めてメスマーの家に押し寄せてきたパリのおしゃべり女たちは一斉にこう言った。

「実に素晴らしい！」と、はやり物は何でも信じる偽哲学者。

「面白いね！」と、疲れ切った放蕩者たち。肉欲におぼれて身を持ち崩した彼らは、美女がけいれんを起こしているのを見たらまた新たな情欲に駆られるのではないかと期待していた。

実際の施術はこんなふうに行われた――大きなサロンの真ん中に、長径が約一二〇センチ、深さが三〇センチの卵形の容器を置く。ぶどう酒の瓶に磁気を帯びた水を入れ、しっかりとコルクでふたをしてから、首のほうを上にして、この容器に放射線状に何本も並べる。続いて、瓶がすっぽり隠れるぐらいまで容器に水を注ぎ、磁力を高めるためにときどき鉄くずを容器の中に入れる。その後、たくさん穴を開けた鉄のふたで容器を覆う。これは「おけ」と呼ばれていた。それぞれの穴には動かせる長い鉄棒を挿し込み、それを患者が各自で患部に当てるようになっていた。患者たちは互いに手をつなぎ、ひざとひざとをなるべくくっつけて、「おけ」の周りに座らされた。磁気流体が人から人へ円滑に流れるようにするためだ。

続いて磁気療法師の助手が入ってきた。そろいもそろって頑強で容姿端麗の青年だ。そしてその指先から驚くような流体を患者に注ぎ込んだのである。彼らは患者を抱き込むように両ひざで挟み、神経の流れに沿って背骨を優しくなで下ろすと、女たちの胸をそっと押しながら、目で彼女たちを引きつけようと、当惑しながらじっと見詰めるのだ！　この間はずっと厳かな静寂が続いていた。ただ、ピアノやハーモニカの激しい音色や、見えないところで歌っているオペラ歌手の美しい旋律が時折聞こえてきた。女たちのほおは徐々に紅潮し始め、想像力も膨らんできて、最後には次々とけいれんを起こすのだった。すすり泣きながら髪の毛をむしり取る者もいれば、涙を流しながら笑い続ける者、完全に意識を失うまで金切り声や悲鳴を上げ続ける者もいた。

これで危機的な興奮状態に入った。さあ、ここで主役の登場である。プロスペロ（シェークスピア著『テンペスト』〔ちくま文庫他〕の主人公で、弟の計略によってミラノ大公の座を追われ、孤島に生きる。魔法に通じている）のように手をかざしながら、新たな奇跡を起こしにやって来るのである。主役は黄金色の花の刺繍を施した薄紫色の絹のローブを身にまとい、磁気を帯びた白い棒を手にしながら、東方のカリフのように威厳のある面持ちで、ゆっくりと部屋に入ってきた。まだ意識のある者たちを目で威嚇すると、彼らの症状が収まってきた。続いて、意識を失っている者の眉の上と背骨の下を手でたたき、長い白い棒で胸部と腹部の上を、その線に沿ってなぞると、全員が意識を回復した。彼らは落ち着きを取り戻すと、この男の力を認識し、目の前で男が棒や指を振りかざすと、冷たい蒸気か熱い蒸気の流れが体内を通り抜けていくような感じがした、と口をそろえて言うのだった。

「メスマーの実験がパリで大評判になっているなんて想像もつかない。初期のカトリック教会ではこれほど辛らつな神学論争が繰り広げられたことはなかった」

デュポテ氏はこう話している。敵視する者たちはメスマーの発見を否定していた――ほら吹きだの愚か者だのとののしる者もあれば、ファリア神父（アレクサンドル・デュマ著『モンテ・クリスト伯』〔岩波文庫他〕にも登場し、エドモン・ダンテスと獄中で知り合う人物としても知られる）のように悪魔に魂を売り渡した男だという者もいた！友人たちが派手な賛辞を贈れば贈るほど、敵の非難も激しさを増していった。パリにはこの問題を扱った小冊子があふれ、反対派と擁護派が半々に分かれた。宮廷でも王妃がメスマーを支持することを表明し、ちまたでもこれ以外の話題はまったく聞こえてこなくなった。

デスロン氏の助言によって、メスマーは医学会に学説を審査してもらうことにした。そして二四人の患者を選び、そのうち一二人には磁気療法を施し、残る一二人には認可されている伝統的な治療を医学会で受けてもらったらどうかと提案。また、その条件として、論争にならないように、政府が実験に立ち会う人を医者以外の人から指名することを求めた。質疑についても、なぜそのような効果が生まれるのかではなく、本当に何らかの病気の治療に効果があるのかに絞るよう求めた。だが、医学会が質疑をこうして制限することに反対したため、この提案は却下された。

次に、メスマーはマリー・アントワネットにも書簡をしたためた。政府の保護を得る際に口を利いてもらおうと思ったのだ。メスマーは土地つきの城館、そして結構な額の年収を望んでいた。そうすれば敵の迫害に悩まされることなく、楽しみながら実験が続けられるからだ。メスマーは、科学者を支援するのが政府の義務ではないかと遠回しに述べたうえで、この先何の奨励金もないのなら、自分の素晴らしい発見をもっと高く評価してくれるよその国へ持ち出さざるを得なくなるとの懸念も示した。

「陛下からご覧になれば、善き目的に充てる四〇万～五〇万フランは支出のうちに入らないでしょう。陛下の臣民の繁栄と幸福がすべてでございます。わたくしの発見は、お慕い申し上げる国王陛下から受け入れられ、惜しみない評価が与えられてしかるべきでございましょう」

ようやく政府のほうも、二万フランの年金と、もし何か医学上の発見をして、国王が任命する医師に報告することになれば、聖ミカエル騎士団の十字架を授けると言ってきた。十字架を授けるという提案は、メスマーにはそれほど気分のいいものではなかった。国王が任命した医師が自分に不利な報告を上げるのではないかと思ったからだ。メスマーはここで交渉を打ち切って、金銭については関心がないこと、自分の発見をすぐに政府に認めてほしいことを伝えた。それが終わると、彼は少々うんざりして、健康のために鉱水を飲みたいからと理由をつけてスパー（ベルギーのリエージュ南東部の鉱泉保養地）に身を引いてしまった。

メスマーがパリを発った後、デスロンは医学会から三度目の、そして最後の呼び出しを受け、動物磁気説を放棄するよう迫られた。さもないと学会から除名処分にするという。ところが、デスロン氏は学説を放棄するどころか、新たな秘密を発見したのでまた審査をしてほしいと言いだしたのだ。その結果、一七八四年三月一二日、王立医学委員会が、科学アカデミーのもうひとつの委員会の立ち会いの下で、その現象について調査、報告するよう命じられた。王立委員会はパリの主要な医師らで構成され、科学アカデミーの委員会にはベンジャミン・フランクリン、ラボアジエ、天文学者のバイイなどの著名人がいた。メスマーは正式に委員会への出席を求められたが、あれこれと口実を作っては毎回欠席した。デスロン氏のほうがずっと誠実であった。本当にメスマーの発見なのかどうか真偽の疑わしい現象を完全に信じており、常にその場に立ち会って実験を行っていたのだから。

この審査の最中、バイイは自分が目撃した場面について次のように述べている。

「『おけ』の周りに集められ、何列かに並ばされた大勢の患者は、その『おけ』から突き出ている鉄の棒から――彼らの体に巻きつけられた紐から――、隣の人から磁気をもらうために絡めた親指から、大気中に磁気を発散するピアノの音や心地よい声から、磁気をもらっていた。常に穴のほうを見詰めている療法師が彼らの顔の前、頭の前後、患部の上でゆっくりと動かす指やつえから直接磁気をもらうこともあった。磁気療法師が彼らをじっと見詰めることもあったが、何よりも手の動きや肋骨や腹部の指圧によって磁気を送っていた。手当ては長時間に及ぶことも多く、ときには数時間続くこともあった。

その間、それぞれ病状が異なる患者たちの様子は実にさまざまだった。冷静沈着で何の効果も感じなかった者。咳をしたり、唾を吐いたり、かすかな痛みを感じたり、局部もしくは体全体が熱を帯びて汗をかいている者。そして、けいれんで身を震わせながら苦しんでいる者。そのけいれんに襲われた人の数、持続時間や激しさは尋常ではなかった。ひとりがけいれんを起こすと、すぐにほかの人もけいれんを起こすのだ。審査官らは三時間以上続くけいれんを観察していた。彼らは激しく苦しみながら、粘り気のあるつばを吐き出していた。時折、この流体に血が混じっていることもあった。このけいれんの特徴は、手足や全身の急激な不随意運動、季肋部やみぞおち部分の突き上げるような動きによるのどの収縮、ぼんやりと定まらない視線、甲高い叫び声、涙、すすり泣き、そして節度を欠いた笑いである。その後、倦怠感や夢想、ある種のうつ状態、場合によっては眠気が前後して襲ってくる。ちょっとした物音が突然聞こえただけでも震えだしたりする。また、聞こえてくるピアノの旋律が変わっただけでも患者に大きな影響を及ぼすことが認められた。素早い動きや明るく陽気な旋律は患者を興奮させ、より激しいけいれんを誘発した。

このけいれんの光景ほど驚かされるものはない。見たことがない人には想像もつかないだろう。見物していた人は、一部の患者が深い眠りに陥っているのを見ては驚き、興奮している患者――さまざまな偶発症候が重なって、共感している患者――を見ては驚いていた。患者の中には他人を思いやることに神経を集中させ、手を広げながら互いに駆け寄っては、笑ったりなだめたり、あらゆる愛情や好意のしるしを示す者もいた。彼らは全員磁気療法師に支配されており、どんなに眠気に襲われていようと関係なく、磁気療法師の声――その目、その手の動き――で覚醒するのである。けいれんを起こしている患者のほとんどが女性で、男性はごくわずかであった（原注　バイイが作成した『審査官報告書』、一七八四年、パリ）」

この実験はおよそ五カ月の間続けられた。こうした実験が行われるようになったのは、名声も利益も両方失うのを心配したメスマーがパリに戻る決心をしてからであった。メスマーの熱心な信奉者で、地位も財産もある数人の患者が、スパーまでメスマーを追っていった。その中にベルガスという男がいたが、その男はメスマーに代わって株式を募集しようと申し出た。額面一〇〇ルイ金貨の株を一〇〇株募集し、出資者にはメスマーが秘密を公開し、公開された者はそれを好きなように利用してもいいという条件をつけるのだという。メスマーはすぐにこの申し出を受け入れた。すると人気は沸騰し、株式はわずか数日で完売してしまった。それだけでなく、少なくとも一四万フランを上回る資金が集まったのである。

メスマーはこの資金を携えてパリに戻り、実験を再開した。王立委員会も審査を続けていた。指導料としてかなりの金額を払っていたメスマーの愛弟子たちは、その名声を国中に広めたうえ、磁気の実験とあらゆる病気の治療を行うため、フランスのあらゆる主要都市に「調和協会」を設立した。こうした協会の中には道徳的に物議を醸したところもある。邪悪な欲望を持ったみだらな男たちが参加してきたからである。彼らはけいれんを起こした若い娘たちを見ることに嫌らしい喜びを見いだしていた。当時は多くの自称磁気療法師が、そういう機会を利用して情欲を満たしている名うての放蕩者だといわれていた。

とうとう審査官が報告書を発表したが、それは傑出した人物だが不運なバイイの報告を基にしたものであった。理路整然としており、中立性をしっかり維持している点では、依然としてこれに勝るものはない。報告書はさまざまな実験とその結果を詳述してから、動物磁気を支持できる唯一の証拠はそれが人体に及ぼす影響であり――これらの効果は手を動かしたり磁気を操作したりしなくても得られるものであり――、いくらこうした操作をしても、手を動かし、儀式めいたことをしても、患者にその認識がなければ何の効果もなく、したがって、この現象を引き起こしているのは想像力であり、動物磁気ではないという結論を導いている。

この報告書はフランスでのメスマーの評判を失墜させる

ものであった。メスマーはその直後、信奉者が出資した三四万フランを持ってパリを離れ、祖国に身を引いた。そして一八一五年、そこで八一歳という高齢で世を去った。だが、メスマーがまいた種は、一般大衆の軽信性というありがたい思いやりのおかげでたわわに実り、大切に育てられながら成長していった。フランスやドイツ、英国では模倣者が現れ、メスマーよりもずっと派手やかで、創始者ですら考えもつかなかった新しい科学を切り開く力があると主張した。中でもカリオストロは、こうした妄想をうまく利用し、自分が隠秘哲学《オカルトサイエンス》の師であるという主張を広めていた。だが、ピュイスギュール侯爵やバルバラン勲功爵と比べたら、何ら価値ある発見はしていない。この二人、他人を欺く前に、まず自分がだまされるという正直者であった。

ピュイスギュール侯爵はフランス北東部のビュザンシー村の大地主で、メスマーの株式に応募したひとりであった。メスマーがフランスを去ると、侯爵も同僚と一緒にビュザンシーに戻り、借地人を相手に動物磁気を試みては、同郷人のあらゆる病気の治療に当たっていた。気取りもなく情け深かった侯爵は、集まってくる病人をただ磁気で治療しただけでなく、食事も与えていた。近所では、実際には周囲三〇キロ圏内だが、侯爵には神がかりした力があるといわれていた。侯爵によると、その偉大なる発見は偶然のたまものであった。ある日、自分の庭師に磁気を送り、庭師が深い眠りに落ちていくのを観察していたとき、普通の夢遊病者にするように庭師にも質問をしてみたらどうなるだろう、という考えがひらめいた。そこで侯爵が質問をすると、庭師ははっきりと、そして正確に返事をしたのである。侯爵にはうれしい驚きであった。侯爵は実験を続け、こうして磁気で夢遊状態にすると、眠っている人の精神が高揚し、あらゆる自然、とくに自分、ピュイスギュール侯爵とより親密な交信ができることを発見したのである。もうこれ以上の触診も必要ないことが分かった。つまり、話し掛けなくても、あるいは何かの合図をしなくても、自分の意思を患者に伝えることができるし、実際に何ら具体的な療法を施さなくても、心と心で会話ができるのである。

この素晴らしい発見と同時に、侯爵はもうひとつ、自分の能力に見合った信頼が得られる発見をしている。バレンタイン・グレートラクス氏と同様、侯爵も訪れた患者全員に磁気を送るのは大変な重労働だと感じていた――健康維持のために必要な休息をとることも、気晴らしをすることもままならかったのだ。こうした緊急事態に直面した侯爵は、いい方策を思いついた。メスマーは木片を磁化することができたと言っていたではないか。ならば樹木を丸ごと磁化することだって可能なはずではないか？　侯爵は思いつくが早いか、即実行に移してみた。ビュザンシー村の広場には楡の大木が生えていた。村祭りのときには、その木の下で娘たちが踊り、晴れた夏の夕暮れどきには年寄り連中が座って地酒を楽しんでいる。侯爵はその大木のあるところまで行くと、まずは手で触れて、それからその木から数歩下がって木に磁気を送ってみた。そしてその間中、磁気流体の流れを枝から幹へ、幹から根へと導いてみた。これが終わると、今度は木の周りに円形の座席を作り、木の至るところから紐を吊るした。患者たちはそこに座って患部に紐を巻きつけると、流体が流れる直接伝導路を作るため、互いの親指をしっかりと握り締めた。

これでピュイスギュール侯爵には二つの「趣味」ができた――精神が高揚した男と楡の木である。侯爵自身の言葉ほど、本人と患者がいかに夢中になっていたかをうまく伝えられるものはないだろう。侯爵は同僚に宛てた一七八四年五月一七日付けの手紙の中でこう記している。

「親愛なる友よ、もしこちらへ来ていただけないのなら、わたしの素晴らしい患者には会えませんね。何しろ病気がほぼ完治したのですから。相変わらずメスマー氏からいただいたこの幸運な力を利用していますが、メスマー氏には毎日感謝の祈りを捧げています。なぜなら、わたしは近隣の哀れな病人たちの役に立ち、ずいぶんと健康にいい影響を与えているからです。皆、楡の大木の周りに集まってきますが、今朝は一三〇人以上いました。これは最高の『おけ』です――『ただの木の葉でなく、健康を伝搬する木の葉』なんですよ！　皆、多かれ少なかれこの効果を感じています。この慈愛あふれる魅力的な光景をご覧になれば、きっと楽しい気持ちになられるでしょう。ただ、ひとつだけ残念なのは、来てくれる患者全員の触診ができないことです。でも、わたしが磁気を送った男――わたしの右腕になってくれる男――が安心させてくれます。彼はわたしにどうしたらいいかを教えてくれるのです。わたしが全員の触診をする必要はまったくなく、目で見詰め、身振りで示せばいい、ただ望むだけでも十分だとね。しかも、それを教えてくれるのは、地元でも最も教育水準が低い農民のひとりなんですから！　昏睡状態に陥ったら、彼ほど思慮深くて賢明で、透視能力にも優れた人間はいないでしょう」

別の手紙では、磁気を送った大木で最初に行った実験のことを次のように記している。

「昨日の夕方、最初の患者を楡の木のところに連れていきました。患者の周りに紐を巻いた途端、彼は木をじっと見詰めながら、何とも言い難い驚きの表情を見せてこう叫んだのです――『何ですか、これは？』。それからがっくりと首を落とすと、完全に催眠状態に入ってしまいました。

一時間してから、わたしは彼を家まで連れていって、催眠を解いてやりました。男女数人がやって来て、彼が何をしていたかを告げたのですが、彼はそんなことはあり得ないと言い張っていましたよ。衰弱していて、ほとんど歩けない状態でしたから、階段を下りて楡の木まで歩いていったなんて、まずあり得ないと思ったのでしょう。今日は彼に同じ実験を繰り返して行いましたが、同じように成功しました。実をいうと、善いことをしてあげたのだと思うと、うれしくて有頂天になりそうですよ。わたしの妻や妻の友人、使用人、そして実際にわたしの周りにいる人たち全員が、驚きながらも、言語に絶するほど感心していました。でも、みんな、わたしが味わった興奮の半分も味わっていないのです。わたしに休息を与え、これからも与えてくれるあの楡の木がなければ、きっと精神的に参っていたでしょうね。おそらく健康とは正反対の状態に陥っていたでしょう。もしこういう言い方をして差し支えなければ、もうたくさんだ、という感じです」

さらに別の手紙では、精神が高揚した庭師について詩情を込めた表現で説明している。

「この愚鈍な男から、この長身で頑強な二三歳の田舎者から、病気で衰弱した、というよりはむしろ悲しみで身をやつし、だから偉大な自然の力によって影響されやすくなっているこの男から、わたしは何度も知識を得ましたし、いろいろと教えられました。彼が催眠状態に陥ると、もうたったひとつの文すらまともにしゃべれない農民ではなくなるのです。わたしが名前すら思い出せない人物を描写できる、そんな人間になっているのです。わたしがしゃべる必要はまったくありません。ただ、『彼より先に考えればいいのです。そうすれば、彼は瞬時に理解して、答えてくれる』のです。だれかが部屋に入ってきても、わたしが望めば（望まなければだめですが）、彼にはすぐ分かります。そして彼に働き掛けて、わたしが言いたいと思っていることを語ります。確かに、きちんと命令するわけではなく、真実が求めることを語るのですが。もしほかの人に聞かせたい内容以上のことを彼が話したがったら、その考えの流れを止めて、話している途中でも話をやめさせて、まったく違った方向に導くのです！」

ほかにもこうした驚愕の出来事に関する報告書を見てビュザンシー村に行ってみたくなった者がいる。それは収税吏のクロケ氏である。不思議なものには目がないクロケ氏は、ピュイスギュール侯爵に聴かされた話をあっさりと、すべて真に受けていた。また、自分で目撃したものや信じたものの記録を保管しており、それがこの妄想の広がりにさらに明るい光を当てることになったのである。クロケ氏によれば、磁気を送られた状態の患者は深い睡眠状態に陥り、その間は身体機能をすべて停止させて、精神機能を十分に働かせるのだそうだ。また、患者は目を閉じ、耳も聞こえない状態で、磁気療法師が命令しないと覚醒しないのだそうだ。

「患者が昏睡状態にある間は、だれかが患者に触っても、患者が座っているいすに触っただけでも、患者はひどい痛みや苦痛を感じ、けいれんを起こしてしまう。昏睡状態にあるときには、驚くべき超自然の力を授かって、その力によって、患者に触れるだけで、患部はどこなのか、ただ服の上から手をかざしただけでもそれを感じることができるのだ」

もうひとつ特異な点は、催眠状態に陥ると、こうして病気を発見できるだけでなく、他人の胃の内部までを透視して治療法を指摘することができるのだが、磁気療法師がそろそろ覚醒させたほうがいいと思って催眠を解いた後は、その間のことは何ひとつ覚えていないということである。催眠状態に入ってから目覚めるまでに経過した時間は、跡形もなく消えてしまうのである。また、磁気療法師は催眠状態の人に自分の声を聞かせられるだけでなく、離れたところから指さすだけで、ずっと目を閉じたままの彼らを自分の指示に従わせることもできる。

これがピュイスギュール侯爵の動物磁気説である。侯爵が楡の木を使ってこうした現象を起こしているとき、リヨンにはバルバラン勲功爵という、また違った磁気療法師が登場した。この紳士は、つえや「おけ」のような装置を何も使わなくても、意志の力だけで十分に患者を催眠状態に導くことができると考えていた。そしてそれを試し、成功を収めた。患者のベッド脇に座って、患者に磁気が送れるようにと祈ると、患者はピュイスギュール侯爵の患者たちと同じような状態に陥った。しばらくすると磁気療法師が各地に大勢現れた。バルバランを師とあおいでいた彼らは、その名にちなんで「バルバリスト」と呼ばれ、素晴らしい治療を行っていると考えられた。スウェーデンとドイツではこの狂信者の団体が急増し、「実験主義者《エクスペリメンタリスト》」といわれたピュイスギュール侯爵の信奉者らと峻別するために、「心霊主義者《スピリチュアリスト》」と呼ばれるようになった。彼らの主張は、メスマーが自然界全体に偏在する磁気流体で作り出せると信じていたあらゆる動物磁気効果は、他人に働き掛ける人間の精神作用だけでも作り出すことができ、磁気療法師と患者との間に一度関係ができれば、どんなに離れたところからでも、たとえ何百キロ離れていても、磁気療法師は意志の力で患者にその効果を伝えることができるというものである。そう主張するある磁気療法師は、患者の喜ばしい状態について次のように述べている。

「人間はそういう状態になると、動物的本能がこの世で容認できる最高位にまで高まり、『透視能力のある人』は何の混じりけもない純粋な動物状態になるのである。そうした状態での観察は心が観察しているのと同じに、つまり神と何ら変わらなくなる。その目は自然のあらゆる秘密を透視し、この世のあるもの——自分の病気や死、最愛の人、友人、親族、敵——に注意を集中させているときには、心の中でその行動を見ながら、その行動の原因と結果を透視しているのである。そのときの彼は医者であり、予言者であり、神学者でもあるのだ！」

さて、ここからは英国でこうした秘儀がどのように推移していったかをたどってみよう。一七八八年、最初はメスマーに、後にデスロンに師事したメノーデュク博士がブリストルに到着し、磁気に関する公開講義を行った。博士の講義は大成功を収めた。地位も財産もある大勢の人々が磁気療法を受けるため、あるいは師事するために、ロンドンからブリストルに押し寄せた。ジョージ・ウィンター博士は、『動物磁気の歴史（History of Animal Magnetism）』という著作の中に次のような一覧を載せている。

「訪れた人の数は一二七人に上るが、内訳は公爵が一人、公爵夫人が一人、候爵夫人が一人、伯爵夫人が二人、伯爵が一人、男爵が一人、男爵夫人が三人、司祭が一人、伯爵以下の紳士淑女が五人、準男爵が二人、下院議員が七人、聖職者が一人、内科医が二人、外科医が七人、そのほか社会的地位のある紳士淑女が九二人であった」

その後メノーデュク博士はロンドンに移ったが、そこでも同じような成功を収めた。

博士はまず、婦人のために「健康協会」の設立を提案した。そしてその論文で動物磁気の治療効果について大言壮語し、イングランドに初めて紹介したのは自分の手柄だとしたうえで、最後を次のように結んでいる。

「この治療法は女性や学校の教育だけにとどめておいてはならない。また、総じて女性のほうが共感しやすく、子どもたちの健康や養育にも直接に関係している。だからご婦人方には感謝しなければならないのだ。わたしにそうする力があるかぎり、助産術でもっと社会に役立つよう貢献したいという意欲を見せてくれているからだ。こうした考えから、『健康協会』を設立し、パリの協会と合併することを提案しているのである。二〇人のご婦人方からの登録申し込みがあり次第、わが家で行う第一回目の会合の日にちを決める。その際に一五ギニーを支払っていただくが、これにはすべての費用が含まれる」

ハンナ・モアは一七八八年九月に作家のホラス・ウォル

ポールに宛てた手紙の中で、メノーデュク博士の「悪霊に取りつかれた虚礼」について触れながら、メスマーがパリでやったのと同じように、博士も公正なやり方で一〇万ポンドも稼いでいると述べている。

世間の関心も急速に高まってきたこのころ、ホロウェイという男がロンドンで動物磁気に関する講義を行った。受講料はひとり当たり五ギニー。大きな収入になった。画家のラウサーバーグとその妻も、この儲かる商売に手を出した。不思議な手の動きを見てみようと人々は熱狂し、ハンマースミスにあった二人の家の周りは、中に入れてもらえなかった三〇〇〇人以上の人々でごった返していた。受講券は一～三ギニーで売られていた。ラウサーバーグはグレートラクス氏に倣って触診治療を施して、最後には聖なる任務を授かったのだとまで言いだした。いわゆるラウサーバーグの奇跡についての記録は、一七八九年に『キリストの賛美者著　ハンマースミステラスでラウサーバーグ夫妻が行った薬を使わない新しい治療の目録　カンタベリー大司教閣下に捧ぐ』という題名で発表された。

この「キリストの賛美者」というのは、半狂乱の老婆メアリー・プラットのことである。彼女はラウサーバーグ夫妻に尊敬の気持ちを抱いていたが、それが高じて夫妻を崇拝するまでになった。小冊子の標語には『使徒行伝』第一三章にある一節、「見よ！　侮る者たちよ。驚け。そして滅びよ！　私はあなたがたの時代にひとつのことを成し遂げる。それは人がどんなに説明して聞かせてもあなたがたの到底信じないようなことである」を選んだ。画家の治療に宗教的な性格を加えようとした彼女は、「男」は人間の懐疑心を克服することはできないと使徒が語っていることから、「女」なら分かってもらえるだろうと考えた。そしてこう記したのである。ラウサーバーグ夫妻は一七八八年のクリスマスの日から一七八九年の七月にかけて二〇〇〇人の病気を治療し、「神の御導きを受けるにふさわしき者となった。その素晴らしき磁気の流れは、すべての根源である神からもたらされたもの、聴力障害者、言語障害者、視力障害者、歩行障害者など、万人にあまねく治療を施すために、神様が情け深くもお二人に授けられたものなのである」と。

カンタベリー大司教への献辞では、新たな祈禱の形式を作り、どの教会や礼拝堂でも使えるよう、またこの貴重な賜り物が勝手な行いによって妨げられることのないようにしてほしいと大司教に懇願した。さらには、全行政官や当局者に対しても、ラウサーバーグ夫妻とベテスダの池（聖書に出てくるエルサレムの病気を治す霊池）に隣接した大きな病院の早期建設を協議するようにとの要望を出した。

磁気療法師は皆、この老婆のたわけた独り言に憤慨し、ラウサーバーグ氏も彼女を避けてロンドンを離れてしまったようだ――ただ、妻と連絡を取りながら、この愚かな狂信者の考えを変えてしまった変ないたずらは続けており、老婆より気は確かだと言い張る多くの人々をだましていた。

このころから一七九八年までは、磁気が英国で注目を集めることはほとんどなかった。この年、磁気の人気を復活させようという動きもあったが、動物磁気ではなく、どちらかといえば鉱物磁気の復活を目指したものであった。レスタースクエア（ロンドン中心部にある公園）で開業医を営むベンジャミン・ダグラス・パーキンスという米国人の外科医は、有名な「メタリックトラクター（金属製のトラクター治療器）」を発明して特許を取得した。パーキンスによると、その治療器は強い磁気を帯びた二つの小さな金属片で、ヘル神父が最初に注目した鋼板にやや似ており、患部の外側に当ててそっと動かせば、表面に触れるだけで痛風やリューマチ、しびれ、実際には人間がかかりやすいほぼすべての病気を治すことができるという。この驚くべき話はあっという間に広まり、新聞も治療器の治療効果を誇示するばかりの論説を次々に載せるようになった。価格は二片一組で五ギニーであった。パーキンスには間もなく大金が転がり込んできた。痛風患者はこの新たな治療器を前にすると痛みを忘れ、リューマチもこれが接近すると逃げだし、歯痛も、たいていは歯科医の姿を見ただけで治ってしまうことが多いが、パーキンスとその驚異の鋼板を前にするとさっと姿を消してしまった。

パーキンス自身も会員だった慈善団体、「後援者の会」は、この発明を温かく支援した。治療器を買う五ギニーがない、それどころか五シリングさえ払えないという貧しい人々もこの素晴らしい発見の恩恵に浴するべきだとして、多額の寄付をして病院を建設した。それは「パーキンス病院」と呼ばれ、患者はだれでも無料で磁気療法を受けることができた。数ヵ月もすると、この治療器は広く利用されるようになり、幸運な発明者は五〇〇〇ポンドを手にすることになった。

バースの著名な内科医だったヘイガース博士は、病気の治療に想像力が影響することを思い出し、トラクター治療器の真価を試すいい方法を思いついた。パーキンスの治療は順調で疑う余地もなかったので、ヘイガース博士もそれに異論を挟んだりはせず、ひそかに、ただし大勢の証人の目の前で、人々はただまどわされているだけであり、皆その妄想に苦しめられていることを見せつけたのだ。木製のトラクターに色を塗って鋼のトラクターに似たものを作り、同じ効果が得られるかどうかを見てみよう。博士はファルコナー博士にそう話を持ち掛けた。実験のため、バースの病院から五人の患者が選ばれた。そのうち四人は足首、ひざ、手首、腰の慢性リューマチでひどく苦しんでいた。残るひとりは数カ月にわたって痛風に悩まされていた。指定された実験の日、ヘイガース医師と友人らは病院に集まると、大まじめな顔をして偽物の治療器を取り出した。五人中四人の患者はすぐに痛みが和らいだと言い、うち三人は痛みが和らいだだけでなく、とても良かったと話していた。ひとりはひざがぽかぽかしてきたと感じ、これなら部屋を歩くことができるという。そして実際に歩いてみると、見事に歩くことができたのである。前日は起き上がることすらできなかったのだが。通風患者は痛みが急速に和らいでいくのを感じ、九時間ぐらいはかなり具合が良かったが、寝る時間になると再びけいれんが始まった。翌日、本物のトラクター治療器を患者全員に当ててみると、全員が同じような言葉で症状を語った。

念のため、数週間後にブリストル病院で再度実験を行った。そのときの患者は、肩にリューマチ性疾患があり、まったく腕が上がらないほどひどい症状であった。まずは偽物の治療器を取り出して、患部に当ててみた。真剣な実験の雰囲気を醸し出すため、ひとりの医師がポケットからストップウォッチを取り出して、正確に時間を測った。もうひとりの医師はペンを取り出して、腰掛けながら、症状の変化が起きると分刻みでそれを書き留めた。すると、四分もたたないうちに患者の症状はかなり緩和され、腕を十数センチ上げることができたのだ。しかも、肩はまったく痛くないというではないか！

ヘイガース博士はこの実験の詳細を、『偽物トラクター治療器で実証した疾患の原因と治療における想像力について』と題した書物を発表した。この暴露本はパーキンス博士の治療法に致命的な打撃を与えた。博士の友人や支援者は、やはりだまされていたのかとは言いたくなかったので、羊や牛、馬にトラクター治療器を試し、動物の場合は木製の治療器では何の効果もなかったが、鋼板は良かったと主張。だが、もうそんな言葉を信じる者はいなくなっていた。パーキンス病院は忘れ去られ、パーキンスも落ち着いた晩年を過ごそうと、約一万ポンドを抱えて英国を後にした。

このような訳で、一時英国では磁気が一笑に付されるようになった。フランスでは大革命の真っただ中で、そんな研究をする余裕などだれにもなかった。ストラスブールをはじめ、ほかの大都市の「調和協会」も、しばらくは残っていたが、やがてもっと深刻な問題に人々の関心が移り、弟子や教授からも次々に見捨てられていった。こうしてヨーロッパの二つの国を追われたこの治療法は、空想好きなドイツの哲学界に避難場所を見いだした。ドイツでは、催眠に対する驚嘆の念が日ごとに高まる一方であった。患者は予言という賜り物を授かり、その視野を地球全体に広げていた。つま先や指先で見聞きすることもできるし、腹の上に本を載せておくだけで未知の言葉が読める、理解することだってできるのだと。無知な農民も、偉大な磁気で催眠状態に入ってしまえば、プラトンをも凌駕する哲学説をすらすら口にすることができるし、どんなに学殖の深い形而上学者よりも雄弁に、かつ信憑性をもって心の神秘について語ったり、起きている人が靴の留め金を外すように、いとも簡単に難解な神学の問題を解いたりすることができるのだと。

一九世紀が始まってから一二年の間、ヨーロッパではどの国でも動物磁気が話題に上ることはほとんどなかった。ドイツ人も非現実的な夢を見ている場合ではなく、ナポレオンの大砲がとどろく音や王国の興亡など、現実の世界で何が起きているのかを知って目を覚ましたのだった。この時期、科学は薄暗い雲に覆われてしまい、一八一三年にドゥルーズ氏が『動物磁気に対する批判問題（Histoire Critique du Magnétisme Animal)』を出版するまで、その雲が晴れることはなかった。この著作で、半ば忘れられていた幻想に再び弾みがついたのである。新聞、小冊子、書籍は争うようにその真偽を追究し、医学会の重鎮の多くは、真実の究明に向けて真剣に計画を立て直して調査に当たった。

ドゥルーズ氏が有名な著作で主張した内容を要約すると次のようになる。

「人体からは常に流体が流出しており」、「われわれの周囲に大気を形成するが」、それは「決まった流れ方がないため」、周りの個々の人間には体に感じる影響を一切及ぼさない。しかし、それは「意志によって方向を定めることができ」、そうして方向が定められると、われわれが持つエネルギーに見合った力で、「流れとなって放出される」。その動きは「発熱した体が放つ熱線と似ており」、「人によってその質は異なる」。高密度に集光することもでき、それは「樹木にも存在する」。磁気療法師の意思は、「同じ方向に何度か繰り返される手の動きで導かれ」、この流体を樹木に充満させることもできる。ほとんどの人は、この流体が磁気療法師の体から、またその意志によって体内に注ぎ込まれると、磁気療法師が彼らの前に手を出すだけで、まったく触らなくても、「熱い、あるいは寒いという感覚を覚える」。この流体を十分に注入された人は、催眠状態か恍惚状態に陥る。そして、こうした状態になると、「流体が磁気療法師を光輪のように取り巻き、その口や鼻孔から、頭や手から、流体が光の束になって流れてくるのが見えてくる。流体からはとてもいいにおいがするが、それは食べ物や水に特定の風味を伝達しているのである」。

まっとうだと思われたい医師が主張するにはこうした「概念」だけで十分だと思われるかもしれないが、これはドゥルーズ氏が語った驚異のほんの一部にすぎない。ドゥルーズ氏はこうも述べている。

「磁気が催眠状態を生み出すと、その状態に陥っている人のあらゆる能力が驚くほど高まってくる。いくつかの外器、とくに視覚と聴覚はまったく機能しなくなるが、その代わり、その外器に依存している感覚が内部に生まれてくる。磁気流体によって続けて見たり聞いたりすることが可能になり、その印象を瞬時に脳に直接伝達するのだが、そのときは神経や臓器は一切介在しない。だから催眠状態の人は、目や耳を使わなくても見聞きすることができるのだ。しかも、単に見聞きできるだけでなく、起きているときよりもずっとよく見え、ずっとよく聞こえるのである。万事において、その人は、たとえ言葉で表現されなくても、磁気療法師の意志を感じることができる。自分自身の体内や、その人と『関連づけられた』人、つまり磁気で関係を結んだ人の体の陰部に至るまで透視することができるのである。たいていは病気や疾患の部分だけを見て、直感でその人に治療法を指示するというものである。予言者のような洞察力や感覚があり、多くは正確だが、たまに間違うときもある。自分の考えを驚くほど雄弁に、すらすらと語る。虚栄心の塊でもある。磁気療法師が慎重に導けば、自然とより完ぺきな存在になってくるが、もし誤った方向に導かれると、さまよってしまうのである」

ドゥルーズ氏によると、次のような条件に合致し、次のような法則に従って行動すれば、だれでも磁気療法師になってこうした影響を与えることができるという。

「当面は物理学や形而上学に関する知識を全部忘れること。

沸き上がってきそうな嫌悪感や不満をすべて心から排除すること。

自分の力で病気を支配下に置き、傍らに放り投げるのを想像すること。

研究を始めてから六週間は絶対に結論を出さないこと。

善いことをしたいという前向きな願望を抱き、磁気の力を固く信じること、また、それを使うときには絶対的な自信を持つこと。要するに、あらゆる疑念をはねのけて、成功を望み、純粋に、かつ注意深く行動すること」

すなわち、「素直になって何でも信じること、我慢強くなること、過去の経験をすべて捨てること。そして理由を聞いてはならない」ということである。これであなたもドゥルーズ氏の心にかなった磁気療法師である。

　こうしてありがたい状態に導いたら、今度は「患者の中から自分にとって厄介だと思われる患者をすべて排除すること。つまり必要な証人だけを残しておくこと――必要とあらばひとりでも構わない。けっして自分の療法やその効果に固執させず、患者に善いことをしたいのだという気持ちに同調してもらい、参加させること。熱すぎたり冷たすぎたりしないように自分を調整し、自分の自由な動きが妨げられないようにすること。施術中に妨害されないよう予防策を講じること。そのとき、患者にはできるだけゆったりと座らせ、自分は少し高めのいすに向かい合って座り、患者のひざを挟み込み、足が患者の足の両脇に来るようにすること。最初に、患者には『完全に身を任せてほしい。何も考えないように。どうなるのかを考えて当惑しないように。不安をすべて払拭し、希望に身を委ね、もし磁気の作用で一時的に痛みを感じても動揺したり落胆したりしないように』と言っておくこと。まず自分の心を落ち着けてから、自分の親指の内側が患者の親指の内側と接触するように、自分の指の間に患者の親指を挟み、そして『患者の目をじっと見詰めること！』。この状態を二～五分、または自分と患者の親指が同じぐらい熱く感じられるようになるまで続けること。これが済んだら、自分の手を離して、右へ、そして左へと移動させ、同時に手の内側が外側を向くよう手を裏返し、頭の高さまで手を上げること。それから手を両肩に置き、一分ぐらいそのままにする。その後、腕から指の先端に沿って、優しく描くようにして軽く触れていく。この動作を五～六回繰り返すが、毎回手の向きを変え、手を上げる前に体から少しだけ離すこと。そして両手を頭の上に置き、そこでほんの一瞬手を止めたら、その後手を下げていき、三～五センチ離して顔の前を通過させ、みぞおちのところまで下ろしていく。そこでまた二分ほど手の動きを止め、両手の親指をみぞおちに当てながら、残りのすべての指を肋骨に当てる。それから手をゆっくりとひざまで、むしろ自分が混乱せずにここまでできれば、足の先端まで下ろしていく。施術時間の残り時間も、これを一セットとして何セットか繰り返すこと。また、ときどき患者に近づいていって肩の後ろに手を置き、背骨と太ももに沿ってひざか足のほうまでゆっくりと手を下ろしていく。一回目の手順が終わったら、頭の上に手を置くのは省略して次の動作に移っても構わない。そのときは肩から腕へ、続いて腹部から胴体へと行う」。

　これがドゥルーズ氏の推奨する磁気療法の手順である。繊細で空想にふけりがちな女性、また臆病な女性がこの状態に陥って自らけいれんを起こしたりすれば、動物磁気の宿敵であっても容易に信じてくれるだろう。窮屈な姿勢で座らせるだけでも――両ひざを挟み、女性の顔をじっと見詰めている間中、男は女性の体中のいろいろなところを「通って」いく――、気の弱い女性、とくにヒステリー症にかかりやすい女性やこの治療の効果を信じている女性の場合はとくにそうだが、十分発作を誘発させることができた。だから強い心や健康な肉体を持つ者をこの療法で眠りに導くべきだというのは歴然としている。このような結果がこうした手段によって生まれた例は数千とある。だが、これらは動物磁気にとって有利な証言なのだろうか？――磁気流体の存在を証明するものなのだろうか？　無活動の状態、無変化の状態、同じ姿勢での長時間の休息が眠りを誘うこと、また弱った体が興奮し、模倣行動をし、そして強い想像力が働くとけいれんが起きることを証明するには、磁気も必要なければ、墓場から亡霊を呼んでくる必要もないのである。

ドゥルーズ氏の著作はフランスで大きな話題となり、研究もこれまでの倍の勢いで再開された。翌年には『動物磁気年報（Annales du Magnétisme Animal）』という科学専門誌が創刊され、その直後にも『動物磁気双書（Bibliothèque du Magnétisme Animal）』など、多くの出版物が刊行された。ちょうど同じころ、あの「驚異の男」、ファリア神父が磁気療法に手を染めた。神父には他人より多くの磁気流体があり、他人より意思の力も強いと考える者が多く、治療は大成功を収めた。神父は実験から、想像力は何にでも効果があるが、いわゆる流体は何にも効果がないという説得力のある論証を導き、新しい科学の証拠として自信をもって主張できる結果を出した。神父は患者を肘掛けいすに座らせてから目を閉じるように告げると、大きな声で命令するように、ただ一言、「眠りなさい！」と言うだけであった。触診も一切行わなかった――「おけ」も使わなかったし、流体を導く道具も使わなかった。だが、神父は何百人もの患者を眠らせることに成功したのである。神父はこれまでにこの方法で五〇〇〇人を眠らせたと自慢していた。ただ、命令を三～四回繰り返す必要はあった。もしそれでも患者が眠りに入らないときには、患者を立たせ、「あなたは催眠術にはかからない」と言って、面倒な仕事からは手を引いた。また、これは特筆すべきことだが、磁気療法師らは、流体が万人に効くとは主張しなかったのである。強い心や健康な体を持つ者は催眠術にかからないのである。懐疑的な人も、推測するような人も、催眠術にはかからない。固く信じる者、体の弱っている者、心の弱い者だけが催眠術にかかるのだ。また、何らかの理由で、後者の部類に属する人々が磁気の魔法に抵抗すると困るので、科学の伝道者たちは、「そういう人々」にも催眠術がかからないことが往々にしてあるとも述べている。嘲笑したり不信に思ったりする気持ちが、流体の潜在力を弱めてしまい、その効果をなくしてしまうのだという。ドゥルーズ氏も磁気療法師向けの注意書きではっきりと述べている。

「詮索好きな人には絶対に催眠術をかけないこと！」

(原注　『動物磁気に対する批判問題』六〇ページ)

そろそろこのテーマを締めくくろう。動物磁気の歴史についてこれ以上論じてもあまり役に立ちそうにないからだ。さまざまな現象――この現実については議論の余地もないだろう――が毎日のように起き、公明正大で人間の真実を愛する識者たちを驚かせ、混乱させている時代にあってはとくに無駄であろう。これまでも十分に述べてきたが、仮に磁気に何らかの真実があるにしても、多くの過ちや誤認、誇張があった。しかし、その歴史を最初から紐解いていくと、まったく効用がなかったとはどこにも書かれていない。一七八四年のバイイの言葉を引用してみよう。

「磁気はそれを非難する哲学にとってまるで無用の長物だったというわけでもない。人間の過ちの付加的事実として記録に残り、素晴らしい実験をして人間の想像力がいかに強いかを立証しているのである」

精神は物質にどのような影響を与えるのか。この広漠とした追究――人間という知の権化でもけっして答えを出すことのできない追究――に、磁気は少なくとも弱々しい光を投じることはできたかもしれない。不屈の意志は強く、それと比べると物質は弱い、という論証を加えることはできたかもしれない。優れた旧約聖書の詩篇作者（イスラエルのダビデ王だといわれている）の「われわれは素晴らしき創造物なり」という詩句を、形を変えて示したものなのかもしれない。

第9章　権力当局と毛髪
Influence of Politics and Religion on the Hair and Beard

ひげやひげのある男のことは
十分な敬意をもって語るべし。
――『ヒューディブラス』

「かような長髪は男の恥である」という聖パウロの有名な言葉は、長い間国家とキリスト教会が数々の奇異な法律を定める際の口実になっていた。イングランドとフランスでは、キリスト教が誕生してから一五世紀までは、髪型を変えたりあごひげをそったりしただけで国家の一大事だったのである。

いにしえの時代にも、たとえ自分の毛髪とはいえ、思いどおりにはできなかった。アレクサンダー大王は、兵士があごひげを伸ばしていると、打ち首にするときに握るのにちょうどいいものを敵に与えてしまうと考えて、こういう強みを握られないようにと、兵士全員にきれいにあごひげをそるよう命じていた。だが、アレクサンダー大王の考えは北米インディアンのそれとはまったく違い、北米インディアンは、敵が頭皮を剝ぐときにつかむものを与えてしまうとして、「騎士のような巻き毛」を伸ばすのを名誉にかかわることと考えていた。

ヨーロッパには、長髪が君主の象徴だった時代がある。トゥールのグレゴワールによると、クロービスの後継者たちの時代には、髪を伸ばして巻き毛にするのが王族の特権であった。しかし、権力では国王にも引けを取らない貴族たちは、これに劣等感を感じていたのか、頭髪だけでなくあごひげまでも実に長く伸ばしていた。フランク王ルートウィヒ一世（敬虔王）の時代まではこうした風習が少しずつ形を変えながら続いていた――だが、カペー朝の創始者ユーグ・カペーまでの後継者たちは、目立とうとして髪を短くした。農奴までもがあらゆる規則に果敢に反抗し、頭髪とあごひげを伸ばしていた。

ノルマンディー公ウィリアムがイングランドに侵攻したとき、ノルマン人は頭髪を短くしていた。サクソン最後の王ハロルドは、ヘイスティングスに向かって行進している最中に敵の人数や兵力を偵察しようと密偵を送り込んだのだが、その密偵、戻ってくるなりこう報告している。

「兵士は皆僧侶のようです。顔も口の周りも全部そっておりますので」

頭髪と口ひげは長く伸ばすが、あごひげはそるというのが当時のイングランド人の風習であった。征服王ウィリアム率いる傲慢な勝者は、サクソン人のセイン（アングロサクソン時代の従士）と自由農民の広大な土地を自分たちで分割し、おまえたちは征服され崩壊した民なのだということをイングランド人に思い知らせるためにありとあらゆる暴虐行為を働いたが、そのときイングランド人は、短髪であごひげもそった征服者と見間違えられないよう、頭髪を伸ばすことを奨励していたのである。

聖職者はこうした風習をことのほか不快に思っていたが、フランスとドイツではかなり浸透していた。一一世紀末ごろのことだが、ローマ教皇は、頭髪を伸ばしている者は死ぬまで破門にし、臨終に際しても祈りを捧げないという勅書を発布し、ヨーロッパ中の教会当局の熱狂的な支持を得た。一二世紀の年代記作者ウィリアム・オブ・マームズベリーによると、ウースター大司教の座にあった有名な聖ウルスタンは、長髪の男を見るたびに妙に憤慨したらしく、そうした習慣を極めて不道徳で不面目、かつ残虐的だと非難していた。常に懐に小型ナイフを忍ばせており、長髪の者が祝福を受けようとして目の前でひざまずこうものなら、陰険なまなざしでナイフをさっと取り出して髪を一房切り取ると、相手の顔に投げつけながらこう言い放ったという。

「残りも全部切るように。さもなければ地獄落ちだ」

ところが、風習というのは、少しずつ変化していくときもあれば、てこでも動かないときもあり、しかも人々は、髪の毛を切るよりも、破滅するという危険を冒すほうを選んでいたのである。ヘンリー一世の時代の話だが、カンタベリー大司教のアンセルムスは、頭髪を伸ばした者は破門にし、社会から追放するという有名な勅書を再発布する必要があると考えたが、王室そのものが巻き毛を奨励し始めていたので、キリスト教会がいくら非難したところで無駄であった。ヘンリー一世とその公卿たちは長い巻き毛を肩から背中に垂らしていたため、敬虔な信者の目には「偉い人の不品行」に映っていた。内心国王の不信心を悲嘆していたセルロという国王付き司祭は、集まった廷臣たちの前で有名な聖パウロの文章を引用して説教をしながら、あの世で待ち受けている恐ろしい拷問の絵を描いてみせた。すると廷臣たちは泣きだして、まるで根元から引っ張るように、ねじりながら自分の頭髪を引き抜いてしまったのだ。ヘンリー一世もすすり泣いていた。司祭はこの光景を見ながら、「鉄は熱いうちに打たねば」と判断し、懐からはさみを取り出すと、全員の見ている前で国王の頭髪をばっさりと切り落としたのである。高位の廷臣も数人がこれに倣ったため、しばらくは長髪も廃れたかに見えた。ところが、沈思によって熱い悔悛の情も冷めてくると、彼らは裏切り者の司祭にしてやられたことに気づき、半年もたたないうちに元の罪深い長髪に戻してしまった。

カンタベリー大司教のアンセルムスは、かつてノルマンディーのベック修道院の僧侶だったころにルーアンで長髪に強く反対したことで有名になったのだが、相変わらず長髪の連中を改心させたいと考えていた。しかし、ヘンリー一世はそんな大司教の頑固さに不快感を覚えるようになり、とうとう巻き毛に戻すことにした。国王はもっと深刻な問題で大司教と言い争っており、大司教が死去すると、やっと解放されたと言って大喜びし、司教座を五年間空位にしてしまった。それでも長髪に反対する者はおり、国中の説教壇からはそうした反抗的な長髪の人々を憎悪する声が響いてきた。だが、それもすべて徒労に終わった。一六世紀の年代記作家ジョン・ストウは、この時期のことをつづった著作の中で、過去の年代記をよりどころにして、「男たちは家柄を忘れ、髪を伸ばすことで女性のように変身し」、加齢やその他の理由で髪が薄くなってくると、「付け毛で巻き毛や編み込みを作っていた」と述べている。ところが、ついにそうした風習を一変させる事件が起きたのである。

ある日の夜、美しい巻き毛がたいそう自慢だった騎士が夢にうなされた。ベッドに横になっていると、悪魔に襲われて自分の巻き毛で窒息させられそうになったというのだ。騎士は怖くなってきた。ぞっとした騎士は、夢は神様の戒めだと思い、っていた。実際、口の中には大量の頭髪が残早速改心して、その日の夜にはふさふさとした髪の毛を切り落としたのだった。この話はあっという間に広まった。もちろん、一番熱心に広めたのは聖職者だったのだが。かくして多くの人々が、熱心な聖職者の勧めもあって、影響力もある重要人物で、流行の牽引役としても知られていたこの騎士の行動を見習うようになったのである。男たちはそれなりに洗練されてきた。聖ウルスタンもこれを望んでいたに違いない。聖人がしつこく懇願するよりも、伊達男の夢のほうがずっと効き目があるということが証明された格好になった。しかし、ストウも記しているとおり、「一年もたたないうちに、廷臣であることを忘れてしまった男たちは、再びかつての悪徳におぼれ、その長い髪で婦人たちと張り合うようになった」。ヘンリー一世は他人の夢ごときに影響を受けるような男ではなかったので、夢を見ても聖職者に再び頭髪を切らせるようなことはしなかっただろう。このころ、ヘンリーは不愉快な幻覚にひどく悩まされていたらしい。あれやこれやで教会の怒りを買っていたせいか、安眠できず、司教や修道院長をはじめ、ありとあらゆる僧侶がベッドの周りを取り囲み、羊飼いのつえでずっと脅されているというのである――それは見ただけでも恐ろしく、いつも裸でベッドから飛び起きると、剣を手に亡霊どもに立ち向かっていったそうだ。国王付き医師のグリムバルドは、当時の同業者仲間と同じように聖職者でもあったが、けっして夢は消化不良が原因だなどというあいまいなことは言わず、頭髪をそって教会と和解し、施しと祈りによって改心するようにと助言した。だが、ヘンリーは聞く耳を持たなかった。それから一年後のこと、嵐で大荒れの海でおぼれそうになったヘンリーは、ようやく自分の悪行を後悔し、髪を短く切って聖職者の要請にきちんと敬意を払ったのだった。

フランスでもイングランドと同様、長い巻き毛に対する教皇庁の怒りはほとんど無視されていた。だが、弟王よりも素直な性格だったルイ七世は、まるで僧侶のように髪を短く刈ってしまい、めかしこんだ廷臣たちをがっかりさせた。派手で気位も高く、快楽志向の王妃エレオノール・ド・ギュイエンヌ（アキテーヌ）は、一度として国王の髪型を褒めたことがなく、かぶり物だけならともかく、禁欲主義まで僧侶のまねをしていると言って責めてばかり。これが原因で二人の関係は冷え切ってしまった。王妃はとうとう坊主頭で冷淡な夫に不義を働き、二人は離婚。フランスの王室は王妃の持参金だったアキテーヌとポワトゥーという肥沃な地方を失うことになってしまったのである。その直後、エレオノールがノルマンディー公ヘンリー（後のイングランド国王ヘンリー二世）に公領を贈与したことで、イングランドがフランスに強固な基盤を持つことになった。これがあの何世紀にもわたる両国間の血みどろの戦争（百年戦争）の原因になったのである。

十字軍は垢抜けた若者たちをごっそりとパレスチナに連れていったが、そのときヨーロッパに残っている威風堂々とした市民に長髪が非道であることを諭すのは、聖職者にとっては朝飯前であった。リチャード獅子心王が十字軍遠征で国を留守にしている間は、イングランドの人々は髪を短く刈るだけでなく、顔もそっていた。「ロングベアド（長いあごひげ）」との異名を持つ当時の大物扇動政治家、ウィリアム・フィッツ＝オズバートは、自分の祖先はサクソン人だと主張する人々に再び長髪をはやらせた。ノルマン人の市民とはっきり区別してもらいたかったのだ。ロングベアドは自分のあごひげも腰まで伸ばしていたことから、今ではフィッツ＝オズバートよりもこの呼び名のほうが有名である。

キリスト教会は長髪を徹底的に嫌っていたが、ひげに関してはそうでもなく、あごひげも口ひげもそれぞれ独自の道を歩むことが許された。この流行は絶えず変化を続けた――あごひげをそったリチャード一世の治世から一〇〇余年の後には再び長くなり、一三二七年にロンドンを訪れたスコットランド人も風刺詩で取り上げるほどになった。この年は、スコットランド独立の英雄ロバート・ザ・ブルースことロバート一世の息子のデビッド（後のデビッド二世）がエドワード二世の次女ジョアンと結婚した年である。この風刺詩は聖ペテロスタンゲート教会の扉に貼ってあるが、次のようなものである。

長いひげは冷血漢、
派手な頭巾は愚か者、
灰色の服は礼儀知らず、
みんなイングランドをだめにした。

神聖ローマ皇帝カルロス五世がスペイン国王に即位したときにはひげを生やしていなかった。四六時中国王にへつらっている寄生虫どもも、やはり君主のほうが自分たちより雄々しく見えると考えた。王室からはいともあっさりとひげが消えてしまった。ただ、流行の波にものまれることなく、まじめ一辺倒だった高齢の取り巻き数人だけは例外だった。彼らはそれまで同様、死ぬときもひげを生やしたまま死にたいと心に決めていたのである。冷静な廷臣はおおむねこの革命を残念がり、ハラハラしながら見守っていたが、いずれは男らしさがすべてひげと共に葬り去られるのではないかと思っていた。当時は世間でこんな言葉がよく聞かれたものである。

「あごひげがなくなったら、もはや抜け殻も同然」

フランスでも、アンリ四世亡き後はひげが不評を買うようになった。だが、それはもっぱら後を継いだ国王がまだ幼くて、ひげなど生えていなかったからである。だが、この偉大なベアルヌ人（アンリ四世の異名）の腹心の友数人、中でも宰相のシュリーは、新世代から嘲笑を浴びせられていたにもかかわらず、ひげをそり落とすのを拒んだのだった。

イングランドが僧侶と騎士の二大勢力に分裂したことを覚えていらっしゃるだろうか？　このころ清教徒《ピューリタン》は、君主制擁護者の長い巻き毛の中にありとあらゆる悪徳や邪悪が潜んでいると考えていたが、一方の君主制擁護者は、敵はその毛髪と同じく知恵や美徳に欠けていると思っていた。男の巻き毛は、政治的にも宗教的にもそれぞれの信条を象徴していたようだ。髪が豊かなほど信仰心は薄く、髪が少ないほど敬虔な信者だというわけだ。

しかし、男の毛髪に権力当局が干渉した事例の中でも最も常軌を逸しているのは、一七〇五年のピョートル大帝の命令である。その思い切った決断もさることながら、成功したという点でも驚くべきものだろう。この時期、ヨーロッパのどの国でもひげは糾弾されていた。しかもローマ教皇や皇帝よりもずっと説得力あるやり方で、文明社会から葬り去られていたのである。ただ、ロシア人だけは、忌み嫌っている外国人と区別するためのしるしとして、この古くからの装身具に強い愛着を抱いていた。ところが、ピョートル大帝がひげをそらせる決断を下したのである。もしピョートルが歴史を深く研究していたら、同胞たちが長年培ってきた習慣や先入観にあんな独断的な攻撃を仕掛けるのを躊躇していただろう――だが、ピョートルは躊躇しなかった。ピョートルは革新がいかに危険なことかを知らなかったし、考えてもみなかった。だから自分の不屈の志に突き動かされるままに行動し、軍人だけでなく、貴族から農奴に至るまで、あらゆる階級の市民はあごひげをそること、という命令を下したのだ。しばらくすれば同胞の強い憤怒も鎮まるだろう。そう考えたピョートルは、しばらく間を置いてから、あごひげを生やし続ける者には一〇〇ルーブルの税を課すという命令を下した。弱い立場に立たされた聖職者と農奴は、都市の門をくぐるたびに一コペイカを支払って、あごひげを生やし続けることを許してもらわなければならなくなった。結果的には大きな不満を残したが、ジョージ三世の妃シャルロッテの実家であるシュトレリッツ家を襲った恐ろしい運命は記憶にも新しい。多くの人々は、立派な志はあっても、暴動を起こすほどの勇気はなかった。『ブリタニカ大百科事典』の執筆者も指摘しているとおり、彼らは平気で自分たちの首を切り落とすような男を怒らせるよりは、ひげをそったほうが賢明だと考えたのだ。ピョートルは歴代のローマ教皇や司教より賢明でもあり、永遠に地獄落ちだと言って脅しを掛けるのではなく、服従しない者には罰として税金を課したのである。こうの税収は、長年にわたって莫大な歳入となった。徴税請負人は、税を納めた者には受領証代わりに、まさにこのために製造された小額の硬貨を手渡した。「あごひげの男」という名の銅貨であった。表面には鼻と口、口ひげ、そして長くてもじゃもじゃしたあごひげの男が描かれ、"Deuyee Vyeatee"、つまり「領収済み」という文字がそれを囲むように刻まれていた。周囲は全体が花冠で縁取られ、ロシアの象徴である黒鷲が押印され、裏面には年月日が刻まれていた。あごひげを生やすことを選択した男たちは全員、市の門をくぐるときには必ずこの領収のしるしを提出しなければならなかった。頑固に税の支払いを拒んだ者は投獄という憂き目を見た。

それからというもの、近代ヨーロッパの権力当局は、流行の問題についてはすべて、強制するのではなく説得するという方法に切り替えた。教皇庁もあごひげや巻き毛のことで心を痛めたりすることはなくなり、男たちも、もしそれが好みなら、破門や参政権の剝奪などを恐れずにクマのように毛むくじゃらになっても構わなくなった。かくして愚行は新たな出発点に立ったわけだが、今度は口ひげを生やす男が増えてきたのである。

この件でも政府は黙っていなかった。教会はまだ干渉してこなかったが、政府がすでに大きな権力を振りかざしていたので、それも時間の問題だった。一八三〇年に七月革命が勃発する前は、フランス人もベルギー人もそれほど目立った口ひげを生やしてはいなかったが、革命後はパリでもブリュッセルでも、商店主という商店主が、本物のひげか付けひげかは知らないが、突如として口ひげを生やし始めたのである。一八三〇年一〇月、オランダ兵がベルギーのルーベン市民に暫定的勝利を収めたが、包囲されている間は、「やつら、もう顔をきれいにそっているぞ」というのが、愛国者を一笑に付すときのお決まりのフレーズとなった。またオランダ兵も、口ひげをそったベルギー人からそった口ひげをもらって集めれば、入院中の傷病人全員のマットレスができる、と言って笑っていた。

さて、最後にご紹介する愚挙の例はごく最近の出来事である。一八三八年八月、ドイツの新聞各紙は、バイエルン国王ルートウィヒ一世が署名した王令を掲載した。理由のいかんを問わず、一般市民は口ひげを生やしてはならず、違反した場合には警察をはじめとする当局に逮捕され、ひげをそられる、というものである。この王令を掲載した『ル・ドロワ（正義）』紙は次のように付け加えている。

「不思議なことだが、口ひげはまるで秋の落葉のようにさっと消えていった。人々は慌てて国王の命令に従い、逮捕者はひとりも出なかった」

バイエルン国王は少々名の知れた三流詩人であり、以前は詩のように空想的なわがままぶりを発揮していたが、この件に関しては、詩的でもなければ、筋が通っているともいえない。人々は、国王が頭髪も全部そってしまえなどと言いださないことを願った――これ以上社会全体の品位を落とすものはないからだ。

第10章　幽霊屋敷
Haunted Houses

だれかが戸をたたいているぞ！　トントン！
トントン！　トントン！
……だれだ、ベルゼブブか？……
だれだ、悪魔を名乗るのは？　トントン！
トントン！　トントン！――
静かにしていられないのか？

――『マクベス』

扉が固く閉ざされ、人も住めないほど、ぼろぼろに崩れ落ちた家。ほこりにまみれ、見るからにわびしい。深夜になると妙な物音が聞こえてくる――空をたたく音、ジャラジャラ鳴る鎖、動揺した精霊のうめき声。暗くなってから前を通るのは危ないといわれている家、もう何年も借家人がいない家、家賃は払っていても実際にはだれも住んでいない家。そんな家を見たことがない、聞いたこともないという人がいるだろうか？　英国には現在もそういう家屋があまたとある――フランスやドイツをはじめ、ヨーロッパのほとんどの国にもあまたとあるが、そうした家には恐怖の印が刻まれており、臆病者は避けて通り、信心深い者は、幽霊や悪霊から守ってくれますようにと、十字を切って祈りながら前を通る。ロンドンにもそういう家がたくさんある。もし知の歩みを鼻に掛けるうぬぼれ屋が、わざわざ幽霊や悪霊を探し出して数を数えたら、きっと古い迷信が完全になくなるのはまだ遠い先の話だと思い知るに違いない。

このような家屋が存在するという観念は魔女信仰の名残だが、これは比較的被害が小さいこと、また集団の愚行ほどの狂気をはらんでいないことから、違った観点から注目してみたい。また魔女信仰から生まれる観念や、これまで十分に論じてきた観念とも異なり、火刑台や絞首台に送られた不運な者はひとりもいない。さらし者にされた人間がわずかにいる程度である。

多くの家屋が幽霊に取りつかれているといわれており、何でもすぐに信じてしまう弱虫は、自分の取るに足らない事情から近づかないようにしてきたが、実はたくましい精神力でそれを一気に克服し、あらゆる恐怖心をなくしたいと一心に願っていた。エクスラシャペルのとある屋敷は、荒れ果てた大きな建物で、五年間も人が住んでいなかった。それというのも、ノックするような不可解な音が、昼夜を問わず四六時中、家の中から聞こえてくるからだ。その音の謎はだれにも解けなかった。両隣の住人もとうとう不安が限界に達し、借地を手放して、同じ町の別の地区に引っ越してしまった。引っ越してからは悪霊に邪魔されることもなくなった。あるじを失ったまま長い年月がたっていた屋敷は、やがて廃墟と化し、外観も薄汚く、みすぼらしくなってきた。幽霊が出るとうわさされるどの場所とも同じで、日が暮れてからは前を通ろうとする者はほとんどいなくなった。上階から聞こえてくるノックの音は、轟音ではなかったが、実に規則的に聞こえてきた。隣近所では、穴蔵からうめき声がよく聞こえてくる、晩鐘が鳴るとすぐに、窓から窓へ明かりが移っていくのが見える、といったうわさが流れた。白装束の亡霊が窓際で嘲笑したりしゃべったりしている、という話も聞かれた。これだけいろいろな話がささやかれていたというのに、調査が行われるには至らなかった。しかし、ノックする音が聞こえてくるのは紛れもない事実であり、地主も原因を突き止めようと努力はしてみたものの、大した結果は得られなかった。部屋には聖水がまかれ、司祭も正式に、紅海にでも行ってしまえと悪霊に命じたが、ノックする音は鳴りやまなかった。やれることは全部やった。だが、やはり効果はなかった。ところが、ついに偶然の出来事によって原因が分かり、周辺にも再び静寂が戻ってきた。精神的な打撃だけでなく、財布のほうも打撃を受けた地主は、もうこれ以上悩まされるのはごめんだとばかりに、家屋を格安の値段で売り払ってしまった。新しい地主が一階の部屋に立っていた。すると、ものすごい音を立てながら扉の下のほうをこじ開けようとするのが聞こえてきた。そしてその直後、数センチほどパッと開いたのである。その後は何も起こらなかったが、地主はもうしばらく立ったまま、じっと様子をうかがっていた。すると同じことが二度、三度と起きたのである。扉を入念に調べてみたが、謎はひとつも解明できなかった。鍵が掛けられないほど、かんぬきが壊れていた。とくに扉の下の蝶番がぐらついていた。すぐ向かい側には窓があったが、その窓ガラスの一枚が割れていた。風は一定方向に吹いており、強風が激しく扉に吹きつけると、かんぬきが掛かっていないほうの扉が開いてしまうのだ。新しい地主はすぐにガラス工を呼びにやった。その後は二度と不可解な物音はしなくなった。しっくいと塗料を塗り替えた屋敷は、失った名声を再び取り戻したのだった。ところが、世間から好意的に見られるようになって二～三年は優に過ぎていたのに、そのときでさえ多くの人は、別の道を通って目的地まで行ける場合には必ず屋敷の前を避けて通っていた。

サー・ウォルター・スコットも、『悪魔学と妖術（Letters on Demonology and Witchcraft)』の中で同じような話をしている。主人公は高貴な生まれの紳士で、政界の大物であった。彼が屋敷の権利を相続した直後のこと、使用人たちの間にあるうわさが流れた。夜になると家族の邸宅からよく変な声が聞こえてくる、というのである。原因はだれにも分からなかった。紳士は自分で原因を突き止めようと、昔からこの家に仕えている奉公人と一緒に見張っていることにした。ほかの使用人もそうだが、この男も、前のご主人様が亡くなった直後から聞こえるようになったと、妙なことを口走っていた。二人は音が聞こえてくるまで見張っていた。そして音の出どころを追跡していくと、ついに小さな貯蔵庫にたどり着いた。食料品を蓄えておくのに使っているところである。二人は中に入ってしばらく待っていたが、せっかく突き止めたはずの音がまったく聞こえてこない。だが、二人が立ち去ろうとしたそのとき、ようやく聞こえてきた。しかも思っていたよりもずっと下のほうからだった。二人は興奮してきた。すると難なく原因が分かったのだ。旧式のわなに掛かったネズミが、何とか抜け出そうとして音を立てていたのである。わなの入り口は一定の高さまで上げられるのだが、そこでどうしても落としてしまうのだ。その落ちる音が家中に響き渡り、それが妙なうわさの原因になり、地主も調査に乗りだすことになったのである。この家の評判が悪くなったのは、間違いなくこのせいだろう。使用人はだれひとり居つかなくなってしまった。サー・ウォルター・スコットは、当事者である紳士からこの話を聞いたそうだ。

しかし、屋敷に悪い評判が立つのは、このような出来事よりも、むしろ生きている人間のいたずらに原因があるのが普通である。六人の修道僧も、尊敬すべき聖王ルイを巧みにだましていた。国の年報で「聖人」の称号を授けようと考えた敬虔な国王は、聖ブルーノ修道会の修道僧たちの善行と高い学識を熱く称賛する証言者の話を聞き、パリ近辺に彼らの共同体を創設したい意向を示した。高位聖職者のベルナール・ド・ラ・トゥールが六人の修道僧を送り込むと、国王は彼らにシャンティー村のしゃれた住まいを提供した。窓からは旧ボーベール宮の素晴らしい景観が一望できた。ロベール王が王族の住まいとして建てたのだが、長年空き家になっていたところである。敬虔な修道僧は、この邸宅なら彼らにぴったりだと思ったが、遠慮しすぎてしまったのか、国王に正式に居住許可を請うことができなかった。この問題を打開するのは難しく、修道僧たちは別のやり方を考えようと策略を練り始めた。ボーベール宮は彼らが近所にやって来るまで汚名を着せられたことなどなかったのだが、どうした訳か、たちまち悪い評判が立つようになってしまった。夜になると、ぞっとするような金切り声が聞こえるようになった。窓からは突然、青、赤、緑の薄明かりが揺らめいたかと思うと、さっと消え、鎖がジャラジャラと鳴る音や大きな苦痛に耐えかねた人がほえるような声も聞こえてきた。こうした騒ぎは数カ月続き、国中が大きな恐怖に包まれた。パリにいる敬虔な国王にも、ありとあらゆるうわさに尾ひれや背びれが付いて伝えられ、それはどんどんエスカレートしていった。とうとう亡霊まで出てきてしまった。真夜中になると、薄緑色の服で全身を覆い、長く白いひげを生やし、ヘビのしっぽを持った巨大な亡霊が宮殿の一番大きな窓に定期的に現れて、恐ろしい雄たけびを上げながら通行人に挙を振りかざしているのだ。一部始終をきちんと聞かされていたシャンティーの修道僧たちは、悪魔が自分たちの住まいのすぐ反対側でこんな悪さをするとは、とことのほか激怒して、聖王ルイに調査官を派遣して調べてもらってほしい、もし自分たちが宮殿に住めるのなら、すぐにでも悪霊を退治できるだのが、とそれとなく言ってみた。国王は彼らの敬虔な言葉に心を打たれ、その清廉さに謝意を表した。即刻、国王の親署入りの不動産譲渡契約が交わされ、ボーベール宮は聖ブルーノ修道院の修道僧たちのものになったのである。契約書は一二五九年に交わされたものだが、騒ぎはすぐに収まった。その後は窓の明かりも見えなくなり、緑色の亡霊（僧侶たちの弁）も紅海の底で永遠の眠りに就いている。

一五八〇年、ジル・ブラクルという男がトゥール郊外の家を賃借りしたが、地主のピエール・ピケから値切って借りたことを後悔し、契約を解除させようと地主への説得を試みた。だが地主は、借家人にも契約条件にも満足しており、一歩も譲らなかった。その後間もなく、ジル・ブラクルの家には幽霊が出るといううわさがトゥールの町全体に流れた。ジル自身も、家は確かにフランス中の魔女や悪霊の集会場所になっているようだと語っている。恐ろしい物音がして、夜も眠れない。壁をたたいたり、煙突の中でほえてみたり、窓ガラスを割ったり、台所中の鍋を散らかしたり、いすやテーブルを夜通し躍らせたりするのだから。この不思議な物音をぜひ聞いてみたいと、家の周りには人だかりまでできる始末。塀からは自然にれんががはがれ落ちて街に転がり、日の出前の主の祈りを唱えていない者の頭上に落ちた。こんなことがしばらく続いたため、ジル・ブラクルはトゥール民事裁判所に訴えを起こした。ピエール・ピケも召喚され、賃貸契約を解除しない理由を説明するよう求められた。気の毒なピケは弁解もできず、判事らも、このような状況では賃貸契約の効力は維持できないとして、直ちに解約し、不運な地主が訴訟費用を全額負担することで全員一致した。ピケはパリ高等法院に控訴した。するると長い審理を経た後、高等法院は賃貸契約の正当性を確認したのである。

「それというのは」と判事は付け加えた。

「屋敷が悪霊に取りつかれているということが、完全かつ納得のいく形で立証されていないからではない。契約が完全に無効であるという判断に至ったトゥール民事裁判所の手続きが略式だったからである」

一五九五年、ボルドー高等法院でも同様の訴訟が起こされた。悪霊にひどく悩まされている市内の屋敷に関する訴訟であった。高等法院は一部の聖職者を指名して調査に当たらせ、結果を報告するよう求めた。そして、屋敷は悪霊に取りつかれているため、賃貸契約を解除し、借家人には賃貸料および税の支払いをすべて免除することに同意する旨の報告書が提出された。

幽霊屋敷の話でも群を抜いて痛快なのは、一六四九年のウッドストック宮の話である。長期議会がロンドンから派遣した調査官らは、その王宮を占有し、王室の象徴を全部消すよう命じられたが、悪魔を恐れてほとんど逃げだしたも同然だった。見事に使い魔を演じていたいたずら好きの騎士にも悩まされた。一六四九年一〇月一三日、調査官らはウッドストックに到着したが、そのときはまだ悪魔などいるはずがないと思っていた。彼らは亡き国王の部屋に宿を取った。そして美しい寝室と応接室を台所と洗い場に、会議室を醸造所に、食堂をまき置き場に改造した。さらに王室の紋章をすべて取り払い、チャールズ・スチュアート陛下の名を思い起こさせるようなものはすべて、かなり侮辱的に扱った。ジャイルズ・シャープという男が書記官として彼らと行動を共にしていた。調査官たちの活動を手伝っていたのだが、どう見ても一番熱が入っていた。尊い老木を引き抜くときも、ただその木が「チャールズの樫の木」と呼ばれているからだ、と言って手を貸していた。調査官たちが心地よく過ごせるように暖炉をたこうと、切ったまきを食堂に投げ入れたりもした。ところが三日目になると、彼らは悪い仲間ができたのではないかと疑い始めた。ベッドの下で超自然の犬が寝具をかじっている音が聞こえたからだ――彼らには確かに聞こえた。次の日にはいすとテーブルが踊り始めた。もちろん勝手に、である。五日目、何かが寝室に入り込んできて、うろうろ歩き回っていた。そして応接室から寝床用のあんかを持ってきて、それでけたたましい音を立てたのである。まるで耳の中で教会の鐘が五つ同時に鳴っているかのようだった。六日目には食堂の皿や食器類が跳ねた。七日目、連中は木の幹を何本か抱えて寝室に押し入ってくると、調査官たちの柔らかい枕を奪っていった。八日目と九日目は敵対行為なし。しかし、一〇日目には煙突のれんがが動きだし、調査官たちの頭の周りで夜通し音を立てて踊っていた。一一日目、悪魔は乗馬用のズボンをはいて逃げ去った。一二日目には、彼らが持ってこられなかった白目の皿がベッドの上を埋め尽くしていた。一三日目の夜、どういう訳かガラスがいきなり砕けると、家中が震えだした。一四日目、まるで四〇発の大砲が発射されたかのような轟音が響き渡り、滝のように砂利が降ってきた。これでぞっとした調査官たちは、「ものすごい恐怖に駆られ、口々に助けを求めて大声を上げた」。

まずは悪霊を追い払う祈禱の効果を試してみた。だが、まったく効果がないことが分かると、ここにすみ着いている悪魔を一斉に追い出すのは良くないのではないか、と真剣に考えるようになった。しかし、結局はもう少し様子をみてみることにし、自分たちが犯した罪の許しを請いながら床に入った。その晩、彼らはぐっすり眠れたが、それは見せ掛けの安堵感を与えてうまくなだめようという、いじめっ子のいたずらであった。次の晩も何ら物音は聞こえなかったので、彼らは悪魔を追い出したものと心ひそかに信じ込み、冬の間は王宮に宿を取ろうと、準備に取り掛かっていた。ところが、こうした彼らの兆候が新たな悪魔の大騒ぎの合図になったのである。一一月一日、応接室を何かがゆっくり、もったいぶったペースで歩いているのが聞こえてきたのだ。そしてその直後、石やれんが、モルタルや割れたガラスが、すぐそばに暴風雨のように投げつけられるのが聞こえたのである。その翌日も応接室で同じことが繰り返され、彼らの想像では、まるで巨大な熊でも歩いているかのような音が聞こえてきた。それは一五分ほど続いた。この大きな騒音がやむと、今度は寝床用の大きなあんかがテーブルに激しく投げつけられ、続いておびただしい数の石や馬の顎骨が飛んできた。度胸のある男が剣とピストルで武装して、果敢にも応接室に入っていったが、何も分からずじまい。夜ベッドで眠るのが怖くなった彼らは、すべての部屋の暖炉をたき、ろうそくやランプをありったけともして夜通し起きていた。悪魔は暗闇が好きだから、こんなにたくさんの明かりに囲まれていれば仲間を邪魔することもできないだろう。彼らはそう考えたのだ。ところが、完全にたぶらかされてしまった。バケツに入った水が煙突から落ちてきて、暖炉の火が消えてしまったのである。ろうそくの火も消えてしまった。まだ原因は分からなかった。寝室に戻った使用人の何人かは、寝ている間に腐ったどぶの水でびしょ濡れになった。彼らはぎょっとして起き上がると、しどろもどろで祈りの言葉を口にしながら、淀んだ水が滴り落ちてくるシーツと、そのときに目に見えないいじめっ子に強打されて赤くなったこぶしとを、不思議そうに眺めている調査官たちに見せにやって来た。彼らがしゃべっている間に、雷か大砲置き場の大砲を全部発射したかのような爆音が聞こえてきた。彼らはひざまずいて全知全能の神にご加護を求めた。調査官のひとりは立ち上がったが、ほかの調査官はまだひざまずいたまま、勇ましい声で、そして神の名において、いったいだれなんだ、自分たちが何をしたというんだ、なぜこんなふうに悩まされなければいけないんだ、と大きな声で問い掛けてみた。応答はなかったが、物音はしばらくの間やんだ。だが、やがて調査官らが言った。

「また来たぞ。今度はもっとたちの悪い悪魔を七人も連れている」

暗くなってきたので、彼らはろうそくに火をともし、今度はそれを通路に置いた――こうすれば同時に二寝室を照らしてくれる。ところが、突然ろうそくは消えてしまった。すると調査官のひとりがこう言った。

「馬蹄のようなものが部屋の真ん中でろうそくとろうそく立てをなぎ倒したんだが、その後、クンクンとにおいをかぎながら、三回こすって火を消したんだ」

そのとき、その調査官は、剣を抜く勇気は十分に持ち合わせていたが、目に見えない手に剣を握られて、後ろにぴったり張りつかれていたので、鞘から剣を抜くこともできず、そうして優位に立つと、今度はげんこつで殴ってきたので、もう少しで気絶するところだった。彼はそう断言した。また物音がし始めた。すると全員が一斉に謁見室に退散し、そこで祈りを捧げ、聖歌を歌って一夜を過ごした。

このころにはもう、彼らは悪の力とこれ以上闘っても無駄だというのが分かっていた。悪霊どもはウッドストック占領を決め込んでいるかのようだった。こうした出来事が起きたのは土曜日の夜だったが、日曜日にも同じことが繰り返し起きたため、彼らは即刻そこを離れ、ロンドンに戻ることにした。火曜日の朝早く、帰り支度がすべて完了した――そして足のほこりを払い落とし、ウッドストックとその住人をひとり残らず地獄の神々に捧げてから、ようやくそこを立ち去った。

この騒動の本当の原因が分かったのは、それから長い年月がたってからである。王政復古の時代に入ると、調査官たちの頼れる書記官だったジャイルズ・シャープがすべて仕組んでいたことが明らかになったのだ。この男、本名はジョーゼフ・コリンズといい、隠れ王党派であった。青春時代をウッドストックのあずまやで過ごしていたため、王宮の穴や隠れ場所はもちろん、数々の落とし戸や建物内にたくさんある秘密の通路に至るまで、すべてを知り尽くしていたのである。調査官らはシャープの本当の政治的立場について怪しんだことは一度もなかったが、体制には反対していると思っており、絶大なる信頼を寄せていた。その信頼を、シャープは先に述べたやり方で裏切ったのである。シャープ自身にとっても、またシャープに口止めされていた数人の騎士にとっても、痛快ないたずらであった。

一六六一年、テッドワースのモンペソン氏宅にあるトリックが仕掛けられたが、これは極めて突飛で、かつ巧妙なものであった。この件については、ジョーゼフ・グランビル師が『テッドワースの悪魔（The Demon of Tedworth）』の中で詳細に語っており、ほかのさまざまな妖術の事例と共に、『サドカイ教徒の勝利（Sadducismus Triumphatus）』という有名な作品にも書き添えている。その年の四月半ばごろのこと、モンペソン氏がロンドン出張を終えてテッドワースの自宅に帰ってくると、留守中に異常な騒音に悩まされていたことを妻から聞かされた。その三日後の夜、モンペソン氏自身も実際にその音を耳にした――彼には「部屋の扉をノックする大きな音、部屋の壁をたたく音」に聞こえた。モンペソン氏はすぐに立ち上がって服を着替えると、ピストルを二丁携えて、勇気を出して騒音の原因を突き止めようと歩きだした。きっと泥棒に違いない。彼はそう思いながら歩いていると、騒音の出どころが、彼の前に、後ろにと移動しているのである。扉のところまで来た彼は、出どころを突き止めたと思ったのだが、何も分からず、また戻ってベッドにもぐった。再び物音がした。モンペソン氏はすぐさまきちんと身支度を整えた。今度のはこれまで以上にすさまじい騒音で、「屋根をドンドン、ドスンドスンとたたく太鼓の音にそっくりだったが、徐々に音は小さくなり、最後には消えてしまった」。

こんな夜が数日間続いた。すると、モンペソン氏にある事件の記憶がよみがえってきた。少し前のことだが、流浪の太鼓たたきに逮捕監禁を命じたことがあった。その太鼓たたきは、大きな太鼓を背負って国中を放浪しながら施しを求め、人々の平穏な生活を邪魔していたのである。男の太鼓も押収していた。おそらく男は妖術師で、きっとあのときの仕返しにと家に悪霊を送り込んできたのだろう。その確信は日に日に強まっていった。彼の想像の中で「護衛隊の解散時の」太鼓の音によく似ていると感じたときには、とくにそう確信した。モンペソン夫人が寝ているときは、悪魔、つまり太鼓たたきも実に優しく、思いやりがあり、いつもの騒動を控えていた。だが、いったん夫人が目覚めると、「それまでよりも乱暴に、子どもたちの後を追い掛けては困らせて、だれもが粉々になるのでないかと思うぐらいベッドの枠組みを激しくたたいた」。立派なモンペソン氏は、不思議そうにしている隣人に同じ話を繰り返し語ったが、その一時間ほどの間にも、この地獄の太鼓たたきは、「尻軽女や妻を寝取られた夫」「軍隊の帰営らっぱ」、その他の標的を、まるで兵士のようにうまくたたいていた。それを長時間続けると、今度は戦術を変えて、鉄のつめで子どもたちのベッドの下を引っかいたりした。

ジョーゼフ・グランビル師は次のように話している。

「一一月五日のことだが、信じ難いほど大きな物音がした。使用人も、子ども部屋にあった二枚の板が動いているように見えたので、そのうちの一枚を返せと言ってみた。すると、その板が彼から一メートルほど離れたところまでやって来たのだ（使用人は勝手に動いているのを見た）。使用人はこうも言った。

『だめだ、ちゃんと手が届くところまで持ってこい』

するとそのポルターガイスト、悪魔、いや、太鼓たたきは、板を彼が触れられるほどの距離まで突き出したのだ」

グランビル師はさらに話を続ける。

「これは昼間起きたことだから、部屋にいた何人もの人たちが目撃していた。その日の朝は硫黄のにおいが残っていた。不快極まりないにおいだった。夜になると、聖職者のクラッグ氏と隣人たちが様子を見に家にやって来た。クラッグ氏は子ども部屋に行くとベッドの脇にひざまずき、彼らと一緒に祈りを捧げたのだが、これがまた騒々しくて、実にはた迷惑であった。祈りを捧げている間は、精霊も小さな屋根裏部屋に引きこもっていたが、祈りが終わるとすぐに戻ってきた。全員が見ている前で、いすが部屋中を勝手に歩きだし、子どもたちの靴は頭上を飛び交い、雑然と部屋に置いてあった物が部屋中を動き回った。そのとき、寝具が聖職者のほうに飛んできた。それは足に当たったが、寝具で幸いだった。もしそれが木の錠前だったりしたら、こんなにそっと落ちてくるはずがない」

また、こんなこともあった。村の蹄鉄工が下男のジョンと一緒に寝ていた。蹄鉄工は幽霊にも悪魔にもまったく興味がない男だったが、物音が聞こえたような気がしたので、自分の疑り深さを正した。すると「部屋から音が聞こえてきたが、まるで馬に蹄鉄を打っているような音だった。物も飛んできた。はさみも一緒になって」、かわいそうな蹄鉄工の鼻の上で、ほとんど一晩中チョキチョキ、チョキチョキという音を立てていたのである。次の日は、ハアハアと息を切らした犬の声だった。そこにいた女性が寝具をたたきつけたが、「いきなり寝具をつかまれると、彼女の手から離れて飛んでいった。皆がやって来た。すると部屋には『鼻をつくような悪臭』が充満してきて、寒さが厳しい冬のさなか、暖炉に火をたいているわけでもないのに熱くなってきた。あえぐ声や引っかく音もベッドの中から聞こえてきた。それは一時間半ほど続いた後、隣の部屋に移っていった。隣では数回ノックするような音が聞こえてから、鎖がジャラジャラ鳴っているような音に変わった」。

この不思議な出来事のうわさはあっという間に国中に広まり、テッドワースの幽霊屋敷には至るところから人が押し寄せてきた。信じるか信じないかはその人次第だが、だれもが好奇心の塊になっていた。さらに、このうわさは王室にも届いたらしく、事情を調査し、見聞きしたことを報告するようにと、数人の紳士が国王から派遣されてきた。王室の調査官がモンペソン氏の隣人たちより分別があり、彼らよりも確かな証拠を求めたのか、それとも人を欺く何らかの存在を懲らしめる武力がこの悪魔を震え上がらせたのかは定かではないが、彼らが家にいる間は一度も物音などせず、何も見えず、何も聞こえてこなかったと、グランビル師自身は心ならずも打ち明けている。

「ただ」とグランビル師は続けた。

「調査官が来ているときに静かだったのは、偶然にも悪魔が休んでいたのか、あるいは悪魔が取引の証拠をあまり公にはしたくないと思ったからだろう。そんなことをしたら、悪魔の存在などずっと信じていない人間に信じ込ませることができなくなるからだ」

王室の調査官が帰ってしまうと、地獄の太鼓たたきはすぐにまた奇行に走りだし、何百人もの人々が連日、興味津々で集まってきた。運が良かったのはモンペソン氏の使用人だ。この強情な悪魔がベッドの足元に立っていたので、その声を聞けただけでなく、実際に目にすることもできたからだ。

「姿形ははっきりとは分からなかったが、彼は巨体を目撃しているのだ。ぎらぎら光る二つの赤い目が、しばらくの間じっと彼をにらみつけていたが、やがて消えてしまった」

太鼓たたきは数え切れないほどの悪さをしていった。一度、猫のようにのどを鳴らしたことがあった。子どもたちの足をあざになるまで殴打した。モンペソン氏のベッドには長いくぎを、母親のベッドにはナイフを忍ばせたこともあった。小椀に砂を入れたり、火格子の下に聖書を隠したり、ポケットのお金を真っ黒にしたこともあった。

モンペソン氏はグランビル師に宛てた手紙に次のようにつづっている。

「ある晩のことですが、人間の姿をした悪魔が七人か八人いましたので、銃を発射しましたら、すぐにあずまやのほうに足を引きずりながら歩いていったのです」

モンペソン氏はこれでこの煩わしい悪魔が人間だということを確信したようだ。

さて、あらゆる悪の根源とみられる太鼓たたきは、グロスターの刑務所で日々を過ごしていた。詐欺と放浪の罪で投獄されたのだ。ある日、テッドワースの隣人のひとりが面会に来ると、太鼓たたきはウィルトシャー州の最近の出来事や、あの紳士の家で起きた妙な騒音はあまり話題に上らなくなったのかと尋ねた。訪ねてきた隣人は、何も聞いていないと答えたが、太鼓たたきはこう言った。

「おれがやったんだ。おれがあいつをいじめてやったのさ。おれが納得するまでは平穏な暮らしなんてさせるもんか。おれの太鼓を取り上げたんだからな」

間違いない。この男、放浪していたようにみえるこの男は確かに真実を話しており、彼の悪党仲間も、だれよりもモンペソン氏の家の騒音のことをよく知っていた。だがこの言葉を受けて、彼は妖術のかどでソールズベリーで裁判に掛けられ、有罪判決を受けた。そして流刑の宣告を受けたのだが、この刑の宣告については、寛大だということで、当時はかなり驚嘆の声が上がった。このような犯罪は、たとえ立証されようとされまいと、おおむね火刑か絞首刑と相場が決まっていたからだ。グランビル師は、太鼓たたきが流刑に処せられると騒音はすぐにやんだと言うが、太鼓たたきは何としてでも脱出しようとして、「騒動を引き起こしたり、船乗りを脅したりしたらしく」、やがてまた物音が聞こえるようになり、数年間は定期的に続いていたらしい。この流浪の男の仲間たちも、哀れなモンペソン氏をしつこくいじめた。その執拗さは、どれほど恨んでいるかを見せつけた例としては極めて異常である。そのころはモンペソン氏自身が事情をすべて知っており、名前を売るために自宅にいたずらをするのを許し、奨励しているのではないかと考えられていた。だが、真犯人はどうやら浮浪者たちのようだ。モンペソン氏も軽々しく信じる隣人たちと同じように恐怖に駆られ、当惑していたが、興奮している隣人たちの想像力ではそんな筋書きは少しも思いつかず、

「時間がたてばたつほど、話が目に見えて大きくなっていった」

一七世紀に数多く見られる同じような事例については、グランビル師をはじめ、その他当代の著述家たちが詳細に調査したかもしれないが、これらは内容の正しさを証明しなければならないという点ではほとんど変わらない。これまでで最も有名な幽霊屋敷は、近代になってかなりの評判

を呼んだものである。それに絡む状況証拠も実に奇妙なものので、あっさりと信じてしまう人間を相当数生み出している。博学で賢明な人でさえ信じていたのである。本章ではこの点に少々着目してみたい。いわゆる「コックレーンの幽霊」は、長い間ロンドンを大混乱に陥れ、学識ある者もない者も、貴族仲間も農民たちも、皆この話題で持ち切りになっていた。

一七六〇年の初めのことだが、ウェストスミスフィールド付近のコックレーンというところにパーソンズという男の家があり、そこに聖墳墓教会の庶務係で株式仲買人でもあるケントという男が間借りして住んでいた。ケントの妻は前年に産床で亡くなっており、義理の姉妹に当たるファニー嬢がノーフォークからやって来て、彼の身の回りの世話をしていた。二人はすぐに恋に落ち、それぞれが互いのために遺言を作成した。二人は数カ月間パーソンズの家に間借りしていたが、パーソンズは貧しく、この同居人から借金をした。二人の間に溝ができた。ケントは家を出ていってしまい、貸した金の返済を求めて、パーソンズに対する法的手続きに入った。

この一件がまだ解決しないうちに、ファニー嬢が急に天然痘にかかり、必死の看病にもかかわらず、数日後に世を去った。遺体はクラーケンウェル教会の地下納骨所に埋葬された。パーソンズはここへ来て、この哀れな女性は死んでも不正を働いていること、ケントも共犯者だったことをにおわせている。彼女が遺言で譲ると明言している不動産がどうしても欲しかったからだそうだ。その後二年ほどは黙っていたが、パーソンズはかなり執念深くなったように見えた。ケントとの不和はけっして忘れなかったし、許してもいなかった。借りた金のことで訴訟を起こされて憤慨していたのである。その間、彼は激しい自尊心と強欲をぐっと抑えながら復讐計画を温めていたが、どれも実行できるようなものではないとして次々に却下していった。しかし、とうとう注目すべきひとつの案が浮かんできたのである。一七六二年の初め、コックレーンの周辺一帯に恐怖が広がった。パーソンズの家にはかわいそうなファニーの亡霊が出没し、パーソンズの一二歳になる娘はその亡霊を何回か見たことがあり、交信したこともあるらしい（原注　コックレーンの幽霊だといわれる女性は、クラーケンウェルの聖ヨハネ修道院の地下室か回廊に埋葬された。地下の納骨所は二列の側廊から成り、南方が他方面に比べてかなり狭い造りになっている――遺体はここに安置されていた。それから七年後、わたしはこの納骨所に続く美しい三つ葉飾りの付いた扉をスケッチしていた――当時、ここにはひつぎや遺体が乱雑に置かれており、中にはミイラのように干からびているものもあった。座るのにちょうどいいひつぎをひとつ見つけた。明かりを持っていてくれた墓堀りの少年が教えてくれたのだが、それが「引っかきファニー」のひつぎだという。わたしはコックレーンの話を思い出した。ひつぎのふたを持ち上げてみた。かぎ鼻の端整な顔立ちが見えた。軟骨がほとんど砕けている割りには、このように完ぺきな形で残っているのはまれなケースである。遺体は死ろう化していたが、完全な形で保存されていた。彼女は毒殺されたといわれているが、それは法的に反証されている。また、わたしの記憶違いでなければ、天然痘で死亡したともいわれている。鉱物毒を飲まされていれば遺体が死ろう化する可能性もあるので、これは前者の主張が正しいことを示す証拠である。そのとき立派で思慮深い教区委員のバード氏に詳細を尋ねてみたところ、そのひつぎは常にコックレーンの女性のものとして見られていたそうだ。それ以来、地下納骨所はきれいに整理され、そのひつぎもほかのひつぎと一緒に片づけられてしまった。――J・W・アーチャー)。しかもその霊は、自分は報告されているような天然痘で死んだのではない、ケントに毒を盛られたのだ、と彼女に語ったというのである。この話の出どころであるパーソンズは、表情に十分に注意を払いながら、度重なる質問に答えるときには、「家では毎晩、しかも実際にファニーが死んでから二年もの間、扉や壁をノックする大きな音が聞こえるんだ」と語っていた。こうして無知で信じやすい隣人たちに自分の話を信じ込ませ、それをさらに膨らませてもらう段取りを整えながら、高位の紳士に来てもらい、この異常な出来事を証言させようとしたのである。かくして紳士がやって来た。霊が唯一現れ、唯一話をするというパーソンズの娘は、ベッドで激しく震えていた。たった今亡霊を見たところだが、またも自分は毒殺されたのだと語ったらしい。ノックする大きな音も部屋のあちこちから聞こえてきた。事情がまだよくのみ込めていない紳士はこれですっかりけむに巻かれてしまい、家を出ていったが、疑うのも怖いし、信じるのもはばかれると思いつつも、明日には教区の聖職者とほかの紳士を何人か連れてきて報告させると約束した。

翌日の夜、紳士が再びやって来た。三人の聖職者だけでなく、ほかにも二〇人ほど連れていた。中には黒人も二人いた。そしてパーソンズと相談して、夜通し寝ずに亡霊が現れるのを待つことにした。次にパーソンズから説明があった。亡霊は娘以外のだれにも姿を見せることはなかろうが、何かご質問があればそれにお答えするのはやぶさかではなく、お返事は、イエスならノック一回、ノーならノック二回、答えたくないときには引っかくような音で表す、ということだった。そのとき、娘は妹と一緒にベッドに入っていたが、聖職者は、寝具か服の中に何かが隠してあり、それをたたくなどという悪いいたずらをしないかどうか、ベッドと寝具を納得がいくまで調べ上げた。前の晩のように、ベッドは激しく揺れているように見えた。

数時間がたった。彼らは見事に辛抱して待っていたが、とうとう壁の中からノックする妙な音が聞こえてきた。娘もファニーの亡霊が見えたと言っている。以下にご紹介するのは、そのとき聖職者から至ってまじめに出された質問に、死亡したとされている女性が答えている場面である。とりなし役はパーソンズの使用人のメアリー・フレイザー。返事はノック一回、ノック二回という、普段のやり方である。

「あなたがこのような騒動を起こすのは、ケント氏からひどい扱いを受けたからですか？」――「イエス」

「あなたは毒を飲まされてそんなに早死にしたのですか？」――「イエス」

「どのようにして飲まされたのですか、ビールに入っていたのですか、それともパールに？」――「パールに入っていました」

「毒を飲んでからどのぐらいで死に至りましたか？」――「三時間ぐらいです」

「元使用人のキャロッツさんは、毒のことを何か知っていますか？」――「知っています」

「あなたはケント夫人の妹さんですね？」――「イエス」

「あなたがケント氏と結婚したのは、お姉さんが亡くなってからですね？」――「ノー」

「ケント氏のほかに、だれか殺人にかかわっていた人はいますか？」――「ノー」

「もしよろしかったら、だれかに現れてくださいませんか？」――「イエス」

「本当ですか？」――「イエス」

「この家の外に出られますか？」――「イエス」

「あくまでもこの娘に現れるのは、あなたの意志ですか？」――「イエス」

「このような質問をされてうれしいですか？」――「イエス」

「それで乱れた心は癒されるのですか？」――「イエス」

［ここで奇妙な物音が聞こえてきた。やや偉ぶった男がそれを羽ばたきの音と比べていた］

「毒を飲まされたことを使用人のキャロッツさんに話したのは、亡くなるどのぐらい前ですか？　一時間前ですか？」――「イエス」

「その場にいたキャロッツが呼ばれたが、彼女は、それは事実とは異なる、故人は亡くなる一時間前にはほとんど口が利けなかった、ときっぱり語った。これで確信が揺らいだ人もいたが、質疑はそのまま続けられた」

「キャロッツさんとはどのぐらい一緒に住んでいたのですか？」――「三日か四日です」

「再びキャロッツが呼ばれたが、これは事実であった」

「もしケント氏がこの殺人で逮捕されたら、自白すると思いますか？」――「イエス」

「もしケント氏がそれで絞首刑に処せられたら、あなたの魂は安らぎますか？」――「イエス」

「彼は絞首刑になると思いますか？」――「イエス」

「初めて会ったのはいつですか？」――「三年前です」

「この部屋に聖職者は何人いますか？」――「三人です」

「黒人は？」――「二人です」

「この時計は白いですか（聖職者のひとりが持っていた）？」――「ノー」

「黄色いですか？」――「ノー」

「青いですか？」――「ノー」

「黒いですか？」――「イエス」

「時計の外側は黒いサメ皮でできていた」

「今朝は何時に出発しますか？」」

この質問にはノック四回の応答が返ってきた。それは居合わせた者全員の耳にはっきりと聞き取れた。そして四時きっかりに、幽霊は近くのウィートシーフという居酒屋に向かい、ベッド右上の天井をノックしてその宿主と夫人を脅かした。二人は正気を失った。

この騒ぎのうわさはあっという間にロンドン一帯に広まり、教区の司祭の家は、幽霊の姿を見られるのではないか、あるいは不可解なノックの音が聞こえるのではないかと期待しながら周りに群がる大勢の人だかりで、連日身動きが取れない状態になってしまった。彼らは幽霊が出る敷地に入れてほしいと騒ぎ立てた。あまりにも騒々しいので、とうとう人を中に入れなければ収拾がつかなくなると思い、一定の料金を払ってくれる者だけを入れることになった。

生活に困り、金に執着しているパーソンズにとっては、こんなにありがたいことはなかった。確かに、パーソンズが大いに満足する方向に事は運んだ――仕返しができただけでなく、金儲けまでできたのだから。かくして幽霊は毎晩悪ふざけを演じ、群衆を大いに楽しませ、それ以上に群衆を大いに混乱に陥れた。

だが、司祭にとって残念だったのは、幽霊がいくつかの約束をしてしまったことが、結局は評判を落とす原因になったということである。クラーケンウェルのアルドリッチ師の質問に答えて、パーソンズの娘の後をどこまでもついて行くと言っただけならともかく、アルドリッチ師やほかの紳士たちと一緒に聖ヨハネ教会の地下納骨所に行く約束までしてしまったのだ。そこは殺された女性の遺体が安置されている納骨所であり、そのひつぎの上ではっきり聞き取れる音を出して、その存在を知らせると言い切ったのである。それに備えるため、パーソンズの娘は教会近くのアルドリッチ師の家に連れていかれた。教養も社会的地位もあり、裕福なことでも知られる大勢の紳士淑女が家に集まってきた。二月一日の夜一〇時ごろ、コックレーンから四輪馬車で連れてこられた娘は、アルドリッチ師の家にいた数人の婦人にベッドに運ばれた。寝具の中に何も隠されていないことを確認するため、事前に厳しい検査が行われた。隣の部屋に控えていた紳士たちは、全員そろって地下納骨所に行くべきかどうかを議論していたが、そこへ婦人たちから寝室に来てほしいと呼び出された。幽霊が出た、ノックする音や引っかく音も聞こえてきた、というのである。そこで紳士たちは、絶対にだまされないという固い決意を胸に、寝室に入っていった。幽霊を見たのかと聞かれた娘は、こう答えた。

「見ていないわ。でも、ネズミみたいに黒いのが後ろにいるような気がする」

娘は両手を布団の外に出すようにいわれ、その手を婦人たちが握った。そして幽霊を呼び出して、もし部屋の中にいるのなら、いつものやり方で答えるようにと命じられた。ひどくまじめくさった質問が何度か繰り返された。だが、壁からはいつものノックの返事は聞こえてこなかった。引っかく音もさっぱり聞こえなかった。続いて幽霊に姿を見せるようにと頼んだが、その要望もかなえてくれなかった。次に、何らかの音を出すか、部屋の中にいる婦人か紳士のうちだれでもいいから手かほおに触れて存在の証しを示してほしいと頼んでみたが、幽霊はこの要望にも応えてくれなかった。

長い沈黙が訪れた。ひとりの聖職者が階下に降りていき、実験の結果を待ちわびている娘の父親に尋問した。父親はきっぱりと否定した。ごまかしなど絶対にない、自分自身もその恐ろしい幽霊を目撃し、言葉を交わしたことがあるのだと。この話は仲間にも伝えられ、幽霊に別の試練を与えようということで全員が一致した。そして聖職者が大声で架空の幽霊を呼び出して、地下納骨所である紳士に現れると約束したのだから、その約束を守るように、その紳士は何度も納骨所に足を運んでいるのだから、と語り掛けてみた。深夜一時をすぎたころ、彼らは全員そろって教会に向かった。その問題の紳士ももうひとりの紳士を連れて、二人だけで地下納骨所に入ると、かわいそうなファニーのひつぎのすぐ脇に陣取った。そして幽霊に出てくるようにと呼び掛けた。だが、幽霊は出てこなかった。今度はノックするようにと呼び掛けてみた。だが、ノックする音も聞こえてこなかった。引っかくようにと呼び掛けた。やはり引っかく音も聞こえてこなかった。二人は納骨所から引き揚げると、この話は全部パーソンズと娘の詐欺だという確信を強く抱いた。しかし、そんなに慌てて結論を出さないほうがいいと考える者もいた。おそらくこの恐ろしい魔物を軽く見ているのではないか、きっと自分たちの厚かましさに腹を立てて、そんな要望にわざわざ応える気にならないのだろうというわけだ。再び真剣な話し合いが行われたが、もし幽霊がだれかの問い掛けに返事をするとしたら、それは殺人容疑者ケントへの返事だろう、ということで意見が一致。そこでケントが呼ばれ、地下納骨所へ行かされた。ケントはほかの数人と一緒に下りていくと、幽霊に、本当に自分が毒殺したのか答えるよう求めた。応答はなかった。そこでアルドリッチ師が幽霊を呼び出して問い掛けた。本当に幽霊なら疑うのをやめるから、そこにいる証しを示し、犯人を指摘してほしいと。しかし、やはり応答はなかった。三〇分もの間があったが、その間、この臆病者たちは全員、見事なほど辛抱強く待っていた。だが、やがてアルドリッチ師の家に戻ると、娘にベッドから出て服を着るよう命じた。娘は厳しく検査されたが、絶対にだましてはいない、本当に幽霊は現れたのだと言い張っていた。

こんな妄想騒ぎが続くことを面白がっているのはパーソンズとその家族だけかと思いきや、大勢の人々が霊の出現を信じていることを公言し、互いに意気投合するようになってきた。実際に体験してみた結果、大半の人は納得していたが、いくらはっきりした証拠があっても納得しない人もおり、そういう人々は、地下の納骨所に幽霊が現れなかったのは、ケントが事前にそっとひつぎを動かしていたからだ、と方々に吹聴し始めた。辛い立場に置かれたケントは、直ちにしかるべき証人を連れてきて、その証人の立ち会いの下で地下の納骨所に入り、哀れなファニーのひつぎを開けてみた。その後彼らの宣誓供述書が公表され、ケントは、パーソンズとその妻、娘、使用人のメアリー・フレイザー、ムーア師、ひとりの商人、詐欺の重要な後援者二人を共同謀議の罪で訴えたのである。七月一〇日、審理は王座裁判所にて、マンスフィールド主席裁判長の下で行われ、一二時間にも及ぶ取り調べの結果、共謀者全員が有罪となった。ムーア師とその仲間は公開の法廷で厳しくけん責され、告訴者に中傷を浴びせる中心的な役割を担ったとして、告訴者に金銭的な補償をするよう勧告された。パーソンズには三回さらし刑に処したうえで、ブライドウェル刑務所での懲役二年の刑が、妻には懲役一年が、使用人には懲役六カ月がそれぞれ言い渡された。一連の出来事を詳述した案内書を発行するため、彼らから印刷を受注していた印刷工にも五〇ポンドの罰金刑が言い渡されたが、彼はそれだけで釈放された。

具体的なだましのテクニックについては、まったく明らかにされていない。壁をノックするのはパーソンズの妻の役割で、引っかく仕事は幼い娘に任されていたようだ。こんなにお粗末な仕掛けでも人をだますことができたのだから、われわれが不思議に思うのも無理はない。しかし、この手のものは決まって同じだ。いくら途方もない愚行でも、ごく少数の人間が率先してやれば、必ずそれをまねする人間が大勢現れる。牧場にいる羊と同じで、一頭が柵を越えると、残りの羊も皆後に続くのである。

それからおよそ一〇年後のこと、ロンドンはまた幽霊屋敷の話におびえていた。新たな幽霊のいたずらの舞台はボクスホール近くのストックウェルで、コックレーンの騒動と同じように、迷信の記録の中で称賛されるようになったものである。高齢のゴールディング夫人は使用人のアン・ロビンソンと一緒にひっそりと暮らしていたが、一七七二年の御公現の祝日の夜のこと、食器が異常な動きをしているのを見て仰天した。カップや皿がガタガタと音を立てながら、暖炉の上から落ちてきたのである——鍋類は一階を疾走し、窓をすり抜けていった。ハムやチーズ、パンも、まるで悪魔が乗り移ったかのように床の上で戯れていた——少なくともゴールディング夫人が出した結論はこうだった。大いに不安になった夫人は、悪魔から守ってもらおうと、隣人たちを何人か家に呼んで一緒にいてもらった。しかし、隣人たちがいるにもかかわらず、食器の反乱は収まらず、あっという間に家中の部屋という部屋に食器のかけらが散乱した。ついにはいすやテーブルまでがこの騒ぎに加わって、何もかもがエスカレートし、説明がつかなくなってしまった。隣人たちも、次は家そのものが動きだすのではないかと怖がって、蜂の巣をつついたような大騒ぎになり、結局は帰ってしまった。哀れなゴールディング夫人はひとりでこの攻撃に耐えなければならなくなった。今回も幽霊は真剣に戒められ、出ていくよう命じられたが、相変わらず破壊活動は続き、夫人もついに家を離れる決心を固めた。夫人はアン・ロビンソンと一緒にある隣人宅に身を寄せた。だが、その家のグラスや食器類もたちまち同じ害を被るようになったので、隣人も渋々、夫人たちに出ていってほしいと伝えた。自分の家に戻らざるを得なくなった夫人は、それからしばらくはこの妨害に耐えていたが、やがてこの悪さはすべてアン・ロビンソンの仕業ではないかと思うようになり、彼女を解雇した。異常な現象はすぐに収まり、その後も二度と繰り返されることはなかった──騒ぎの張本人を突き止めるには、これだけで十分であった。その後長い年月がたってからだが、アン・ロビンソンはブレイフィールド師にすべてを告白した。この紳士は、今度はその話をホーン氏に打ち明け、ホーン氏がこの謎を公表した。きれいな家を持ちたくてうずうずしていたアンは、恋人と陰謀をたくらんで、自分の目標を達成するためにあのようないたずらに至ったのだ、ということらしい。食器を棚に並べるときに、ほんの少し動いただけでも落ちるように置き、ほかの置物には馬の毛を貼りつけて、だれにも気づかれずに隣の部屋から引っ張って落とせるようにしたのである。アンはこの手の仕掛けではずば抜けた才覚を発揮したが、それはプロの手品師も舌を巻くほどの腕前であった。

幽霊が出没するといわれる家が原因で民衆がパニックに陥った近代の例としては、一八三八年の冬にスコットランドで起きたものがある。一二月五日、アバディーン州バンコリー地区にあるバルダーロック農場の住み込み労働者たちが、無数の棒切れや小石、泥の塊が農場の屋敷や敷地の中を飛んでいるのを見て仰天した。犯人を突き止めようと努力はしてみたものの、無駄に終わった。その後、五日間も連続して小石が雨のように降ってきた。犯人は悪魔とその手下に違いない。彼らはついにそう結論づけた。このうわさは間もなくスコットランド全域に広がり、バルダーロックの悪魔のいたずらを一目見ようと、多くの人々が方々からやって来た。五日目以降、屋敷の外では泥の塊や石の雨がやんだ。さあ、舞台は建物の中に移った。スプーンやナイフ、皿、マスタード入れ、延べ棒、平鉄が、いきなり自発運動の力を授かったかのように部屋から部屋へと飛び回り、どう説明していいのかは分からないが、暖炉にぶつかって落ちたのである。マスタード入れのふたは、何人もの人の前にいた若い女使用人のそばの戸棚に入っていったが、しばらくすると暖炉の上に落ちてきたので、全員が度肝を抜かれてしまった。扉や屋根をたたくとてつもない音も聞こえてきたし、棒切れや小石も窓に向かって飛んできて、ガラスを割っていった。近所は上を下への大騒ぎになった。半径一五～一六キロ圏内では、教養のない者もある者も、立派な人も農民も、これは超自然的なものが介在しているのではないかと考えて、悪霊のたくらみから身を守ってくれますようにと、敬虔な祈りを捧げていた。恐怖の響きが伝わると、このような不思議な出来事の話では決まってそうだが、訪れた人はこの最も異常な現象の目撃者になろうと、互いに先を争うのであった。だが一週間もしないうちに、バンコリーターナン、ドルモーク、デュリス、キンカーディーンオニールの各教区、そして周辺のミーンズやアバディーンなどあらゆる地区では、悪魔がバルダーロックの屋根をハンマーでたたいている姿が目撃されたという話が広まっていたのである。ある晩のこと、年配の男がこう断言した。ナイフとマスタード入れが妙に跳ね回っているのを見た後で黒い大男の亡霊と出会ったが、「男は振り向きざまにヒューという音を立てながら、帽子が吹き飛んでしまうような風を耳の周りに起こした」。そしてその男は、それから五キロほど、彼の後をついて来たそうだ。また、あの魔法に掛かった土地に近づいた馬や犬はどれもすぐにおかしくなったとか、外出しようとしていた信仰心の薄いある紳士が、バターの攪拌器がいきなり扉に突っ込んできたのを見て信心深くなったとか、はたまた家々の屋根がはがれ落ちた、トウモロコシ畑の積みわらが全部一緒になって、山頂からこだましてくる悪魔のバグパイプの音色に合わせてカドリールを踊っていた、などという話もまことしやかにささやかれていた。被害者であるバルダーロック農場の女たちも、話し始めたら最後、もう止まらなくなってしまった――自分たちの身に降り掛かった奇妙な出来事の話を膨らませては、人々の驚嘆の気持ちをあおっていた。一家の女主人はもちろん、使用人の女たちも全員が、ベッドに入ると必ず石やほかの飛び道具が攻めてくる、中には毛布の下に入り込んできて、つま先を軽くたたくのもある、と話しているのである。ある晩には、靴がいきなり屋根裏部屋を飛んでいった。そこにいた労働者のひとりが靴をつかもうとしたが、とても手では持っていられないほど靴は熱く、重かったと断言している。さらには、粉砕機（大麦を粉にするときに使う）――このぐらい重量があると、動かすには数人の男の力がいる――がひとりでに納屋を離れて屋根の上に飛んでいき、ある使用人の足元に降り立ったのだが、そのとき使用人にぶつかったにもかかわらず、彼女はけがひとつせず、恐怖心を抱くこともなかった――これは事実であり、彼女は十分に分かっていることだが、悪魔が投げるものはすべて固有の重力を失い、たとえ頭上に落ちたとしても、だれひとり傷つけることがないのである。

一連の出来事によってバルダーロックに吸い寄せられたのが、世継ぎや牧師、そしてスコットランド教会のすべての長老たち。直ちに互いの管轄範囲を超えた合同調査が開始された。彼らの調査については数日間公表されなかったが、その間にもうわさがハイランド一帯にどんどん広まり、地元を離れるにつれ、ひとつひとつの謎の出来事が誇張されて伝わった。こんな話が広まっていた。女主人がジャガイモの入った鍋を火に掛けたが、湯が沸くと、すべてのジャガイモが悪魔に変身し、彼女を恐ろしい形相でにらみつけながらにやりと笑ったので、思わず鍋のふたを落としてしまった。いすやテーブルだけでなく、ニンジンやカブまでもがいとも楽しそうに床を跳びはねていた。靴や長靴がハイランド中を通ったが、ひとりでに飛びながら動きを指図していた。保存してあった肉が勝手に食品貯蔵庫から出てきて火の前で待っており、家族がどんなに頑張っても肉を元の場所に戻すことはできず、そうこうしている間に全部焼き上がってしまった。そうかと思うと、今度は肉がものすごい音を立てながら暖炉から飛び上がった。当のバルダーロックでは、それほど行き過ぎた話を信じる者はいなかったが、この農場主は、騒動はすべて悪魔とその手下の仕業だという確信を抱いており、六五キロ離れたところまで出向いていってウィリー・フォアマンという年老いた魔術師を訪ねると、金はたんまり払うから、農場に掛けられた魔法を解いてほしいと懇願した。もちろん賢明で学識ある者もおり、彼らによると、さまざまなうわさから誇張された部分をそぎ落としていくと、どれも二つの可能性のうちのどちらかに当てはまるという――まずひとつ目は、浮浪者か流浪の物ごいが近所の農場に潜んでいて、すぐに信じる人々をからかって楽しんでいるというもので、もうひとつは、バルダーロックの住み込み労働者自身が、はっきりしたことはだれにも分からないが、何かしら訳があって悪巧みを働いたというものである。後者の考えに賛同する者はほとんどいなかった。というのも、この農場主と家族はとても敬愛されていたからだ。また、実に堂々と何か超自然の力の介在を信じると公言している者も多かった。彼らはだまされていることを認めて恥をさらしたくないと思っていたのである。

こうして騒音が二週間続いた後、ついにトリックの全容が明らかになった。若い女使用人が二人、厳しい取り調べを受けたうえで懲役刑を言い渡されたのだ。一連の事件の黒幕は二人だけだったが、農場主夫婦をはじめ、隣人や国民の異常なほどの恐怖心とだまされやすさのおかげで、比較的楽に仕事ができたようだ。だれもが持っているちょっとした知恵を働かせただけだったのだ。だれにも怪しまれていなかったので、見事な話をでっち上げて恐怖心をあおったわけだ。二人は暖炉のれんがを取り外し、かすかに動いただけでも落ちるように棚の上に皿を並べておいた。要するに、ストックウェルの使用人の女と同じトリックを使ったのである。しかも結果も同じ、目的も同じであった――いたずら心を満たして楽しみたかったのである。二人が州の刑務所に収監されると、すぐに騒音は止まり、ほとんどの人は、この驚くべき事件の仕掛け人が人間だけだったことに納得していた。だが、依然として信念を曲げずに熱心に迷信を信じ、どんな説明にも聞く耳を持とうとしない者も、少なからずいた。

こうした幽霊屋敷の話、とくに一八世紀と一九世紀の話を聞くと、一般大衆がいかに愚かであるかが分かり恥ずかしくなるが、結果はどれも納得のいくものである。というのも、社会が大きく進歩していることを示しているからだ。パーソンズとその妻、そしてコックレーンの詐欺事件の首謀者たちが、もしさらに二〇〇年前に生きていたらおそらくだまされる人はこれほど多くはなかっただろうが、ならず者として収監されるのではなく、魔女として絞首されていたはずだ。明敏なアン・ロビンソンとバルダーロックの狡猾な女使用人も、間違いなく同じ運命をたどっていただろう。いつの世にも、社会のある階層には愚行に走る者や軽々しく信じる者がいるが、別の階層にはそれ以上の知恵や分別、慈悲深さを備えた者がいる。こう考えてみると面白いものである。立法者は、先達の作った不条理で血なまぐさい立法を法令集から拭い取り、民衆を指導する方向へ一歩近づいている。立法者がもっと直接的に民衆を指導し、その支配下に生まれてくる子どもたち全員に進んだ文明に応じた教育をきちんと施せば、こうした間違った信念や、本書でご紹介しているもっとひどい集団妄想が生まれるのを食い止められるのも、そう遠い先の話ではないかもしれない。幽霊や魔女の謎がまだ完全に解明されていないとしても、それは無知な一般大衆が悪いのではない。立法者や政治家が彼らの教育を怠っているからである。

第11章 大都市に暮らす庶民の楽しみ

Popular Follies of Great Cities

ファリダンデーヌ――ファリダンドン、
ファリダンデーヌ、万歳！

――ベランジェ

どんな人間でも快く受け入れる優しい人にとって、大都市に暮らす庶民のユーモアは、いつも変わることのない娯楽の基本である。大酒飲みの機械工やむさくるしい物ごい、不良少年、そして大都市の路地や大通りに群がるあらゆる暇人たちの雑多な集まり、無謀な人間、他人のまねばかりする人間。そんな連中の低俗な駄じゃれや奇怪な振る舞いを鼻であしらったりしない人――その人自身は上品に振る舞っているのだろうが――にとっても、それは同じである。感激の涙を流したくて街を歩けば、胸を締めつけられるような題材が至るところにいくつでも転がっているはずだ。

だが、そういう人には、ひとりで街を歩いて悲嘆を堪能してもらうことにしよう――われわれは一緒について行くわけにはいかないのだ。われわれ、哀れな地球人の窮状は、そういう人がわざわざ情けを掛ける人間を探し出して同情したところで、何ひとつ変わらないのである。涙もろい哲学者の観察力が悲しみで鈍ってしまったせいか、嘆かわしい害悪の改善法も涙でかすんでいる。だから哲学者としては涙を見せない人間が最もふさわしいといえるのかもしれない。最悪の事態に際しても、明るい顔をしていられるのが最高の医者だからである。

これまでにもそうした窮状を指摘し、犯罪や害悪、さらに深刻な大衆の愚行を糾弾した著作は数々あるので、少なくとも本章ではこれ以上取り上げるつもりはない。本章を報われる内容にするには、大都市の雑踏の中を歩きながら、単に気晴らしに、貧しい庶民のたわいない愚行や奇行をいくつか書き留めてみるのが良さそうだ。

では、とりあえず歩いてみよう。おや、どこへ行っても必ず耳に入ってくる言葉やフレーズがある。いかつい手に汚らしい顔の男たち、威勢のいい肉屋と使い走りの少年たち、身持ちの悪い女たち、貸し馬車や幌馬車の御者、そして街角でぶらぶらしながら時をすごす暇人たちが、楽しそうに何度も何度も口にしているし、言われたほうもにこにこしながら受け止めている。このフレーズを口にするときは、必ず他人に聞こえるところで、笑いながら言う。これはどんな状況でも変わらないようだ。また、あらゆる問い掛けに共通して使える受け答えにもなっている――要するに、これは当時好んで使われていた流行語であり、その人気は短期間しか持続しないものの、ひどい窮乏や劣悪な労働を強いられている庶民に、また庶民だけでなく、より裕福な人々にも、一服の気晴らしや遊び心を見いだして笑い声を上げる口実を与えているフレーズなのである。

ロンドンではとくにこの種のフレーズが頻繁に聞かれる。突如として現れて、ほんの数時間のうちにもう広く浸透しているのだが、どこが発信源なのか、どのような経路で広まったのかを正確に知る者はいない。ずいぶん昔の話だが、庶民が好んで使っていたフレーズがある（一音節の言葉だが、それ自体でフレーズになっている）。それは「クオズ（Quoz）」（訳が分からない、あきれた、ばかばかしい、おかしいといった意味）である。このおかしな言葉は驚くほど大衆の心をつかみ、あっという間にほぼ万能語の様相を呈してきた。懐疑的な人のことを揶揄した低俗な駄じゃれだが、同時に笑いも取りたいという場合には、この庶民の俗語ほどぴたりとはまる言葉はなかった。ちょっと用事を頼まれた男がそれを断りたいときは、「クオズ！」と叫んで、相手のたぐいまれな厚かましさを自分なりに評価した。腕白小僧が通行人をちょっとからかってやろう、仲間を楽しませてやろうと思ったときは、通行人の顔をじっとのぞき込みながら、「クオズ！」と大声を発した。こういうときには絶叫すると効果抜群だ。論争中に相手の言葉の信憑性に疑問を投げ掛けたいときや、覆せそうにない主張を即座に退けたいときには、「クオズ」と言いながら、人をばかにしたように口をゆがめ、じれったそうに肩をすくめた。この一音節の便利な言葉は、その意味を余すところなく伝えており、相手に対し、「おまえはうそつきだ」と言っているだけでなく、「おまえの言うことを信じてくれる大ばか者がいると思ったら大間違いだ」という意味合いも含んでいる。居酒屋ではどこでも「クオズ」の声が響き渡り、街角でもうるさいぐらいに聞かれ、塀という塀には何キロにもわたって「クオズ」の文字が落書きされていた。

ところが、俗世間の出来事は何でもそうだが、「クオズ」にもはやり廃りがあり、現れるのも突然だったが、廃れるのも突然だった。その後は二度と庶民に愛されて使われることはなかった。そして新たな流行がその地位を奪い、揺るぎない地位を築くのだが、それもやがてはトップの座から引きずり下ろされ、それに代わる流行がまたその地位に就くのである。

「何とひどい帽子だ!(What a shocking bad hat!)」。これが次に流行したフレーズである。それが一般に広まるが早いか、のらくらしてはいるが眼光は鋭いという多くの暇人が、帽子から少しでも元の職業が分かるような通行人を待ち構えるようになった。間もなく叫声が上がった。まるでインディアンの雄たけびのように、耳障りな大声で叫ぶ声が何度となく聞こえてきた。ある賢い男は、このような状況では「あらゆる人から見られている」ことを十分承知しており、おとなしくその名誉を受け入れていた。帽子に難癖をつけられて不快感を示すと、今まで以上に注目のまなざしにさらされるだけだったからだ。ふていのやからは、その男が激しやすい性格かどうかをすぐに見抜き、もし自分たちと同じ階層に属している男だと分かれば、進んでからかいに行った。そんな男が、そんな帽子をかぶって街の雑踏を切り抜けるとき、もし庶民の声だけが頭痛の種だというのなら幸運だと思っていい。気に障る帽子はよく頭からひったくられて、お調子者にどぶに投げ捨てられたからだ。後で泥まみれになった帽子をつえの先に引っ掛けて拾い上げると、抱腹絶倒しているやじ馬たちの称賛を浴びた。彼らははしゃぎ騒ぐのをためらいながらも、「おお、何とひどい帽子だ!」と叫ぶのだった。

「何とひどい帽子だ!」

気の弱い貧乏人は懐にも余裕がなく、こんなふうに恥をさらされてはたまらないと思い、事前に新しい帽子を買っておいたものだ。

大都市の人々は、何カ月かにわたってこの一風変わったフレーズを面白半分で使っていたが、その出どころについては、「クオズ」やほかのフレーズの出どころがあいまいなのとは少々事情が異なっている。かつてサザク区(ロンドンのテムズ川右岸の自治区)で激しい選挙戦が繰り広げられたことがあったが、候補者のひとりに有名な帽子屋がいた。この紳士、選挙運動をして回っているときに自分の職業をうまく利用して支持者を獲得しただけでなく、有権者がそうと気づかないように買収までしていたのである。最先端の帽子をかぶっていない有権者を訪問したり面会したりするときには、つまりわざとそうしていたのか、あるいは最先端だったころを知っていたのかのどちらかだが、男は必ずこう切り出した。

「何とひどい帽子をかぶっておられる。ぜひともうちの店にお立ち寄りください。最新のを取りそろえてございますから」

そして投票日当日。こうした状況を思い出したライバル候補者たちはこれを大いに利用して、この著名な候補者が訴えているときには、必ず群衆に、「何てひどい帽子だ!」

というフレーズを絶えず叫ぶよう仕向けたのである。このフレーズはサザクからロンドン一帯に広まり、この時期一番の流行語になった。

よく知られている民謡の合唱曲に由来する「ホーキー・ウォーカー（Hookey Walker）」も、ある時期に大流行したが、これも以前の「クオズ」と同じように、あらゆる問い掛けの答えとして使えるフレーズだった。しばらくすると、庶民は「ウォーカー」の部分だけを好んで使うようになった。それも、第一音節を妙に延ばし、最後の音節を鋭く発音するのである。使用人として働く快活な若い女が、好意を寄せてもいない男からキスを迫られたときには、小さな鼻をつんと上に向けて「ウォーーカ！」と叫んだ。清掃作業員の男が友人に一シリング貸してくれと頼んだが、友人は貸せるほどの金も持っていないし、貸したくもない。そういうときには、おそらく「ウォーーカ！」という答えが返ってきたはずだ。街中を千鳥足で歩いている酔っ払いをからかおうとして、少年が男の外套のすそを引っ張ったり、別の男が帽子をたたいたりするとき、その冷やかしの言葉には決まって同じ絶叫が含まれていた。このような状況は二～三カ月続いたが、やはり「ウォーカー」も舞台を降り、その後も、次の世代の娯楽としても、二度と復活することはなかった。

次にご紹介するのは最もくだらないフレーズである。だれが最初に言いだしたのか、どのように広まったのか、どこが発信源なのかは、やはり分かっていない。確かなことは何も言えないが、数カ月間ロンドン子の間では「最優秀」の流行語だったこと、彼らを大いに楽しませていたことだけは間違いない。性的欲求不満に陥っていそうな人に街をよく知る者が皆口にしたのは、「あの男（女）、きょろきょろしながら歩いているぞ！（There he goes with his［her］eye out!）」であった。この不可解なフレーズに、低俗な民衆は大喜びだったが、分別ある人々はそれとは正反対に困惑していた。識者たちは、くだらない、ばかげたフレーズだと思っていたが、多くの人は、おかしい、こっけいだと考え、暇人たちは塀にチョークで落書きしたり、歴史的建造物に書き込んだりして面白がっていた。しかし、たとえ流行語であろうと、「盛者必衰の理」には逆らえないのである。皆こうした冗談にも疲れてきて、「あの男（女）、きょろきょろしながら歩いているぞ！」もいつものたまり場では聞かれなくなってきた。

その次に流行したフレーズは長持ちし、深く根づいたため、何年もの間、流行が変わっても完全に廃れてしまうには至らなかった。それは「フレアーアップ！（Flare up!）」（怒りを爆発させろ、燃え上がれ、などの意味）というフレーズで、今でも一般に話し言葉として使われている。これはブリストル（イングランド・エイボン州の州都）のほぼ半分が激昂した民衆による焼き討ちに遭ったとき、改革派が起こした暴動がきっかけで生まれたものだが、この信仰心の厚い都市では、炎が「めらめらと燃え上がっていた（フレアーアップしていた）」といわれる。この言葉の響き、あるいは着想に何か特別に心引かれるものがあったのかどうかは判断に窮するが、理由はどうあれ、気まぐれな大衆の心をぐっとつかみ、ほかの流行語をすべて一掃してしまったのだ。ロンドンでは、「フレアーアップ！」以外の流行語は何ひとつ聞かれなくなった。どんな質問の答えにもなり、どんな論争をも決着させ、どんな人にも、どんな物にも、どんな状況にも使えたので、突如として英語では最も包括的な意味を持つフレーズとして台頭してきたのである。話しているときに礼儀を忘れ、言い過ぎてしまった人は、「フレアーアップ」したといわれ、酒場に入り浸って身を滅ぼしてしまった者も、「フレアーアップ」したといわれた。激情に駆られること、夜の歓楽街をぶらつくこと、隣人を脅かすこと、何らかの騒動を起こすことも、「フレアーアップ」であった。恋人同士の痴話げんかもフレアーアップ、路上で二人のならず者が取っ組み合いのけんかをするのもフレアーアップ、反政府的・革命的な説教者はイングランド国民に、フランス人のように「フレアーアップ」しろと説いた。この言葉がとても気に入った庶民は、しっかりと発音して繰り返し使った。皆、自分の声帯がきれいに発音できているのが分かると、明らかに喜んでいた。真夜中、人が寝静まった時間でさえ、遅くまで起きている人や眠れない人の耳には、同じフレーズが鳴り響いていた。家で飲んだくれている男は、「フレアーアップ！」と叫んで、自分はまだ立派な男だし、立派な市民なのだということを誇示した。男は暴飲によってあらゆる考えをまとめる能力が奪われ、知力も野獣レベルにまで落ち込んでいたが、だれでも知っているこのフレーズを叫ぶという最後の望みの綱によって、かろうじて人間性を保っていたのである。それを大声で発音できている間は、イングランド人としての権利があり、犬のようにどぶで夜を明かすこともないのだ！　ワーッという奇声を上げて街の静けさや住民の安息を乱しながら街を歩き続けた男は、疲れ切って自分の体を支えることができなくなると、全身の力が抜けて路上に倒れ込む。しばらくして路上で寝込んでいる男の前を偶然通りがかった警官は、カンテラの明かりを男の顔に近づけてこう叫んだ。

「ああ、哀れな野郎だ。昔はフレアーアップしていただろうに！」

そして担架が到着。深酒の犠牲者はその担架に乗せられて留置所に運ばれると、汚い独房に放り込まれる。そこには同じように泥酔した男たちが大勢おり、遠くまで響くような大声で「フレアーアップ！」と叫び、この新入りを歓迎するのだった。

このフレーズがあまりにも広い人気を博し、長続きしていたので、流行語がすぐに消えてしまうとは思ってもいなかったある相場師が、フレアーアップという名を冠した週刊紙を創刊した。しかし、この男、地盤が緩い砂の上に家を建てたようなもので、土台は重みに耐えられなくなり、このフレーズも新聞も時代の大海原に押し流されてしまった。庶民もとうとうこの単調さに飽きてきて、彼らの間でも「フレアーアップ」は低俗なフレーズになっていった。やがてまだ世間を知らない子どもたちの間でしか使われなくなり、しばらくすると完全に忘れ去られていった。人気があった流行語も、今ではひとつとして聞こえてこないが、火事や騒動、天災などに突然見舞われた場合、それを指す言葉としては依然として使われている。

大勢の人々に気に入られた次のフレーズは、そう単純なものではなく、もともとは、まだ子どもなのに大人びた態度を取っている、ませた若者に対して使われていたもののようだ。

「お母さんはきみが外出しているのを知っているの？（Does your mother know you're out?）」というフレーズは、普通に肩を怒らせて街中を闊歩するだけにとどまらない若者たちを挑発するような問い掛けだった。路上で葉巻を吸い、威圧感を出そうと付けひげを生やしている若者たち、女性がそばを通りがかるとじろじろ見詰め、嫌な思いをさせる気取った連中がずいぶんいるが、単にこのフレーズを口にするだけで、途端に本来の子どもに戻ってしまう。見習いの少年や晴れ着でめかし込んだ店員はこのフレーズが大嫌いで、彼らに対して使うと、急に表情が険しくなった。要するに、このフレーズはまさに有益なもので、若者たちの虚栄心は彼らが思っているほど格好良くもなく、魅力的でもないことが多くの事例から分かる。このフレーズの何が彼らをそんなに怒らせたのかは疑問だが、個人の自己管理能力を問うフレーズなのではないだろうか。「お母さんはきみが外出しているのを知っているの？」は、大都市の路上をうろつく社会経験に乏しい若者が親の手引きがないまま横道にそれてしまうことを嘆き、心配したものであり、その心配や気遣いを茶化した形で表した問い掛けだったのである。だから、大人になりかけてはいるが、まだ完全になり切れていない少年は、これを言われると必ず激怒したのである。大人でもこのフレーズを言われるのを嫌がっていたぐらいだ。公爵家の跡継ぎや戦士の後継者は、その人の社会的地位のことなどまったく知らない御者にこの言葉をいわれると、侮辱したと言って憤慨し、無礼な御者を裁判所に突き出した。貴族につけ込もうとする御者は正規の料金の倍額を請求し、貴族が渋っていると、侮辱したようにこう言うのだった。

「母上は閣下が外出されているのをご存じなのですか？」

乗り場に居合わせた御者が全員寄ってくると、貴族は嘲笑を浴びないうちにと、その場から大急ぎで退散した。貴族としての品格が失われるほどの慌てぶりであった。御者は、客が貴族だとは知らなかったと弁明したが、怒った裁判官は、御者の過ちだとして罰金を科した。

このフレーズにも賞味期限があり、かつての流行語と同じように消えていくと、今度は「どちら様で？（Who are you?）」というフレーズが飛び出してきた。この新しい流行語は、キノコのように、あるいはチープサイド（ロンドンのシティーを横切る大通り）に出没するカエルのように、夜になると出てきたが、突如としてにわか雨に打たれてしまったようだ。ある日突然耳にしなくなり、知る者もいなくなり、考えだす者もいなくなったのである——ロンドンには次の流行語が浸透していたのだ。どの路地を歩いていても聞こえ、どの道路を走っていても鳴り響いていた。

街から街へ、同じ叫び声は、
路地から路地へと跳びはねていた。

このフレーズは素早く言うのが特徴で、最初と最後の単語を鋭く発音し、中間の言葉は気音をやや強くした程度の音にする。同類のどの流行語とも同じで、これもあらゆる状況に当てはめて使うことができた。単純な質問に単純に答えるのが好きな人には、このフレーズはまったく受けなかった。これを使って横柄な態度に出ると、相手の感情を害することになった——怒られないようにするには、知らなかったふりをしたり、冗談を言って笑わせたりした。ある居酒屋を初めて訪れた客は、出し抜けに必ずこう聞かれたものだ。

「どちら様で？」

その客が、もし頭の回転が鈍く、頭をかいたり答えに窮したりすると、ばか陽気な大声があちらこちらにとどろいた。もったいぶった論客はたいてい散々にこきおろされ、無遠慮な態度を取ろうものなら、どんな客でもこの問い掛けでくぎを刺された。この流行語が頂点を極めていたころ、スリが自分のポケットに手を入れているのを察したある紳士が、いきなり振り向いて、スリを押さえ込みながらこう叫んだ。

「どちら様で？」

街中に群がる下層民は、まさにこの言葉の響きを気に入り、それまでに聞いたジョークの中では最も優れたジョーク、機知の極致、ユーモアの基本中の基本だと思っていた。ところがこのフレーズ、消えてなくなる間際になってから、また別の場面で弾みが付き、新たな息吹と勢いが吹き込まれたのである。舞台はイングランドの主要刑事裁判所。ある被告人が被告席に立っており、その犯罪も十分立証されていた――弁護人は被告人の情状酌量を求めて発言し、裁判所の寛大な措置を求める理由として、被告人の有徳な生活と性格を強調していた。

「で、弁護人の証人はどちらに？」と、学識豊かな裁判長が尋ねた。

「あのう、裁判長、あっしはそこに立っている被告人を知っているんですが、こんな正直者はこの世にはいませんよ」

傍聴席からぶっきらぼうな声が飛んできた。判事らは愕然としていたが、部外者はこらえ切れずにクスクス笑っていた。すると突然、判事が傍聴席のほうを見上げると、まったく動じる様子もなく、まじめくさった顔でこう言ったのだ。

「どちら様で？」

法廷は笑いの渦に包まれた。クスクス笑いは爆笑に変わった――笑いが収まり、本来の秩序が戻ってきたのは、それからしばらくたってからだった。門衛も冷静さを取り戻し、神聖を汚した張本人を必死に探し始めたが、見つからなかった。男を知っている者もおらず、見掛けた者もいなかった。しばらくして裁判が再開された。幸先の良さそうな法廷に次の被告人が連れてこられた。被告人は、法の代理人のいかめしい口から流行語が飛び出したのを知って、流行語に感謝しているかのようだった。そんな判事なら必要以上に厳罰を科すこともなかろうと、恐れている様子もなかった。判事は民衆と共にある、民衆の言葉や風習を理解している、きっと犯罪に走った気持ちを斟酌してくれるに違いない。多くの被告人がそう考えた。学識ある判事の人気が突如としてうなぎ上りになったことからしても、そう推測できる。だれもが機知に富んだ判事を称賛した。「どちら様で？」は賞味期限を延長し、その後もまたしばらくの間、庶民お気に入りの流行語としての地位を維持していた。

しかし、ある流行語が廃れ、次の流行語が人気を獲得するまでに空白期間があるとは考えないほうがいい。長い一本の線上に現れるわけではなく、人気のある歌と一緒に使われていたからである。つまり人々が歌を口ずさみたい気分のときには、無意識のうちに、まず流行語がその主張を先に出し、流行語を口にしたくなるときには、はかなくも音楽の甘い調べが人々にささやきかけてきたのである。一九世紀初頭のことだが、ロンドンである合唱曲が大流行したことがあり、だれもがその歌を気に入っていた。老若男女を問わず、未婚者も既婚者も未亡人も、皆が音楽好きになっていた。確かに歌うことへの異常な熱狂があった。その最悪の例は、『修道院（The Monastery）』という小説に出てくる善良なフィリップ司祭のように、いつまでたっても同じ歌、『サクランボが食べごろだ！』を歌い続けていたことである。街をぶらつく暇人が皆口にしていたのも、この『サクランボが食べごろだ！』である。耳障りな声の持ち主も口ずさんでいたし、狂ったバイオリン、ひびの入ったフルート、ぜいぜいいっている管楽器、手回し風琴、ありとあらゆる楽器が同じ旋律を奏でていたが、そのうちに勉強好きで物静かな男たちが居ても立ってもいられなくなって耳をふさぎ、静けさを求めて遠くの野や森に逃げていってしまった。この災難は一二カ月間も続き、やがて国内では「サクランボ」という言葉を口にするだけで嫌がられるようになってしまった。ようやく興奮も自然と収まり、流行の波も別の方向に向かっていった。長い年月がたっているので、それが別の歌だったのか、それとも流行語だったのかを特定するのは難しいが、確かなのは、その直後に人々は戯曲に夢中になり、『トミー・アンド・ジェリー』以外には何も聞こえてこなくなったということである。次に出てきたのは、親指の先を鼻先に持ってきてほかの指を宙でクルクル回すと、あらゆる問いに対する答えになるという、下品なジョークであった。だれかを侮辱したい、あるいは困らせてやりたいというときは、顔を使ってこの難解なサインを出すだけで、その人の目的は達成された。人がたむろしているどの街角にも興味津々で彼らの動きを観察している傍観者がいるが、そういう人は必ず、二分もしないうちに、だれかが鼻のところに指を持ってきてこの合図をしているのを目にしているはずだ。これで不信感、驚き、拒絶、嘲笑のいずれかを表すことができたのである。このばかばかしい習慣の名残は一九世紀になってもまだ見られるが、これは下層民の間でも程度が低いとみられている。

一八二五年ごろのことだが、ロンドンは再び途方もない音楽狂になった。人々は『海よ！　海よ！』を歌って声をからしていた。ロンドンを散策する外国人（または哲学者）がこの同じ歌声ばかりを耳にしたら、きっと英国人は海軍に愛着があり、この点では他国民を圧倒しており、われわれもそれを認めている、などという厄介な持論を展開していたことだろう。

「間違いなく、大洋にかけては英国人の右に出る者なし。この歌への愛着は、英国人の日常的な思考と結びついていた――市場でも褒め称え、旅芸人もこの歌で施しをあおっている。だが、この好戦的な民族の国民的な歌で愛が称えられることはない――バッコスはもはや彼らの神ではなくなってしまったのだ。彼らはいかめしい甲冑を身にまとった男たちであり、『海よ！　海よ！』、そして海で覇権を確立することしか頭にないのだ」。その外国人はそう言っていたかもしれない。

もしその人の耳だけが証人だというのなら、おそらくそういう印象を持ったに違いない。ああ、本当にこの当時は、音楽好き！の洗練された耳にとって、不協和音が聞こえてきたときの苦痛といったらなかった。ちぐはぐな音や調子外れの音程で、このぞっとするような賛歌を歌いだすのだから――こうなるともう逃げ場はなかった。サボイ（フランス南東部で、イタリア、スイスと国境を接する地方）の旅芸人もこの旋律に魅了され、静かで見晴らしのいい通りを歩きながら、最も奥まった快適なアパートにまで歌声が響くほどがなり立てていた。六カ月もの間、だれもがこの大声の悪魔に耐えなければならず、陸地に居ながらにして「船酔い」状態であった。

その後立て続けにいくつかの歌が出てきたが、『オール・ラウンド・マイ・ハット』という曲を除いては、どれもそれほどの人気を勝ち取ることはなかった。しかし、やがてアメリカ人俳優が歌う『ジム・クロウ』という下品な歌が登場した。俳優は下品な歌にふさわしい衣装に身を包み、奇怪なジェスチャーを交えながら歌い、詩を一節歌い終わるごとに、素早く体を回転させた。この歌は瞬く間に町中をのみ込み、まじめな庶民は数カ月の間、この非常識な歌を聞かされて耳を覆っていた。

ぐるぐる回れ、くるりと回れ、
そう、それでいいんだ――
ぐるぐる回れ、くるりと回れ、
さあ、飛び上がれ、ジム・クロウ！

旅芸人は顔を黒く塗り、詩を効果的に表現していた。父親のいない腕白小僧は、食べるために盗みを働くか歌うかのどちらかを選ばなければならなかったが、大衆の趣味がこのまま続いてくれているかぎり儲けが多そうな後者を選んだ。どの大通りでも、市が開いている夜には、歌を盛り上げる踊りもすべて見られた。歌詞も大衆が往来する喧騒の中を突き抜けていった。このこっけいな詩の人気が絶頂期にあったころ、物静かな傍観者は、

道端に腰を下ろし、
夏のほこりにまみれて人の流れを眺めていた。
足早に往来する人がうようよいる。
夕べの薄明かりにたかってくるブヨのようだ。

そして詩人シェリーと一緒にこう叫んでいたかもしれない。

庶民はすさまじい歌と狂ったような踊りで、
浮かれ騒いでいたよ。

英国人気質について独白し、海の歌に異常な愛着を抱いていることから持論を確立したという、先述の哲学理論家は、もしまた突然ロンドンに立ち寄ることになったら、今度は奴隷貿易廃止に向けたわれわれのたゆまぬ努力を何とか説明しようと、もっともらしく、違った持論を唱えていただろう。

「実に情け深い国民だ！　あなた方の同情は何と深いのだ！　アフリカの同胞は肌の色が違うだけだが、あなた方にとってそれほど大切な存在なのか。だから彼らのために二〇〇〇万もの大金を少しも出し惜しみせずに払うのだ。それほど彼らの思い出をずっとまぶたに焼きつけておきたいのか。ジム・クロウはそんな傷ついた民族の代表なのだ。だから庶民のアイドルになったのだ！　彼らがどんなふうにジム・クロウ賛歌を歌っているか、彼独特の個性をいかにまねしているか！　余暇を楽しんだりくつろいだりするときに、何度彼の名前を口にしているか！　家に飾ろうと、ジムの彫像まで彫っているではないか。彼の大義や苦悩をけっして忘れないために！　おお、慈悲深い英国よ、おお、文明の先駆者よ！」

以上がロンドン庶民独特の気質のごく一例だが、暴動や処刑、殺人、騒動は一度も起きず、彼らの考え方も変わることはなかった。庶民の気まぐれのようなものなのである――たわいのない愚行や奇行によって、自分たちにのしかかる心の重荷を無意識のうちに少しでも軽くしようとしているのだ。知識人は彼らを一笑に付してはいるものの、まるで共感を覚えないわけでもなく、こんなふうに話している。

「流行語にしても歌にしても、彼らが楽しみたいなら楽

しませておけばいい。幸せになれないなら、せめて楽しませてやろうではないか」

フランス人にとってはベランジェの歌がそうだが、英国人にとっても、歌のような、ほんのささやかな慰めや楽しみがあっていい。われわれにもこんな歌があっていいだろう。

悲嘆に暮れる民を
陽気にしてくれるもの、
そりゃあ、下品なジョークに決まってる！
ああ、楽しいじゃないか！
そりゃあ、下品なジョークに決まってる！

第12章 大泥棒に捧げるオマージュ
Popular Admiration of Great Thieves

ジャック　どこへ行きゃあ見つかるんだ、死をも恐れぬ実践哲学者は！。
ワット　信用できる、忠実なやつ！
ロビン　筋金入りの度胸があって、努力を惜しまないやつ！
ネッド　友のためなら、だれだって命は惜しくないだろう？
ハリー　私利のために友を裏切るやつなどいないだろう？
マット　そんな廷臣がいたら教えてくれ！
――『乞食のオペラ』の盗賊たちの会話より

金持ちの有り余る財産を奪う大胆不敵で巧妙な強盗。貧困に苦しむ民衆はそんな彼らに共感を示す。また、人はよく危険な冒険物語に思いをはせたりする。いずれにしても、どこの国の民衆も、名だたる大泥棒を感嘆しながら見詰めていることだけは確かである。おそらくこの二つの理由が重なって、大泥棒の生きざまが魅力的なものに映るのだろう。ヨーロッパのどの国にも伝説的な義賊がいるが、その偉業は詩情豊かに語り継がれ、その罪も、

「韻文で取り上げられ、
子どもたちによって繰り返し歌われている」
（シェークスピア『ルクレチアの凌辱』）

さまざまな国民の生活様式や特質を一風変わった研究対象にしているのが旅人である。彼らはよくこうした感情に接し、所見を述べたりする。博学のルブラン修道院長は、一八世紀初頭にしばらく英国に住んでいたが、英国人とフランス人について記した興味深い書簡の中で、自国軍の勇猛果敢さを自慢するのと同じように、追いはぎの手柄を自慢する英国人に何人も出会った、と記している。だれもが追いはぎの住所や狡猾さ、懐の深さを話題にし、名が知れた追いはぎに至っては、名声を博している英雄のように扱っているのだ。また、どこの国でも、情にもろい民衆は罪人が絞首台に送られるのを心配そうに見ているが、英国の

人々はこうした場面を異常なほどの関心をもって見詰めている、とも述べている。彼らは公判で罪人に判決が下されるのを見ながら大喜びしたり、生きることに対してもそうだが、死ぬことにも無感覚で、有名な追いはぎのマクファーソンのように神と人間の両方の裁きに勇敢に立ち向かう罪人に拍手を送ったりする。ルブランも書き添えているが、マクファーソンについては、古い民謡でこう歌われている。

あれほど騒々しく、あれほど冷酷で、
あれほど威圧的な、あの男。
軽快に踊っていたぞ、ぐるぐる回っていたぞ、
首吊り台の木の下で。

伝説的な義賊の中でも、イングランドで、あるいはほかの国でもそうだろうが、最も有名なのがロビン・フッドである。このロビン・フッドという名は、庶民感情によって独特の栄光に包まれている。「富める者から奪い、貧しき者に与えた」ロビンは、不滅の名声で報われているが、彼のような恩人にはその一〇分の一の恩を返しても十分過ぎるぐらいだろう。詩や小説も、独自のロビン像を作り上げようと競い合っている。ロビンが手下と一緒にうろついていたシャーウッドの森も、長い弓と深緑色で武装して、旅人たちのいこいの場に、ロビンの名声を記念したゆかりの場所になっている。その数少ない美徳も、もしロビンが正直者だったとしても称えられる保証はないが、七〇〇年にわたって庶民の人気に彩られており、英国人の弁舌が続くかぎり、永遠に忘れ去られることはないだろう。貧者への思いやり、女性に見せた優しさが、ロビン・フッドを世界でも傑出した大泥棒に仕立て上げているのである。

後の英国の大泥棒、クロード・デュバル、ディック・ターピン、ジョナサン・ワイルド、ジャック・シェパードの名を知らない者がいるだろうか？　彼らのような追いはぎや強盗の妙な寛大さや礼儀正しさは、瞬く間に一八世紀英国の恐怖の的になると同時に、大きな喜びにもなった。一〇歳以上の英国人男性なら、だれでもターピンの名を知っている。ロンドンからヨークまでを見事に馬で疾走したという話が民衆の想像力に訴え、愛される要因になっているのである。老女を火責めにして金の隠し場所を白状させたという残忍なやり方はよくできたジョーク、絞首台に向かうときの堂々たるさまも立派な行為だと言わしめた。ルブラン修道院長は一七三七年に書いた書簡で、いつもターピンの話で楽しませてもらっている、とつづっている――紳士からいつ、どのように略奪しても、必ず広い心で、その紳士が家に帰れるだけの金は残してやり、自分のことは絶

対に口外しないという言質を取ったが、略奪された紳士のほうも、何と律儀なことか、皆その約束を守っていた。ある日、修道院長は、略奪された者のほうが有頂天になっているという話を聞かされたことがある。ターピン、またはほかの有名な大泥棒が、大金持ちで知られるある男の行く手に立ちはだかり、いつものように声を掛けた。

「金をよこせ、さもなくば命を！」

ところがこの男、五～六ギニーしか持っていなかったので、ターピンはおこがましくも、実に愛想よく、そんなはした金を持って外出するのはやめてくれと頼み込み、もしまた偶然出会ったときにそんな微々たる金額しか持っていなかったら力いっぱい殴る、とまで言い残したのである。もうひとつはターピンの崇拝者が語ってくれたものだが、ケンブリッジ付近でターピンがC氏から略奪したときの話である。ターピンはこの紳士から時計とかぎたばこ入れ、そして二シリングを残して有り金全部を奪い取ったが、立ち去る前に、追跡したり法に訴えたりしないという誓いを紳士に求めた。約束が交わされ、二人とも礼儀正しく別れた。やがて二人はニューマーケット（ケンブリッジ東方の町、競馬場で有名）で偶然にも出会い、互いに面識を新たにした。C氏は誠実に約束を守っていた――ターピンを留置所送りにするのを控えただけならともかく、奪い取られた金をまっとうな手段でしっかり取り返したことを自慢しているのである。ターピンはひいきの馬に賭けないかとC氏を誘った。そこでC氏も、英国一の紳士がするように、潔く賭けに応じた。ターピンが負け、すぐに賭け金を払ったが、太っ腹のC氏にすっかりほれ込んでしまったターピン。二人の間に起きたささいな出来事のせいで、一緒に酒を酌み交わせないのはとても残念だと言いだす始末。このエピソードの語り手は、英国がこうした追いはぎ発祥の地であることをとても誇りにしていた（**原注**　修道院長は、第二巻のド・ビュフォン氏に宛てた七九番目の手紙で、一七三七年の大泥棒の奇妙な特徴について、次のように記している。「旅をするときは必ず、最初に出会った追いはぎのために、いつも一〇ギニー程度を別のポケットに入れておいた。通行料として必要なのだ。このような習慣ができたのは、英国唯一の公道の監視人ともいえる追いはぎのせいである。そのような訳で、英国人は彼らを『街道の騎士』と呼んでおり、政府も、彼らが旅人にとくに危害を加えることなく支配権を行使するのを黙認していた。実は、彼らはとくに抵抗せずに黙って言うことを聞く者だけから金を奪っていたが、任侠の徒を標榜していたにもかかわらず、逃げだした者が無事だったかというと、必ずしもそうではない。厳しく税を徴収され、十分な金を所持していないとなると、貧乏人だとして頭を乱打された。一八二六年ごろのことだが、自分たちの権利を維持しようとしたこの追いはぎが、ロンドン近郊の金持ちの家の扉に貼り紙を貼って、一〇ギニーと時計を持たずに外出した者には、いかなる状況であれ死の罰を与えると脅迫したのである。また、景気が悪く、路上での収穫がほとんどないときには大挙してロンドン市内に資金調達に出掛けたが、頭を抱えながらその仕事の邪魔をしていたのは夜警だけであった」)。

英国人に大いに親しまれているのは、ジャック・シェパードの偉業である。かつて国の恥をさらした残忍な悪党だが、庶民の称賛に値することはだれもが認めるところである。ロビン・フッドのように富める者から奪い、貧しき者に与えたわけではないし、タービンのように礼儀正しい泥棒でもなかったが、ニューゲートの牢獄から足かせをはめられたまま脱走したのである。一度ならず何度も脱走を繰り返すというこの離れ業によって不朽の名声を手に入れ、民衆の間ではまさに大泥棒のかがみとまでいわれるようになったのだ。処刑されたときにはまだ二三歳だったのだが、集まった大勢の見物人の同情を一身に集めて死んでいった。その大胆不敵な行動は、その後何カ月もの間人々の話題をさらった。街の印刷屋は彼の肖像画で埋まり、精密画もリチャード・ソーンヒル卿が手掛けるほどであった。ソーンヒル卿に捧げられた次の賛辞の詩は、一七二四年一一月二八日付けの『ブリティッシュ・ジャーナル』紙に掲載されたものである。

ソーンヒルよ！　名声に包まれるは汝なり、
無名の汝が、慎み深く名を上げし。
姿形を描くなら墓場を避けるべし、
忘却のシェパードが現れん！

アペレスはアレクサンダーを描き、
カエサルはアウレリウスに描かれ、
リリーが描きしクロムウェルも輝けり、
シェパードはソーンヒル、汝の中に生きにけり！

これはどうにでも解釈できる、あいまいな賛辞である。アペレスが君主を描くにふさわしい画家ならば、ソーンヒルは泥棒を描くにふさわしい画家だということか。だが、この画家はそうは受け取らなかった。民衆もそうだった――分かりやすく的確で、人の心をくすぐるような詩だと考えたのだ。あまりにも有名になったジャックは、芝居の題材にもうってつけだった。サーモンドは『道化師ジャック・シェパード』というパントマイムの芝居を企画し、ドルーリーレーン劇場で大成功を収めた。ジャックが入り浸っていた居酒屋や、ジャックが脱出したニューゲート牢獄ののろわれた独房など、背景はすべて実物をモデルにして描かれた（**原注**　この脚本の初版が出版されてからというもの、ジャック・シェパードの冒険物語は息を吹き返してきた。この押し込み強盗の実話、または作り話を基にした小説にも、その異常人気によって、本文にさらに事実の例証が盛り込まれるようになった。『イングランド北部地方の看守による第六次報告書』には、これを基にした小説や戯曲の悪影響に関する情報が満載されている。看守はマンチェスターのニューベイイリー監獄の学校に通っている数人の少年を調査していたが、その証言の中にこのテーマに関連する次のようなくだりがあったので、抜粋してみる。

「J・L（一四歳）。おれが初めて劇場に行ったのは、『ジャック・シェパード』を見るためだった。近所のやつも二～三人来ていて、おれに言うんだ。だから服を買うために毎週貯金していた金から六ペンスを持ち出した。次に行ったのはその翌週で、おれはある少年から金を借りた。借りた金は次の週の土曜日に返した。その後も何度も行った。劇場の座席に座っている母親のポケットから金をくすねた。おれはすぐ隣に座っていたんだ。ポケットには六ペンスよりも多く入っていた。劇場が大好きになったから、よく人から金を盗んで劇場に行った。ジャック・シェパードは頭がいいやつだよ。だって脱走したり、親方から盗んだりするんだから。おれもここから出られたら、やつみたいに頭が良くなりたい。でも、いろんな手柄を立てたのに、最後には死んでしまった。ドールフィールドの貸本屋から本を借りたんだけど、全三巻で二ペンス払った。『リチャード・ターピン』も二巻借りて、やっぱり二ペンス払った。『オリバー・ツイスト』も見たけど、『アートフル・ドジャー』がこの辺りのやつらとそっくりだと思ったよ。おれがここにいるのは、二五ポンド盗んだからさ」

「H・C（一五歳）。マンチェスターに来たときに劇場に行って『ジャック・シェパード』の初日の夜の部を見た。街の掲示板や塀には彼の絵が描いてあった。教会にいるとき、その一枚をポケットからすったんだ。『ジャック・シェパード』は大好きだった。そこでは刑務所行きにはならなかった。一週間六シリングと六ペンスで店に雇われていたからだ。その中から六ペンスを自分のために使った。それでいつも芝居を見に行っていたんだ。その後『ジャック・シェパード』を一週間に四回も見たよ。こっそりと金入れから金を持ち出した。店主にばれないようにね。母親の名前で、店主の○○夫人から一〇シリング借りたこともある。母親がいつもこの店で買い物をしていたからだ。その金で芝居を見に行ったんだ」

「J・MD（一五歳）。『ジャック・シェパード』の話は聞いたことがある。それを見た知り合いのやつから教えてもらったんだけど、脱獄する場面なんか、こんなに面白いのはめったにないって言ってたよ」

「J・I（一一歳）。一回芝居を見に行ったことがある。『ジャック・シェパード』だ。一回は兄弟と、もう一回は自分ひとりで行った。二回目に行ったときに、母親の実家から金を持ち出したんだ。暖炉の上に六ペンス置いてあった。それは『ジャック・シェパード』の初日の夜だった。刑務所中がその話ですごく盛り上がっていたし、かっこいい絵もあった。ジャックはすごく賢いやつだと思うけど、ブルースキンが一番面白かった。最初に市場に行ってリンゴを盗んだんだ。○○っていうやつのことも知っていたよ。夢中になってたからね。だからやつとは二～三回一緒に行った。引き出しから一○セント盗んだのが一番大きい金額だ」

看守の『リバプールの少年非行に関する報告書』には同様の情報が多く載っているが、分別のない作家たちが大泥棒を神聖視したことからくる悪影響を示す例は、すでに十分引用している）。

一七五四年発行の『ニューゲート牢獄年報』の編集者だったビレット師は、興味深い説教について触れている。それはジャックが処刑されたころに路傍の伝道師から聞いた話を仲間が伝えてくれたものだが、この伝道師、人間は自分の体には十分すぎるぐらい注意を払うのに、心にはまったく無頓着だと批判したうえで、その例を示しながら次のように続けた。

「悪名高き犯罪人にこの顕著な例が見られます。ジャック・シェパードの名はご存じでしょう。何という驚くべき困難を乗り越えたのでしょう！　何と素晴らしいことをやってのけたのでしょう！　でも、すべてが卑賤な人間のためなのですから、絞首刑にされるのはおかしいのです！　彼は曲がったくぎで器用にも南京錠の鎖を拾い上げ、何とも果敢に足かせを引きちぎり、煙突を上り、鉄捧をぐいとねじ曲げて、石壁をつたって夜の闇に通じる頑丈な扉を開きました。それから導水溝にまで達すると、大きなくぎで壁に毛布を打ちつけて、礼拝所からこっそり抜け出したのです！　そして果敢にも旋盤工の家の屋根に下りたのです！　そしてそうっと階段を下りていき、外の扉から出るのに成功したのですぞ！

おお、汝らはジャック・シェパードにうり二つ！　いや、勘違いしないでいただきたい、兄弟たちよ――外見が似ているというのではなく、精神的にという意味ですから。精神的にとらえようと申し上げているのです。こんなに苦労するだけの価値はないと考えたり、彼が自分の身を守ろうとしたように、われらも自分の魂を救済するのに思索するだけの価値はないと考えたりするのは、実に恥ずべきことですぞ！

そこで、汝らに申し上げたい。後悔というくぎで心の扉をお開けなさい！　汝らの欲望の足かせをばらばらに砕き、希望という煙突に登りなさい。そして行いを悔い改める審判を受け、絶望という石壁を、そして死の影が忍び寄る暗い谷間の入り口にある、あらゆるとりでを打ち破るのです！　立ち直って神のことを深く考え、信仰という毛布を教会という大きなくぎで打ちつけて、服従という旋盤工の家の屋根に下り、謙虚という階段を下りるのです！　そうすれば邪悪という牢獄から解放してくれる扉が見えてきます。そうしてあの悪魔の殺し屋の手から逃げ出すのです！」

ジョナサン・ワイルド。その名はフィールディングによって不朽のものになっているが、庶民の人気はさっぱりであった。彼には人徳のかけらもなく、それが犯罪と結びついて大泥棒という名声を勝ち得たのである。この男、死を恐れ、仲間のことを密告するという卑怯な人間であった。民衆はこうした卑劣な言動を容赦せず、タイバーンの処刑台に向かうときには泥や石を投げつけながら、ありとあらゆる方法で侮辱を表した。ターピンやジャック・シェパードとは何たる違い。彼らは上等な衣装に身を包み、ボタンホールに小さな花束まで飾るといういでたちで、多くの群衆の期待どおり、勇敢に死んでいったのだ！　ターピンの遺体が執刀医の手に渡り解剖されるのではないか、という心配が持ち上がったことがある。案の定、遺体を持ち去ろうとせっせと動いているやからがいるではないか。それを目にした人々は突然彼らに襲い掛かって、遺体を救出した。そして得意満面で遺体を町の近くまで運んでくると、深い墓穴を掘ってそこに埋葬し、腐敗を早めるために生石灰まで流し込んだのだ。これで自分たちの英雄――馬でロンドンからヨークまでを二四時間で疾走した男――の遺体が無礼な執刀医の乱暴な手で台無しにされる心配はなくなった、というわけである。

クロード・デュバルも、やはり勝ち誇って死んでいったようだ。クロードは紳士的な泥棒であり、小説家のサミュエル・バトラーによると、彼に捧げられた有名な詩歌に歌われているとおり、彼は、

　街道の粗暴なアラブ人に教えてやった、
もっと優しい奪い方を。

詐欺師として仕込まれたことがない者よりも、
もっと礼儀正しく獲物を手にするやり方を。
また鈍感な英国人に出会ったら、
かつてないほど品良く粘る方法を。

実際、彼は礼儀正しさの権化のような人物で、女性に対する優しさには定評があった。彼がついに逮捕され、「石壁と鉄格子」の中に監禁されたときの女たちの悲しみようといったら、そのめったにない手柄と名声からか、異常なほどであった。バトラーいわく、彼の土牢には、

方々から女たちが掛けつけた、
重禁固の囚人たちに愛を捧げるために。
彼はそれを当然の手向けとして受け止めた――

＊　＊　＊

勇敢なる騎士は救われず、
悩める女たち、か弱き乙女として、
彼のため、かような離れ業を成し遂げん、
おそらく誇りをもって、
そして果敢にも切望しているのか、
世界が失いしものを、自らが失いしものを
取り返し、彼の人生を決定し、
彼の人生を変える栄誉を担いし者と闘うことを。

フランスの有名な大泥棒では、一四世紀後半のシャルル六世の時代に暗躍した悪名高きエムリゴ・テットノワールに匹敵する者はいないだろう。彼は四〇〇～五〇〇人の盗賊団の首領であり、リムーザンとオーベルニュに堅固な城郭を所有していた。周囲には封建貴族が大勢いたが、彼には自分に与えられた街道以外に収入源はなかった。エムリゴは死の床で一風変わった遺言を残している。

「余は」、と大泥棒が口を開いた。

「余は、一五〇〇フランを聖ジョルジュ礼拝堂に遺贈する。修復にはこれぐらい必要だろう。そして心から余を愛してくれたいとしい娘に二五〇〇フランを、そして残りを余の仲間たちに遺贈する。皆兄弟として生き、皆で仲良く分配してほしい。もしそれが嫌で、争いの悪魔が割って入ることになっても、それは余の責任ではない。仲間たちに忠告しておくが、鋭いおのを手に入れて、余の頑丈な箱を割って開けてほしい。そしてわれ先に中身を奪い合うのだ。無能なやつは放っておくがいい」

オーベルニュの人々は、今でもこの盗賊の大胆不敵な偉

業を感服しながら語り継いでいる。

最近では、フランスの大泥棒も純然たる極悪人に成り下がってしまい、民衆が賛辞を贈るすきもなくなってしまった。フランス語の「悪漢」と同義語になった、あの有名なカルトゥーシュには、大泥棒の英雄になるための必須条件である寛容、礼儀正しさ、献身的な勇気のみじんもなかった。一七世紀末ごろにパリに生まれ、一七二七年一一月に車裂きの刑に処せられて生涯を閉じたカルトゥーシュ。だが、刑が執行されたときには同情が集まるほど信望も厚く、その死後も大人気を博した戯曲の題材になり、彼の名を頂いた作品は、一七三四年から一七三六年にかけてフランスのあらゆる劇場で上演され、いずれも大成功を収めている。今でも泥棒にかけてはフランス人も幸運だ。ビドックは有名なターピンやジャック・シェパードのライバルになりそうだが、すでに数々のフィクションの主人公になっている──すでに同郷人は彼のさまざまな偉業を自慢しており、ヨーロッパのどの国を見てもビドックのように聡明で紳士的で、その道に秀でた大泥棒はいないだろうと話している。

ドイツにはシンダーハネスが、ハンガリーにはシューブリーが、イタリアとスペインには無数の盗賊がおり、その名や手柄はとても親しまれており、それぞれの国の庶民や子どもたちも日常的に口にするほどだ。

イタリアの盗賊は世界的に有名だ。彼らは信心深いだけでなく（曲がりなりにも）、慈悲深くもある。こうした財源からの寄付は驚くほど多額に上っており、それが人々に溺愛される要因になっているのである。こんな盗賊のひとりは、警察に捕まって連行されるときにこう叫んだ。

「こんなに慈善活動をしているんだぜ！」──「この地方のどの修道院より寄付は多いんだ」

盗賊の言っていることは正しかった。

ロンバルディア地方の人々は、二人の悪名高き盗賊の思い出を大切にしている。二人ともスペイン領だった三五〇年ほど前に名をはせた大泥棒である。チャールズ・マクファーレーン氏によると、二人の話はこの地方の子どもたちならだれでも知っているお話の本に載っており、聖書以上の愛読書となっている。

ライン地方の盗賊、シンダーハネスは、彼が長い間畏敬の念を抱いていたライン川流域で大人気である。彼が裕福なユダヤ人や厚かましい法の番人に仕掛けた卑劣な策略──その素晴らしい寛容と剛毅──については、農民たちが楽しい物語を数多く語っている。要するに、彼らはシンダーハネスを誇りに思っており、ライン川と関係ない彼の偉業の思い出を語るぐらいなら、難攻不落のエーレンブライトシュタイン要塞（ライン川沿いの町コブレンツにある要塞。一一八メートルの高台の上にある）を火薬で爆破されたほうがましだと思っているのである。

盗賊の英雄はもうひとりいる。ドイツの人々は、彼の人となりや手柄を感嘆しながら語っている。マウシュ・ナーデルはライン地方、スイス、アルザス・ロレーヌ地方を荒らし回った大盗賊団の頭。ジャック・シェパードと同じく、一か八かの脱獄で民衆に愛されている。ブレーメンで獄中生活を送っているとき、彼は牢獄の三階にある土牢に収監されていたが、そこから不寝番をしている監視員に気づかれずに下りていき、鉄の重りを背負わされてはいたが、ウェーザー川を泳いで渡ってやろうと思い立った。ところが川を半分ほど泳いだところで監視員に見つかってしまい、銃撃され、ふくらはぎを狙い撃ちされたが、びくともせずにそれを交わして向こう岸にたどり着いた。法の番人が追い掛けようとして船を出したときには、すでに姿をくらましていた。一八二六年に再び捕らえられた彼は、マインツで裁判に掛けられ、死刑が宣告された。長身で強健、端麗なナデルの悲運は、悪党ではあったが、ドイツ全体で大きな同情を集めた。とくに女たちは、こんなに魅力的で情熱的な男を救えなかった、何もしてあげられないまま首切り役人の手に渡ってしまったと、後悔することしきりであった。

チャールズ・マクファーレーン氏はイタリアの盗賊について触れ、告解や赦罪と並んで、カトリックの悪習がこの種の犯罪を助長しているのだと指摘するが、司祭や修道僧の罪は、実際にはへぼ詩人や物語作家が犯した罪の半分にも達していないのだそうだ。劇作家についても触れていれば、リストは完璧だ。事実、演劇は庶民の嗜好に迎合して金銭的な成功だけを考えており、大泥棒や盗賊の年代記ばかりを繰り返し上演し、最も人気のある主人公を称えていた。こうして芝居に登場する泥棒たちは、その美しい衣装や荒野の住み家、愉快で無頓着で向こう見ずな振る舞いと共に、人々の想像力に見事に訴え、逆に彼らの崇拝者が何と言おうと、社会道徳にかなりの悪影響を及ぼしていたのである。一六四七年から一六四八年にかけてナポリで起きたマザニエーロの一揆についてつづったギーズ公の回想録には、舞台で演じられるナポリの盗賊一味の物腰、衣装、生きざまに人々が心を奪われていたため、当局もこの戯曲の上演を、さらには仮装用の衣装までも絶対に禁止する必要があると考えた、と書かれている。当時はおびただしい数の盗賊がいたため、公爵も、ナポリ王位の奪取を手伝ってもらうため、彼らから兵を募るのは簡単だと考えて、次のように記している。

「彼らは三五〇〇人に及び、最年長者でも四五歳未満、最年少者は二〇歳を過ぎていた。皆、背が高く頑強で、その長い黒髪はほとんどが巻き毛であった。ビロードか金糸織りの袖が付いたスペイン革の外套に金の組み紐をあしらった布の乗馬用ズボン、これはほとんどが緋色である。そして金の組み紐を装飾したビロードの腰帯。両脇にはそれぞれピストルを携え、カトラスを下げていた。きれいな装飾を施した腰帯に、六〇センチもある大きな手袋。腰帯には鷹狩り用の袋を、素晴らしい絹のリボンをあしらった首周りには小さな火薬入れをぶら下げている。火打ち石銃や大筒をぶら下げている者もいた。皆、上等な靴と絹の長靴下を履き、金糸織りか銀糸織り、またはほかの色の帽子をかぶっており、とても魅力的に映った」

英国の『乞食のオペラ（The Beggars' Opera）』も、大泥棒が舞台の上で人々に称賛されているもうひとつの例である。初演で大成功を収めたこの芝居については、ポープの『ダンシヤッド（The Dunciad）』（愚物列伝）の注釈で次のように説明されており、詩人サミュエル・ジョンソンの『英詩人伝（Lives of the Poets）』でもこれが引用されている。

「この芝居は空前の拍手喝さいを浴びている。ロンドンで六三日間連続上演された後、翌シーズンにも再演され、同じように称賛された。その後はイングランドのあらゆる大都市に移り、多くの都市で三〇回、四〇回と上演された。バス（エイボン州の都市）やブリストル、その他の都市では五〇回も上演された。続いてウェールズ、スコットランド、アイルランドにも進出し、アイルランドでは連続二四日間上演されている。女たちは芝居の中のお気に入りの歌を歌い、家を舞台のような調度品で飾った。その名声は原作者だけにとどまらず、ポリー役を演じた女優も、当時はまだ無名だったのだが、あっという間に庶民のスターにのし上がった（**原注**　ラビニア・フェントンを指す。後のボルトン公爵夫人）。彼女の絵柄も彫られ、大量に販売された。伝記も執筆され、彼女に捧げる手紙や詩を集めた書籍も出版された。彼女の名言やウィットに富んだしゃれを集めた小冊子も作られた。そういう訳で、芝居はさらにイングランドを飛び出してイタリアオペラとなり、一〇年間は向かうところ敵なしの状態であった」

ジョンソン博士は自伝の中で、後のカンタベリー大司教のヘリングはこのオペラを検閲しながら、悪徳だけでなく犯罪をも奨励し、この追いはぎを英雄扱いした揚げ句、ついには刑罰を下すこともなく簡単に片づけてしまったと述べ、公演後には追いはぎの群れが明らかに増えてきたとさえいわれている、とも付け加えているが、博士はこの文言には疑問を抱いていた。追いはぎや押し入り強盗が劇場に足を運ぶことはめったにないし、舞台ではマックヒース（盗賊団の頭）の死刑執行が猶予されているので、だれも泥棒稼業は安全だと思っていないからだというのがその理由だが、実際には追いはぎや押し入り強盗も劇場に足しげく通っており、若者やすでに悪に手を染めている連中は、間違いなく名うての悪人のこっけいな演技を見てまねしていた。もしジョンソン博士が自分の目で見て確認しようと思えば、すぐにでもできたはずだ。しかも、ボー通り（ロンドン中央警察裁判所を指す）の行政長官サー・ジョン・フィールディングも絶大な権力を振りかざしており、事務所の記録から、オペラが大流行したときには泥棒の数が激増したという主張を正しいものと断言し、立証しているのである。

もうひとつ、ごく最近になって同じような結果を招いた例がある。フリードリヒ・シラーの『群盗（Räuber）』である。うぶな青年が書いたこの見事な戯曲は、ドイツのあらゆる若者たちの嗜好や想像力をゆがめ、悪い方向に導いてしまったのである。英国のある優れた批評家（ウィリアム・ハズリット）は、この戯曲について触れ、このような戯曲は今まで読んだことがなく、大きな影響を受け、まるで「強打を食らったような衝撃を覚えた」と話している。それから二五年の月日が流れても、この戯曲は彼の頭から離れなかった。彼の言葉を借りると、それは「自分の脳室に昔から住んでいる静かな住人」であり、彼はそのときになってもまだ正常な状態に戻らず、当時の様子をはっきり語ることもできなかった。高潔できわめて難解な泥棒には温かい賛辞が贈られていたため、未熟な学生の中には、そんな泥棒を英雄視し、高潔だと思う人物のまねをしたがる者もいた。実際、彼らは家や学校を見捨てて森や荒野に出掛けては、旅人に寄付を強要していたのである。ムーアのように裕福な者から略奪し、沈む太陽と上ってくる月に雄弁なせりふを吐こう、貧者と出会ったら見逃してやり、岩がごつごつした峠や奥深い森のテントで傭兵たちと白ぶどう酒を酌み交わそう。そんなことを考えていたのだ。だが、人生経験に乏しい彼らは見事に意気阻喪してしまった。現実を思い知ったのである。平凡な泥棒は舞台で見るような型にはまった山賊とは似ても似つかなかったのだ。食べ物はパンと水だけ、湿ったわらの上で寝るという三カ月の獄中生活は、炉辺談義で聞いて知ってはいたものの、いざ体験してみると、けっして心地よいものでなかったようだ。

バイロン卿はこう独白している。高潔な大泥棒は自国の若き三流詩人たちの作風を少々変えてしまったが、彼らはドイツの詩人よりはまだ分別があり、森や街道に出掛けることはなかった。海賊コンラッドを大いに称賛していたが、海へは行かず、コンラッドに黒旗を掲げることもなかった。行動ではなく言葉だけで賛辞を表し、雑誌を読みあさり、海賊や山賊の花嫁、あらゆる大泥棒の冒険物語を歌った詩が置いてある音楽工房に押し寄せただけであった。

しかし、最悪の害を及ぼしているのは劇作家であり、ジョン・ゲイ（『乞食のオペラ』の作者）やシラーとは異なり、バイロン卿には釈明する責任はない。舞台背景や魅力的な衣装、音楽、そしてまさに彼らが植えつけた誤った概念が、知らず知らずのうちに、民衆の審美眼や判断力を衰えさせていたのである。

つまらないへぼ詩人よ！
芸術にはかほどに風紀を乱す力があるのだぞ。

人口密集地であるロンドンの貧民街には大衆劇場が多く、主な客層は暇で自堕落に暮らしている若者たち。ここでは大泥棒や殺人犯の話が人気を博し、ほかの芝居よりも観客を多く動員できる出し物であった。盗賊、押し入り、追いはぎは天然色で描かれ、大喜びの観客に犯罪の実践知識を植えつけていたのである。悲しい悲劇や明るい笑劇が殺人犯や大泥棒の世話で演じられ、その悲しみや明るさの度合いに応じて拍手が浴びせられた。嫌な事件をモチーフにしていたにもかかわらず、残忍極まりない犯罪が起きると、必ず新たな出し物が上演され、将来の模倣犯たちの気晴らしになっていた。

読書好きにとっては事情は大きく異なり、大半の読者が有名な悪漢たちの大胆な行動について知ろうと躍起になっていた。作り話や小説でも大喜びしていた――ジル・ブラ・ド・サンティヤーヌの波瀾万丈の人生や大物悪党のドン・グズマン・ダルファラッシュの物語に立ち会いたかったのである。模倣するのを怖がる者もいなかった。詩人もしかりであり、害を与えることなく、気に入ればこうした英雄の歌を詠み、ジミー・ドーソンや大胆不敵なマクファーソンの悲運に共感し、スコットランドの大泥棒、ロブ・ロイの不正や復讐を詠んだ不朽の名詩を称えていた。しかし、もし詩人たちがその心地よい詩のリズムによって、彼らのような英雄はつい最近生まれたばかりで、理論的にも実際上も、

昔懐かしい時代、単純な制度を愛し、
権力者を取り込み、
能力ある者を守ろうとする、

間違った哲学者なのだと世界中を納得させられれば、世界

ももう少し賢くなり、その良い部分だけに賛同し、それによって泥棒も時代に合ったものになり、時代も泥棒と融和したものになるはずだ。しかし、大泥棒はこれからもいたずらに、かつ巧妙に、人を魅了し続けるのは間違いなさそうだ。

第13章 聖遺物崇拝

Relics

有り余るほどの古びた装身具、
役立たずの鉄のふた、ジャラジャラ鳴る被甲、
それでロジアンの三州を支え切れるのか、靴くぎで、
一二カ月もの間、立派にさ。
ポリッジ鍋、古い塩入れも、
あふれないうちに。

――バーンズ

遺品への愛着は、人の心に感情や愛情が宿っているかぎり、けっして消えることのないものである。優しい心の持ち主は愛情にもあふれており、愛情を嘲弄できるほど無情な人もいない。今は亡き貞節な妻の、あるいは地中に眠っている最愛のわが子の額を美しく飾っていた一房の髪の毛を大切に取っておかない人がいるだろうか？　いるわけがない！　これは形見といい、尊いものであることはだれにでも分かる――荒れ果てた墓場から救い出した戦利品は、愛好者にとっては値段を付けられないほどの価値がある。残された者にとっては、故人と共に読みふけった本がどれほどいとしいことか！　その本に、今では冷たくなってしまったその手で自分の考えや名前を書き込んでいたとなると、価値はもっと跳ね上がるのだ！　こうした家族の形見もすてきだが、ほかにもけっして捨てられないものがある――いわゆる聖遺物である。愛情と似ているが、その偉大さや美徳を賛美することで神聖化されているものである。例えばモンテーニュ著『随想録』のフローリオ訳。ページにはシェークスピアの名前が見て取れるが、これはこの空前絶後の詩人の直筆である（エリザベス朝時代にジョン・フローリオによって英訳された初版本で、シェークスピアもこれを読んでいたことが確認されている）。そしてアントワープに残っているいす。ルーベンスがあの不朽の名画、『キリストの十字架降下』を描いているときに座っていたもの。あるいはフィレンツェの美術館に保管されている望遠鏡。ガリレオの素晴らしい発見の数々を支えた望遠鏡である。ウィリアム・テルの放った本物の矢――ウォレスやハンプデンの剣――や、昔の神父がいかめしい手でページをめくっていた聖書。これらを崇敬の念をもって眺めない

人がいるだろうか？

つまり、遺品への愛着は愛情によって神聖化され、永遠のものになっているのである。しかし、この純粋な気持ちからどれほど多くの過ちや迷信が生まれたことか！　人々は偉大な人物を、そしてその人物に関係するものすべてを褒めちぎるあまり、美徳があってこそその人物が偉大なのだということを忘れてしまい、聖人の顎骨や使徒の足のつめ、王様がはなをかんだハンカチ、罪人を高く吊るしたロープを追い求めるという愚行に走っている。先祖の墓からほんのわずかな記念品でも見つけようと、有名人や悪評高い人物、高名な人や名うての悪党をごちゃ混ぜにしてしまっているのである。崇高な聖人、極悪非道の罪人、偉大な哲学者、大物いかさま師、有名な征服者、悪名高き殺人者、高位聖職者、大泥棒。皆それぞれに崇拝者がおり、彼らは聖なる遺物を探しに、赤道から北極や南極に至るまで、世界中をすぐにでも荒らし回りに行きそうな勢いであった。

こうした遺品への愛着は現代も変わらないが、起源をたどっていくと、十字軍遠征の直前の時代までさかのぼることができる。最初に聖地を訪れた巡礼団は、全財産をはたいてまがい物の遺品をどっさり買い込んでは西欧に持ち帰ってきた。一番人気はイエスの磔刑のときに使われた「真」の十字架の木片だったが、これが旧約聖書の未亡人と油の話と同じで、無尽蔵に出てくるのである。ローマカトリック教会の伝承では、コンスタンティヌス大帝の母へレナが、エルサレムに巡礼に出たときに最初にこの「聖跡」を発見したのだといわれている。テオドシウス一世はその主要部分をミラノ司教の聖アンブロシウスに献上した。アンブロシウスは十字架に宝石を散りばめてミラノの主教会に安置したのだが、フン族に持ち去られ、宝石を全部抜き取られてから燃やされてしまった。ところが一一世紀から一二世紀にかけて、その燃えかすだという残留物が西欧のほぼ全域、いや、世界中の教会で見つかっているのである。全部を一カ所に集めたら、大聖堂がひとつ十分に建つ計算になる。それを一目でも見られる罪人は幸せだったし、それを手――自分のものにできればもっと幸せだった！　それを手に入れようと、進んでこのうえない危険を冒す者まで現れた。それを持っていればあらゆる害悪から守られ、最も治りにくい持病や難病も治ると考えられていたからだ。イエスの十字架跡だとされる教会には毎年巡礼が訪れ、熱心な信者たちが大金を落としていった。

次に有名なのは、あの貴重な聖遺物、主の涙である。そんなものをいったいだれが、どうやって集めたのかは、巡礼者たちにはどうでもよかった。聖地のキリスト教徒が本物に間違いないと言っているのだから、それで十分だったのだ。聖母マリアの涙や聖ペテロの涙も集められ、小さな箱にだいじそうに納められた。信心深い者は懐に入れて持っていたかもしれない。涙の次に貴重だったのは、イエスと殉教者の血の滴、そして聖母マリアの母乳。髪の毛や足のつめも大好評で、法外な値段で売られていた。一一～一二世紀には何千という巡礼者が毎年パレスチナを訪れて、祖国の市場で売ろうと偽物の聖遺物を買いつけていた。彼らのほとんどは、そうやって稼ぐ以外に暮らしていく術がなかったのだ。聖人か使徒のつめだということにしておこう……。こうして親指のつめを切ってから半年もしないうちに、悪徳聖職者の汚らしい足のつめが大量に、しかも破格の値段で売られるようになってきた。ペテロのつめも異常なほど出回っていたので、クレルモン公会議が開かれたころの西欧では袋を満杯にできるほどのつめが売られていたことになるが、どれもがその偉大なる使徒の神聖な御足から伸びたものだと心底信じられていた。エクスラシャペルの大聖堂には今でもそのつめが保管されており、目の保養にと、敬虔な信者が遠路はるばるやって来るというありさまである。

パリのポールロワイヤル修道院には、一本のとげが大切に保管されている。その神学校の司祭が言うには、神の御子の聖頭に刺さったのと同じとげのうちの一本らしいのだが、修道院に持ち込まれるまでのいきさつやだれが持ち込んだのかについては、まったく説明がないままである。これはジャンセニスト（ヤンセン派）とイエズス会が長い間対立していたときに賛美された有名なとげで、しかも、ペリエ嬢の病気を治すという奇跡を起こしているのである――とげにキスをしただけで、長年悩んでいた目の病気が治ったという話がある（**原注**　ボルテール著『ルイ一四世の時代（Siècle de Louis XIV）』）。

ローマのサンタスカラ（聖なる階段）を知らない旅行者がいるだろうか？　これはコンスタンティヌス大帝の母へレナが「真」の十字架と一緒にエルサレムから運んできたものだが、民間伝承によると、ローマ総督ポンテオ・ピラト邸から持ち出されたものらしい。また、ローマ総督の前に連れてこられたイエスが上り下りした階段だともいわれ、ローマでは最も崇敬されているものである――だから階段を普通に歩いて上るのは神聖を汚すことになり、信者はひざだけを突いて上り下りしなければならない。そしてそのすぐそばから、巡礼者がうやうやしくキスをしていくのである。

ヨーロッパには今でもこうした聖人の遺物があふれている。スペイン、ポルトガル、イタリア、フランス、ベルギーのローマカトリック教会でこうした聖遺物をひとつも保管していないところは皆無に等しい。見るからに貧しい村の教会でさえ、ローマカトリックの教会暦を構成する無数の聖人の大腿骨を所有していることを誇りにしている。エクスラシャペルでも、本物の聖遺物匣、つまりシャルルマーニュの大腿骨が入った小箱が自慢であった。歩行困難を治してくれるというのである。ドイツのハレには聖母マリアの大腿骨がある。スペインにはそれが七つか八つあり、どれも正真正銘の聖遺物だという。ブリュッセルでもかつては聖グーデュラの歯を所持していたが、おそらく今でもあるのだろう。虫歯で悩んでいる信者は、ただその歯を見ながら祈りを捧げれば治るのだそうだ。ヨーロッパ大陸のほかの場所にもこうした聖なる骨の何本かが埋まっており、一定の時間がたつと、そこから水が流れ出てくる。それはすぐに泉になって、信者の病気を何でも治してくれるのだ。

興味をそそられるのは、たとえ罪を犯して有名になった人物であろうと、話題の人物の遺品を何かしら手に入れようという並々ならぬ熱意が、時代や国境を越えて見られることである。リチャード一世獅子心王の時代（一二世紀末）の話だが、ロンドンの庶民のリーダー的存在であったウィリアム・ロングベアードがスミスフィールドの処刑場に高く吊るされた。そのとき、ウィリアムの髪の毛か衣服の切れ端を手に入れようと、人々は先を争うほどの熱の入れようを見せたのである。女たちはエセックスやケント、サフォーク、サセックスをはじめ、周辺のあらゆる州から駆けつけて、絞首台の下でカビを拾い集めていた。ひげは悪霊から守ってくれ、衣服の切れ端は痛みやうずきを治してくれると信じられていた。

近代に入ってからも、人々はナポリの漁師、不運なマザニエーロの遺品を手に入れようと、同じような熱意を見せている。マフィアの力を借りて君主にも勝る独裁権力を得るも、同じ民衆に路上で撃たれてしまったマザニエーロ。まるで狂犬扱いであった。首をはねられた彼の胴体は何時間もの間沼地を引きずり回された揚げ句、夕暮れ時には市のどぶに投げ捨てられてしまった。だが翌日になると、民衆が同情的な態度を示すようになった。遺体が引き揚げられ、王族も参列する中、大聖堂にたいまつがともされて、壮麗な埋葬式が執り行われたのである。一万人の武装した兵士、そしてやはり一万人の人々が葬儀に参列して哀悼した。漁師が身に着けていた衣服は、聖遺物として保管するため、集まってきた人々によって細かく切り刻まれた。女たちも大勢、彼が住んでいた小屋の扉の蝶番を外し、一生懸命にそれを小さな木片にした。絵柄にしたり宝石箱に入れたり、ほかの記念の品と一緒に保管するためだった。貧しい住まいの取るに足らない家具も、宮殿の装飾品よりも値打ちが上がった。彼が歩いていた敷地も聖地だとみなされ、土が小さな薬瓶に入れられて、金と同じ目方で売買された。懐に入れてお守りにする人もいた。

ほとんど異常とも言えるのが、ブランビリエ侯爵夫人（第四章「毒殺の大流行」を参照）が処刑されるときにパリの民衆が見せた熱狂である。マザニエーロの場合には、民衆が驚きの声を上げげたのもうなずける。個人の犯罪で失墜したわけではないからだ。だが、ブランビリエ侯爵夫人に対しては、人々は不信や憎悪の念しか示さなかった。侯爵夫人は数人を毒殺したかどで有罪判決を受け、グレーブ広場で火刑に処した後で遺灰を風に運ばせると宣告されていたのである。ところが、いざ処刑となると、民衆は上品で美貌の侯爵夫人を見て衝撃を受け、刑が厳しすぎると猛然と抗議。彼らの同情は間もなく賛美に変わり、日が暮れるまでには聖女として祭り上げていた。遺灰が丹念に集められた。夫人を焼き尽くすのに使われた木片も、すっかり炭化しているというのに、民衆はわれ先にと買い求めた。夫人の遺灰は魔力から身を守ってくれると考えられていたのだ。

イングランドの多くの人々は盗人や人殺し、極悪の罪人の遺品に奇妙な愛着を抱いていた。収集家はよく絞首刑に使われたロープを購入した。ひとり分が一ギニー金貨で取引された。ドッド博士を高く吊るしたロープ、そして後には偽造の罪でフォントルロイを、さらにはウィアー氏殺しのサーテルを処刑したロープには破格の値が付いた。一八二八年にマリア・マーテンがコーダーに殺された事件は、国中の関心を一手に集めた。ウェールズやスコットランドから、さらにはアイルランドからも見物人がやって来て、殺された女性の遺体が埋められた納屋を訪れた。そしてその記念に何かを持ち帰ろうと躍起になり、納屋の扉の破片や屋根瓦、そして何よりも気の毒な犠牲者の衣服を熱心に探していた。髪の毛一房が二ギニーで売られ、それを買った人は、こんなに安く手に入れられるとは何という幸せ者だ、などと考える始末であった。

おびただしい数の群衆が押し寄せたのが、キャンバーウェルレーンにある邸宅だ。一八三七年、ハナ・ブラウンがグリーナクルに殺害された現場だからである。そういう訳で、現場には強力な警官隊を派遣する必要が出てきた。群衆はこの凶悪犯罪の現場となった邸宅の品々を持ち帰ろうと目を光らせていたので、いすやテーブルだけでなく、扉まで持ち出されないようにするには、武力行使もやむなしの状態だったのだ。

その昔、処刑された罪人の手には奇妙な迷信がつきまとっていた。遺体の上で組まれたその手をこするだけで、るいれき（国王病）に苦しんでいる患者がすぐに治癒するというのである。ニューゲートの死刑執行人も、以前はこの愚かな習わしのおかげで相当儲けていたようだ。手を自分で保管していれば、病気の治療や災難防止にもっと効果があると考えられた。チャールズ二世の時代には、この気味の悪い遺物のひとつに一〇ギニーという値が付いたが、それでも安いといわれていた。

狂人トム、つまりコートネイが一八三八年の春に射殺されたときには、遺品収集家がこの人物の一風変わった記念品を手に入れようと素早い動きを見せていた。トムの長くて黒いひげと髪の毛は外科医によって切り落とされ、弟子たちの手に渡った。彼らはひげと髪の毛を限りない崇敬の念を抱いて保管した。髪の毛の房は、弟子たちの間だけにとどまらず、カンタベリーやその周辺の裕福な住民の間でも異常なほどの高値で取引された。トムは木の上にいるところを射殺されたのだが、その木は、物見高い連中に皮を根こそぎはがされた。トムの署名が入った手紙も金貨数枚に値し、お気に入りだった馬も、馬の中の馬だとして称賛された。二五キロも遠くから紳士淑女の団体がボートンにやって来てこの殺人事件の現場を訪れると、この「マルタの狂った騎士」の馬の背をたたいていった。もし墓守が目を光らせていなければ、数カ月の間に遺体が掘り起こされ、骨も記念に持ち去られていたことだろう。

近代ヨーロッパで最も人気がある聖遺物は、シェークスピアが大切にしていた桑の木とナポレオンの柳の木、そしてナポレオンが急送便をしたためたワーテルローのテーブルである。シェークスピアの桑の木で作ったかぎたばこ入れはかなりの掘り出し物のはずだが、市場にはこの偉大な詩人が植えた木で作ったものよりも明らかに数多く出回っているのである。異質の木材も、多くがこの名で通っている。ナポレオンのテーブルにも同じことがいえる。原物はとうの昔に壊れているのだが、多くのまがい物が出回っていた。木のつえで所持する者が多かったが、ブローチの形にしたものや、実にさまざまな装飾品に加工する者もいた。だが圧倒的に好まれていたのが、かぎたばこ入れであった。フランスではボンボン入れに加工され、多くの人々に珍重された。だれもがナポレオンの名を聞いただけで頰を紅潮させ、瞳を輝かせていた。

ワーテルローの戦場から拾ってきた弾丸や戦闘で倒れた兵士たちが身に着けていた外套のボタンは、ヨーロッパでは今でも好まれている遺品である。ところが、古いテーブルが壊れた後に新しいテーブルを売り出した巧妙な連中が、今度は新しい弾丸を物好きのために放出していたのである。多くの人は、あの記念すべき日に世界平和に貢献した弾丸の持ち主だと思っているが、実はがらくたを所持しているにすぎず、それらは一〇年以上たって初めて鉱石から抽出されたものなのである。本物の聖遺物の愛好者なら、まずは自分の財布の中身をよく調べることだ。ワーテルローの村に群がる案内人に金を払うのはそれからだ！

ルイ＝フィリップ政権によってナポレオンの遺体が運び出される前までは、セントヘレナ島を訪れる旅行者は、必ずナポレオンの墓上に垂れ下がっている柳の小枝をもぎ取っていったものである。その多くがヨーロッパ各地に植えられており、親木と同じぐらいの大きさに育っている。原木の小枝を手に入れられない愛好者は、そういう木の小枝で満足している。ロンドン近郊でも何本かが大きく育っている。

しかし、すべてにおいてそうだが、聖遺物も悪用、乱用されることがある。偉大な人物、あるいは大きな出来事の紛れもない記念の品は、慎重で洗練された知識人にとっては間違いなく魅力的なものだからである。イングランドの詩人カウリーに同調しない人はいないだろう。とてつもない願望を抱いたカウリーは、「サー・フランシス・ドレイクが世界一周した船の残骸で作ったいすに腰掛けながら書いた」文章の中でその思いを語っている。

わたしも静かにくつろいでいたい。
ほとんどどのいすもそれを可能にしてくれる。
遠出をするとなると、
大昔の戦車の車輪を探してこなければならない。
フェートン（一九世紀の軽四輪馬車）が
早々に壊してしまったから。

第四部

群衆の憤激

第14章 魔女狩り The Witch Mania

何という神の怒り、悲嘆という邪悪な力が
悪党どもと共謀してあなたを苦しめている。
このいまいましい害悪が地上を襲っている。
人の心がひそかに広めているのか、
無知や無分別という愛を込めて？

——スペンサー『ミューズの涙』

田舎者　あの女の首を吊れ！　むち打ちだ！　殺してしまえ！

裁判官　どうしたんだね？　そんな暴力はいけない。我慢しなさい！

マザー・ソイヤー　悪党どもが——血に飢えた死刑執行人どもが！　あたしをいじめようとしているんだ！　どうしてだかは分からないがね。

裁判官　ああ、お隣のバンクスさん！　いたずらの張本人はあなたですか？　まったく！　おばあさんをいじめるなんて！

バンクス　あの女、化け猫なんだ！　魔女なんだ！　それを証明しようと思って、すぐにばあさんの家のわらぶきに火を放ってみた。そうしたらあのばあさん、大慌てで走りだしてさ。まるで悪魔に銃を突きつけられているみたいだった。

——フォード『エドモントンの魔女』

肉体を離れた霊魂は再びこの世に舞い戻ってくることを許される。こうした信条の根底には、大きな慰めになると同時に、人間の理性最大の勝利でもある永遠の生に対する崇高な思いがある。啓示によって教えられたわけではないが、だれもが永遠に朽ちることのない生命を宿していると感じており、現世を経験することで、こうした思いに報いてくれるような信条にいっそう固執してしまうのである。しかし、まだ「知に乏しい」時代には、こうした信条が一連の迷信のもとになり、それが今度は怒濤のように押し寄せる流血と恐怖の源になっていた。亡霊は地上をうろつきながら人間にちょっかいを出している、人間は悪魔を呼び出して他人に災禍をもたらすのを手助ってもらえる……。

二世紀半にわたって、ヨーロッパはこのような考え方に支配されていたのである。疫病の恐怖が猛威を振るったときも、自分や財産が悪魔やその手下の悪巧みから逃れられると思っている者はいなかった。どんな災難が降り掛かろうが、すべてを魔女、妖術師のせいにした。暴風雨に納屋をなぎ倒されれば、それも魔術のせい。畜牛が伝染病で死んでも――病気で手足がまひしても、死が突然忍び寄ってきて愛する者を一家だんらんから奪っても――、それは災厄ではなく近所に住む鬼女の仕業であり、その女が悲惨な境遇にあったり精神障害者だったりすると、無知な人々は魔女だと言って後ろ指をさした。猫も杓子も魔女という言葉を口にした。フランス、イタリア、ドイツ、イングランド、スコットランド、さらには北方の国々が、次々に魔女の問題で正気を失い、裁判所も長い間魔女裁判一色になったといっても過言ではなく、ほかの犯罪はうわさにも上らなくなってしまった。おびただしい数の人間が、不幸にもこの残酷であきれた集団妄想の好餌となった。ドイツの多くの都市では――それぞれの都市については後に詳細に見ていくが――、この怪しい罪状で処刑された人の数が毎年平均六〇〇人にも上っていた。こうした不条理な処刑がなかったと思われる日曜日を除いても、一日に二人の割合で処刑されていたことになる。

有名なモーセの律法に「魔女を生かしておいてはならぬ」というのがあるが、多くの良心的な人間が道を踏み外したのは、間違いなくこの律法を誤って解釈したからであり、その結果、以前はほのぼのとしていた彼らの迷信にも、殺伐とした憤激の炎を燃やすために何らかの裏づけが必要になってきたのである。どの時代にも、人は自分より目上の人との対話を試み、その人の財産で将来を見抜こうとする。モーセの時代にも、軽々しく信じてしまう人間を相手に商売をし、予言能力があると偽って神という至高の権威を侮辱する詐欺師がいた。だからモーセは、神の命令でそのような罪人を裁く法を定めたのである。しかし、その後が続かなかった。迷信に取りつかれた中世の人々が想像するように、聖書が予言能力の存在を認め、自称予言者を罰する勅令を出すという具合にはいかなかったのである。専門家によると、ラテン語で〝venefica〟、英語で〝witch〟と訳されているヘブライ語は、それぞれ「毒殺者」と「女占い師」、つまり「魔術をかじる者」あるいは「易者」を指すらしい。しかし、近代の魔女はその特徴を大きく変え、人の生命、身体、財産に危害が及ぶような将来の出来事を予言する怪しい能力と結びつくようになった。この能力を取得するには、悪魔本人と特別な契約を結び、それに血で署名をしなければならず、その契約に基づいて、妖術師または魔女は洗礼を拒み、その不滅の魂を悪魔に売り渡すのである。契約には魂の救済に関する但し書きなど一切ない。

今日でも科学や哲学では説明できない不思議な自然現象が数々あるが、自然法則がまだほとんど理解されていなかった時代の人々が、ほかの方法で説明がつかないあらゆる現象に超自然の力が介在していると考えていても驚くには当たらない。今ではほんの初学者でも、古代随一の賢者が解明できなかったさまざまな現象について理解しているし、小学生でさえ、山頂では一定の条件がそろうと太陽が同時に三つにも四つにも見えること、山頂に立つ登山者の姿が別の山頂に見えたり、逆さに見えたり、大きく見えたりすることを知っている。ある病気に掛かると、妙に想像力が働くことも知っている。心気症の人は幻覚や亡霊を見ることがあるが、それがティーポットだったと確信してしまうようなケースもある。昔の人々はこうした自然現象を明らかにしなかったが、科学がそのベールをはがし、得体の知れない恐怖心をすべて取り払ってくれた。狼のように残忍な者は、魔女信仰が支配していた時代には火刑台送りになったが、今では病院に収容され、陸にも海にも、かつてはうろついていると思われていた怪物などすんでいないという考えが一般的になっている。

魔術や妖術の歴史を詳しく見ていく前に、伝説の中で僧侶たちが確立したばかげた悪魔思想の体現について考えてみるのもいいだろう。まずは第十天について知り、魂と引き換えに、魔女に他人を苦しめる力を与えたのがどのような人間だったのかを理解しておく必要がある。角や長いしっぽがあり、裂けた足とドラゴンのような羽を持った巨大で醜い姿をした毛むくじゃらの怪物。これが悪魔の一般的なイメージだが、そんな姿形をした悪魔は、僧侶からかつての「奇跡」や「神秘」の舞台にいつも引っ張り出されていた。こうした芝居では悪魔が重要な役柄を演じている。近代のパントマイムで道化師の目的をかなえるのも悪魔である。悪魔がこん棒を手にした聖人に入念に作り上げられるのを見たり、元気あふれる隠者の一撃で重傷を負い、足を引きずりながら苦悶のうめき声を上げるのを聞いたりするのは、実に愉快である。聖ダンスタン（イングランドの金属細工師の守護聖人）は、「岩山や遠くの谷に悪魔の叫び声がこだまする」まで、真っ赤に焼けた大きなペンチで悪魔の鼻をつまむという、痛快ないたずらをしていたらしい。

悪魔にとってはとんでもない迷惑だろうが、聖人たちは悪魔の顔につばを吐いたり、しっぽを細かく切り刻んだりした――しっぽは何度でも生えてくるのだが。こうして聖人たちはたっぷり仕返しをし、民衆を大いに楽しませていたのである。自分たちや先祖がひどいいたずらをされたのを皆忘れてはいなかったからだ。また、悪魔は目に見えない長いしっぽを足元に出して人をつまずかせたり、しっぽを踏まれると、いきなりその足を払いのけたりする――それだけでなく、悪魔はいつも酒に酔っていて、騎兵馬のように悪態をつき、酔うと悪さばかりするようになり、嵐や地震を起こして穀物を荒らしたり、敬虔な信者の納屋や家屋敷を破壊したりする――ともいわれている。冬の夜長には、よく人間に目に見えないつばを吐いては面白がり、居酒屋で大いに飲んでは太っ腹になって、金貨で勘定を支払ったりした。だがその金貨も、翌朝には必ず石板に早変わり。また、大きなドレイク（ドラゴンや大とかげに似た怪獣）の姿に化けて葦の茂みの中に隠れては、恐ろしい鳴き声で退屈している旅人を震え上がらせることもあった。読者はバーンズ（スコットランドの国民的詩人で、『蛍の光』の原詩で知られる）が「悪魔」に宛てて詠んだ詩句を覚えていらっしゃるだろう。これを読むと、民衆が悪魔に対してどのようなイメージを抱いていたかがよく分かる。

殺伐とした、風の強い、ある冬の夜、
星が斜めに落ちてきた。
わたしは恐怖におののいた。
湖の向こうだった。
おまえは井草の木のごとく目の前に立ち、
ザワザワと音を立てている。
棒を持つわが手は震え、
髪がまるで火刑台のごとく逆立っている、
すると、「ガー！　ガー！」という不気味な音。
おまえは泉の中を潜って、
行ってしまった、ドレイクのように、
ヒューッという風の音に乗って。

広く信じられている伝説では、悪魔は必ず醜い姿をしており、哀れな人間にありとあらゆる奇怪ないたずらを仕掛けて楽しむ、茶目っ気のある小精霊として描かれている。悪魔をこっけいに描いて成功した初の作家はミルトンだと思われるが、ミルトン以前は、人間の想像力に悪魔の本質である異常なほどの傲慢さ、自尊心の高さというものはなかった。ほかの絵描きはただグロテスクな怪物として描くだけだったが、ミルトンはそれに恐怖感を加えたのである。そこでは僧侶が哀れな夢想家として登場するが、その狙いは、間違いなく悪魔の恐ろしさをできるだけ強調して描くことだ。だが、魔王《サタン》については少しも巨大に描かれることはなく、それどころか、程度の低い卑怯な悪魔で、簡単にだましたり、いたずらを仕掛けたりするいいおもちゃであった。しかし、一九世紀初期のころの著述家が力強く指摘しているとおり、悪魔にはただならぬ側面もある。インドの神々は、醜くゆがんだ姿と異様な物腰にもかかわらず、付属品を取り外して昼間の博物館で見ると、こっけいにしか見えてこない。ところが、寒気がするような寺院の暗闇の中に立っていると、供儀の祭壇の上で血を流しているいけにえ、もしくは荷車に押しつぶされた犠牲者の姿が想起され、そのこっけいなイメージも嫌悪感と恐怖に変わってしまう。いにしえの人々の迷信や夢は単に空想に基づいた愚行だと考えられるので、ここではその支離滅裂な話を堪能することにしよう。だが、このように悪魔思想を恐ろしくも誤認してしまったことから、魔女信仰――これは廃れた信仰でも何でもなく、社会全体に広まっていた信仰であり、賢者や親切な人を殺人行為、または殺人と同様の残酷な行為に駆り立てており、その影響で、識者も美女も、老いも若きも、男も女も皆、火刑や絞首刑に熱狂していた――が生まれてきたのだと考えると、こんなことがあり得るのかという驚きと、こんな妄想がこれほど深く浸透していたのかと分かったときの屈辱以外、何の感情も沸いてこない。

この主役以外にも脇役の下級の悪魔《デーモン》が無数におり、どれも魔女信仰では重要な役柄を演じている。ベッカー、ル・ロワイエ、ボダン、デルリオ、ド・ランクルといった悪魔学研究者の著作には、こうした悪魔のキャラクターやその役割に関する素晴らしい記述がたくさんある。彼らの著作から――このうち三人は異端審問官を勤めていた人物で、魔女だとされた犯罪者の自白や提出された証拠に基づいて執筆している――、また、最近ではジュール・ガリネ氏（一八世紀初期のフランスの弁護士）の著作から、実に骨の折れる仕事ではあったが、魔女信仰の概略を抜粋してみた。さらに詳しく知りたい方は彼らの著作に当たってみるといい。どのページをめくっても屈辱と恐怖とで血も凍る思いがするだろうが、せっかくの素晴らしい著作を言語に絶する屈辱や嫌悪感で汚すわけにはいかないので、全部をご紹介するのは差し控えたい。民間信仰を理解するには、ここでご紹介する抜粋だけで十分であろう。

この世にはかなりの数の男女の悪魔がいるが、その多くが人間と同じように、家系をさかのぼっていくとアダムにたどり着く。アダムは、彼を欺こうとして美しい女の姿を装った悪魔によって墜落させられた。こうした悪魔は、同種間だけでも異常なほどのスピードで「増殖」していった。体はまったく目に見えないので、どんなに硬い物質でもいとも簡単に通り抜けることができた。決まった家やすみかは持たず、無限の空間をすいすいと行ったり来たり。一度に大勢が出会うと、空中には竜巻を、沼や川には嵐を起こし、美しい自然や人間が造った建造物を破壊しては大喜びしていた。普通の生き物と同じように増殖していたのだが、悪人や死産の子どもたち、産床で死んだ女たち、そして決闘で命を落とした男たちの魂が毎日のように加わって、その数だけさらに増えていった。空中には悪魔がうようよしており、不幸な男や女は呼吸をするたびに口や鼻孔から数千の悪魔を吸い込んでしまう。すると悪魔はその人の体内にすみついて、ありとあらゆる痛みや病気でその人を苦しめながら、ぞっとするような悪夢へといざなうのである。そんなふうに考えられていた。ニースの聖グレゴワールは、夕食のテーブルに就く前に祝福の祈りを捧げ十字を切るのを忘れた修道女が、レタスの葉の間に潜んでいた悪魔をのみ込んでしまった、という話を紹介している。悪魔の数は多すぎて数えることもできないという人がほとんどだが、ヤン・バイヤー（ドイツ系オランダ人の医師）は、少なくとも七四〇万五九二六人を下らず、それが七二のグループに分かれており、各グループに公爵か隊長がいると主張している。好きな姿形になれる悪魔だが、男は「インキュバス」、女は「サキュバス」と呼ばれ、見るからに醜悪な姿になることもあれば、実にかわいらしい姿になることもあり、いくら澄んだ瞳でもその恐ろしい目つきにかなうものはない。

悪魔とその軍団はいつでも人間の姿になるが、一般には金曜から土曜にかけての深夜が好みらしい。サタン自身も人間の姿で現れるが、どこを取ってもけっして完璧な人間にはなり切れない。色が黒過ぎたり白過ぎたり、大き過ぎたり小さ過ぎたり、ほかの体の部位と釣り合いが取れていなかったり。たいていは足が変形しているし、衣服のどこかにしっぽを丸めるか隠さなければならなかった。つまり、どんな姿形をしていようと、この邪魔なしっぽだけはどうにもならなかったのだ。樹木や川に化けることもあったし、バイヤーによると、バリスター（英国の法廷弁護士）に変身することもあったようだ。フィリップ四世（端麗王）の時代（フランス・カペー朝時代）には、すらりとした黒馬を御する色黒の男になって、ある修道僧に現れた。続いて托鉢僧になり、ロバになり、揚げ句は馬車の車輪にまでなっている。美男子に化けたサタンとその部下が、しっぽもうまく隠し通して、うら若き美女と結婚し、子どもまでもうけた例も珍しくなかった。こうして生まれてきた子は、金切り声を発すること、授乳するのに五人の乳母が必要なこと、そしてけっして太らないことから、すぐに悪魔の子だというのが分かった。

こうした悪魔はどれも、悪魔の公爵に不滅の魂を売り渡し、決められた期間だけ働いてもらえる特権を手に入れた者の命令で動いていた。妖術師や魔女は、極めて困難な任務を遂行するために彼らを送り込むのだが、悪魔はどんな命令にでも従わなければならなかった。ただし善行だけは別で、そのような命令が下された場合には、代わりに妖術師自身に悪事を働いた。

サタンのご機嫌次第だが、一定の間隔を置いて悪魔や魔女たちが集まって会議を開くことがあった。これは土曜日《サタデー》、つまり金曜日の深夜を過ぎた直後に行われることから、サバトと呼ばれている。ある地域で行われることもあれば、別の地域で行われることもあった。キリスト教世界全体の総会として、年に一回はドイツのブロッケン山か、ほかの高峰で開かれていた。

一般に、悪魔はこの集会の場所として四本の道が交わる場所を選ぶが、もしそこがだめなら、湖の近くを選ぶ。集会場所に選ばれたところにはもう何の草木も生えてこない。悪魔と魔女の熱い足がこの世の生命の源を焼き尽くし、永久に不毛の地にしてしまうからである。サバトの開催命令が出ても出席できないという妖術師や魔女は、欠席したとして、また几帳面さが足りないとして、悪魔からヘビかサソリで作ったむちで打たれるという罰を受けた。

フランスとイングランドでは、魔女は一様にほうきにまたがっているとされていたが、イタリアやスペインでは、雄山羊の姿をした悪魔自身が魔女を背中に乗せて運んでいったといわれており、悪魔が世話をしてやりたいと思う魔女の数によって、その背中は伸縮自在であった。魔女がサバトに出掛けるときは、いくら頑張っても扉や窓から外に出ることはできなかった。家に入るときは鍵穴から、出るときは煙突からというのが普通で、煙突の外に出てからは、いとも簡単に空を飛び、ほうきに乗って移動した。また、魔女がいないことを隣人に気づかれては困るので、サバトが終わるまでは下級の悪魔がその魔女に成り済まし、病気のふりをしてベッドに横たわっているよう命じられた。

妖術師や魔女が集会場所に到着すると、残酷非道なサバトの儀式の始まりだ。まず、正面と臀部に顔を持つお気に入りの巨大な雄山羊になったサタンが玉座に腰掛ける。続いて出席者がひとりひとりサタンにあいさつに行き、臀部のほうの顔にキスをする。これが終了すると、サタンが祭司を指名し、指名された者と一緒に妖術師と魔女をひとりずつ検査する。悪魔の血を分けた証しとして押した秘密のマークが付いているかどうかを確かめるためだ。このマークは痛くもかゆくもなく、まだマークのない者は祭司から付けてもらい、同時に新たな名前も授けられる。これが済むと、全員がたけり狂ったように歌や踊りに興じるのだが、途中でぜひ仲間に入りたいという者が現れると、歌や踊りを一時中断し、新入りが救済を拒んで悪魔にキスをし、聖書につばを吐き掛けて、すべてにおいて悪魔に従うという誓いを立てるまでじっとして待っている。そして再び全身の力を振り絞って踊りだし、こんな歌を歌いだすのである。

何とうれしいことよ、何と楽しいことよ！
みんなで地獄に落ちていくなんて！

一時間か二時間がたつと、皆この激しい踊りや歌に疲れてきてその場に座り込む。そして前回の会議からその日までに自分たちがやってきた悪行を数え始める。他人にいたずらや悪さをしていない者は、サタン本人からせっかんを受け、体中が血まみれになって座ることも立つこともできなくなるまで、とげのある植物やサソリでたたかれる。

この儀式が終わると、今度はヒキガエルの踊りを見て楽しむ。悪魔たちがらっぱやバグパイプをがなり立てる中、無数のヒキガエルが地中から飛び出してきて、後ろ足で立ったり踊ったりする。ヒキガエルにはしゃべる能力があり、懸命に喜ばせてやったのだから、まだ洗礼を受けていない乳児の肉を褒美にくれ、と妖術師にせがむ。妖術師は褒美を約束する。悪魔はその約束を守るよう妖術師に命じると、足を踏み鳴らして、一瞬にしてカエルたちをみんな地中に引き揚げさせる。カエルが去った後はきれいに掃除され、宴会の準備が始まる。宴卓には気味の悪いもの、ぞっとするような食べ物ばかりが並べられ、妖術師や魔女がそれをむさぼり食う。ときどき、えり抜かれた魔女が黄金の皿に盛られた肉やクリスタルのゴブレットに注がれた高級なぶどう酒でもてなしを受けることもあるが、それは前回の会議からその日までに驚くほどの回数の悪行をこなしている者に限られる。

宴会がお開きになると、彼らはまた踊り始める。だが最初のような激しさはなく、洗礼のときに使う聖餐のパンを嘲笑しながら楽しむのである。ここでまたヒキガエルが呼び出され、不潔な水の中から飛び出してくる。そして悪魔が十字を切ると、魔女たちが全員で声を上げる。

「アラゴンのペトリックであられるパトリック様の名において、ついに、ついに、われらの不幸はすべて去りにけり」

悪魔がもっと楽しみたいというときは、魔女たちに服を脱がせて目の前で踊らせる。全員が首に猫を一匹巻きつけて、もう一匹をしっぽのように腰からぶら下げて踊る。そして雄鶏が鳴くと全員が姿を消し、サバトが閉会となる。

これが何世紀にもわたってほぼヨーロッパ全域を支配していた信仰のあらましだが、一九世紀になってもまだ根絶しているとは言い難いのである。国によって異なる部分もあるが、大筋ではフランス、ドイツ、英国、イタリア、スペイン、北欧もまったく同じである。

フランス初期の年代記には妖術と思しき話が数多く載っているが、この犯罪が重要視されてくるのはシャルルマーニュの時代になってからである。ジュール・ガリネ氏はこう話している。

「この国王（シャルルマーニュ）の数回に及ぶ命令によって、占い師、占星術師、魔女は全員その地位を追われた。だが、犯罪者の数が日に日に増えてきたので、とうとう厳しい手段に訴えざるを得なくなり、国王は何度か勅令を出した。これはシャルルマーニュの法令集に詳しく載っている。これらの勅令によって、あらゆる妖術、魔術、魔法が禁じられ、何らかの形で悪魔を呼び出した者、媚薬を作った者、土地を枯らして他人を苦しめた者、環境を乱した者、嵐を起こした者、大地の実りに打撃を与えた者、牛の乳を一滴残らず搾り切った者、傷や病で他人に苦痛を与えた者には死刑が命じられた。こうした呪術を使って罪を犯した者は、大地からその苦痛とのろいをすぐに取り除くため、有罪判決が下されるとすぐに処刑された。魔女に相談を持ち掛けた者にも死刑が言い渡された」

とくにフランスの歴史家によると、妖術を告発する声が後を絶たなくなったのはこのころである。妖術の場合はいとも簡単に他人に罪を転嫁することができ、しかも退けるのが至難の業だったので、権力者が弱者を破産させてやろうと思えばいつでも、ほかの汚名を着せなくても、妖術師だと言って訴えれば確実に破産に追い込むことができたのである。実際には政治的、宗教的に不満を抱いているだけの個人や地域社会が、この犯罪を暴力的な迫害の口実に利用していたことは皆さんもよくご存じだろう。一二三四年のシュテディンガーと一三〇七～一三一三年のテンプル騎士団の大虐殺、一四三一年のジャンヌ・ダルクの処刑、そして一四五九年の北仏アラスの大事件は、こうした迫害の例としては最も有名だ。初期の迫害についてはあまり知られていないが、注目すべき事例であることに変わりはない。次の説明は、コルトゥム博士が著した中世の共和主義同盟に関する興味深い歴史書から引用したものだが、ここには、羊のような信徒と戦う口実が欲しかった狼のような王侯や聖職者にとって、恐ろしいことに、妖術をやり玉に挙げるのがどれほど好都合だったかが記されている。

フリースラント（フリース、つまりフリジア人の土地という意味。現在はオランダの州）の人々は、ウェーザー川とアイセル湖に挟まれた地域に住んでいたが、長い間自由を尊重し、自由を固守する戦いに勝利していたことで知られている。一一世紀には連合軍を結成してノルマン人やサクソン人の侵略に対抗した。七つの地区に分かれており、年に一回、近くのアオリッヒにある樫の巨木《アブシュタルボーム》の下で議会を開き、周囲にいる聖職者や野心を抱く貴族の干渉を受けずに、自分たちだけで問題を処理していた。これは貴族にとってはとんでもない不名誉であった。フリースラントの人々はすでに代議政治という考え方を採用しており、代議員が必要な税金を課し、地域の問題を審議し、単純な族長制のような形で今日の代議員議会の機能を果たしていたのである。とうとうブレーメン大司教も、このシュテディンガーという名で知られるフリースラントの住民に対抗するため、オルデンブルク伯と同盟を組んで、長年にわたって攻撃したり争いの種をまいたりした揚げ句、ようやく彼らを服従させることに成功した。ところがシュテディンガーは古くからの法律に固執しており、その法律によって当時としては極めて珍しい市民としての自由、そして宗教的な自由を多少は享受していたため、そう簡単には屈服しなかったのである。一二〇四年、彼らは昔からある国の習慣を守ろうと蜂起して、封建領主への納税や聖職者への一〇分の一税の支払いを拒み――封建領主や聖職者は平和的な撤退を余儀なくされた――、迫害者の多くを撃退した。勇敢なシュテディンガーは、八～一二年にわたってブレーメン大司教やオルデンブルク伯の軍勢と独力で戦い続け、一二三二年にはデルメンホルスト付近の堅強なスラッテルベルク要塞を破壊した。この要塞は、農民の所有地を略奪して壊滅的な打撃を与えるために、オルデンブルクの貴族が強奪者を送り込む拠点として築いたものである。

戦争というありふれた手段で対抗する迫害者は、こうした貧民の捨て身の勇気にはとてもかなわず、ブレーメン大司教もローマ教皇グレゴリウス九世に精神的な支援を求めた。熱心にこの問題に介入したローマ教皇は、シュテディンガーを異端および魔女だとして異端排斥を始め、シュテディンガー撲滅に向けてすべての信者をあおり立てた。一二三三年には盗人や狂信者の大群がフリースラントに押し入って、行く先々で虐殺や放火を繰り返し、逆上のあまり、女や子ども、病人や高齢者も容赦なく殺していった。だがシテディンガーも大挙して反撃に出ると、侵略者たちを一掃し、その司令官であったオルデンブルク伯ブルクハルトを、その下の首領らと共に殺害したのである。

ローマ教皇は再び支援を求められた。ドイツのこの地域では、シュテディンガーと戦う十字軍も提唱された。教皇はすべての大司教や信者の指導者に勧告を送り、武器を取ってこの忌まわしい妖術師や魔女を国から排斥するよう命じた。教皇はこの勧告文にこう記している。

「悪魔にそそのかされたシュテディンガーは、あらゆる神の法を捨ててキリスト教会を中傷し、聖餐のパンを侮辱し、魔女に相談を持ち掛けて悪霊を呼び出してもらっている。湯水のように血を流し、説教者の命を奪い、悪魔礼拝を広めようと忌まわしい策略も企てている。アスモデという名の悪魔を崇拝しているのである。悪魔はいろいろな姿になって現れる――ガチョウやアヒルになるときもあれば、聖なるキリスト教会に対して永遠の嫌悪の情を心に抱き、青白く憂うつそうな顔をした目の黒い若者の姿で現れるときもある。この悪魔がサバトをつかさどり、魔女は全員この悪魔にキスをし、周りを囲んで踊りに興じる。やがて暗い闇に包まれると、魔女は全員、男も女も、不快極まりない乱交にふけるのである」

このローマ教皇の勧告に続いて、神聖ローマ皇帝フリードリヒ二世も彼らを弾劾した。ラッツェブルク、リューベック、オズナブリュック、ミュンスター、ミンデンの各大司教は、ブラバント公、ホラント公、クレーブ公、マルク公、オルデンブルク公、エグモント公、ディースト公をはじめとする多数の有力貴族の力を借りて軍を挙げ、彼らの一掃に乗りだした。たちまち四〇万の兵力が集まり、ブラバント公の指揮の下、シュテディンガーの住む地域へ向かって行進した。シュテディンガーも生命や自由を守るために精力的に闘ったが、兵役に服することができる男を全員集めても一一万人にしかならず、敵軍の圧倒的な人数には太刀打ちできなかった。自暴自棄になって闘ったが勝ち目はなく、八〇〇〇人の兵士が戦場で殺され、シュテディンガーは滅亡。それでも、憤激に駆られていた征服者はさらに地域全体を見渡すと、女や子ども、高齢者を捕らえ、家畜を追い払い、さらには森や小家屋を焼き払って地域全体を荒廃させた。

同じく不条理で、かつ成果を上げたのが、一三〇七年のテンプル騎士団に対する弾圧である。キリスト教世界の有力者や高位聖職者にとって、彼らは鼻につく存在になっていた。その富や権力、高慢さや横柄な態度から、すべてを敵に回し、ありとあらゆる非難を浴びせられていたテンプル騎士団だったが、結局のところ、妖術師だという恐ろしい弾圧ののろしが上がるまでは崩壊には至らなかった。このののろしは目的を達成し、テンプル騎士団は消滅した。彼らは悪魔に魂を売り渡している、忌まわしいサバトの秘儀を執行しているとして告発されたのだが、新入りの入団式では、魂の救済を拒否するよう、そしてイエス・キリストをのろうよう強制し、冒瀆的で吐き気をもよおすような数々の儀礼を受けさせ、上級団員のほお、へそ、そして臀部にキスをして、十字架像に三回つばを吐くよう命じていたという話である。さらに、団員は全員が女性と関係を持つことを禁じられていたが、口にするのもはばかれるような放蕩にはとことん身を任せてもいいとされていた。しかし、不幸にも団員がこの命令に背いて子どもを作った場合には、団員全員が集まって、まるで羽根突き遊びでもするように、ある団員から別の団員へとその子どもを放り投げ、その子の息がなくなるまでそれを続けた。そして弱火で死体を焼き、そこから滴り落ちてくる脂質で巨大な悪魔像の髪とひげを清めていた。また、ある騎士団員が死ぬと、その死体を粉々になるまで焼き、その粉をぶどう酒に混ぜて団員全員で飲んだともいわれている。激しい憎悪の念を抑えることができなかったフランス国王フィリップ四世は、おそらくこれらの罪状のほとんどを自分ででっち上げたのだろうが、直ちに国内にいるテンプル騎士団員をひとり残らず逮捕するよう命じた。後にはローマ教皇も、フランス国王と同様、熱心にこの問題に取り組んだ。そしてヨーロッパ各地で騎士団員が投獄され、財産や私有地が没収された。何百人もの騎士団員が拷問に掛けられ、どんなに荒唐無稽な罪であっても自白を強要された。これで民衆の怒号もどんどん大きくなり、弾圧する側の希望もますます膨らんできた。実は騎士団員は、拷問台から外された途端に今しがた自白したことを全面的に翻すのだが、逆にこれが事態を悪化させ、民衆の怒りを買い、またひとつ罪状が追加されるだけであった。彼らの立場はますます悪くなり、異端者に逆戻りしたとして直ちに火刑が言い渡された。不運な騎士団員五九人は、全員がパリ近郊の野原にたかれたところ火で一緒に焼かれたが、最後の最後まで無実を訴えて抗議し、罪を認めて恩赦を受け入れるのを拒んだ。同じような場面は地方でも見られ、こうした運のない男たちがひとりも処刑されない月は四年間を通してほとんどなかった。そして一三一四年、ついにこの悲劇の最後の場面が、テンプル騎士団の総長ジャック・ド・モレーとノルマンディー支部長でもある仲間のギーの処刑で幕を下ろすのである。これほどまでに残忍非道な行為は想像もつかないだろう——発案者である君主とそれを支持したローマ教皇、そしてこんな極悪奇怪な不正行為を容認していたこの時代、すべてにとって不名誉なことである。ほんの一握りの人間の悪意や憎悪がこれほどの犯罪をでっち上げてしまうのかと考えると、一部の人間にとっては屈辱以外の何物でもない。多数の一般人にとってはなおさらだろう。

もうひとつ、政治犯に魔女の罪を着せたとして歴史上最も悪名高き事例がある。それがジャンヌ・ダルクの処刑である。この犯罪は政治的または宗教的な憎悪を晴らすために考え出されたものだが、同様の迫害の例はここへ来て急増してきたようだ。だが、ローマ教皇インノケンティウス八世の大勅書について、ここでもう一度考えてみよう。長年にわたって迫害の炎が燃え続け、キリスト教世界全体が火の海と化すきっかけとなったのがこの勅書だからである。しかし、キリスト教会がこの恐ろしい勅書を出すに至った動機を理解するには、これより少し前にさかのぼってみる必要がある。

一四世紀末から一五世紀初頭にかけて、多くの魔女がヨーロッパ各地で火あぶりになった。ひどい迫害の当然の帰結として、犯罪、または犯罪だと思しき事件が多発した。告発して懲罰を科すと脅された場合、悪人は、もし自分にそうした魔力があれば迫害者に復讐してやれるのに、と考えた。記録に残っている数々の事例は、悪魔を呼び出しているとされたのろいの文句を口にする精神障害者のものである。キリスト教会と立法者が一様にこの犯罪を認識したときには、理性ではなく想像力ばかりが働き、とくに神経が過敏になっていたときには、世界中でささやかれていた恐ろしい権力を授かった気になったとしても不思議ではない。隣国も負けてはいまいという考えも手伝って、処刑も素早く行われた。

妖術の恐怖が募ってくると、カトリックの聖職者は、宗教改革の先駆けとなる、ある宗教的結社に非難を集中させようと躍起になった。このころからローマカトリック教会にとって脅威になりつつあったのがこの結社だったのだ。異端排斥によって彼らを根絶できなければ、妖術や魔術がはびこるだけだ。一四五九年、ワルド派が北仏のアラスで集会を開いていた。彼らはいつも夜になると集まって、独自の儀礼で神を礼拝していたが、こののろわれた集会が魔女排斥の犠牲になったのである。アラスではこんなうわさが流れた。彼らがこもっている人里離れた場所には悪魔が人間の姿をして現れて、分厚い法令集から条令や法令を読み上げる。すると彼らが全員それに従うことを誓う。続いて悪魔が彼らに金銭と食べ物を配り、自分のために仕えることを命じる。それが終わると、彼らはありとあらゆる放蕩や乱交にふけるのだ……。このうわさが広まると、数人の名士がアラスで逮捕され、牢獄に送られた。大勢の呆けた老女も一緒だった。もちろん、拷問具、被疑者に自白を強要するには実に都合のいいこの道具が使われた。一五世紀の年代記作者モンストルレは年代記の中で、彼らが罪をすべて認めるまで拷問は続けられたとつづっており、しかも、彼らは夜宴に高貴な人物が数多く参加しているのを目撃したことを供述していたらしい。つまり高位聖職者や領主、貴族、バイイ裁判所（一二世紀に創設された国王代官職で、地方の行政、司法、軍事を担当）の所長、市長など、審査官自身が思い浮かぶ名前が全部出てきたのである。こうして告発された何人かの大物は投獄されて拷問を受けた。そのあまりの過酷さに彼らは理性を失い、苦痛で気も狂わんばかりになりながら、悪魔との夜会について、そして悪魔に従う誓いを立てたことを自白したのである。この自白が出た時点で判決が下された。哀れな老女たちも、この種の裁判ではご多分に漏れず、市場で首を吊られ、火あぶりの刑に処せられた。裕福な犯罪者は、大金を支払えば処刑を免れることができた。間もなく、こうした裁判は最もおぞましい方法で行われており、関係のある多くの有力者に対して個人的に復讐心を燃やす判事を駆り立てているのだ、ということが広く認識されるようになった。後になってパリ高等法院は、判決は違法であり、判事も不法行為に走っていると宣言したが、この「判決」も遅きに失し、すでに制裁を受けた者や不正を働いた当局者を罰することはできずじまいであった。何しろ処刑から三二年もたっていたのだから。

そうこうしているうちに、フランス、イタリア、ドイツでは魔女の告発が急増してきた。奇妙なことだが、最初の事例は主に異端に対する告発だが、最後のワルド派の例は、カトリック教徒と同じ妖術排斥論者が告発されているのである。ルター派やカルバン派はかつてのローマカトリック教徒以上に魔女を弾圧するようになるが、このことから、偏見が異常なほど根深いものだったことがあらためて分かる。信仰に関しては、ほかにもすべての点が議論に上っていたが、それは正式な聖書や神の存在と同じように、教団ごとに決めるべきことだと考えられた。

しかし疫病が蔓延し始めたころには、カトリック教会の幹部が迫害を指示していた。異端が増えることは反キリストの到来を暗示している、と考えられていたのである。歴史家のフロリモン・ド・レイモンは、反キリストに関する著作の中で、これらの告発の秘密を明らかにして、次のように述べている。

「反キリストの出現が近づいていることを何らかの形で知らしめてくれた者たちは、魔女や妖術師の増加が反キリストの出現という陰うつな時代をはっきり示している、という点で一致している。これほど苦悩と悲嘆に満ちた時代がかつてあっただろうか？　今日の裁判所で被告が座る席には、この罪で告発された連中も座っていた。判事にしても、そんな犯罪者を裁けるだけの数はいない。今日の地下牢も犯罪者であふれている。われわれが下す判決で裁判所が血に染まらない日はないし、恐ろしい自白を聞かされて寒気がする思いで帰宅しない日もない。悪魔は素晴らしい主人らしいが、われわれもその主人の奴隷をそれほど大量に火刑台に送るわけにはいかないのだ。だが、立ち上る遺灰を見ればもう十分すぎるぐらいの人数を送っているのが分かるだろう」

この中で、フロリモンはローマカトリック教会の一般見解を述べているが、これ自体はこの裁判にかかわった判事への忠告にはけっしてなっていない。火刑場がいくらあっても足りなくなるほどの魔女を新たに生み出しているのは確かに悪魔かもしれないが、その悪魔とは、この職に就いている自分自身、つまり迫害の鬼にほかならないのである。魔女が火あぶりになれるほど、火刑を宣告される者は増えていき、やがて年を取るまで生を全うしたいというのが、貧民層の女や卑しい職業に就く女たちの共通の祈りとなっていた。絞首台か火刑台に送るには、高齢、貧困、精神障害というだけで十分だったのだ。

一四八七年、スイスが猛烈な嵐に襲われてコンスタンス湖（ボーデン湖）周辺が広い範囲にわたって荒廃したとき、哀れな二人の老女が、嵐を起こしたというとんでもない容疑で逮捕された。以前から魔女だとして人々から非難されていた女たちだ。拷問台が用意され、二人がその上に寝かされた。さまざまな尋問に答えていくうちに、二人は苦痛にあえぎながらも、定期的に悪魔と会っていることを認めた。悪魔に魂を売り渡したこと、そして二人の命令で悪魔が嵐を起こしたことも。この常軌を逸した冒瀆的な罪で、二人は死刑を言い渡された。コンスタンス市の犯罪記録簿には、それぞれの名前の横に簡潔だが重要な言葉が記されている。

「有罪、火刑」

この事例をはじめ、ほかの数百の事例についても、教会当局に正式に伝えられた。教会の最高権威であるローマ教皇は、妖術という問題に大いに着目し、この犯罪と考えられていたものを根絶しようと考え、これまでの教皇よりも魔女弾圧を強化していった。一四八四年、インノケンティウス八世の称号でローマ教皇に選出されたジョバンニ・バッティスタ・チボーは、魔女のあまりの数の多さに仰天し、過酷な声明文を出して魔女を非難した。一四八八年に発布された有名な教書では、ヨーロッパ諸国に対して、サタンの策略で危険にさらされている世界中のキリスト教会の救済を呼び掛けると共に、報告を受けている恐ろしい事例をすべて公表した。男女を問わずいかに多くの魔女が悪魔と結託しているか、その妖術によって人畜にどれほどの害を及ぼしているか、夫婦の交わりや出産、家畜の繁殖をいかに妨げているか、大地に生えるとうもろこし、ぶどう畑のぶどう、木の実、野の草木をどれほど枯らしているか。そして極悪非道な犯罪人がこれ以上地上を汚すことがないようにと、教皇は各国に異端審問官を任命し、有罪を宣告して懲罰を下す教皇権を与えたのである。

いわゆる「魔女狩り」が正式に始まったのは、まさにこのときだといえるだろう。間もなく、優秀な異端審問官がヨーロッパ中を奔走するようになり、魔女を捕まえて火あぶりにするのが彼らの生涯の仕事となった。ドイツではヤーコブ・シュプレンガーが魔女裁判に関する著者として最も有名だが、シュプレンガーは有名な著作『魔女の槌（Malleus Maleficarum）』の中で正規の裁判の形式や尋問の方法を定めており、他国の審問官もそれに基づいて尋問を進めれば、有罪か無罪かをきちんと見極めることができるようになっていた。尋問は必ず犯罪者を拷問に掛けて行われたが、これは実に不条理かつ不愉快なものであった。審問官は容疑者にこんな尋問をしなければならなかった。深夜に悪魔と会ったのか？　ブロッケン山で開かれたサバトには参加したのか？　使い魔はいるのか？　旋風や稲妻を呼び起こせるのか？　サタンと性的関係を持ったのか？

異端審問官は早速作業に取り掛かった。イタリアではクマヌスが一地方だけで何と四一人もの哀れな女たちを火刑台に送り、ドイツではシュプレンガーが大勢の人々を火あぶりにした。その正確な人数は不明だが、年間五〇〇人以上に上っていたという点では、あらゆる方面で見解が一致している。不幸な犠牲者の供述がどれもそっくりなことから、これは犯罪が実在する新たな証拠だとみなされた。しかし、これで驚いてはいけない。審問官は犠牲者全員に『魔女の槌』で規定されたとおりの同じ尋問を繰り返し、拷問で苦痛を与えることで、思いどおりの答えを必ず引き出すことができたのである。多くの犠牲者はこの恐怖で頭がいっぱいになっていたため、自白すれば拷問を解かれ、すぐに苦しみから解放されると考えて、審問官が期待していた以上に早く自白に踏み切った。悪魔の子を身ごもったことを自白する者もいたが、かつて母親だった者はだれひとり、どんなに過酷な責め苦に耐えようとも、その子の恐ろしい形相について口を割ろうとはしなかった。自白したのは子どものいない者だけだったが、生きている価値はないとして、直ちに処刑された。

サタンに立ち向かう情熱が冷めてしまうのを恐れて、後のローマ教皇も次々に新たな審問官を指名した。一四九四年にはアレクサンデル六世が、一五二一年にはレオ一〇世が、そして一五二二年にはハドリアヌス六世が指名した審問官は皆同じ権限を与えられ、魔女を摘発して殺害するよう、またその恐ろしい任務をきちんと果たすよう命じられた。ジュネーブだけでも、新教徒の魔女の名の下に、一五一五年と一五一六年には五〇〇人が火刑に処せられた。主な罪状は異端信仰であり、妖術というのは単なるおまけのようなものだったようだ。神学者のバルトロメオ・スピナはもっと恐ろしいリストを所持している。スピナによれば、一五二四年にはコモ地区で一〇〇〇人もの人々が妖術師だとして死刑になり、その後数年間は毎年平均一〇〇人を超える犠牲者が出ていたようだ。レミギウスという審問官に至っては、一五年間で九〇〇人に有罪を宣告して火刑台に送ったことが自慢だったらしい。

一五二〇年ごろのフランスでは、魔女を火あぶりにする炎が上がっていない町はほとんどなかった。フランスの著述家ランベール・ダノー（ダナエウス）も『魔女たちの対話（Dialogues of Witches）』の中で、その数のあまりの多さに、正確な数を数えるのはまず不可能だと述べている。その信仰の深さから、被告の友人や親族もただ黙認するだけであった。殺人犯の妻や姉妹はその末路に同情したかもしれないが、妖術師の妻や魔女の夫となると話は別で、配偶者が死刑になっても情けを掛けることは一切なかった。実は、この同情こそが危険だったのだ。妖術をかじったこともない妖術師の処刑に同情する人などひとりもいないし、妖術師のために涙を流そうものなら、間違いなく火あぶりになると考えていたからだ。だが、迷信などどこ吹く風と、人々の怒りが爆発した地域もある。山岳地帯のピエモンテでは、異端審問官が火刑台に送った犠牲者の数が多過ぎて、しかもあっという間の処刑だったため、犠牲者がいないという家族がゼロになってしまった。そしてついに民衆が立ち上がったのだが、幸い、審問官は死に物狂いで国外に逃亡することに成功。審問官が投獄した容疑者の公判は、後に管区の大司教によって進められた。

罪状の中には実にばかげたものもあり、不運な容疑者はすぐに釈放されたが、お決まりの、より過酷な運命をたどる者もいた。深夜に枯れた樫の木の下で魔女と一緒に踊っていたとして告発され、信用できる人物がそれを目撃していたという例もあった。数人の女の容疑者（二人は若くて美しい女であった）の場合には、夫たちが、その時間に妻は自分の腕の中ですやすやと眠っていたと断言したが、すべて無駄に終わった。信用してはもらえたのだが、大司教は夫たちに向かってこう告げたのだ。彼女らは悪魔にたぶらかされており、正常な精神状態ではないと。確かにベッドで寝ていたのは妻の生き写しであり、本物ははるか遠くの樫の木の下で悪魔と踊っていたのである。正直な夫たちは戸惑いを隠せなかったが、妻の刑は直ちに執行された。

一五六一年、北仏の町ベルヌイユで五人の不幸な女たちが猫に化けたうえ、その姿で悪魔のサバトに参加した――雄山羊の姿でサバトを主宰するサタンの周りをうろつき回り、サタンを喜ばせるため、その背中にまたがって踊った――として告発された。そして全員が有罪判決を受け、火刑に処せられた。

一五六四年には、三人の妖術師とひとりの魔女が高等法院部長評定官のサルベールとダバントンの前に出頭した。拷問台に寝かされた彼らは、羊小屋に膏薬を塗って羊たちを殺したこと、サバトに参加したこと、そこに黒い巨大な雄山羊がいたこと、雄山羊が彼らに話し掛け、キスを要求したこと、雄山羊が儀式を執行している間、彼らは皆、火のともったろうそくを手にしていたことを自白。全員がポワティエで処刑された。

一五七一年、パリのグレーブ広場では、名うての妖術師トロワ・ゼシェルが火刑に処せられた。トロワ・ゼシェルは、シャルル九世、モンゴメリー元帥、ド・レッツ元帥、そして国王付き医師のデュ・マジール氏の前で、魂を売り渡した悪魔が手を貸してくれれば素晴らしいことができると話し、悪魔の乱痴気騒ぎや彼らが捧げるいけにえ、若くて美しい魔女たちとの乱交、多くの牛を殺す膏薬のさまざまな作り方についても長々と語った。さらにフランス各地で一二〇〇人以上の仲間が魔女罪にかかわったとも話しており、国王の前で全員の名前を明かした。後にその多くが逮捕され、処刑された。

その二年後には、ドール（ブザンソン南西方の郡庁所在地）でリヨン生まれのジル・ガルニエが「狼男《ルーガルー》」だとして起訴された。夜になるとその姿で辺りをうろつき回り、幼い子どもをむさぼり食っている、というのである。法学博士で国王の顧問でもあるアンリ・カミュが読み上げた起訴状には、こんな趣旨のことが書かれていた。

「彼、ジル・ガルニエは一二歳の少女を襲ってぶどう畑に連れ込み、そこで殺害したが、そのときに歯と手を使った。手は狼の前足のようだった。そして少女の血だらけの体を口にくわえ、地面を引きずりながら、ラセールの森まで行った。そこで少女の死体のほとんどを一気に食うと、残りを家に持ち帰って妻に与えた。またこれとは別に、万聖節の八日前には口にほかの子どもをくわえた彼の姿が目撃されたが、もし住民の助けがなければおそらくその子は食い殺されていたはずである。しかし、結局は彼が負わせた傷がもとで数日後に亡くなった。また、その万聖節の一五日後には、再び狼の姿に化けて一三歳の少年を食い殺した。事前にその子の足と太ももを歯で食いちぎり、朝食用に隠しておいた」

これだけでなく、彼は人間の姿でいるときも、同じように極悪な変態行為を抑えられなかったとして起訴されている。少年を食い殺す目的で森に連れていき、首を絞めたのである。このときも、もし近所の住人が発見して未然に防いでいなければ、犯罪は成就していたであろう。

ジル・ガルニエは、一五人の証人が彼に不利な証言をした後に拷問に掛けられた。ジルは犯した罪をすべて自白。するとジルは再び判事の前に連れてこられ、カミュ博士がドール高等法院の名の下に次のような判決を言い渡した。

「信頼できる証人の証言により、また本人の供述により、ジル・ガルニエは狼狂《ルーガルー》、ならびに妖術という言語道断の罪を犯したことが立証されたものとみなされ、本法廷はジル・ガルニエに対して次のとおり宣告する。本日、この場所から荷車に乗せて処刑場まで運び、その際には死刑執行人（上級裁判所死刑執行官）がそれに同行し、その死刑執行人が絞首台に縛りつけ、生体火刑に処するものとする。その遺灰は空中に散布される。さらに宣告する。上述のジル・ガルニエは本訴訟手続きの費用を支払うこととする。

本日一五七三年一月一八日、ドールにて」

一五七八年、パリ高等法院はジャック・ロレという男の審理に数日間を費やした。この男もやはり狼男《ルーガルー》で、狼の姿で幼い男の子を食い殺したとして有罪になった。そしてグレーブ広間で生体火刑に処せられた。

一五七九年には魔女や狼狂《ルーガルー》が増加して、ムラン周辺は大変な恐怖におののいていた。そこで対策を練るため、議会が召集され、魔女および魔女に相談を持ち掛けた者、それだけでなく、占い師をはじめとするあらゆる種類のまじない師、祈禱師、魔法使いには全員死刑が宣告されるという政令が可決された。翌年にはルーアン高等法院でも同じ問題が取り上げられ、魔術書を所持していれば魔術師である十分な証拠になる、そのような書物を所持していたことが発覚した者には生体火刑が宣告される、という政令が発布された。一五八三にはフランス国内の三カ所で議会が召集されたが、いずれも同じ問題が議論された。ボルドー高等法院は、全聖職者に対して、魔女罪を根絶するためいっそうの努力を惜しまないように、との強制命令を発布した。トゥール高等法院も断固とした態度を示したが、悪魔と取引した者たちを国中から一掃できなかったら、激怒した神が審判を下すのではないかという心配が持ち上がった。ランス高等法院は、「のろいを掛けて結婚初夜の男を不能にした者」、つまり結婚の成就を妨害して喜んでいる男女には、神の力を阻んで人間の生殖能力をなくそうとしているとして、厳しい処分を下した。また、妖術から身を守るために護符や魔よけを持つのは罪深いこととし、管轄区内ではこのような習慣をこれ以上続けさせないようにと、悪魔払いの儀礼を確立した。そうすれば悪魔の手下をうまく征服することができ、悪魔も逃げていくだろうと考えたのだ。

一五八八年、アプションから約八キロ離れたオーベルニュ地方の山岳地帯で魔女裁判が開かれたが、これは当時大きなセンセーションを巻き起こした。ある貴族が窓辺にいたところ、狩りに出掛けていた知り合いが前を通ったが、再び貴族の家まで引き返してきた。そこで貴族が何をしていたのだと尋ねると、男は大きな野生の狼に襲われたのだと答えた。銃を撃ったが命中しなかったので、猟刀を取り出して狼の前足を切断したところ、彼の首のほうに飛んできて食い殺そうとしたらしい。その前足を袋に入れて持ち帰ってきた猟師は、取り出してみて仰天した。何と女の手だったのである。しかも、指に結婚指輪をはめていた。それを見た貴族はすぐに、その指輪が妻の結婚指輪だというのに気がついた。起訴状にはこう記されている。

「この一件で、彼は妻の魔性を疑い始めた」

貴族は直ちに妻を捜しに行った。すると、腕をエプロンの下に隠して台所の暖炉のそばに座っている妻がいた。貴族はエプロンを力任せにはぎ取った。腕がなかった。しかも、切り口からはまだ血が流れていた。妻は留置所に入れられ、数千人の見物人が見守る中、リオン（フランス中部の郡庁所在地）で火刑に処せられた。

こうした裁判で恩赦が与えられる例はほとんどなかった。魔女罪で無罪判決が言い渡されたケースは、わずか数例が記録に残っているだけである。一五八九年にパリ高等法院が一四人に無罪放免の宣告をしたが、これは理性を取り戻した唯一の例といってもいいだろう。この一四人は魔女罪で死刑を宣告されたのだが、パリ高等法院に上訴したところ、政治犯としてトゥールに追放されたのである。パリ高等法院は四人の異端審問官——国王付き外科医のピエール・ピグレー、国王付き医師のルロイ、ルナール、ファレゾー——を任命し、この魔女たちに面会して検査をし、悪魔マークが付いているかどうかを調べるよう命じた。ピグレーは「診察」に関する著作でこのときの状況について触れ、診察は弁護士二人の立ち会いの下で行われたと述べている。痛みを感じないかどうかを診るため、魔女たちを全員裸にし、医師らが体中に針を刺して入念に身体検査をした。痛みを感じなければ、それだけで罪の証しになる。ところが、彼女たちはどこを刺しても敏感に反応し、刺すたびに大声を上げたのである。

「彼女たちは」とピエール・ピグレーは続ける。

「貧しく愚鈍な人間だということが分かった。中には精神に異常を来している者もいた。多くが生きることに無関心で、苦しみから解放されるとして死にたがっている者も一〜二人いた。彼女らには懲罰ではなく、医療、薬を与えたほうがいい。これがわれわれの所見であり、高等法院にはその旨報告した。彼女たちの件に関しては、さらに検討が重ねられた。そして全員で熟慮した結果、高等法院は、何の懲罰も与えずに、この哀れな女たちを帰宅させるよう命じた」

一六世紀のイタリア、ドイツ、フランスはこんな恐ろしい状況にあったわけだが、妖術に対する民衆の狂気がピークを迎えるのはまだまだ先である。では、同時期のイングランドの様子はどうだったのだろうか。進行中の宗教改革が多くの過ちを一掃し、最大の過ちもこのときを境にぴたりと是正されている。ルターやカルバンは、ローマ教皇インノケンティウス八世と同様に妖術を厳重に取り締まり、彼らの信奉者もローマカトリック教徒以上に熱心な迫害者となった。ハッチンソン博士は妖術に関する著作の中で、イングランドでは魔女狩りそのものが始まるのも遅く、その激しさも大陸ほどではなかったと述べているが、正しいのは最初の部分だけである。イングランドでもスコットランドでも迫害が始まるのは遅かったが、いったん始まるや、その恐ろしいほどの勢いはどこも同じであった。

ローマ教皇インノケンティウス八世の大勅書が発布されてから五〇年とたたないうちに、イングランドの立法府も、魔女罪に対しては施行中の法律よりさらに厳しい法律を適用すべきだと考えるようになった。一五四一年の法令は、特定の魔女罪を明記した初の法令である。かつてはほかの罪状に魔女罪が加わって処刑される例が多かったが、サバトに参加した、嵐を起こした、家畜の群れを滅ぼしたとして処刑されたり、大陸のように愚にもつかないことで火あぶりにされたりすることはなかった。一五五一年には二つの法律が可決、成立した。ひとつは偽の予言に関する法律だが、これは、とくに一五三四年の聖処女エリザベス・バートンの詐欺事件に端を発していることは間違いない。もうひとつは、まじない、妖術、魔術を禁止する法律である。しかし、この法律も妖術だけでは刑法に抵触するとはみなさず、のろいや呪文、悪魔との契約によって他人の命を狙った者だけに死刑が宣告される、というものであった。人命、手足、財産に危害が及ぼうが及ぶまいが関係なく、妖術を大逆罪として認めたのは、一五六二年のエリザベス一世の法令である。イングランドで正式に迫害が始まったのはこのときからだろう。それがピークを迎えるのは一七世紀の初めだが、ヨーロッパ全体で魔女狩りの炎が最も勢いよく燃え盛っていたのもこの時期である。

こうした大過がどのような経過をたどってきたのかを正確に理解するには、マシュー・ホプキンスと司教補佐らが悪魔を呼び出していた最盛期のころに埋没するよりも、一六世紀の魔女狩りの事例をいくつか見ればいい。エリザベス一世統治時代の後期には、イングランドでも数件の事件が起きている。このころになると、民衆もこの犯罪についてはかなり詳しくなっていた。ジュエル司教も、女王陛下の前で説教するときには、女王陛下を魔女からお守りください、という熱心な祈りの言葉を必ず最後に口にした。一五九八年のある日の説教はこうだった。

「どうかご理解を賜りたく存じますが、ここ四年の間に妖術や魔術が王国内で驚くほどに増えております。臣民も死を嘆き悲しんでおります――顔色は悪くなり、肉体は衰え、言葉も出なくなり、感覚もまひしているのです！　これ以上臣民がのろわれることのないよう、神に祈りを捧げます！」

妖術の恐怖は地方の村々にも次第に広がっていった。清《ピュ》教徒《ーリタン》の教義が根づいていくにつれて、この恐怖も大きく膨らみ、もちろん迫害も後を絶たなかった。イングランド教会では、キリスト教のほかの宗派よりは影響が少ないし、その恩恵に浴する資格があると言ってはいたものの、やはり当時の迷信にしっかり染まっていた。誤った信念に基づいた目に余る残虐行為が数々あったが、そのうち記録に残る最悪の迫害が教会当局の指示の下で行われていたのである。その後長い間、ケンブリッジ大学では年に一度、追悼講演が行われていた。

それは有名なウォーボーイズの魔女裁判である。彼らはエリザベス一世の法令が可決されてから三二年の後に処刑された。この間の裁判事例はほとんど記録に残っていないが、残念ながら、人々の偏見が長く尾を引いていたことを物語る証拠はいくらでもある。多くの女たちが、裁判に掛けられるわけでもなく、民衆から直接危害を加えられてイングランド各地で命を落としているのだ。その数はいまだに確認できていない。

ウォーボーイズの魔女裁判については、少し詳しく論じてみる必要がある。それは学者が長年にわたって重要視していたということもあるが、それだけではなく、証拠や証言がほかに類を見ないほど不条理で矛盾だらけだからである。その証拠に基づいて、あらゆる面で分別があるはずの人間が、同じ人間を死刑台に追いやったのである。

この異様な芝居の主役はサー・サミュエル・クロムウェルとスログモートン氏の二家族。二人ともハンティンドン州ウォーボーイズ近郊に土地を所有する紳士であった。スログモートンには娘が数人いた。長女でこの芝居の主人公であるジョーンは想像力豊かでふさぎがちな娘で、つねに亡霊や魔女の話が頭の中を渦巻いていた。あるとき、ある夫人の家の前を偶然通りがかったが、ジョーンいわく、その夫人はマザー・サミュエルといい、高齢で貧しく、とても醜い顔をしているらしい。マザー・サミュエルは黒い帽子をかぶり、扉のそばに座って編み物をしていたが、この単細胞の若い女が通りがかると顔を上げて、きっと彼女をにらみつけた。するとジョーンは、すぐに手足に痛みを感じるようになり、それからというもの、姉妹だけでなく会う人ごとに、夫人に魔法を掛けられたと言い始めたのである。ほかの子たちも泣きだした。実際、この恐ろしい老婆ににらまれた子どもたちは、必ず卒倒してしまった。

スログモートン夫妻も子どもに負けず劣らず単細胞で、娘から聞かされたばかげた話をすべて真に受けていた。クロムウェル夫人も、スログモートン夫人から聞いたうわさ話を仕事中にべらべらしゃべり、その魔女を神判に付そうと決め込んだ。知恵者のクロムウェル氏もその計画に加わり、それに励まされた子どもたちは自由に想像力を働かせた。やはり子どもの想像力というのは大したものだ。あっという間にたくさんの悪霊やその名前が勝手に出てきたが、どれも自分たちを困らせようとしてマザー・サミュエルが送り込んできた悪霊だそうだ。子どもたちが言うには、とくにあの魔女が自分たちを脅かそうとして地獄から呼び出した精霊が七つあるそうだ。実際、子どもたちがこうして脅かされると、母親や近所のおしゃべり女たちもいっそうその話を信じるようになった。その精霊の名前は、「ファーストトスマック」「セカンドスマック」「サードスマック」「ブルー」「キャッチ」「ハードネーム」「プラック」である。

父親のスログモートン氏は、娘たちのとりとめもない空想に頭を抱えており、まだ信じる気にはなれなかった。そこで果敢にもマザー・サミュエルが夫と娘と一緒に暮らす家へ乗り込んでいって、自分の家の敷地まで彼女を無理やり連れてきたのである。クロムウェル夫人、スログモートン夫人、そして娘たちは、待ってましたとばかりに魔女を針でちくりちくり。出血するかどうかを確かめた。この中で一番威勢が良かったクロムウェル夫人は、マザー・サミュエルの帽子を引きちぎり、白くなった髪の毛を一房むしり取ると、それを燃やしてもらおうと、スログモートン夫人に手渡した。今後魔女の策略から身を守るためのお守りにしようというわけだ。哀れな老婆。こんな乱暴な扱いを受ければ、本能的に彼らをのろったとしても不思議ではない。老婆はのろいを掛けた。そののろいはけっして解けることはなかった。だが、その髪の毛はきわめて特殊なものだったようだ。老婆は解放されたが、恐怖とひどい扱いでへとへとになっていた。クロムウェル一家とスログモートン一家は、それから一年余りにわたって老婆をいじめ続け、その間にも、老婆の使い魔のせいで体は痛むし発作は起きるし、鍋の中では牛乳が腐るものだから、乳牛や雌羊がやられないように守ってやらなくてはならないと言い張っていた。ところが、こんなたわけたことをしているうちに、クロムウェル夫人が病に倒れて死んでしまった。夫人がマザー・サミュエルにのろいを掛けられてからちょうど一年半目に当たる日であった。また、夫人は何度か魔女と黒猫の夢を見ていた。もちろん、黒猫は人間の天敵である。

さて、魔女のせいで妻を失ったサー・サミュエル・クロムウェルは、もっと精力的に魔女対策に取り組まなくては、と考えた。一年半という節目の日と黒猫がそれをはっきり示してくれた。隣人たちもマザー・サミュエルを魔女だと言って非難するようになった。残念ながら、マザー・サミュエルの風貌はまさに魔女の理想であり、疑惑を抱かせるには十分であった。とうとう本人も、けっして有利なことではないが、他人に魔女だと思われていることに気づいたようだ。マザー・サミュエルはスログモートン家に無理やり連れてこられると、娘のジョーンがいつもの発作を起こしており、スログモートン氏とサー・サミュエル・クロムウェルから、娘に取りついた悪魔を追い払ってくれと頼まれた。悪魔払いを何度でもやってくれと命じられ、こんなふうに言われた。

「もしおまえが魔女なら、妻にのろいを掛けた張本人なら、悪魔を追い出すことだってできるだろう！」

老婆は言われたとおりにした。そして夫と娘も一緒になって魔法を掛けたこと、自分と同じで、二人とも悪魔に魂を売り渡したことを自白した。老婆の家族全員が間もなく逮捕され、ハンティンドンの牢獄に収監された。

裁判はすぐさまフェナー判事の下で行われ、スログモートン一家の狂った娘たちもマザー・サミュエルとその家族に不利な証拠を提出した。老婆の家族三人は拷問に掛けられた。老婆は苦痛にあえぎながら、自分が魔女であること、若い娘たちにのろいを掛けたこと、そしてクロムウェル夫人を死に追いやったことも自白。夫と娘はこの哀れな女よりも我慢強く、自白することを拒んで最後まで無罪を主張した。だが、三人とも絞首刑にしたうえで死体を火あぶりにするという宣告を受けた。若くて見てくれもいい娘は、多くの人々の同情を買い、妊娠していると言って懇願すれば刑の執行も一時延期になるという助言を受けた。哀れな娘は意地を張ってそれも拒んだ。魔女だけならともかく、売春婦のレッテルまで貼られたらたまらないと思ったのだろう。間の抜けた老婆も、あと数週間の命だと思ったのか、娘は妊娠しているのだと言いだした。これには法廷中が抱腹絶倒した。老婆自身も笑いだす始末。だが、これも彼女が魔女である追加証拠として提出された。一家三人は一五九三年四月七日に処刑された。

サー・サミュエル・クロムウェルは、領主として、押収したサミュエル家の財産から四〇ポンドを受け取っていたが、残忍極まりない妖術に関する説教と講義が年に一度あったため、彼は毎年四〇シリングずつ寄付をしていた。今回の件については、特別にケンブリッジ・クィーンズカレッジの神学博士か神学士が説教をすることになっていた。この年に一度の講義がいつから行われなくなったのかは分からないが、一七一八年にハッチンソン博士が妖術に関する著作を刊行した年にはまだ行われていたものと思われる。

イギリス諸島における魔女の歴史を年代順にきちんとまとめるには、一六世紀後半からジェームズ六世がジェームズ一世としてイングランド国王に即位する一六〇三年までにスコットランドで起きた事件を調べてみる必要がある。われわれは当然、スコットランド人――昔から想像力に富んでいることで有名――にはイングランド人以上にこうした陰うつな迷信が深く浸透していると思っていた。その風土は昔の無知な時代の夢をほうふつさせ、亡霊や幽霊、小鬼やケルピー（スコットランドの伝説で馬の姿をした水の精）、その他もろもろの精霊も、霧に包まれたハイランド（スコットランド高地地方）の谷間、またローランド（スコットランド低地地方）のロマンチックな川のそばに暮らす人々にはどれもなじみ深いものである。彼らの善い行い、悪い行いはすべて歌になって残されており、「詩句によって神聖化されているため」、人々の想像力に大きく訴えている。しかし、妖術そのものが犯罪だとして罰せられるようになるのは、宗教改革者が聖書を最大限に拡大解釈するようになってからである。宗教改革者は、ローマ教皇インノケンティウス八世がドイツとフランスに対して行ったのと同じことをスコットランド人に対しても行ったのである。法令集は、単に信仰に関する条項のひとつではなく、妖術という条項を新たに加え、善良な臣民と真のキリスト教徒に妖術と戦うよう呼び掛けていた。一五六三年にはメアリー女王の第九回議会が法案を可決し、魔女と魔女に相談を持ち掛けた者には死刑が宣告されることになった。民衆はたちまち悪魔とその手下を恐れるようになった。高貴な者も庶民と一緒になってこの妄想をあおったが、その多くは、本人が魔女だとして告発され、貴婦人たちも秘術をかじっていることが明らかになり、もし魔女ではないにしても、その気がないわけでもないことを世界に知らしめた。

ジョン・ノックスの敵も同じような話をでっち上げると、

ローマカトリック教徒はすぐにそれを信じ込み、教会の腐敗という大きな社会悪に進んで汚点をつけた。ノックスと彼の秘書は、「聖人」を呼び出そうとして聖アンデレ教会付属の庭に入り込んだのだが、呼び出すときに間違えてしまい、相談しようと思っていた聖人ではなく巨大な悪魔本人を呼んでしまったらしい。うわさによると、秘書はサタンの大きな角とぎょろりとした目、長いしっぽを見て仰天し、発狂してしまい、間もなく世を去った。ノックス自身は多少のことでは動じない人間だったため、仰天することもなかった。

妖術罪で高等法院に送致された、または処刑された最初の人物として記録に残っているのは、メアリー女王の法令が可決されてから九年後、一五七二年のジャネット・バウマンである。犯罪については特別な記載はなく、名前の横に「有罪判決、火刑」と記されているだけである。しかし、その九年間に裁判や処刑が一件もなかったとはとうてい思えない。エディンバラのスコットランド国立図書館にある信憑性の高い文書からは、枢密院では普段から、スコットランド各地に住む紳士や牧師に、それぞれの教区で魔女を取り調べ、裁判に掛け、処刑する権利を委譲していたことがうかがえるのである。そうした裁判で判決を受けた者の記録は残っていないが、言い伝えられている話のせいぜい四分の一が信じられるにしても、それは途方もない数字である。一五七二年以降は、高等法院でも妖術罪による処刑の数は増えてきたが、平均すると年にひとり程度であった――もうひとつの証拠によると、この犯罪に基づく裁判は地元の行政管区に任されていた。地元の行政管区では、ほとんど何のためらいもなく魔女を火刑にしていたが、やがて近代の治安判事が密猟者をさらし台に送るときのような略式裁判に変わっていった。

成人に達したスコットランド王ジェームズ六世は、魔女裁判に大いに興味を示すようになり、ある裁判――一五九一年のゲリー・ダンカン、ジョン・ファイアン博士、そして二人の共犯者の裁判――にはとくに夢中になった。国王はそれから間もなく有名な作品『悪魔学（Demonology）』を執筆することになるのだが、この裁判がきっかけになったのは間違いない。魔女たちがジェームズ自身の命を狙っていたのだから、国王がいつもの習性で裁判を注視したか、あるいはその異常な内容から偏見や迷信をよりいっそう強く抱くようになったとしても不思議ではない。スコットランド人の妄想の概念をこれほど正しく伝えているものもないだろう。犠牲者の数、証拠のばかさ加減、かかわった人間たちの卑劣さはどうだったかと考えると、やはり異常としかいいようがない。

一連の裁判の主犯たる妖術師、ゲリー・ダンカンは、エディンバラから一五キロほどのところにあるハディントン州の小さな町、トラネントの地方行政副長官の使用人であった。高齢でも醜くもなく（魔女は高齢で醜いものと相場が決まっている）、若くて美しい女だったが、以前から隣人たちは、彼女の行動にやや不審な面があることから魔女ではないかとにらんでいた。実際、彼女は治癒能力があることを鼻に掛けており、彼女が世話をした人も見る見るうちに病気が治ったものだから、立派な地方行政副長官、つまり彼女の主人も、隣人たちと同じようにいぶかしみ、これは奇跡に違いないと考えるようになった。そこで真実を突き止めようと、主人はせっかんしたのだが、彼女は意地を張って、どうしても悪魔との取引を自白しようとはしなかった。一般に、魔女はサタンから押されたマークが発覚するまでは自白することはないといわれている。せっかんを続ける地方行政副長官は、きっとだれかに入れ知恵されたのだろう、検査中、哀れなゲリーののど元にそのマークを見つけたのである。ゲリーはまたせっかんされ、さすがに我慢強いゲリーもあまりの苦痛に耐えられなくなってきた。そして自分は確かに魔女であること――悪魔に魂を売り渡したこと――を、悪魔の力を借りて病気を治したことを自白したのである。しかし、これは魔女の信条にしては奇妙である。悪魔にとっては病気を治すよりは病気にするほうが楽しいはずなので、ゲリー・ダンカンは魔女としては失格である。せっかんはまだ続いていた。ゲリーはついに共犯者の名前も全部吐き出した。ファイアン博士の名で知られる名だたる妖術師のカニンガム、高位で威厳のある女性アグネス・サンプソン、先にも登場したクリフトン卿の娘エウフェミア・マカルジーンをはじめ、四〇人ほどの名前が挙がった。中にはエディンバラでそれ相応の地位にある人物の夫人も何人か含まれていた。この共犯者も全員が逮捕されると、予想はしていたものの、その事件の異常さにスコットランド全体がどよめき立った。

これより二年ほど前のことだが、ジェームズ六世が突然国を留守にした。堂々とデンマークに向かったジェームズは、悪天候のためオスロの港に係留していたデンマーク王女アンと会い、そして結婚。ジェームズは数カ月間コペンハーゲンにとどまったが、その後若い妃を伴って荒れた船旅を経験し、難破しそうになりながらも、一五九〇年五月一日に無事にリース（スコットランド南東部の海港）に到着した。ゲリー・ダンカンとファイアン博士逮捕の報がスコットランド中に伝わると、情報通を気取る者たちは、あの魔女と共犯者たちが悪魔の手を借りて嵐を呼び起こし、国王と王妃の命を危険にさらしているんだ、と口をそろえて言いだした。ゲリーはせっかんを受けながらそれが事実であることを自白していたため、裁判ではいったいどんな証拠資料が出てくるのかと、スコットランド中が愕然としながら待っていた。

ゲリー・ダンカンと関係していた「高位で威厳のある」アグネス・サンプソンは、世にも恐ろしい拷問に掛けられたが、一時間もすると自分たちの姉妹関係の秘密をすべて明かし、ゲリー・ダンカン、ファイアン博士、マリアン・リンカップ、エウフェミア・マカルジーン、そしてアグネス本人、さらに二〇〇人を超える妖術師や魔女が深夜にノースベリックの教会で会合を開いていたことを認めたのである。そして、そこで悪魔と会ったこと、国王の暗殺計画を立てたこと、自分たちは年老いた悪魔にそそのかされたのだとも語った。その悪魔は、これまでで最も手ごわい敵がジェームズであり、国王を始末しないかぎり、悪魔の子どもたちはこの世で平和に暮らせないという、途方もないのろいの言葉を口にしたらしい。こういうときには必ずちょっとした音楽が必要になり、ゲリー・ダンカンはいつもらっぱや口琴と一緒にリールを演奏し、それに合わせて悪魔たちが踊っていたそうだ。

ジェームズは、悪魔にこれまでで最も手ごわい敵だといわれたことにたいそう気を良くし、ゲリー・ダンカンに使いをやって王宮に呼び寄せると、教会で悪魔のために演奏したのと同じリールを目の前で演奏させた。

ファイアン博士、いや、カニンガムと言ったほうがいいかもしれないが、このトラネントのしがない教師のカニンガムも、ほかの容疑者と一緒に拷問に掛けられた。破廉恥な生活を送っていたこの男は、毒薬の調合と販売を手掛けており、魔術師を名乗っていた。ばかげた犯罪の数々では有罪にはならなかったものの、行動こそ起こしていないが妖術師願望があり、あらゆる不幸や苦難を甘受するにふさわしい男だったのは間違いない。カニンガムも拷問に掛けられたが一切口を割らず、長い間じっと身動きすらしなかった。そこで、「鉄の靴」を使ったさらに厳しい拷問が加えられることになった。だが、精魂を使い果たしてもうこれ以上耐えられないというところまで耐え抜くと、少しずつ感覚もまひしてきて、それがまた彼を助けることになった。完全に体力も限界に達し、舌も口蓋にくっついているのが分かったところで、ようやく拷問を解かれた。気付け薬が与えられ、意識が戻る兆しも見えてくると、カニンガムは自分が今どうなっているのかを十分把握できないうちに、ゲリー・ダンカンとアグネス・サンプソンの供述に厳格に従って、完全に自白したことを誓って署名するようせき立てられた。そして牢獄に再送致されたが、その二日後に、何らかの方法で脱出に成功。しかし、再び捕らえられ、ジェームズ六世も出席する高等法院に連行された。だが、ここでもファイアンは、自分で署名した供述内容をすべて否認した。すると国王もその「往生際の悪さ」に業を煮やし、もう一度拷問に掛けるよう命じた。ところが、指のつめをすべてペンチではがされて、縫い針を目に突き刺されても、たじろぎもしなかったのである。そこで再び「鉄の靴」を使った拷問が始まった。このときに発行された小冊子から引用すると、ファイアンは「繰り返される責め苦に長い間じっと耐えながらも抵抗を続けたため、両足の骨も肉も粉々に砕け、血や骨髄が辺りに大量に飛び散った。彼の両足はこれで永久に使い物にならなくなってしまった」。

こうした裁判に掛けられた人々の自白には驚くほどの類似点があり、注目すべきものが多い。実際に、彼らはのろいや魔術によって国王を死に追いやろうとしていたようだ。ファイアンは仕事の要領を十分に心得ており、偽の幽霊を使って彼らをだましていたため、多くの人間が悪魔を見たと本気で信じていた。彼らの自白を集めると、次のようなものになる。

サタンは、もちろん改革宗教の偉大なる敵であるが、ジェームズ六世が新教徒《プロテスタント》の妃をめとることになる、と警告していた。そして悪魔の世界に嫌な結果をもたらすことのないよう、嵐を起こして船を難破させ、帰国の途にある国王とその妃の息の根を止めてやろうと考えたのだ。まずは、暗闇の中で国王の船が沿岸で立ち往生することを願って、海全体を濃霧で覆った。これが失敗に終わると、今度は学識の高さからサタンの秘書に昇格したファイアン博士が、魔女全員を呼び出すと、自分が魂を売り渡した悪魔と会ってから、ひとりずつかごに乗って荒波を行くようにと命じた。

万聖節の前夜、彼らは二〇〇人以上が一堂に会したが、そこにはゲリー・ダンカン、アグネス・サンプソン、エウフェミア・マカルジーン、バーバラ・ナピア、そのほか数人の魔術師も含まれていた。そしてひとりひとりがかごに乗って、「力強く外洋に」進んでいった。しばらくすると、彼らはかぎのようなつめに猫を引っ掛けて持っている悪魔と出会った。猫には事前に九回も火を通してあった。悪魔はこれをひとりの魔術師に差し出すと、海に投げ入れて、「ホーラ！」と叫ぶようにと命じた。魔術師がまじめくさった面持ちでそうすると、たちまち海が身もだえし始めた。水はシューッという音を立て、山のように高い波を立てた。

そしてその腕をねじ曲げながら、
こげ茶色をした天空に伸ばした。

魔女たちは自分たちが呼んだ嵐の中を楽しそうに航海し、スコットランドの海岸に上陸すると、かごを手に持ち、ノースベリックののろわれたカーク（スコットランド教会）まで列をなして歩いていった。悪魔が説教をすることに決めた教会である。音楽に秀でたゲリー・ダンカンは、軽快な足取りで先を歩きながら、口琴に合わせて歌を歌った。

さあ、魔女が行くよ、先を行くよ、魔女が行くよ。
先を越さないでおくれ、
あたしを先に行かせておくれ！

教会に着くと、彼らは教会の周りを左回りに、つまり太陽の進路と反対方向に回った。次いでファイアン博士が鍵穴に息を吹き掛けると、扉がさっと開き、魔女たちが全員中に入った。真っ暗闇だった。ファイアン博士がろうそくに息を吹き掛けると、ろうそくにさっと火がともり、悪魔が説教台に座っているのがくっきりと見えてきた。黒のガウンと帽子で身を固めた悪魔。魔女たちはそんな悪魔に「ご主人様、万歳！」と叫びながらあいさつした。悪魔の体は鉄のように硬く、鬼のような形相、鷲のくちばしのような鼻、そしてぎらぎらと燃えるような目をしている。手足は毛むくじゃらで、手足のつめは長いかぎづめ。声は異常なほどにしわがれている。説教を始める前に、悪魔は集まった魔女たちの名前を呼びながら、立派に仕えてくれたかどうか、国王と妃の命にどの程度危害を加えたかを尋ねた。

グレイ・メイルは高齢でやや頭がおかしい妖術師だったが、教会の典礼係、または門番を勤めていた。本当に何と間が抜けたことを言うのだろう。

「幸い、国王はまだ苦しんでおりません」と答えたのである。それを聞いた悪魔は怒り心頭に達し、説教台から立ち上がると前に進み出て、その男の横面を殴った。それから、また元の場所まで戻ると、説教を始め、「忠実な信徒になれ、やれる悪事は何でもやれ」と命じた。エウフェミア・マカルジーンとアグネス・サンプソンは、ほかの魔女たちに比べると厚かましく、悪魔にジェームズ六世の図像か映像を持ってきたかと尋ねた。それに針を刺せば、痛みや病気が国王を襲ってくれるのではないか。二人はそう考えたのだ。「虚言の祖」も真実を語ることがある。悪魔は写真を忘れてきたことを認めた。それを聞いたエウフェミア・マカルジーンは、注意力が足りないと言って、大声で悪魔を叱責した。アグネス・サンプソンと数人の女たちも直ちに悪魔を非難し始めたが、悪魔はそれを黙って聞いていた。彼女たちが小言を言い終わると、悪魔は盛大な催しに全員を招いた。埋葬されたばかりの遺体が掘り起こされ、すべてが食用に供された。飲酒に関しては悪魔も気前が良く、全員に上等なぶどう酒をたっぷり与えると、彼らもすぐに上機嫌になった。続いてゲリー・ダンカンが古謡をらっぱで演奏すると、悪魔もエウフェミア・マカルジーンと踊り始めた。こうして雄鶏が鳴くまで、彼らは乱痴気騒ぎを続けていた。

アグネス・サンプソンは、キースの女賢者といわれているだけあり、供述にまた新たな項目を加えた。前回の集会のときには、猫の足に人間の肉片を四切れくくりつけてから、その猫を海に投げ入れて猛烈な嵐を起こしたというのである。また、ジェームズ六世を溺死させようという大胆な企てのときには、かごで航海した後に悪魔と会ったのではなく、最初から悪魔に連れられていったのであり、遠くのほうで悪魔が大波の上を転がっているのがうっすらと見え、その形と大きさは巨大な積みわらのようだった、とも語った。ぶどう酒や高級品を満載した外国船にも遭遇したので、彼らはそれに乗り移り、ぶどう酒を一滴残らず飲み干してかなり上機嫌になったが、そこで船は沈没したとも話している。

こうした自白の一部は、信心深いジェームズ六世にとっても酷なもので、国王も、魔女はその主人にそっくりで、「究極のうそつき」だと何度も声を上げて非難した。だが、彼らはそう荒唐無稽とばかりはいえないことも自白しており、それらに関しては間違いなく有罪であった。アグネス・サンプソンも、国王の寝具に強い毒を塗って命を奪うよう命じられていたと供述。ゲリー・ダンカンは、後で悪魔を送りつけるからと言って常に隣人たちを脅かしていたため、臆病者はいつもびくびくしており、生涯彼女たちに従わざるを得なくなっていた。ファイアン博士も、殺人のほう助や扇動には一切のためらいを見せず、毒を使ってだれかの敵を排除していた。謝礼を払ってくれる人ならだれでもよかったのだ。エウフェミア・マカルジーンもとても純粋とは言い難く、国王の死に思いを巡らせては、その思いを成就させるため、当時の迷信でよく使われていた方法を用いた。彼女はボスウェル（スコットランドの貴族で、メアリー女王の三人目の夫）の熱烈な支持者であった。ボスウェルも、国王を殺す時期に関して相談を持ち掛けていたとして、多くの魔女から告発されていた。全員が有罪判決を受け、絞首刑の後に火刑に処するとの宣告がなされた。バーバラ・ナピアは、ほかの罪では有罪となったが、ベリックの教会の大集会に参加していたという罪状では無罪放免となった。すると国王は不快感をあらわにし、故意の過失だとして巡回裁判で判事を起訴させると言って脅しを掛けた。そこで判事らは評決について再考し、自分たちが犯した過ちを許してくれるよう、国王の慈悲にすがった。国王も納得し、バーバラ・ナピアも、ゲリー・ダンカン、アグネス・サンプソン、ファイアン博士、そしてその他二五人と共に絞首台送りとなった。エウフェミア・マカルジーンはさらに過酷な運命をたどった。大胆不敵なボスウェルとの関係、そして彼女の前に立ちはだかる人間の毒殺に加担したことは、法が科せられる厳罰、つまり通常の刑罰ではなく、犯罪者をまず絞殺してから火刑に処するのがふさわしいと考えられ、この哀れな女には「火刑台に縛りつけ、灰になるまで焼き尽くし、手際良く死に至らしめる」という判決が下された。この残酷な刑は、一五九一年六月二五日に執行された。

この裁判は、スコットランド全体に致命的な影響を及ぼした。地域の地主や聖職者は、枢密院から授かったしかるべき権力を行使して、即決裁判に倣って老婦人を裁判に掛けては刑罰を科すようになった。ローマカトリックの古い信仰にしがみついている者には厳罰が科せられた。新教徒《プロテスタント》の国王と新教徒《プロテスタント》の王妃に対して悪魔が激しい憎悪を抱いているという供述が出てきてからは、カトリック教徒が一丸となって悪魔の力と同盟して、スコットランド一帯に災難をまき散らしている、と考えられていたからだ。控えめな計算だが、メアリー女王の法令が可決された一五六三年からジェームズ六世がイングランド国王に即位する一六〇三年までの三九年間に、スコットランドで妖術罪で処刑された人の数は年平均二〇〇人に上っており、全部合わせると一万七〇〇〇人を下らない。最初の九年間はその数もそれほど多くはなく、一〇〇人を下回っていたが、一五九〇年から一五九三年にかけては四〇〇人を上回るようになった。最後に引用するのは異様な事例である。裁判の全体像は、イゾベル・ガウディーの裁判を通してみるとよく分かるだろう。この裁判は、すべてをここで論じていたら退屈だし、不愉快になってくるのでやめるが、ジェームズ六世の時代よりかなり後に行われているものの、公明正大に扱っている見本だとされているのである。この女は、隣人たちの迫害で人生に疲れて自ら裁判所に出廷し、魔女の信条をすべて具体的に供述した。極めて異常な偏執狂者であるのは確かである。自ら鉄の拷問台に寝かされるべき人間だ、野生の馬に引きずり回されて卒倒しようと、自分の罪はけっして償い切れない、と語っているのである。さらに共犯者の名前もすべて暴露した。五〇人ほどの女性と数人の妖術師の名前が出てきた。彼らはまだ洗礼を受けていない乳児の墓を掘り起こしたのだ。乳児の手足が魔法に使えるからである。敵の農作物を枯らしたいときには、ヒキガエルをその敵のすきに結びつけておき、翌日の夜にサタン本人がチームと一緒に土地を耕せば、その年は不作になった。

魔女はどんな姿形にも化けることができたが、最も多いのは野うさぎの姿を装っていると、あるとき野うさぎ、普通は猫か野うさぎに決めていた。イゾベルによると、あるとき野うさぎの姿を装っていると、犬どもに追い詰められて九死に一生を得たらしい。やっとのことで家までたどり着いたのだが、すぐ後ろに追い掛けてくる犬の獰猛な息遣いを感じた。だが、どうにか収納箱の後ろに隠れて、元の姿に戻れるまじない言葉を口にした。そのまじないとは次のようなものである。

野うさぎ！　野うさぎ！
神様、どうかご配慮を！
わたしは今野うさぎの姿。
でも、すぐに女の姿に戻りたいのです。
野うさぎ！　野うさぎ！
神様、どうかご配慮を！

もし魔女がこうした姿をしているときに犬にかまれれば、人間の姿に戻ってもその傷跡は必ず残るものだが、イゾベルによると、魔女がかみ殺されたという話は聞いたことがないらしい。悪魔が総会を開くときは、魔女はほうき、穀物の茎、または豆の茎に乗って、次のような言葉を口にしながら空を飛んでいくのが習わしだった。

ホース・アンド・パトック、
ホース・アンド・ゴー、
ホース・アンド・ペラッツ、
ホー！　ホー！　ホー！

普通、魔女はほうきか三脚いすを残して飛んでいくが、それはベッドに置いておくか、きちんと魔法を掛けておけば、魔女が戻ってくるまでは人間の姿をしていてくれる。そうしておけば留守中に隣人に気づかれることがないからである。

さらにイゾベルは、悪魔は自分のひいきの魔女にはその魔女に仕える使い魔を差し向けてくれるとも話している。この使い魔は、「ほえる獅子」「地獄の盗人」「自分の奴隷」「うるさい馬」「無頓着」などと呼ばれ、それぞれ着ている服で区別されていた。普通は黄色、くすんだ灰褐色、海緑色、黄緑色、草色であった。サタンは魔女を洗礼で授かった名前ではけっして呼ばず、サタンの前では互いにその名前で呼び合うことも許されなかった。こうした悪魔の儀礼に従わないと、必ずサタンのご機嫌を損ねることになる。だが、何らかの呼び名が必要なので、サタンは自分の考えで、「有能な力持ち」「塀登り」「風起こし」「風に一番近いピクルス」「連打のマギー」「けんか好きなケール」など、新たに名前を授けていた。サタン自身の呼び名はそれほど特殊なものではないが、少なくとも「ブラック・ジョン」ではなかった。魔女が軽率にこの言葉を口にしようものなら、サタンが飛んできて、情け容赦なくたたきのめしたり、けば立て機で魔女の肌を引っかいたりした。ほかの名前で呼ばれれば別段気にも留めなかった。また、助けが必要なときはある有名な妖術師に指示を出したが、そのときは地面を三回手で突いて、「起きるんだ、薄汚い盗人！」と叫んでいた。

この供述に基づいて、多くの人が処刑された。庶民感情というのはものすごい力を持つもので、一度魔女だとして告訴されると、けっして無罪放免されることはなかった。あったとしても、一〇〇回のうち一回あるかないかであった。

魔女狩り、つまり魔女いじめは仕事となり、国中を放浪する金目当てのごろつきは、犯罪者だと思しき人物に突き刺す長い針を持っていた。高齢者の場合、体の一部に無感覚なところがあっても不思議ではなく、それは昔も今も変わらない。それを探し当てるのが彼らの目的であり、針で刺されて出血しない不運な老婦人には死が待っていた。すぐに収監されなくても、隣人からの迫害に遭い、悲惨な人生を送ることになった。こうした迫害が尋常一様ではなくなってきたため、多くの女たちが死を選んだという記録もある。司法長官のサー・ジョージ・マッケンジーは、自身もこの魔女罪を固く信じていたが、魔女裁判が頻繁に行われるようになったころの一六七八年に初版が発行された『刑法（Criminal Law）』の中で、注目に値する複数の事例に触れており、こう述べている。

「判事補だったころに裁判で自白した数人の女の取り調べをしたが、そのひとりは愚鈍な女で、わたしにこう言った。自分は有罪だから自白しなかったのだと。でも、食べるために働く愚か者ゆえ、また魔女だというそしりを受けているため、もう餓死するしかない。こうなった以上、もうだれひとり食べる物も寝る場所も与えてくれないだろう。男たちも皆、自分をたたきのめしたり、犬をけしかけたりする。だからもうこの世から消えてしまいたいのだと。ここまで話すと、女は号泣した。そしてひざまずくと、今の言葉の証人になってほしいと神を呼んだ」

サー・ジョージは、この問題に対する当時の偏見にいかめしい態度を取っていたわけではないが、十分に先見の明があり、魔女裁判を過度に奨励するような社会に危険を感じていた。また、彼らの四分の三がぬれぎぬを着せられており、根も葉もないものであるという確信も抱いていた。先に引用した著作でサー・ジョージは、一般にこの犯罪で起訴された者は貧しい無学の男女であり、なぜ起訴されたのかも理解できず、迷信に基づいた魔女への恐怖心を誤解していると述べている。ある貧しい職工は、自分は妖術師だと言った。なぜかと問われると、こう答えたのである。

「ろうそくのそばで、悪魔が蝿みたいに踊っているのを見たんだよ！」

魔女呼ばわりされていた愚直な女も、自分が魔女だと信じ切っており、法廷にいる判事らに、ある人物が魔女かどうか知っているかと尋ねていた。この人間的で良識ある司法長官は、犯罪者と思しき人が全員、彼らに責め苦を与えて神に立派に仕えていると思っている看守から牢獄で厳しい拷問を受けることに関して、こう述べている。

「こうするのがすべての自白を引き出す基盤になっているのだ。哀れな悪人には分からないだろうが、その当事者だけが自白の証人になれるのである。判事はそれを妬んでいるのだろう。最初に自白を引き出してしまえば、彼らは看守を恐れて自白を撤回しようなどと考える者がいなくなるからだ」

もうひとりの書き手は、やはり妖術罪の擁護者だが、汚名を着せられながら生きていくよりは処刑されることを選んだ女のさらに嘆かわしい事例を挙げている。この女、先に絞殺され火刑に処せられることになっていた三人の女の知り合いであり、教区の司祭を呼んで、自分がサタンに魂を売り渡したことを自白したのである。

「裁判所に召喚されたとき、彼女もほかの女たちと共に死刑を宣告された。処刑場に連行されるときには、一回目、二回目、三回目の祈りが捧げられている間はおとなしくしていたが、あとはもう絞首台に上がるだけというときになると、いきなり体を起こし、大きな声でこう叫んだのだ。

『今日見物に来ている皆さん、あたしは魔女として死のうとしています。自白したからです。すべての人、とくに司祭と判事の方々はあたしを有罪にした罪から免れるでしょう。すべてあたしの責任だからです。あたしは怒っています。今、神様にお答えしなければなりません。あたしは神の子として、妖術とは何の関係もありません。悪意ある女から告発されたのです。そして魔女だとして牢屋に入れられたのです。夫や友人からも縁を切られ、もう外に出られる望みもありません。ですから自らの命を絶つために自白したのです。もう生きているのに疲れたからです。生きていくより死んだほうがましだと思ったからです』」

これを著した司祭は、不幸な女が死に際に行った演説を、ただこの女が魔女であることを証明する追加証拠としか見ていなかったようだが、これもこの並外れた強情さと魔女を信じる者たちの分別のなさを裏づけるものだといえるだろう。もちろん、「追加証拠だとも思わないほど分別がない者はいなかった」のも確かである。

さて、そろそろジェームズ六世の話に戻ろう。ジェームズ六世には、ローマ教皇インノケンティウス八世やシュプレンガー、ボダン、マシュー・ホプキンスといった妖術の宿敵であると同時に妖術の主な扇動者であるという誇り、または憎悪を共有する権利があった。一六世紀も末期になると、ヨーロッパ大陸でもイギリス諸島でも、多数の識者が民衆をこの問題に目覚めさせようと躍起になってきた。中でも最も有名なのがドイツのヤン・バイヤー、イタリアのピエトロ・ダ・アバーノ、イングランドのレジナルド・スコットである。魔女狩りに熱心なジェームズ六世は彼らの著作を読んで興奮し、無意識のうちにこれらの著作に賛辞を贈るようになった。この賛辞は国王の業績が悪魔から無理やり引き出したものだが、彼らも「ジェームズの天敵」であり続けることで、ぜひともその賛辞にふさわしくありたいと願っていた。一五九七年、ジェームズは有名な悪魔学に関する論文をエディンバラで出版したが、その内容は、序文の中の次のようなくだりから読み取れるだろう。国王はこう述べている。

「この時代、そしてこの国には、忌まわしい悪魔の奴隷、つまり魔女や魔法使いが恐ろしいほどあふれており、最愛なる読者よ、それが余をかような論文の執筆に駆り立てたのである。それは余が反論しているように、何らかの方法で余自身の学識や創意を誇示するためではなく、論文を発表することで、これまでにも述べているとおり、とくに今の時代に入ってからは、二人のいまいましい論説に多くの臣民が抱いている疑問、つまりサタンの攻撃は間違いなく続いているのか、そこで紹介されている拷問具は厳罰に適しているのか、という疑問を急いで解決するためなのである。二人のうち、イングランド人のスコットなる者は、公の印刷物で恥ずかしげもなく妖術などはあり得ないと述べており、精霊を否定するという、昔のサドカイ教徒の過ちを繰り返している。もうひとり、ドイツ人医師のバイヤーという者は、狡猾漢について公の場で釈明し、刑事責任を逃れようとしている。そこからこの男の本音が透けて見えてくる。かつてはこの男自身、その職に就いていたのだから」

この論文のほかの部分は対話形式になっているが、ジェームズはこう述べている。

「より気持ち良く簡単な方法で処理するには、神の法、民法および王国法、ならびに全キリスト教諸国の国内法に従って魔女を死刑にすることである。また、神が攻撃を控えた者の命を容赦し、攻撃しないこと、神に対する憎むべき裏切りに厳罰を与えないことは、治安判事におかれては、単に法に違反するだけでなく、明らかにアガグの命を許したサウル（イスラエルの初代王）のごとく大罪を犯すことになる」

またジェームズはこうも記している。これは極悪非道な犯罪であるため、どの犯罪人にも、つまり宣誓の意味も分からないような幼い子どもや、犯罪人に不利な証人たるに十分な評判の悪い人物にも不利にならないような証拠によって立証されるべきだが、無罪放免するのが困難な罪状で無実の者が起訴されると困るため、あらゆる訴訟を神明裁判に訴えるべきであると。さらにはこうも付け加えている。

「二つの方法が有効であろう。ひとつは悪魔マークを見つけ、そこが無感覚かどうかを調べること、もうひとつは水に浮くかどうかを調べることである――もし秘密裏に殺害した場合、その後死体が殺人者によって処分されれば、まるで殺人者に対する復讐を神に誓うかのごとく、死体から血が流れるため（神は、秘密裏に行われた不自然な犯罪の審理には秘密の超自然の印を決めている）、神も、（魔女のひどい不信心の超自然の印として）池や川が魔女に聖水を振り掛けて懐に受け入れるのを拒絶し、命を助けるのを故意に拒絶しているのだと判断するようだ。いや、魔女は涙を流すことさえできないのだから（脅迫して好きな責め苦を与えていても）、まず最初に魔女たちが悔い改めているかを調べることである（凶悪な罪を犯しておきながら意地を張るのを神は許さない）。魔女でなければ、とくに女の場合は、たとえワニの姿になっても涙を流したいと思えばいつでも流すことができるのだ」

このころ、こうした教義を公然と広めていたのは国の最高権威だが、彼らは世論にこびることはあっても強要することはなく、困った集団妄想が大きくなって、魔女や魔法使いが地上にあふれてきても驚きはしなかった。抜き身の剣を怖がって評判を落としても、悪魔と闘って勇敢なところを見せれば、それ以上の名声を取り戻すことができたからである。一番の協力者はカーク（スコットランド教会）そのもので、とくに国王の特権や宗教問題でジェームズ六世との争いもなかった黄金時代には、最も熱を入れていた。

そのジェームズ六世だが、一六〇三年には、その魔女対策に関する偉業に感嘆しながら耳を傾けていた国民の前にイングランド国王として登場した。ジェームズの登場は、イングランドでもスコットランドに負けず劣らず残酷な迫害が激発することを暗示していた。けっしてこれまでの偏見を祖国に置いてきたわけではなかった。エリザベス女王の治世の末期にはやや勢いも弱まっていたが、ジェームズの即位後の議会では、最初からこの問題が議題に上った。ジェームズは議会の対応の早さに気を良くし、法令は一六〇四年に可決、成立した。貴族院で行われた第二読会では、法案が一二人の大司教から成る委員会で審議され、「悪霊のまじないを使った者、それを用いた者、実践した者、あるいはかかる悪霊に相談を持ち掛けた者、悪霊と契約を結んだ者、悪霊を送り込んだ者は、初犯の場合には禁固一年および三カ月に一度のさらし刑、二度目の犯行の場合には死刑に処する」ことが定められた。

軽い刑罰が与えられることはめったになかったようだ。残っているどの記録を見ても、魔女は絞首台に吊るされてから火あぶり、あるいは事前に絞首することなく、「生きたまま、迅速に」、つまり生体火刑に処せられている。ジェームズ一世の治世の後も、清教徒革命、長期議会の混乱、クロムウェルの独裁体制、チャールズ二世の統治時代と続くが、この時期全体を通して、迫害の勢いが衰えることは一度もなかった。最も猛威を振るったのは、クロムウェルと独立派の独裁時代である。『ヒューディブラス（Hudibras）』の編集者であるザチャリー・グレイ博士は、その注記の中で、長期議会の会期中に処刑された三〇〇〇人の魔女の名前をすべて挙げている。一七世紀の最初の八年間に処刑された人は、年平均五〇〇人に上るものとみられ、合計すると四〇〇〇人という恐ろしい数字になる。その例をいくつか引用してみたい。大半はこれまでにご紹介した例とほぼ同じだが、民衆の迷信に新たな光明が差してきたものも二～三例ある。

「ランカシャーの魔女」の話を知らない者はいないだろう。この言葉、今でこそ人を魅了するほど美しいランカシャーの女性に対する褒め言葉として使われているが、その出どころとなった話についてはあまり知られていない。素行の悪さでは天下一品のロビンソンという少年がこの悲劇の主人公である。何年もたってから、この少年は、自分が火刑台に送った不幸な魔女について、父親やほかの人から偽証を迫られていたことを告白した。この有名な裁判が開かれたのは一六三四年ごろである。木こりをしている父親とロビンソン少年は、ランカシャー州のペンドル森のそばに住んでいたが、ロビンソンはマザー・ディッケンソンのうわさを辺り一帯に広め、ディッケンソンを魔女だとして告発したのである。このうわさは地元の裁判官らの耳にも届き、ロビンソンは裁判所に召喚され、厳しい尋問を受けた。少年は言葉を濁したり言いよどんだりすることもなく、驚くような供述を始めた。まったく臆する様子もない率直な話しぶりに、だれもが真実だと信じて疑わなかった。それは次のような話である。森の中の空き地をうろうろしながらブラックベリーを摘んで遊んでいると、二匹の猟犬が現れた。そのときは近所に住む紳士が飼っている犬だと思っていた。スポーツ好きのロビンソンは競争させてみようと思い、野うさぎを先に走らせてから猟犬をけしかけた。ところが、二匹とも動こうとしない。頭にきたので、むちで猟犬におしおきをしようとした。するとそのうちの一匹が突然女の姿に、もう一匹が幼い男の子の姿に変わったのだ。その女はすぐに魔女のマザー・ディッケンソンだと分かった。するとディッケンソンがお金をちらつかせて、悪魔に魂を売らないかとそそのかしてきたのだ。だが、自分はそれを断った。女はポケットから馬勒を取り出して、もうひとりの少年の頭上で振った。少年は見る見るうちに馬に変身。そうするとディッケンソンが自分を腕に抱えて馬に飛び乗った。自分を前に座らせると、旋風のように森や野原、沼地、川を飛び越えて、広い納屋のところまでやって来た。魔女は扉の前に下りると、自分の手を引いて納屋の中に入った。七人の老女が天井から下がっている端綱を引いていた。すると大きな肉の塊、バター、パン、ミルクの入ったボウル、温かい腸詰め、ブラックソーセージなど、農村で味わえるご馳走が床に落ちてきた。こんな魔法を掛けている間も、皆悪魔のような醜い顔をしていたのでぞっとした。こうして十分なご馳走を下ろすと、魔女たちが口げんかを始めた。そして夕食をどうやって調達してきたのかはともかく、美食にかけてはスコットランドの魔女より少しはましだと言いだしたのである。スコットランドの魔女は、ゲリー・ダンカンの自白によると、ベリックの古い教会で死人の体をテーブル代わりにして宴を催していた。少年はさらに続けた。食事の支度ができると、その分け前にあずかろうと、ほかの魔女も大勢やって来た。少年はそのうちの何人かの名前を挙げた。

この話に基づいて多くの人が逮捕され、ロビンソンも教会から教会へと連れ回された。納屋でどの老婆を見掛けたのかを役人に教えるためだった。合わせて二〇人ほどが投獄された。そのうち八人にはこの証言だけで死刑が宣告され、刑が執行された。中にはマザー・ディッケンソンも含まれていた。このひどい話をでっち上げた人々の中に、偽証罪で罰せられた者はひとりもいなかった。少年の父親は、偽証をしてくれそうな金持ちを脅迫して大金を手にしていたのだが。

長い清教徒《ピューリタン》革命の混乱のさなかに台頭してきた無頼漢の中では、魔女狩り人のマシュー・ホプキンスが群を抜いていた。この野卑な男、一六六四年にはエセックス州のマニングトゥリーという町に住んでおり、何人かの不幸な魔女に悪魔マークを見つけてから注目を集めるようになった。後にあれほど魔女狩りに力を発揮することになったのは、おそらくこうして自分の力が認められたのが自信になったからだろう。間もなくエセックス州で魔女のうわさが流れると、必ずそこにはマシュー・ホプキンスの姿が見られるようになり、彼の言葉を借りると、「あの牛」に関する知識で判事の右腕となって活躍した。さらに評判が上がってくると、「魔女狩り将軍」と呼ばれるようになり、ノーフォーク、エセックス、ハンティンドン、サセックスの各州を、ただ魔女の摘発という目的だけで飛び回るようになった。一年間で火刑台に送り込まれた哀れな人々は六〇人にも上った。よく用いていた検査法は、ジェームズ一世が『悪魔学』の中で奨励していた水責め。容疑者の手足を交差させて、つまり右手の親指と左足の親指を、そして左手の親指と右足の親指を十字型に縛りつけ、大きなシーツか毛布に包んでからあおむけにして沼か川に放り投げるのである。もしそのまま沈んでしまえば、友人や親族は、その人が無実だったというのを知って多少の慰めが得られる。しかし、その人の命はそこで絶たれるわけである。また、もし浮き上がってきて水面に横たわっているようなら――これが普通であった――、やはりその人の命もそこで絶たれることになる。魔女罪で火あぶりにされるのだ。

もうひとつの検査法は、主の祈りと信条を復唱させることであった。魔女はだれひとり正しく復唱できないとされていた。一言でも間違えたり、しどろもどろになったりしただけで、その人には戦慄が走った。まず間違いなく有罪である。また、魔女は三滴以上涙を流せない、しかも左目からしか涙は出ないとも考えられていた。無実だと分かっていた多くの人々は、ひるむことなくいわれなき拷問に耐える不屈の精神力が備わっていたが、残忍な拷問執行人からは、それが有罪の証拠だとみなされた。ある地域では、教会にある聖書と容疑者の重さを比べるという検査が行われており、もし容疑者のほうが聖書より重ければ釈放された。プロの魔女狩り人から見ると、この方法は思いやりがあり過ぎた。

ホプキンスはよく州を旅して回っていたが、まるで学者のように助手を二人付けていた。必ず町一番の宿を取り、費用はいつも当局持ち。町ごとに使う金額、つまり滞在中の生活費と旅費は二〇シリングであった。これは魔女を摘発しようがしまいが、彼が請求した金額である。もし摘発できて処刑まで持っていければ、さらにひとり当たり二〇シリングを請求した。こんな破廉恥な商売を三年余り続けて成功を収めたホプキンスだが、傲慢ぶりや強欲ぶりが目立つようになり、身分を問わずだれからも敵視されるようになってきた。ハンティンドン州（イングランド東部の旧州）ホートンの聖職者ジョン・ゴールは、小論文を執筆してホプキンスの主張を非難攻撃し、公共の厄介者だとして彼を告発した。これに腹を立てたホプキンス。ホートン市の職員に、市を訪れたい意向をしたためた書簡を送った。だが、ゴールのように魔女罪にうるさい人が多いのか、以前と同様に敬意を払っていれば、いつものように温かくもてなしてもらえるのかが心配だった。また、もし自分が納得できない返事を受け取ったら、「訪問は全部取りやめにする。何も制約がなく、しかも感謝と報酬を受け取れるところにしか行かない」と脅かすような調子で書き添えたのである。ホートン市当局は、訪問を取りやめるということの脅しにはあまり驚きを見せなかった。賢明なことに、ホプキンスも手紙もどうでもいいと思っていたのである。

　ゴールは小論文の中で、ホプキンスが用いた手口のひとつについて述べているが、これでホプキンスが荒稼ぎしていたのは間違いない。それは水責めよりもはるかに残酷な試練であった。ゴールによると、この「魔女狩り将軍」は、魔女と思しき人物を捕まえると、独房の真ん中のいすかテーブルに足を組んで座らせるか、またはほかの不安的な姿勢で座らせた。もしその女がその姿勢で座るのを拒んだら、頑丈な紐で縛り上げた。続いてその女を二四時間監視させ、その間は食事も飲み物も与えなかった。その間に使い魔が彼女の血を吸いに入ってくるのだそうだ。使い魔が雀蜂、蛾、蠅、ほかの昆虫の姿をして入ってくるときには、中に入れるように扉か窓に穴が開けられる。看守は厳重に監視をし、部屋に昆虫が入ってきたらすぐに殺すようにと命じられていた。もし蠅を殺し損なって逃がしてしまうと、その女は有罪。蠅はその女の使い魔であり、その女は火刑を言い渡された。これで締めて二〇シリングがホプキンスのポケットに入ったのである。ホプキンスはこの方法である老女を自白に追いやっている。四匹の蠅が部屋に入ってきた、というのがその理由だ。老女には「イルマザル」「パイワケット」「ペック・イン・ザ・クラウン」「グリゼル・グリーディガット」という名の四人の使い魔がいた。

　ところが、この詐欺師は自分で仕掛けたわなにはまってしまうのである。これで少しは怒りも鎮まるというものだ。ゴールが糾弾したことやホプキンス自身の強欲もあって、裁判長らに対する影響力も弱まってきた。民衆も、有徳な人や無実の人までがホプキンスに迫害されていることに気づき、彼に対する嫌悪感をあらわにした。そんな折、サフォーク州のある村で暴漢に取り囲まれた彼は、彼自身が魔法使いだとして告発されてしまったのである。魔法を使って備忘録に載っている悪魔をたぶらかしたんだろう。昔ながらの罵声が浴びせられた。彼、つまりサタンは、この備忘録にイングランドの魔女全員の名前を書き記していたからだ。

「要するに、神の力じゃなくて、悪魔の力を借りて魔女狩りをしているんだろう」

民衆はそう声を上げた。ホプキンスは否認したが、徒労に終わった。人々はホプキンス自身が考案した試練を本人にも味わってもらいたくて、うずうずしていた。そして服を脱がせ、手の親指と足の指とを縛り上げると、毛布に包んで沼に放り投げたのである。ホプキンスは浮かんできたそうだ。沼から引き揚げられた彼は裁判に付され、有罪証拠にほかならないとして処刑された。溺死したという説もある。いずれにしても、ホプキンスの息の根を止めたというのは紛れもない事実である。どの記録を見ても、ホプキンスの裁判記録や処刑の記録が見つからないため、おそらく暴漢に殺害されたというのが正しいのだろう。バトラーは『ヒューディブラス』の次の一節で、この悪漢の名を後世に残している。

本議会はまだ
悪魔の手下に送っていないのか、
不愉快な魔女を摘発する
全権が与えられし者を？
彼はまだ一年にひとつの州で、
六〇人の人間を絞首していないのか？
溺死しなかったから、
昼夜を問わずずっと地面に座り込み
苦痛を与えているから、
魔女だとして首を吊られた者がいる。
ガチョウや七面鳥のひなに
悪いいたずらを仕掛けた者がいる。
豚は突然死んでしまった。
予想どおり、不自然な悲しい死。
ついに彼は自ら魔女だと自白をし、
自分の尻にむち打った。

スコットランドでも魔女狩りが商売になった。魔女狩り人は「魔女検査の代理人」として知られ、ホプキンスのように魔女をひとり摘発するごとに報酬を得ていた。一六四六年のジャネット・ピーストン訴訟では、ダルキース裁判所所長らが「トラネントのジョン・キンカイドを検査代理人に仕立て上げ、巧みな技を使って女を取り調べるよう命じていた。キンカイドは悪魔マークを二つ発見した。女はマークが付いている場所に針を刺されても痛みを感じず、針を抜いても血を流さなかったそうだ。どこに針を刺されたのかと尋ねられると、女は実際に刺されたところとはまったく関係ないところを指さしたという。どれも長さが七センチほどの針であった」。

こうした魔女狩り人も、だんだん数が増えてくると、とうとう厄介者扱いされるようになってきた。判事は彼らの証拠を受理するのを拒み、一六七八年にはスコットランド枢密院も、彼らのひとりにわいせつな行為をされた、検査の代理人などではなく、詐欺の代理人だと訴える実直な女性の話に耳を傾けるまでになってきた。

しかし、こうした訴えも、大勢の無実の人々が犠牲になるまでは支配的な地位を占めるには至らなかった。イングランドでもスコットランドでも議会が集団妄想をあおり、代理人たちに一種の権限を与えることで、裁判長や聖職者に証拠の受理を強要していた。一六四六年にホプキンスの巧妙な手口の犠牲になったある哀れな老紳士がいる。この老紳士の運命は記録にとどめておく価値があるだろう。優に七〇を過ぎている高徳な聖職者のルイス氏は、五〇年にわたってサフォーク州フラミンガムの教区司祭を務めていたが、突如として魔法使いではないかという嫌疑を掛けられてしまった。熱狂的な王党派だったため、彼に同情する者もおらず、長年にわたって誠実に奉仕してきた教区民でさえ、告発された途端に彼に背を向けるようになった。マシュー・ホプキンスはどんなに強情な人間でも自白に追い込む術を心得ており、そんなホプキンスの手に委ねられたこの老聖職者は、年齢から聡明さにも陰りが見えるようになっており、魔法使いであることを認めてしまったのである。使い魔が二人いて、悪事を働くようういつも自分をあおり立てていたこと、ある日海辺を歩いていたら、ちょうど沖合に見えてきた船を沈めることに同意を求めてきたことを語った。ルイス氏が同意すると、目の前で船が沈んだ。この自白によって彼は裁判に掛けられ、有罪判決を言い渡された。この裁判に際しては、分別の炎がかつてないほど赤々と燃え盛った。ルイス氏は自分に不利な証言をすべて否定すると、ホプキンスに対して戦術を駆使した厳しい反対尋問を行った。有罪判決が下されてからというもの、ルイス氏はキリスト教式の葬儀を執行してほしいと懇願していたが、これも拒否された。ルイス氏は絞首台に連行される間も、自分への弔いの祈りを思い出しながら繰り返していた。

スコットランドには、これよりもっと不十分な証拠に基づいて処刑された貧しい女性がいる。魔女検査の代理人ジョン・ベインは、その女の家の前を通ると、女が悪魔と話しているのが聞こえると証言した。すると女は、自分には独り言を言うという愚かな癖があるのだと抗弁。隣人たちもそれを確認していた。ところが、検査代理人の証拠が受理されたのである。独り言を言うのは魔女以外にはあり得ないというものである。悪魔が付けたマークが発見され、さらに彼女の有罪が確定する追加証拠まで提出された。そして彼女は「有罪判決を受け、火刑に処せられた」。

一六五二年から一六八二年にかけては、こうした裁判も年を経るごとに徐々に少なくなり、無罪放免も以前に比べると珍しくなくなってきた。妖術を疑っても、もう危険ではなくなった。州の裁判所では相変わらず不条理極まりない証拠でも有罪判決を下していたが、国の裁判所は、人間的かつ哲学的な視点で審理を進めるよう陪審員に求めるようになっていた。有識者たち（当時は極めて限られた人々で構成されていた）は、妖術を全面否定するほどの度胸はなかったものの、徐々に妖術を信じないことを公言するようになってきた。そんな有識者と妖術信奉者との間で激しい議論が沸き起こり、妖術に懐疑的な人はサドカイ教徒（物質主義者）と名指しされた。彼らを納得させようと、博学のジョーゼフ・グランビルは有名な作品『サドカイ教徒の勝利（Sadducismus Triumphatus）』と『妖術事例集（The Collection of Relations）』を著した。前者は妖術を哲学的に調査すること、そして悪魔の力に「死の姿をまとわせる」ことを意図したもので、後者は根拠の確かな近代の多くの事例についての考察を述べたものである。

しかし、前進はしたものの、遅々としたものであった。一六六四年には、高徳なサー・マシュー・ヘイルが言語道断な証言に基づいてエイミー・ダニーとローズ・カレンダーという二人の女性に有罪判決を下し、セントエドモンズバリーで火あぶりにした。この二人、その醜い容姿から、隣人たちに魔女ではないかという第一印象を持たれ、ニシンを買いに行っても売ってもらえなかった。毛嫌いされたことに腹を立てた二人は、もう容赦はしなかった。間もなく魚屋の娘が病気になり、魚を売るのを断ったから老女に魔法を掛けられたのだという声が上がった。娘はてんかんの発作を起こすようになった。そこでエイミー・ダニーとローズ・カレンダーの仕業であることを突き止めようと、娘は目を細めてショールの陰からこっそりのぞいてみた。すると、二人の魔女が自分に触るようにという命令を受けているではないか。娘は二人に触られ、その直後、発作に襲われたのだ。この証言によって、二人は投獄されたのである。娘はその後もまったく関係のない人から触られたが、想像力が異常に膨らんでいたのか、また魔女のことが頭に浮かんできて、前と同じように激しい発作を起こして倒れてしまった。ところが、これは被告に有利な証言とはみなされなかった。

一六九四年から一七〇一年にかけては、一一回の魔女裁判がホールト裁判長の下で開かれた。お決まりの証拠。だが、ホールトはすべての裁判で陪審員の良識に訴えることに成功し、全員が無罪判決を言い渡された。こんなばかげた罪で血を流すのはもうたくさんだ、という空気が国中に浸透してきたようだ。ときどき片田舎のほうで迫害の炎が上がることはあったが、こうした処刑が当たり前だとはみなされなくなってきた。それだけに、たまに行われる処刑は大きな注目を集めることになった。つまり、ほかに証拠がないのなら確かな証拠なのだろう、というわけだ。こうして処刑は徐々に行われなくなっていったのである。

一七一一年にはパウエル裁判長の下である魔女裁判が開かれた。この裁判の場合は、証拠はいつものように不条理で矛盾だらけのものだったが、陪審員はあくまでも有罪の評決を主張。ところが見識ある判事が全権を行使して、正しい結論に導いたのである。被告の名はジェーン・ウェンハム。ウォルカーンの魔女として有名な女である。そしてその魔術に苦しめられているといわれていたのは、二人の若い女、ソーンとストリートである。アーサー・チョーンシーという名の証人は、アン・ソーンが何度か発作を起こしているのを目にしているが、例のお祈りをすると、あるいはジェーン・ウェンハムが現れると、必ず収まったと証言している。また、被告の腕を何度か針でつついてみたが、まったく血が出てくる様子はなく、服にも手の届くところにも針など一本もないのに、被告が針を吐き出したのを見たとも話し、その針を何本か取っておいてあるので、すぐにでも提出できるとも述べた。だが、判事はそんな必要はないと突っぱねた。曲がった針だと思ったからである。

もうひとりの証人のフランシス・ブラッジ氏は、アン・ソーンの枕から不思議な羽が「塊」になって出てくるというので、どうしてもその羽を見てみたくなったと証言。彼は羽が何枚か落ちている部屋に入り、塊を二つ手に取って両方を見比べてみた。両方とも丸い形をしており、クラウン貨幣よりやや大きかった。また、小さな羽もきれいに、妙に規則正しく並んでいるのを見つけた。羽柄を中心に、互いに等間隔を開けて放射線状に置かれていたのである。彼は羽の枚数を数えてみたが、どの塊もきっちり三二枚だというのが分かった。それから羽を二～三枚抜き取ろうとしたが、粘り気のある物質で互いにくっついていて、一本の糸にしたら七、八倍は伸びそうだった。羽を数本抜き取りながら、彼はその粘り気のある物質を指で取り除いてみた。すると、その下の真ん中辺りに黒やグレーの短い髪の毛が数本もつれていた。猫の毛に違いない。彼はそう確信した。また彼は、ジェーン・ウェンハムから枕に魔法を掛けたことや、もう一六年もそうしていることを聞いたとも証言した。

ここで判事が話を遮って、ぜひその魔法に掛かったという羽を見てみたいものだが、その奇妙な羽を残しておいたという話が出てこないのはおかしい、と言いだした。裁判長は証人に、なぜ羽を数本残しておかなかったのかと尋ねた。すると、魔法に掛かった人を苦しみから救うために全部燃やしてしまったという答えが返ってきた。そうすればもう何をしても効果がないというわけだ。

トーマス・アイルランドという男は、家の近くで猫が狂ったように泣き叫ぶものすごい音を何度か耳にしたことを証言した。彼は外に出ていって追い払ったが、猫は一斉にジェーン・ウェンハムの家のほうに逃げていった。その猫のうち一匹はジェーン・ウェンハムと顔がうり二つだったと断言。バービルという別の男も同じような証言をし、ジェーン・ウェンハムにそっくりな顔をした猫を何度も見掛けたと話した。あるとき、彼がアン・ソーンの部屋に行ってみると、猫が何匹か入ってきたが、先の猫がしゃべっていたそうだ。この証言は延々と続き、有利に働いたように思われたが、途中で判事に止められた。もう聞き飽きた、十分だというわけである。

被告は、抗弁ではただ一言、「自分は潔白です」と言うだけだった。続いて博学の判事が証言を総括し、被告を死刑にするには今出てきた証言で十分かどうかの判断を陪審員に一任した。長い討議の後、陪審員は有罪との評決を下した。すると判事は、猫の姿で悪魔と話をしているという訴状に基づいて有罪の評決を下したのかと尋ねた。分別顔の陪審長は、もったいぶってこう答えた。

「だから有罪判決を下したのです」

博学の判事は渋々死刑判決を下したものの、粘り強くその権力を行使して、最後には恩赦の判決を下すに至った。こうして哀れな老女は釈放されたのである。

一七一六年、ある女とその娘――娘はわずか九歳であった――が、悪魔に魂を売り渡し、そして長靴下を脱いだりせっけんの泡を立てたりして嵐を起こしたとして、ハンティンドンで絞首刑に処せられた。イングランドでは、これが裁判による最後の処刑になった。この年から一七三六年にかけては、ときどき魔女だという告発の声が民衆から上がり、怪しいと思った瞬間に沼に放り投げてから引きずり出すなどして、哀れな老女の命を危険にさらしたことが一度ならずあった。しかし哲学者たちは、その立場から、遅かれ早かれ貧者の物の考え方や道徳心にいい影響を及ぼすことになるのだが、黙々と害悪からの救済活動を続けていたのである。魔女狩りの異常な恐怖は下火になり、凝り固まった偏見の持ち主か恐ろしい迷信にこだわる人々だけが恐怖を感じるという、個人の問題になってきた。一七三六年にはジェームズ一世の刑罰法規がついに法令集から外され、国の知性の面目を汚すこともなくなった。自称魔女、占い師、魔法使い、その他類似の犯罪者は、悪漢や詐欺師と同じ刑罰――禁固刑とさらし刑――を科せられるだけで済むようになった。

スコットランドの集団妄想も同じような局面にあり、文明の光に照らされて徐々に消えていった。とはいえ、イングランドと同じく、改善のテンポは遅く、魔女狩りが完全に行われなくなるのは一六六五年になってからであった。一六四三年には議会が枢密院に対して、魔女裁判を裁く「物分かりのいい紳士と治安判事」で構成する常任異端審問委員会を設置するよう勧告を出しており、審問官はその後膨大な数に上っている。一六四九年にはメアリー女王が発布した最初の法令を追認する法案が可決、成立した。この法令によって、あいまいだった点が補足され、魔女本人だけでなく、魔女と契約を結んだ者、あるいはそうした手段を用いて他人の未来を詮索しようとした者、隣人の生命や土地、手足に危害を加えようとした者にも同じような厳罰が適用されることになった。それから一〇年間は集団の狂気も未曾有の盛り上がりを見せ、この間に四〇〇〇人を上回る人々が処刑された。これは議会の法令や治安判事のたぐいまれな厳罰によるものである。治安判事は、「一日に二人では少ない。明日は一〇人も火あぶりにしなければならないじゃないか」とよく不満を口にしていたが、仕事量が増える原因を作っているのが自分たちだとはみじんも思っていなかった。一六五九年にグラスゴー、エア、スターリングで開かれた一回の巡回裁判では、一七人もの哀れな人間がサタンと取引をしたとして火刑を宣告されている。ある日（一六六一年一一月七日）、枢密院は地方の裁判を扱う一四人もの異端審問官を発表した。その翌年には迫害の激しさがやや落ち着いてきた。一六六二年から一六六八年にかけては、前述の「物分かりのいい紳士と治安判事」は相変わらず魔女を裁き、刑罰を加えていたものの、高等法院で扱うこの種の犯罪者はわずかにひとりとなり、その女も無罪で釈放されている。魔女検査代理人のジェームズ・ウェルシュは、女性を魔女罪で不正に告発したとして、公開むち打ち刑に処したうえでエディンバラの路上を引きずり回すという判決を受けた。このことだけを取ってみても、この種の証拠については、上級裁判所も数年前に比べてはるかに慎重に、かつ厳密に調べるようになったことが分かる。進歩的なサー・ジョージ・マッケンジーは、ドライデンに「スコットランドの気高き才人」と言わしめた男だが、魔女の自白には耳を傾ける価値は一切なく、魔女検査代理人やそれ以外の関係者の証拠も疑念と嫉妬の念をもって受け止めなければならない、という原則を植えつけようと力を尽くした。これは昔からの慣習を覆し、罪のない多くの人々の命を救うものであった。相変わらず妖術を信じてはいたが、法の名の下に毎日のように繰り広げられる残虐行為には目をつぶっていられなかったのだ。一六七八年に出版されたスコットランドの刑法に関する著作の中で、サー・ジョージは次のよう述べている。

「この犯罪の恐ろしさから言えること、そして何にも増して求められるのは、だれの目にも明らかな関連性と説得力のある事実だということである。また、魔女本人もそうだが、有罪判決を下し、何千人もの人間を火あぶりにした残酷で過激な判事にも同じような刑罰を与えたいものである」

同じ年のことだが、サー・ジョン・クラークが異端審問官の職を辞退した。そのときの口実として、彼はこう主張している。

「彼自身はしかるべき実力が備わった立派な魔法使いではない」

サー・ジョージ・マッケンジーの考えは最高民事裁判所の裁判長らに好意的に受け入れられ、一六八〇年には、獄中で審理を待つ大勢の哀れな女たちについて報告する任務を言い渡された。サー・ジョージによると、彼女たちに不利な証拠などまったくなく、もっぱら彼女たちの自白だけであった。それも不条理で矛盾に満ち、厳しい拷問によって無理やり引き出されたものだったのである。彼女たちは即時釈放された。

それから一六年の間は、最高民事裁判所でも魔女裁判を裁くことはなく、記録にもひとりも残っていない。しかし一六九七年には、ジェームズ六世の陰うつな時代に突出していた不条理な訴訟と何ら変わらない訴訟が一件起きている。バーガランのジョン・ショウの娘で、一一歳になるクリスティアーナという少女が気を失って倒れてしまった。この性悪女のクリスティアーナは使用人の女を告訴した。この少女、いつも魔法を掛けたと言って使用人にけんかを売っていたのである。だが、残念ながら少女の訴えが認められてしまった。ところが、使用人が送り込んできた悪魔の迫害について全部しゃべってやろうと勢い余ったのか、最後には作り話をでっち上げ、ほかに二一人もがかかわっていたと言いだしたのである。このうそつきの作り話と拷問によって強要された自白以外にこの二一人の人々に不利な証拠は何もなかったのだが、これに基づいて五人もの女が、この裁判のために枢密院から特別に指名されたブランタイヤー卿をはじめとする異端審問官から有罪判決を言い渡され、ペイズリーにあるグルーン公園で火刑に処せられた。仲間の魔術師だったジョン・リードという男は、やはり有罪となったが、獄中で首を吊って自殺した。ペイズリーでは、彼が最後の最後になって冒瀆的な魔術の秘密を暴露してしまうと困るから、悪魔が絞め殺したのだというううわさで持ち切りだった。この裁判でスコットランド中が嫌悪感に包まれた。

この裁判から七年が経過したが、ピッテンウィーンの暴徒らによる残虐行為のおかげで、この問題が再び嫌でも人々の注目を浴びるようになってきた。放浪する物ごいに魔法を掛けたとして二人の女が告訴された。物ごいが卒倒したのである。それとも、同情を買おうとして卒倒したふりをしていたのか。二人は投獄され、自白するまで拷問に掛けられた。二人のうち、ジャネット・コーンフットという女のほうは脱走を試みたが、翌日には兵士たちによってピッテンウィーンに連れ戻された。町に逃げる途中、漁師とその妻たちから成る猛り狂った集団に出くわし、捕まってしまったのだ。彼らは女を水中に放り投げようとして無理やり海岸まで連れていくと、体にロープを巻きつけて、係留してあった漁船の帆にそのロープの端を結びつけた。そしてこの方法で女を何度も水に潜らせて、女が瀕死の状態になると、船員がロープを切り、そのまま引き揚げて海岸まで運んだ。すると、筋骨隆々とした悪漢が近所の小屋の扉をはがしてきて、意識がなくなった女をその上に寝かせた。さらに彼らは海岸から大きな石を集めてきて、女の上に積み上げて圧死させようとしていたのだが、治安判事はだれひとりこれを止めようとはしなかった。兵士たちも、大喜びのやじ馬をただ眺めているだけだった。こうしたいい加減な行為に対しては大きな非難の声が上がったが、司法調査などは一切行われなかった。これは一七〇四年のことである。

次は一七〇八年のエルスペス・ルールの裁判である。彼女はダムフリースの巡回裁判でアンストルーサー卿から魔女罪で有罪判決を受け、ほおに熱く燃えた鉄ごてで跡を付け、生涯スコットランド領内から追放する、という刑を言い渡された。

またしばらく間が開くが、一七一八年には、遠く離れたケースネス（スコットランド北東部の旧州）が魔女の叫声であらためてわれに返った。すでによそでは集団妄想の勢いも収束に向かっていたのだが、ここだけはその後何年もの間まったく衰えを見せていなかった。愚かな大工のウィリアム・モンゴメリーは、猫を激しく忌み嫌っていた。どうした訳か、ウィリアムの家の裏庭にばかり集まってギャーギャー鳴くからである。彼は長いこと頭を抱えていた。どうして自分ばかりが、とくに自分の隣人がこんなに悩まされなくちゃいけないんだ。だが、そんな彼もついに立派な結論にたどり着いた。自分たちを困らせているのは猫なんかじゃない、魔女なんだ。使用人の女もこの意見に同感だった。何匹もの猫が人間の声でしゃべっているのを何度も聞いたことがある。彼女はそう公言した。またトラ猫が裏庭に集まってきた。しかし不運なことに、勇ましい大工が待ち伏せしていた。そして大工は、おのや短刀、だんびらを振りかざして脅かしながら、猫に襲い掛かっていった。一匹は背中にけがを負わせた。もう一匹には尻に、もう一匹にはおので足に致命傷を負わせたが、一匹も捕まえることはできなかった。それから数日後、同じ教区に住む高齢の女性が二人亡くなった。ところが、遺体を安置したところ、ひとりの背中につい最近負ったけがの跡が残っているというではないか。もうひとりのお尻にも同じような傷跡があるという。大工と使用人は、二人があの猫に違いないと確信し、この話は教区全体に広まった。だれもが確かな証拠を求めて目を光らせていた。すると、たちまち驚くべき証拠が見つかった。七〇を過ぎた哀れな老女ナンシー・ギルバートが足を骨折して寝ていたのだ。その醜い容姿は魔女そのもので、まさに大工の手でけがを負わせた残りの一匹の猫に違いないと、だれもが口をそろえて言う。大工も、いぶかしがっている人が大勢いるという話を聞くと、猫のうち一匹にはだんびらの背で強打したのをはっきり覚えているし、足を骨折しているはずだと断言。ナンシーはベッドから引きずり出され、牢獄送りとなった。拷問に先立って、彼女は足を骨折したいきさつを、飾ることなく、かつ分かりやすく説明したが、納得できるような説明ではなかった。結局は拷問執行官の巧みな誘導で別の話をし始めて、自分は確かに魔女であり、その夜にモンゴメリーにけがを負わされたこと、先ごろ死んだ二人の老婦人も魔女であることを認めた。それだけでなく、ほかに何十人もの名前を挙げたのである。哀れな女は、家から移動するという苦痛を味わった揚げ句、拷問で痛めつけられて、翌日に獄死。ところが、彼女の自白で名指しされた者たちにとっては幸運だったが、当時国王付き法務官を勤めていたダンダス・オブ・アーニストンが、州裁判所長のロス・オブ・リトルディーンに、裁判を進めないよう警告する書簡を送っていたのである。

「事はそう簡単ではない。こんな下級裁判所ではとても手に負えない」

ダンダス自身も慎重に慎重を重ねて予備尋問を行ったが、どれもあきれ返るようなものばかりだという確信を強め、その後の審理をすべて中止したのだった。

このケースネス州裁判所長だが、その四年後には別の魔女裁判で活躍している。すべての案件は今後上級裁判所で審理する、という通告を受け取っていたのだが、隣人の畜牛や豚に魔法を掛けた罪で、ドーノッホでひとりの老女に死刑判決を言い渡したのだ。この女は精神を病んでおり、実際に自分を焼き尽くす「大きなかがり火」を見ながら、手をたたいて笑っていた。彼女には足も手も不自由な娘がいたが、彼女の罪状のひとつは、サバトに行くときにこの娘をポニーの代わりに使っていたこと、そして悪魔自身がその娘に蹄鉄を打ち、それがもとで足が不自由になったというものであった。

これがスコットランドで魔女として処刑された最後の人物である。一七三六年には刑罰法規が廃止され、イングランドと同様、自称妖術師や魔女に対する刑罰は、以降はすべてむち打ち刑、さらし刑、または禁固刑になった。

それでもイングランドやスコットランドでは、その後も長年にわたって迷信がくすぶり続け、一部の地域では、一九世紀になってもとても根絶したとは言えない状況である。法的な根絶以外の部分を見ていく前に、一七世紀初頭から一八世紀半ばまでの間にヨーロッパ大陸で起きた大惨事について見ていかなければなるまい。フランス、ドイツ、スイスは、最も疫病が蔓延した国である。この三カ国の一六世紀の犠牲者の数についてはすでに述べたが、一七世紀前半の犠牲者も恐ろしい数に上っていた。とくにドイツでは尋常ではなく、裁判所の公式記録には見当たらないものの、人間はここまで憤激に駆られたり、たぶらかされたりするのかと疑ってしまうほど甚大なのである。根気強い学者のホルストの言葉を借りるなら、「世界とは、魔女と悪魔が道化を演じる巨大な喧騒の舞台のようなもの」。サタンはだれに呼び出されても飛んできて、暴風を起こし、雷を落とし、大地の実りを枯らし、人の健康を損ねたり手足をまひさせたりすると考えられていた。神の威光や善行にとっては実に屈辱的なものだが、多くの敬虔な聖職者がこうした観念を共有していたのである。朝夕の祈りのときには真の神に感謝して、種まきと収穫の恵みを賜ったとして神を称賛しておきながら、弱い人間なら地獄の霊と契約を結び、人間のおきてを覆したり慈悲深い志を阻んだりすることもあるのかもしれないと固く信じていた。インノケンティウス八世以降の歴代のローマ教皇は、こんな地に落ちた持論を展開していたのである。こうした考え方は瞬く間に広まり、社会はまるで魔法を掛ける者と掛けられた者に大きく二分されたかのようになってしまった。

ドイツで魔女裁判を遂行するため、『魔女の槌』という悪魔学に関する著作で有名なヤーコブ・シュプレンガー、教養豊かな法学者ハインリヒ・インスティトール、そしてシュトラースブルク大司教がインノケンティウス八世から異端審問官に任命された。彼らの主な仕事場は、バンベルク、トレベス、ケルン、パーダーボルン、そしてビュルツブルクであり、彼らが絞首台に送った犠牲者は、この職に就いている間だけで、かなり控えめに計算しても三〇〇〇人以上に上る。ドイツ、フランス、スイスでは魔女の数が急増したため、絶えず新たな審問官が任命されていた。スペインとポルトガルでは、異端審問所だけがこの犯罪を審理していた。幸い、今はなき闇に包まれたこれらの裁判所の記録を当たるのは不可能だが、犠牲になった大勢の人々のことを考えただけでも恐ろしく、だれもが萎縮してしまうだろう。

他国の裁判がどのように行われていたかを確認するのはもっと簡単だ。ドイツのシュプレンガー、フランスのボダンとデルリオが、司法や宗教の名を乱用した残虐行為の膨大な記録を残しているからだ。一七世紀の権威として有名なボダンは次のように話している。

「魔女裁判はほかの犯罪を裁くときとは別の方法で裁いていた。通常の裁判に従う者が、神の法であれ人間の法であれ、法の精神をゆがめていたのである。妖術罪で告発されたら、その告発者の悪意が明確にならないかぎり、けっして無罪放免はあり得ない。このような隠れた犯罪を完全に証明するのが至難の業だからだ。通常の裁判の形式に従っていれば、魔女が一〇〇万人いても有罪になるのはひとりもいないはずだ!」

「サンクロード地区の偉大なる異端審問官」を自称する魔女検査代理人のアンリ・ボグエは、魔女裁判のあらゆる関係者の手引きとして七〇カ条から成る規定を作成したが、これはボダンの規範同様に残酷極まりないものであった。この中でボグエは、魔女罪の疑いがあれば、それだけで容疑者の即時逮捕と拷問の十分な根拠となると述べている。囚人が何かをつぶやきながら外を眺め、しかも涙も流さないとなれば、それもすべて犯罪の確たる証拠になるのである! どの魔女裁判でも、親に不利な子どもの証言は調査するべきであり、評判の悪い人物も、他人との通常の争いで発する悪罵は信じられなくても、だれかに魔法を掛けられたと断言するならば、それは信用されてしかるべきなのだ! しかし、この悪魔の教義が教会や世俗の当局者に広く受け入れられていたという話を聞いたら、おそらく不思議に思うはずだ。おびただしい数の犠牲者をなぜ絞首台に送らなければならなかったのか？　ケルンではなぜ長年にわたって毎年三〇〇人もの魔女を、バンベルク地区では毎年四〇〇人もの魔女を火あぶりにしなければならなかったのか？　ニュルンベルク、ジュネーブ、パリ、トゥールーズ、リヨン、その他の都市ではなぜ二〇〇人もの魔女を火あぶりにしたのか？

では、これらの裁判を、ヨーロッパ大陸各地で行われた順番にいくつか見ていこう。一五九五年、ドイツ南部のコンスタンツ近くの村に住むある老女が、祭りの日の娯楽大会に招かれなかったことに立腹して、何やらつぶやいていた。そのうちに野原を丘のほうまで歩いていったのが目撃されたが、そのまま姿が見えなくなってしまった。それから二時間後のこと、激しい雷雨が襲ってきて踊っている人々をずぶぬれにし、木々をなぎ倒していった。この女、以前から魔女だと疑われていたが、逮捕され収監された揚げ句、穴にぶどう酒を満たし、つえでかき混ぜて嵐を起こしたとして告訴されたのである。女は自白するまで拷問に掛けられ、翌日の夜に生体火刑に処せられた。

同じころ、トゥールーズでも二人の魔女が告訴された。夜中に十字架を引きずりながら道を歩き、ときどき立ち止まっては、十字架につばを吐きつけたり蹴ったりした揚げ句、悪魔を呼び出す呪文まで唱えていたというのである。翌日には激しい雨あられが降ってきて、穀物が大きな打撃を受けた。すると町の靴屋の娘が、夜に魔女がのろいの言葉を口にしていたのを思い出した。この娘の話が二人の逮捕につながった。自白を引き出す通常の方法が用いられた。魔女はいつでも好きなときに嵐を呼び起こせることを認め、同じような力を持っている数人の名前を挙げた。二人は絞首台に吊るされ、市場で火あぶりになった。二人が名前を挙げた七人も同じ運命をたどった。

ドイツの名だたる二人の妖術師、ホッポとシュタッドリンは、一五九九年に処刑されている。二人は二〇～三〇人の魔女を巻き込んで、女たちを流産させ、雷を起こし、娘たちをヒキガエルに変えたといわれている。このヒキガエルの件については、数人の少女がきっぱりと証言しているのである！　シュタッドリンは、ひとりの女の胎内で七人もの胎児を殺したことを認めている。

ボダンはフランスのニデールという魔女狩り人の努力を高く評価しており、彼が告発した人数は多過ぎて数え切れないと述べている。こうした魔女の中には、たった一言で人を死に追いやることができる者、妊娠から三年かけてようやく女に出産させる者、ある種の呪文と儀式によって敵の顔を逆さにしたり、顔をねじって後ろ向きに付けたりできる者がいた。こんな恐ろしい顔の持ち主を見たという証言は一度も得られなかったが、魔女にはそういう力があるというのである。絞首刑にするには、これだけで十分であった。

アムステルダムでは、精神に異常を来したある娘が「トゥリリウス・ウント・シュリリウス・イントゥリリウス！」という言葉を繰り返すだけで、蓄牛を不妊にしたり、豚や家禽に魔法を掛けたりすることができると自白した。この娘も絞首されてから火あぶりになった。同じくアムステルダムでは、コルネリス・ファン・プルメルントという女が、前述の娘の証言によって逮捕された。ある証人は前に進み出て、こう証言した。ある日、家の窓から外を眺めていると、コルネリスがたき火の前に座って悪魔に何やら話し掛けていた。証人によると、悪魔が自分に返事をしてきたので、悪魔に話し掛けていたのは間違いないそうだ。それから一二匹の黒猫が床の下から飛び出してきて、後ろ足で魔女の周りをぐるぐる回りながら踊ったとも証言。それは三〇分ほど続いたそうだ。やがてすごい音を立てながら姿を消したが、後には嫌なにおいが残っていた。この女も絞首されてから火あぶりになった。

バイエルン地方のバンベルクでは、一六一〇年から一六四〇年までは毎年一〇〇人程度が処刑されていた。魔女容疑を掛けられたある女は、子どもの美しさを褒めすぎるとして逮捕されたのだが、その子は間もなく病死してしまった。女は拷問台の上で、その人を褒めるだけで嫌いな人間に悪事を働く力を悪魔から授かったのだと供述した。女が珍しく力を込めて、「まあ、すてきな女性ね！」「何てかわいい子でしょう！」「まあ、何とたくましい男性だこと！」などと言ったら要注意。悪魔はその言葉を聞いて、すぐに相手を病気にしてしまうのだ。この哀れな女の運命についてはいうまでもないだろう。多くの女が、気に障る相手の体内に妙なものを入れたとして処刑された。妙なものとして使われたのは、一般に木片、くぎ、髪の毛、卵の殻、ガラス片、ぼろ切れや毛織物の切れ端、砂利、燃えている灰、ナイフなどである。これらの物質は、魔女が自白するか処刑されるまでは体内にとどまっており、自白か処刑によって、腸から、口から、鼻孔から、あるいは耳から放出されるものと信じられていた。近代の医師も同じような患者をよく診察することがあった。縫い針をのみ込んでしまった少女たちは、腕、足、その他の部位からその針を放出するのである。だが、当時の科学ではこの現象を説明することはできず、悪魔の仕業だと言うしかなかった。また、使用人の女が縫い針をのみ込むと、主人である老婦人が命の代償を支払う羽目になった。実のところ、それ以上ほかに苦しむ者が出なければ、町はそれだけで運がいいと考えていたようだ。異端審問官が仕事の手を休めることはめったになかった。ほとんどの場合、拷問に掛けて自白させると、さらに一〇人ぐらいの名前が挙がったからである。

後の時代にもまだいぶかしさが残っていた魔女裁判があるが、その全記録の中でも最も醜悪なのは、一六二七年から一六二九年にかけてビュルツブルクで行われた裁判であろう。ハウバーは『ビブリオテカ・アクタ・エ・スクリプタ・マジカ（Bibliotheca Acta et Scripta Magica）』の中にそのリストを記載しているが、あとがきで、これでもまだ全部網羅しているとは言い難く、ほかにも詳細が分からない火刑が無数にあったと述べている。この記録はビュルツブルク市内だけのものであり、市外の事例は含まれていないが、ここには二年間に二九回の火刑で命を落とした一五七人の名前が記載されている。一度に平均五～六人が処刑されていることになる。リストには、役者が三人、宿屋の主人が四人、ビュルツブルク市議会議員が三人、大聖堂司教代理が一四人、市長夫人、薬剤師の妻と娘、大聖堂の聖歌隊員が二人、町一番の美少女ゲーベル・バベリン、ストルツェンベルク市会議員の妻と二人の幼子、娘が含まれていた。貴賤を問わず、老いも若きも同じように刑を執行されていた。こうして記録されている七回目の火刑の犠牲者は、一二歳の浮浪者、そして市場で寝ていたところを摘発された得体の知れない男女四人となっている。一五七人のうち三二人は男女を含めた浮浪者だったと思われるが、自分たちのことをうまく説明することができなかったために、結局は魔女として起訴され、有罪判決を受けたのである。子どもたちの数の多さは、考えるだけでもぞっとする。一三回目と一四回目の火刑の犠牲者は四人だったが、わずか九歳の幼い少女、さらに幼少の妹、その母親、そして二四歳の若いおばである。一八回目の処刑の犠牲者は一二歳の少年二人と一五歳の少女ひとり。一九回目の犠牲者は、高貴なローテンハーン家の若き跡継ぎのわずか九歳の少年、そして一〇歳と一二歳の少年の三人であった。ほかにも巨漢のバウナッハ、そしてビュルツブルク一の裕福な商人シュタイナッハーの名前があった。この不幸な都市で、そして間違いなくヨーロッパ中で集団妄想の勢いを維持していたのは、自ら出頭して魔女であることを認めた大勢の心気症患者やさまざまな病を抱えた人々なのである。前述のリストに記載されている犠牲者のうち、自分の運命をのろったのはわずかに数人。先に言及した薬剤師の妻も娘も含め、多くが魔女を装って毒薬の販売に手を染めていたか、あるいは魔法や呪文で悪魔を呼び出そうとしていたのである。だが、この恐ろしい時代を通してみると、犯罪者も判事に負けず劣らず激しい妄想を抱いていたことが分かる。墜落した人間は盗人か人殺しというのが普通なのだろうが、墜落しているうえに妖術願望まであり、仲間たちに対する支配欲や、サタンに保護されてこの世で刑罰を免れたいという願望を抱く者までいたのだから。一回目の火刑の犠牲者の中には男娼がいたが、この男は悪魔払いの呪文を何度も繰り返すのを他人に聞かれている。この呪文には、山羊の姿をした究極の敵を呼び出す力があったそうだ。人間の愚かさを示す貴重な見本が、ホルストの『魔法双書（Zauberbibliothek）』にも残っている。それは次のようなものだが、さまざまな儀礼にのっとって、手を振りながら、ゆっくりと何度も繰り返さなければならなかった。

ラーレ、バチェラ、マゴッテ、バフィア、ダヤーム、バゴト・ヘネチェ・アミ・ナガズ、
アドマトール、
ラファエル・イマヌエル・クリストゥス、
テトラグランマトン
アグラ・ヨード・ロイ。王様！　王様！

最後の二語は素早く、悲鳴に近い声で発音するが、王様と呼ばれるのが好きなサタンにとっては、これが心地よく聞こえるのだろう。もしサタンがすぐ現れなければ、さらに悪魔払いを繰り返して行わなければならなかった。最も好評だったのは次の呪文だが、最後の二語を除いては、後ろから読まなければならない。

アニオン、ラーレ、サボロス、
サド、パテール、アジール
アノナイ・サド・バゴト・アゴラ、
ヨード、
バフラ！　出てこい！　出てこい！

途方もなく長居する癖のある悪魔もいる。そんな悪魔を追い払いたいときには、魔女は次の呪文をやはり後ろから繰り返すだけでいい。悪魔は普通、息の詰まるようなにおいを残して、すぐにいなくなる。

ゼリアネーレ・ヘオティ・ボヌス・バゴタ
プリソス・ソーテル・オゼック・
ウニクス・ベルゼブブ
ダックス！　出てこい！　出てこい！

この意味不明な言葉は、暇を持て余している愚かなドイ

ツ人少年の間にあっという間に知れ渡った。仲間同士で浮かれ騒ぎながら何度も口にしていたのは、多くが恵まれない少年たちだったが、その愚行の代償は大きく、命で支払うことになった。三人の少年が、一〇歳から一五歳までと年齢はさまざまだったが、純然たる妖術の罪で、ビュルツブルクで生体火刑に処せられた。当然のことながら、ビュルツブルクのほかの少年たちもますます魔法の力を信じるようになり、ある少年に至っては、毎日の夕食やお茶の時間に来てくれて、ポニーに乗せてくれるなら、喜んで悪魔に魂を売り渡していただろうと自供しているのである。この欲張りな子どもは、ばかだといわれて馬むちで打たれるのではなく、絞首台に吊るされてから火あぶりにされてしまった。

リントハイムという小さな町は、火刑に処した魔女の数ではビュルツブルクよりもさらに悪評高いところである。一六三三年には、その目で見詰めただけで相手を病気にしてしまうポンプ・アンナという有名な魔女が摘発され、ほかの三人の共犯者と一緒に火刑に処せられた。人口がせいぜい一〇〇〇人というこの小教区では、処刑される人が毎年平均五人に上っていた。一六六〇〜一六六四年に火刑台に消えた命は三〇。ドイツ全体でこのような恐ろしい割合で処刑が行われていたとしたら、家族がひとりも殺されていない家庭は皆無に近いだろう。

一六二七年、ドイツでは『魔女便り』という物語詩《バラード》が大流行した。一六二七年にシュマルカルドで発行された瓦版によると、それは「フランコニア、バンベルク、ビュルツブルクで起きた特筆すべき事件の内容と、強欲からか野心からかは知らないが、悪魔に魂を売り渡した哀れな者たちについて、そして最後に彼らがどういう報いを受けたかを詠んだもので、曲が付けられ、ドロテアの旋律に合わせて歌われた」。詩人は拷問に掛けられたときの魔女の苦悶を詳細に詠んでいるが、その苦痛で魔女の表情が恐ろしい形相に変わっていくさまや、悪質な罪人が生きたまま火あぶりにされるときの宙を引き裂くような金切り声について語るときは、その才気煥発ぶりを大いに発揮している。魔女に自白を強要するときの秘訣については、この荒削りな詩では見事なジョークとして語られている。魔女が悪魔と結託していることを頑として認めないと、審問官が絞首刑執行人に向かって、素肌の上にじかに角やしっぽ、その他もろもろのものを着けて身支度を整えてから、土牢の中に入っていくよう命じた。土牢の暗闇の中ではそんないかさまには気づかない。だから女は、迷信からくる恐怖心もあって、悪魔に手を貸してしまうのである。そうすると、本当に地獄の貴公子が目の前にいるものだと思ってしまう。そして「勇気を出せ、そうすれば敵の力から解放してやるから」などといわれると、この偽悪魔の前でひざまずき、身も心も悪魔に捧げることを誓ってしまうのである。これほど忌まわしい詩句が詠まれ、しかもそれが人々に親しまれるほど集団妄想が広まっていたのは、ヨーロッパの中でもおそらくドイツぐらいのものだろう。

絞首刑執行人の助手が
女の土牢に行かされた。
素肌の上にじかに
きちんと身なりを整えて。
これで男はすっかり悪魔。
女が男を見つけると、見慣れた男と勘違い。

女はすぐにもこう尋ねる。
なぜいつまでも
治安判事に委ねたままに？
その手から救ってください。
約束でしょう。わたしはあなただけのもの。
この苦しみから救ってください。
お願いです、敬愛するわたしのサタン！

このたぐいまれな詩人は、「死刑執行人にこう訴える魔女、自分を焼いた肉のことなど想像したこともない」とも付け加えている。また、括弧に入れる形で、「そんなに楽しいものではない！」とも述べている。空中に放り投げた羽で風向きが分かるように、この安っぽい物語詩《バラード》も、作られた当時の庶民感情を表している。

歴史書の読者なら、有名なダンクル元帥の妻の裁判についてはよくご存じだろう。妻のレオノーラ・ガリガイが一六一七年にパリで処刑されているが、魔女というのはレオノーラの告訴理由のひとつにすぎず、本当の罪状はマリー・ド・メディシスの心を支配し、その結果、国王の名に値しないルイ一三世にも間接的に影響を及ぼしたことである。レオノーラの御者は、彼女が深夜に雄鶏をある教会にいけにえとして捧げていたと証言している。また、イザベラという名の有名な魔女の家をこっそり訪問する姿を見掛けたという者もいる。どのような手段で女王の心をあれほど感化したのかと問われると、大胆にもレオノーラは、強い心を持つ者は必ず小心者を圧倒することができるが、それと同じであり、王妃にもそれ以上の影響力を振るってはいない、と答えたのである。レオノーラは確固不動のまま処刑台に消えた。

それから二年後のこと、フランス史上類を見ないほど惨たんたる場面が、ピエネー山脈のふもとのラブール地方で演じられた。ラブールや近隣地方にはびこる魔女の多さに憤怒したボルドー高等法院は、司法官のひとりで有名なピエール・ド・ランクルと裁判長のエスペニェールをこの問題を調査する代理人に任命し、違反者を罰する全権を与えた。二人は一六一九年五月にラブールに到着。ド・ランクルは本を執筆して、悪魔との戦いにおける自らの行動をすべて公表した。みだらな言葉や途方もない話ばかりが目立つが、事実関係は、審理や処刑の回数、不幸な犯罪者から拷問で無理やり引き出した妙な自白に関するかぎり、信頼できるものである。

ド・ランクルはこう述べている。これほど多数の魔女がラブールで見つかったのは、ラブールが不毛の山岳地帯だからである！　彼は魔女の多くが喫煙者であることを突き止めた。このことから、ド・ランクルは、たばこは「マリファナ（悪魔の草）」であるというジェームズ一世の見解と同じ見解を持っていたと推測できる。裁判が初めて開会したとき、審理に付された人の数は一日におよそ四〇人に上っていた。無罪放免になった人は少なく、平均して一〇〇人中五人。どの魔女もドムダニエルに行ったこと、つまりサバトに参加したことを認めた。この乱痴気騒ぎのとき、悪魔は大きな黄金の玉座に座っていたそうだ。山羊の姿のときもあれば、全身黒ずくめの服装に長靴に靴下、剣を携えた紳士の姿をしているときもあった。枯れ木の幹に似た不恰好な塊になっているときが最も多く、暗闇の中でもはっきり見えた。普通は細い棒やくま手、ほうきに乗ってドムダニエルに向かい、着いてからは、悪魔と一緒にありとあらゆる遊蕩に興じた。あるとき、彼らは無謀にもボルドー市の中心でサバトを開催しようとしたことがある。悪魔の頭《かしら》が座る玉座がガリエンヌ広場のど真ん中に置かれ、至るところから集まってきた大勢の魔女や妖術師が広場全体を埋め尽くした。遠方はるかスコットランドから来た者もいた。

二〇〇人もの哀れな人々が絞首台に吊るされて焼かれても、裁判に掛けられる犯罪者の数は一向に減らなかった。多くの容疑者は、拷問に掛けられながら、異端審問官がこのような厳罰を科しているのを知ったらサタンは何と言うか、と尋ねられた。サタンはそんなことは気にしないだろう、というのが多くの答えだったが、中には仲間の処刑という辛い経験をさせたとして、ずうずうしくもサタンを叱りつけるという者もいた。

「出ていけ、偽悪魔。だれも死なせないという約束だったじゃないか！　おい、約束を守れ！　みんな焼かれて灰の山になっているじゃないか！」

彼らはこう言って叱責したのだが、そういうときは悪魔も歯向かったりはせず、ドムダニエルの宴を中断する命令を下すと、燃えない幻想的な火をおこし、その中を歩くよう魔女たちをけしかけた。そして死刑執行人が燃やす火で焼かれてもこの程度の苦痛なのだと言って、魔女を納得させていた。だが、魔女はこう聞き返した。

「殺されていないのなら、仲間はどこにいるの？」

それに対し、「虚言の祖」は必ずこう答えるのだった。

「はるか遠い国で幸せに暮らしているさ。だが、何が起きているかは全部知っている。もし話がしたければ、名前を呼んでみるがいい。返事が聞こえるだろうよ」

そう言うと、サタンは死んだ魔女の声色を使って返事をした。全員が見事にだまされてしまった。あらゆる反発の声に答え終わると、再び乱飲乱舞の宴会が始まり、それは雄鶏が夜明けを告げるまで続くのだった。

ド・ランクルも、狼狂《ルーガルー》の罪で告訴された偏執狂者の審理には熱心に取り組んだ。逮捕された数人は拷問に掛けられることなく、自分は狼男《ルーガルー》であり、夜になると人込みに出ていって人間を食い殺したと供述した。ブザンソンのある若者に至っては、自分にどんな運命が待ち受けているのかを十分に承知したうえでエスペニェール裁判長に自首してくると、自分が「森の王」として知られる強い悪魔の手下であり、その悪魔の力を借りると狼の姿になれると自供したのである。「森の王」たちは皆同じ姿形をしていたが、巨大で獰猛、かつ強固な力を持っていた。彼らは真夜中になると一緒に牧草地をうろつき回り、羊の群れを守っている番犬を絞め殺してから、食べ切れないほどの羊を殺していた。若者によると、この散歩にはぞくぞくするような喜びを感じ、羊の生温かい肉を牙でずたずたに引きちぎっていると、あまりのうれしさに思わず雄たけびを上げたそうだ。このような身の毛もよだつ自白をしたのはこの若者だけではなく、多くの若者も自分が狼男《ルーガルー》であることを認めた。ほかにも拷問に掛けられて同じ自白を強要された者が大勢いた。こうした犯罪者に対しては、まず絞首刑にしてから火刑に処するのでは刑が軽すぎると考えられ、普通は生体火刑に処し、その遺灰を空中に散布するとの判決が言い渡された。威厳をたたえた博学の神学博士らは、ネブカドネザルの話が本当だとすれば、こうした変態もあり得ることを認めた。もしネブカドネザルが雄牛になったのなら、近代人が神の許しや悪魔の力で狼になれないはずがないというわけである。また、ほかに証拠が一切なければ、自白が十分な証拠になるとも主張した。デルリオは、狼狂《ルーガルー》で告訴されたある高貴な男は二〇回も拷問に掛けられたが、それでも自白しなかったと述べている。そこでアルコールが投与されると、その影響でようやく狼男《ルーガルー》であることを認めたようだ。デルリオがこれを引用したのは、異端審問官の衡平裁定の行き過ぎを示すためであった。審問官は容疑者が自白するまではけっして火あぶりにしなかったが、一回の拷問で事足りず、容疑者がまだ消耗していなければ、何度も何度も繰り返し、とうとう二〇回にもなってしまったと話しているのだ！　このような暴虐が宗教の名の下に行われているのなら、われわれは声を大にして言いたい。

いかに獅子が、いかに虎が、等しく残虐性を備えていようと、宗教心が不当な狂気をはらんでもいいというのか？

ルーダンの聖堂区司祭を勤めていたウルバン・グランディエは、町のウルスラ修道会の多くの修道女に魔法を掛けたとして告訴されたが、その裁判は先述のダンクル元帥の妻のケースと同じで、ほかの罪状ではそう簡単には起訴まで持っていけないので、敵がグランディエを破滅に追い込もうとして仕組んだものである。この有名な事件は何カ月もの間フランス中を震撼させたが、当時でさえこの裁判の真意は周知のものだったことから、ここではそれほど注目する必要はない。これは当時恐ろしいほど蔓延していた妖術の恐怖とは関係なく、敵の命を奪うことを誓った卑劣な陰謀者が起こした事件だったのである。一六三四年当時はこうした主張を論破するのは不可能であった。被告人も、ボダンが言うように、「訴追者の悪意を証明することができず」、被告人がいくら明瞭に、正直に、かつ率直に否認しても、のろわれたと思い込んでいる常軌を逸した女たちの証言を覆すには至らず、徒労に終わってしまった。主張が不条理で矛盾に満ちたものになればなるほど、悪魔が住んでいるという女たちの論理は固まっていった。グランディエは残酷極まりないやり方で生体火刑に処せられた。

一六三九年には、リールでも蔓延する魔女の恐怖がやり玉に挙げられた特異な事件が起きている。アントワネット・ブーリニョンという、敬虔だがとても良識があるとは言い難い女性が、リールに学校、つまり養護施設を設立した。ある日、教室に入ってみると、無数の小さな黒天使が子どもたちの頭の周りを飛び交っているのを見たような気がした。びっくりした彼女は、生徒たちにそのことを話し、使い魔がうろうろしているから悪魔に気をつけるよう注意を促した。愚かしい女は毎日のようにこの話を繰り返したため、話すことといったらサタンとその力のことばかりになってしまった。女生徒同士の会話でもその話、生徒と先生との会話でも同じだった。すると、ひとりの生徒が学校から逃げ出した。連れ戻されて理由を聞かれると、その子は、逃げ出したのではなく、悪魔に連れ去られたのだと答えた。その子は魔女。七歳のときから魔女であった。ほかの女生徒たちもこれを聞いて卒倒したが、意識が戻ると、自分たちも魔女だと言いだしたのである。そうこうしているうちに、女生徒たち全員、つまり五〇人もが互いの想像力に働き掛けて、全員が魔女であり――ドムダニエル、つまり悪魔集会に参加していること――、ほうきにまたがって空を飛べること、夜宴で乳児の肉を食べたこと、鍵穴を抜けられることを告白するに至ったのである。

この話を聞いて愕然としたのがリール市民。聖職者も慌てて調査に乗りだした。ところが立派なことに、多くの市民が自分の意見を明確にし、これはすべて詐欺だと公然と述べたのである――それほど多数派意見ではないが、子どもたちの自白には正当な根拠があり、見せしめに全員を魔女罪で火あぶりにする必要がある、と強く主張する者もいた。子どものことを心配した哀れな親たちは、調査に当っているカプチン修道会に、幼い命を救ってくれるよう泣きながら懇願し、子どもたちは魔法を掛けているのではなく、魔法に掛かっているのだと主張した。この意見も市内では大きな支持を集めた。アントワネット・ブーリニョンは、こうしたばかげた観念を子どもたちに植えつけたとして、魔女罪で告訴されて尋問を受けた。彼女は不利な状況に立たされた。二度目の尋問に出頭しなかったからだ。見事に変装したアントワネットは、そそくさとリールを脱出した。あと四時間長くとどまっていたら、魔女および異端だとの判決を下されて火刑に処せられていたはずだ。彼女がどこへ逃亡しようと、子どもたちの心を操作するのがいかに危険なことか、もう二度と学校経営は任せてもらえないだろうということを学んでくれていればいいのだが。

ブラウンシュワイク公爵とマインツ選帝侯は、容疑者に残酷極まりない拷問を行っていることに衝撃を受けた。また、容疑者が自白するのはその苦痛から逃れたいがために仕方なくしているのであり、それ自体矛盾していることだが、それが容疑者の処刑を正当化するに足る十分な証拠だと考えている正義感のある判事などひとりもいないという確信を強めた。ブラウンシュワイク公は、こうした訴訟が残忍非道であり、愚の骨頂であることを示したかったのだろう。魔女問題の強硬派として知られる二人の博学のイエズス会士を私邸に招いたようだ。ある女性が魔女罪で告訴されて市の地下牢に収監されていた。そこで公爵は、拷問執行官に事前に指令を出しておき、二人のイエズス会士と共にその女の自供を聴きに行ったのである。案の定、一連の巧みな誘導尋問によって、女は激しく苦悶しながら、ブロッケン山の悪魔の集会によく参加していたことを自供させられていた。さらに、二人のイエズス会士がそこにいたこと、二人は不愉快な態度を取るので魔女の間でも評判が悪かったこと、悪魔が山羊や狼、その他の動物の姿をしているのを見たことなどを自供。また、多くの有名な魔女が悪魔を生んでいること、五人、六人、七人の子を一度に産み落としていること、その子たちはヒキガエルのような顔、蜘蛛のような足をしていたとも話していた。イエズス会士は遠くにいるのかと聞かれると、すぐ隣の部屋にいる、と答えた。ブラウンシュワイク公は仰天しているイエズス会士を外に連れ出すと、この計略について説明した。大勢の人々が不当な拷問を受けているという確たる証拠を二人に突きつけたのだ。二人は自分たちの無知を思い知り、仮に仲間ではなく、敵にこんな自白を強要されていたら、自分たちの運命はどうなっていたかと考えて身震いした。イエズス会士のひとりはフリードリヒ・シュペーといい、一六三一年に出版された『刑事訴訟（Cautio Criminalis）』の著者でもある。これは魔女裁判の恐ろしい惨事を暴露したもので、ドイツで最も良い影響を与えた著作である。大司教でありマインツ選帝侯でもあったシェーンブルンは、領内での拷問を全面的に廃止した。ブラウンシュワイク公やほかの有力諸侯もこれに倣った。魔女の容疑者はたちまち激減し、魔女狩りの猛威も沈静化した。ブランデンブルク選帝侯は一六五四年、魔女容疑で告訴されたアンナ・フォン・エラーブロックの訴訟に関する勅令を発布して、拷問具の使用を禁止し、水の試練を与えて魔女かどうかを判定するやり方は不当かつ残酷な詐欺行為であると糾弾した。

いつ終わるともなく続いた長い闇夜にも、ようやく日の光が差してきたようだ。裁判所ではもう魔女に有罪判決を下すこともなくなり、年に何百人という単位で処刑することもなくなった。火刑の炎が最も勢いよく燃えていたビュルツブルクでさえ、火あぶりになった人数は、四〇年前の六〇人に対して、わずかにひとりとなった。一六六〇年から一六七〇年にかけて、ドイツ各地の選帝侯会議では、地方の裁判所で下された死刑判決を、無期懲役か、あるいはほおを火あぶりにする刑に必ず減刑していた。

人々は真の哲学によって徐々に目覚めていった。識者は低俗な迷信の呪縛から解き放たれ、政府も教会当局も、これまで長い間後押ししていた集団妄想の抑制に乗りだした。一六七〇年にはノルマンディー高等法院が、ほうきにまたがってドムダニエルの洞窟まで行ったという古い罪状で多くの女たちに死刑判決を下したが、ルイ一四世がそれを終身流刑に減刑した。高等法院は諫言し、国王に次のような請願書を送っている。この文書の全文を掲載するが、きっと読者の皆さんも喜んでくださるだろう。立法府がこの大過を続けようと最後のあがきを見せた場面であるという点では極めて重要な文書であり、その論拠も引用してある事例も奇妙極まりないものである。ルイ一四世はといえば、この諫言に左右されなかったことが不朽の名誉となった。

「ルーアン高等法院の国王への請願書　一六七〇年

国王陛下――ノルマンディー地方におきまして、わたくしどもは陛下より、違反者を、中でも宗教を崩壊させ、国民を破滅へと導きかねない魔女罪の違反者を審理に付し、刑罰を与える権限を委ねられております。その権限に激励されたわたくしども高等法院は、先ごろ開かれましたある魔女裁判につきまして、辞を低くして陛下に一言申し述べさせていただきたく存じます。ノルマンディー地方の法務長官宛ての書簡で、陛下は命令を下されました。魔女罪で死刑判決を受けた一部の者の刑の執行を猶予し、ほかの数件の手続きを中止し、そのまま放置すべし、後の結果は考えるべきではない、というものでございますが、その命令には従うわけにまいりません。また、国務卿閣下からも書簡を頂戴しておりまして、そこには陛下が魔女罪の刑罰を終身追放刑に減刑され、主席検事ならびにパリ高等法院切っての識者の見解に従う意向であられること、また魔女罪につきましては、ルーアン高等法院の法律専門家は、パリ高等法院の見解よりはむしろ異なる判決を下す別の高等法院の見解に従うべきであろうと書かれております。

歴代の国王の勅令により、高等法院は封印状（裁判なしで投獄・追放を命じる国王の封印を押した令状）に配慮することは禁じられておりました。にもかかわらず、わたくしどもは、国全体に共通することとして、陛下がこの問題の改善のために配慮をお示しくださったことを知り、また、わたくしどもも常に陛下の命令に忠実に従ってまいりましたことから、陛下の命令に従って手続きを中止しておりました。陛下、それは魔女罪の重要性および無罪放免にした後の影響を考慮され、寛大にもわたくしどもにもう一度裁判を続け、犯罪者に判決を下す許可を与えてくださるものと期待してのことなのです。国務卿閣下から書簡を頂戴しておりますため、魔女に対する死刑判決を地方からの終身追放刑に減刑するのみならず、所有財産を再建させ、名声や品位を回復させるという陛下の決意のほどは承知いたしておりますが、高等法院といたしましては、人間が犯すことのできる最悪の犯罪の場合には、この問題に関する地域住民の総意を知っていただくのが任務であると考えております。さらに、これは神の栄光、そしてかような人物の脅迫や脅威にさらされ、苦悩にあえぎ、彼らの攻撃によって生死にかかわる異常な病を患い、毎日のように彼らの影響を感じ、驚くような危害を加えられ、財産まで失った臣民の救済にかかわる問題なのでございます。

陛下は、魔女罪ほど神の力に反する犯罪はないということをよくご存じでございましょう。宗教の根幹を揺るがし、その後奇妙な憎悪を引き起こすのです。そのため、陛下、こうした犯罪の抑止を目的に、聖書でも違反者に対する死刑をうたっておりますし、キリスト教会も聖職者も違反者を糾弾しております。教会法でも最高の厳罰を定めています。フランスのキリスト教会も、歴代の国王のご慈悲により活発に活動させていただいておりますが、この犯罪には大きな嫌悪の念を表明しております。ゆえに終身禁固刑の判決を下すのではなく、最大の権限を行使し、かかる犯罪者を世俗の権限に委ねているのです。

かかる犯罪者は死刑に処するべきというのが全国民の総意でございましたし、先達も同様の考えを持っておりました。ローマ法の原則であります『一二表法』（紀元前にローマの法典編纂一〇人委員により作成され、一二枚の木版に彫られた法原則）も同じ刑罰を定めております。法学者も全員の意見が一致しておりますし、帝国の法制度、とりわけ福音書よって教化されたコンスタンティヌス帝とテオドシウス帝の法制度は、同じ刑罰を復活させただけでなく、魔女罪で有罪判決を受けた者から上訴権を剝奪することを明言しており、皇帝の慈悲を請う価値はないとまで宣言しているのです。またシャルル八世も同じ感情に駆られ、かように優れた厳しい政令を可決されました。これは事件の重要性に応じて魔女を罰するよう判事に命じたものであり、これに違反したら判事自身が罰金刑あるいは禁固刑に処せられる、またはその職を解かれるというものでございます。同時に、魔女を公然と非難するのを拒んだ者はすべて共犯者として罰せられること、逆に魔女に不利な証言を行った者は報われることをも定めております。

陛下、こうしたことから、高等法院では、法令を厳粛に執行するに当たりましては、政令により、違反者の罪に刑罰を合わせております。またノルマンディー高等法院は、今日に至るまで、ほかの法廷と慣習が異なっているとはけっして思っておりませんし、この問題を扱うあらゆる法令集にも、罪ある魔女は火あぶりに処する、車裂きの刑に処する、その他の刑罰を与えるべきという政令が無数に列挙されております。ここにいくつか例を挙げさせていただきます――トゥールのグレゴリウス著『フランク族の歴史(History of the Franks)』にありますとおり、ヒルペリヒの時代には（フランク王国メロビング朝時代）、パリ高等法院の政令は、すべてアンベールが『司法慣行（Judicial Practice）』で引用している昔の王国の法に従って通しておりました。一四五九年にモンストルレがアルトワの魔女に対して下した判決、同高等法院が一五七三年一〇月一三日付けでソミュール出身の領主マリーに対して下した判決、悩まされている病気を治そうとしてただ魔法を解くために悪魔の助けを借りようと考えたのだ、と抗弁で語ったボーモンの貴族に対する一五九六年一〇月二一日付けの判決、一六〇六年七月四日付けでフランソワ・デュ・ボーズに下した判決、一五八二年七月二〇日付けでクーロミエ出身のアベル・ド・ラ・リュに下した判決、一五九三年一〇月二日付けでルソーとその娘に下した判決、一六〇八年にその自白どおり妖術と山羊の姿でサバトに参加して悪魔を礼拝した罪でもうひとりのルソーとプレーに対して下した判決、オルレアン高等法院の宣告を不服として上訴したルクレルクに対する一六一五年二月四日付けの判決（ルクレルクはサバトに参加したとして有罪判決を下され、二人の共犯者と共に獄死しました。悪魔を礼拝し、洗礼を拒み、神への信仰を捨て、魔女の踊りを踊り、冒瀆的ないけにえを捧げていました）、同様の告訴に対しルジェという男に一六一六年五月六日に下した判決、共犯者の名前を明かすという条件でトロワ・ゼシェルに対して与えられたシャルル九世の恩赦（後にまた妖術を使ったとして取り消されました）、モルナックが一五九五年に引用しているパリ高等法院の判決、アンリ四世が異端審問委員会を設置した結果、ボルドー高等法院評定官のド・ランクル氏が一六一九年三月二〇日にエティエンヌ・オーディベールに下した判決、ネラク会議所が可決した数人の魔女に対する一六二〇年六月二六日付けの命令、グレゴワール・トロザヌスが引用しているとおり、魔女として告訴された四〇〇人に対して一五七七年のトゥールーズ高等法院が可決した判決（全員に悪魔マークが付いていました）など、すべてそうでございます。まだいくつでも思い出すことができましょう。とりわけプロバンス高等法院が一六一一年のゴーフレディー裁判の際に下した判決は、陛下もご記憶におありでしょう。ディジョン高等法院の判決、ジル・ド・レイ元帥の有罪判決の例に倣ったレンヌ高等法院の判決（一四四一年にブルターニュ公の目前で魔女のかどで火刑に処せられました）など、どの例を見ましても、魔女罪で告訴された者には、国内の高等法院が必ず死刑判決を言い渡しており、その一貫性を証明しております。

陛下、ノルマンディー高等法院では、以上のことを踏まえまして、この犯罪で先ごろ告訴された者に対して死刑判決を下しているのでございます。もし何らかの折に、これらの高等法院が、中でもノルマンディー高等法院が死刑よりも軽い刑罰を与えるようなことがありましたならば、それは極悪犯ではないという理由からであります。陛下、そして歴代の国王は、司法の運用を任されております各裁判所に、提出された証拠が裏づけるような刑罰を与える全面的な自由を与えてくださいました。

多くの裁判所、そして人間の法、神の法が定める刑罰にかんがみ、この種の人間の悪意がもたらす異常な結果につきまして、もう一度お考えを改めていただけますよう、辞を低くして陛下にお願い申し上げます。不明の病により死に至るのは、彼らの脅迫の結果であることが多いのです。臣民の財産の喪失、被告人の体にある悪魔マークが無感覚であるという証拠、ある場所から別の場所へ一瞬にして移動できること、いけにえや夜宴、古今の著述家の証言によって固められ、一部は共犯者、一部は真実を知りたいという以外に裁判には何の関係もない人々から成る多くの目撃者に確認され、さらには被告側自らの供述により追認されるその他の事実について、もう一度お考えいただきたいのです。また、多くの事件には一致点が多く、この犯罪で有罪となった大半の無知な者は、多くの有名な著述家も言及していますとおり、同じ状況を語り、ほとんど同じ言葉を使っておりますゆえ、これらの犯罪はすべて、高等法院のさまざまな記録から、陛下が満足されますように、容易に立証することができるのです。この点も再考していただきたく存じます。

陛下、これらはキリスト教の教義と深く結びついた真実でありますため、常軌を逸しているとはいえ、こうした犯罪に疑問を呈した者はひとりとしていないです。仮にこうした真実に抵抗し、「二つの魂」に関する論文のアンキラ議会の偽規範集や聖アウグスティヌスの文章を引用した者がいたとしても、それは何の根拠もないものであり、両者とも権威と呼ぶにはふさわしくないということがすぐにお分かりいただけるはずです。しかも、その意味ではこの偽規範集もキリスト教会の全評議会の見解と対立することになることに加え、バロニウス枢機卿およびあらゆる博学の注釈者も、古い書物を当たってもどこにも根拠は見つからないとしているのでございます。実際に、その根拠になっている版は他国語版であり、従来のあらゆる法制度に従って魔女に有罪判決を下す同評議会の二三の規範とは直接矛盾しております。また、この規範集が本当にアンキラ評議会から出されたものと仮定いたしましても、これは二世紀、つまり教会が古代多神教の排斥に神経をとがらせていた時代に出されたものだということを考慮しなければなりません。このような訳で、ディアナやヘロディウスと共に空中を飛んで広大な地域を移動できると語る女たちを有罪にし、偽の神の礼拝をやめさせるべく、すべての説教者に対しては、かような見解が偽りであることを説くことを禁じているのでございます。しかし、悪魔の力が人体に作用することには疑問の余地はございません。実際、それはイエス・キリスト自身の福音によって立証されております。それから、聖アウグスティヌスの偽の一節についてでございますが、これは聖アウグスティヌスの筆によるものでないことは周知の事実でございます。著者は、だれであろうと構わないのですが、アウグスティヌスより八〇年以上後に他界したボエティウスを引用しているのですから。これに加え、アウグスティヌスは、そのあらゆる著作の中で妖術が真実であることを明らかにし、とりわけ『神の都（City of God)』の中でそれを確認しているという、またとない証拠もございます。この著作の第一巻の二五題目で、妖術とは人間と悪魔との交信であるが、善良なキリスト教徒は恐怖感をもって見詰めるだろうと述べております。

陛下、以上の事柄をすべて考慮されたうえで、陛下ご自身のご判断で、わたくしどものつまらない諫言を寛大に受け止めてくださいますよう願っております。わたくしどもは、自らの良心の解放、その任務からの解放のために、妖術師および魔女に対する政令を、十分な議論を重ねたうえで出席している判事の側に伝えましたこと、また、こうした犯罪者の悪意にさらされていると申す臣民の幸福と繁栄のためには、国内の全法律家にとって厄介なことなど何ひとつ行っておりませんことをご報告しなければなりません。したがいまして、国王陛下におかれましては、わたくしどもが下した判決を有効にしてくださいますよう、また、同罪で起訴されているほかの犯罪者の審理も続行させていただけますようお願い申し上げます。そして、陛下のご慈悲により、陛下が統治されている間は、陛下もご配慮くださり、ご尽力くださっておられます神聖なる宗教の原則とは相反する原則を導入されませんよう、重ねてお願い申し上げる次第でございます」

すでに言及したが、ルイ一四世はこの訴えには目もくれなかった。フランスでは老婦人たちの命が救われ、ほかの犯罪に関与していない単なる妖術罪での起訴は一切行われなくなった。一六八〇年には、妖術師を除く自称妖術師、占い師、易者、毒殺者の刑罰に関する法令が可決、成立した。

こうしてドイツ、フランス、イングランド、スコットランドにもほぼ同じ時期に光明が差してきた。そしてその光は徐々に明るさを増し、一八世紀も中盤に入ると、妖術はとうとう打破された教義に数えられるようになり、妖術信仰も最も低級な俗信に成り下がっていった。ところがその後、二度ほど狂気が巻き起こったことがあり、沈静化するまではかつてと同じように猛威を振るった。ひとつ目は一六六九年にスウェーデンで、もうひとつはさらに後の一七四九年にドイツで起きたものだが、二例とも特筆に値する。最初の事件は記録に残る最も異常な例であり、どの国の記録を見ても、これほど残酷で不条理な例は見当たらない。

ダラカールリア州（現在のコッパルベルイ州）にあるモーラという小村が魔女にひどく悩まされている。そんな報告を受けたスウェーデン国王は、聖職者と信徒らを異端審問官に任命し、犯罪者に刑罰を科す全権を与えて、うわさの出どころを突き止めるよう命じた。一六六九年八月一二日、審問官がのろわれたという村に到着すると、何でもすぐに信じてしまう住民は大喜び。翌日には村人全員が、つまり三〇〇〇人が教会に集合した。説教者は、「悪魔にたぶらかされていると思い、悩んでいる人々の悲惨な例」だと明言し、神が人々からその災禍を一掃してくださるようにと、熱心な祈りを捧げた。

村人たちは全員、今度は修道院長の家に場所を移した。家の前の道路が人で埋め尽くされると、国王の委任状が読み上げられたが、それは妖術について何か知っている者に対し、名乗り出て真実を語るよう命じるものであった。人々に熱いものがこみ上げてきた。男も女も子どもも泣きだして、聞いて知っていることをすべて話すことを約束した。こんな状態のまま、その日は全員が帰宅した。その翌日、村人はまた呼び出されたが、そこで数人の宣誓供述調書が、人々の見ている前で取られたのである。その結果、一五人の子どもを含む七〇人の身柄が拘束された。隣接するエルフデールという地区でも大勢の人々が逮捕された。拷問に掛けられると、全員が罪を認めた。いつも十字路の近くにある砂利採掘場に出掛けては、肌着を頭の上に載せて「ぐるぐる、ぐるぐる、ぐるぐる」回りながら踊ったのだという。次は十字路まで行って、悪魔の名を三回呼んだ――一回目はすごく低い声で、二回目はやや声を上げて、三回目は思い切り大声で。こんな言葉で呼び出していた。

「ご先祖様、出てきてください。そしてわれらをブロックラに連れていってください！」

この祈りは必ず通じ、ご先祖様が彼らの前に現れた。グレーの外套に身を包み、赤と青の長靴下に、異様に長い靴下止めというでたちの小男の姿であった。それだけでなく、大きな冠を頂いた帽子をかぶり、その周りを多色の亜麻糸でぐるぐる巻きにし、腰まである長い赤ひげを生やしていた。

　ご先祖様の最初の質問は、身も心も捧げる気があるか、というものだった。捧げる気があると答えた者には、ブロックラへの旅の準備を命じた。まずは「祭壇の削りくずと教会の時計のやすりくずを少々」調達する必要があった。するとご先祖様から軟膏を少々塗った角が渡されるので、自分たちでその軟膏を塗る。こうした準備が済むと、ご先祖様が動物――馬、ろば、山羊、猿――を連れてくるのでそれに乗り、鞍を着けると、槌とくぎを渡される。そしていよいよご先祖様の命令の言葉と共に出発である。もうだれも彼らを止められない。彼らは教会の上を飛び、高い塀や岩や山を越えて、ブロックラがある緑の牧草地までやって来る。このときは、悪魔のためにできるだけ大勢の子どもを連れてくる。もし子どもたちを連れてこないと、「心の平和や穏やかさが失われるほどに、悪魔に懲らしめられたり、むちで打たれたりする」。

　多くの親たちがこの証拠の一部を確認し、夜ブロックラに連れていってもらい、あざになるまで悪魔に打たれたという話を何度も子どもたちから聞かされていると語った。あざは翌朝まで残っていたが、すぐに消えてしまった。ある少女が尋問を受けたが、その子は、魔女と一緒に空を飛んでいって一番高いところまでくると、その魔女がイエスの名を口にしたことを明言。すぐに地面に落ちてきたが、そばには大きな穴が開いていたらしい。

　「でも、悪魔があたしを持ち上げて、わき腹を治してくれたの。それからブロックラに連れていってくれたのよ」

　その子はこうも付け加えた（その子の母親もこの証言を認めている）。その日になってもまだ、「わき腹がものすごく痛いの」。これが決定的な証拠となり、判事にとっても説得力のあるものとなった。

　彼らが連れていかれたブロックラという場所は、「果てしなく広がる柔らかい牧草地」にある大きな家で、家には門から入るようになっていた。魔女たちが座る長いテーブルが置いてあり、ほかの部屋には「魔女たちが眠る、かわいらしくてふんわりしたベッドがあった」。

　さまざまな儀式が執り行われ、彼らは身も心もご先祖様に捧げなければならない。その後、宴の席に座らされ、ケールとベーコンで作ったスープ、オートミール、パンとバター、ミルクとチーズでもてなされる。悪魔はいつもいすに座っているが、彼らが食べている間にハープやバイオリンを弾いてくれることもある。夕食が終わると、彼らは輪になって踊った。裸で踊ることもあったし、服を着たまま踊ることもあったが、いつも悪口雑言を口にしていた。中にはここでご紹介するのもはばかれるような恐ろしい言葉やひわいな言葉を口にする女もいた。

悪魔が死んだふりをしたときは、彼らが悪魔の死を悲しがっているかどうかを確かめているのだそうだ。彼らはすぐに大声を上げて泣きだし、それぞれが悪魔のために涙を三滴ずつ流した。それを見た悪魔は大喜びし、彼らの見ている中で飛び起きると、最も激しく悲嘆の涙を流した者をその腕に抱き締めるのである。

子どもたちの証言、そしてすっかり成長した魔女たちの自白によって確認できた主な内容はこのようなものであった。法廷でもここまでばかげた証言は聞いたことがなかった。多くの被告人の証言が矛盾していたのはだれの目にも明らかだったが、審問官はそうした食い違いにほとんど注意を払わなかった。すると被告のひとりである地区の牧師が、尋問に答えながらこう述べた。ある晩、ひどい頭痛に悩まされたのだが、どう考えても魔法に掛けられたとしか思えない、それ以外には説明のしようがない……。実際にこの男は帽子の上で大勢の魔女が踊っているに違いないと思っていた。教会の本堂にいた敬虔な女性たちはこれを聞いて震え上がり、悪魔にはこんなに善良な人に危害を加える力があるのかと驚嘆の声を上げた。すると窮地に立たされたある哀れな魔女が、牧師の頭痛の原因をよく知っていると言いだしたのだ。善良な男の頭蓋骨に打ちつける大槌と五寸くぎが悪魔から送られてきたというのである。その魔女は何度かくぎを打ちつけてみたものの、頭蓋骨が硬過ぎて、何の痕跡も残せなかったらしい。だれもが驚きの声を上げながら天を仰いだ。敬虔な牧師も、自分の頭蓋骨が硬かったことを神に感謝したが、それからというもの、死ぬまで石頭の牧師としてその名が知られることになってしまった。冗談を言ったのかどうかはともかく、この魔女はかなり残酷な犯罪人だとみなされるようになった。この恐ろしいが愚かしくもある自白に基づいて、七〇人が死刑判決を受けた。うち二三人がモーラの村にたかれたひとつの火で、大勢の見物人が狂喜しながら見詰める中、一緒に火あぶりになった。翌日には一五人の子どもたちが同じ方法で殺害され、血に飢えたモロク（古代セム族の神で、人身供儀として子どものいけにえを要求した）にいけにえとして捧げられた。残りの三二人は隣町のファルーナで処刑された。これらに加え、さらに五六人の子どもたちが妖術の軽犯罪で有罪となり、むち打ち刑、禁固刑、一二カ月にわたって週に一回、公衆の面前でむち打たれる刑など、さまざまな刑罰が言い渡された。

この訴訟からかなりたってからのことだが、妖術が広く浸透していたことを裏づける記録的な証拠が出てきた。なぜ人間は自分たちの都合のいいように事実をゆがめてしまうのだろう！　男たちはある理論を確立したい、またはそれを裏づけたいと思っていた。一部の病気の子どもたちが発する妙な言葉は、それをあおる愚かな親や、さらにそれに輪を掛ける迷信深い隣人たちの力も働いて、国中を火の海にするだけの力を十分に持っていた。もし派遣先の村人たちと同様に無知という泥沼に深くはまり込んでいる審問官の代わりに、不屈の勇気と明晰な頭脳を持った少数の人間が代理人に選ばれていたら、どんなに違った結果が出ていたことだろう！　火あぶりになったかわいそうな子どもたちも、診療所に連れていかれるか、むちで打たれる程度で済んだだろうし、親たちの軽信性も笑い者になるだけで終わっていたはずだ。いずれにしても、七〇人の命は救われたはずだ。スウェーデンには一九世紀になっても妖術信仰が残っているが、幸いにもこの国の年報には、今ご紹介したような嘆かわしい常識外れの例はもう載っていない。

同じころ、ニューイングランドでも、悪魔がおかしなことをするという類似の話に入植者が不安に駆られたことがある。人々はあっという間に恐怖に襲われ、犯罪者だと思しき人物が連日のように逮捕されるようになった。あまりの数に、とうとう牢獄にも収容し切れなくなってきた。グッドウィンという名の石工の娘は、心気病で発作を起こすことがあり、アイルランド人のグラーバーという老女が自分に魔法を掛けているのではないかと考えていた。二人の兄弟も明らかに同じような体質で、同じようによく発作を起こし、悪魔とグローバーにいじめられているのだ、と話している。関節が硬くなって動けなくなることもあった。隣人たちによると、とても体が柔軟になり、骨も筋肉のように柔らかくなっている者もいた。魔女と思われる人物は捕らえられたが、主の祈りを一度も間違えずに繰り返すことができず、有罪を言い渡され、刑が執行された。

だが、人々の興奮は収まらなかった。犠牲者はひとりにとどまらず、だれかが魔女罪で摘発されるたびに、人々は唖然とした。突然、別の家の二人の娘が連日のように卒倒し、魔女の叫び声が居留地から居留地へと響き渡るようになった。悪魔のせいでヒステリー症になった者は、ヒステリー患者にはごく普通に見られる症状だが、のどが詰まるような感じがする、悪魔が気管に玉石を突っ込んで窒息させようとしていると言い、体中にとげが刺さるような痛みがあり、ひとりは縫い針を吐き出した。この二人の娘はカルバン派教会の牧師のパービス氏の娘とめいだったのだが、この訴訟は大きな注目を集め、居留地に住む病弱な女たちは皆、同じように悪魔に苦しめられていると考えるようになった。考えれば考えるほど、その確信は強まった。この心の病気は、まるでペストが感染していくかのような広がりを見せた。女たちは次々と卒倒したが、意識を取り戻すと、魔女の亡霊を見たと口々に話すのである。一家に三人か四人の娘がいるような場合には、それぞれがほかの娘の病的な想像力に働き掛けるものだから、全員が一日に五回も六回も卒倒するようになる。悪魔本人が手に羊皮紙を持って現れて、契約書に署名をして不滅の魂を手渡してくれれば、卒倒やほかの病気からはすぐに救ってやると約束した、などと言う者もいる。魔女だけを見たという者もいたが、やはり同じような約束をさせられ、悪魔と契約しなければ痛みからは絶対に解放しないと脅かされたそうだ。もし断れば、魔女が長い留め針や縫い針で刺したり突いたりするらしい。こうした迷惑千万な夢想家に名指しされた人は二〇〇人を超え、全員が牢獄送りとなった。全員が年齢も生活条件もまったく同じで、多くが模範的な性格の持ち主であった。少なくとも一九人が有罪判決を言い渡され、入植者たちに理性が戻ってこないうちに、処刑されてしまった。この痛ましい歴史の中でも最悪なのは、犠牲者の中にわずか五歳の幼い子どもがいたことである。女たちの中には、幼い子どもが悪魔と一緒にいるのを何度も目にしたし、悪魔と契約するのを拒んだと言って、その小さな歯でよくかみつかれたと言いだす者までいた。狂気の沙汰としかいえないこの地域では、同じ理由で、実際に犬まで裁判に掛けて処刑していたのだ！　そんな話を聞かされたら、もう不快感も憎悪も通り越してしまう。

コーリーという名のある男は、非常識な起訴に対して断固として抗弁するのを拒否したため、死刑の圧力が掛かってきた。こういう場合はそれが普通だったのである。処刑を監督していたニューイングランドの保安官は、この不運な男が激しく苦悶しながら舌を突き出すと、籐の木をくわえさせ、またそれを口の中に押し込んだらしい。人間の姿をした悪魔がいたとすれば、それはこの保安官だろう。

根強い魔女信仰に関する議論が百出する中で、一般に行われている告発で大切な友を失った者は、こんな疑問を呈するようになった。訴訟はすべて悪魔の手下がやっているのではないか？　証人が宿敵に偽証をさせられることはないのか？　そうでなければ証人そのものが魔女だということはないのか？　妻や子ども、姉妹を失う危険にさらされている者は全員、こういう考え方を強く抱くようになった。最初の熱狂と同じように、いったん嫌悪感が襲ってくると速かった。その瞬間、入植者は全員、自分たちの過ちを悟ったのである。判事は訴追の手続きに待ったを掛けた。罪を自白した者に対しても訴追をやめた。彼らは前言をすべて撤回するや直ちに自由の身になったが、激しい苦痛で何を言ったのか覚えていないという者が大半であった。審理に付され、有罪を言い渡されていた八人も釈放された。女たちもあまり卒倒しなくなり、悪魔の迫害の話もしなくなってきた。この罪で最初に処刑された罪人に有罪判決を下した判事は、自分の愚かさに深い後悔の念と屈辱を感じ、その日を記念して厳粛なるざんげと断食の日にすることを決めたが、まだ魔女信仰にはしがみついていた。この問題については、判事に新たな光が差してくることはなかったが、地域社会にとっては幸運だった。集団妄想が慈悲を見せ始めたのだから。移民全員が同じ感情を共有した。さまざまな訴訟の陪審員らも、教会でのざんげを公然と口にした。非難にさらされ苦しんできた者たちは、サタンの片棒を担いでいたのではなく、犠牲者なのだとみなされた。

再びヨーロッパ大陸に話を戻すと、一六八〇年を過ぎてからは、人々もこの問題については以前に比べると賢明になってきた。二〇年間は庶民にもこうした信仰が残っていたが、政府もおおむね処刑という形でこれを支えることはなくなり、ルイ一四世の勅令がこうした迷信に大きな打撃を与えてからは、けっして元の状態に戻ることはなかった。新教徒が暮らすスイスの州で最後に処刑が行われたのは、一六五二年、ジュネーブであった。ドイツの君主らも裁判を中止することこそできなかったが、ほかの罪には関与しておらず、純然たる魔女罪だけで起訴された自称魔女の訴訟では、必ず刑罰を禁固刑に減刑した。一七〇一年にはハレ大学の教授トマシウスが教授就任論文『魔女罪（De Crimine Magioe）』を発表したが、これは民衆という極悪人の過ちに再び大打撃を与えるものとなった。とはいえ、信仰はしっかりと根づいていたため、妖術罪がそう簡単になくなるはずはなかった。識者の主張も、村や小さな村落までは届かなかったものの、大きな成果を上げていることだけは確かだった。彼らはこの信仰を何の役にも立たない信仰だと切り捨てた。そして長年にわたって犠牲者を出すことですくすく育ち、たくましくなっていった魔女信仰の犠牲者を生み出すことを阻止したのである。

もう一度、集団妄想が生まれた。これはまるで野獣が致命傷を負ったかのように、最後の大爆発に残りの全精力を集中させていたが、逆に往時の絶大なる力をしのばせるものとなった。ドイツは誕生時からその恐ろしい過ちを育んできたが、今では死の床でかいがいしく世話をしている。ビュルツブルクでも同じ口実でおびただしい数の殺りくの場面が演じられたが、とうとうこれで最後の場面となった。評判の悪さは相変わらずで、最後の処刑も最初のときと同じようにおぞましいものであった。これは犠牲者の数は別にして、モーラやニューイングランドの事例と酷似している。事件が起きたのは一七四九年のことだが、ヨーロッパ諸国はそれを聞いて驚きと不快感をあらわにした。

　ビュルツブルクの修道院では、多くの若い女性が魔法に掛かったものと思い込んでいた。どのヒステリー患者とも同じで、のどに息苦しさを感じていたのである。何度も卒倒した。縫い針をのみ込んでしまったある修道女は、排泄すると膿瘍ができ、それが体のあちこちに広がっていた。魔女だという声が上がった。するとマリア・レナタ・ゼンガーという若い女が、悪魔と結託して五人の若い女性に魔法を掛けたとして逮捕された。訴訟では、マリアが豚の姿をして修道院の塀をよじ登っているのが何度も目撃されている、という証言が飛び出した――地下の貯蔵室に入り込んで、最上級のぶどう酒を飲んで酔いが回ってくると、いきなり本来の姿になって作業を開始するというのである。ほかの女性たちも、マリアがいつも猫のように屋根の上をうろつき回っているが、よく自分たちの部屋に侵入してきては、恐ろしいうなり声を上げながら脅かすのだ、と主張している。また野うさぎの姿になって、修道院付属の牧草地にいる牛の乳を一滴残らず搾り取っているところや、ロンドンのドルーリーレーン劇場の舞台で女優として演技しているると思ったら、その同じ日の夜には、ほうきにまたがってビュルツブルクに戻り、若い女たちの手足に痛みを与えているところも目撃されている。こうした証拠に基づいて、マリアは有罪判決を受け、ビュルツブルクの市場で生体火刑に処せられたのである。

　ぞっとするような殺りくと迷信の話も、そろそろ終わりに近づいてきた。この日以来、魔女信仰は人口の多い都市部を飛び立って、人を寄せつけない荒涼とした村や地区に逃げ込んだ。ここなら文明の歩みの邪魔にならずに眠っていてもらえる。粗野な漁師や無学の労働者は、説明のつかない自然現象を依然として魔女のせいにする。カタレプシー（強硬症）、この驚くべき病気についても、無知なおしゃべり好きは今でもサタンの仕業だと思っているし、病気に関する科学的知識を持たない心気症の患者も、自分たちが見た幻覚は現実だと本気で信じている。一九世紀になってもまだイングランドの中心部に魔術に関する誤った観念が深く根づいているとは、読者の皆さんにとっても信じ難いことだろう。高齢の女性の多くが、隣人たちから心ない侮辱を受けて惨めな生活を送っている。老いぼれているから醜い、いじわるだ、きっと精神が錯乱しているのだろう、自分の姿を見れば昔の魔女の言い伝えに残っている姿にそっくりなのが分かるだろうなどといわれ、後ろ指をさされたり、やじられたりするのである。大都市の近郊でも、かつて広く蔓延した害悪の名残がまだ残っている。もし犠牲者が出ていなければ、法の啓蒙によって一七世紀に見られた恐ろしい場面の再現が完全に阻止されていることにもなろうが、おそらく何百、何千という証人が現れて、悪名高きマシュー・ホプキンスが主張した不条理と何ら変わらない不条理な証言をしているのだろう。

一七六〇年の『年鑑（Annual Register）』には妖術絡みの信仰の事例がひとつ載っているが、これは迷信がいかに長く残っているかを示したものである。レスターシャー州のグレンという小村。二人の老婆の間で争いが起きた。二人とも互いのことを魔女だと言って罵詈雑言を浴びせていた。けんかはとうとう収拾がつかなくなり、決闘で決着を付けようということになった。そして水泳審判で裁いてもらうことで二人は納得した。二人は服を脱いでスリップ姿になった――数人の男性を連れてきて、手の親指と足の親指を十字型に縛りつけ、荷車に使うロープで胴体を縛りつけてから、水たまりに放り投げてもらった。ひとりはすぐに沈んでいったが、もうひとりは短時間だが水面でもがいていた。それを見ていた人々は確かな罪の証しだと考えてその女を引っ張り上げると、女に向かって、すぐに共犯の魔女たちを全員告発すべきだと言いだした。するとその女は、バートンという隣村に「自分と同じように魔術を使う」老女が数人いると供述。彼女にとっては幸運だったが、人々はこの不利な情報でも十分だと考えて、そのときすい星のごとく現れた占星術師、つまり「白魔術」の研究家の指示に従って、罪人を捜しにバートンに押し掛けたのである。バートンに着いてからしばらく話し合った後、彼らは最も強い疑念を抱いていた老女の家へと向かった。みすぼらしい老女は、彼らの襲撃に固く扉を閉ざしてしまい、二階の窓から何の用だと尋ねた。彼らは、妖術罪で告発されているので水中に沈めに来たのだと告げると、もし無罪なら世界中の人間に分かるように神判に従わなければならないとも警告した。老女は下に下りていくのをきっぱりと拒んだ。すると彼らは扉を壊して中に押し入って、老女を無理やり外に引っ張り出すと、水がたっぷりたまっている深い落とし穴のところまで連れていった。そして手の親指と足の親指とを縛りつけ、落とし穴に放り投げて数分間押さえ込んでから、また引き揚げて、胴体をロープでぐるぐると三重に縛り上げたのだ。老女が魔女だろうと魔女でなかろうと納得するわけにはいかなかったが、しまいには彼女をひとり残して帰ってきてしまった。つまり、正確に言えば、回復したら自力で帰宅できるよう、土手の上に置いてきたのである。翌日、彼らは別の女性にも同じことをし、その後三人目の女性にも同じことをしたが、幸いにもこの蛮行で命を落とした女性はひとりもいなかった。この暴挙の首謀者の多くはその週のうちに逮捕され、四季裁判所の判事の下で裁かれた。そのうち二人がさらし刑と禁固一カ月の刑を宣告され、二〇人以上が暴行の罪で少額の罰金を科せられ、一二カ月間の執行猶予が言い渡された。

ヒューゴ・アーノットは『スコットランドの刑事訴訟(Criminal Trials in Scotland)』の抜粋の中でこう述べている。

「一七八五年になって、スコットランド分離教会でもようやく説教壇から国と個人の罪の告白を毎年読み上げるようになったが、とりわけ国の罪の告白では、『明確な神の法に抵触する魔女に対する刑罰法規の廃止』に触れていた。

イングランドでは、今でも蹄鉄（大きな魔よけ）を敷居に取りつけている家が数多くある。もし博学な哲学者がそれを取り外そうものなら、妨害したということで何カ所も骨折する場合がある。クロスストリートを歩いてハットンガーデンに行き、そこからブリーディングハートヤードに入ると、今でも語り継がれている話を聞くことができる。それは近くにある一軒の家の話だが、一九世紀だというのにそんなことがあり得るのかとびっくりするだろう。エリザベス女王の統治時代、クリストファー卿はその優雅な踊りで名をはせたが、その妻のハットン夫人の魔術は、福音書のごとく広く信じられていた。悪魔との契約期間が切れた後に、悪魔が夫人を襲ってトフェト（エルサレム近くのヒノムの谷にある祭壇。昔、子どもたちがいけにえとして捧げられた）まで運んでいったという部屋があり、悪魔が夫人を激しく打ちつけたといわれるポンプも残っている。また、悪魔が鉄のかぎづめで夫人の胸からむしり取ったといわれる心臓が見つかった場所は、ブリーディングハートヤード（血を流す心臓の庭）という名を授かっており、この話を裏づけている。悪魔を寄せつけないようにと、悪いものに取りつかれた家の扉に蹄鉄が打ちつけられているかどうかは定かではない。元住人は次のように話している。

「二〇年ぐらい前のことだが、おばあさんが何人かやって来て、何度も中に入れてくれって言うんだ。きちんとしているかどうかを確かめたいんだとさ。ひとりは見るからに頭がおかしかった。ぼろぼろの服を着ていたが、扉のところまで来ると、ばかでかい音を立てて、ドンドンたたくんだよ。まるでお仕着せの服を着せられた従僕みたいにうるさかったが、そのまま廊下をまっすぐ歩いていって、蹄鉄のところまで行ったんだ」

元住人は驚いた。老女が蹄鉄につばを吐き掛けて、ここにある間は何も悪いことはできないわね、などと言いながら残念がっている様子を見たときには、とにかく仰天した。

「それから蹄鉄につばを吐いて、何度も何度も蹴飛ばしてから、よそよそしく後ろを向くと、だれとも言葉を交わさずに立ち去ったんだ。もしかしたら冗談のつもりだったのかもしれないが、あのおばあさん、きっと自分のことを魔女だと思っていたのかもしれないな。彼女が住んでいたサフロンヒルじゃあ、無知な隣人たちが彼女を魔女扱いしていたんだが、恐怖心や反感をもって見ることはなかったよ」

つい最近も、といっても一八三〇年の話だが、ヘースティングズ近郊で民衆の魔女信仰に端を発する事件が数件起きている。ヘースティングズのロープウォークに住んでいた老婆は、嫌悪感を催すほど醜かったため、この老婆を知る無知な隣人たちに、魔女だ、魔女だといつものののしられていた。すっかり腰も曲がり、高齢ではあったが、目には異常な輝きがあり、悪意をたたえていた。赤いマントに身を包み、松葉づえをつく姿は、どう見ても魔女の「理想的な典型」。その威力たるや絶大であり、老婆が迷信をあおっていたのは確かである。悪い印象を払拭するためには労を惜しまなかったが、自分のように老いぼれて惨めな女が、幸福で元気な他人に恐れられているのを喜んでいるようでもあった。気の弱い少女たちは、老婆に出会うと怖くてしゃがみ込んでしまい、彼女を避けようとして遠回りして歩く者も大勢いた。かつての魔女と同じように、この老婆も気に障った相手にはのろいを掛けた。すぐ近所に住む子どもに至っては歩行困難に悩まされ、母親は四六時中、この老婆が子どもに魔法を掛けたのだと言い張っていた。隣人たちも全員、この話を疑わなかった。また、老婆は猫に化けるともいわれていた。たくさんの罪のない猫が、男たちの集団に捕らえられて殺された。自分たちの目の前で本来の老婆の姿に戻るかもしれないというわけである。

また、この同じ町に住むある漁師も、しつこい迫害の対象になっていた。魂を悪魔に売り渡したといううわさが流れていたからだ。今ではこの男、はって穴を通り抜けることもできるし、仲間たちの前で優越感に浸れるようにと、娘を魔女に仕立て上げたともいわれている。留め針や縫い針の先に座っても、何の痛みも感じないらしい。仲間の漁師たちは、機会あるごとにこの男にその試練を与えてみた。男が足しげく通う居酒屋でも、座ると必ず針が刺さるように、いすの上のクッションに長い針を置いておいた。こうした実験の結果、彼らは男の超能力を確信するようになってきた。針が刺さって縮み上がったこともなかったようだ。これは一九世紀になってからの話だが、ヘースティングズというおしゃれな町にもこんな庶民感情が広がっていたのである。現在もこれはほとんど変わらないのだろう。

イングランド北部には迷信が想像を絶するほどに残っている。ランカシャー州には呪術医が大勢おり、一部のやぶ医者は、悪魔からもらった病気を治すことができるとうそぶいている。こういう医師たちがどのような医療を施しているかは、次のような訴訟から判断できる。これは一八三八年六月二三日付けの『ハートフォード・リフォーマー』に掲載されたものである。その呪術医は「祈禱師」として知られており、リンカーンからノッティンガムに至るまでと、活動範囲も広い。『ハートフォード・リフォーマー』の記者によると、「かも」は、匿名になっていたが、二年ほど前から辛い膿瘍に悩まされており、複数の医師から薬を処方してもらっていたのに、まったく効果はなかった。するとと、村に住んでいる友人だけでなく隣村の友人までが、何か悪いものにつかれたに違いないから呪術医に相談してみたらどうだ、と助言したのである。そこでその「かも」は、リンカーンのニューセントスウィジンに住む祈禱師の元に妻を行かせた。すると、ろくな知識もないこの詐欺師、夫の疾患は悪魔の仕業だと告げたのである。隣に住んでいる悪魔が、人を病気にするためにある種の魔法をよく使っているのだという。詐欺師の話を聞いてみると、ファイアン博士とゲリー・ダンカンがジェームズ六世にのろいを掛けたときのやり方とまったく同じだというのが分かる。詐欺師によると、先の悪魔に入れ知恵された隣人たちが火の前でろうを溶かし、その夫人の夫の人型をできるだけ似せて作ると、その人型の至るところに針を刺して、主の祈りを最後から逆に何度も繰り返し、自分たちが針を刺したときと同じやり方で、その人型が表す人物に針を刺してくれるよう悪魔に祈りを捧げたのだそうだ。この悪の作用を弱めるため、呪術医はある薬を処方して、護符を渡した。それを体の中でもとくに調子が悪いところに直接着けていれば、魔力が弱まるらしい。患者は詩篇歌の一〇九番と一一九番を毎日何度も朗誦しなければならなかった。さもないと効果がないのだそうだ。請求された料金は一ギニーであった。

どんな治療でも治療法を信じれば効果はてきめん。実際、患者はこの治療法を三週間続けたところ、かなり楽になってきたのである。やぶ医者が渡した護符が後に公開されたのだが、秘教的な文字と惑星の記号がびっしり書かれた羊皮紙であることが分かった。

やぶ医者の隣人たちは大きな不安に駆られた。病から回復した患者に頼まれて、呪術医が何らかの方法で自分たちを魔術師だとして罰するのではないか、と思ったのだ。この災難から逃れようと、彼らはノッティンガムに住む別の祈禱師を雇った。するとこの祈禱師も同じような護符の話をした。それを身に着けていればどんな敵の悪意からも守ってもらえるらしい。記者は次のような文で締めくくっている。

「このやぶ医者は、相談を受けてからほどなく、『あなたはサタンにのろわれたのではなく、想像しますに、神にのろわれたのです。同じような症状はおそらく一生続くでしょう』としたためた書簡を患者に送った」

一八三〇年ごろのことだが、ケンブリッジウェルズ（イングランド・ケント州南西部の都市）近郊にも同じような取引をしていた詐欺師がいる。取引は数年にも及び、その助言に対して莫大な謝礼を受け取っていた。この男、第七の予言の能力があり、その結果病気なら何でも治せる不思議な力を授かったとうそぶいており、中でも魔術の力を授かったのだそうだ。貧者だけではなく、馬車に乗って移動するような貴婦人も、この男に祈禱を依頼してきた。一〇〇キロも離れたところから依頼されることもしばしばで、そういうときは謝礼も弾んでくれただけでなく、往復の旅費も全額払ってもらえた。よわい八〇のこの男は老大家と呼ぶにふさわしい風貌だったが、それがぺてんの助けになることはなかった。男の名はオーケイ、またはオークレイ。

フランスでは、一九世紀になってもイングランド以上に迷信が深く染みついている。ジュール・ガリネ氏はフランスにおける魔術や妖術に関する歴史書の中で、一八〇五～一八一八年に起きた事例を二〇以上引用している。一八一八年にはこうした屈辱的な信念に端を発する裁判を三つの裁判所が扱っていたが、ここではそのうちひとつを引用するにとどめたい。石工のジュリアン・デブールド（五三歳）は、ボルドー近郊のティルーズ村に住んでいたが、一八一八年一月に突然病に倒れてしまった。病気の原因にもまったく思い当たる節がないジュリアンは、とうとう魔法に掛けられたのではないかと考えるようになった。そこでその疑念を娘婿のブリディエに話した。そして二人でブードゥアンという名の、いわば大ばか者のところに相談しに行ったのである。魔術師または白魔術師として通っている男である。男は、デボールドは確かに魔法に掛かっていると告げ、ルナールという老人の家に一緒に行ってみよう、ルナールが犯人に違いないと話を持ち掛けた。一月二三日の夜、三人は人目を忍んでルナールの家に向かった。そして悪魔の力添えで他人を病気にしたとして、ルナールを告発。デブールドはひざまずくと、元の健康な体に戻してくださいと必死に懇願し、悪事を働いたことに対しては何の措置も取らないからと約束した。老人は、自分は魔術師だと強い口調で言ったが、デブールドがのろいを解いてくれと迫ると、のろいなど知るものかの一点張りで、のろいを解くのを拒んだ。すると大ばか者のブードゥアン、つまり白魔術師が仲裁に入ってきて、この老人が罪を認めるまでは病気は絶対に治らないと二人に告げたのである。老人に罪を認めさせるため、三人はこのために持参してきた硫黄を染み込ませた捧に火をつけて、老人の鼻の下に持っていった。しばらくすると、老人はその場に倒れ、息を詰まらせて死んだようになった。三人は動揺した。殺してしまったのではないかと思ったのだ。そこで老人を外に運び出して近所の沼に放り投げ、老人が誤って沼に落ちたように見せ掛けた。ところが、沼は浅く、水温も低かったため、老人は息を吹き返すと、目を開けて上半身を起こしたのである。土手の上で待っていたデブールドとブリディエは、さっきよりもさらに激しく動揺し、老人が回復して自分たちのことを通報しないといいのだが、と考えた。そこで二人は沼の中に入っていき、老人の髪の毛をつかむと、激しく打ちつけて溺死するまで水中に沈めたまま押さえていた。

それから数日後、三人とも殺人罪で逮捕された。デブールドとブリディエは悪質な過失致死罪だけで有罪となり、背中を火あぶりにし、終身ガレー船漕役刑に処するとの判決が下された。白魔術師のブードゥアンは、精神障害者だとして無罪放免になった。

さらにガリネ氏は、執筆時（一八一八年）にはフランスにも悪魔を追放し、魔女を摘発する仕事に携わる連中が大勢いたと述べている。また田舎司祭の多くは、愚か者がのろいを掛けられたと思い込むたびに、悪魔払いという手段に訴えて教区民の迷信をあおっていたとも語っている。ガリネ氏は、こうした害悪の改善策として、一般人であれ聖職者であれ、悪魔払いをする祈禱師を全員ガレー船にでも送り込み、魔女の数が目立って少なくなれば安心できると話している。

こうした妄信の例は、ヨーロッパのすべての国で枚挙にいとまがないはずだ。時代が刈り取れなかったいくつもの過ちが深く根を下ろしているからである。学者や哲学者の不屈の努力で一度国に暗い影を落とした有毒な木を切り倒してしまえば、かつて害悪がはびこっていた場所にも太陽がさんさんと降り注ぐだろう。しかし、地中にはまだ根が絡まった状態で伸びており、それは掘り起こしてみないと分からない。ジェームズ一世の再来のような国王が現れて、その木をまた育ててしまうかもしれないし、インノケンティウス八世のような有害なローマ教皇が現れて、腐りかけた根に肥料を与えて青々とさせてしまうかもしれない。しかし、集団妄想は去り、激しい狂気も穏やかな愚行に地位を明け渡している。迷信を信じる者にしても、かつては数百万、その犠牲者の数も数万を数えていたが、今ではほんの一握りにすぎなくなったと考えれば、気持ちも慰められるというものだ。

第五部

飽くなき探求

第15章 錬金術師――賢者の石と生命の水を求めて

The Alchymists or Searchers for the Philosopher's Stone and the Water of Life

水銀《メルクリウス》（語る）「厄介なこった！　やつらは秘密を探ろうとしているんだ。石炭を使われたり、ウスケボー（ウイスキーのこと）をくみ上げられたりするだけならまだ許せるがな。ゲーベルとかアルノー、ルルといったもっともらしい名前を使って、そうでなけりゃホーエンハイムの大言壮語にそそのかされて、どんなに奇跡を起こしているとと言い張ろうが、どんなに自然に対する裏切りを主張しようが、絶対に教えてやるもんか。まるで栄光の産物である哲学者という肩書きは炉から取り出すものだと言わんばかりだ！　わたしはその原料であり、昇華物であり、沈殿物であり、油薬なのだ。その雄であり、雌であり、ときには両性具有者でもある――要するに、何でもやつらの命じるものになるわけだ！　やつらは威厳ある婦人を焼成し、まるで使用人の母親みたいにしてしまうし、その灰の中から不死鳥のように快活な若い乙女を飛び立たせたり、年老いた廷臣を炭の上に置いて、まるで腸詰めか薫製ニシンみたいにしっかり焼き上げてから、ふいごで魂を吹き込んだりもする！　おい！　やつらがまた集まってきた。わたしに襲い掛かろうとしている！　神様、どうかご加護を！」

――ベン・ジョンソン『仮面劇――錬金術師から身を守るメルクリウス』

いつの時代でも、またどんな地域でも、自分の運命に不満を抱くというのが人間の特質のようである。ただ、不満を抱くこと自体はけっして悪いことではなく、人間が高度な文明を持ったということ、何よりも、人間が獣よりも高等な生き物になったということがまず考えられる。ところが、あらゆる進化の源であるその不満が、少なからぬ愚行や不合理の原因にもなっているのである。この愚行や不合理を探ってみようというのが本章の狙いである。かなり膨大な内容だが、読者の皆さんを飽きさせない程度に大局的に取り上げ、有益かつ楽しく読めるものにしたつもりである。

人間の不満をかき立てる要因は主に三つある。しかも、人間は不可能なことを可能にしようとして、狂気や過ちという迷路に自分から入り込み、途方に暮れている。その三つの要因とは、死、労苦、そして未来に対する無知――すなわち、この地球上で人間はどうなっていくのか、それを考えたときに自らの運命を嫌悪して生への執着を見せること、豊かさへの渇望、そして来るべき日々の秘密を見てみたいと思う強い好奇心――である。まず、ひとつ目の死については、多くの人々が何とか死を避ける方法を見いだせないものか、だが、もしそれが無理なら、数十年ではなく数百年単位で寿命を延ばせないものかと考えた。ここから「生命の水（elixir vitoe）」、つまり不老長寿の霊薬を探求する旅が始まるのである。それはかなりの長旅で、今でも続いているが、多くの人々がその生命の水を持っていると主張し、さらに多くの人々がそれを信じるという現象が起きている。二つ目の労苦からは、賢者の石を探求する旅が始まった。賢者の石を使ってあらゆる金属を金に変えることで豊かになれると考えたのである。三つ目の未来に対する無知からは、占星術や易断、そこから派生した降霊術や手相術、占い、そしてそれらに付随する予兆や前触れ、前兆といった科学もどきが誕生した。

人々の軽信性をあおり、それを食い物にしていたふていの哲学者や悪徳詐欺師の生涯をたどるうえで、彼らを三つのカテゴリに分けてみると、このテーマもすっきりと分かりやすいものになる。まずひとつ目のカテゴリは錬金術師、つまり、主に賢者の石や生命の水の探求に憂き身をやつした者、二つ目は占星術師や降霊術師、妖術師、土占い師など、未来をのぞき見ようとした者、そして三つ目は護符や魔よけ、媚薬、万能薬などの売人、悪魔の手下、七人目の息子の七人目の息子（天賦の才、とくに治癒能力があるとされる）、相続粉末（第四章「毒殺の大流行」を参照）の調合人、同種療法師《ホメオパシスト》、磁気療法師、その他やぶ医者やいかさま医師など、ありとあらゆる山師やほら吹きである。

ところが、こうして分類した彼らの経歴をたどっていくと、その多くが前述の肩書きのいくつか、あるいは全部を兼ねていることが分かる。つまり、錬金術師は占い師でもあり、降霊術師でもあるのだ――彼らは触診やまじないであらゆる病気を治せるし、どんな奇跡でも起こせると豪語している。ヨーロッパの黎明期にはとくにそれが顕著だが、後の時代になっても、まだ彼らを別々のカテゴリに分類するのは難しい。錬金術師は自分が主張する科学の世界だけに閉じ込もっていたわけではないからだ――妖術師や降霊術師、もぐりの医者もそれは同じである。錬金術師の話を始めるに当たり、こうした分類に混乱が生じるのは仕方がないが、話を進めていくうちにその立脚点もはっきりしてくるだろう。

われわれが高度な知識を持っているからといって、先達の愚行を軽蔑して目をそらすようなことはしたくない。多くの人々が真実を追究していくうちに陥った過ちについて研究するのは、けっして無駄なことではない。幼少時代や青春時代を振り返って、当時の自分の行動を支配していた妙な考え方や間違った判断のことを思い出してみると、何とも不思議な感じがするだろう。社会もそれと同じで、教化という観点から、過去の時代を支配していた判断についても振り返ってみることが必要だ。単にばかげたことをしていたからといって軽蔑し、耳を傾けないとなると、うわべだけで物事を考えてしまうことになる。考え方にしても行動にしても、人間は過去の過ちから学ぶことで賢くなるのであり、社会も過去の愚行や軽信性を振り返ってそれを正していかなければ、進歩などあり得ないのである。また、このような研究は単に有益だというだけではない——娯楽のために本書を読んでくださる読者にとっても、これ以上興味深い人間ドキュメントはないだろう。では、その虚構の世界——手つかずの摩訶不思議な世界、そして何もかもが「存在せず、存在するはずもない世界だが、人々がずっと想像を巡らせて信じてきた世界」——の扉を開けてみようではないか。

錬金術は一〇〇〇余年にもわたって多くの高潔な人々をとりこにし、無数ともいえる人々に信じられてきた。その起源ははっきりしないが、錬金術の愛好家によると、人類の誕生と同じぐらい昔にまでさかのぼるという。ノアの時代辺りではないかと言う者もいる。一三世紀フランスの学者バンサン・ド・ボーベは、ノアの洪水以前の人々はだれでも錬金術の知識を持っていたはずだと主張しており、とくにノアは「生命の水」に精通していたとも述べている。そうでなければ、あれほど長生きし、五〇〇歳を過ぎてから子どもを作ることなど不可能だという。一七～一八世紀のフランスの聖職者ラングレ・デュフレノワは、『ヘルメス学の歴史（Histoire de la Philosophie Hermétique）』の中で次のように記している。

「多くの人が、ノアの息子の『セム（Shem）』あるいは『ケム（Chem）』は熟練した錬金術師だったと主張している。また、『化学（Chemistry）』という言葉も『錬金術（Alchemy）』という言葉も、おそらくこの名前に由来したものだと考えている」

さらに、錬金術はエジプト人から手ほどきを受けたもので、ヘルメス・トリスメギストスが最初に基礎を築いたという説もある。一流の錬金術師だとされるモーセも、その知識はエジプトから得たものであった——だが、それを自分の中にしまっておき、イスラエルの信徒たちにはその謎を教えようとしなかった。錬金術関連の著述家は、『出エジプト記』第三二章にある黄金の子牛（富の象徴）を崇拝する話を得意げに引用しながら、この偉大な立法者は熟練した錬金術師であり、金を造るか造らないかを随意に決めていたことを検証している。また、モーセはイスラエル人が偶像を崇拝していることに激怒して、「作ったその牛を取り上げると、火で粉々になるまで焼き尽くし、水にまいてイスラエルの子らにそれを飲ませた」という記録も残っている。錬金術師たちも述べているが、もし賢者の石を持っていなければ、いくらモーセでもこんなことはできないし、金の粉末を水に浮かべるなど、まず不可能な話である。さて、錬金術の大家に関する難しい話はこの辺でやめて、もっと後の時代の錬金術に目を向けてみよう。イエズス会のマルティニ神父は『ヒストリア・シニカ（Historia Sinica）』の中で、紀元前二五〇〇年にはすでに中国人が錬金術を実践していたと述べている――だが、この主張には根拠がないため、注目するには値しない。ただ、紀元後一世紀のローマには金や銀を造る術を知っていると主張する者がおり、それが発覚すると、悪党だ、詐欺師だとして処罰されたようだ。四世紀のコンスタンチノープルでは金属変成術、つまり錬金術が広く信じられており、ギリシャ正教会の聖職者も多くがこれをテーマにした論文を執筆している。ラングレ・デュフレノワの『ヘルメス学の歴史』第三巻には、そうした錬金術師の名前が記されており、研究についても触れられている。彼らの錬金術論はこうだ。すべての金属は二つの物質で構成されており――ひとつは鉱石、もうひとつは可燃性の赤い物質で、彼らが硫黄と呼んでいたもの――、この二つを純粋に結合させると金が生成される。ほかの金属にはいろいろな異物が混入しているから汚れている。賢者の石というのはこれらの異物を溶解させる、つまり中和させる物質で、そうすれば鉄、鉛、銅をはじめとするあらゆる金属が本来の姿である金に変わる、というものである。こうしたむなしい探求に、多くの学者や識者が時間を費やし、体力を消耗させ、精力を注ぎ込んでいたのである。数百年の間は人々の想像力にそれほど訴えることはなく、錬金術の歴史は、いわばこの時期から八世紀にアラブ人の間に再び登場するまではぷっつりと途絶えている。だが、それ以降の歴史をたどるのはそう難しいことではない。その八世紀に、ひとりの錬金術師が現れるのである。男は後世でも錬金術の父と呼ばれ、錬金術と共にその名も不朽のものとなっている。

ゲーベル

錬金術の研究に一生を捧げた哲学者だが、詳しいことはほとんど分かっていない。七三〇年には生存していたようだ。本名はアブ・ムサーフ・ジャファールといい（ジャービル・ブン・ハイヤーンともいわれるが、定かではない）、それに「賢者」を意味するアル・スーフィが付く。メソポタミアのホランで生まれた（**原注**　『世界伝記大事典』）。アラビア南部の生まれだとする説もあるし、ギリシャ人、またはスペイン人だったという説もあるし、ヒンドスタンの王子だったという説もある。間違った情報が数々ある中でも最もおかしな間違いは、シュプレンガーの『医学の歴史（History of Medicine）』を翻訳したフランス人が、ゲーベルという音から彼をドイツ人だと勘違いして（ゲーベルというのはヨーロッパでの通称）、それを〝giver《ギバー》〟のフランス語訳である〝donateur〟、つまり「寄贈者」と訳してしまったことだろう。このように、詳細は不明だが、賢者の石や生命の水に関する著作を五〇〇点以上残しているともいわれている。実に研究熱心な人物で、懐疑的な人を窓もすき間もない狭い部屋に閉じ込もった子どもに例えたりした。部屋の外をまったく見ようとせず、大きな地球そのものの存在も否定しているというのである。

「金を造ればどんな病でも治すことができる。しかも、人間の病気だけでなく、下等動物や植物の病気も何でも治すことができるのだ。また、金以外の金属はすべて腐食しており、金だけが完全な金属だということができる」

ゲーベルはそう考えていた。ゲーベルによると、過去にも賢者の石の秘密を突き止めた者がいるにはいるが、それを突き止めた昔の賢者は、人に伝えようとしても相手が疑っているので無駄だと思い、口頭でも書面でも伝えようとしなかったのだそうだ。しかし、キマイラ（火を吹く伝説上の怪獣。獅子の頭、山羊の体、蛇の尾がある）を追い掛けるようにむなしい幻想を追い求めることに生涯を費やしたとはいえ、それが完全に無駄だったかというと、そうではない。ゲーベル自身が思ってもいなかった発見もあり、昇汞《しょうこう》、赤色酸化水銀、硝酸、硝酸銀に初めて言及しているという点では、科学もゲーベルの恩恵を受けているのである。

ゲーベルの死から二〇〇年以上にわたって、アラブの賢者たちは、占星術の研究と並行して錬金術の研究にも没頭した。そんな賢者の中で最もよく知られているのがアルファラビーである。

アルファラビー

アルファラビーは一〇世紀初頭に活躍した哲学者で、当代屈指の学者としての名声を欲しいままにしていた。国から国への旅の連続で、自然の奥義について賢者たちから意見を聴いて回るという人生であった。どんな危険にも臆することなく、どんな苦労も物ともせずに、研究を続けていた。行く先々で君主に引き留められたが、人生最大の目的を達成するまでは、つまりその人生を何世紀もの間維持する術、そして好きなだけ金を製造する術を自分の物にするまでは、一カ所に留まることを拒んだのだった。

だが、結局はその放浪の旅が命取りになってしまった。アルファラビーはメッカを訪れた。巡礼よりも学問を優先した訪問だったのだが、シリア経由で帰国する途中、あるスルタンの宮殿に立ち寄った。そのスルタンは学問の庇護者として知られていた。そこで旅の装いのままでスルタンや廷臣の前に進み出ると、招かれてもいないのに皇子の隣の長いすに何食わぬ顔で腰を下ろした。廷臣や賢者は憤慨した。スルタンも一緒になって、この見ず知らずの男に憤慨した。そして役人に向かって、この厚かましい男を部屋から追い出すよう命じた。ところが、アルファラビーはじっとしたまま役人の手を振り払い、そっと皇子のほうに目をやると、「そなたが招いた客人のことをご存じないのか、もしご存じならそんな乱暴な態度ではなく敬意をもって迎えるはずだ」と言ってのけたのである。すると、ほかの実力者が腹を立てているのをよそに、スルタンは立腹するどころか、むしろこの男の冷静さに感心してしまった。そしてそばに座るように命じると、科学や哲学について長々と語り合ったのだ。すると居合わせた者は皆、この客人に心を奪われてしまった。さまざまなテーマについて話し合ったが、アルファラビーはどんな話題でも高度な知識を持っているところを見せつけた。いくら議論を仕掛けても、全員が納得してしまうのだった。錬金術についても実に雄弁に語ったものだから、間もなく偉大なるゲーベルに次ぐ大物だという見方が広まってきた。その場にいたある医者はこう尋ねた。

「さまざまな科学に精通しておられるようですが、音楽についてはいかがですか？」

アルファラビーは返事をせず、黙ってリュートを持ってきてほしいと頼んだ。そしてリュートを受け取ると、うっとりするような優しい旋律を奏で始めた。皆、心を奪われて涙した。すると今度はがらりと趣を変え、陽気で快活な旋律を弾き始めた。まじめ顔の哲学者やスルタンら、居合わせた人々は全員、足がもつれそうになるほどの勢いで踊りだしてしまった。次は悲しげな旋律になった。全員が悲嘆に暮れたかのように涙を流し、ため息を漏らすのだった。すっかりアルファラビーに魅了されてしまったスルタンは、富や権力、そして威厳が許すかぎり、あの手この手でアルファラビーを引き留めようとした。ところが、この錬金術師は頑として説得に応じず、賢者の石を見つけるまでは旅を続けなければならないという。その晩、アルファラビーは宮殿を後にしたが、シリアの砂漠で追いはぎに襲われ、殺害されてしまった。アルファラビーは錬金術に関する重要な論文をいくつか書いているが、どれひとつ残っていない。伝記作家も彼の生涯についてはこれ以上詳しいことを何も記していない。殺害されたのは九五四年であった。

アビセンナ

アビセンナは本名をイブン・シーナといい、九八〇年にブハラ（現ウズベキスタン）に生まれた偉大な錬金術師である。医者として、またあらゆる科学に精通した学者としての評判は大変なもので、スルタンもその力を政治という重要な科学で試してみようと考えた。アビセンナは皇子の宰相に任命され、有利な立場で国を統治した。しかし、難しい科学に結局は完全に挫折。自らの欲望も抑えることができず、酒と女におぼれ、道楽三昧の生活に身を委ねるようになった。けれども、さまざまな仕事や快楽に追われながらも、時間を見つけては賢者の石に関する論文を七つも執筆。これらは長年にわたって、自称錬金術師たちからは大変貴重な書物だともてはやされた。アビセンナのような一流の医師が色欲におぼれてしまう例は珍しい。ところがアビセンナの場合は、ほんの数年のうちにすっかり放蕩生活にはまってしまい、宰相という高官の地位も解かれてしまった。そしてその後間もなく、一〇三六年にこの世を去った。乱行による早期老化とさまざまな持病の合併症が原因であった。アビセンナの死後は、錬金術の研究に身を投じた著名な哲学者がアラビアにいたという話はほとんど聞かれないが、錬金術は間もなくヨーロッパで注目を集めることになる。フランス、イングランド、スペイン、イタリアの学者らは錬金術を信じ、多くが全精力をその研究に注ぐようになった。とくに一二～一三世紀には錬金術が全盛期を迎え、当代切っての著名人からも研究に携わる者が現れた。中でも最も有名なのがアルベトゥス・マグヌスとトマス・アクィナスである。

アルベルトゥス・マグヌスとトマス・アクィナス

アルベルトゥス・マグヌスは一一九三年、ダニューブ川に面したノイブルク公国にあるラウインゲンの貴族の家に生まれた。三〇歳になるまではどうしようもなく愚鈍で、だれもが行く末を案じるほどであった。幼いころにドミニコ会修道院に入ったが、成績も芳しくなく、絶望してくじけそうになることも多かった。だが、アルベルトゥスには並外れた忍耐力があった。壮年に達するとその知能は開花し、どんなことにも打ち込んでそれを習得するようになった。この年になってからこんなに変わるとはどういうことだ。奇跡としか思えない。だれもがそう思った。彼の無能を哀れに思った聖母マリアが、頭が良くなって有名になりたいという彼の思いに心を動かされ、修道院で絶望のふちに立たされている彼に現れて、哲学と神学のどちらが得意になりたいかと聞いたらしい。アルベルトゥスは哲学と答えたが、聖母は落胆し、神学を選ばなかったことを優しく、しかし悲しそうにとがめた。でも、結局は当代随一の哲学者になりたいという彼の思いを聞き入れてくれたが、同時に、その名声が頂点に達したら、再び無能で愚かな人間に戻すという条件を付けたのだそうだ……。アルベルトゥスはこの話にあえて反論するようなことはせず、不断の情熱を傾けて研究に打ち込んだ。その評判は瞬く間にヨーロッパ中を駆け巡るようになった。一二四四年にはあの有名なトマス・アクィナスが弟子入りする。すると、この師弟の驚くような話が次々と聞かれるようになった。二人は科学のほかの分野の研究もきちんと続けながら、賢者の石と生命の水の探求をけっして怠らなかった。どちらも発見には至らなかったが、アルベルトゥスは生命の神秘を多少解明したうえ、真鍮の彫像に生命を吹き込む方法まで考案し、正しい星相《アスペクト》の下でその彫像を作ることに長年専念していたといわれている。アルベルトゥスはトマス・アクィナスと一緒にそれを完成させると、話す能力を備えさせ、召使のようなことをやらせていた。ところが、召使としては極めて有能だったのだが、機械が故障してギーギー、ガタガタと大きな音を立てるので、二人とも頭を抱えてしまった。このおしゃべりをやめさせようと何度も修理を試みたが、うまくいかなかった。ある日、数学の問題を解いていたトマスはいきなりこの騒音が聞こえてきたので怒りを爆発させた。そして大きなハンマーを振りかざし、粉々に壊してしまったのである。トマスは後になってからこのことをずいぶん後悔し、親方からも、怒りを抑えられないようでは哲学者として失格だと怒られてしまった。二人は二度とこの彫像に生命を吹き込むことはなかった。

こうした話は当時の世相を反映している。自然哲学を極めようとする学者は皆魔術師だと考えられていた。だから、哲学者が不老長寿をもたらす生命の水や無限の富を作り出す赤い石を持っていると主張し始めたとき、それに伴って世論も高まり、彼らにさらに素晴らしい力が与えられたとしても驚くには当たらないのである。多くの人は、アルベルトゥスが季節まで変えることができ、その離れ技も、生命の水を見つけることほど難しくはないだろうと考えていた。アルベルトゥスはケルン周辺で修道院を建てる土地を探していた。ホラント伯でドイツ・シュタウフェン朝の対立国王ウィレム（ホラントとは中世の神聖ローマ帝国の州で、現在はオランダの州）は、何らかの理由があって土地を手放したくないと思っていたが、アルベルトゥスは次のような驚くべき方法でそれを手に入れたといわれている。つまり、ケルンを通行する伯爵を招待し、伯爵と廷臣たち全員を盛大にもてなそうと考えたのだ。伯爵はもてなしを受けることにし、堂々たる従者を引き連れてこの哲学者の住まいにやって来た。それは真冬のさなかで、ライン川には氷が張り、寒さもかなり厳しく、騎士は馬の背に座っているよりは、凍傷で足の指を切断するのを覚悟で走っていたほうがましなほどであった。だから伯爵の一行がアルベルトゥスの家に着いたときの驚きようといったらなかった。庭に食事が用意されていたのである。しかも、庭は一メートル以上積もった雪に覆われていた。怒った伯爵は、すぐにまた馬に乗ってしまったが、アルベルトゥスは伯爵を説得し、どうにか席に着いてもらうことができた。ところが、その途端、空を覆っていた暗雲が消え去り、ぽかぽかした陽光が差し始めたのだ。冷たい北風も急に向きを変え、暖かい南風に変わった。雪も氷も解けて水が流れだし、木々も緑の葉をのぞかせて実をつけた。足元には花が咲き乱れ、ヒバリやナイチンゲール、ブラックバード、カッコウ、ツグミなどの鳴き鳥も木々の上で一斉に美しい歌声を披露し始めたのである。

伯爵の一行は驚きで開いた口もふさがらなかったが、とにかく食事をした。アルベルトゥスはその返礼として修道院を建てる土地をもらったのだった。だが、アルベルトゥスはまだその力を出し切っていなかった。食事が終わるとすぐに何かの文句を唱えた。すると、暗雲が再び太陽を覆い隠し、ぼた雪が降りだした。鳴き鳥たちも生を全うして木から落ち、木の葉も地面に散った。そして冷たい風が悲しげな音を立てて吹き荒れると、あまりの寒さに客人たちは厚手のマントに身を包み込み、アルベルトゥスの家の中に駆け込んで厨房で暖を取ったのである。

トマス・アクィナスも親方と同じように不思議な力を持っていた。ケルンのある通り沿いに宿を取ったときのことだが、馬に運動させるため、調教師が馬を連れて毎日その道を通るものだから、馬蹄のガチャガチャいう音にかなり悩まされていた。トマスは調教師に掛け合って、うるさいからほかの場所でやってくれと頼んだのだが、調教師たちはまったく聞いてくれようとしなかった。この非常事態に、トマスは魔術に訴えた。銅で小さな馬を作り、それにヘブライ文字で何やら書き込むと、真夜中に通りの真ん中にその馬を埋めたのである。翌朝、いつものように調教師たちが馬に乗ってやってきた。だが、その魔法の馬が埋まっているところまで来ると、馬が急に後ずさりして暴れだしたのだ――恐怖で鼻孔が膨らみ、たてがみも逆立ち、汗も滝のように流れてきた。騎手がいくら馬を駆り立てても無駄だった――なだめても脅しても、とにかくその場を通ろうとはしなかった。翌日もまったく同じであった。結局、彼らは運動させる場所を新たに探すことになり、トマス・アクィナスは静けさを取り戻したのだった（**原注**　ガブリエル・ノーデ著『魔術で告発された偉人たちのための弁明（Apologie des Grands Hommes accusés de Magie）』第一七章）。

一二五九年、アルベルトゥス・マグヌスはラティスボンの司教になったが、わずか四年で職を辞した。司教職に時間を取られ過ぎて、錬金術の研究に没頭する時間がないというのがその理由であった。そして一二八〇年、ケルンで八七歳という長寿を全うした。ドミニコ会系の著述家たちはアルベルトゥスが賢者の石を探求していたことを否定しているが、鉱物に関する彼の論文が賢者の石を探求していたことを裏づけている。

アルテフィウス

アルテフィウスというのは錬金術の記録や年鑑に記載されている名前だが、生まれたのは一二世紀の初めごろである。二つの有名な論文――ひとつは賢者の石について、もうひとつは延命術について――を残している。とくにこの延命術について、アルテフィウスはこれを教えられるのは自分しかいないと自負していた。なぜなら、そのときすでに一〇二五歳になっていたからだ！　アルテフィウスには多くの弟子がいたが、皆その長寿を信じており、アルテフィウスがキリストの降臨直後に生きていたテュアナのアポロニオスその人であることを証明しようとしていた。アポロニオスの生涯や奇跡についてはフィロストラトスが伝記に詳しく書き残しているが、アルテフィウスはその伝記と矛盾しないよう十分に注意を払い、そうすることで普通の人間に対する影響力をどんどん増していったのである。アルテフィウスは何かにつけてそれを鼻に掛けていた。記憶力に長け、想像力も豊かで、歴史についても完ぺきな知識を持っており、古代の偉人たちの外見や物腰、性格などを尋ねられてもけっして答えに窮することはなかった。また、賢者の石を発見したとも話しており、それを探している途中で地獄に落ち、そのときに悪魔を見たらしい。悪魔は黄金の玉座に座り、周りを小鬼や悪鬼が取り巻いていたという。錬金術に関する著作はフランス語に翻訳され、一六〇九年か一六一〇年にパリで出版されている。

アラン・ド・リール

アルベルトゥス・マグヌスと同時代を生きていたのが、フランドル地方のアラン・ド・リールである。その奥深い知識から「万能博士」とも呼ばれており、あらゆる科学に精通し、アルテフィウスと同じように「生命の水」を発見したとも考えられていた。シトー派修道院の托鉢僧になり、一二九八年に世を去ったが、そのときは一一〇歳ぐらいだったようだ。言い伝えによると、五〇歳のときに一度死にかけたが、「生命の水」を発見したおかげで、六〇年も寿命が延びたのだそうだ。また、アーサー王の伝説に登場する魔術師マーリンの予言に関する注釈書も執筆している（マーリンについては、第六章「近世ヨーロッパの予言者たち」を参照）。

アルノー・ド・ビルヌーブ

この錬金術師は大変な声価を残している。一二四五年に生まれたアルノーは、パリ大学で医学を学び、優秀な成績を収める。その後イタリアやドイツを二〇年にわたって旅したが、そのときピエトロ・ダ・アバーノと知り合う。ダ・アバーノとは性格も似ており、目指すものまで同じであった。医師としては、生前は史上最も優秀で世界でも類を見ないほど立派な医者だとの呼び声が高かった。このころの学者はだれもがそうだったが、アルノーも占星術と錬金術を共にたしなんでおり、鉛や銅から大量の金を製造していると考えられていた。ピエトロ・ダ・アバーノがイタリアで逮捕され、妖術師のかどで裁判に付された際、アルノーにも同じような容疑が掛けられた。だが、うまくイタリアを出国し、不幸な友人と同じ運命をたどらずに済んだ。世界の終末を予言してやや信用を落としたが、やがてそれも回復。死亡時期については定かではないが、一三一一年より前であったのは間違いなさそうだ。この年、ローマ教皇クレメンス五世が、管轄の全聖職者に回状をしたためて、アルノーが執筆した有名な論文『医療（Practice of Medicine）』の発見に全力を尽くすよう呼び掛けている。アルノーは生前、この論文を教皇庁に献上すると約束していたのだが、その約束を果たすことなく逝ってしまったからだ。

ロンジュビル・アルクエ氏は、『数世紀生きてから再び若返った人々の歴史（The History of Persons who have lived several centuries, and then grown young again）』という奇書を残しているが、その中にアルノーから渡されたとされる処方箋が載っている。これがあれば、だれでも寿命を数百年延ばすことができるのだという。アルノーとアルクエ氏は次のように述べている。

「寿命を延ばすには、まず週に二～三回、カッシアの抽出液か髄で体をよくこすることだ。そして毎晩寝る前に一定量の上質のサフラン、バラの赤い葉、白檀《サンダルウッド》、アロエ、こはくをバラ油と極上の白ろうを混ぜた液に浸し、その液で作った膏薬を心臓の上に塗る。翌朝起きたらその膏薬をはがし、そうっと鉛の箱に入れておいて、また寝るときに使用する。また、おおらかな性格の人は一六羽の鶏を、冷静沈着な人は二五羽を、憂うつ症で暗い性格の人は三〇羽を、水と空気がきれいな場所で飼い、一日に一羽ずつ、その鶏を食べることだ。ただし、その鶏はあらかじめ独特の方法で十分に太らせておかなければならない。こうしておけば、食べる者の寿命を延ばす特性を鶏肉に加えることができるのだ。鶏を太らせるには、鶏には餌をまったく与えず、餓死する寸前になったら、ヘビと酢で作ったスープに小麦とふすまを混ぜてとろみを出したものを与えてやればいい」

この鶏の餌を作る際にはさまざまな儀式が執り行われる。興味のある方は、アルクエ氏の本に詳細が書かれているので一読されるとよいだろう。そしてこの餌を二カ月にわたって与える。二カ月後にはちょうど食べごろになっているので、上等な白ぶどう酒かフランス産の赤ぶどう酒を適量飲みながら、流し込むように食べる。この秘法を七年ごとに繰り返せば、だれでもメトシェラ（ノアの洪水以前のユダヤの族長。九六九年生きたといわれる）ぐらい長生きすることができるというのである！　アルクエ氏が、この貴重な処方箋はアルノー・ド・ビルヌーブが作ったものだと考えるのはもっともである。これはアルノーの著作集の中から出てきたものではないが、一六世紀の初めにポワリエ氏が初めて公表したとき、同氏は、アルノーの手書きの原稿の中から見つけたと主張している。

ピエトロ・ダ・アバーノ

この不幸な学者は一二五〇年、パドバ近郊のアバーノで生まれた。友人のアルノー・ド・ビルヌーブと同じく、ピエトロも優れた医師であり、占星術や錬金術の研究にも没頭していた。長年パリで開業医をしていたときには病人を死に至らしめ、病を治し、占いをして巨額の富を手に入れた。一級の魔術師だという評判を引っさげて故郷に戻ったピエトロだが、この日が厄日となってしまった。地獄から七つの悪霊を連れてきて、七つの水晶の瓶に入れて保管しているらしい。働いてもらいたいときだけそこから出して、この世の果てまで行かせて楽しんでいるそうだ……。そんな話が広くささやかれていたのである。ひとつ目の悪霊は哲学に、二つ目は錬金術に、三つ目は占星術に、四つ目は医術に、五つ目は詩に、六つ目は音楽に、そして七つ目は絵画に長けていた。ピエトロがこのうち何かの知識や情報を知りたくなったら、水晶の瓶のところへ行って、その学問をつかさどる悪霊を外に出してやればいいのである。するとたちまちその秘術が白日の下にさらされて、もしピエトロが納得すれば、ホメロスより詩がうまく書けるようになるし、アペレスより素晴らしい絵画が描けるようになるし、ピタゴラスにも勝る哲学者になれるのだった。ピエトロには真鍮を金に変える能力もあったようだが、その力を発揮することは少なく、あまり信用できないほかの手段で稼いでいた。金貨で支払うときになると、自分にしか分からない呪文のようなものを唱えた。すると、翌朝にはその金貨が無事に懐に戻ってきた。ピエトロと取引関係にあった商人は、金貨を頑丈な箱に入れて鍵を掛け、そのうえ見張りまで置くという念の入れようだったが、魔法の金貨は必ず元の主人のところに戻ってしまうのだった。いくら地中に埋めようと、海の底に投げ込もうと、翌朝には必ずピエトロの懐に納まっていた。そんな訳で、ピエトロと取引しようという人間はいなくなってしまった。とくに金の取引は激減した。ピエトロの呪文は銀には効かないだろうという、思い切った考え方をする者もいたが、実際にやってみると、そんな考えが間違いだったことに気づくのだった。かんぬきも横棒も役立たずで、手に持っていたはずの金が目に見えなくなり、魔術師の財布まで飛んでいったこともあるという。そうなると、ピエトロに悪評が立つのも当然だ。正当な教義とは完全に矛盾する宗教観のようなことも口走っていたため、異端および妖術の罪で異端審問所にも出廷を命じられた。ピエトロは声を大にして無実を訴えた。普通ではとうてい耐えられないような拷問に掛けられても、その主張を曲げることはなかった。だが、判決を待たずして獄中で死んだ。その後有罪の判決が下されると、ピエトロの亡きがらを掘り起こして公衆の面前で火刑に処するとの命令が下された。また、彼の肖像類もパドバの街中で焼かれてしまった。

ラモン・ルル

フランスではアルノー・ド・ビルヌーブが、イタリアではピエトロ・ダ・アバーノが活躍していたころ、スペインにはこの二人よりもっと有名な錬金術師がいた。それがラモン・ルル（ライモンドゥス・ルルス）であり、錬金術師の中でも一流の部類に入る人物である。多くの先達とは異なり、ラモンは占星術師や降霊術師を名乗ることはなかったが、ゲーベルを師とあおぎ、金属の性質や組成を、魔法や呪文、くだらない儀式に頼らずに熱心に研究していた。錬金術の研究に手を染めるようになったのは晩年になってからである。壮年期まではまるで違う人生を歩み、実に奇想天外な人生を送ったようだ。ラモンは一二三五年、マヨルカ島の名家に生まれた。アラゴン王であったジェームズ一世が一二三〇年にサラセン人からマヨルカ島を奪還した際、カタルーニャ出身のラモンの父親は、島に移住して国王から高位を授与されている。ラモンは若くして結婚したが、遊び好きだったため生まれ故郷の孤島を離れ、妻と共にスペインに渡った。ジェームズ一世の王宮では大執事に抜擢され、数年間華やかな生活を謳歌した。妻に対しては不貞の夫で、常に美女の後を追い掛けていた。やがてアンブロジア・デ・カステロという、美しいが冷酷な女に心を奪われてしまう。ラモンと同じく、彼女も結婚していた。だが、ラモンと違って、彼女は夫に対して貞節で、いくらラモンが誘っても軽くあしらっていた。ところがすっかり夢中になってしまったラモンは、拒絶されればされるほど熱くなるのだった。彼女の部屋の窓辺で毎晩待ち伏せたり、彼女を称える情熱的な詩を書きつづったりというありさまで、やがては仕事もおろそかにするようになり、廷臣たちからも批判の矛先が向けられるようになった。ある日、ラモンが格子の影からこっそり彼女を見詰めていると、風で彼女のスカーフが飛ばされて、偶然にも胸元が見えてしまった。そこでさっとひらめいたラモン。その場に座り込むと甘い言葉で詩をつづり、それを彼女に送ったのである。美しいアンブロジアは、わざわざラモンの手紙に親切に返事を書くことはなかったが、今回だけは返事をくれた。あなたの求愛など聴く気はさらさらなく、良識ある人間が神以外の何かに心を奪われているのは見るに耐えません。敬虔な生き方に心を砕き、あなたを消耗させている邪悪な欲望に打ち勝つのです、と。また、もしお望みなら、それほどあなたをとりこにしているこの「美しい」胸をお見せしましょうか、とも書かれていたのである。ラモンは飛び上がらんばかりに喜んだ。手紙の前半と後半は矛盾している。立派な助言をしてくれている割には、最後にはほだされて、自分の望みどおり幸せな気分にしてくれるじゃないか。ラモンはそう考えた。それからというもの、ラモンはアンブロジアの後をつけ回し、約束を守ってほしいとしつこく頼み込んだ。だがアンブロジアは冷たく、とうとうこれ以上つきまとわないでほしいと涙を流しながら訴えた。絶対にあなたのものにはならないし、もし明日自由の身になっても、絶対にそんな気はないと。

「では、あの手紙はいったい？」とラモンは絶望しながら尋ねた。

「ご覧に入れましょうか！」。アンブロジアはそう言うと、いきなり胸元を開いて、男の目の前に突き出したのである。両方の乳房には大きな悪性の腫瘍が広がっていた。男は恐怖におののいた。彼女にもそれが分かった。するとアンブロジアは男に手を差し伸べて、修道生活に身を投じ、人間ではなく主に心を捧げるようにと諭した。ラモンは別人のようになって帰宅。翌日、ラモンは大執事の職を退き、妻とも別れ、子どもたちにも最後の別れを告げた。豊かな財産の半分を彼らに与え、残りの半分を貧者に寄贈した。そして十字架にすがりつくと、今までのあらゆる過ちの償いとして、イスラム教徒をキリスト教に改宗させることに残りの人生を捧げることを誓い、神に仕える道に入った。夢の中にもイエスが現れ、ラモンにこう告げた。

「ラモンよ！　ラモンよ！　ついて来るのだ！」

同じ夢が三回続いた。そのとき、ラモンは神様じきじきの命令だと確信したという。そして身の回りの整理をすると、サンティアゴ・デ・コンポステラ（スペイン・ガリシア地方にある聖ヤコブの墓がある寺院。エルサレム、ローマと並ぶキリスト教三大巡礼地のひとつ）に巡礼の旅に出た。その後はランダの山中で一〇年間隠遁生活を送った。イスラム教徒の改宗という使命を果たすべく、ここでアラビア語を習得した。また、東方の学者たちが書いた書物を読み、さまざまな学問の研究にも励んだ。そのとき、最初に洗礼を受けたのがゲーベルの著作だが、これが後のラモンの人生に大きな影響を与えることになった。

この研究期間が終わり、四〇歳になったラモンは、隠遁生活を捨てて本格的な活動を開始した。まずは退職後に蓄えた財産の残りでアラビア語の学校を設立。ラモンの情熱と慈悲深さが買われ、学校はローマ教皇からもお墨付きをもらった。このころ、雇っていたアラブ人の若者による暗殺未遂から辛うじて逃れるという出来事があった。ラモンは聖なる大儀のために殉教したいと熱心に祈っていたからだ。ラモンの祈りを耳にしたその若者は、主人と同じように熱心だったことから、主人の願いをかなえてやろう、また、ムハンマドとその信徒たちを常に冒瀆しているので懲らしめてやろうとも思い、心臓を一突きする決心を固めた。ある日、若者はラモンがテーブルに着いたときを見計らって一撃を加えようと身構えていた。ところが、殉教したいという思いより防衛本能のほうが勝っていたのか、ラモンは相手を取り押さえると、一気に投げ倒してしまったのだ。そして自分で若者の命を奪うことはせず、当局に引き渡した。後日、この若者は獄中で死んでいるのが発見された。

この事件の後、ラモンはパリへ赴き、しばらく滞在した。

滞在中にアルノー・ド・ビルヌーブと知り合ったが、賢者の石の探求に夢中になったのは、おそらくアルノーの影響を受けたからだろう。ラモンの宗教熱が徐々に冷めて、錬金術の研究に熱を入れ始めたのがこのころだからである。それでもイスラム教徒の改宗という生きがいを見失うことはなく、ローマに行って教皇ヨハンネス二二世に直接謁見し、そのための最良の方法について報告している。教皇は言葉では激励してくれたものの、実際にその計画を実行するのに必要な手はずを整えてはくれなかった。そこでラモンはチュニスにひとりで旅立った。チュニスでは、偉大な錬金術師としての評判を耳にしていたアラブの哲学者たちに温かく迎えられた。もしチュニジアで錬金術師の活動に専念していれば、事はすべて順調に運んだのだろうが、ラモンはここでもムハンマドを冒瀆するような言葉を吐いてしまい、面倒なことに巻き込まれることになった。チュニスの市場《スーク》でキリスト教の教義を説いていたところを逮捕され、牢屋に入れられてしまったのだ。そして間もなく裁判に掛けられ、死刑判決を受けた。だが、哲学者仲間の必死のとりなしで、直ちにアフリカの地を去り、二度と足を踏み入れないという条件で大赦が与えられた。もし再びアフリカの地に現れたら、その目的や滞在期間にかかわらず、当初の刑罰が執行されるという。身の危険が及ばないときには言いたい放題だったラモンだが、いざとなると殉教を熱望する気持ちなどすっかり失せてしまい、喜んでこの条件を受け入れると、チュニスを発ち、再びローマへと向かった。ところが、途中で気が変わり、ミラノに居を構え、錬金術師として――占星術師という話もある――長年にわたって大成功を収めるのである。

錬金術を信じ、ラモン・ルルの生涯について知る多くの著述家は、ラモンはミラノに滞在中にイングランド国王のエドワードからイングランド定住を促す書簡を受け取ったものと考えている。また、ラモンは喜んでこの誘いに応じ、ロンドン塔に住まいを与えられ、そこで大量の金を製造したとも話している――「ローズノーブル金貨」の鋳造を監督し、鉄、水銀、鉛、合金から六〇〇万相当もの金を造ったという。しかし、『世界伝記大事典』は優れた出典だが、この執筆者たちは、ラモンがイングランドの地を踏んだことは一度もないと記しており、錬金術師としての不思議な力について書かれた話も、タラゴナのユダヤ人であるもうひとりのラモンのことだとしている。一七世紀フランスの王立図書館館長だったガブリエル・ノーデは『魔術で告発された偉人たちのための弁明』で、「その六〇〇万は、対トルコ戦や異教徒との戦争に備える戦費として、ラモン・ルルからエドワード王に献上されたもの」とだけ記しており、金属を変成させて大量の金を造ったとは書いていない。またノーデは後に、ラモンがエドワード王に羊毛に課税したらどうかと助言をし、六〇〇万はそこから出てきたのだとも記している。ラモンがイングランドを訪れたことを示そうと、信奉者はラモンが書いたとされる作品『金属変成（De Transmutatione Animoe Metallorum）』を引用しているが、そこには国王のとりなしでイングランドに赴いたとはっきり記されている。ヘルメス学の著述家たちの間では、ラモンを招いたのがエドワード一世なのか二世なのかは見解が分かれているが、イングランドを訪れたのが一三一二年だったと仮定すると、エドワード二世が呼び寄せたのではないかと考えているようだ。エドモンド・ディケンソンは『哲学者の本質（Quintessences of the Philosophers）』の中で、ラモンはウェストミンスター寺院で仕事をしていたが、出国後ずいぶんたってから、ラモンが使っていた部屋に大量の金粉が残っているのが見つかり、建築家たちがそれで大儲けをしたと記している。ラングレ・デュフレノワが書いたウェストミンスターの修道院長ジョン・クレマーの伝記によると、ラモンがイングランドに来られたのはこのクレマーの尽力のおかげだとしている。クレマー自身、賢者の石の探求をむなしくも三〇年以上続けており、偶然にもイタリアでラモンに出会った折に、秘密を教えてもらおうとあの手この手で聞き出そうとしたが、ラモンは、偉大な錬金術師は皆自分でやっているのだから、クレマーにも自分で突き止めなければならないと告げた。イングランドに戻ったクレマーは、エドワード王に謁見してこの哲学者の才覚を褒めそやし、招待状をラモンに送らせたということだ。ロベルト・コンスタンティヌスは一五一五年に出版された『ノメンクラトール・スクリプトルム・メディコルム（Nomenclator Scriptorum Medicorum）』の中で、詳しく調査した結果、ラモンはロンドンにしばらく住んでおり、ロンドン塔で実際に賢者の石を使って金を造っていたことが判明したとしている――実際にラモンが造った金貨を目にしており、それはイングランドで今でも「レイモンドのノーブル貨」、または「ローズノーブル貨」と呼ばれている。ラモン自身も金を造ったことを自慢していたようで、その有名な著書『遺言の書（Testamentum）』には、五万ポンドもの重さ（一一万キログラム）の水銀、鉛、合金から金を造ったと記している。おそらく、この錬金術師の不思議な力を信じていたイングランド国王がラモンを招き入れ、その能力を試し、金の精錬と貨幣鋳造のために雇ったということなのだろう。こういう話をあまり信じない歴史家のカムデンでさえ、ラモンがノーブル貨の鋳造にかかわっていたという説を支持しており、金属に造詣が深いことで有名な人物がこうした形で雇われていても不思議ではないという。このころ、ラモンはすでに七七歳という高齢で、少々もうろくしていた。大いなる秘密を発見したことを信じてもらうため、うわさに逆らうよりはそれを裏づけるような行動を取ったのだろう。ラモンはイングランドにはそれほど長く滞在せず、ローマに戻ると、錬金術よりもずっと心に引っ掛かっていた計画を実行に移した。そしてその計画を数人のローマ教皇に提言したが、いずれも失敗に終わっている。その提案とは、ヨーロッパの全修道院に東方の言語を導入すること、もうひとつは、もっと機動的にサラセン人に対抗するため、軍組織をひとつに統合することであった。そして三つ目に、キリスト教よりもイスラム教に都合がいいアベロエス（イブン・ルシュド。アラビアの哲学者。アベロエスはラテン名）の書物を学校で読むのを教皇庁が禁じることだった。ローマ教皇はこの年寄りの提言をあまり歓迎しなかった。そうしてローマに二年滞在した後、ラモンはたったひとりで、まったく護衛も付けずに、イエスの福音を説くために再びアフリカへと旅立ったのである。一三一四年、ボーヌ（現アンナバ。アルジェリア北東部の港市）で船を降りたラモンは、ムハンマドを冒瀆する言葉を吐いた。それに刺激されたイスラム教徒はラモンに石を投げつけると、そのまま海岸に放置。それから数時間後、ジェノバの商人が瀕死の状態で海岸に倒れているラモンを見つけ、自分たちの船に乗せてマヨルカ島まで連れていった。不幸なラモン、まだ息はあったが、しっかり話せる状態ではなかった。数日間は何とか持ちこたえていたが、ようやく故郷の島が見えてきたというときに息を引き取った。遺体は立派な葬列でパルマの聖ユラリア教会まで運ばれると、ラモンの名誉を称えて町を挙げての葬儀が執り行われた。その後、ラモンの墓では奇跡が起きたと伝えられている。

当代切っての偉人のひとり、ラモン・ルルは、こうして人生の幕を降ろしたのである。最後に六〇〇万の金を自慢していたことを除けば、錬金術師の中でも一番いかさまが少ない人物であった。文法研究、修辞学、倫理、神学、政治、ローマ法・教会法、物理学、形而上学、天文学、医学、化学など、多岐にわたった文献を五〇〇点近く残している。

ロジャー・ベーコン

錬金術という激しい妄想は、ラモン・ルルより偉大な人物の心をもとらえていた。ロジャー・ベーコンも賢者の石を固く信じており、多くの時間を賢者の石の探求に費やした。そんなベーコンに倣って、当時の学者という学者も皆この石の実用性を信じるようになり、よりいっそう研究に没頭した。一二一四年、ベーコンはイングランド南西部のサマーセット州イルチェスターに生まれた。オックスフォード大学で学んだ後にパリ大学に移り、神学の博士号を修得。一二四〇年にはイングランドに戻り、聖フランシスコ会の修道僧になった。ベーコンはこの時代では最も優れた学者であり、その知識は同時代人の理解をはるかに超えていたため、だれもがベーコンは悪魔の力を借りていると考えていた。それ以外に説明がつかなかったのだ。ボルテールはベーコンのことを「当時のありとあらゆる汚物が付着した黄金」だと実にうまく評したが、ベーコンのずば抜けた頭脳は確かに汚れていたかもしれないが、いくら迷信という汚物で覆われていても、その才能の輝きをしっかりとどめていた。凹凸レンズの特質を知っていたのは、探求心に富んだ当時の学者の中でも明らかにベーコンひとりであった。また、幻灯機を発明したのもベーコンである——ベーコンはこの近代のおもちゃのようなもので名声を博したと同時に、辛い人生を送ることにもなる。錬金術の歴史はこの偉大な人物の名前なくしては語れないが、かといって、ここでご紹介するほかの錬金術師より優れていたかというと、そうでもない。普遍的な知識への思いから、当時はベーコンも、世界中の学者がその不条理に気づいていなかった学問のひとつを無視できなかったのだ。だが、ベーコンはこんな探求で無駄にした時間を、物理学や天文学の知識で十分埋め合わせをした。ベーコンの名は望遠鏡、天日レンズ、火薬などの発明によって永遠のものとなった。世界もたったひとつの愚行には目をつぶってくれるだろう——ベーコンが生きた時代の判断であり、ベーコンを取り巻いていた環境なのだから。ベーコンの論文『賢者の石の精製における技巧と自然の素晴らしい力（Admirable Power of Art and Nature in the Production of the Philosopher's Stone）』は、ジラール・ド・トルムによってフランス語に翻訳され、一五五七年にリヨンで出版された。また、『錬金術の鏡（Mirror of Alchymy）』も同年にフランス語で出版され、一六一二年にはさらにラモン・ルルの著作の一部を加筆して、やはりパリで出版された。このテーマについて書かれた論文の出版物一覧がラングレ・デュフレノワの著作に載っている。

ローマ教皇ヨハンネス二二世

この高位聖職者はアルノー・ド・ビルヌーブの友人であり、弟子でもあり、錬金術の奥義についてはアルノーから手ほどきを受けたといわれている。言い伝えでは、大量の金を精製し、世を去るときにはリディア最後の王クロイソス並みの大金持ちだったらしい。ヨハンネス二二世は一二四四年、フランス南西部のカオールで生まれた。とても説得力のある説教をしていたことから、キリスト教会でもとんとん拍子に出世した。金属変成に関する論文も執筆しており、アビニョンには有名な研究室も所有していた。だが、キリスト教世界の至るところに出没していた多くの自称錬金術師に対しては、二度にわたって大勅書を発布している。このことから、教皇自身は錬金術の妄想には惑わされていなかったと思われるが、当の錬金術師たちに言わせると、教皇は錬金術の分野ではずば抜けた成功を収めた学者のひとりであり、発布した大勅書も、本物の錬金術師ではなく、偽物の錬金術師を糾弾するものだったらしい。彼らは勅書の中の〝Spondent, quas non exhibent, divitias, pauperes alchymistae〟というくだりをとくに強調している。つまり、明らかにこれはお粗末な錬金術師、すなわち偽錬金術師を弾圧したものだというのである。教皇は一三四四年に世を去ったが、金庫には一八〇〇万フロリンもの大金が残っていたという。ちまたでは、この大金は教皇が蓄えたものではなく、「造った」ものだと言われており、錬金術師たちもこの話を引き合いに出しては、これで賢者の石が疑り深い人の言うようなつまらない幻想ではないことが分かっただろう、と自己満足に浸るのだった。彼らは、教皇がこれだけの大金を実際に残したのは当然のことだと勝手に思い込み、実際に蓄えたとしたらどんな方法があるのかと言いだすありさまであった。そしてその疑問に彼らは自ら答えを出して、誇らしげにこう語っているのである。

「教皇の著書を読むと、錬金術、すなわちアルノー・ド・ビルヌーブとラモン・ルルから手ほどきを受けた術を使ったことが分かる。ただ、教皇はほかのヘルメス学者と同じように慎重であった。教皇の著書を読む者は、その秘術を物にしようといくら努力しても無駄だろう。だからこそ、教皇はその秘術を漏らさないよう、細心の注意を払っていたのだ」

彼らにとってはあいにくだが、こうして金を造っていた連中は皆同じカテゴリに入り、その奥義にしても、他人にしゃべると驚くほど価値がなくなってしまうので、だれにもしゃべらずに自分だけの秘密にしているのである。おそらく、彼らはこう考えていたのではないだろうか。つまり、だれでも鋼や鉄を金に変えられるとなると、金が増えすぎて価値が下がり、また元の鋼や鉄に戻す別の術を探求しなければならなくなると。もしそうだとしたら、あえて余計なことをしなかった彼らに感謝すべきかもしれない。

ジャン・ド・マン

この時代はどんな人でも錬金術に手を出していた。先にご紹介したのはローマ教皇だが、これからお話しするのは詩人である。ジャン・ド・マン、あの『薔薇物語(Roman de la Rose)』の有名な作者ジャン・ド・マンは、一二七九年か一二八〇年に生まれ、ルイ一〇世、フィリップ五世（長身王）、シャルル四世、バロワ伯フィリップ六世の宮廷で名士として名をはせていた。有名な『薔薇物語』は、当時のあらゆる流行を歌にしたものだが、もちろん錬金術についても随所で触れられている。ジャンは錬金術の熱烈な支持者であり、『薔薇物語』のほかにも短い詩を二つ残している。『さまよえる錬金術師への自然からの陳言』と『錬金術師から自然への回答』である。ジャンの喜びは詩と錬金術。司祭と女性は憎くむべきものであった。あるとき、ジャンはシャルル四世の宮廷の貴婦人たちとちょっとした騒動を起こした。ジャンが貴婦人のことをこんな中傷的な歌にしたからである。

今でも、これからも、これまでも、
だれもが皆、自分から、八方美人たらんとす。
探さんと思わば、
尻軽女はより取り見取りなり。

当然、この歌は貴婦人たちの怒りを招いた。ある日、この歌詞を国王の控えの間で見つけた貴婦人たちは、ジャンが来るのを待って懲らしめてやろうと考えた。そして集まってきた一〇～一二人の貴婦人たちは、皆むちやつえを携えて、哀れな詩人をぐるりと囲み、居合わせた紳士たちにも詩人の服を脱がせてくれと呼び掛けた。街中をむちで打ちながら引きずり回し、復讐してやるのだという。紳士たちはそれを嫌がるほど賢明でもなく、ジャンを懲らしめたらきっと面白いだろうなどと考えた。ところが、ジャンは彼らがいくら脅してもひるむことなく、彼らの真ん中に堂々と立つと、まずは話を聴いてほしい、そしてそれでも納得しなかったら、どうぞお好きなように、と言いだしたのである。辺りはし一んと静まり返った。ジャンはいすの上に立ち上がって反論を開始。

「あのいまいましい歌を作ったのはこのわたくしですが、あれは全女性のことを歌ったものではございません。意地悪で恥知らずの女たちを歌ったものでして、こちらにいらっしゃるご婦人方は皆貞節で、美しく、しとやかです。ただ、もしそれでもご不満だとおっしゃるのであれば、どうぞむちで打ってください。腕が疲れるほどむちで打ってくださって結構でございます」

これでジャンはむち打ちを免れ、貴婦人たちの怒りも収まったという。だが、部屋にいる貴婦人のうち、詩で歌われているような性格の女性が皆で寄ってたかってむちで打っていたら、きっとジャンは死んでいただろう。こんな考えが紳士たちの頭をよぎった。ジャンは死ぬまで司祭を毛嫌いしており、その有名な詩には、司祭たちがいかに貪欲か、いかに残忍非道か、いかに背徳行為に走っているかを歌ったものがたくさんある。ジャンは死に際して大きな箱を残したが、中には何やら重いものが入っていた。これまでずいぶん嫌がらせをしてきたとして、コルドリエ派（フランシスコ会原始会則派）の修道士たちに和解のしるしとして寄贈したものであった。ジャンは錬金術師として有名だったので、きっと金銀があふれんばかりに入っているのだろう。だれもがそう思い、修道士たちも豪華な贈り物をもらったことを喜び合った。ところが、開けてびっくり。象形文字やヘブライ文字が刻まれた「石板」しか入っていなかったのだ。修道士たちはぞっとした。この侮辱に激怒した修道士たちは、妖術師だという理由で、キリスト教式の埋葬を拒んだ。だが、ジャンはパリで立派に埋葬され、葬儀にも王族らが全員出席した。

ニコラ・フラメル

言い伝えやラングレ・デュフレノワの著書にも残されているとおり、この錬金術師の話には驚かされるばかりである。ニコラは一三世紀末か一四世紀の初め、ポントワーズの貧しいが由緒ある家庭に生まれた。世襲財産がなかったニコラは、若くしてパリに出ると、代書人として身を立ててみようと考えた。そして素晴らしい教育を受け、習った文体や専門用語にも慣れ、優秀な文士に成長した。間もなく書簡の代書と複写係の仕事をもらうと、よくマリボー通りの隅に座っては商売にいそしんでいた。ところが、この仕事ではほとんど食べていけず、身も心もぼろぼろになってしまった。そこで家計を立て直そうと、今度は詩作に挑戦した。だが、これはもっと惨めな仕事だった。複写の仕事では一応パンとチーズぐらいは買えたが、詩のほうではパンの耳も買えなかった。次は絵画に挑戦してみたが、これも成功しなかった。そして最後の頼みの綱として、賢者の石を探し始め、占いにも手を出すようになった。この思いつきが功を奏した。瞬く間に財を殖やし、快適に暮らすための手段も手に入れた。そこでペトロネラを妻として迎え入れ、貯蓄を始めた。身なりは相変わらず貧しいときのままだった。ところが、数年もすると、ニコラは錬金術の研究にどっぷり浸かってしまい、賢者の石や不老長寿の霊薬、万物融化液《アルカヘスト》のことしか考えられなくなってしまった。一二五七年、ニコラは偶然にも二フロリンである古書を手に入れたが（『ユダヤ人アブラハムの書』。Livre d'Abraham le juifを指す)、間もなくこの本が唯一の研究課題になっていく。樹皮に金属製の筆記具で書かれたこの古書は、二一葉、つまりニコラがいつも言うように、七葉×三部のフォリオ版であった。とても優美で洗練された書体のラテン語で書かれていた。各部の七葉目には挿絵が描かれており、文字はなかった。ひとつ目は、蛇がむちをのみ込んでいる絵、二つ目は十字架にはりつけになった蛇の絵、そして三枚目は砂漠の絵。真ん中には噴水があり、蛇がそこを横方向に這っていた。この書はほかならぬ「アブラハム、創始者、ユダヤ人、皇子、哲学者、聖職者、レビの子孫、そして占星術師」その人によって書かれたものとされており、「いけにえか代書人」以外の者がこの本に目を通したらのろわれる、と書かれていた。アブラハムにラテン語の知識があってもおかしくないし、文字は偉大なる創始者自身の直筆に違いない。のろいの文句が書かれているのに気づいたニコラは、初めは読んでも大丈夫かと恐れたが、いけにえではないが、代書人として仕事をしていたことを思い出して、そうした恐れを乗り越えた。ところが読み進めていくうちに、その内容に感嘆し、それが金属変成について書かれた立派な論文だということが分かったのである。すべての手順が明確に記されていた――容器や蒸留器、調合、そして実験に適した時間や季節などが書かれていた。

しかし、残念だったのは、賢者の石、つまり一番だいじな物質を持っていることを前提に書かれていたことだ。これは克服できない問題だった。これでは飢えている人間にステーキの焼き方を教えているのと同じだ。まずはそれを買う金がないといけない。それでもニコラはくじけず、まず本を埋め尽くしている象形文字や寓意的な絵について勉強することから始めた。すると間もなく、この本はユダヤの聖典のひとつであり、テトス(パウロの弟子)がエルサレムの神殿を破壊したときに、そこから持ち出されたものだと確信した。だが、こうした結論に達した推論の過程についてはどこにも記述がない。

論文の内容から、四葉目と五葉目にある寓意的な絵は賢者の石の秘密を表したもので、これがなければ、いくら立派なラテン語で指示を書いても、結局は意味がないことが分かった。ニコラはパリ中の学者や錬金術師を招いてその絵を検証してもらったが、やって来た学者も錬金術師も、何も解決できずに帰っていった。ニコラのことも、そしてその絵のこともだれひとり知らなかった。そんな本はまったく価値がないと言う者もいた。だが、それであきらめるわけにはいかなかった。ニコラは哲学者たちを煩わせずに、自分で奥義を突き止めてやろうと決心した。四葉目の最初のページには、古代ローマの農耕神サトゥルヌス、あるいは「時のおきな」に似た老人がメルクリウスを攻撃している絵があった。老人は頭に砂時計を載せて、大鎌を手にしながらメルクリウスの足を狙っている。裏側には、山頂に咲く花が激しい風に吹かれている様子が描かれていた。茎は青く、赤と白の花、純金の葉をつけていた。周りにはドラゴンやグリフィンがうようよいる。五葉目の最初のページには美しい庭園の絵、真ん中には満開のバラの木が巨大な樫の木の幹に支えられている様子が描かれていた。根元からは乳のような水が沸き出ていて、その小さな流れは庭園を抜けて砂に染み込んでいく。次のページには、剣を片手に大勢の兵士を指揮している王と、その王の命令に従って大勢の子どもたちをあやめる兵士の絵がある。子どもたちを守ろうと祈り、泣き叫ぶ母親など、兵士らはまったくお構いなしだ。別の兵隊は子どもたちの流した血を入念に集めて大きな容器に入れており、寓意的な月と太陽がその血をたっぷり浴びている。

二一年も絵の研究をしてきてうんざりしてきたニコラだが、結局絵の意味するところは何ひとつ分からなかった。とうとう妻のペトロネラも、博学なラビ（ユダヤ人の教師や学者）でも探してくればいいのにと言いだした。だが、パリには役に立ちそうな博学なラビはいなかった。ユダヤ人はいたものの、フランスに住もうなどと考える者はほとんどおらず、重要人物は皆スペインに住んでいた。ニコラはスペインに旅に出ることにした。だが、本はパリに置いていった。道中で盗まれるのではないかと思ったからだ。そして隣人にはサンティアゴ・デ・コンポステラへ巡礼に行ってくると言い残し、マドリードへラビ探しに出掛けたのである。彼は二年間フランスを離れたが、その間にフィリップ・オーギュスト（フィリップ二世）の時代に国外追放になったユダヤ人の子孫と何人も知り合った。賢者の石を信じる者たちは、ニコラの旅について次のように話している。ニコラはレオン（スペイン北西部の都市）でカンシェ師という、キリスト教に改宗したユダヤ人と出会った。カンシェ師は学識ある医者だったので、ニコラは本の題名や内容について話してみた。カンシェ師は本の題名を耳にした途端に大喜びし、その本を一目見たくて、ニコラと一緒にパリに行くことを即決。二人はそろって出発した。カンシェ師は道中、ニコラにこの本の歴史について語った。もしニコラの言う本がカンシェ師の考えている本であり、それが本当に本物ならば、それはまさにアブラハム自身の直筆によるもので、モーセやヨシュア、ソロモン、エスドラスなど名だたる人物が所有していた書物であると。さらに、その本は錬金術をはじめとするあらゆる科学の奥義について書かれたもので、この世で最も価値ある一冊だともいう。カンシェ師自身も立派な医師だったため、ニコラもその話を聴いて大いに勉強になった。粗末な巡礼服を身にまとった二人は、パリを目指しながら、パリにある古いすきをすべて純金に変えられる能力を授かるものと確信していた。ところが、残念なことに、オルレアンに着くとカンシェ師が重い病に冒されてしまった。ニコラは医師と看護婦の二役をこなしながら看病に当たったが、その甲斐なく、数日後にカンシェ師は死去。貴重な古書をこの目で見られなかったことを嘆きながら逝ってしまった。ニコラはカンシェ師の亡きがらに最後の別れを告げると、悲しみに暮れながら、ほとんど無一文の状態で妻ペトロネラの元へ戻ったのだった。帰宅するや、ニコラはすぐに絵の研究を再開したが、丸二年間はこれまで同様、まったく分からずじまいであった。ところが三年目に入ると、ついにかすかな光が差してきたのである。友人のカンシェ師が語った言葉を思い出し、今までの実験も基礎からしてすべて間違っていたことに気づいたのだ。ニコラは気持ちも新たにまた研究を始め、三年目が終わるころには、これまでの苦労がすべて報われるほど満足な結果を得ることができた。ラングレ・デュフレノワによると、一三八二年一月一三日、ニコラは水銀に賢者の石の粉末を入れて、立派な銀を造ったそうだ。続く四月二五日には大量の水銀を金に変え、ついに錬金術の奥義を自分の物にしたということである。

このとき、すでに八〇歳になっていたニコラは、老いても盛んな老人であった。友人が言うには、ニコラは同時に不老長寿の霊薬も発見したことから、二五年ほど寿命を延ばすことができたらしい。そして一四一五年に一一六歳で世を去っている。この間、ニコラは大量の金を造っていたが、風さいは貧乏人そのものであった。人格者が皆そうするように、ニコラも生活が一変するとすぐに財産の一番いい使い道を年老いた妻のペトロネラに相談した。するとペトロネラは、二人には子どももいないことだから、病院を建設して教会に寄付するのが一番いいのではないかと答えた。ニコラもそう思っていた。というのも、不老長寿の霊薬は死を遠ざけるだけであって、けっして免れることはできず、ニコラにもその恐ろしい敵が足早に忍び寄ってきていたからだ。そこで、これまで暮らしてきたマリボー通り近くのサン＝ジャック・ド・ラ・ブシュリー教会に、そして国内各所にある七つの教会に多額の寄付を行った。そして一四の病院にも寄付をし、三つの礼拝堂を建てた。

間もなく、ニコラの巨額の富、そして惜しみない寄付の評判が国中に広まった。するとジャン・ジェルソン、ジャン・ド・クルトキュイス、ピエール・デリなど、当代切っての医師らが訪ねてくるようになった。ところが、ニコラは質素なアパルトマンで、粗末な身なりをして、土の器でポリッジ（ミルクがゆ）を食べていたのである。錬金術の奥義について聞き出そうとしても、ほかの錬金術師と同じように、頑として話そうとはしなかった。ニコラの評判はシャルル六世の耳にも届き、国王は訴願法院の院長だったクラモワジ氏に、本当にニコラが賢者の石を発見したのかどうかを確かめに行かせたほどだ。だがクラモワジ氏も、ニコラから何も得ることはできなかった。錬金術のことも探ろうとしたが、無駄に終わり、何の成果もなく国王の元へ戻っていった。同年の一四一四年、ニコラは忠誠を尽くしてくれた妻のペトロネラを失った。そしてニコラもその後長生きすることなく、翌年に世を去った。ニコラに大変恩義を感じていたサン＝ジャック・ド・ラ・ブシュリー教会の司祭らは、盛大な葬儀を執り行い、丁重にニコラを埋葬した。

ニコラ・フラメルに莫大な富があったのは間違いない。フランスの数々の教会や病院の記録からも明らかだ。また、研究論文をいくつも残していることから、ニコラが錬金術師であったことも間違いない。ニコラをよく知り、賢者の石に懐疑的だった者たちは、その莫大な富の秘密について、次のような納得のいく答えを出している。ニコラは昔から守銭奴で、高利貸しをしていたというのである。スペインへ行ったのも、錬金術師たちの説明とはまったく異なり、実はパリに住む信徒仲間のために、スペインのユダヤ人から貸した金を回収するためだったのだそうだ。しかもその金の回収が難儀なことや道中の身の危険を理由に、かなり高利の手数料を取っていたのだという。数千単位の金を手にしたニコラは悠々自適の生活を送っていた。そしてフランス王室の自堕落な若い廷臣たちを相手に金貸し業を営み、暴利をむさぼっていたらしい。

ニコラ・フラメルが書いた錬金術に関する著作には、一七三五年に『薔薇物語』第三版の補遺として再版された韻文詩の作品『賢者の術概要』、錬金術的寓意に満ちた『望みの望み』（共に『象形寓意図の書　賢者の術概要・望みの望み』〔白水社〕がある。また、自然哲学についての論文も三つある。ニコラの著作の見本刷りとアブラハムの古書の挿絵の複製は、ソロモンの『化学叢書（Bibliothéque des Philosphies Chimiques)』に収録されている。『世界伝記大事典』の「フラメル」の筆者によると、ニコラの没後一〇〇年がたっても、多くの錬金術師は、ニコラはまだ生きていて、あと六〇〇年は生き続けるものと信じていたそうだ。マリボー通りの一角にはかつてニコラが住んでいた家があるが、その後は何でも信じる空想家らが住んでおり、金が出てくるのではないかと言って屋根から床までを荒らしていた。一八一六年より少し前の話だが、パリにあるうわさが流れた。この家に泊った者が、地下室で黒っぽい重い物質がたくさん入った瓶を数個発見したというのである。ニコラ・フラメルの不思議な話を全部信じていたある信奉者は、うわさを聞きつけてこの家を実際に購入し、金を発見しようとして壁や板張りをすっかりはがして台無しにしてしまった。だが、その苦労の甲斐もなく、何も見つからなかったうえ、家の修理に大金を払わされる羽目になってしまった。

ジョージ・リプリー

ヨーロッパ大陸ではこうして錬金術が培われていたわけだが、ブリテン島でもけっして軽視されていたわけではない。ロジャー・ベーコンの時代から、イングランドでも錬金術は多くの熱心な愛好家の想像力をかき立てていた。一四〇四年、議会は金や銀を製造したら重罪に処するとの法令を可決。大きな不安が広がっていた。錬金術師が計画を成功させて、腹黒い暴君に無限の富を与えて国を崩壊させるのではないか、暴君はそれを利用して国を支配するのではないかと考えられていたのである。だが、この不安はすぐに鎮まったかに見えた。一四五五年にはヘンリー六世が、諮問委員会や議会の勧告に従って、「王国に多大な恩恵をもたらし、国王が全債務を純金や純銀で返済することを可能にする」賢者の石と生命の水を探求するため、少数の騎士やロンドン市民、化学者、修道僧、カトリック教の司祭らに四つの特許状と委任状を与えたのである。プリンは『アウルム・レジノエ（Aurum Reginoe）』のこのくだりの注釈に、国王が聖職者にこの特権を与えたのは、「聖職者はパンとぶどう酒を聖体拝領に使うパンとぶどう酒に変える名人なので、おそらく卑金属も貴金属に変えることができるだろう」と考えたからだと述べている。もちろん、金など造れるわけがなく、翌年には国王も、こんなことができるはずはないだろうと疑念を抱き、さらに勧告を受けて、学者や著名人一〇人から成る委員会を任命し、金属の変成が可能か否かを判断して証言するよう命じた。しかし、委員会が何らかの報告を上げたのかどうかは分かっていない。

後継の国王の統治時代になると、賢者の石を発見したと主張する錬金術師が現れた。ヨークシャー州ブリッドリントンの聖職者、ジョージ・リプリーである。二〇年にわたってイタリアの複数の大学で学んだジョージは、ローマ教皇インノケンティウス八世に大変気に入られ、イタリア国内の施設付き司祭に、また教皇庁の祭式係長に任命された。一四七七年にイングランドに戻ったジョージは、自身の有名な著作、『錬金術総論――賢者の石の発見に導く一二の門（The Compound of Alchymy : or,the Twelve Gates leading to the Discovery of the Philosopher's Stone』をエドワード四世に捧げた。この一二の門とは、焼成、溶解、分離、結合、腐敗、凝固、給水、精製、発酵、昇華、増殖、そして変成である。さらに最も重要な過程である「煩わしさ」を加えていたかもしれない。ジョージは大金持ちだったので、だれもが彼は鉄から金を造っているのだろうと信じていた。イングランドの神学者で歴史家のトマス・フラーは、『イングランド名士録（Worthies of England）』の中で、ある誉れ高きイングランド人紳士が外国を旅している最中にマルタ島の記録を見たとしている。その記録によると、対トルコ戦の戦費にと、リプリーがマルタ島とロードス島の騎士に年間一〇万ポンドという大金を寄付しているそうだ。晩年は隠者として北海に面したボストン近くで暮らし、錬金術の書物を二五点も著している。が、最も重要なのは先述の『一二の門』である。だが、死ぬ直前、ジョージはこうしたむなしい研究に人生を費やしたのは間違いだったと気づいたらしく、自分の残した著書を目にした者に、その本を燃やすか、まったく信用しないでほしいと訴えている。単に自分の見解を書きつづっただけで、証拠があるわけではないからだという。また、後で実験をしてみたら、すべてが間違いで、何の価値もないことが分かった、とも話している。

バシリウス・バレンティヌス

ドイツも一五世紀には有名な錬金術師を数多く輩出している。中でも有名なのが、バシリウス・バレンティヌス（バジル・バレンティン）、トレビゾ伯ベルナルド、そして大修道院長ヨハネス・トリテミウスである。バシリウス・バレンティヌスはマインツで生まれ、一四一四年ごろにエルフルトの聖ペテロ教会修道院長に就任。生前は賢者の石を熱心に探求し、金属の変成過程に関する著作をいくつか書いていた。著作は長い間紛失したものと考えられていたが、バシリウスの没後に修道院の柱石の中から見つかった。全部で二一点あり、ラングレ・デュフレノワの『ヘルメス学の歴史』第三巻にすべて収録されている。錬金術師らによると、神がこの素晴らしい作品を世に出そうと企てたのだそうだ――作品が隠れていた柱石は落雷で奇跡のように粉々に砕け、作品が柱から飛び出してきたと思ったら、その直後に柱は勝手に元の状態に戻ったのだ！

トレビゾ伯ベルナルド

この錬金術師の人生は、その才能と忍耐力が誤った方向に発揮されてしまった特筆すべき事例であろう。くだらない幻想を追い掛けているうちは、ベルナルドも怖いものなしであった。何度挫折しても希望を捨てず、一四歳から八五歳になるまで実験室で休むことなく薬品と溶鉱炉で作業を続けたが、寿命を延ばしたい一心で寿命を無駄に縮め、金持ちになりたい一心で財産を減らしてしまったのである。

ベルナルドは一四〇六年にトレビゾかパドバで生まれた。父親はパドバの医者だったようだが、トレビゾのマルケ伯爵だったとも、地元で一番裕福な貴族だったとも伝えられている。だが、貴族であろうと医者であろうと金持ちには変わりなく、そんな父親は息子に莫大な財産を残してくれた。ベルナルドは一四歳のときに錬金術に夢中になり、アラビア人が書いた文献をアラビア語で読んでいた。ベルナルド自身も自分の研究や放浪の旅に関する実に興味深い記録を残している。これからご紹介するのは、主にその記録から抜粋したものである。ベルナルドが最初に手にした書物は、アラビアの哲学者ラーゼスの著作であった。それを読んでいるうちに、彼は金を一〇〇倍にも殖やす方法が分かったつもりになっていた。それから四年の間実験を続けたが、手元には常にラーゼスの書物があった。丸四年がたつと、実験に八〇〇クラウン以上もの金を注ぎ込んだのに、結局は何も成果が得られず、火と煙とで体を壊しただけであった。これでもうラーゼスは信用できなくなった。すると今度はゲーベルに目を向けて、二年にわたってゲーベルを熱心に研究した。ベルナルドは若くて金持ち、しかも何でも信じやすい性格だったので、金をとことん注ぎ込ませようと、町の錬金術師らが常に周りを取り巻いて、親切にも手を貸していた。ゲーベルに対する信頼は揺るがなかったし、金に飢えた助手たちにも我慢していたが、それも二〇〇〇クラウンを使い果たすまでであった。二〇〇〇クラウンといったら、当時としては莫大な金額である。

ベルナルドの取り巻きの自称科学者の中に、ひとりだけベルナルドと同じく熱心で公平無私な男がいた。ベルナルドは聖フランシスコ会の修道僧だったこの男と親密な友情を築き、ほとんどの時間を一緒に過ごすようになった。レペシッサとサクロボスコの埋もれていた論文を手に入れた二人は、それを読むと、高純度のぶどう酒の精が万物融化液《アルカヘスト》になるか、または金属変成の過程で極めて重要な役割を果たす溶剤になると確信した。二人はぶどう酒を精留し、容器が爆発する純度になるまで三〇回もそれを繰り返した。そうして三年間研究を続け、ぶどう酒に三〇〇クラウンを費やしたが、結局は方向性が間違っているという結論に達した。次にミョウバンと硫酸鉄で実験してみたが、またも奥義を突き止めるには至らなかった。その後、排泄物、とくに人間の排泄物に素晴らしい効果があるのではないかと考え、それから二年以上にもわたって、実際に排泄物を使って、水銀、塩、そして溶かした鉛で実験を繰り返していたのである！　このときも至るところから錬金術師がやって来てはベルナルドに群がり、助言を与えていた。だが、ベルナルドはこうして群がってくる錬金術師を愛想良く受け入れて、財産を惜しみなく分け与えたのである。そこで、彼らはベルナルドを「善良なトレビゾ人」と呼び、錬金術の論文では今でもその呼び名で紹介されることが多い。ベルナルドは物質を変えては来る日も来る日も実験を続け、いつか金属変成の秘密を突き止められますようにと、毎朝、毎晩、神に祈りながら、一二年を過ごした。

この間、ベルナルドは友人の修道僧を失った。そこで同じように錬金術の研究に熱心だったトレビゾ市の行政長官が研究に参加するようになった。この新参者は、海が金の生みの親だというから、海の塩を使えば鉛や鉄を貴金属に変えられるのではないかと考えた。やってみよう。ベルナルドはそう決めると、実験室をバルト海沿岸の家に移し、塩を溶かしたり、昇華したり、結晶化したり、ときにはほかの実験のために塩水を飲んだりしながら、一年以上にわたって研究を続けた。それでもこの変わった情熱家の熱が冷めることはなく、一回実験で失敗しても、早く次の実験をしたいと、いっそう意欲が沸いてくるのだった。

五〇歳を目前に控えたベルナルドは、よその国のことは何ひとつ知らなかった。そこでドイツ、イタリア、フランス、スペインに旅に出ることにした。彼は行く先々で、近くに錬金術師がいないかどうかを聞いて回った。いつも錬金術師を探していた——そしてもし彼らが貧しければ救済し、裕福ならば激励した。シトーでは町の修道士、ジョフロワ・ルビエと知り合い、卵の殻の粉末が役に立つことを教わった。そこでベルナルドは、どうなるのだろうと思いつつ実験をしてみた。ところが、フランドルのベルゲンで、ある弁護士からそんな実験に一年も二年も費やすのはやめたほうがいいと言われ、あきらめた。この弁護士によると、奥義を突き止める鍵は酢と硫酸鉄にあるという。この考えが不合理なものだとは思わなかったベルナルドは、危うく自分が毒を飲むところであった。ベルナルドはフランスに五年ほど住んでいたが、神聖ローマ皇帝フリードリヒ三世の贖罪司祭、ハインリヒ師が賢者の石を発見したという話をたまたま耳にした。そこでハインリヒ師に会うためドイツへ向かった。相変わらずベルナルドには金に飢えた取り巻きがいたが、そのうち数人がドイツまでついて行こうと決心。ベルナルドは断ることもできず、結局は五人を引き連れてウィーンに向かった。ウィーンでは贖罪司祭に丁寧な招待状を送り、司祭を盛大にもてなした。そこにはウィーンの錬金術師がほぼ全員招かれていた。ハインリヒ師は、実はまだ賢者の石を発見していないのだと率直に認めたが、それに全人生を費やしていること、今後も発見するまで、つまり死ぬまで探し続けるつもりだとも話してくれた。ベルナルドはこの男を大変気に入り、二人は永遠の友情を誓った。食事のときに、その場にいる錬金術師全員で合計四二マルク金貨を出し合うことが決まった。これはハインリヒ師が自信たっぷりに主張していたことだが、四二マルクを五日間、師の溶鉱炉に入れておけば五倍になるというのである。ベルナルドはこの中で一番裕福だったので、最も多い一〇マルク金貨を、ハインリヒ師が五マルクを、そしてほかの二～三人が一マルク金貨を出した。ベルナルドについて来た取り巻きたちは主人から借りることになった。こうして大々的な実験が行われたのである――マルク金貨が、大量の塩や硫酸鉄、強水、卵の殻、水銀、鉛、肥料と共に炉に投入された。錬金術師たちはこのめちゃくちゃな混ぜ物が純金の塊になるのを期待しながら、真剣なまなざしで見詰めていた。ところがそれから三週間の後、溶鉱炉の火力が弱かったからとか、必要な材料が足りなかったからという理由で実験が中止になってしまった。泥棒が炉の中に手を入れて金貨を盗んだのかどうかは知らないが、実験が終わると、炉からは最初に入れた四二マルク分ではなく、一六マルク分の金貨しか出てこなかったらしい。

ベルナルドはウィーンで金を造るどころか、相当な額を浪費してしまった。これを深刻に受け止めたベルナルドは、もうこれ以上賢者の石のことなど考えるまいと誓った。そしてこの賢明な決断を二カ月の間守っていた。だが、惨めなものだった。彼はばくち打ちも同然で、お金があるうちは賭博の誘惑をはねのけることができず、これまでの損失を取り戻したいという一心で賭けを続けたが、やがては希望にも見放され、とうとう生活にも困るようになってしまった。ベルナルドは好きな錬金術の研究に戻ると、奥義を突き止め、それを自分のような情熱的で忍耐強い錬金術師に伝授してくれる哲学者を探す二度目の旅に出ることにした。まずはウィーンからローマへ、ローマからマドリードへと旅をした。ジブラルタルから船でメッシーナに渡り、メッシーナからキプロスへ、キプロスからギリシャへ、ギリシャからコンスタンチノープルへ、そこからエジプト、パレスチナ、そしてペルシャへと渡った。この放浪の旅は八年続いた。そしてペルシャからメッシーナに戻り、そこからフランスに入った。さらにフランスからイングランドに渡ったが、まだ大きな妄想を追い続けていた。これに人生のうち四年を費やした。今や年も取り、貧しくもなっていた――すでに六二歳になっており、財産の大半を売却しなければ旅の費用も賄えなくなっていた。ペルシャに行くまでに一万三〇〇〇クラウン以上の費用がかかっていたが、その約半分はだいじな溶鉱炉で完全に溶けてしまい、残りの半分は、行く先々で取り巻き連中に錬金術師を探し出してもらうのに惜しみなく与えられたものである。

トレビゾに戻ったベルナルドは、悲しいことに、実際には物ごいではなかったが、それと大して変わらない状態になっていた。親戚たちも彼を正気でないと思い、会うことさえ拒むようになった。だが、自尊心の高さが邪魔をして他人の世話になることもできず、いつかは必ず無限の富を手に入れられるという自信もまだ失っていなかったベルナルド。そこでロードス島に隠居することを決断した。ロードス島なら、富を手に入れるまでの間、貧しさを人目にさらさなくても済む。そう考えたのだ。ロードス島に渡ったベルナルドは、人知れず、楽しく暮らせるはずであった。ところが、運がなかったのか、同じように錬金術に熱心な修道士に出会ってしまったのだ。だが、二人とも貧しく、実験で使う材料や原料をまともに買うことすらできなかった。互いの情熱が冷めないようにと、二人はヘルメス学の話をしたり、錬金術について書かれた偉大な著者の作品を読んだりした。タム・オシャンター（スコットランドの詩人バーンズの抒情詩に出てくる怪人）の妻が復讐心を抱き、それを温めていたように、二人はこの愚かな考えを心に抱き、温めていたのである。ロードス島に住んで一年ほどたったころ、ベルナルドの家族を知るある商人が、残っていた最後の不動産を担保に八〇〇〇フロリンを融通してくれた。こうして資金を手にしたベルナルドは、まるで青年のように情熱的に、再び全精力を研究に注ぎ込んだ。三年もの間、ベルナルドはほとんど実験室から出てこなかった――寝食はすべて実験室で、手を洗ったりひげをそったりする時間も惜しんで実験に没頭していた。こんな忍耐強さがこんな無駄な探求に注ぎ込まれてしまったこと、また、これほどの不屈の情熱を注ぐ分野がほかになかったのかと考えると、気が重くなってくる。とうとう最後の硬貨を使い切ってしまい、その老いた体では飢えをしのげそうもなくなってきたというのに、ベルナルドはまだ希望を捨てていなかった。最後にはきっと成功する。そんなことをまだ夢見ていたベルナルドは、白髪だらけの八〇歳の体でゲーベル以降のヘルメス学の文献を読みあさり、今からやり直しても遅くはないと考えて、それまでの過程に間違いがなかったかどうかを確かめた。錬金術師らによると、ベルナルドは八二歳になったときについに成功し、金属変成の奥義を突き止めたそうである。そしてその後三年間生き永らえて、裕福な暮らしを存分に楽しんだという。ベルナルドは確かにこれほどの長寿をまっとうし、価値ある発見をしている──金や宝石よりも価値がある。八三歳になる直前に、哲学の極意とは自分の運命に満足することだということを学び、われわれにも身をもってそれを教えてくれた。だが、もっと早く、老衰する前に、無一文になる前に、流浪生活を送る前にそれが分かっていれば、もっと幸せな人生が送れたはずだ！

ベルナルドは一四九〇年にロードス島で世を去った。ヨーロッパ中の錬金術師はその死を悼んで挽歌を歌い、「善良なトレビゾ人」として称えた。錬金術関連の論文を何点か残しているが、重要なのは『化学の書（Book of Chemistry）』『ベルブム・ディミッスム（Verbum dimissum）』、そして『デ・ナトゥーラ・オビ（De Natura Ovi）』という随筆である。

トリテミウス

この人物の名前は錬金術師年鑑で有名になったのだが、それほどの名誉を手にしていたかというと、はなはだ疑問である。トリテミウスは一四六二年、トレビゾ選帝侯領にあるトリッテンハイムの村で生まれた。父親はヨハン・ハイデンベルクというぶどう栽培人で、安定した生活を送っていたが、トリテミウスがわずか七歳のときに亡くなり、トリテミウスは母親の手で育てられることになった。母親はその後間もなく再婚したが、最初の結婚でできた哀れな息子を放任するようになった。一五歳になったトリテミウスは自分の名前すら読めず、いつも腹を空かしていたうえ、義父からはいじめを受けていた。やがてこの不幸な少年の心に学問への情熱が芽生え始め、近所の家で読み方を学ぶようになった。だが、義父にぶどう畑で働かされていたので、昼間はそれにすべての時間を取られていた──夜は自分の時間だった。家族が寝静まったころ、見つからないように家を抜け出しては野原に座って月明かりの下で勉強し、独学でラテン語と初級ギリシャ語を習得した。ところが、学問に熱中しているといって、家ではひどい扱いを受けた。そこで彼は家を出ることを決断。そして父親が残してくれた財産をもらうと、トレビゾの町へ出た。そこでは出身村のトリッテンハイムから採ったトリテミウスを名乗り、立派な教師の下で数カ月間暮らして勉学に励んだ。その教師のおかげで、トリテミウスは大学進学の準備を進めることができた。二〇歳になったとき、彼はもう一度母親に会いたいという思いが脳裏をよぎり、遠く離れた大学から家路へと向かった。スポンハイム近くに着いたのは、ある冬の曇り空の夕刻だったが、雪が激しく降ってきて町へ向かうのは不可能な状態になってきた。そこで近くの修道院に一晩泊めてもらうことにした。ところが、豪雪は数日間続き、道を歩くこともできなかった。だが、親切な修道僧たちは何も言わず、そのまま泊めてくれた。トリテミウスは修道僧やその暮らしぶりが大変気に入り、急きょそこで彼らと一緒に暮らすことを決断し、修道僧となった。僧侶たちも彼のことを気に入っていたので、喜んで仲間として迎え入れてくれた。それから二年の後、トリテミウスはまだ若かったが、満場一致で修道院長に選出された。修道院の資金繰りはないがしろにされたままで、建物の壁は崩れ落ち、すべてがひどく乱雑な状態であった。トリテミウスは、その管理能力と几帳面な性格を生かして、支出のあらゆる項目を見直すことにした。修道院は立ち直り、これまでの赤字がうそのように毎年黒字になり、トリテミウスの苦労も報われる結果となった。だがトリテミウスは、修道僧が怠けている姿を見るのは嫌だった。祈りと祈りの間の時間を自分の用事に当てたり、チェスで気晴らしをしたりするのは許せなかった。そこで、修道僧に名だたる著者の作品を転写する仕事をさせることにした。修道僧は熱心に作業に取り組み、数年もすると、四〇冊程度しかなかった蔵書が、ラテン語で書かれた古典や大昔の神父たちの書き物、後の時代の主要な歴史学者や哲学者が書いたものも含めて、貴重な写本が数百冊と、かなり充実したものになってきた。こうしてスポンハイム修道院長の職を二一年にわたって務めたトリテミウスだったが、ここへ来て、とうとう修道僧たちが厳しい戒律に疲れ果てて反抗し始め、新しい修道院長を選出した。その後、トリテミウスはビュルツブルクの聖ヤーコブ修道院長になり、一五一六年に没した。

トリテミウスはスポンハイムで学びながら過ごしている間に、隠秘哲学《オカルトサイエンス》関連の作品をいくつか書いているが、中でも最も重要とされているのは、土占い（風水）、つまり地上の線や円を使った占いに関する随筆である。次が魔術の本、次が錬金術の本、そして四つ目が、守護天使が治める世界に関する随筆である。最後の作品は、あの有名な占星術師のウィリアム・リリー（リリーについては第七章「運勢判断」を参照）によって英語に翻訳され、一六四七年に出版された。

錬金術の信奉者たちの間では、トリテミウスの監督下でスポンハイムの修道院が栄えたのは、彼に経済観念があったからというよりは、賢者の石を発見したからだといわれている。ほかの多くの学識者と同じように、トリテミウスも妖術師だとして告発された。妻を亡くしたオーストリアのマクシミリアン大公（後の神聖ローマ皇帝）のとりなしで、ブルゴーニュのマリー公女の姿を彼が墓からよみがえらせたという信じ難い話まで飛び出した。トリテミウスのヘブライ文字や言葉の解読法に関する作品は、パラティン伯フリードリヒ二世により、妖術だ、悪魔的だとして非難され、フリードリヒ自身の手によって、書斎の本棚にあった書物も焼かれてしまった。悪魔とフォースタス博士（ゲーテの『ファウスト』で有名）の不思議な物語に初めて言及したのも、トリテミウスだといわれる。彼はこの話が実話であると固く信じていた。また、よく悩まされていた「フーデキン」という名の精霊の奇怪な行動についても述べている（原注　『世界伝記大事典』）。

ジル・ド・レイ元帥

一五世紀に錬金術を最も熱心に奨励したのが、ド・レイ侯爵にしてフランスの陸軍元帥であったジル・ド・レイである。その功績についてはあまり知られていないが、犯罪や愚行の記録では突出しており、多方面において空前絶後の人物である。ド・レイ元帥ほど残酷で恐ろしい人物は過去の小説にも描かれたことがなく、事実も法律文書などで十分に証明されているのに、小説好きな人には、そのあまりの残虐非道さに、数々の逸話は歴史的事実などではなく、読者を喜ばせるための作り話なのではないかとさえ思えるほどである。

ジルは一四二〇年ごろ、ブルターニュ地方屈指の貴族の家に生まれた。二〇歳になるころに父親を亡くし、若くしてフランス国王もうらやむほどの財産を手にすることになった。モンモランシー家、ロンシー家、クラン家と血縁関係にあり、一五もの広大な所領を有し、年収は三〇万リーブルほどあった。これに加え、ジルは眉目秀麗で学識があり、勇敢でもあった。シャルル七世の戦争では大いに手柄を立てて、国王から陸軍元帥の称号を与えられた。だがその暮らしぶりは派手で贅沢、子どものころから望みや情熱は何でも満たされていたため、それに慣れてしまったせいか、やがて悪事から悪事へ、犯罪から犯罪へとエスカレートし、人類の犯罪史上類を見ないほどの極悪人に成り下がっていったのである。

ジルが暮らしていたシャントセ城は、まるで東方の宮殿のように豪華絢爛であった。どこに行くにも二〇〇人の騎馬隊を引き連れていた。ジルが鷹狩りや狩猟に出掛けるとなると、きらびやかな馬飾りやお供の豪奢な身なりに、国中が何事かと驚異の目で見詰めるありさまであった。来訪者のためにと、城門は昼も夜も開かれていた。どんなに貧しい物ごいが来ても、ぶどう酒でもてなす決まりになっていた。城の大きな厨房では毎日、羊や豚、鳥のほかにも、牛が一頭丸ごと焼かれ、五〇〇人をもてなせるだけの料理が用意されていた。祈りの場も華やかであった。シャントセ城にある私設礼拝堂はフランス一美しい礼拝堂で、パリのノートルダム、アミアンやボーベ、ルーアンの見事な大聖堂をはるかに凌駕していた。礼拝堂には金糸布と豪華なベルベット地が吊るされ、シャンデリアはすべて純金に細かく銀をはめ込んだもの。祭壇の十字架は純銀で、聖杯や燭台は純金。見事なオルガンもあった。ジルが住まいを移すたびに、このオルガンは六人の男の肩に担がれて城から城へと運ばれた。教会には少年少女二五人から成る聖歌隊がおり、当代随一の音楽家に歌の指導をさせていた。礼拝堂の責任者は司教と呼ばれ、その下に主任司祭、助祭長、助任司祭が置かれ、それぞれに多額の給料が支払われていた。司教は年間四〇〇クラウン、ほかの者はそれぞれの職位に応じた金額を受け取っていた。

ほかにも役者や歌い手の集団を抱えており、一〇人の踊り子と歌い手をはじめ、モリスダンス（英国北部の民族舞踊）の踊り手、ありとあらゆる曲芸師や大道芸人がいた。彼らが出演する劇場は贅の限りを尽くして設えられており、ジル・ド・レイ自身や住人たち、そして城を訪れる客のために、彼らは毎晩、聖史劇を演じたりモリスダンスを踊ったりした。

ジルは二三歳で名門貴族であるトーア家の遺産相続人、カトリーヌと結婚し、彼女のために一〇万クラウンを費やして城の内装を全部新しくした。この結婚はジルの新たな贅沢の始まりとなり、浪費にもこれまで以上に拍車が掛かった――自分と妻が楽しむために有名な歌い手や踊り子を外国から呼び寄せたり、毎週ブルターニュ地方の騎士や貴族を招待しては馬上槍試合を催したりした。ブルターニュ公の庭園も、ジル・ド・レイ元帥の豪華な庭園には及ばなかった。ジルが金に糸目をつけないのは有名で、買い物をするたびに本来の値段の三倍もの料金を取られていた。城にはいつも困窮している居候やジルの快楽に手を貸すような男たちがうろうろしており、そんな彼らに、ジルは気前よく謝礼を払うのだった。ただ、ジルはもう普通のことでは性的満足を得られなくなっていた。食道楽だったジルがだんだん食べなくなり、以前なら夢中になっていた美しい踊り子にも興味を示さなくなってきた。憂うつそうな顔をしたり、よそよそしい態度を見せたりすることもあり、瞳にも狂気の前触れである異様な激しさをたたえるようになっていた。それでもジルの話しぶりはこれまでどおり筋が通っていたし、シャントセに集まってくる客人たちへの洗練された態度も変わることはなかった。ジルと話をした博学の聖職者たちも、フランスの貴族で彼ほど多方面の知識に通じている者はいないと言うほどであった。ところが、恐ろしいうわさが国中に広がり始めていた。殺人、いや、もっと残虐非道な悪行のうわさがささやかれていたのである。何人もの少年少女が突然姿を消して、そのまま行方不明になっているというではないか。シャントセ城に入っていくところを目撃された者もいたが、出てきたところを目撃された者はひとりもいない。だが、ド・レイ元帥ほどの権力者を面と向かって非難するような者はいなかった。行方不明の子どもたちの話題になると、ジルはいつも子どもたちが巻き込まれた謎の事件に驚きを示し、誘拐犯に憤りをあらわにするのだった。しかし、世間はもうだまされなかった。ジルの名はおとぎ話に出てくる人食い鬼として子どもたちに恐れられ、子どもたちはシャントセの塔の下を歩かないで遠回りするようにと教えられるようになった。

それから数年後、贅沢三昧を続けていたジルの財産も底を突き、とうとう不動産の一部を売りに出さざるを得なくなってきた。ブルターニュ公は値千金のアングラード領を買い取る契約を結んだが、ジルの相続人が、シャルル七世に所領の売却を阻止するため間に入ってほしいと嘆願。シャルル七世はすぐにジルの遺産の譲渡を禁じる勅令を発布。勅令はブルターニュの地方高等法院で追認された。ジルはそれに従うしかなかった。これでもう贅沢な暮らしを支えられるのはフランス陸軍元帥としての手当てだけになってしまったが、これでは支出の一〇分の一も賄えない状態だった。ジルのような性格では、無駄な支出を減らして相応の暮らしをすることなど無理だった。騎手や道化師、モリスダンスの踊り手、聖歌隊、そして居候たちを追放することも、またジルの助けを本当に必要としている連中のもてなしをやめることも、ジルには耐え難いことであった。ところが、ジルは財源がないにもかかわらず、今までと同じ暮らしを続けようと思い、錬金術師に転身することを決断した。そうすれば鉄から金を造れるし、ブルターニュで最も裕福で豪勢な貴族でいられるではないか。ジルはそう考えたのである。

そんなジルは、パリ、イタリア、ドイツ、スペインに使いを送り、熟練の錬金術師という錬金術師をシャントセに招待した。使いとして派遣されたのは、居候の中でも困窮を極め、かつ無節操な二人、ジル・ド・シレとロジェ・ド・ブリックビルであった。ロジェのほうは、ジルの言語道断な秘密の快楽につけ込む卑屈な男で、ジルはそんなロジェに母親のいない五歳になる娘の教育を任せていた。また、時期が来たら、その娘をロジェが選んだ男と結婚させる、あるいはロジェ自身が気に入れば結婚してもいいという許可まで与えていた。主人の新たなたくらみに熱心に乗ってきたその男は、パドバの錬金術師でもあるイタリア人の僧侶とポワトゥーの医師を紹介した。

ジルは二人のために立派な実験室を作らせると、三人で賢者の石の探求を開始した。その後間もなく、アントニオ・パレルモという自称哲学者が加わり、一年以上にわたって三人を手助けした。全員がジルの出す金で存分に研究に励み、元帥の手持ち金を湯水のように使っていたので、ジルもすぐにでも研究の目的は達成できるものと信じるようになった。折に触れてヨーロッパの遠国からも賢者の石の探求に参加したいという錬金術師がやって来て、数カ月間は二〇人を上回る錬金術師が銅を金に変えようと、ジルの金貨を薬品や錬金薬《エリクシール》に注ぎ込んでは無駄にしていた。

しかし、ジルはだらだらと長引く研究にじっと耐えていられるような男ではなかった。錬金術師たちは居心地のいい部屋で日々を過ごしており、もし許されたなら、きっと何年でもそうしていただろう。ところが、ジルはある日突然、イタリア人の僧侶とポワトゥーの医師を除く全員を追い出してしまったのだ。この二人を残したのは、もっと大胆な方法で賢者の石を探求してもらおうと思ったからだ。ポワトゥーの医師は、まずそういう秘密を握っているのは悪魔なのだから、悪魔を呼び出して契約を結べばいいと言って、ジルを説得した。ジルにもそうする用意はあり、魂以外なら何でも悪魔に捧げる、つまり悪魔の命令には何でも従うと約束した。ある日の真夜中、ジルはこの医師だけを伴って、近くの森の奥へ入っていった。医師は二人の周りに剣で魔法陣を描くと、三〇分にわたって祈りの文句を唱えながら、この呼び出しに応えて錬金術の奥義を明かすよう悪魔に命じた。ジルは興味津々でその様子を見詰めながら、大地が口を開けて人間の宿敵である悪魔が出てくるのを今か今かと待っていた。とうとう医師は一点をじっと見詰めると、髪を逆立てながら、まるで悪魔に語り掛けるように何かをしゃべり始めた。だが、ジルには何も見えなかった。すると突然、医師はまるで感覚がなくなったかのように剣の上に倒れ込んだ。ジルはそれを最後までじっと見詰めていた。しばらくすると医師は起き上がり、ジルにこう告げた。

「悪魔はかなり怒っていましたが、それはご覧になれましたか？」

ジルは何も見なかったと答えたが、それを聞いた医師はこう言った。

「ベルゼブブが野生の豹の姿になって現れまして、恐ろしいうなり声を発したのですが、何も言いませんでした。侯爵様が何も見えず、何も聞こえなかったのは、きっとこの儀式に全身全霊を捧げることにまだためらっていらっしゃるからでしょう」

ジルは確かに疑っていたことを認め、悪魔に語らせ、秘密を明かしてもらうにはどうしたらいいのかと尋ねた。すると医師はこう答えた。

「だれかがスペインとアフリカに行って、そこにしか生えていない薬草を摘んでくるのです」

さらに医師は、ジルが費用を出してくれるなら、自分が行ってもいいとまで言いだした。ジルは当意即妙に承諾した。翌日、医師はこの「かも」の金貨をありったけ手にして旅立っていった。ジルがこの男の姿を見たのはこれが最後であった。

だが、それでも熱心なシャントセの城主はあきらめ切れなかった。快楽には金が必要だ。しかし、超自然の力が助けてくれなければ、これ以上の資金を調達する術はなかった。あの医師が旅立って二〇リーグ（約一〇〇キロメートル）も行かないうちに、ジルはすでに金を造る秘密を悪魔に吐かせる計画を改めて実行してみようと決めていた。今度はひとりで悪魔を呼び出してみたが、何度やってもうまくいかなかった。ベルゼブブは頑固だから、出てきてくれないのだろう。できればベルゼブブを征服してやろうと心に決めたジルは、イタリア人の錬金術師兼僧侶に心中を打ち明けた。すると僧侶はこう言った。

「悪魔を呼び出す際に邪魔をしてはいけません。必要な護符やお守りをすべて用意してくださるなら、その仕事をお引き受けしても構いませんよ。それから、腕の血管を切って、その血で契約書に署名をされ、『すべてにおいて悪魔の意思に従い』、幼い子どもの心臓、肺、手、目、そして血をいけにえとして捧げることを誓っていただきたいのです」

僧侶はこんな条件を付けてきた。強欲な偏執狂と化していたジルは、少しもためらうことなく、二つ返事でこの吐き気がしそうな条件をのんだのである。次の日の夜、僧侶はひとりで外出した。そして三～四時間たってから、やきもきしながら待っているジルのところに戻ってきた。

「二〇歳の若者の姿をした悪魔と会ったのですが、悪魔は今後呼び出すときには『バロン』と呼んでくれと言っていましたよ。近くの森の大きな樫の木の下に埋まっている大量の金塊を見せながら、侯爵様が確固たる信念を持たれて契約条件をしっかり守ってくだされば、その金塊を全部、もしもっと大量に欲しいとおっしゃるならば、欲しいだけやろうとも言っていました」

また、僧侶は黒い粉の入った小さな箱を見せながら、これは鉄を金に変えるものだが、作業が実に面倒なので、樫の木の下に埋まっている金塊で我慢してほしいともいう。それでも想像し得る限りの贅をも凌ぐ量だという。ただし、この金塊探しは、七週間の七倍の期間が過ぎるまで待たなければならず、それより前に探しに行った場合には、せっかく苦労しても石板しか見つからないらしい。ジルは大いに悔しがり、落胆の表情を見せると、そんなに長くは待てないので、もし悪魔がぐずぐずしているようなら、ド・レイ元帥は軽くもてあそばれるのは嫌いだから、これ以上の交信には応じないことを僧侶から伝えてほしいと言いだした。すると、とうとう僧侶も、せめて七日間の七倍は待ってほしいとジルを説得した。そして七日間の七倍が過ぎたある日の深夜、二人はショベルを持って森に入ると、大きな樫の木の下を掘って金塊を探してみた。ところが、出てきたのは象形文字が書かれた石板だけであった。今度は僧侶が怒り心頭に達した。悪魔はうそつきのいかさま野郎だ、と大声で罵声を浴びせたのである。ジルもまったくそれに同感だったが、もう一度試してみようと、この狡猾なイタリア人にいとも簡単に説き伏せられてしまった。また、このイタリア人僧侶は、明日の夜にまた悪魔と会って、なぜ約束を破ったのかを聞いてみるとも約束した。次の日の夜、僧侶は約束どおりひとりで出掛けていった。そして戻ってくると主人にこう告げた。

「バロンに会ってきましたが、やつは、約束の時間まで待たずに金塊を掘ったと言ってかなり腹を立てていました。それに、侯爵様が罪を償うために聖地へ巡礼に行かれたことを知っても、目を掛けてやることはないだろうと」

イタリア人僧侶は間違いなく、親方がうっかり漏らした言葉を思い出してしゃべっていた。ジルはかつて、この世の虚栄と空虚さに嫌気が差してきたときに、神に仕える道に入ろうかと本気で考えた、と僧侶に打ち明けたことがある。

こうしてこの僧侶は、親方がだまされやすく罪の意識があるのをいいことに、毎月のようにおびき出しては高価なものをありったけ絞り取ると、それを持っていつ出ていこうかと機会をうかがっていた。しかし、この二人に天罰が下る日がやって来た。少年少女が不可解な形で姿を消す事件は後を絶たず、シャントセの城主が犯人ではないかというわさがどんどん広まり、教会も放っておくわけにはいかなくなってきたのである。ブルターニュ公の元にはナント司教から代表団が派遣されてきた。ド・レイ元帥の取り調べをして告発しなければ、社会的な大事件になるというわけだ。こうして、ド・レイ元帥は自分の城で共犯者の僧侶と共に逮捕され、ナントの地下牢で裁判の日を待つことになった。

この裁判を担当する判事は、ナント司教、ブルターニュの司教区尚書係、フランスの宗教裁判所判事代理、そしてナントの地方高等法院院長として名高いピエール・ロピタルであった。ド・レイ元帥の罪状は妖術罪、男色、そして殺人。裁判の初日、ジルは横暴な態度で臨んだ。裁判官たちに向かって、聖職売買者だ、みだらな生活を送っていると悪態をついた。さらに、そんな見下げたごろつきに有罪だ、無罪だと裁かれるぐらいなら、裁判などしないで犬のように首を吊られたほうがましだ、とまで言い放ったのである。しかし、裁判が進むにつれて、ジルはそんな自信さえも失い、すべて罪状の明らかな証拠に基づいて有罪判決が下されたのだった。この裁判で、ジルは強い欲望のままに犠牲者を刺して、その肉片が震え、息絶えるときに目の輝きが失われていくのをじっと見詰めながら楽しんでいたという異常ぶりが明らかになった。判事は僧侶の供述でジルの恐ろしい狂気について知ったのだが、ジルも死ぬ前にこの事実を認めている。シャントセとマシュクールの二つの城の周囲の村々では、三年間で一〇〇人近くの子どもが行方不明になっており、そのほとんどが、全員とは言わないまでも、この残虐極まりない怪物の欲情の犠牲になっていたのである。ジルは、こうすれば悪魔を友人にできるし、その返礼に賢者の石の秘密を教えてもらえると思っていたようだ。

ジルも僧侶も生体火刑が言い渡された。刑の執行場所に連れてこられた二人は、さすがに神妙な面持ちで、後悔しているようであった。ジルは僧侶を抱きしめながら、こう言った。

「これで永遠の別れだ、フランチェスコ。この世ではもう二度と会うことはあるまいが、希望を神に託そうではないか。天国でまた会おう」

ジルの身分の高さを考慮して刑は減じられ、僧侶のように生きたまま火刑に処せられることはなかった。まずは絞殺されてから焚火の中に投げ込まれ、その死体が半分ぐらい焼けたところで、埋葬するようにと親族に引き渡された。だが、僧侶のほうは灰になるまで焼き尽くされ、その灰も風にまき散らされるままだったという。

ジャック・クール

この異常な自称錬金術師は、前述のジル・ド・レイ元帥と同時代に活躍した人物である。シャルル七世の宮廷では名士中の名士であり、さまざまな場面で重要な役目を果たしていた。貧しい家の出だが、国の最高位にまで昇り詰め、仕えていたはずの国から横領したり略奪したりで、莫大な財産を蓄えた。こうした不正行為を隠すため、またその莫大な財産の真の出どころから人々の注意を逸らすため、ジャックは卑金属を金や銀に変成する術を発見した、などと大言壮語していたのである。

父親はブールジュの金細工職人だったが、年を追うごとに生活は苦しくなるばかりで、息子が同業組合《ギルド》に入るのに必要な金さえ払えないほどであった。だが、若きジャックは一四二八年にブールジュの王立造幣局の工員となり、よく働き、冶金の知識も豊富だったことから、造幣局ではとんとん拍子に昇進していった。また、シャルル七世の愛妾のアニエス・ソレルと近づきになるという幸運にも恵まれ、アニエスから大変気に入られ、後援を得るようになった。ジャックはこの時点で三つのもの、つまり能力、忍耐力、そして国王の寵姫の後援を手に入れたことになる。たいていはこの三つのうちひとつでもあれば成功への道が開かれるもの。それを三つとも手に入れたジャック・クールが無名のまま一生を終えていたら、それこそ不思議である。まだ若かったが、ジャックは造幣局の局長に昇進。そして一人前の職人になると、同時に空席だった王家の出納長官の職を手に入れた。

ジャックには財務に関する幅広い知識があり、莫大な資金の管理を任されるようになると、すぐにそれを自分の強みとして大いに利用した。まずは必需品に投機した。穀物や蜂蜜、ぶどう酒、その他の物資を買い占めて、底を突いてくるとその物資をまた売って、莫大な利益を手に入れた。王室の信任も厚かったため、度重なる買い占めや独占で平気で貧民を抑圧していた。貧民を抑圧する圧制者や暴君と不仲の友ほど辛らつな敵はいない。それと同じで、貧民から成り上がった者ほど獰猛で無謀な者はいない。ジャック・クールの貧困層に対する横柄な態度は故郷で非難の的となり、目上の者たちに対する卑屈な態度は、ジャック自身が入り込んでいった貴族社会でも軽蔑の的になった。だが、ジャックは故郷で非難されていることなど気にもせず、貴族の軽蔑のまなざしにも目をつぶり、フランス一の金持ちになるまで仕事を続けた。重要な事業については、国王もジャックに相談を持ち掛けるまでは何ひとつ動かなかったので、国王にとっても便利な存在であった。一四四六年、ジャックは国王の使節としてジェノバに、翌年にはローマ教皇ニコラス五世の元に派遣された。両方の任務を立派に果たしたジャックに国王も満足し、現職に加え、さらに実入りのいい地位が与えられた。

一四四九年、フランス総督ベッドフォード公を失ったノルマンディーのイングランド人が、フランス国王との停戦協定を破ってブルターニュ公が所有する小さな町を占領するという事件が起きた。これが引き金となって再び戦争の火ぶたが切って落とされ、フランスがノルマンディー地方のほぼ全域を奪回する結果となった。この戦費は、ほとんどがジャック・クールから前払いされていた。ルーアンがフランス軍に屈服し、シャルル七世がデュノワをはじめとする名将らを引き連れてルーアン市に凱旋したときも、ジャックはこの壮麗な行列の中にいた。ジャックの荷馬車と馬は国王のそれに引けを取らないほど豪華絢爛で、彼を敵視する者たちも、やつは自分ひとりでイングランド軍を追い払い、自分が金を出さなければ、いくら勇猛果敢な軍でも何の役にも立たない腰抜けだと言って鼻高々になっている、とうわさするほどであった。

デュノワもほぼ同じような考え方であった。兵士たちの勇姿を非難するわけではなかったが、有能な財政官がいなければ、兵士たちの食糧も給与もなかったし、強力な防備を敷くこともできなかったことを認めていた。

再び平和が訪れると、ジャックはまた商取引に夢中になって、ジェノバ人との貿易に備えて数隻の大型船を用意した。フランス各地に広大な土地も数カ所購入した。主なものはサンファルゴー、ムネトン、サローヌ、モーブランシュ、モーヌ、サンジェランドボー、サントーンドボワシーの各男爵領、ラパリス、シャンピニェル、ボーモン、ビルヌーブラジェネの各伯爵領、そしてトゥーシ侯爵領である。また、聖職者を職業に選んだ息子のジャン・クールにも、ブールジュ大司教の座にも負けないほどの高職を与えてやった。

まともに働いているだけではあんな莫大な財産を手に入れることはできまい。だれもがそうささやいていた。ジャックを成り上がりだと考えていた富裕層も、暴君だと考えていた貧困層も、その鼻がへし折られる日を今か今かと待っていた。ジャックは自分のうわさを多少気に掛けるようになった。国の硬貨の質を落とし、重要な文書に押す国璽を偽造してかなりの金額を横領しているという話も陰でささやかれていたのである。このうわさをかき消そうと、ジャックは外国から錬金術師たちを招いて一緒に住まわせ、逆に自分が賢者の石を発見したといううわさを広めた。また、故郷に豪奢な住まいを建てて、その入り口に錬金術を象徴する彫刻も施した。しばらくすると、また同じように豪奢な家をモンペリエに建て、同じような彫刻を飾った。さらに錬金術に関する論文も執筆し、金属変成の秘密を知っているとも主張した。

しかし、数々の横領を隠そうとしてさまざまな手を打ったものの、すべて無駄に終わってしまった。一四五二年、ジャックは逮捕され、複数の罪状で裁判に付された。心優しい後援者のアニエス・ソレルを毒殺した共犯者だという罪状に関しては、ジャックの敵が彼を破滅に追い込もうとでっち上げたものだとして無罪となったが、ほかの罪状に関してはすべて有罪となり、国外追放と四〇万クラウンの罰金刑が言い渡された。裁判では、ジャックが国璽を偽造していたこと、ブールジュ造幣局長の地位を利用して国内の金貨と銀貨の質を大幅に落としたこと、近隣のキリスト教諸国との戦争を継続できるよう、トルコ軍に武器と資金を援助して、莫大な額の見返りをもらっていたことが立証された。シャルル七世はこの有罪判決に大きく落胆したが、最後までジャックの無実を信じていた。そこで国王の尽力で、罰金の額はジャックが支払える額に減額された。獄中でしばらく暮らした後、ジャックは釈放されてフランスを出国。その際、彼は大金を所持していたが、その一部は、シャルルが没収した土地の上がりからこっそりジャックに持たせたものだといわれている。ジャックはキプロス島に身を引いたが、一四六〇年ごろ、島で一番裕福な大立者として世を去った。

錬金術関連の著述家は、ジャック・クールが彼らと同じ同業組合《ギルド》に入っていたと主張しており、裁判記録に残っているような財産の説明は虚偽のもので、名誉棄損に当たるとしている。ピエール・ボレルは『探査の宝庫――ガリアおよびフランスの古代文明（Trésor de Recherches et Antiquitez Gauloises et Françoises）』の中で、ジャックは正直者だし、賢者の石を使って鉛と銅から金を造ったとしている。熟練した錬金術師らもほぼ同意見である。だが、同時代人に対してこの事実を納得のいく形で説明することはできなかった。おそらく、後の世になってもそれは変わらないであろう。

一四～一五世紀の三流錬金術師たち

一四～一五世紀のヨーロッパ諸国には、ほかにも賢者の石を探求した者が大勢いた。金属が別の金属に変わることについては広く認識されており、化学者はだれもが多かれ少なかれ錬金術をかじっていた。ドイツ、オランダ、イタリア、スペイン、ポーランド、フランス、そしてイングランドには何千人もの無名の錬金術師が現れ、むなしい幻想を追い掛けながらも、占星術や占いといった儲かる手段で生計を立てていた。ヨーロッパ諸国の君主も、やはり賢者の石を発見できると信じていた。イングランドのヘンリー六世やエドワード四世も錬金術を奨励した。ドイツではマクシミリアン二世やルードルフ二世、フリードリヒ二世といった皇帝が錬金術に大いに精魂を傾けた。領内のほかの有力諸侯もそれに倣って錬金術を奨励した。ドイツの貴族や諸侯の間では、錬金術師を招いて一緒に住まわせ、自分の身代金として何百万もの金を払えるようになるまで牢獄に幽閉するのが日常茶飯事になっていた。その結果、哀れにも多くの人々が永久に牢獄から出られないという憂き目を見ることになった。エドワード二世もラモン・ルルに同じような試練を与えている。ラモンは賢者の石を発見したと言ったことで名誉を与えられ、ロンドン塔に住まいを提供されたが、そのうちにわなにはまったことに気づき、どうにか逃亡することに成功した。伝記作家によると、ラモンはテムズ川に飛び込んで、待機していた船まで泳いでいって逃げたそうだ。後ほどコスモポライト、シーソンの生涯のところで詳しくご紹介するが、一六世紀にも同じようなからくりが続いていた。

次にご紹介するのは、この時代に錬金術の書物を書いたが、その波乱万丈の生涯についてはあまり知られていないか、詳しく紹介するほどの価値がないという数人の人物である。まずはイングランドのジョン・ドーストン。一三一五年には生存しており、錬金術に関する論文を二点書いている。次はリチャード、またはロバートとも呼ばれるイングランド人。一三三〇年には生存しており、『コレクトリウム・アルシミエ（Correctorium Alchymioe）』を著すが、これはパラケルススの時代までは大変高く評価されていた。同じ年に生存していたのはロンバルディアのペテロ。いわゆる『ヘルメス学大全（Complete Treatise upon the Hermetic Science）』を執筆した。これは後にカラブリアの僧侶ラチーニによって抄本が出版された。一三三〇年、パリで最も有名な錬金術師だったのがオドマールで、その著書『魔術について（De Practica Magistri）』は長い間、錬金術師たちの教本になっていた。聖フランシスコ会の僧侶だったフランス人ジャン・ド・ルペシッサは、一三五七年に活躍し、予言者であり錬金術師でもあると主張していた。その予言はローマ教皇インノケンティウス六世には不愉快なもので、教皇庁はジャンをバチカンの牢獄に放り込んで予言をやめさせることを決断。一般にジャンは獄死したといわれているが、それを裏づける証拠は何もない。主な著作には『光の書（Book of Light）』『五大元素（Five Essences）』『哲学者の天国（Heaven of Philosophers）』などがあるが、最も重要なのは『宝石の製造について（De Confectione Lapidis）』である。錬金術師の間ではそれほど注目されてはいなかった。オルトラーニも錬金術を研究した人物だが、詳しいことは不明である。ニコラ・フラメルの時代の少し前にパリで錬金術と占星術を実践していたようだ。錬金術関連の作品を一三五八年にパリで著している。一五世紀初頭の医師イサーク・ホランドゥスも同時期に本を執筆し、息子も錬金術を研究していたといわれているが、この親子の生涯で特筆すべき事柄は何ひとつ知られていない。オランダの医師ブールハーフェはこの親子の作品を称賛しており、パラケルススも彼らを高く評価している。主要作品には一六〇八年にベルンで出版された『デ・トリプリチ・オルディネ・エリクシリス・エ・ラピディス・テオリア（De Triplici Ordine Elixiris et Lapidis Theoria）』と一六〇〇年にミドルブルクで出版された『ミネラリア・オペラ・スー・デ・ラピデ・フィロソフィコ（Mineralia Opera, seu de Lapide Philosophico）』がある。ほかにも錬金術の著作を八作品残している。ポーランド人のコフストキーも錬金術に関する論文『鉱物の色（The Tincture of Minerals）』を一四八八年ごろに発表している。国王の名もこうした錬金術師のリストに載せるのを忘れてはならない。フランスのシャルル六世は当時最もだまされやすい君主だったが、その王宮は錬金術師や魔法使い、占星術師、ありとあらゆる山師やいかさま師であふれ返っていた。シャルル六世も賢者の石の探求を何度も試みているし、錬金術の分野には精通していると自負しており、世界中を自分の論文で啓蒙しようと考えて、『フランス国王シャルル六世の素晴らしい作品と哲学の宝物』を著した。ニコラ・フラメルはこの著作から『望みの望み』の着想を得たといわれている。ラングレ・デュフレノワによると、シャルル六世の論文はかなり寓話的で、ほとんど理解不可能な作品だそうだ。

一六～一七世紀の錬金術熱の推移――錬金術の現状

賢者の石の探求は、一六世紀～一七世紀になっても無数の熱心な研究者とだまされやすい人々によって続けられていたが、このころになると状況が劇的に変化してくる。錬金術の研究に専心していた優れた学者たちの解釈も一変し、賢者の石や生命の水を手に入れることは、単に卑金属を貴金属に変えられるだけでなく、ほかの学問のあらゆる難題を解く鍵を手に入れることにもなる、という考えが一般的になってきたのである。彼らによると、それを手に入れれば、まず人間は創造主たる神とより親密に交信できるようになり、病気や悲しみがこの世から消えてなくなり、「地上をうろつき回る目に見えない数百万という超自然の存在」が目に見えるようになり、人間の友となり、仲間となり、師になるという。とくに一七世紀に入ると、ヨーロッパではこうした詩的で幻想的な考えが脚光を浴びるようになった。こうした思想は、まずローゼンクロイツがドイツに広めたのを皮切りに、フランス、イングランドで広がり、やがては真実を探求する賢明だが情熱的な多くの学者たちの正しい判断をも圧倒するようになってきた。新たに出てきたこの優美な神話は、パラケルススやディー博士、その他それほど重要ではない多くの錬金術師をすっかり魅了し、ヨーロッパの文学を彩るまでになった。一六世紀の大半の錬金術師は、薔薇十字団という神秘的な同志団体のことをまだ知らなかったが、彼らの非現実的な信条に多少は染まっていたのである。だが、この詩情あふれる空想家たちの話をする前に、まずは錬金術にまつわる愚行の話に戻り、彼らの夢をそっくり奪っていった変化についてたどってみる必要がある。この熱狂は、時代を経るにつれて下火になるどころか、ますます燃え盛ってくるのが分かるだろう。

アウグレッリ

一五世紀に生まれ、一六世紀に頭角を現した最初の人物がジョバンニ・アウレリオ・アウグレッリ（アウグレッロともいわれる）である。一四四一年にリミニに生まれ、ベネチアとトレビゾで純文学の教授として教壇に立っていた。若いころからヘルメス学を信奉しており、賢者の石を発見して幸せになれるよう神に祈りを捧げていた。常に化学の実験道具などに囲まれて暮らしており、全財産を薬品や金属の購入に注ぎ込んでいた。詩人でもあったが、口で言うほど評価されてはいなかった。本人は金の造り方を書いたものだと主張しているが、アウグレッリは教皇庁からたんまり褒美をもらえるものと期待して、『クリソペイア（Crysopeia）』という作品をローマ教皇レオ一〇世に献上した。ところが、教皇には詩心も十分あり、アウグレッリの詩を月並み以下のものと評価した。哲学にも十分精通していた教皇は、本の中で熱心に説いている奇妙な教義についても認めなかった。つまり、書物を献上して褒美をもらおうなど、とんでもない話だったのである。言い伝えによると、アウグレッリが褒美について尋ねてみたところ、教皇はもったいぶった様子で、見た目には親切そうに懐から空の財布を取り出すと、アウグレッリに手渡しながらこう告げたらしい。金の造り方を知っているのなら、それに一番ふさわしい褒美はその金を入れる財布であろうと。この哀れな錬金術師が詩人として、また錬金術師として得た報酬は、この浅ましい褒美だけであった。アウグレッリは極貧の中で死を迎えた。享年八三歳であった。

コウネリウス・アグリッパ

この錬金術師は後世に輝かしい名声を残している。アグリッパの能力については実に驚くような逸話があり、人々もそれを信じていた。たった一言発するだけで、鉄を金に変えることができたというのである。空中の精霊や地中の悪魔もアグリッパの支配下にあり、彼の命令には何でも従っていた。また、死んだ偉人たちをよみがえらせて、その姿を見ても十分に耐えられる度胸のある物見高い人々の目の前に、「当時の習癖のまま」呼び出すことができるともいわれていた。

　アグリッパは一四八六年にケルンで生まれ、子どものころに化学と錬金術の勉強を始めた。どんな手段かは分かっていないが、何らかの手段で、その学識の深さから素晴らしい着想に富んでいることを同時代の人々に印象づけていた。若干二〇歳にして錬金術師としてすでに名を成しており、パリの大物錬金術師らもケルンのアグリッパに手紙を出して、フランスに住んで賢者の石の探求でその知識や経験を伝えてほしいと言ってくるほどであった。アグリッパに礼を尽くした賛辞は後を絶たず、当時の学者たちの評価も大変なものであった。宗教改革者のフィリップ・メランヒトンは尊敬と称賛の言葉で語り、エラスムスも好意的に述べている――当時の世論は、アグリッパを文学の光、哲学の誉れであると賛美していた。中にはあまりにも自己中心的に自分の偉大さを人々に訴えつつ、自分の学殖を声高らかに発表しては常に自画自賛を繰り返し、たちまち世界中の称賛を浴びるようになった者もいる。アグリッパもおそらくそのたぐいの男だろう。彼は自分のことを卓越した神学者、優れた法学者、有能な医師、偉大な哲学者、そして成功した錬金術師と呼んでいた。世界もしまいにはその言葉を信じてしまい、それだけ大口をたたいているのだから、それなりの実力があるはずだと考えるようになったのである――どうしようもない大ぼら吹きだったのは間違いない。アグリッパは神聖ローマ皇帝マクシミリアン一世の宮廷書記となり、騎士の称号を与えられて連隊の名誉指揮官となった。その後、ヘブライ語と純文学の教授としてフランスのドール大学の教壇に立つが、聖フランシスコ会の僧侶と込み入った神学論争を戦わせた揚げ句に言い争いとなり、町を出ていく羽目に。アグリッパはロンドンに逃げると、ヘブライ語を教えたり星占いをしたりして一年ほどを過ごした。その後はパビアに移り、事実かどうかは定かでないが、ヘルメス・トリスメギストスの著作についての講義を行っていた。聖職者とまた口論になっていなければ、ここで平穏無事に暮らしていたはずだ。ところが、立場がまたも危うくなってきたため、メス管轄区の申し出を受け入れて、そこの地方行政長官、ならびに法務官に就任した。だが、ここでもまた議論好きの性格が敵を作ってしまう。メスの偉い神学者によれば、聖アンナには三人の夫がいたらしく、当時の民間信仰でもそう信じられていた。ところが、アグリッパがむやみにこの説に、いや、アグリッパに言わせれば、この先入観に反論したものだから、甚だしく信望を失ってしまった。そこへまた新たな論争が持ち上がった。この論争はアグリッパの性格によるところが大きく、これでメスの人々の評価を一気に下げてしまった。思いやりから魔女罪で告発された少女の味方をしたことから、敵はアグリッパ自身が妖術師だと言いだしたのである。それは大騒動を巻き起こし、またしても彼は町を出ていくことになった。その後、フランソワ一世の母后ルイーズの侍医になった。ルイーズは未来のことを知りたがり、自分の星を占ってほしいと言ってきた。ところがアグリッパは、そのような意味のない好奇心をかき立てるつもりはないと言って断ってしまった。その結果、彼はルイーズの信頼を失って、直ちに解任されてしまう。もし星占いなど何の役にも立たないという信念に基づいてそう答えたのなら、アグリッパの率直さと他人に追随しない思い切りの良さを褒めるべきだろうが、ちょうどこの時期、彼はずっと易断や占いをしており、警官のド・ブルボンにも仕事はすべて大成功するだろうと予言していた。このことを考えると、ルイーズのような権力者の気持ちを遠ざけてしまったのは、彼の単なる短気でへそ曲がりな性格が原因だとしか思えない。

そのころ、アグリッパはイングランドのヘンリー八世と北海沿岸低地帯（現在のオランダ、ベルギー、ルクセンブルク）を統治していたオーストリアのマルガリータ王女の二人から領内で暮らすよう誘われた。アグリッパはマルガリータ王女の誘いに応じることにし、マルガリータの尽力で神聖ローマ皇帝カール五世付き史料編纂官に就任。ところが残念なことに、アグリッパはその落ち着きのなさとずうずうしさが庇護者たちの怒りを買ってしまい、同じ地位に長く留まることはできなかった。マルガリータ王女が没すると、アグリッパは妖術罪のかどでブリュッセルの監獄に収監されてしまう。一年後には釈放されるが、国を離れ、その後も浮沈を繰り返した。一五三四年、彼は究極の貧しさの中で四八年の生涯を終えた。

マルガリータ王女に仕えていたときは、主にルーフェン（ベルギー東郊の都市）に住み、そこで有名な『学問の虚しさについて（De incertitudine et vanitte scientiarum et artium）』を執筆。また、マガリータ王女に喜んでもらおうと、『女性の高貴さと優越性について（De nobilitate et praecellentia foeminei sexus）』という論文も執筆して、寵愛に対する感謝の気持ちとして王女に献上した。だが、アグリッパが残したのは、素晴らしい声価とは程遠いものであった。その生涯に関しても、驚くような話が山ほど語られているのである。例えば、アグリッパが買い物をするときに支払う金貨は必ず光輝いているのに、二四時間もしないうちに石に変わってしまうという話がある。この偽造金貨については、アグリッパが悪魔の力を借りて大量に造っていたものと考えられていたが、このことからも分かるように、錬金術に関してはうわべだけの知識しかなく、ジル・ド・レイ元帥が褒めるほどの人物でもなかったようだ。イエズス会の神学者デルリオは、魔術や妖術に関する著作の中でアグリッパに関するさらに驚くような話を紹介している。ある日、アグリッパはルーフェンの自宅をしばらく留守にすることになり、書斎の鍵を妻に渡しながら、留守中は何があっても絶対に他人を中に入れないようにと厳しく命じた。妻のほうは、いぶかしいとは思っていたのだろうが、夫の秘密を詮索する気もなかったので、あえて禁じられた書斎に入ろうとはしなかった。ところが、この家の屋根裏で暮らしていた若い学生が、どうしても書斎に入ってみたくなった。もしかしたら金属変成の術を手ほどきした書物を持ち出せるかもしれないと考えたのだ。美男子で口もうまいこの若者は、とにかくこの妻の美しさを褒めちぎり、あっさりと彼女を言いくるめると、鍵を貸してもらうことに成功。ただし、部屋の中のものは何ひとつ動かしてはならないという厳しい条件が付けられた。若者は命令に従うことを約束し、アグリッパの書斎に入っていった。最初に若者の目を引いたのは机上に置いてあった大きな魔術書。若者はすぐにいすに座ってその本を読み始めた。最初の一言を口にした。すると扉をたたく音が聞こえたような気がした。若者は聞き耳を立てたが、もう何も聞こえなかった。きっと空耳に違いない。そう思った若者は、また本を読み始めた。すると、また扉をたたく音がした。さっきの音より大きかった。若者はぞっとして、いすからさっと立ち上がった。

「どうぞ」。若者はそう言おうとしたが、舌がもつれてしまい、きちんと声に出すことはできなかった。若者は扉を食い入るように見詰めた。すると扉がゆっくりと開き、威風堂々とした見知らぬ男が渋い顔をしながら現れると、なぜ呼び出したのか、と聞いてきた。

「呼び出したりしていません」。若者はがたがた震えながらそう言った。

「呼び出しただろう！　悪魔というのはむやみに出てくるものではない」。男は若者にさらに怒りをぶつけた。

若者は答えに窮した。悪魔は手ほどきも受けていない素人がずうずうしくも自分を呼び出したことに立腹し、若者ののどをぐいとつかむと、そのまま絞め殺してしまった。

数日後、帰宅したアグリッパは、家中が悪魔に取り巻かれているのに気がついた。煙突の煙出しに座って足をぶらぶらさせているやつもいれば、手すりの端から飛び降りて遊んでいるやつもいた。書斎は悪魔であふれており、机まで歩いていくのも一苦労であった。悪魔をひじで押しのけながら、やっとのことで机までたどり着いたアグリッパだが、机の上には本が開いたままになっており、学生が床に倒れて死んでいるのが見えた。アグリッパはすぐに何が起きたのかを理解した。そこで下っ端の使い魔どもを全部追い出すと、悪魔の長に、なぜそんなに性急に若者を殺したのかと問い正した。すると悪魔は、この無礼な若者に用事もないのにむやみに呼び出されたので、厚かましいと思い、殺すしかなかったのだと答えた。アグリッパは悪魔を厳しく叱責すると、直ちに死んだ若者に再び生命を吹き込んで、夕方まで一緒に市場を散歩してくるようにと命じた。悪魔は命令に従った。若者は生き返り、この気味の悪い人殺しと腕を組んで仲良く町を散歩した。ところが、日が暮れるころ、若者は再び倒れて前と同じように冷たくなってしまった。若者は通行人の手で病院に担ぎ込まれ、脳卒中という診断が下された。一緒にいた悪魔はさっと姿をくらましてしまった。検死の結果、若者からは頸部圧迫の跡が見つかり、長い悪魔のつめ跡が体中にいくつも残っていたということだ。連れの男は炎と煙が舞い上がる中に姿を消したという話と共に、この話もすぐに広まり、人々も真実に目覚めてきた。ルーフェンの治安判事も調査を開始し、結果的にアグリッパは町を離れざるを得なくなってしまった。

アグリッパについては、デルリオ以外にも同じような話をしてくれる著述家がいる。当時は世界中にこのような魔術や妖術の話を信じる土壌があった。アグリッパの事例と同じように、自称妖術師が自分を妖術師だと主張し、自分が奇跡を起こしたことを信じてほしいと懇願すれば、当時の人々はその主張を当然のように認めていたのである。だが、それは危険な大ぼらであり、それが原因で絞首台や火刑台に送られる者もいた。だから、こうした話はあながち根拠がなかったわけでもないのである。人文学者のパオロ・ジョビオは『ユーロジア・ドクトルム・ビロルム（Eulogia Doctorum Virorum）』の中で、アグリッパは行く先々に黒い大型犬の姿をした悪魔を連れていったと述べている。トマス・ナッシュも『ジャック・ウィルトンの冒険（Adventures of Jack Wilton）』で、アグリッパはサリー卿やエラスムス、その他多くの学者の求めに応じて、古代の賢人を何人も墓からよみがえらせたと記している。中でもキケロは、訴訟を起こされていたロスキウス（古代ローマの喜劇俳優）を弁護したときの演説を再びやらされたらしい。またドイツでは、サリー卿にも美しい情婦のジェラルディーンの姿を鏡に映し出してみせたという。サリー卿がそばにいてくれないので寂しがってソファーで泣いている姿であった。サリー卿はこれを見た時刻を書き留めておき、後で情婦に会いに行ったときに確かめてみると、ちょうどそのころ、彼女はそんなふうに泣いていたことが分かったそうだ。イングランドのトーマス・クロムウェル卿には、ウィンザー庭園で狩りをしているヘンリー八世と重臣らをよみがえらせ、神聖ローマ皇帝カール五世には、ダビデ王とソロモン王を墓からよみがえらせてみせた。

アグリッパは、デルリオ、パオロ・ジョビオなど無知で偏見にとらわれた文士たちの非難を浴びていたが、ガブリエル・ノーデは『魔術で告発された偉人たちのための弁明』の中で、何とかそうした汚名を晴らそうとしている。ノーデの時代にはこうした話は論破しなければならなかったが、今では論破する必要もなく、不条理なものとしてそのまま消滅してしまえばそれで済むのである。しかし、鉄に命令して金に姿を変えさせる力があると主張する男、そして魔術書を書いたと主張する男の名声をもっと重視するべきであった。

パラケルスス

パラケルススは、ガブリエル・ノーデに「あらゆる錬金術師の中でも頂点を極めた男、昇る太陽である」と言わしめた錬金術師で、一四九三年にチューリッヒ近郊のアインジーデルンで生を受けた。本名はフォン・ホーエンハイムといい、本人が話しているように、その前に洗礼名であるアウレオールス・テオフラストゥス・ボンバストゥス・パラケルススという名が来る。パラケルススは少年のころにこの最後に来るパラケルススを通称にしようと決めたが、それ以降、死ぬまでその名が当時の年鑑でも最も有名な名前となった。医師だった父親は、息子にも同じ道を歩ませるべく教育を施した。パラケルススは優秀な学生で、成績もどんどん上がっていった。偶然にも一五世紀初頭の医師イサーク・ホランドゥスの書物を手に入れたパラケルススは、この賢者の石の探求者にほれ込んでしまい、それからは冶金学のことばかり考えるようになった。そこでスウェーデンに旅に出たのである。スウェーデンでは鉱山を訪れ、まだ地中深くに眠っている鉱石を調べてみたいと思っていた。また、スポンハイムの修道院にトリテミウスも訪ね、錬金術に関する手ほどきを受けた。こうして旅を続けながら、プロシア、オーストリアを経て、トルコ、エジプト、タタール地方に入った。そしてそこからコンスタンチノープルに戻る際に、パラケルススの話によると、金属の変成を学び、生命の水を手に入れたようである。その後故郷のチューリッヒで医師として身を立てて、錬金術や医術に関する本の執筆を始めたが、それがたちまちヨーロッパ中の注目を集めるようになった。作品は極めて難解だったが、作品そのものの評価には何ら影響はなかった。その作品が難解であればあるほど、悪魔研究家や愛好家、賢者の石探しに夢中になっている者たちは高く評価した。医師としての名声は錬金術師としての名声に歩調を合わせるように高まっていった。水銀やアヘンを使った治療を施して病気を治していたからだ——薬物治療は同業者から露骨に非難された。一五二六年にはバーゼル大学で物理学と自然哲学の教授に選任され、講義には多くの学生が集まった。講義では、過去の医者が書いた著作を誤った方向に導く可能性があるとして糾弾し、ギリシャの医学者で哲学者のガレノスやアビセンナの著作を、山師だ、詐欺師だと言って公衆の面前で燃やしてしまった。これを見ようと集まってきた人々は感心しながらも半ば困惑していたが、そんな彼らに向かってパラケルススは、こんな医者が書いた本を読むよりも自分の靴紐を見ていたほうがずっと知恵がつく、とも言ってのけた。さらに世界中の大学は何も知らない山師や偽医者であふれ返っているが、自分は、パラケルススは、英知に満ちているのだとも言い放った。

「諸君、皆わたしの新説について来るがいい」。パラケルススは激しい身振り手振りを交えながらそう言った。

「アビセンナもガレノスも、ラージス、モンタニャーナ、ムメ、諸君も皆ついて来るがいい。パリ、モンペリエ、ドイツ、ケルン、ウィーンの教授陣よ！　ライン川やダニューブ川沿いに住む諸君！　海に浮かぶ島々に住む諸君よ、イタリア人、ダルマチア地方の諸君、アテネの諸君、アラブ人、ユダヤ人も、皆わたしの学説について来るがいい。なぜなら、わたしが医術界の君主だからだ！」

だが、バーゼルの善良な人々は、間もなくパラケルススに愛想を尽かしてしまう。酒におぼれ、街を歩いているときも常に酔っ払っていたからだ。これでは医師としての面目も丸つぶれである。パラケルススは見る見るうちに評判を落とし、それに比例するように悪評も立つようになった。とくに彼が妖術師であるような態度を取るとひときわ評判が悪くなった。何でも精霊の集団を統率しているとかで、とくにある精霊を自分の剣の柄に封じ込めているらしい。パラケルススの下で二七カ月間働いていたウェッテルスによると、彼はよく悪魔の集団を呼び出して、集団を好きなように操れる多大な権力を見せてやろうか、と言って脅かされたそうだ。また、剣の柄に封じ込めている精霊が生命の水を保管しているから、それを使えばどんな人間でも数百歳まで生かすことができる、とも言っていたらしい。パラケルススの自慢話はまだまだある。「アゾット」という精霊を宝石の中に封じ込めて管理しているらしい——パラケルススの古い肖像画は、宝石を手にしたパラケルススを描いたものが多いが、そこには必ず「アゾット」の文字が刻まれている（「アゾット〝Azoth〟」とはアラビア語で水銀を意味する"azzauq"が変化したもの)。

祖国ではしらふの予言者でも尊敬されないぐらいだから、酔っ払いの予言者などもってのほかだ。パラケルススはとうとうバーゼルを離れたほうがいいと判断し、ストラスブールに身を寄せた。こんなふうに急いで引っ越したのは、次のような理由からであった。ある市民が死に瀕しており、町中の医者が治療をあきらめてしまった。そこで最後の望みの綱としてパラケルススに声が掛かり、病人も、もしこれで病気が治ったら謝礼は弾むからと約束した。パラケルススは病人に二錠の錠剤をのませた。すると病気はめきめき良くなっていった。すっかり病気が回復したところで、パラケルススは謝礼を受け取りに使いを行かせた。ところがこの市民、こんなに早く治してもらったというのに、治療はあまり良くなかったと言いだしたのだ。そして自分の命を救ってくれたというのに、二錠の薬に一握りの金貨を払う気などさらさらなく、一回の往診代以上は支払わないというのである。パラケルススはこの市民を裁判に訴えたが、結果は敗訴。これに憤慨したパラケルススは、怒り心頭に達してバーゼルを出ていったのだった。パラケルススはまた放浪生活に舞い戻り、ドイツやハンガリーを旅しながら、ありとあらゆる人々の軽信性と陶酔を頼りに生計を立てることになった。星回りで運勢を占いながら、つまり未来を語りながら、賢者の石を見つけようとして実験に大金を注ぎ込めるような人々を助け、牛や豚の病気の治療法を教え、盗品の発見に手を貸したりした。そうしてニュルンベルク、アウグスブルク、ウィーン、ミンデルハイムを転々とした後、一五四一年にザルツブルクに隠居し、町の施療院で赤貧の状態で世を去った。

生存中、この大ぼら吹きには数百という崇拝者がいたが、没後はそれが数千にも膨らんだ。フランスとドイツには、あらゆる科学、とりわけ錬金術に関する放縦な学説を永遠に広めていこうというパラケルスス派が現れた。主な指導者はボーデンシュタインとドルネウスである。次にご紹介するのは、賢者の石が存在することを想定して打ち立てたパラケルススの教えを簡単にまとめたものである――これはそのあまりの不合理さゆえに後世に残しておく価値があり、錬金術史上まったく類を見ないものである。パラケルススはこう主張している。

「まず第一に、あらゆる知恵や知識を手に入れるには、神という完ぺきな存在について沈思するだけで十分である。聖書があらゆる病気の理論の元であり、呪術療法の重要性を理解するには黙示録に当たってみることだ。神の意志に絶対的に服従し、神の英知を授かることのできた者が賢者の石を手にするのである――そうすれば、あらゆる病気を治することも、何世紀でも好きなだけ長生きすることもできる。まさにこの方法で、アダムをはじめとする太祖（アダムからノアまでの人々。人類の祖といわれる）も長生きしたのである。生命とは星から放たれる放射物である――太陽は心臓を、月は脳をつかさどっている。火星は肝臓を、土星は胆嚢を、水星は肺を、火星は胆汁を、そして金星は陰部をそれぞれつかさどっている。人間の胃の中には必ず悪魔、つまり精霊――パラケルススに言わせると一種の錬金術師――がすみついており、この悪魔がさまざまな病気や不快感をちょうどいい割合で溶鉱炉の中で混ぜ合わせ、巨大な実験室、つまり腹部へ送り出しているのである（**原注**　『世界伝記大事典』のルノーダンによる「パラケルスス」の項目を参照）」

パラケルススは妖術師と呼ばれることを誇りに思っており、地獄にいるガレノスと頻繁に連絡を取っていること、やはり地獄からアビセンナを何度も呼び出しては、アビセンナが錬金術、とくにのみ込んでも大丈夫な金や生命の水に関する誤った概念を広めたことについて議論したことなどを鼻に掛けていた。パラケルススは、ある種の心臓病は金で治ると考えていた。また、その金が賢者の石を使って卑金属から造ったものであり、天体が一定の星相《アスペクト》にあるときにその金を使えば、どんな病気でも治すことができるという。パラケルススは学説と呼んでいるが、こんな血迷った空想論を書き連ねていたら、おそらく数ページは必要になるだろう。

ゲオルク・アグリコラ

この錬金術師は、一九四九年にザクセン地方で生まれた。本名はバウアーという。ドイツ語では「農民」を意味する言葉だが、当時よく行われていたように、彼はこれをラテン語化して「アグリコラ」と名乗っていた。若いころからヘルメス学の素晴らしさに興味を抱き、一六歳にならないうちに、七〇〇歳まで生きられるという生命の水、不老長寿の秘薬を、そして多方面で自分を元気づけてくれる財産を手に入れられるという賢者の石を探求しようと考えるようになった。一五三一年にはケルンで錬金術に関する短い論文を発表し、それがきっかけで誉れ高きザクセン公モーリッツの庇護を受けることになる。ボヘミアのヨアヒムスタール（現チェコのヤヒモフ。鉱山で有名）で医師として数年間仕事をした後、ザクセン公にケムニッツ銀山の最高責任者として雇われると、鉱山労働者らと一緒に地中深く潜りながら、さまざまな錬金術の実験をして幸せな生活を送った。アグリコラは金属に関する知識をどんどん蓄えていくうちに、賢者の石などという途方もない考えを徐々に捨てていった。鉱山労働者たちは錬金術などまったく信じておらず、そんな労働者と一緒にいるうちに、彼の考えもさまざまな面で変わっていったのである。彼らの間に伝わる伝説を聞いたアグリコラは、地中には善い霊と悪い霊がすんでおり、炭鉱内に可燃性ガスが発生したり爆発が起きたりするのは、悪い霊のいたずら以外の何物でもないと確信するようになった。一五五五年に永眠したが、極めて有能かつ聡明だったという名声を残した。

ドニ・ザシェール

一度は愚者に身を落とした賢者が著した自伝というのは、ためになるばかりでなく、読んでいてもとても楽しい読み物である。そんな仕事を成し遂げたのが一六世紀の錬金術師、ドニ・ザシェールだ。ドニは賢者の石を探求した自分の愚行と陶酔についての記録を残しているが、これはじっくり読んでみる価値があるだろう。一五一〇年、フランスのギュイエンヌ地方の由緒ある家に生まれたドニは、若くしてボルドー大学に入学し、個人教授の指導の下で勉強した。ところが、残念ながら、その教授というのが偉大なる生命の水を探求していた人物で、生徒もたちまち同じように錬金術に夢中になっていく。さて、前置きはこのぐらいにして、ここからはドニに自分の言葉で生涯を語ってもらうことにしよう。

「わたしは自分の生活費と先生への謝礼として二〇〇クラウンを家からもらったが、その年が暮れるまでには、もらった金も全部溶鉱炉の煙と共に消えてしまった。ちょうどそのころ、先生が実験室の焼けるような熱さが原因で高熱を出して亡くなった。先生は実験室からほとんど、いや、一度も出てこなかったのだ。その熱さといったら、ベネチアの武器庫とほとんど変わらない。わたしにとって、先生の死は実に不運だった。両親がこれに乗じて仕送りを減らし、寝食の分しか送ってくれなくなったのだ。おかげで錬金術の実験を続けることができなくなってしまった。どうにかこの苦境から抜け出したかったし、束縛からも逃れたかったので、二五歳のときにいったん実家に戻り、土地を担保にして四〇〇クラウンを工面した。これは錬金術の実験を続けるのに必要な金額だが、これを教えてくれたのは、トゥールーズにいたあるイタリア人だった。彼いわく、錬金術が有効だということを立証したそうだ。わたしはこの男を雇った。実験の結果を一緒に見てもらおうと思ったのだ。そして何度も蒸留して金と銀を焼成しようとしたが、すべて無駄に終わった。溶鉱炉から取り出した金の重さは入れたときの半分になってしまい、四〇〇クラウンあった資金もたちまち二三〇クラウンに減ってしまった。

わたしはこのイタリア人に二〇クラウンを渡して、この製法を考えた本人が住むミラノまで行ってもらった。直接本人に会って、不明瞭な部分を説明してもらおうと思ったのだ。わたしのほうは、冬の間ずっとトゥールーズで彼の帰りを待っていた。もしその男の帰りを待っていなければ、それまでトゥールーズにいることはなかっただろう。彼はそれっきり戻ってこなかったからだ。

夏にはペストが大流行したので、町を離れざるを得なかった。でも、自分の研究をおろそかにすることはなかった。わたしはカオールに行き、そこで六カ月間過ごした。そのとき、人々の間で『哲学者』として通っている老人と知り合った――田舎のほうでは、周りの人間より少々物知りだというだけでこう呼ばれることが多い。わたしは老人に金属の製法をいくつも見てもらって、意見を求めた。ところがその老人、一〇〜一二ぐらいの製法を選び出すと、ただ一言こう言ったのだ。ほかの製法よりはましだと。ペストの恐怖も収まったので、わたしはまたトゥールーズに戻って賢者の石の実験を再開した。こんな実験にばかり精を出していたので、四〇〇クラウンあった資金も一七〇クラウンに減ってしまった。

もう少し安全な方法で実験を続けられないかと思っていた矢先のこと、一五三七年に近所に住む神父と知り合った。神父もわたしと同じ錬金術狂で、こんな話をしてくれた。

『友人のひとりが、今アルマニャック枢機卿のお供でローマに行っているんだが、その友人がローマから、絶対に鉄と銅を変成できるという新しい製法を送ってくれてな。だが、それを試すには二〇〇クラウン必要なんだよ』

わたしは神父とその費用を折半して、一緒に研究を始めた。実験には酒精が必要だというので、ガイヤック産の上質のぶどう酒を大樽で購入した。そして酒精を抽出し、それを何度か精留した。これでたっぷり酒精が取れたので、その中に一カ月かけて焼成した銀貨を四マルク分、そして金貨を一マルク分投入した。それから、この混ぜ物を注意深く角型の容器に入れた――これは蒸留器の役割も果たしてくれる。そしてそれらを溶鉱炉の上に置いて凝固するのを待つことにした。この実験は一年を要したが、その間に怠けないようにと、大して重要でもない実験をしながら楽しんでいた。重要な実験と同じように、こうした実験からも大きな収穫があった。

一五三七年は、年間を通して何の進歩もなかった――実際、酒精が凝固するまではこの世の終わりが来るのを待っているようだった。それを加熱した水銀に投入してみたが、結局は徒労に帰した。すごく無念だった。とくに神父の落胆ぶりは大変なものだった。修道院の隅にある大きな揚水器を持ってきてくれれば、すぐに金に変えてやるから、などと修道院の僧侶みんなに大口をたたいていたのだから。でも、残念な結果だったけど、二人ともくじけなかった。また父の土地を担保にして四〇〇クラウンを調達したわたしは、錬金術の研究に全部を注ぎ込もうと決心した。神父も同じ額を調達してくれたので、わたしは八〇〇クラウンを携えてパリに向かった。パリには世界のどこよりも大勢の錬金術師がいたからだ。わたしは賢者の石を見つけるまでは、あるいはこの資金が底を突くまでは絶対にパリを離れまいと心に決めた。パリ行きの話をしたら、親族や友人はかなり憤慨していた。みんなは、わたしが法律家になるのが一番いいと思っており、それで身を立ててほしいと願っていたからだ。とやかくいわれるのは嫌だったので、わたしもとうとう、そのために行くのだ、とうそをついてしまった。

一五日間の旅を経て、一五三九年一月九日にパリに着いた。到着後の一カ月は活動らしい活動もしないで過ごしたが、その後錬金術の愛好家たちと頻繁に会うようになり、溶鉱炉の製造業者の店を訪れるようになると、間もなく一〇〇人を超える錬金術師たちと知り合いになった。持論も実験のやり方もみんなそれぞれ違っていた。浸炭法を好む者もいれば、万物融化液《アルカヘスト》や溶剤に頼る者もいた。そうかと思えば、エメリーの粉末（不純なコランダムとマグネタイトの混合物）にすごい効果があると得意げに話す者もいた。中にはほかの金属から水銀を抽出した後で凝固させようしている者もいた。そこで、それぞれのやり方を互いに勉強しようということで、毎晩どこかで会って進行状況を報告し合うことになった。だれかの家に集まることもあったし、屋根裏部屋に集まったりもした。平日だけでなく、日曜日も、教会のお祭りがある日も報告会を開いた。

『ああ、実験を再開できるなら何かやっているさ』とひとりが言うと、また別の者がこう言いだした。

『まったくだ！　るつぼが割れていなけりゃ、もうとっくに実験は成功しているよ』

三人目の男もため息をつきながらこう言って嘆いた。

『もっと頑丈な鉛の丸い容器があれば、水銀を銀にできたんだけどな』

みんな自分の失敗の言い訳ばかりだった。でも、わたしはそんな言葉は聞かないようにしていた。彼らには資金を出してやろうとは思わなかったからだ。今まで何度だまされてきたことか。

最後にはギリシャ人がやって来た。わたしは彼と一緒に硫化水銀、つまり水銀朱でできたくぎを使って長い間実験を続けたが、これも無駄だった。パリに来たばかりの外国人紳士とも知り合ったので、その人が実験で造ったという金や銀を売るため、金細工職人の店に一緒に行くようにもなった。もしかしたら秘密を教えてくれるのではないかと思い、その人といつも一緒にいた。その人は長い間秘密を明かそうとはしなかったが、わたしがあまりにもしつこく聞くものだから、ついに根負けした。でも、教えてもらえたのは、結局は巧妙な術策でしかなかった。わたしはトゥールーズに残してきた友人の神父に、旅先での出来事をすべて報告していたので、今回ももちろん、この紳士が鉛を金に変えたという術策のことを手紙に書いて送った。すると神父は、きっと成功するから、あと一年はパリにいたほうがいいと助言してくれた。パリでは初めのうちは順調にいっていたからだ。結局、パリには三年いたが、努力の甲斐なく、ほかの町で成功しなかったのと同じように、ここでも成功することはなかった。

また資金が底を突こうとしていたちょうどそのころ、神父から手紙が来た。パリを発ってすぐにトゥールーズに戻ってきてほしいというのだ。そこでわたしはトゥールーズに戻ると、神父がナバール公（アンリ四世の祖父）から書簡を受け取っていたことが分かった。ナバール公は錬金術にとても熱心で、好奇心も旺盛な人物だった。書簡には、わたしがポーにいるナバール公に謁見して、外国人紳士から教えてもらった秘密を教えてくれれば三〇〇〇～四〇〇〇クラウンを褒美として与える、と書かれていた。神父はこの四〇〇〇クラウンという金額を聞くとじっとしていられなくなり、ぜひ行ってくるようにと昼夜を問わずしつこく説得してきた。そこでわたしはポーに向けて旅立ち、一五四二年五月、ポーに到着した。そして教えてもらった製法どおりに作業を進めたところ、これがうまくいったのである。作業を終えると、ナバール公が満足そうに約束どおりの褒美をくれた。公爵はもっと大盤振る舞いしたかったようだが、廷臣たちに止められて、それはかなわなかった。廷臣たちの中にもわたしが来ることを大変楽しみにしていた人も大勢いたのだが、そういう人たちにも止められたようだ。そこでわたしは任務を終えることになったわけだが、公爵は大変喜んでくださって、領内に何か差し上げられるもの——没収品か何か——があったら進ぜよう、そうできれば余もうれしいと言ってくれた。もう少し滞在すれば欲しいものが没収されるかもしれないが、結局はもらえないだろうと思い、友人の神父のところへ帰ることにした。

ポーとトゥールーズを結ぶ道の途中に自然哲学全般に精通している僧侶が住んでいることを知り、帰りにこの僧侶を訪ねてみた。すると僧侶はわたしを哀れむように見詰めると、親切で温かみがある言葉で助言してくれた。うそ八百で人を惑わす実験にばかりうつつを抜かしていないで、昔の哲学者の良書を読みなさいと。そうすれば錬金術の真実が見えてくるだけでなく、正しい手順も学べるだろうという。この思慮深い助言を聞いて、わたしはもっともだと思ったが、まずその前にトゥールーズの神父のところに戻って八〇〇クラウンの清算をし、同時にナバール公からもらった褒美を分配した。神父はわたしがパリに行ってからの話をしてもあまり喜んではくれなかったが、今回賢者の石探しをやめる決断をしたという話をすると、さらに機嫌が悪くなったようだ。不機嫌になったのは、神父がわたしのことを才能があると思っていたからだ。八〇〇クラウンのうち、手元に残ったのは一七六クラウンだけだった。わたしは神父に別れを告げて実家に戻った。ここで昔の哲学者の書物を全部読み終えて、それからパリに行くつもりだった。

一五四六年の諸聖人の祝日の翌日、わたしはパリに着いた。そしてさらに一年の間、偉大な学者たちの作品を読みふけった。中でも「善良なトレビゾ人」ベルナルドの『トゥルバ・フィロソフォルム（Turba Philosophorum）』（『賢者の群れ』の注解版）、ジャン・ド・マンの『さまよえる錬金術師への自然からの陳言(Remonstrance of Nature to the Wandering Alchymist)』、その他いくつかの良書を夢中で読んだ。しかし、自分にはきちんとした持論もなかったので、どの方向に進めばいいのかは分からなかった。

やがて家にこもる生活にも区切りをつけた。でも、それは今までの知り合いや錬金術師たちに会うためではなく、真の哲学者たちと交流を持ちたかったからである。でも、そういう哲学者と一緒にいると、今まで以上に不安に駆られるようになった。正直なところ、彼らに教えてもらったいろんなやり方には、完全に面食らってしまった。それでも、激しい情熱や刺激に駆り立てられて、ラモン・ルルやアルノー・ド・ビルヌーブの作品に没頭した。そんな本を読んだり、それについて思いを深めたりしているうちにまた一年が過ぎ、ようやく自分がどの方向に進むかを決められるようになってきた。でも、また土地の多くを抵当に入れるまで待たなくてはならなかった。この手続きが終わったのは一五四九年の受難節が始まるころ。実際の作業に入ったのはそれからだ。必要なものをすべて買いそろえ、復活祭が終わった次の日から作業を始めた。だが、周りの友人たちは心配し、この実験には反対した。

『いったいどうしようというんだ？　今までもこんなばかなことに大金を使っていたのか？』

ある友人はこう言った。するとまた別の友人は、わたしが大量の石炭を買い込んだものだから、これでわたしが偽金を造っているといううわさがさらに広まるぞ、と言いだした。さらには、おまえはもう法学博士なのだから、管轄区に土地でも買ったらどうだと言う者もいた。親族はもっと厄介で、まるで脅迫でもするかのようにこんなことを言ってきた。

『こんなばかなまねを続けているようなら、警察の捜索隊に頼んで、おまえの家にある溶鉱炉だのるつぼだのを粉々にしてもらうからな』

こうしたひっきりなしの嫌がらせにはうんざりだったが、研究や実験を進めていくうちに気持ちが楽になってきた。実験には細心の注意を払っていたし、日に日に順調にいくようになったからだ。このころは恐ろしい疫病がパリで猛威を振るっており、人々の交流にも支障が出てきたので、幸か不幸か、わたしも望みどおりの環境に置かれることになった。すると間もなく、哲学者たちによると、作業が完成に近づいたことを示すものらしいが、三色の分化と連続が見られたのだ。三色は次々にはっきりと識別できるようになってきた。翌日、一五五〇年の復活祭当日、わたしは大きな実験をした。普通の水銀を少々、火に掛けたるつぼに投入してみたのである。すると一時間もしないうちに、素晴らしい金に変わったのだ。わたしがどれほど喜んだかは想像がつくと思うが、あまりそれを鼻に掛けるのはやめておいた。わたしは望みをかなえてくださった神様に感謝すると、神様だけのためにこれを使うことをお許しくださいと祈りを捧げた。

次の日、わたしはトゥールーズに行って神父を探した。何か発見できたら互いに連絡し合うという約束になっていたからだ。途中、わたしは助言をくれた博学の僧侶と法律顧問に会おうと思い、訪ねてみた。ところが、残念なことに、二人ともすでに故人になっていた。その後、わたしは実家には戻らずに、ほかの場所にこもりながら財産の管理を任せていた親族のひとりを待っていた。親族には、動産であれ不動産であれ、わたしの財産をすべて売却し、それでわたしの借金を完済し、残りを親族全員で分配するようにと言い残してきた。きっとわたしのところに転がり込んできた結構な財産の分け前にあずかれればうれしいだろうし、みんな欲しがっているだろうと思ったからだ。わたしが急に隠居生活に入ったことは、近所でも大きな話題になっていた。

『途方もない浪費で身を滅ぼして、会わせる顔がなくなったものだから、よその国へでも行って隠れて暮らそうというのだろう。だから、わずかな土地も売り払ってしまったのだ……』。一番物知りの知り合いはこんなふうに考えていた。

七月一日には、わたしが頼んだ用事をすべて済ませた親族がもう戻ってきていた。わたしたちは一緒に出発した。自由の国を探しに。まずはスイスのローザンヌで隠居生活を始めたが、しばらくそこで暮らした後は、ドイツの有名な都市を転々として残りの人生を静かに、そして質素に暮らそうと心に決めた」

これでドニ・ザシェールの自伝は終わりだが、書き始めのころに比べると、最後のほうはやや気取りがあり、賢者の石を発見したと主張しているが、その信憑性については疑問が残る。おそらくドニの「一番物知りの知り合い」が言っていたことが、早々に隠居生活に踏み切った本当の理由なのだろう。実際、ドニは窮乏し、外国を転々としながら人目を忍んで暮らしていたのである。ドニの生涯についてはこれ以上何も知られていない。本名すらまだ分かっていないのである。錬金術については『金属の真の自然哲学(The true Natural Philosophy of Metals)』という著書を残している（先の自伝は、一五八三年に『ドニ・ザシェールの自伝（The Autobiography of Denis Zachaire』という題名で出版されているが、現在ではこれは創作だというのが一般的な見方である。また、ドニ・ザシェールなる錬金術師が実在の人物だったかどうかも疑問視されている）。

ディー博士とエドワード・ケリー

ジョン・ディーとエドワード・ケリーは長い間共同で同じ研究を続け、互いの仲間と交流していく中でさまざまな浮き沈みを数々経験している。そこで、ここでは二人を一緒にご紹介したいと思う。ディーはとにかく素晴らしい男で、もし愚行や迷信が渦巻く時代でなく別の時代に生きていたら、これだけの有能な男なのだから、きっと輝かしい名声を後世に残すことができたはずだ。一五二七年にロンドンで生まれたディーは、幼いころから勉強が大好きだった。一五歳でケンブリッジの寮に入り、読書を大いに楽しみながら、一日のうち一八時間は本に囲まれて過ごしていた。残りの六時間のうち四時間は睡眠、二時間が食事の時間であった。こんな猛勉強ぶりだったが、健康を害することもなく、当然のように当時の最も優れた学者のひとりに成長した。だが、残念なことに、数学と真の哲学の探求をやめてしまい、隠秘哲学《オカルトサイエンス》というむなしい夢を追い掛けるようになった。錬金術や占星術、魔術の研究を始めたディーは、ケンブリッジの権威者たちから嫌われるようになる。そうした迫害から逃れるため、ディーは仕方なくベルギーのルーフェン大学に移ることにした。ディーが妖術師だといううわさも広まり、イングランドにとどまること自体危険を伴うようになったからだ。ルーフェンには、コルネリウス・アグリッパの知り合いだったという、同じ錬金術の愛好家が多く住んでおり、彼らからこのヘルメス学の大家の驚くべき偉業の話を聞いては楽しんでいた。彼らと話をしているうちに、ディーは大いに励まされ、賢者の石探しを続けようと決心。その後は賢者の石のことしか考えられなくなってしまった。

ディーは大陸にはそれほど長く滞在せず、一五五一年、二四歳のときにイングランドに帰国。友人のサー・ジョン・チークの口利きで国王エドワード六世の宮廷に招かれ、一〇〇クラウンの奨励金をもらった（どんな仕事に対しての奨励金かは不明）。その後は数年間、ロンドンで占星術師として生計を立てた——星回りから運勢を占ったり、未来を占ったり、厄日を予想したりした。ところがメアリー女王の治世に入ると、ディーは異端の容疑を掛けられたり、のろいを掛けて女王の暗殺を企てたとして罪を着せられたりするなど、厄介な問題に巻き込まれてしまった。また、暗殺未遂のかどでも裁判に付されたが、無罪放免となった。だが、異端という罪状では監獄に留置され、ボナー司教の慈悲に委ねられることになった。しかし、スミスフィールドで火刑に処されるところを間一髪で免れると、どうにか歴然たる正統派信者だということを頑固者の司教に信じてもらうことにも成功し、一五五五年に釈放された。

エリザベス一世が即位すると、ディーにも明るい陽光が差してきた。エリザベスがウッドストックで暮らしている間に（メアリーの廃位を企てたが失敗し、メアリーの命令でウッドストックに軟禁されていた）、使用人たちがメアリーの死期がいつなのかを聞きに訪れたのだ。ディーが告発されたのはおそらくこれが原因だろう。だが即位後は、使用人たちも主人の運勢について人目をはばからずに聞きに来るようになった。高名なレスター伯ロバート・ダッドリーに至っては、戴冠式を執り行いたいのだが、良い日取りを教えてほしいと、女王自身の命令を受けてやって来るほどだった。女王はディーを大変ひいきにし、数年後には珍品や骨董を集めた博物館を観に、モートレイクにあるディーの自宅をわざわざ訪れ、ディーが病気になるや、自分の侍医を派遣して診察に当たらせた。

ディーは占星術で生計を立て、こつこつと仕事に励んでいたが、頭の中は錬金術のことでいっぱいだった。寝ても覚めても賢者の石と生命の水のことばかり。タルムード（口承で伝えられているユダヤの教え）の謎についても熱心に勉強していたが、やがて精霊や天使と交信することができ、宇宙の神秘についてもそうした交信から学ぶことができると信じるようになった。ドイツを旅している間に、当時はまだ無名だった薔薇十字団という団体の何人かと出会っているはずだが、ディーはその団体と同じ信条を持っており、賢者の石があれば善い精霊を好きなときに呼び出せるのではないかと考えていた。こんなことばかり考えているうちに、ディーの想像もどんどん病的になってきて、とうとう天使が自分に現れて、生涯友として一緒にいてくれる約束をしたものと思い込むようになった。ディーによると、一五八二年一一月のある日のこと、熱心に祈りを捧げていると、博物館の西側の窓が突然まばゆいばかりの光を放ち、真ん中に光輪に包まれた大天使ウリエルが現れたという。畏敬の念と驚きとでディーは言葉を失ったが、ウリエルは優しくほほ笑むと、凸面の水晶を手渡しながらこう言った。

「あの世の霊と交信したければ、いつでもこの水晶をじっと見詰めるがいい。そうすれば霊が水晶に現れて、未来の秘密を教えてくれるだろう」（**原注**　ここでいう「水晶」とは、黒い石か研磨した石炭のようだ。グレンジャー著『イングランド偉人伝（Biographical History）』の補遺には次のような説明がある。「ディーが精霊を呼び出した黒い石は、ピーターボロー伯の収蔵品のひとつだったが、後にエリザベス・ジャーメイン夫人の手に渡った。その後アーガイル公の手に渡り、今はウォルポール氏が所有している。精密な検査の結果、単に磨いた石炭にすぎないということが判明した。バトラーは『ケリーはあらゆる離れ業を悪魔の鏡――石――で成し遂げた』と言っているが、それはこの石のことである」）。

天使はそう言って消えてしまった。この水晶の経験から、ディーは全身全霊を水晶に集中させなければ霊が現れないことを悟った。また、天使たちと交わした会話は二度と思い出せないことにも気づいた。そこでディーは、この秘密を別の人間に明かすことにした。そうすれば、その人が霊と話をしている間に、自分は別の場所に座って天使のお告げを書き留めることができる。

このころ、ディーにはエドワード・ケリーという助手がおり、やはりディーと同じように賢者の石に夢中になっていた。しかし、ディーとケリーとはまったくタイプが違っていた。ディーは山師というよりは狂信者のような人間だったが、ケリーはその逆で、山師のようなところがあった。ケリーは若いころ公証人をしていたが、文書偽造を働いたために両耳を失うという不幸に見舞われた。こうして両耳を切断されてしまうと、一般の人でも十分社会的地位が下がるのだから、哲学者にとっては致命的であった。そこでケリーは、自分の英知が世論に屈しないようにと、頭をすっぽりと覆う黒い頭蓋帽をかぶり、それをほおの辺りまで下ろし、両耳がないことを隠すだけではなく、まじめで威厳をたたえた風貌を装っていた。こうして実に見事に秘密を隠し通していたので、長年一緒に暮らしていたディーでさえそれには気づかなかったようだ。こんな性格のケリーは、自分に都合が良ければどんな悪事でも働き、そのためなら自分の主人の妄想をもかき立てる、まさにそんな男だったのである。大天使ウリエルの話を聞かせると、ケリーは熱狂してすぐに信じてくれたので、ディーは大喜びした。そこで直ちに水晶のことを相談した。そして一五八一年一二月二日、ケリーは精霊と摩訶不思議な会話を交わし、ディーがそれをすべて書き留めたのである。このたわ言の寄せ集めに興味のある方は、大英博物館のハーリー写本をご覧になるといいだろう。後の会話の内容は、一六五九年にメリック・カソーボン博士が『ジョン・ディー博士と精霊の間で交わされた真実の会話――成功していれば世界中の国々の大きな変化につながる（A true and faithful Relation of what passed between Dr. John Dee and some Spirits; tending, had it succeeded, to a general Alteration of most States and Kingdoms in the World)』というフォリオ版を出版している（**原注**　占星術師のリリーは『ライフ（Llife)』という自伝の中で、ディー博士と同じような形で天使が告げたという予言をいくつも挙げている。「予言というのは天使から口頭で伝えられるのではなく、水晶に示される文字や数字をじっくり見て、つまり丸い形がどう見えるかによって判断するのである。離れたところから見ると、天使が求められた姿形や生き物の姿で現れたように見える。今日でさえ、どんな予言者でも大家でも、天使の言葉をはっきり聞き取るのは至難の業である。まるでアイルランド語をのどの奥で話しているように聞こえるのだから」とリリーは言う）。

この不思議な対話のうわさはすぐに国中に広まり、ついには海を渡ってヨーロッパ大陸にまで伝わった。同じ時期、ディーは生命の水を手に入れたとも吹聴していた。サマセットシャー州のグラストンベリー修道院跡地で見つけたのだという。モートレイクの自宅へは、無名の占星術師に占ってもらうよりは有名人のほうがいいと言って、至るところから星占いをしてもらおうと人々が押し寄せるようになった。また、ディー本人が言うには、人々は不死の男に一目会ってみたいとも思っていたようだ。こうしてディーは儲かる商売を続けていたわけだが、金属変成の過程で使う薬品や金属に大金を注ぎ込んでいたため、一度として裕福な暮らしをしたことはなかった。

このころ、あるポーランドの裕福な領主がイングランドを訪問していた。シェラズの宮中伯アルブレヒト・ワスキである。ワスキによると、訪問の主な目的はエリザベス一世との謁見であった。その栄光と気品の高さは遠いポーランドでも知らぬ者はいないほどだという。女王はこのお世辞のうまい外国人を盛大にもてなすと、寵臣のレスター伯ロバート・ダッドリーに、イングランドが誇れるものをすべてお見せするようにと命じた。ワスキはロンドンやウェストミンスターのありとあらゆる名所を見て回ってから、オックスフォードとケンブリッジに足を伸ばした。祖国に光彩を添えた作品を著した偉大な学者と話ができると思ったからだ。ところが、ワスキはそうした学者の中にディー博士の姿がなかったことにすっかり落胆してしまった。そこでレスター伯に向かって、ディー博士がいないと分かっていればわざわざオックスフォードまで来なかったのに、と苦言を呈した。そこでレスター伯は、ロンドンに戻ったらその偉大な錬金術師を必ず紹介すると約束。これでワスキも納得した。数日後、レスター伯はワスキと一緒に女王の控えの間で女王陛下と謁見するのを待っていると、そこへディー博士も同じ目的でやって来たので、ディー博士を紹介することができた（**原注**　ヤロスラフの息子のアルブレヒト・ワスキは、シェラズ、その後はサンドミエシュの宮中伯で、フランスのアンリ・ド・バロアをポーランド国王に招く際に貢献し、使節団の一員として、新しい国王にアンリ三世がポーランド国王を務めることを宣言しにフランスを訪問した。ヘンリク廃位の後、ワスキは国王選挙でオーストリアのマクシミリアンに投票。一五八三年にはイングランドを訪れ、エリザベス一世に歓待される。オックスフォードを訪問中に授かった名誉の数々は、女王の特別な計らいによるもので、通常は王室の王子らに与えられるものである。ワスキは大変な浪費家だったため、莫大な財産があっても出費を捻出できなかった。そこで錬金術を熱心に研究するようになり、イングランドから二人の有名な錬金術師をポーランドに連れて帰ったというわけである――バレーリアン・クラシンスキー伯爵著『ポーランドにおける改革の歴史的描写（Historical Sketch of the Reformation in Poland)』)。二人の話は盛り上がり、別れ際になると、ワスキはモートレイクにあるディーの自宅で夕食会をしようと言いだした。ディーは自宅に戻って頭を抱えてしまった。銀製の食器でも質に入れないかぎり、ワスキとお供の人々にふさわしいもてなしができるほど金に余裕がなかったからだ。非常事態に直面したディーは、レスター伯に至急便を送り、率直に困窮していることを説明したうえで、伯爵の力で女王陛下にこの事態を伝えてほしいと頼んでみた。すると女王は当意即妙に対応してくれ、すぐに二〇ポンドを送ってくれた。

約束の日、ワスキが大勢のお供を連れてやって来た。そしてディーの素晴らしい業績に対し、率直に、そして温かい賛辞を贈ってくれた。ディーは頭の中であれこれと考えを巡らせた。どうしたら良き友になろうとしている男の興味を引きつけておけるのか。ケリーとの長い付き合いのせいで悪事がすっかり染みついていたディー。そこで、このポーランド人に夕食代をしっかり払ってもらおうと考えた。ずいぶん前のことだが、ワスキが領内に広大な土地を持っており、大変な影響力もあるのだが、浪費癖があるため時折困窮するということを知った。また、ワスキが賢者の石や生命の水を固く信じていることも分かった。要するに、山師がしつこく付きまとうのはまさにこういう人物なのだ。ケリーも同意見だった。そこで、この金持ちでだまされやすい外国人が絡まって身動きできなくなるようなクモの巣を作ろうということになった。二人は慎重に事を運んだ。まずは賢者の石と生命の水について、それから精霊についてそれとなくほのめかしてから、この精霊を使えば、未来の本を開き、そこに記されている恐ろしい秘密を読み解くことができるのだと言ってみた。するとワスキは、精霊は人間の本質を熟知しているので、そんな要求には簡単に応じてくれないだろうが、ウリエルや天使たちとの神秘的な対話にはぜひ立ち会ってみたいと言いだした。二人はそれに対して、見知らぬ人やただ単に好奇心を満たしたいという人の前に精霊を呼び出すのがいかに難しいか、いかに不用意なことかを遠回しに伝えるにとどめた。これは、じらすことで伯爵の好奇心を刺激するわなだったのだが、伯爵がそれで完全にあきらめてしまうと、二人にも悔いが残るものになる。このときディーとケリーがいかにこの「かも」に神経を集中させていたかは、カソーボン博士の書物に書いてある彼らと精霊との最初の会話の導入部分を読めばお分かりだろう。一五八三年五月二五日、ディーは精霊が現れたときにこう言っている。

「わたくし（ジョン・ディー）とE・K（エドワード・ケリー）は共に座り、かの高貴なポーランド人について、われわれと共に獲得した大変な特権について、そしてあらゆる人々の中でも群を抜いているその傾倒ぶりについて語った」

二人はこの「高貴なポーランド人」をいかにうまく利用するかについて話し合い、後になってからポーランド人の好奇心を刺激するようなうまい話をでっち上げ、彼らが作ったクモの巣にしっかり絡めておこうとしていたのは明らかだ。ディーは続けた。

「突然、祈禱所から精霊が現れたように見えた。七歳か九歳ぐらいのかわいらしい少女のような精霊で、髪飾りを付けて、前髪を上げて後ろから垂らしていた。赤や緑に色が変わる長いすその絹のガウンをはおっていた。彼女は上下に飛んだり跳ねたり、本の後ろに隠れたり出てきたりして遊んでいた。精霊が本の中に入ろうとすると、本が勝手に動いて彼女に道を開けているようだった」

こんな話で毎日のようにポーランド人を引きつけておいた彼らは、ついにその神秘的な対話に立ち会ってほしいとポーランド人を説き伏せた。二人が何か視覚的なトリックを使ったのか、それともワスキの想像力がかき立てられて勝手に惑わされたのかは分からないが、ワスキは完全に二人のわなにはまってしまい、二人の望むことなら何でもするとまで言いだしたのだ。この対話のとき、ケリーは不思議な水晶から少し離れたところに立って、じっと見詰めていた。ディーは部屋の隅に座って精霊のお告げを書き留めようとしていた。そして二人は、ワスキが幸運にも賢者の石を手に入れて何百年も長生きし、ポーランド国王にも選出され、そのときにサラセン人との戦いで勝利を収め、その名を世界中に知らしめるだろう、と予言した。ただ、そのためにはワスキがイングランドを離れ、二人とその家族も一緒にポーランドに連れていき、贅を尽くして何不自由なく暮せるようにする必要がある、とも抜かしたのである。

ワスキは二つ返事で了承し、彼ら全員を連れてポーランドへ旅立った。

クラクフ近郊にあるワスキの領地に着くまでには四カ月以上を要した。その間、彼らは楽しく暮らしながら、惜しみなく散財した。伯爵邸に着くと、鉄を金に変える大掛かりな実験を開始した。ワスキは必要な材料を全部そろえ、自分が持つ錬金術の知識を提供しながら彼らを助けた。しかしどうした訳か、実験は成功したと思った瞬間、必ず失敗に終わり、さらに大掛かりな実験を最初からやり直す羽目になってしまうのだ。だが、ワスキはそう簡単には希望を捨てなかった。実験にかかる費用のことを心配して意気消沈するどころか、すでに無限の富を手にした気分になっていたのである。ワスキは来る日も来る日もこんなことを続けていた。だが、ディーとケリーの腹をすかせたるつぼに入れてやる餌を買うため、また同じように腹をすかせた彼らの家族も養うため、とうとう多額の抵当に入っていた土地を一部処分せざるを得なくなってきた。ワスキが夢から覚めたのは破産に直面してからだが、それでも究極の貧困だけは免れられたと分かり、十分幸せを感じていた。しかし、これでワスキもすっかり目が覚めて、とりあえずどうしたらこの金がかかる客から逃げ出せるかを考えるようになった。彼らと口論はしたくなかった。そこでワスキは、ルードルフ二世に推薦状をたくさん書いたので、それを持ってプラハに行ったらどうかと提案してみた。錬金術師たちは、この無一文のワスキからはもう絞り取るものは何もないと判断すると、あっさりとワスキの提案を受け入れてルードルフ二世の宮殿へと旅立った。プラハに着くと、皇帝には簡単に謁見することができた。彼らは皇帝が賢者の石の存在を信じているのを知り、皇帝が好印象を持ってくれたものとひそかに信じていた。ところが、どうした訳か――おそらくケリーの狡猾そうで本物らしからぬ表情からだろう――皇帝は彼らの能力をあまり高く買ってくれなかったのだ。ただ、プラハに数カ月滞在することは認め、彼らをうまく使ってやろうと考えて食事は与えてくれた。だが、皇帝は彼らと会えば会うほど嫌悪感を抱くようになった。そしてローマ教皇大使が、かような異端の妖術師どもを放っておいてはなりませんと進言したことから、とうとう彼らに二四時間以内に出国するように、という命令を下したのである。実は、二四時間という短い時間しか与えられなかったことが彼らには幸いだった。もしあと六時間長くとどまっていたら、ローマ教皇大使は、彼らを終身禁固刑か火刑に処する、という命令を受け取っていたからだ。

行き先も決まっていなかった彼らは、とりあえずまだ何人か知り合いがいるクラクフに戻ることにした。ところが、このときにはワスキから絞り取った金もほとんど使い果たしていたので、何日もの間飲まず食わずの生活を余儀なくされた。困窮状態を世間の目にさらさないようにするのは至難の業だったが、皆文句を垂れることなくひもじさに耐えていた。というのも、もしそのことが世間に知れたら、錬金術師としての主張がまったく通らなくなるからだ。生きていくためのパンも買えないのかと思われたら、いくら賢者の石を持っていると主張したところでだれも信じてくれなくなる。彼らは星占いをしてどうにか餓死を免れながら、自分たちの目的に十分かなった新たな「かも」、王侯貴族のかもがわなにはまるのを待っていた。ポーランドのイシュトバーン国王に謁見する機会を得た彼らは、ルードルフ二世がもうすぐ暗殺され、ドイツが後継者としてポーランドに期待するだろうと予言。しかし、この予言も国王が満足するようなものではなかった。次はまた水晶を使い、精霊にドイツの新しい君主はポーランドのイシュトバーン国王だと予言させた。イシュトバーンは十分に信じやすい性格で、ケリーが水晶から現れる精霊と対話をしている場面にも一度立ち会っている。また、彼らが錬金術の実験を続けられるようにと、資金援助までしてくれていたのだが、さすがの国王もとうとううんざりしてきたようだ。約束は守らないし、懐もどんどん寂しくなってくる。国王は名誉を汚したとして彼らをお払い箱にしようと考えていた。だが、そこへ新たな「かも」が現れたのだ。彼らは意気揚々としてそちらに乗り換えた。

それはボヘミアのトジェボニュに広大な土地を所有する貴族、ローゼンベルク伯だった。彼らはこの気前のいい庇護者の宮殿ですっかりくつろいでしまい、そこに四年近くも滞在し、贅沢三昧の生活を送りながら、ほぼ無制限に庇護者の金を使うことができた。伯爵は強欲というよりは野心家であり、財産は十分にあったので賢者の石で金を造ることなどどうでもよく、むしろ寿命を延ばすことに関心を寄せていた。そこで彼らは予言をした。すべてこの伯爵の性格に合わせて作ったものであった。彼らの予言はこうだ。

「伯爵殿下はポーランド国王に選出されましょう。それだけではございません。五〇〇年という長寿を生きてその王位をお守りになるでしょう。もちろん、実験を続けるだけの資金を出していただければの話ですがね」

ところが、こうして幸運の女神がほほ笑み、悪事の成功報酬をもらって喜びに浸っているところに、思いも寄らない形で天罰が下るのである。二人の間には妬みや不信感が沸き上がり、口論もどんどん激しさを増してきて、ディーも悪事がばれるのではないかと常におびえるようになってきた。ケリーは自分のほうがディーより優れていると思っていたが、おそらく分別のない悪行を基準に考えたのだろうが、いつでも、だれからもディーの方が高く評価されるのに不快感を覚えていた。ケリーはディーの元を去って自分でやっていくと脅迫するようになり、ディーも強気な相棒の単なる道具に成り下がっていたこともあり、ケリーが去ってしまうことを考えて大いに心を痛めた。ディーの頭の中は迷信で凝り固まっており、ケリーの狂ったような言葉は天使との対話によるものだと信じていた。また、奥深い知識を持ったケリーの後任をいったいどうやって探せばいいのか、皆目見当がつかなかった。日々の口論もより回数を増してきたので、ディーはイングランドに帰国した際には好意的に受け入れてもらえるようにとエリザベス女王に書簡をしたためた。ケリーが自分の元を去ったらイングランドに帰るつもりだったのだ。また、就寝用のあんかの真鍮の一部で造ったものだと言って、丸い銀片も一緒に送った。その後で、そのあんかそのものも送った。真鍮に開いた穴を見れば、先に送った銀片と同じものだというのが女王にも分かってもらえると思ったのだ。こうして最悪の事態に備えながらも、ディーの一番の願いは、自分に親切で信頼を寄せてくれているローゼンベルク伯がいるボヘミアに残ることだった。ケリーもそこに残ることには何の異論もなかったが、ケリーは新たな情熱に取りつかれており、その目的をかなえようとんでもない計画を立てていた。ケリーの妻は器量の悪いひねくれ者だったので――ディーの妻は器量良しで感じの良い女性だった――、長い間、ディーが妬まないような方法で、また品行にも影響を及ぼさないような方法で妻を交換したいと思っていたのだ。これは容易なことではなかった。だが、清廉さも正義感もなく、とにかく不謹慎で巧妙なケリーのような男にとっては、この程度の困難は何ともなかった。彼はディーの性格や弱点をじっくり研究すると、それに基づいた策を講じた。次に精霊と対話したとき、ケリーは精霊の言葉に衝撃を受けたふりをして、言われたことをディーに伝えるのを拒んだ。だが、ディーが強くせがむので、互いに妻を共有するようにと精霊に言われたと告げた。するとディーは仰天しながら、精霊は妻同士が互いに仲良く友好的になれと告げたのではないかと問い正した。ケリーはもう一度対話を試みた。そして明らかに嫌な顔をしながら、精霊の言葉を文字どおりに解釈すべきだと告げた。哀れな狂信者ディーは精霊の意思に従うことにした。しかし、ケリーが思いをかなえるには、もう少し遠慮しているふりをしていたほうがよかった。そして今回対話した精霊は善い霊ではなくて悪い霊に違いないので、もうこれ以上対話をするのはごめんだと言い、二度とここには戻らないと言い残して出ていってしまった。

こうしてひとり残されたディーは悲嘆に暮れ、苦悩に襲われた。ケリーの後、だれに精霊と対話をしてもらえばいいのか分からなかった。だが、結局は八歳になる自分の息子、アーサーにやってもらうことにした。ディーはいんぎんな身振り手振りでこの儀式に臨み、息子に儀式の品格や恐ろしさを吹き込もうとしたが、このかわいそうな少年は、ケリーのような想像力もなければずる賢さもなく、精霊など信じてもいなかった。少年はいわれるままに水晶を凝視したが、何も見えず、何も聞こえなかった。とうとう目も疲れて痛くなってきたのか、少年は、ぼんやりと影のようなものが見えるけど、それだけだと告げた。ディーはがっかりした。いかさま行為をずっと続けてきたディーだが、精霊と対話しているのを想像していたころのほうがずっと幸せだった。大切な友人のケリーとけんか別れしてしまったあの日をのろった。まさにケリーが考えていたとおりの展開だ。するとディーが十分に悲しんだころを見計らって、ケリーが不意に部屋に戻ってきたのである。ちょうどアーサーが目を凝らして水晶をじっと見詰めている最中であった。ディーは日記の中で、ケリーが突然戻ってきたことを「奇跡的な運命」「宿命」、幼いアーサーには見えなかった精霊たちもケリーにはすぐに見えた、と書き記している。

精霊のひとつは、また妻を共有せよという、以前の命令を繰り返した。ケリーは一礼してそれに従うと、ディーも卑下しながらその決め事に従うことにした。

この惨めな男の品格は落ちるところまで落ちてしまった。こうして彼らは三～四カ月を過ごしたが、また新たな口論が始まって、二人は再び別れることになった。結局、これが最後の別れとなった。ケリーはグラストンベリー修道院で見つけたという生命の水を持ってプラハに向かった。一度追放されたことがあるのをすっかり忘れていたようだ。プラハに到着してから程なく、ケリーはルードルフ二世の命令で逮捕され、投獄されてしまった。数カ月後に釈放されると、その後はドイツで占いをしながら、金を造ったとうそぶいては、五年間放浪生活を送っていた。その後、異端信仰と妖術の容疑で再び投獄されてしまった。ケリーはこのとき、もし釈放されたらイングランドに戻ることを決断した。だが、その見込みはほとんどなく、死ぬまで獄中生活が続きそうだというのが分かった。そこで寝具で縄を作り、一五九五年二月のある嵐の夜、高い塔の最上階にある牢屋の窓から脱走を試みた。ところが、でっぷりと太った体に縄が耐えられず、ケリーは地上に真っ逆さまに転落。肋骨二本と両足を骨折。さらに体中に傷を負い、数日後に息絶えた。

ディーのほうは、当面は順調であった。エリザベス女王に送ったあんかが、それなりの効果を発揮していたのだ。ケリーが去ってから間もなく、ディーはイングランドに戻るようにとの誘いを受けた。すっかり傷ついていた自尊心がまた芽生えてきたディーは、大使となり、従者を引き連れてボヘミアを後にした。だが、ボヘミアのローゼンベルク伯が気前よく出してくれたか、略奪した金でなければ、どうやってその資金を調達したのかは謎である。ディーと家族は四輪馬車三台に分乗し、荷馬車三台に荷物を積み込んだ。四輪馬車はそれぞれ四頭の馬にひかせ、二四人の護衛を付けていた。この説明は疑わしいが、これはディー本人がエリザベス女王に任命された調査官の前で宣誓をした上で説明したことなのである。イングランドに到着すると、すぐに女王に謁見した。女王は言葉の限りを尽くしてディーを温かく迎え、ディーの化学と哲学の研究を妨害してはならないとの命令を下した。卑金属を貴金属に変えられると豪語しているぐらいだから窮乏しているわけがない。女王はそう思ったのだろう。女王は研究を奨励し、保護もしてくれたが、具体的な形では何ひとつ援助してはくれなかった。

こうして予期していなかった事態に直面したディーは、真剣に賢者の石の探求を始めた。溶鉱炉や蒸留器、るつぼに囲まれて休むことなく研究に打ち込み、有毒な煙を吸って中毒になりかけたりもした。不思議な水晶との対話も試みたが、精霊は現れてくれなかった。そこでバーソロミューという男にかけがえのないケリーの仕事をやらせてみたが、この男は誠実で想像力もまったくなく、精霊との対話は不可能であった。もうひとり、ヒックマンという自称錬金術師も使ってみたが、やはり幸運を運んできてはくれなかった。水晶は偉大な聖職者の元を離れた途端にその力を失ってしまったのだ。それからというもの、ディーは賢者の石や生命の水については何の情報も取れず、ほかの方法でいろいろと試してもみたが、金がかかるだけで、何の収穫も得られなかった。間もなく疲労困憊してきたディーは、哀れにも女王に助けを求めて書簡をしたためた。書簡にはこんなことが書かれていた。ワスキ伯と一緒にイングランドを離れた後に、モートレイクの家がごろつきに略奪されて、降霊術師だの妖術師だのとののしられた揚げ句、家具類も全部壊され、貴重な書籍が四〇〇〇冊も詰まっていた書斎も、錬金術の道具や骨董品も全部燃やされてしまった……。ディーはこの被害の補償を求めた。それに加え、女王の命令でイングランドに戻ってきたのだから、旅費は女王が支払うべきだとも訴えた。女王は少額を何度か送金してくれた。だが、ディーの不平不満は続いた。そこで委員会が任命され、事情聴取が行われた。やがてディーはセントポール大聖堂の尚書係という、ちょっとした職を与えられたが、後の一五九五年にはマンチェスターのクライストカレッジの学長に転職した。一六〇二年か一六〇三年まではこの職に就いていたが、体力も知力も衰え始め、退職せざるを得なくなった。そしてモートレイクの元の住まいに戻り、貧困の中で平凡な占い師として生計を立てていたが、食費を賄うのに所蔵していた書籍を質に入れたり売ったりするという状態であった。ジェームズ一世は、ディーから援助の要請が再三あったが、一切手を貸そうとはしなかった。国王には不名誉なことだが、もし疲れ知らずの歴史家のストウが、こうした貧しい過去の時代に生きていたら、国王は彼に褒美を与えるどころか、施しを請うことに王室のお墨付きを与えることぐらいしかしなかっただろう。しかし、ジョン・ディーのような詐欺師を放っておいても、国王を悪く言う者はいないはずだ。一六〇八年、ディーは八一歳で世を去り、亡きがらはモートレイクに埋葬された。

コスモポライト

この錬金術師はコスモポライトという名でいくつかの作品を残しているが、本名については数々の議論がある。一番有力なのは、この男はシーソンというスコットランド人で、金属変成の能力を大言壮語していたほかの錬金術師と同じように、結局は大量の金を造って身代金を払うまでドイツの有力諸侯に幽閉され、そこで惨めな生涯を終えたという説である。また、ミカエル・センディボグ、またはセンディボギウスというポーランド人で、一七世紀の初めにヨーロッパで大きな議論を巻き起こした錬金術の教授だという説もある。だが、錬金術に詳しいラングレ・デュフレノワは、この二人は別人であるとし、ジョージ・マーホフの『エピストラ・アド・ランゲロトゥム（Epistola ad Langelottum）』やほかの著述家の作品の抜粋を使って、コスモポライトについて次のように説明している。

一六〇〇年ごろ、オランダ人の水先案内人ヤーコブ・ハウセンがスコットランドの沿岸で座礁した。そのとき、アレクサンダー・シーソンという紳士が船を出してハウセンを助け出し、沿岸にある自分の家で親切に何週間ももてなした。ハウセンはこの男が化学の研究にのめり込んでいるのを知ったが、そのときは二人ともその話には一切触れなかった。それから一年半の後、オランダに戻っていたハウセンをかつての恩人が訪ねた。ハウセンは恩返しをしようとこの客をもてなし、二人の間には固い友情が生まれた。そこでシーソンは帰りがけに、賢者の石の秘密を教えようかと言いだした。そしてハウセンの目の前で大量の卑金属を純金に変えてみせ、敬服しているしるしにと言って、その純金をハウセンに贈ると、この友人に別れを告げて、ドイツへと旅立った。ドレスデンでは、その不思議な力を隠すことなく、町の碩学らが大勢集まる中で金属を見事に変えてみせたといわれている。ところが、そのうわさはザクセン選帝侯の耳にも届き、すぐにその錬金術師を逮捕せよとの命令が下された。シーソンは高い塔に幽閉された。逃亡しないようにと四〇人の看守が付き、面会も一切許されなかった。選帝侯は気の毒なシーソンの元を何度か訪れては、あの手この手で錬金術の秘密を明かすよう迫った。シーソンは秘密を明かすことも、ドイツの暴君のために金を造ることもかたくなに拒んだ。そこでシーソンは拷問に掛けられることになった。拷問に掛ければ素直にしゃべるのではないかと思われたのだ。だが、結果は同じだった。褒美を与えると言っても、苦しい目に遭わせるぞと脅かしても、シーソンの気持ちは揺るがなかった。その後数カ月にわたってあめとむちを交互に与えられながら獄中で過ごした結果、シーソンは健康を損ね、体もほとんど骨と皮だけになってしまった。

ちょうどこのころ、ミカエル・センディボギウスという博学なポーランド人が偶然ドレスデンを訪れた。この男、錬金術という実りない探求に莫大な時間と金を注ぎ込んでいた。センディボギウスはシーソンの不運に同情し、その勇猛果敢さに感服した。そこで、もし可能なら圧制者の迫害から逃れるのに手を貸してやろうと決心したのである。センディボギウスは選帝侯にこの錬金術師との面会を求め、どうにかその許可を取りつけた。悪臭が漂い、陽光も当たらない土牢の中で、シーソンは不幸のどん底にいた。ベッドも食べ物も極悪犯に与えられるものと何ら変わらなかった。シーソンは逃亡計画に熱心に聞き入り、もし自由になったら、自分の技量でその親切なポーランド人を東方の君主よりずっと金持ちにしてみせると約束した。センディボギウスは直ちに作戦を開始した。まずはクラクフ近くに所有していた財産を一部売却し、その金で、ドレスデンで快活な生活を送るようになった。豪華な食事を用意して、主任看守、とくにこの錬金術師がいる牢獄を担当している連中を毎日のように招待した。こうしてうまく看守たちの信頼を勝ち取ると、いつでも自由に友人のシーソンに面会できるようになった。実はセンディボギウス、この頑固者の錬金術師を説得して秘密を暴露させるべく、最大限の努力をするからと、看守たちにうそをついていたのである。そして機が熟してくると、大作戦を実行に移す日にちを決定。センディボギウスはシーソンを急いでポーランドに連れていけるよう、馬車を用意した。そして看守たちに毒入りのぶどう酒を飲ませると、彼らがうとうととして見張っていない間にやすやすと壁を登り、シーソンを連れて脱走計画を実行。馬車ではシーソンの妻が待機していた。妻は黒い粉末の入った小さな包みをだいじそうに持っていた。実は、これが賢者の石、つまり鉄や銅を金に変える材料だったのだ。三人とも無事にクラクフに到着したが、シーソンの体は拷問と飢えによってやせ衰えていた。精神的な苦痛は言うまでもなく、寿命はもうあまり残っていなかった。シーソンは一六〇三年か一六〇四年にクラクフで世を去り、町の大聖堂の地下に葬られた。これがコスモポライトという名で数々の著作を残した男の物語である。著作の一覧はラングレ・デュフレノワの『ヘルメス学の歴史』第三巻に収録されている。

センディボギウス

シーソンが世を去ると、センディボギウスは未亡人となったシーソンの妻と結婚した。彼女から金属変成の秘密を何か教えてもらえればいいと思っていたのだ。だが、それよりも、センディボギウスには黒い粉末のほうがずっと役に立った。錬金術師たちによると、センディボギウスはこれを使って大量の水銀を金に変えたそうだ。また、彼はプラハでルードルフ二世を前にこの実験を見事に成功させた、ともいわれている。皇帝はこれを記念して、大理石の平板を実験が行われた部屋の壁に飾ると、そこに「ポーランド人センディボギウスの偉業、ほかにだれが成し遂げられようか」という銘文を刻んだらしい。ポーランド王妃マリア・ルドビガ（ゴンザーガ・ヌベール公女）の秘書だったデノワイエは一六五一年、ワルシャワからの手紙の中で、当時はまだあったこの銘板を見たこと、物見高い人々がよく見学に訪れていたことをつづっている。

センディボギウスの晩年については、執事のブロドフスキーがラテン語で書いた回想録で語っており、ピエール・ボレルも『探査の宝庫——ガリアおよびフランスの古代文明古代ガリア文明』の中で紹介している。この作品によると、ルードルフ二世はセンディボギウスの成功に大喜びで、彼を皇帝付き顧問にすると、王室の任務に就いて宮殿に住むようにと誘った。ところが、センディボギウスは自由を好み、廷臣にはなりたくないとしてその誘いを断った。彼は先祖代々受け継いできたグラバルナの土地に住み、長年にわたって人々を手厚くもてなしてきたのだ。センディボギウスの賢者の石の粉末は、執事によると、黒ではなく赤い色をしており、金の小さな箱に入れて保管していたらしく、その粉末一グレーンで五〇〇ダカット金貨、つまり一〇〇〇リクスダラーを造ることができたという。たいていは水銀から金を造っていた。旅に出るときはその箱を執事に預けていったので、執事は金の鎖で首からぶら下げて、いつも身に着けていなければならなかった。だが、センディボギウスは粉末のほとんどを馬車の踏み板の中の秘密の場所に隠していた。もし追いはぎに襲われても、そんな場所までは探さないだろうと思ったからだ。何らかの危険を察知すると、従者の装いに身を包み、御者席に上がって御者を中に押し込んだ。センディボギウスがこんな予防策を講じなければならなかったのは、賢者の石を持っていることが周知の事実であり、多くの悪人どもが略奪する機会をうかがっていたからである。あるドイツ人公爵——ブロドフスキーは年代記にその名を残す価値はないと考えていた——もセンディボギウスに卑劣なわなを仕掛けたことがあるため、それ以降は護衛を付けるようになったという。この公爵、センディボギウスの前でひざまずくと、どうしても好奇心を抑えられないので、どうか目の前で水銀を金に変えてみせてほしいとかなりしつこく迫っていた。あまりのしつこさに、センディボギウスも、絶対に秘密を漏らさないことを条件に術を披露することに同意。だが、センディボギウスが立ち去ると、公爵は自分の邸宅に住まわせていたミューレンフェルズというドイツ人の錬金術師を呼んで、一部始終を語ったのである。するとミューレンフェルズは、公爵の命令で十数人の騎手を準備してもらえれば、すぐに錬金術師の後を追い掛けて、賢者の石を略奪できるし、そうでなければ粉末の作り方を強引に聞き出してもいいと迫った。公爵にとっては願ってもないことだった。武装した騎士をひとり手配してもらったミューレンフェルズ。大急ぎでセンディボギウスを追い掛けていった。そして道路沿いにぽつんとたたずむ居酒屋で彼に追いついた。ちょうどセンディボギウスが夕食の席に着こうとしているところだった。まずは秘密を教えるよう説得してみた。だが、それが無駄だと分かると、連れの共犯者たちにセンディボギウスを裸にして居酒屋の柱にくくりつけるよう命じた。そして賢者の石が少量入った金の箱、賢者の石のことが書いてある写本、ルードルフ二世から贈呈された金の勲章とその鎖、ダイヤで装飾された一〇万リクスダラーもする豪華な帽子を奪い取ってしまったのである。こうして戦利品を手にした彼らは、センディボギウスを裸で柱にくくりつけたままその場を立ち去った。使用人も同じ目に遭ったが、追いはぎどもが見えなくなると、すぐに店にいた人々が縄を解いて助けてくれた。

プラハに赴いたセンディボギウスは、直ちにルードルフ二世に苦言を呈した。すると、ミューレンフェルズと略奪した品々をすべて提出するようにとの命令を携えた特使が公爵の元に派遣された。皇帝の怒りに触れるのを恐れた公爵は、自分の庭園に大きな絞首台を三つ作らせた。そして一番高い台にはミューレンフェルズを吊るし、その両脇の二つにはそれぞれ一緒に略奪行為をした悪党を吊るした。こうして公爵は皇帝の怒りをなだめ、自分に不利な厄介な証言をも封じ込めてしまった。同時に、センディボギウスから盗んだ宝石で装飾された帽子、勲章とその鎖、賢者の石のことが書いてある写本も返却した。だが、賢者の石については、見たこともないし、何も知らないとうそぶいた。

この一件で、センディボギウスはいっそう用心深くなった。どんなに頼まれても、金属変成の術は二度と他人の前では見せなくなった。また、自分が無一文であるかのように装うようにもなった。ときには何週間もベッドに横たわったまま、重病を装うこともあった。そうすればこんな病人が賢者の石など持っているはずがない、とだれもが思うだろうというわけだ。また硬貨を偽造しては、金だと言って偽物をつかませることもあった。やり手の錬金術師だと思われるより、詐欺師だと思わるほうがましだったのだ。

執事のブロドフスキーは、ほかにもこの人物に関する驚くべき逸話を語っているが、どれもここで紹介するほどのものではない。一六三六年、センディボギウスは八十数年の生涯に幕を降ろした。亡きがらはグラバルナにある自宅の礼拝所に埋葬された。錬金術に関する作品数点がセンディボギウスの名前で出版されている。

薔薇十字団

センディボギウスと同じ時期、ヨーロッパでは薔薇十字団が世間を騒がせるようになってきた。活動期間は短かったものの、世論に与えた影響、またヨーロッパの文学に残した不朽の影響を考えると、薔薇十字団にはとくに注目してみる必要がある。薔薇十字団が登場する前の錬金術は卑俗な妄想でしかなかったが、それを洗練された高尚な精神論にまで高めたのは薔薇十字団の功績である。また、その範囲を拡大し、賢者の石というのは、単に富を手に入れる手段ではなく健康や幸福を手に入れる手段でもあり、人間が精霊に命じて奉仕させ、自然の力を自由に操り、時間や空間という障害を乗り越えて、宇宙の秘密に関する最も奥深い知識を得る道具をすべて手に入れる手段である、としたのが彼らの思想である。聖職者たちはヨーロッパ中に陰険で不快感を催すような形で迷信を広めたわけだが、もしそうした迷信をヨーロッパから一掃し、その代わりに穏やかで気品があり、慈悲深くもある迷信にすり替えていったのだとすれば、乱暴で非現実的ではあったが、彼らにはそれなりの効用があったと言えるだろう。

薔薇十字団という名称は、一四世紀末ごろに聖地を訪れたドイツ人の錬金術師、クリスティアン・ローゼンクロイツ、つまり「ローズクロス（薔薇十字）」に由来するといわれている。ローゼンクロイツはイエメンのダムカルという町で重い病に倒れたが、そのとき訪ねてきた数人のアラブの賢者が、自分たちが追究している学問と同じだと言いながら、ローゼンクロイツの過去の秘密を、思想だけでなく行動に至るまでを霊感で暴いてみせると、賢者の石を使って病気を治したうえ、彼らの奥義をすべて伝授してくれたという。一四〇一年にヨーロッパに戻ったローゼンクロイツは、まだ二三歳という若さだったが、親しい友人を数人集めてこの新しい学問の手ほどきを始め、向こう一〇〇年間はこの秘密を公にしないことを宣誓。言い伝えでは、ローゼンクロイツはこの年からさらに八三年間生き、一四八四年に世を去ったとされている。

多くの人はローゼンクロイツという人物の存在を否定しており、この同志団体の起源はもっと後の時代だと考えている。また、薔薇十字団の起源は、パラケルススの学説やディー博士が思い描いていた夢にあるともいわれている。二人ともそんなつもりではなかったのだが、実際には、けっして認知されてはいないものの、薔薇十字団の元祖とされているのである。当時はまだよく分からず無名だった薔薔薇十字団からディー博士やパラケルススが着想を得たのか、それとも薔薇十字団が彼らの学説の上に立ってそれを展開させていったのか。今となってはそれを判断するのは難しい。実際には不可能である。確かなのは、一六〇五年にドイツで注目を浴びるようになるまでは、薔薇十字団の存在はまったく知られていなかったということである。その思想が広まってくると、ありとあらゆる妄想家、パラケルススの信奉者や錬金術師が彼らの道徳的規範に飛びついて、ローゼンクロイツこそ人類の新たな改革者だと言って称賛し始めた。当時の著名な医師ミハエル・マイヤー（ルードルフ二世の侍医を務めていた）は、賢者の石を探求して健康を損ねただけでなく、財産まで失った男だが、この新しい同志団体の信条と儀礼を報告書にまとめて一六一五年にケルンで出版した。この報告書によると、薔薇十字団の主な主張は次のようなものである。

「われらが創始者の黙想は、神の啓示も含め、天地創造以来のありとあらゆる想像を凌駕していた。われわれは、終末が来る前に世界平和と人類の革新を達成する運命を担っている。われわれは究極の英知と敬神の念を持ち合わせている。あらゆる自然の恵みを賜っており、われわれの好きなようにそれを人類に分け与えることができる。われわれは飢餓、口渇、病気、加齢など、自然が引き起こす不都合を被ることは一切ない。われわれは霊感で、また一見しただけで、入団を認める価値があるかどうかが分かる。われわれは創世記以来生存していれば、また常にそれを習得していれば持っているような知識をすべて持っている。われわれはほかの書物に書かれていること、あるいは終末までに書かれることをすべて読めるような書物を持っていた。われわれは最も力のある精霊や悪魔をわれわれのためにずっと奉仕させることができる。われわれは自らの歌の力で真珠や宝石を海底から、あるいは地底から引き揚げることができる。神が厚い雲で覆ってくれているため、敵の悪意から身を守ることができ、それによってだれの目にも触れずに済むのである。『薔薇十字』の当初の同志八人はあらゆる病気を治癒する力を持っていた。この団体によって、ローマ教皇の三倍の権力もばいじん同然と化すだろう。われわれは自ら刷新した原始キリスト教会の儀式と共に、二つの秘跡のみを認めた。われわれは第四の国（ローマ）およびローマ皇帝をわれらが支配者、ならびに全キリスト教徒の支配者であると認めた。われわれはスペイン国王がインド東西部の黄金地域から手に入れた金よりも多くの金を皇帝に献上する。われわれの財宝は無尽蔵だからである」

これが彼らの信条告白である。彼らの行動規範は次のように六項目から成っていた。

一．活動中、われわれは無償ですべての病人を治療することを目的とする。

二．われわれが住んでいる国の装いに合った衣服を常に着用すること。

三．年に一度、団体が指定する場所で全体会合を開き、欠席する場合には書面で理由を提出すること。

四．団員は全員、死期が近づいたときには後継者としてふさわしい人物を選ぶこと。

五．「ローゼンクロイツ」の頭文字〝R・C〟を合言葉、紋章とする。

六．団体の存在については、二〇年×六、すなわち一二〇年は秘密にしておくこと。


団体によると、これらの行動規範はローゼンクロイツの墓から見つかった黄金の書に刻まれていたものであり、ローゼンクロイツの死から二〇年×六、つまり一二〇年後の一六〇四年に失効するという。したがって、彼らはこの年以降、人類の幸福のためにこの信条を広めることになっていたというわけだ（**原注**　ウースタス・バジェルが書いたローゼンクロイツの墓の伝説は『スペクテイター』誌第三七九号で次のように紹介されている――「この賢者が眠っている墓を深く掘っていたある者が、両側に壁がある小さな扉に突き当たった。何か宝物でも出てこないものかと興味津々になった男は、すぐさま扉を開けてみた。すると目がくらむばかりのまばゆい光にまずは驚いたが、そこが丸天井の部屋であることが分かった。上のほうには、よろいで身を固めた男がテーブルに左腕を突いている彫像があった。男は右手につえを持ち、灯火に火をともしてみた。ところが、男が部屋に入ろうとして歩きだした途端、ひじを突いていた彫像がまっすぐ立ち上がったのだ。男は灯火を右手で高く掲げながらもう一歩足を踏み出した。さらにもう一歩踏み出すと、彫像がいきなり爆発して灯火を粉々に打ち砕き、部屋を真っ暗にしてしまったのだ。このうわさを聞きつけた人々が、灯火を手に墓に押し寄せた。すると、真鍮の彫像がただのぜんまい仕掛けの像だと分かり、部屋の床はどこも緩く、ばねがいくつか仕掛けてあった。つまり、人が入ってくると前述のようなことが自然に起きるようになっていたのである。ローゼンクロイツの信奉者いわく、師はだれひとりこれを発見して利益を得てはならぬと断じており、こうすることで、太古の時代から燃え続けている灯火を再発明したことを世界に知らしめたのだ」）。

この熱狂者たちは八年にわたってドイツで改宗者を増やしたが、ドイツ以外の地域ではほとんど注目されることはなかった。だが、やがてパリにも進出してくると、あらゆる学者や何でも信じる人々、物見高い人々を興奮のるつぼに陥れたのである。一六二三年三月の初旬のこと、パリの善良な市民がある朝目を覚ますと、町中の壁という壁に次のような声明文が貼ってあるのを見て仰天した。

「われわれ、ローゼンクロイツの主要同志会代表は、天主の恵みにより、この市に見える形の、見えざる形の居を定め、正義の精神を天主に捧ぐこととする。われわれは、書物もなければ何の合図もないが、教えを示し、居を構えるあらゆる国の言語を話し、われらが同胞たる人類を、過ちや死から救出する」

この奇妙な貼り紙は、長い間町中の話題を独占した。興味津々で眺める者もいたが、ほとんどの人は一笑に付していた。それから数週間後、二冊の書物が出版された。この謎の団体に対して初めて警鐘が鳴らされたのはこのときである。その拠点がどこなのかはだれも知らず、その団員の姿を目にした者もいなかった。一冊は『悪魔と自称［透明人間］が交わした恐ろしい協定——その忌まわしき指令、弟子たちの嘆かわしい破滅、惨めな結末（The frightful Compacts entered into between the Devil and the pretended 'Invisible's'; with their damnable Instructions, the deplorable Ruin of their Disciples, and their miserable end)』、もう一冊は『最近パリ市に拠点を置いた薔薇十字団の知られざる新たな秘儀の検証——その儀礼の歴史、彼らが起こす奇跡、その他の詳細（Examination of the new unknown Cabala of the Brethren of the Rose-cross, who have lately inhabited the City of Paris; with the History of their Manners, the Wonders worked by them, and many other particulars)』である。

この二冊は飛ぶように売れていった。だれもがこの恐怖の謎の集団について知りたがった。パリの物見高い連中は、サタン本人が市民に紛れ込んで街中を歩いているかもしれないと不安を抱いた。これらの書物には、薔薇十字団員は洗礼と復活の希望を拒絶した三六人であると書かれていた。彼らが言うには、奇跡を起こすときには、善良な天使ではなく、この世の端から端までを思考する速さで移動できるような能力、あらゆる言語を操れる能力、どんなに浪費しようとも常に財布を金で満たしておける力、鍵がしっかり掛かっている場所でも透明になってどこへでも入れる力、過去も未来も見通せる力など、すべての力を与えてくれる悪魔を使うのだという。この三六人の同志はさらに小グループに分かれていた——伝道のためパリに派遣されたのは六人だけで、イタリア、スペイン、ドイツに六人ずつ、スウェーデンに四人、そしてスイス、フランドル地方、ロレーヌ地方、フランシュコンテ地方に二人ずつ派遣されていた。一般にフランスに派遣された伝道師の一行はマレデュタンプル地区辺りに住んでいるといわれていたため、その地区にはすぐに悪評が立ち、ローゼンクロイツの透明人間が六人も現れたら嫌だと言って、そこに住むのを避ける人が増えてきた。この謎の団体の団員はパリの居酒屋や宿屋に現れては最高級の肉を食べ、最高級のぶどう酒を飲んでいるが、主人が勘定書を持ってくるころには空中に消えて見えなくなってしまうらしい……。多くの庶民だけでなく、教養人までもがそんな話を信じるようになってきた。ひとりで寝ていた若い娘が夜中に目を覚ますと、ギリシャ神話に出てくるアポロン以上の美男子が添い寝をしており、娘が大声を出すと一瞬にして見えなくなってしまったという話もある。また、家の中に突然黄金の山が現れたという人が大勢出てきたが、皆そんな金がどこから来たのか皆目見当がつかないという。パリ中が不安に包まれた。薔薇十字団員がうろうろしていたのでは、男たちは自分の財産を、娘たちは純潔を、妻たちは貞節を守れないのではないかと心配するようになった。そんな混乱のさなか、今度はこんな貼り紙が町中に貼られた。

「好奇心だけで薔薇十字団の同志に会いたいと思う者がいたら、それはけっしてかなわない。われわれの団体に入りたいという強い意志がある者なら、その思想を判断し、われわれが契約の真理を説いてやろう。だからわれわれは拠点を置いている場所を世間に公表しないのである。互いが理解し合うには、われわれのことを知りたいと思う者の誠意ある意思と思想があれば十分である」

薔薇十字のような団体が存在するというのも問題だったが、確かなのは、こうしてパリ中の壁に貼り紙を貼って思想を広めている人間がいるということである。警察も違反者を検挙しようと躍起になっていたが、結局は何の進展もなく、それがいっそう人々の混乱に拍車を掛けていた。キリスト教会も早急にこの問題を取り上げた。イエズス会のゴーティエ神父も本を執筆し、彼らはローマ教皇に敵意を抱くルター派の信徒に違いない、彼らが異端信仰を広めるために送り込まれたのだと主張。薔薇十字という名を見ただけで、彼らが異教徒だと分かるとも述べている――つまり、その象徴は十字架の上に薔薇の花を置いたものだが、この薔薇というのは、最大の異端派であるルター派の紋章なのである。また、ガラッスによると、これは大酒飲みの詐欺師の団体で、その名は十字の形をした薔薇の花輪に由来しているという。ドイツでは秘密を守るしるしとして酒場のテーブルの上に垂れ下がっており、よく他人に秘密を打ち明けるときには「薔薇の下で」と言うが、この言い回しはこのことに由来するのだそうだ。さらに、〝F・R・

C〟の文字は、「薔薇十字団（Fraternity of Rose-Cross）」の意味ではなく、〝Fratres Roris Cocti〟、すなわち「煮沸した露の仲間」の頭文字だという解釈もあった。つまり、賢者の石や生命の水を造る際の貴重な原料を抽出するため、彼らが朝露を大量に集めて煮沸させていたことに由来するというのである。

こんな攻撃を受けた団体は、可能なかぎり自己弁護に走り、こんな主張を繰り返した。

「何らかの魔術を使っている、あるいは悪魔に相談を持ち掛けているといううわさがあるが、そのようなことはしていない。全員が幸せである――全員が百年以上生きているが、まだあと何世紀も長生きできるといいと思っているし、敬神の念や絶対的な忠誠の見返りとして、神から自然に関する詳しい知識を授かっている。また、われわれの名称が薔薇十字からきている、あるいは酔っ払いだというのは誤りである。まず訂正してほしいのは、われわれの名称は創始者のクリスティアン・ローゼンクロイツから頂いたという点である。さらにもうひとつ、われわれは渇望というのを知らない。舌を楽しませるよりも高尚な楽しみがあるのだ。ローマ教皇の至上権には賛成しかねるし、教皇を圧制者だとは思うが、政治的にも宗教的にも他人やほかの集団に干渉するつもりはない。われわれに対しては数々の誹謗中傷があるが、中でも一番不当だと感じるのは、自分たちの性欲を満たすために、透明な姿になって美しい娘の部屋に侵入しているというものだ。現実にはまったくその逆で、自分たちがこの団体に加入したとき、最初に宣誓したのが純潔を守るということである。この誓いを破った者は直ちにあらゆる利点を失い、再び他人と同じように飢えや苦しみ、病気や死にさらされるのである。自分たちはこの純潔に関してはとくに強い思いがある。アダムが堕落したのも、もっぱらこのような美徳に欠けていたからだ」

彼らはこんなふうに自分たちを弁護しただけでなく、さらにその信条についても告白した。こうして、妖術師や魔女だというかねてからのうわさや悪魔と交信しているという話を永遠に葬り去ったのである。また、インキュバス（男の夢魔）やサキュバス（女の夢魔）といった、恐ろしく気味の悪い超自然の生き物や、人間が長い間信じてきた数知れない奇怪な使い魔などもいないという。人間を取り巻いているのは、そのような敵ではなく、人間を助けたがっている美しく慈悲深い無数の生き物である――空気は空気の精（シルフ）と暮らし、水は水の精（ウンディーネまたはナイアス）と、大地は地の精（グノーム）と、火は火の精（サラマンドル）と暮らしている。彼らは皆人間の友であり、人間が身を清めてあらゆる汚れを落とし、自分たちの姿が見え、話ができるようになることだけを望んでいる。彼らの力は実に強大で、空間という壁や物質的な障害に邪魔されることはない。だが、たったひとつ、人間のほうが勝っていることがある。人間には不滅の魂があり、彼らにはそれがない。ただ、もし彼らがだれかに愛情を吹き込んで、その人から深い愛情が得られれば、人間の不死を共有することもできる。だから女の精霊は常に男から賛美されようと努力し、男のグノームやシルフ、サラマンドルやウンディーネは女から愛されようとするのであり、そうした愛情のお返しとして、この情熱の対象たる人間は神聖なる炎、すなわち魂を分け与えるのである。そうなれば、愛された者は恋人同然の存在になり、与えられた道を共に走って幸福の館へと向かうことができるのである。彼らいわく、この精霊たちは昼夜を問わず、常に人間を見守ってくれる。夢や予言、予感などはすべて彼らが仕掛けたもので、危険が近づいてきたら、それで知らせてくれるのだ。だが、そうやって自分たちのために人間と友人関係を結びたがるくせに、彼らには魂がないわけだから、むら気があり、意地悪をすることもある――ちょっとしたことでも腹を立て、暴飲暴食や乱行、その他肉体的欲求で人間が持つ良識の光を消してしまった者には、利益ではなく損害を与えるのである……。

この貼り紙はまたパリを騒がせたが、こうした聖職者たちへの攻撃は数カ月後には収まった。伝わってくるさまざまな話は、この不条理な時代から見てもばかばかしくて話にならず、人々もこの見えざる紳士たちと雲をつかむような主義主張をまた笑い飛ばすようになった。こうした状況を目の当たりにしたガブリエル・ノーデは、『薔薇十字団に関するフランスへの提言（Avis à la France sur les Frères de la Rose-croix）』を著して、この新たな宗派の愚行を見事に暴き出した。この作品はけっして上出来とは言えなかったが、タイミングは絶妙であった。これでフランスの薔薇十字団はすっかり鳴りを潜めてしまった――この年以降、彼らのうわさはほとんど聞こえてこなくなった。地方のいかさま師が自分たちの詐欺行為を隠すため、この団体名を名乗ったり、巧妙に他人の懐から真珠や宝石をくすねた者や、金ぱくを張っただけの真鍮の塊を賢者の石を使って造った純金だと偽って偽物をつかませりしたやからが逮捕され、首吊り台に送られたことはあった。こうした例外はあったものの、彼らはすっかり忘却の彼方に消えてしまったのだった。

この思想はフランス国内にとどまらず、外国にも波及していた。ドイツでは相変わらず盛んだったし、イングランドにも大勢の帰依者が現れた。ドイツとイングランドはヤコブ・ベーメとロバート・フラッドという偉大な師を輩出した——二人とも自称錬金術師だが、どちらが突拍子もない大ばか者かは判断に窮するところである。この団体はさらに二派に分かれていた。ひとつはこの世の神秘のことだけを考える「ローザクルシス（薔薇十字）団」、そしてもうひとつは神学や宗教について熟考する「アウラエクルシス（黄金十字）団」であった。フラッドは薔薇十字団に、ベーメは黄金十字団に属していた。フラッドはイングランド薔薇十字団の父とも目され、愚の殿堂の中でも異彩を放っている人物である。

ロバート・フラッドは一五七四年、エリザベス女王の時代に陸軍省出納官を務めていたサー・トーマス・フラッドの息子として、ケント州ミルゲートで生まれた。最初は軍人を目指していたが、勉強が大好きで、しかもおとなしくて内気な性格だったので、軍に入っても成功はおぼつかなかった。そこで父親も、息子に合わない進路を無理やり歩ませようとはせず、医学の勉強を勧めたところ、ロバートも早くから医学に大変な興味を示した。二五歳のときにヨーロッパ大陸に渡ったが、難解なものや不思議なもの、不可解なものが好きだったため、パラケルススの著作の熱心な研究者となった。ロバートはパラケルススを、医学だけでなく哲学の方面でも偉大な改革者だとして尊敬していた。

神秘思想を詰め込みながら、熱狂者や夢想家たちが集まる団体を探してイタリア、フランス、ドイツで六年間を過ごした。一六〇五年にイングランドに戻ってくると、オックスフォード大学から医学博士の称号を授与され、ロンドンで開業医を営むことになった。

ロバートはすぐに頭角を現した。まず、ロバード・フラッドという名前をラテン語に直してロベルトゥス・ア・フルクティブスを名乗り、神秘思想を広めていった。そして賢者の石、生命の水、万物融化液《アルカヘスト》を信じていると公言し、万物には二つの法則しかないという理論を展開した——その二つとは、北方の影響力である濃縮と南方の影響力である希薄である。ロバートによると、人間の体は多くの悪魔に支配されているが、その悪魔は自分が作ったひし形の部分に整列しているらしい。どの病気にもそれを発症させる固有の悪魔がおり、戦うときには、ひし形の対極に位置する悪魔の力を借りるしかないのだという。この医学的概念については、後の章でさらにご紹介しようと思う。そこでは磁気療法熱とそこから派生した動物磁気療法の創始者のひとりとして考えてみたい。動物磁気療法は今でも大いに世間を沸かせている。

先にご紹介した主義主張はもう十分に洗練されてきたと言わんばかりに、ロバートも薔薇十字団がヨーロッパで旋風を巻き起こすや、すぐに入団し、団体でも高く評価されるようになった。薔薇十字団はリバビウスをはじめとするドイツ人学者たちから猛攻撃を受けていたが、ロバートは自ら反論を買って出て、一六一六年に薔薇十字思想を擁護する『薔薇十字団の弁明（Apologia compendiaria Fraternitatem de Rosea-cruce suspicionis et infamioe maculis aspersam abluens）』を出版。この作品でロバートはたちまちヨーロッパ大陸で名声を勝ち取り、その後は団体の高位聖職者のひとりとみなされるようになった。ロバートがここまで大物扱いされてくると、ケプラーやガッサンディーも黙っているわけにはいかなくなってきた。とくにガッサンディーは、ロバートの信条を徹底的に検証した。デカルトの友人だったメルセンヌ神父もフルクティブス博士を攻撃した。メルセンヌが薔薇十字団に入団したとして告発されたとき、彼を擁護したのがフランスの哲学者デカルトである。メルセンヌは、ロバートがフルクティブス博士と呼ばれたがっていることを非難したうえで、薔薇十字団全体、とくにフルクティブス博士は愚の骨頂であることを示した。フルクティブスもメルセンヌを無知なコラムニストだと呼んでは長い反論をしたためて、錬金術は有益な科学であり、薔薇十字団は世界の改革者であることをあらためて主張した。これは『至上善――妖術とは、カバラとは、錬金術とは、薔薇十字団とは何か、そしてメルセンヌへの反論（Summum Bonum, quod est Magioe, Cabaloe, Alchimioe, Fratrum Rosoe-Crucis verorum, et adversus Mersenium Calumniatorem）』という題名で、フランクフルトで出版された。フルクティブスはこれ以外にも錬金術に関する作品、薔薇十字団に関するリバビウスへの二度目の反論、多数の医学書を執筆している。一六三七年にロンドンで死去。

フラッドの死後、イングランドでは異端派が少なくなってきた。注目を浴びることもめったになく、注目を集める努力も見られなくなった。あいまいでほとんど理解不能な作品が時折出版されると、世間はあらためて異端派が根絶したわけではないことを認識する程度であった。エイレナエウス・フィラレテスは、本名を隠し、偽名を使っていた有名な錬金術師だが、一六五二年に『薔薇十字団の名声と告白（The Fame and Confession of the Brethren of the Rosie Cross）』を翻訳出版した。その数年後には、もうひとりの熱狂的な擁護者であるジョン・ヘイドンが二作品を発表した――『賢者の王冠、または薔薇十字団の栄光（The Wise Man's Crown, or the Glory of the Rosie Cross）』と『技術と自然とをベールを脱いだ薔薇十字団に融合させるための聖なる手引き（The Holy Guide, leading the way to unite Art and Nature with the Rosie Cross uncovered)』。だが、いずれもほとんど注目されずに終わってしまった。三冊目はそれなりに成功を収めた。題名は『神のしもべにして自然の秘書たるジョン・ヘイドンによる薔薇十字団の新たなる医療（A new Method of Rosicrucian Physic; by John Heydon, the servant of God and the Secretary of Nature)』。これを少し引用してみよう。当時のイングランド薔薇十字団の理念がお分かりいただけるだろう。著者は、本人の言葉を借りると、「死ぬまでウェストミンスターホールで仕事をし、休みのときには錬金術と薔薇十字団のことを熟考していた」弁護士である。ヘイドンがエピローグのための寓話と呼んでいた序論では、団体の本当の歴史と信条について述べている。ヘイドンによると、薔薇十字思想を広めた最古の師はモーセ、エリヤ、そしてエゼキエルであり、当時イングランドやヨーロッパ諸国にわずかにいた信奉者は、宇宙の大王の目となり耳となって万物を見聞きする者であり、天使のように彩飾され、肉体を離脱した魂や不死の天使たちの聖なる集まりに参加し、プロテウスのように何らかの形に姿を変えて、奇跡を起こす力を持っていた。最も熱心な同志なら、都市に蔓延する疫病を抑え、暴風雨を静め、荒れ狂った海や川を穏やかにし、空中を歩き、魔女の悪意から守り、あらゆる病気を治し、あらゆる金属を金に変えることができるはずだ。ヘイドンは当時有名だった薔薇十字団の二人の同志、ウォルファードとウィリアムズと知り合いであった。二人は彼の目の前で何度も奇跡を起こし、占星術や地震についての素晴らしい予言をいくつも教えてくれたらしく、ヘイドンは次のように述べている。

「そのうちのどれかで占ってもらいたかった。わたしのような者は守護神と仲良くなれるのかどうか。『今度お会いしたときに（わたしはどこに行けば会えるのか分からないだろうから、団員のほうからわたしのところに来て）、お教えしましょう』と団員は言った。次にその団員に会ったら、彼はこう言ったのだ。『神に祈りなさい。善良で敬虔なる者なら、自分自身、つまり魂を神に捧げることが神への何よりの奉仕になるからです』と。また、守護神は神の慈悲深い監視役であり、世界中を駆け回っては、汚れを知らず、ひたむきな人々の純粋な努力を、愛と哀れみのまなざしで見守りつつ、いつでも人々に手を差し伸べるべく待機しているのだ、とも話していた」

ヘイドンは、人間には飲食は共に必要ないという薔薇十字団の信条を正論だとして熱く支持していた。また、ガンジス川の源流近くに住む特異な民族と同じように生きている人がいるはずだという説を唱えていた。同名のサー・クリストファー・ヘイドンが旅行記で紹介しているが、この民族には口がなく、だから食べることができず、鼻孔で呼吸するだけで生きているが、遠出するときだけは花のにおいで普段の節食を補っていたらしい。ヘイドンいわく、本当に澄んだ空気には「微細な異質の恵み」があり、これが陽光によってまき散らされるので、人間の滋養物としてはこれで十分なのである。大食漢については、どうにも我慢できないというのであれば動物性の食物を摂取することに反対はしなかったが、わざわざそれを「食べる」必要はないと執拗に言い張っていた。みぞおちに程よく調理した肉を貼りつけておけば、丈夫で食欲旺盛な人の食欲は十分に満たせるというのである！　飲み物の例を見れば分かるように、そうすることで大きな共通の入り道である口から病気を体内に入れずに済むというわけだ。つまり、人間はしばらくの間水に浸かっていれば、のどが渇くことはないということである。ヘイドンいわく、こうしてぶどう酒に浸かって何年もの間断食をしていた薔薇十字団員を何人も知っているそうだ。実際に、人間は何の肉も食べずに、一生、それは三〇〇年かもしれないが、楽に食を絶つことができ、そうすることであらゆる病気を絶つことができるのだそうだ。

さらにこの「賢い錬金術師」によると、この教義の主導者たちは、その象徴である漆黒の十字、〝R・C〟を必ず会議場に持ち歩き、それを黄金の薔薇で飾っているらしい。この十字架は、人間が犯した罪を償うキリストの苦悩を象徴しており、黄金の薔薇は、キリストの復活の栄光と美を象徴しているという。この象徴はメッカ、カルバリオの丘、シナイ山、ハラン、その他三カ所に交互に運ばれたようだ。その三カ所とは、カスクル、アパミア、ショーラトービリッサコーヌッシュという、空中にある場所に違いない。薔薇十字団員の信徒が好きなときに会合を開き、行動を決定している場所である。彼らはいつもこれらのどこかに集まって楽しいひと時を過ごし、この世が誕生してから終末が訪れるまでに起きたこと、あるいはこれからやるべきことなど、あらゆる問題を解決していた。そしてヘイドンはこう締めくくっている。

「これが薔薇十字団員と呼ばれる連中だ！」

一七世紀も末ごろになると、薔薇十字団はさらに理にかなった思想を掲げるようになったが、現在でもわずかながら信徒を擁していることを得々としている。彼らにとっては、真の賢者の石を手に入れることこそが充実感であり、単に想像が生み出した幻想を追い求めるという狂った探求は捨てたようである。アディソンは『スペクテイター』誌で、ある薔薇十字団員との対話について説明している。その説明からは、薔薇十字団は話をしているかぎりは、今まで同様にばかげていたものの、行動ではより賢くなっていることが推測できる。アディソンは次のように述べている。

「かつて、わたしは薔薇十字団員と奥義について話をしたことがある。その団員は、エメラルドの中にすむ精霊の秘密を話してくれたのだが、その精霊は、近くにあるものを能力の限りを尽くしてなるべく完ぺきなものに変えてしまうのだという。『それは太陽に輝きを与え、ダイヤモンドに品質を与えます。あらゆる金属を輝かせ、鉛にさまざまな金の特性を与えて質を高めるのです。煙を炎に、炎を光に、光を栄光にまで高めることができるのです』。団員はそう話していた。さらに、『その一筋の光が、その光が当たった人の痛みや心配、そして憂うつを取り除いてくれるのです。要するに、精霊がいれば、どんな場所でもおのずと天国のようなところに変わってしまうというわけです』とも言っていた。わたしはこうした理解不能な隠語を並べ立てた話を聴いていたわけだが、しばらくすると、団員が自然と道徳の概念を同じ話の中で混同して使っていたこと、その奥義というのが自己満足以外の何物でもないことが分かった」

ヤコブ・ベーメ

今度はヤコブ・ベーメの話である。ベーメは金属変成の秘密は聖書にあると考え、錬金術と宗教を融合させた異質の教義を確立して黄金十字団を創設した人物である。一五七五年にシュレジア地方のゲルリッツで生まれ、三〇歳までは靴職人として生計を立てていた。空想癖があり、精神的にも不安定な性格だったベーメは、一六〇七年か一六〇八年ごろにドイツに薔薇十字思想が広まるまでは、単に無名な男にすぎなかったが、このころから仕事をおろそかにするようになり、くだらない形而上学に没頭するようになった。そしてパラケルススの書物を手に入れると、薔薇十字団の理想にも引かれて夢中で読みふけり、完全に仕事を放棄してしまった。すると、多少は自立した生活を送っていたのに、いきなり貧困に陥ってしまった。だが、貧しくて食べるものがなくても、ベーメはまったくひるまなかった。頭の中は架空の生き物のことばかり。心の中ではもう人類の新たな指導者になったつもりでいた。そして一六一二年、四年間の熟考の末に処女作品『黎明（アウロラ）』（牧神社）を発表。これは旧約聖書と新約聖書、とくに錬金術の奥義がすべて書かれている黙示録を熱心に研究すれば、賢者の石を発見できるという理論を展開したものだが、パラケルススのばかげた概念を具現化したうえで、錯乱したその概念をさらに分かりにくいものにしていただけであった。また、神の恵みは自然界に見られる神の摂理と同じ法則に従い、同じ方法で授けられるのだとも述べており、金属から不純物、つまり火を取り除けば浄化されるのとまったく同じように、人間の精神も汚れや腐敗を取り除けば清められるのだ、とも主張している。

空気の精、地の神、水の精、火の精のほかに、ベーメはさまざまな位階の悪魔を認識していたが、自分には何も見えないし、純潔を守っているなどとうそぶいていた。また、もしその気になれば、肉や飲み物、その他健康のために必要なものをすべて絶つことだってできるとも豪語していた。まあ、これ以上ベーメの愚かな言動については述べる必要もないだろう。この作品を書いたことで、ベーメはゲルリッツの行政官から厳重に注意され、家族が教会の保護を受けなくてもいいように、ペンを置いて靴屋の仕事に専念するようにとの命令が下された。だが、ベーメはこの素晴らしい助言にも耳を貸そうとはせず、自分の研究を続けた――鉱物を燃やして金属を精錬していたかと思うと、次の日には神の御言葉を神秘的に解釈したりした。その後三つの作品を発表したが、どれも最初の作品に負けず劣らずばかげた内容であった。そのひとつは『金属学（Metallurgia）』という題名だが、不明瞭な彼の著作の中では一番ましな作品だろう。ほかの二点は、『永遠という現世の鏡（The Temporal Mirror of Eternity）』、そして寓意と隠喩に富んだ『神知学の秘密（Theosophy revealed）』である。

すべてがとっぴで腑に落ちず、
良識や正気に欠けている。

一六二四年、ベーメは彼を慕う多くの信奉者を残して他界した。一七世紀には、その多くがベーメにも引けを取らない愚行で名をはせた。ギフテイル、ベンデンハーゲン、ヤン・ヤコブ・ツィマーマン、アブラハム・フランケンベルクなどの名が挙げられるだろう。ローマカトリック教会にとっても異端思想を広める彼らは鼻につく存在で、彼らの多くが異端のかどで長期の獄中生活や拷問を強いられている。一六八四年、モスクワではクールマンという男が妖術罪で生きたまま火刑に処せられた。ベーメの作品は、その後何年もたってからウィリアム・ローという熱狂的な信奉者によって英訳され、出版された。

モルミウス

ペーター・モルミウスはベーメと同時代の悪名高き錬金

術師で、一六三〇年に薔薇十字団の思想をオランダに紹介しようとした人物である。モルミウスは公衆の面前で演説する許可を僧侶に申請した。この団体の信条について説明し、賢者の石と四大精霊（地、水、風、火の四元素を支配する四つの精霊）を使ってオランダを世界で一番幸福かつ裕福な国にする計画を発表したいというのである。賢明な僧侶は、この男とのかかわりを一切持たないことにした。それを受けて、モルミウスは本を出版してオランダに恥をかかせてやろうと考えた。その年、彼はライデンで本を出版。これは『自然の奥義の書（The book of the most Hidden Secrets of Nature)』といい、三部構成になっていた――一部では「絶え間ない変化」、二部では「金属の変成」、そして三部では「万能薬」を取り上げていた。また、一六一七年にはフランクフルトで薔薇十字団の思想に関するドイツ語の著作も発表している。

詩や小説に出てくる優美な生き物の多くは、薔薇十字団から大きな影響を受けている。イングランド、フランス、ドイツの文学には数々の魅惑的な小説があるが、それらの趣向は薔薇十字団の白昼夢から拝借したものである。中でも突出しているのが、シェークスピアの『テンペスト』（ちくま文庫他）に出てくる「妖精エアリアル」だ。アレクサンダー・ポープも同じ発想で、あの素晴らしい『髪盗人（Rape of the Lock)』という作品でベリンダの化粧室にすむ空気の精を描いている。また、ドイツロマン派の作家ラ・モット・フーケは、美しく気まぐれな水の精ウンディーネを愛らしくしとやかに描き（澁澤龍彦『世界幻想名作集』〔河出文庫〕を参照）、その想像上の悲しみをかき立てることで、超自然の生き物にかつてないほどの共感を呼び起こした。サー・ウォルター・スコットも、「アブネルの白い婦人」に水の精ウンディーネの数々のアトリビュートを与えた。ドイツの小説や叙情詩も、空気の精や地の神、水の精、火の精を隠喩している描写を多用している。フランスの小説も負けてはおらず、ギリシャ神話やローマ神話といった厄介なものではなく、多くが薔薇十字団に着想を求めるようになってきた。とくに空気の精は詩人に大変好まれるようになった。ところが、それが一般の人々にも親しまれるようになると、迷信の中では由緒ある古さを誇るほかの架空の生き物、つまり「妖精」と少々混同されるようになってしまった。薔薇十字団にはこのような恩義があるため、団体がどんなに不条理だといっても、詩を愛する人々は、こんな哲学者集団は間違っても存在しなかった、などとは思いたくないだろう。

ボルリ

ミハエル・マイヤーによって薔薇十字団のような団体の存在が世間に知られるようになったころ、ひとりの男がイタリアで産声を上げた。後にこの団体で最も異彩を放つ人物になる男である。錬金術の愛好家は、有能な、あるいは成功した詐欺師の中でもジュゼッペ・フランチェスコ・ボルリほどの天才は思い浮かばないと話している。生まれたのは一六一六年だとする説と一六二七年だとする説があるが、開業医を営むブランダ・ボルリ氏の息子としてミラノに生まれた。一六歳のときに教育の最終課程を終わらせるためローマのイエズス会の寮に入ったが、記憶力の良さでめきめきと頭角を現すようになった。刻苦勉励しながらも、学んだことはいとも簡単に習得していった。どんなに長い論文でも内容を細かく記憶し、どんなに難しい研究でもできないものはなかった。しかし、こうした才能からくる強みも、騒動を起こしたり乱行に走ったりするという、手に負えない激情型の性格が災いして、台無しになってしまった。ボルリは寮長だけなくローマ警察とも常に問題を起こしており、何年たっても晴れないほどの汚名を着せられてしまう。友人の助けもあって、ボルリはローマで医師として独立し、ローマ教皇庁でもちょっとした職も得られるようになった。だが、その勉強好きが嵩じてか、いきなり錬金術にのめり込んでしまい、賢者の石の探求に全身全霊を注ぐことを決意。ところが残念なことに、賢者の石の探求に悪い性癖が加わって、ボルリの生活は苦しくなっていった。研究と同じぐらい道楽にも金をかけていたが、それらは共に彼の健康をむしばんだだけでなく、医師としての評判も落としてしまったのである。三七歳のとき、ボルリは医者だけでは生活できないことを悟り、ほかの仕事を探し始めた。そして一六五三年、ローマでインスブルック大公の宰相を務めるミロリ侯爵の私設秘書官に就任。その後二年間はこの仕事を続けたが、放縦な生活は相変わらずだった。賭博師や放蕩者、ふしだらな女たちが集まるところに頻繁に出入りしたり、街中でみっともないけんかに巻き込まれたりで、せっかく好意的だった庇護者たちもボルリに愛想を尽かすようになってきた。

そんなボルリだが、突然立ち居振る舞いに変化が見られるようになった。勝手気ままの道楽者が、見た目には物静かな哲学者に変身。横柄だった男が、今までの悪行を悔い改めて、これからは有徳の模範として生きていくことを宣言したのである。友人たちにとって、この変化は思いがけず喜ばしいことであった。奇跡のように精霊が現れてそうするよう命じられたのだ。ボルリは訳の分からないことをつぶやいた。また、慈悲深い精霊と話をして、神と自然の秘密を教えてもらい、賢者の石ももらったなどとうそぶいていた。そして先にご紹介したヤコブ・ベーメと同じく、ボルリも宗教と哲学とを融合させて、われこそ新宗派の創始者であると名乗りを上げたのである。ローマはもちろん、とりわけ教皇庁でこういうことをするのは極めて危険な行為であった。そしてまさにそのとき、サンタンジェロ城の土牢に送られないよう逃げなければならないことに気がついた。そこでボルリはインスブルックに避難して、そこで約一年を過ごした後、生まれ故郷のミラノに戻った。

高潔なるボルリの評判はすでにミラノに伝わっており、多くの人が彼の幸運にあやかろうとしていた。新しい団体に入りたがる者たちは、団体のために貧困を誓い、全財産を放棄することを誓った。ボルリは彼らに向かって、大天使ミカエルから素晴らしい剣を授かり、その剣の柄には七人の天使の名前が刻まれていると語った。

「わが新しい羊小屋に入るのを拒む者は、教皇軍に滅ぼされるだろう。神の定めによって、軍の隊長はわたしが務めることになる。わたしに従う者にはあらゆる歓喜を授けてやろう。賢者の石を発見したので、わが化学の研究も喜ばしい結果に終わるだろう。そうすれば好きなだけ金を手にすることができるのだ。天使たち、とくに大天使ミカエルがこれを助けてくれるものと信じている。わたしが精神世界に足を踏み入れたとき、夜のような幻覚が見えた。そしておまえは預言者になるという天使の声を聞いて、それを確信したのである。そのしるしとして、一本の棕櫚の木が天の栄光に包まれているのが見えた。天使たちは呼べばいつでも現れて、この世の神秘をすべて解き明かしてくれる。空気の精やほかの精もわたしに従い、地の果てまで飛んでいって、わたしやわたしが尊敬する人々に仕えてくれるのだ」

こんな話を繰り返し語っていたボルリは、いつの間にか大勢の信奉者が集まっているのに気がついた。ここでは宗教家としてではなく錬金術師としてご紹介しているので、ローマカトリック教会の教義についてボルリが説いていた内容、ローマ教会当局から激しい怒りを買っていた教義の内容を繰り返す必要はないだろう。その教義たるや、ボルリの哲学的思考に負けず劣らず不条理極まりないものであった。信奉者が増えてくるにつれ、ボルリはいつか自分も第二のムハンマドになり、生まれ故郷のミラノに王国を建設して国を治め、宗教を興して預言者になるという思いを抱くようになった。一六五八年、ボルリは市内のすべての門に配置している歩哨を襲って都市を占拠し、ミラノ国王を正式に宣言するという計画を立てた。ところが、そろそろ実行に移すときが来たと思われたそのとき、その計画が発覚してしまったのである。信奉者二〇人が逮捕され、ボルリ自身も大変な思いをして中立国のスイスに逃れ、ローマ教皇の不興を免れたのだった。

信奉者たちの裁判はすぐに始まり、期間はさまざまだが、全員が禁固刑を言い渡された。ボルリの裁判も容疑者不在のまま行われたが、審理は二年以上続いた。そして一六六一年、ボルリは異端信仰と妖術の罪で死刑を宣告され、死刑執行人によってボルリの人形がローマで燃やされた。

この間、ボルリはスイスでひっそり暮らしながら、異端審問所とその訴訟を言いたい放題痛罵していた。やがてストラスブールに落ち着こうと、そこに居を移した。宗教観から迫害された人物として、同時に偉大な錬金術師として、ストラスブールでは心から温かく迎えられた。だが、向上心に燃えるこの天才はストラスブールを窮屈に感じ、同じ年にさらに豊かな都市アムステルダムに移った。そこでは豪奢な家を借りると、大金持ちの商人の豪華な馬車もかすんでしまうほど立派な馬車を用意して、自ら閣下を名乗った。こんな贅沢な暮らしをする資金をどうやって手にしたのかは、長い間謎であった。熟練した錬金術師たちが、彼らなりに分かりやすく説明してくれた。分別ある人々は、ボルリのやり方はとても立派な方法だとは言えないと考えている。ミラノにいるときに信奉者が大勢集まってきたという話をしたが、皆団体の基本原則に従って、現世の全財産を放棄して創始者に託していたのである。中には金持ちもずいぶんいた。どんな方法であれ、金を手に入れたボルリはそれをオランダで豪快に使い、人々からも少なからず崇敬されていた。見事に病気を治したことも何度かあったので評判も上々で、人々からは天才だなどとおだてられていた。ボルリは錬金術の研究に熱心に打ち込みながら、毎日のように卑金属を金に変えられる日が来ることを楽しみにしていた。貧乏のどん底にあるときもこの希望を捨てることはなかったが、莫大な富を手にしてしまった彼は、分別のない浪費を繰り返すようになった。だが、イタリアから持参してきた金だけではそんな贅沢三昧もそう長くは続かなかった。賢者の石も、将来の望みはすべてかなえてくれるのだろうが、今日すぐに必要な物は何ひとつ与えてくれなかった。ボルリはしばらくの間節約を余儀なくされた――立派な邸宅、贅沢な馬車と純血種の馬を手放し、仕着せを着た召使を解雇し、贅沢なもてなしをあきらめた。こうして華やかな生活を失ったボルリは、名声も失ってしまった。歩いて往診に行ったのでは、同じ治療をしても素晴らしいとはいわれなかった。「閣下」が六頭立ての馬車で貧乏人の家を訪れていたときには奇跡だといわれたのだが。ボルリは天才からただの人に成り下がってしまったのだ。

友人たちもそっぽを向くようになり、ボルリを褒めちぎっていたおべっか者もよそへ行ってしまった。そろそろ潮時だ。そう考えて町を出ていくことにしたボルリは、借りられるところからはどこからでも借金をし、デ・メールという商人からは、ボルリいわく、不老長寿の霊薬を探求する資金だと言って二〇万フロリンを巻き上げることに成功。また、重量はそのままにして傷を取り除いてみせると偽っては、高価なダイヤモンドも六個手に入れた。ボルリはこれらの強奪品を携えてこっそり夜逃げすると、そのままハンブルクへと旅立った。

ハンブルクに着いたボルリは、スウェーデンのクリスティーナ元女王（自らの意志で退位した後にローマに移り住んだ）がいるのを知った。女王に紹介してもらう機会を得たボルリは、賢者の石の探求を援助してほしいと懇願した。元女王は多少の奨励金を出してくれたが、ボルリはこの町とも関係のあるアムステルダムの商人に悪行を暴露されるのを恐れてコペンハーゲンに逃げ込むと、今度はデンマーク国王のフレドリック三世に庇護を求めた。

この国王、実は金属変成を固く信じていた。財政難だったこともあり、国王は口がうまく説得力もあるこの山師の話に喜んで耳を傾けた。国王は実験道具をそろえてくれ、作業の進行状況に大いに関心を示した。ペルーを買収できるだけの資金を手にする日を日夜期待していたのだが、その期待が裏切られるたびに、ボルリの言い訳を黙って聞いていた。ボルリのほうも、失敗するたびに必ずもっともらしい言い訳を用意していた。そのうちに、国王はボルリに付きっ切りになり、嫉妬深い廷臣からの攻撃や、国王が山師の好餌になっているのを見て悲嘆に暮れる連中の憤慨から守ってくれた。ボルリのほうも、あらゆる手を尽くして国王の恩寵に報いようとした。こういうときには医学の知識が役に立ち、不面目に陥りそうになるとよくボルリを救ってくれた。こうして六年間をフレドリック国王の宮殿で過ごしたボリルだが、一六七〇年にはその国王が逝去してしまい、庇護を失った。

コペンハーゲンには友人よりも敵のほうが多く、フレドリック国王の後継者からは何も得られる見込みがなかったので、よその国に避難しようと考えた。そしてまずはザクセンに移ったが、後援者もほとんどいなければ、異端審問所の密使から何度も危険な目に遭わされたこともあり、ほんの数カ月の滞在に終わった。ローマ教皇の息が掛かっている国では迫害は免れないと考えたボルリ。今度はトルコに居を移し、イスラム教への改宗を決心したようだ。ところがコンスタンチノープルへ向かう途中、ハンガリーの国境に着いたところで、発覚したばかりのナダスディ伯爵とフランジパニ伯爵の陰謀に加担したという容疑を掛けられ、捕らえられてしまう。ボルリは無実を主張したが徒労に終わり、本名と職業を明かした。ボルリは拘留されてしまった。皇帝はボルリの処分をどうするかを相談するため、ローマ教皇レオポルド一世に書簡を送った。ボルリの幸運の星は傾いていた。レオポルド一世に書簡が届いたのは、よりによってまずいときであった。ローマ教皇大使が皇帝の部屋にいたのである。大使はジュゼッペ・フランチェスコ・ボルリという名を耳にするや、すぐさま教皇庁の被告人だとして身柄の引き渡しを要求した。その要求は受け入れられ、ボルリは手かせをしっかりはめられて、ローマの異端審問所の牢獄まで兵士たちに護送されていった。ボルリは根っからの詐欺師であり、狂信主義にしっかり染まっていたわけではないため、命が助かるとなれば異端信仰を公の場で撤回することもやぶさかではなかった。そういう条件が提示されると、ボルリは喜んでそれに応じたのである。刑罰は終身刑に相当するものだったが、何とか死刑執行人の手から逃れられたことだけでも大喜びであった。結局、ボルリはローマの群衆の面前で公式の謝罪を行った。一六七二年一〇月二七日であった。その後、ボルリはサンタンジェロ城の牢獄に移送され、死を迎えるまでの二三年間をそこで過ごした。実は、死も間近に迫ってきたころにはかなりのわがままを許され、実験室を持つことや賢者の石を探求して独房での孤独を紛らわすことが認められていたという。クリスティーナ元女王もローマに滞在中は何度もこの老人を訪れては、化学や薔薇十字団の信条について語り合ったらしい。またクリスティーナは、自分が全責任をもって監獄に戻すという条件で、ボルリのために一日か二日の外出許可を得て自分の宮殿に滞在させることもあった。錬金術の奥義を追求するようにとボルリを励ましては、そのための資金も援助した。ボルリはこのクリスティーナから最も恩恵を受けたわけだが、クリスティーナが得たのはせいぜい経験ぐらいのものだろう。いや、その経験も実際に得られたかどうかは疑問である。クリスティーナは死の床でも賢者の石を発見できると信じており、錬金術師を名乗る者には、熱狂的な研究者であろうと不心得者であろうと援助しようとしていたぐらいである。

ボルリが投獄されてから一一年後のこと、『ジュゼッペ・フランチェスコ・ボルリ騎士の蒐集室の鍵――蒐集室にある化学やその他の科学に関する数々の興味深い直筆の書簡と回想録（The Key of the Cabinet of the Chevalier Joseph Francis Borri, in which are contained many curious Letters upon Chemistry and other Sciences, written by him, together with a Memoir of his Life)』

と題された書物がケルンで出版された。この本は薔薇十字思想を詳細に説明したもので、一七世紀末に大きな話題となったビラール神父の興味深い作品、『ガバリス伯爵』（北宋社）の題材にもなっている。

ボルリは一六九五年に八〇歳で死ぬまでサンタンジェロの牢獄で過ごした。『蒐集室の鍵』は、もともとは一六六六年にコペンハーゲンでフレドリック三世を教導するために書かれたものだが、これ以外にもボルリは錬金術と隠秘《オカルト》哲学《サイエンス》に関する作品、『ロムルスのローマ人への伝道（The Mission of Romulus to the Romans）』を出版している。

一七世紀の三流錬金術師たち

一六～一七世紀には、すでにご紹介した賢者の石の探求者のほかにも、錬金術に関する作品を文学界に送り込んだ多くの書き手がいる。実はこの時代の碩学のほとんどが、程度の差こそあれ、錬金術を信じていたのである。ファン・ヘルモント、ボリキウス、キルヒャー、ブールハーフェなども、公に錬金術を標榜していたわけではないが、錬金術を愛好し、錬金術師を支持していた。同名の偉大な哲学者を孫に持つエルベシウスは、一六六六年にある外国人がハーグで卑金属を金に変えるのを目にしたらしく、その日のことを次のように語っている。ある日、書斎に座っていると、北ホラント（オランダ西部の州）風の立派な身なりをしているが、腰が低く気取りのない男に声を掛けられた。何でも賢者の石に対する疑いを晴らしたいのだという。そしてエルベシウスに、「もしこの貴重な石を見たらすぐにその石だというのが分かるか」と聞いてきた。エルベシウスは絶対に分からないと答えた。すると男はすぐに懐から小さな象牙の箱を取り出した。中には硫黄の色をした金属片が三つ入っていた。どれもすごく重かった。すると男はエルベシウスに向かって、「これで二〇トンの金が造れるんだ」と断言。エルベシウスは金属片をじっくり眺めてみたが、すごくもろいことが分かったので、少しだけ親指のつめで削り取ってみた。エルベシウスは金属片を男に返すと、目の前で金を造ってほしいと頼んでみた。すると男は「それはできない」と言って、そのまま立ち去ってしまった。その後エルベシウスは溶鉱炉と鉛を手に入れて、溶かした鉛の中にくすねた賢者の石のかけらを入れてみた。だが、残念ながら、金属のかけらはすっかり蒸発してしまい、鉛も元の状態と変わらなかった。

それから数週間後、錬金術のことなどほぼ忘れかけていたところに、またあの見知らぬ男が訪ねてきた。エルベシウスは、鉛を変成させるというその方法を説明してくれるよう再度頼んでみた。すると男はついに同意し、小さなかけらでも十分だが、融解中の金属に投入する前に何かで包み込んでおかなければならないと教えてくれた。そうしないと、揮発性が高い物質なのですぐに蒸発してしまうのだという。二人は実験を始め、満足のいく結果を得ることができた。エルベシウスはひとりで同じ実験を繰り返してみたが、六オンスの鉛を純金に変えることができたという。

このうわさはあっという間にハーグ一帯に広まった。すると事実を確かめようと、町のお偉方がぞろぞろとエルベシウスの書斎に押し寄せるようになった。エルベシウスはオランニェ公の前でも同じ実験をやってみせ、その後も男から手に入れたかけらを全部使い果たすまで、何度か実験を行った。ここで申し上げておくが、それ以来、あの男は二度とエルベシウスの書斎には現れず、結局はどこのだれなのかも分からずじまいであった。翌年、エルベシウスは『黄金の子牛（Golden Calf）』という本を出版し、この出来事を詳細に語っている。

同じころ、有名なキルヒャー神父が『地下世界（Mundus Subterraneus）』を出版し、その中で錬金術師のことを、悪党と詐欺師の集団であり、錬金術など妄想にすぎないと断じた。彼自身、かつては錬金術に入れ込んでいたことを認めているが、熟考を重ね、実りない実験ばかりを何度も繰り返した揚げ句にようやくそういう結論に達したのだという。錬金術師たちは一斉に団結して、この手ごわい敵に反論した。最初に相対したのはザロモン・デ・ブラウエンシュタイン。センディボギウスが神聖ローマ皇帝フリードリヒ三世やマインツ選帝侯の前で金属の変成をやってみせたことや、ごく最近行われた例を挙げ連ねながら、キルヒャーは故意に虚偽の説明をしていると言って攻撃した。ツベルフェルとグラウバーもこの論争に加わり、キルヒャー神父は自分より成功している錬金術師に嫉妬しているだけなのだと攻め立てた。

スウェーデン国王グスタフ二世アードルフは、大量の水銀を純金に変えたと伝えられている。博学のボリキウスも、この純金から造った硬貨を見たことがあると述べ、ラングレ・デュフレノワもこのときの状況を語っている。『モンコニスの旅（Travels of Monconis）』では、この話が次のように紹介されている。

「リューベックのある商人、商売はさっぱりだったが、鉛を上質の金に変える方法を知っており、自分で造った金塊をスウェーデン国王に献上した。重量は少なくとも一〇〇ポンド。国王はすぐにそれでダカット金貨の製造を命じた――金塊の出どころもはっきりしていたので、硬貨の片面には国王軍を、もう片面にはメルクリウスとビーナスの浮き彫りを彫らせた。わたしは（と、モンコニスは話を続けた）、そのダカット硬貨を実際に持っているが、リューベックの商人が死んだ後、それほど裕福な感じには見えなかったのだが、金庫からは一七〇万クラウンも出てきたそうだ。これは確かな筋から聞いた話である」

ヨーロッパ諸国の錬金術熱を持続させていたのは、どちらかと言えば身分の高い人物が得々と語るこうした物語だったようだ。一七世紀中に錬金術について書かれた著作の多さや、多くの賢者がそんな妄想に自らを捧げていたことを考えると本当に驚かされる。ルイ一三世の時代に一世を風靡した聖フランシスコ会の修道僧ガブリエル・ド・カステーニュも、国王から宮廷に呼ばれて慈善係長（施し物を分配する仕事）に抜擢されたほどだ。カステーニュは生命の水を持っていると主張していたため、ルイはこれを使えば一〇〇年間王座を守れるのではないかと期待していたのである。ファン・ヘルモントも一度水銀を変成させることに成功したらしく、それがきっかけで神聖ローマ皇帝ルードルフ二世にウィーンの宮廷に招かれ、そこに居を移している。塩の発明者であり、今日でも「グラウバー塩」にその名をとどめている有名なグラウバーは、一七世紀中ごろにアムステルダムで開業医をしていたが、市内に錬金術の研究を目的とした学校を設立し、自ら錬金術の講義を行った。同時期に大変な名声を博したヨハン・ヨアヒム・ベッヒャーも、賢者の石という、あの偉大かつ不可解な物質の助けを借りて、独特の過程を経れば、火打ち石から金がいくらでも造れるものと信じていた。ベッヒャーはオーストリア皇帝レオポルド一世に実験を支援してくれるよう要請したものの、成功する可能性も低く、費用も莫大な金額に上るので皇帝をその気にさせるのは難しかった。結局、レオポルド一世はベッヒャーを大いに称賛したものの、資金は一切出さなかった。その後、ベッヒャーはホラント州の議会にも同じ要請をしてみたが、同じ結果に終わった。

詐欺師たちが金を造ることに成功したと言って世間をけむに巻いた手口は数え切れないほどあり、当時は数々の逸話も人々の口に上っていた。これについては年長者のジェフロワ氏が一七二二年四月一五日、パリの王立科学アカデミーで完ぺきとも言える報告をしている。これは主に一六～一七世紀の錬金術師のいかさまについての報告だが、本書では次のような抜粋をご紹介するのがいいだろう。金属変成の成功例は極めて多く、どうやら本物であることが認証されているので、ジョフロワ氏の報告ほど大衆の目を覚ますのに絶好のものはないと思われる。錬金術師がよく使っていた手口は、二重底のるつぼを使うことである。下の底は鉄か銅でできており、上の底は金属と同じような色を塗ったろうでできていた。その二つの底の間に必要に応じて金粉か銀粉をできるだけ多く入れておき、それから鉛、水銀、その他の原料をるつぼに入れて火に掛けるのである。こうすれば、実験が終わっても必ず底に金の塊が残っていることになる。ほかの方法を用いても同じような結果が出た。例えば、空洞のつえに金粉や銀粉を詰めて、先端にバターかろうで栓をしておく。そのつえでるつぼの中の金属を混ぜながら、ほかの作業を仰々しくやることにも注意を払い、人々の目を逸らしていたのである。また、鉛の塊に穴を開けて、その中に溶かした金を流し込み、そうっとその穴に鉛でふたをしておくという手口もあった。金の板を水銀で薄く塗ることもあった。そうしておけば、卑金属だと言って手ほどきを受けていない者を簡単にだますことができたし、硝酸を少量使えば、いとも簡単にそれを立派な金に変えることもできたのである。

また、半分が鉄、半分が金か銀でできたくぎを使ったいかさまもあった。それを強いアルコールに浸けたら、本当に鉄が貴金属に変わったというのである。ジョフロワ氏は科学アカデミーでこのようなくぎを実際に造り、貴金属の部分とそうでない部分とがいかにうまくはんだで接合しているかを示した。金か銀の部分は鉄に見えるように黒く塗られているが、くぎを硝酸に浸すと、その黒い色はすぐに溶けてなくなってしまったのだ。トスカーナ大公の蒐集室には長いことこの手のくぎが保管されていた。ジョフロワ氏によれば、ある僧侶から似たようなナイフがイングランドのエリザベス女王に献上されたこともあるらしい——ナイフの刃は、半分が鉄で半分が金でできていた。また、同じ目的で錬金術師が半分を銀に、半分を金に偽造したという硬貨もよく目にした。ジョフロワ氏はこの長い報告書の締めくくりとして、次のように述べている。

「実際、賢者の石の粉末や錬金薬を使って卑金属を金や銀に変えるという有名な話はあまたとあるが、それらはどれも、今ご報告したような見事ないかさま行為に基づくものである。そう信じる理由はいくらでもある。こうした自称錬金術師たちは、一回目か二回目の実験が終わると決まって姿をくらますか、粉末や錬金薬が効力を失ってしまう。なぜかといえば、皆が目を凝らして見ているわけだから、同じ手口を何度も使うとばれてしまうか、金粉をそれほど多く持っていないから、一回か二回実験をしたらおしまいなのだ」

最初はこうした自称錬金術師の私利私欲のなさに驚かされる。金属変成によって得た利益を惜しみなく人に与える例も珍しくはなかった——その奥義を発見したという名誉さえ放棄する者が多かったのだ。だが、この私利私欲のなさというのが、彼らの一番抜け目ないやり方なのである。

そうすれば庶民の期待を一身に集めておくことができるし、これで賢者の石を発見できるかもしれない、という可能性を示していたのである。また、王族の宮殿に出入りしたり、公的資金から生活費を補助してもらったり、彼らがあっさりと約束した金を狙って欲の皮が突っ張った実力者から贈り物をもらったりするなど、将来の利点を手っ取り早く確保する方法でもあったのである。

さあ、ここまで来れば、後はもう一八世紀初頭から今日（一九世紀初頭）までの妄想の推移をたどるだけである。つい最近になって、民衆にもようやく良識を取り戻す兆しが見えてきたようだ。

ジャン・ドリール

一七〇五年、フランスではドリールという蹄鉄工のことが大きな話題になっていた。何でも賢者の石を発見し、鉛を金に変えながらフランス中を放浪しているのだという。プロバンス生まれのジャンの評判は、そのプロバンスの地からあっという間にパリに伝わった。幼少時の生活については不明だが、ラングレ・デュフレノワが後年のジャンの生活に関する情報をつぶさに集めており、これがなかなか興味深い。ジャンはまったくの無学だが、若くしてある錬金術師の奉公人になり、その錬金術師からさまざまな手口を教わったようだ。ジャンの親方がだれだったのかは分かっていないが、どうやらルイ一四世の政権からにらまれたらしく、スイスに逃亡している。ドリールはサボイまでは親方に同行したが、そこで寂しい山道を歩いているときに親方を襲って殺害し、略奪したと伝えられている。その後、ジャンは巡礼者だと偽ってフランスに戻った。その晩、街道沿いにぽつんとたたずむ宿に宿泊したが、そこでアリュスという女と知り合った。二人は突如激しい恋に落ち、アリュスはすべてを捨てて彼について行き、人生の苦楽を共にすることを誓った。五～六年の間、二人はプロバンスで静かに暮らしており、見た目にはそれなりに自立できていたようだ。一七〇六年、とうとうジャンが賢者の石の持ち主であることが公になると、揚水機や石炭ショベルから財宝を造り出すのをこの目で見ようと、バルジャモン近郊のシラネにあるシャトードラパリュの自宅には四方八方から人が押し寄せるようになった。次の報告書は、プロバンスはリエ管区のシャトーヌフ修道院長ド・セリジ氏がパリのサンジャックデュオーパの助任司祭に宛てて、一七〇六年一一月一八日付けで書かれたものである。

「親愛なるいとこよ、報告したいことがある。そなたもそなたの友人も関心を抱いてくれるに違いない。多くの人がつまらない空想だと思っていた、あの賢者の石がついに見つかったのだ。ドリールという名で、シラネ教区のわが家から一・二キロほどのところに住んでいるのだが、その男がついに奥義を発見したのだ。鉛を金に、鉄を銀に変えたのだ。それも金属を赤く熱し、そこへ彼が持っている油と粉末を投入するだけで。こんな不思議な混合物をたくさん持っていれば、だれでも一夜にして百万長者になれる。このやり方で造った淡い色の金を、彼はリヨンの宝石商のところに送って鑑定を依頼した。タクシというディーニュの商人にも二〇ポンドほど売ったそうだ。宝石商たちは皆異口同音に、これほど見事な金は見たことがないと言っている。彼は金と鉄と銀とを混ぜ合わせてくぎも造っている。スネ司教の命令で、先日彼と長いこと話をしたのだが、そのとき、わたしにもそのくぎをくれると約束してくれた。スネ司教は彼がくぎを造っているところをこの目で見たと言って、わたしにもそのときの状況をすっかり話してくれた。

ラインバルト男爵夫妻が、ドリールが目の前で造ったという金塊を見せてくれた。義理の兄のソーブールもこの研究に五〇年もの年月を費やしているが、彼も先日、ドリールが造ったというくぎを持ってきてくれた。それを見たら、義理の兄が今までやっていた研究が根本的に間違っていたことがよく分かった。この素晴らしい職人がつい最近、王族の私邸の管理人から手紙を受け取ったので、わたしも読ませてもらったのだが、管理人は大臣たちに顔が利くので、それを最大限に利用してドリールの自由を奪うことがないよう言っておくということだった。過去に二回、政府の手下に妨害されたことがあったからだ。彼が使っている油というのは、金か銀を油状にしたものらしく、それを日の当たる場所に長時間置いておくのだそうだ。準備が全部整うまでにはだいたい六カ月ぐらいかかると言っていた。国王ももちろん彼に会いたがるだろうと言ったのだが、どこでもできるような術ではないという返事が返ってきた。成功するには一定の天候と温度という条件が絶対に必要なのだそうだ。実は、彼には野心というものがないようだ。馬が二頭と使用人が二人だけだ。それに、自由が好きで、礼儀知らずで、フランス語もひどいときている。ただ、判断力だけはしっかりしている。昔はただの蹄鉄工だったが、だれに習ったわけでもないのに店は繁盛していた。領主や貴族が遠路はるばる彼を訪ねてきては、敬意を払って接しているのだ。もう崇拝していると言ってもいいぐらいだ。管理人もすでに国王に金塊を送っているようだし、彼がこの秘密を国王に教えてくれれば、フランスもめでたし、めでたしというところなのだが！　まあ、そんなに期待し過ぎるのは良くないな。この職人もその秘密も一緒に消えてなくなってしまうといけないからね。今説明したこの男の性格が邪魔しなければ、間違いなくこの発見で国中が大騒ぎになるだろう。いずれにしろ、彼は末代まで名を残すことになる」

また、一七〇七年一月二七日付けでド・セリジ氏が同じ人物に宛てた手紙には、こう記されている。

「親愛なるいとこよ、先日プロバンスの有名な錬金術師のドリールについて報告しただろう。あれはほとんどがまた聞きした内容だったのだが、今回はわたし自身が実際に経験したことを話そう。今、半分が鉄で半分が銀でできたくぎが手元にあるのだが、これはわたしが自分で造ったのだ。それに、あの素晴らしい職人はわたしに特別な許可をくれたのだ――彼の不思議な油と粉末を使って、わたしが持っていった鉛を純金に変えてみてもいいと言ってくれたのだ。国中の視線がこの男に集中している。声を大にして否定する人もいれば、疑いの目で見る人もいるが、実際に目にした人はそれが真実だと認めざるを得ない。宮廷から彼に送られてきた通行証を見せてもらったのだが、この春先にも彼はパリに上京することになりそうだ。彼は喜んで行くつもりらしいし、上京する時期を春に決めたのは彼自身らしい。国王に謁見したらすぐに大量の鉛を最高級の金に変えられるよう、また国王陛下の前でやるにふさわしい実験にするために、原料をそろえておきたいからだそうだ。とにかく、彼もその秘密も一緒に消えてなくならないうちに国王に伝えてほしい。わたしは心からそう願っている。今月の二〇日、つまり先週の木曜日だが、彼と夕食を共にする機会があった。わたしは彼のすぐ横に座っていたので、『もしあなたが望めば、フランス中の敵の鼻をへし折ることだってできますよ』と小声でささやいたのだ。彼はまんざらでもなかったようで、笑みを浮かべていた。要するに、この男は奇跡の錬金術師なのだ。油と粉末を混ぜて使うときもあれば、粉末だけのときもある。でも、ごく少量しか使わないので、わたしが自分で造った金塊全体をそれで磨くと、完全に目に見えなくなってしまうほどだ」

この狡猾な詐欺師にそそのかされて、無限の富を夢見ながら分別を失ってしまったのは、けっしてこの頭の弱い聖職者だけではなかった。もうひとり、グルノーブル大聖堂の聖歌隊員だったド・リオンという聖職者がいる。ド・リオンは一七〇七年一月三〇日付けの手紙にこう記している。

「モンティエのムナール神父が手紙にこんなことを書いてきた。ドリールという、三五歳ぐらいの男がいるのだが、その男が鉄を金や銀に変えるのだそうだ。この金属変成が紛れもなく本物だったので、金細工職人も、その金や銀はこれまでに目にしたどの金や銀よりも純度が高く、素晴らしいものだと太鼓判を押しているそうだ。この男、五年ぐらいは狂人だのいかさま師だのといわれていたが、今では大衆もそんな考えを捨てて、彼には皆一目置いているらしい。今はド・ラ・パリュ氏と一緒に同名の館で暮らしている。ド・ラ・パリュ氏は、娘たちに金がかかるらしく、暮らしは楽ではないようだ。その娘たちというのが、中年になった今でもまだ全員独り身なのだ。持参金がなければ、だれも嫁にもらってくれないというわけだ。ドリールは、自分がパリに行って国王に謁見する前に、娘たちをプロバンス一番の金持ちにしてみせると約束したようだ。また、国王の目の前で数キンタルの金を造って、それを国王に献上するのに必要な粉末を用意するため、出発までに少々時間がほしいとも懇願したらしい。その不思議な粉末は薬草でできていて、主にモウセンゴケ（モウセンゴケ科の植物"lunaria major"）とハリモクシュク（マメ科の植物"lunaria minor"）という薬草が使われているそうだ。モウセンゴケはド・ラ・パリュ氏の庭にたくさん植えてあるらしいが、ハリモクシュクのほうはモンティエから九キロほど離れた山から摘んでくるのだそうだ。この話は、ただそなたを楽しませようとしてでっち上げたものではない——ムナール神父なら証人を大勢連れてくることもできるし、とくにスネの司教は、この驚くべき金属変成を実際にやっているところを見ているのだから。もちろん、ド・セリジ氏のことはそなたも良くご存じだろう。ドリールは公衆の面前で金属を変成させるのだ。まず鉛や鉄を粉末で磨いてから、それを燃えている石炭の上に置く。しばらくすると色が変わる。鉛なら黄色くなって、見る見るうちに見事な金に生まれ変わっていくのだ。鉄の場合は白くなり、純銀に変わっていく。ドリールはまったく読み書きができない男だ。サン＝トーバン氏も彼に読み書きを教えようとしたのだが、ドリールにはほとんど役に立たなかったようだ。礼儀知らずだし、気まぐれで夢想家だ。しかも、いきなり思い出したように発作的に行動する」

ドリールはパリへ行くのを怖がっていたようだ。国王の前で実演すれば近くでじろじろ見られるので、手先のごまかしがばれてしまうのが分かっていたからだ。だから、いろいろと言い訳をしては、二年以上も上京するのを先延ばしにしていたのである。ルイ一四世の政権で財務総監を務めていたデマレは、この「錬金術師」が裏切るのではないかと心配し、国璽を押した安全通行証を二度も送っていた。それでもドリールは行こうとしなかったのだ。これを受けて、デマレはスネの司教に書簡をしたためて、一連の有名な金属変成についての率直な意見を求めた。次にご紹介するのがそれに対する司教の返事である。

「一七〇九年三月にスネ司教がルイ一四世国王陛下の財務総監デマレ氏に宛てた報告書の写し

拝啓、一年、いやもう少し前になりましょうか、貴殿が財務総監に就任されたということで、お祝いを申し述べさせていただきましたが、今回は、わが教区で金属変成をやっておりますドリール殿について、謹んで私見を述べさせていただきます。ポンシャルトラン伯爵からご依頼がありましたので、ここ二年の間に彼のことを何度かお話ししましたが、貴殿とド・シャミヤール氏からはそのようなご要望がなかったものですから、一度もお話ししたことはございませんでした。しかし今回、貴殿もわたくしの考えをお知りになりたいということでございますので、国王ならびに誉れ高き財務総監閣下のために、誠心誠意、わたくしの考えを述べさせていただきます。

わたくしの考えでは、ドリールについては、偏見を交えずに二つの点を審査する必要があると思っております。ひとつはその錬金術の奥義について、そしてもうひとつは彼自身についてでございます。すなわち、彼の金属変成が紛れもない事実なのか、そして、彼の立ち居振る舞いが不自然でないかどうかということでございます。まず、賢者の石の秘密についてですが、わたくしは以前から絶対にあり得ないことだと考えておりましたし、三年以上前からですが、とくにこのドリールの主張については不信感を抱くようになりました。ですから、この間は彼の肩を持つようなことはまったくいたしておりません。むしろ、当地方の有力者から紹介されたある方に、ドリールが犯したといわれる罪状で告発するようにと助言していたぐらいなのです。ところが、この方は、ご自身でもドリールが鉛や鉄から造った金や銀をニース、エクス、アビニョンの金細工職人の店に何度か持っていったことがあると言ってご立腹でしたので、わたくしにもよく分からなくなってきました。その後、友人宅でドリールに会いました。わたくしを喜ばそうとして、友人の家族がドリールに目の前で実演するようにと言いますと、彼も二つ返事でやってくれました。わたくしが鉄のくぎを何本か渡しましたら、彼は暖炉でそれを銀に変えてしまったのです。信頼できる証人が六人か七人いました。わたくしはそうやって銀になったくぎを受け取ると、使用人にアンベールというエクスの宝石商のところに届けさせ、そこで必要な検査をしてもらいました。くぎを返してくれた宝石商は、良質の銀だと申しておりました。それでも、わたくしは完全には納得できませんでした。そのとき、ポンシャルトラン伯爵から二年前にこんなことをいわれたのを思い出したのです。もしドリールの商売のことを調べるのなら、国王陛下が喜んでくださることをするべきだと。ですから、すぐにそうすることにしたのでございます。ドリールにカステラーヌのわたくしのところまで来るよう呼び出したのです。彼はやって来ました。そこでわたくしは、八〜一〇人程度の油断ない男たちに護衛を頼みまして、彼の手元から絶対に目を離さないようにと言っておいたのです。ドリールはわたくしたち全員の前で、鉛二片を金と銀に変えました。わたくしはそれを両方ともポンシャルトラン氏に送りました。すると後日、ポンシャルトラン氏がお手紙をくださり、その金属片をパリの老練の金細工職人たちに見せたところ、全員が口をそろえて、両方とも極めて純度の高い金と銀であり、混ぜ物は一切入っていないと言ったそうでございます。ドリールには今まで不信感を抱いていたのですが、今ではその気持ちも揺らいでおります。スネでもわたくしの前で変成を五回、六回とやってのけましたし、わたくしにも彼の目の前で、しかも彼の手を一切借りずに変成をやらせてくれましたので、そうしたことを考えますとなおさらでございます。わたくしのおいで、パリのオラトリオ会の神父をしておりますベラールからの手紙をご覧になりましたね。ドリールがカステラーヌで行った実験について書かれたものですが、わたくしはそれが真実であったことをここに証明いたします。もうひとりのおいでありますブールジェが三週間ほど前にここにおりましたのですが、そのとき、わたくしの目の前で同じ実験をやってくれましたので、そのときの状況につきましては、おいがパリで直接詳細をご報告申し上げると存じます。わたくしの管轄区内だけでも、一〇〇人ほどがこうした実験を目にしております。実は、多くの見物人や金細工職人からの証言、そしてわたくしの目の前で何度も実験が成功していることを考え合わせました結果、わたくしが抱いていた偏見はすっかり消えてしまいました。実際にこの目で確かめたので、納得したのです。わたくしが思い描いていた不可能という幻影も、自らの手で実際にやってみたことで消え去ってしまったのです。

さて、ここからはドリールの人となりと行動についてお話しいたします。彼に関しては、三つ不審な点がございます。まずひとつ目は、システロンで何らかの刑事訴訟に絡んでいることと、国の硬貨を偽造したことでございます。二つ目は、国王陛下が二度にわたって通行証を発行されておりますのに、失効していること、そして三つ目は、彼が国王陛下の前で実演するために宮廷へ行くのを延期していることでございます。十分ご理解いただけるとは存じますが、わたくしは一切逃げも隠れもいたしておりません。すべて洗いざらいご報告しております。まず、システロンの問題でございますが、ドリールはわたくしに繰り返し申しておりました。司法で裁かれるようなことは何もしておらず、国王陛下がお困りになるようなことは何ひとつしていないと。実は、六年か七年前になりますが、彼は粉末を作るのに必要な薬草を摘みにシステロンに行きまして、プルーズという男の家に滞在しておりました。彼はプルーズを正直者だと思っていたそうでございます。プルーズはルイ金貨を盗んだかどで訴えられており、その男の家に宿泊していたため、ドリール自身にも共犯の疑いが掛けられたのです。ただ、これは単に容疑を掛けられただけであり、法廷侮辱で有罪になるような証拠は何もございません。裁判を欠席した者には、判事も厳しい態度で臨むことがよくございますから。これは有名な話ですが、わたくしがエクスに滞在していたとき、アンドレ・アリュスという男がドリールに不利になるようなうわさを広めておりました。アリュスはこれで彼から借りた四〇ルイ金貨を返さなくても済むというわけです。しかし、さらに申し上げさせていただくなら、もしドリールに正当な理由のある嫌疑が掛けられているのなら、国にとってこれほど有益な秘密を握る男の過失には少々目をつぶってもいいのではないかと思っております。国王陛下が発行された二通の通行証につきましても、彼がまったく意に介していないのは彼の責任ではございません。それだけははっきりと申し上げられます。厳密に申しますと、彼にとっての一年とは夏の間の四カ月だけなのです。つまり、何らかの理由でその四カ月間を有効に使えなかった場合は、一年を丸々無駄にしてしまうことになるわけです。ですから、最初の通行証は、一七〇七年にサボイ伯爵が邪魔してきたことで無駄になり、二通目は受け取っていないのと同じなのです。一七〇八年の六月末のことでしたが、そのときは武装集団に襲われたのです。この集団はグリニャン伯の命令で動いているなどと言っておりまして、彼は伯爵に苦言を呈する手紙を何通か書いたのですが、返事もなければ、護衛を付けるという約束もありませんでした。今のご報告で、三つ目の嫌疑に対しては異論を挟む余地はなくなりましょう。このせいで、今の彼はパリに行って、二年前の約束どおり国王陛下に謁見することができないのです。彼はずっと不安におびえておりまして、二年、いや三年続けて夏を無駄に過ごしてきたわけです。その結果、彼は仕事ができず、油や粉末を作れるだけの薬草も摘めない状態、つまり完ぺきな仕事をするのに必要な材料をそろえられない状態なのです。そういう訳で、貴殿に検査をお願いするため、彼がブールジュ殿にお渡しすると約束しておりました分もまだ渡すことができずにおります。先日、彼は少量の粉で鉛を金に変成しましたが、おそらくそれで全部でしょう。わたくしのおいが彼を訪ねるずっと前から、こうなることは分かっていたとわたくしにも申しておりましたから。もし国王の前で実演するために少量を取っておいたとしましても、やはり彼もそのような少量であえて危険を冒すようなまねはしないでしょう。金属に少々問題があるため（固すぎるものや柔らかすぎるものがあり、それは実験を始めてみないと分かりません）、最初の粉末でやってもうまくいかず、実験をやり直すだけの粉末を持っていないとなると、その急場をしのげなければ、彼はたちまち詐欺師呼ばわりされるわけでございます。

最後にまた繰り返させていただきますが、彼のような錬金術師は窮地に追い込んではならず、他国に避難させるようなこともしてはなりません。これにつきましては、彼の意向やわたくしの助言もありましたので、嫌がっておりました。彼に少々時間を与えても何ひとつ失うものはございませんが、焦らせると大変な損失を被ることになりましょう。エクス、リヨン、そしてパリの宝石商たちが口をそろえて証言していますとおり、彼の造る金が本物であることはもはや疑う余地がないのです。最初の通行証が無駄になってしまったことも彼の責任ではありませんので、もう一度あらためて発行する必要があるでしょう。もしわたくしにお任せくださり、国王陛下にお仕えするわたくしの熱意を信じていただければ、必ずや滞りなく処理いたしますことをお約束申し上げます。国王陛下にはこのご報告のことをお伝えください。そうすれば、陛下もこのことをご存じないままわたくしを責めることもないでしょうから。どうか国王陛下にお伝えください。もし貴殿が再び通行証を送ってくだされば、わたくしが国王陛下に対して責任があるように、彼にも必ず大切な約束を守らせます。これが今のわたくしの気持ちでございます。後は見識ある貴殿にお任せし、謹んで敬意を表します。

スネ司教ジャン

パリの国務大臣兼財務総監　デマレ様」

この書簡を読むと、ドリールが並みの詐欺師ではなく、途方もなく狡猾で要領のいい男だというのがよく分かる。司教はその見事な早業を真に受けてしまい、最初の疑念が晴れた途端に、ドリールの願いどおり、まるで自分からわなに掛かろうとしていたかのようだ。また、厚い信頼を寄せ、自分の「秘蔵っ子」だとまで言いだす始末であった。少しでも彼に嫌疑が掛けられようものなら、おそらく黙ってはいなかっただろう。国王もその大臣も、司教の才気あふれる説得に圧倒されたのか、即刻三通目の通行証が錬金術師に送られ、国王からは、直ちにベルサイユに赴いて公の場で油と粉末を使った変成を行うようにとの命令が下された。しかし、これはドリールの予定とは合わなかった。地方ではかなりの大物として扱われていたドリールは、どこへ行っても卑屈なお世辞で迎えられ、それが彼にとっては大変ありがたかったので、そこを離れてまで王宮に出向くつもりはなかったのだ。だから何らかの口実を並べては、良き友である司教から熱心にくどかれたにもかかわらず、旅を遅らせたのである。司教は財務総監に約束し、ドリールを必ず行かせると面目に懸けて誓っていたため、頑固なドリールに言うことを聞かせることが無理だと分かると不安になってきた。ドリールには二年以上もしつこく苦言を呈してきたが、そのたびに粉末が足りないとか、十分に日に当てて乾燥させていないといった言い訳が返ってくるのだった。ところが、ついにそんな司教の堪忍袋の緒も切れてしまった。これ以上遅れたら国王の不興を招くと思い、司教は国王に封印状（裁判抜きで投獄・追放を命じる国王の封印を押した令状）の発行を求める書簡を送ったのである。錬金術師はそれに基づいてド・ラ・パリュ氏の館で逮捕され、一七一一年六月にバスティーユ監獄まで護送されていった。

憲兵らは囚人が賢者の石を持っている幸運な男だというのに気づき、護送する途中で襲って殺害してしまおうと考えた。そこで憲兵のひとりが錬金術師の災難に同情したふりをすると、仲間の注意を怠っているすきを見計らって逃がしてやろうと言いだした。ドリールはわなが仕掛けられているとは夢にも思わず、くどいほど感謝の言葉を並べた。この当てにならない友は、これまでの計略が順調にいっていることを伝えると、ほかの憲兵が離れたところにいる間にドリールが憲兵のひとりと格闘し、その憲兵を殴り倒すという段取りを決めた。その後でドリールを追い掛けて、心臓を撃ち抜けばいい。そして彼が死んだら賢者の石を強奪し、遺体を荷車に乗せてパリに運んでから、囚人が逃亡を企てたので、追跡して発砲しなければそのまま逃げられていた、とデマレ氏に説明しようと考えていたのである。親切な憲兵からの合図でドリールは逃亡した。計画は実行された。ほかの憲兵が彼を狙って発砲し、太ももを撃ち抜いた。ところが、そのとき思いかけず農民が現れたので、憲兵は予定どおりドリールを殺害することができず、歩けなくなったドリールは血を流したままの状態でパリまで移送された。そしてバスティーユの土牢に入れられたが、ドリールは医者が巻いた包帯を意地になって破った。それからというもの、ドリールは寝たきりの状態になってしまった。

彼を土牢に訪ねたスネの司教は、国王の前で一定量の鉛を金に変えてくれれば釈放してやろうと約束した。この不幸な男、もうぺてんを働く手段など持ち合わせていなかった。金もなければ、仮に金を持っていたとしても、それを入れる二重底のるつぼも空洞になったつえもなかった。だが、それでもドリールは、自分が詐欺を働いたことは口にしなかった。ただ、錬金術の粉を作る方法など知らないが、イタリア人の錬金術師から大量に粉末をもらい、プロバンスで何度も金属を変成したときに使い切ってしまった、とだけ告げた。ドリールは七～八カ月の間バスティーユの獄中で過ごしたが、足のけがが原因で、四一歳で世を去った。

アルベール・アリュス

賢者の石を持っているというこの男、実はアリュスという女がドリールの前の夫との間にもうけた息子である。女はその後、若きドリールと街道沿いの居酒屋で知り合って結婚した。ドリールは父親としての役目も果たし、アルベールを立派に育てるには必要なだましの手口を教える以外に父親の威厳を示すものはないと考えた。若きアリュスは、勉強好きのよくできる子で、錬金術用語もすぐに覚えていった。金属の変成や浸炭、精製、生命の水、万物融化液《アルカヘスト》について論じるときも博学なところを見せた。やがて死に瀕したドリールから、偉大なる錬金術師の秘密が彼に、彼だけに伝承されたのである。母親もこの詐欺行為に加担した。息子と一緒になって、まさに錬金術の流儀で裕福な「かも」につきまとい、その術を披露している間に大盤振る舞いしてもらうのを期待していたのである。ドリールの悲惨な最期も、二人をフランス国内にとどめておく要因にはならなかった。確かにプロバンスの人々は彼の能力をこれまで同様高く買っていたし、一人前になった若き錬金術師の話をおおむね信じていたが、バスティーユの牢獄が獲物を狙って大口を開けていたので、アリュスと母親はあたふたとフランスを離れていった。二人はヨーロッパ大陸を数年にわたって放浪しながら、だまされやすい金持ち連中につきまとい、二重底のるつぼの力を借りては金属変成をやってみせていた。一七二六年、アリュスはひとりでウィーンにいたが――一緒にいてくれた母親はこの間に死去したようだ――、そのときフランスの王室付き大使として派遣されていたリシュリュー公に自らを売り込み、この公爵をまんまとだましてしまった。まずは鉛を金に（見た目だけだが）何度か変えてみせると、大使本人にも鉄のくぎを銀のくぎに変える実験を実際にやらせたりした。後にリシュリュー公は、自分も錬金術師として成功したことをラングレ・デュフレノワに自慢げに語ったが、実験で使った貴重な粉末の秘密が最後まで分からなかったことを悔やんでいた。

こうしてリシュリュー公をだますことに成功したアリュスだが、間もなく公爵からは一銭ももらえそうもないことが分かってきた。対するリシュリュー公は、火かき棒や石炭ショベルが全部銀に変わり、白目製品が全部金に変わることを期待しつつ、アリュスに対しては、これほど貴重な秘密を握っているのだから財産など欲しくないだろうし、そんな平民にとっては自分と近づきになれるという名誉だけで十分だと考えていた。そのアリュス、自分が大きく期待されているのを知ると、公爵閣下に別れを告げて、弟子をひとり、そしてウィーンで恋に落ちた若い娘を連れてボヘミアへと旅立った。ボヘミアの貴族はアリュスを温かく迎え入れ、何カ月もの間私邸でもてなしてくれた。錬金術の粉はほんの少ししか持っていない。これがアリュスのいつものやり方だった。そしてその季節を過ごそうと決めた邸宅で、その粉末を使って変成をやってみせるのである。家主にはそうやって造った金のかけらを贈り、そこに居候している間にモウセンゴケ（lunaria major）とハリモクシュク（lunaria minor）を山頂から摘んでくる時間と、自分と妻、そして弟子に寝食と小銭を提供してくれさえすれば、何百万もの金を造ると約束するのだった。

こんなふうにして何十人もの堪忍袋の緒を切ってきたアリュスは、折しもフランスが幼いルイ一五世の治世に移ったため、老いぼれで気難しい前国王のときよりは危険は少ないだろうと考えて、プロバンスに戻った。エクスに到着すると、まずは地方裁判長ル・ブレ氏を訪問。ル・ブレ氏は錬金術の研究に夢中になっており、自分もいつか賢者の石を見つけてやろうという大望を抱いている紳士でもあった。だが、それとは裏腹に、ル・ブレ氏はアリュスをよそよそしい態度で迎えた。アリュスのうわさが広まっていたからである。そこでアリュスには、翌日また訪ねてくるようにと告げたのである。アリュスはこの博学の裁判長の口調や目つきが気に入らなかった。いかにも役人然として自分を見下しているように思えたからだ。完全におかしいと察したアリュスは、その日の晩にこっそりとエクスを発って、マルセイユへ向かった。だが、警察が警戒体制を敷いていた。アリュスはマルセイユに着いてから二四時間もしないうちに逮捕され、偽金造りの容疑で投獄されてしまった。

アリュスに不利な証拠は十分説得力があったため、彼が無罪放免になる見込みはほとんどなかった。そこで彼は脱獄を企てた。看守にはたまたま愛らしい娘がおり、アリュスはそれがとても優しい娘だということをつかんだ。そこで彼女を味方に付けようと奮闘した結果、見事に成功。乙女はアリュスが既婚者だというのを知らずに彼に思いを寄せるようになり、親切にも逃亡する手段を提供してくれたのである。こうして一年近くを獄中で過ごした後、アリュスは逃亡に成功した。ひとり取り残された哀れな娘。彼がすでに既婚者だと知って、忘恩のさすらい人に心を奪われてしまったことをひとり悔やむのだった。

マルセイユを脱出したとき、アリュスは靴も履いていなければ、まともな服も着ていなかったので、隣町に住んでいた妻に小銭と服を持ってきてもらった。そして二人でブリュッセルに向かったが、厚かましさが過ぎたのか、人目に付く存在になってしまう。だが、まずは住む家を探して立派な実験室を備えると、錬金術の奥義を知っていることを公にした。同じブリュッセルに住んでいたラングレ・デュフレノワの義兄弟のパーセル氏がアリュスのうそを暴き、彼を無知な詐欺師だとして侮辱したが、無駄に終わった――世間はパーセル氏の言うことなど信じなかった。人々は錬金術師の言葉を信じてアリュスの家に殺到し、アリュスが鉄のくぎを銀や金に変えていく見事な早業を見ては驚嘆していた。ある裕福な裁判所の書記官もその術を伝授してほしいと言って莫大な謝礼を払い、アリュスも化学の基本中の基本の法則について何度か講義した。ところが、書記官が一二カ月にわたって熱心に勉強したところ、ただのいかさまだったことに気づいたのだ。書記官は返金を求めたが、アリュスにはそんな気はさらさらなく、問題は地方の民事裁判所へ持ち込まれることになった。だが、そうこうしているうちに書記官が急死。ちまたのうわさでは、返金を逃れようとした債務者から毒を盛られたということだ。町中に激しい怒号が響き渡るようになった。アリュスも殺人には絡んでいなかったようだが、いずれにしても、ブリュッセルにとどまって立ち向かう勇気は持ち合わせていなかった。そこで夜間にこっそり逃げだして、パリに戻ったのである。パリに着いた後のアリュスの足取りはまったくつかめていない。うわさにも上らなくなってしまった。だがラングレ・デュフレノワは、アリュスは偽金造りか不正を働いて、どこかの土牢で生涯を終えたのではないかとみている。

サン＝ジェルマン伯爵

アリュスよりも身分が高く、ルイ一五世の重臣として活躍していたのがこの山師である。生命の水を発見したと主張し、それを使えばどんな人の寿命も数百年延ばすことができるという。また、自分の年齢も二〇〇〇歳を過ぎていると言っては、周囲の人々をけむに巻いていた。サン＝ジェルマン伯は薔薇十字思想の多くを容認していた――例えば、空気の精や火の精と交信したことや、呪文を唱えれば地中からダイヤモンドを、海からは真珠を引き揚げる力があることを得々と語っていた。伯爵は賢者の石を発見したとは言っていないが、錬金術の実験にかなりの時間を割いており、もし賢者の石のようなものが存在するのなら、あるいは造ることが可能なら、それを発見できるのが伯爵だろう、というのが大方の見方であった。

サン＝ジェルマン伯爵については、本名も出生地も分かっていない。ユダヤ系の端整な顔立ちから、「さまよえるユダヤ人」だという説もあれば、アラブの王女が産んだ子で、父親はサラマンドル（火の精）だという説もある。また、ボルドーに居を構えたポルトガル系ユダヤ人の子だという、穏当な説もある。伯爵はまずドイツで詐欺行為を働き、加齢を食い止めるという生命の水を売って莫大な富を築いていた。その霊薬を購入したのがベルイール元帥。機知に富み、博学で、礼儀正しいこの大ぼら吹きにすっかり魅了されてしまった元帥は、伯爵の矛盾だらけの話を正しいものと信じるようになり、パリの邸宅にこの男を呼び寄せたのである。元帥の後援の下、伯爵はまずパリの歓楽街に姿を見せるようになった。だれもがこの謎の男の登場を喜んだ。そのころの伯爵は、七〇歳ぐらいになっていたと思われるが、見た目はせいぜい四五ぐらいであった。ゆったりとした自信ありげな口調に、多くの人がだまされた。幅広い学識に、どんなにささいなことでもしっかり覚えているという非凡な記憶力。また、もう何世紀も生きていると豪語していたことから、自然と歴史上の偉人たちの外見や暮らしぶり、話した内容についてなど、訳の分からない質問が飛んでくるようになったが、伯爵が答えに窮することは一度もなかった。伯爵を一蹴しようと、わざわざ難しい質問をしてくる者もいたが、その落ち着いた物腰、当意即妙な答え、驚くほど正確な歴史の知識に皆舌を巻き、あっけに取られ、そのまま黙ってしまうのだった。伯爵はその神秘性を高めようと、だれにも過去を語ろうとはしなかった。贅の限りを尽くした華やかな装いに身を包み、帽子や指、靴の留め金には貴重なダイヤモンドが誇らしげに散りばめてあった。時折、宮廷の貴婦人たちにも高価な品を贈った。英国政府から派遣された密使ではないかといううわさも広がっていたが、それを裏づける証拠は何もなかった。国王は伯爵を寵愛し、私室に何時間も二人きりで閉じこもっていることもあり、伯爵を誹謗中傷するような発言には黙っていなかった。ボルテールはいつも伯爵を嘲笑し、プロイセン国王に宛てた書簡でも彼のことを「ふざけた伯爵」と呼んでいたが、何と伯爵がトレント公会議（一五四五～一五六三）でローマ教皇と夕食を共にしたという発言を伝えているのだ！

ポンパドゥール侯爵夫人の侍女の回想録『デュ・オーセ夫人の回想録（Memoir of Madame du Hausset）』には、この伯爵に関する面白い逸話が紹介されている。伯爵がパリに着くと、すぐにポンパドゥール夫人の化粧室に「特別に出入りできる」権利を獲得した。これはルイ一五世の宮廷で最も有力な貴族にしか与えられない名誉であった。夫人は伯爵と話をするのが好きだった。伯爵も夫人の前ではなるべくもったいぶらずに接したほうがいいと考え、少なくとも二〇〇〜三〇〇年は生きてきたと思わせるような話をよくしていた。デュ・オーセ夫人はこんなふうに語っている。

「ある日、マダム（ポンパドゥール侯爵夫人）がわたくしの目の前で伯爵様にこうお尋ねになりました。

『フランソワ一世はどのような風貌の方だったのかしら？　きっとわたくしのタイプですわ』

それに対して、伯爵様はこうお答えになりました。

『おっしゃるとおり、王様は実に魅力的な方でございましたよ』

伯爵様はさらにフランソワ一世のお顔やお人柄について、まるで細かく観察していらしたかのように説明したのです。

『とても激しやすいお方だったのが残念ですね。わたくしなら、きっといい助言をして差し上げられたのですが。そうすればあのような不幸からは免れたはず。でも、わたくしの助言など聞いてくださらなかったでしょうね。きっと王子様たちには避けられない運命だったのです。そうなったら、いくら賢明な助言を差し上げても無駄ですからね』

『王様の宮殿はさぞかしご立派だったのでしょうね？』

『ええ、とても。でも、お孫様たちの宮殿のほうがもっとご立派でしたよ。スコットランドのメアリー・スチュアート）やマルゴ王妃様（マルグリット・ド・バロワ）の時代には、それはそれは魅力的な宮廷でございました――ありとあらゆる快楽に捧げられた神殿のようなところでした』

『まるで何もかもご覧になったかのようなお話しぶりね！』とマダムは笑いながらおっしゃいました。

『記憶力がいいのですよ。それに、フランス史はじっくりと読みましたからね。大昔から生きていたということを無理にではなく、自然に信じていただけるようにしているのです。自分でも面白がってやっていることもありますよ』

マダムはまた別の機会をとらえてこうおっしゃいました。

『でも、本当のお年は教えてくださらないのね、年寄りだとおっしゃるだけで。ジャージー伯爵の奥方が、確か五〇年ほど前だったかしら、ウィーン大使の奥方だったときにあなたとお会いになったそうですが、今とまったく変わらないっておっしゃっていましたわ』

『ええ、お会いしました。ジャージー夫人は昔から存じ上げております』

『でも、奥方のお話からすると、あなたはもう一〇〇歳を過ぎていることになりますわね？』

『そうかもしれませんね。あの素晴らしいご夫人のほうがもうろくしているのではないでしょうかね』

伯爵様は笑いながらそうおっしゃっていました。

『奥方に素晴らしい効果がある生命の水を差し上げたのでしょう？　奥方がおっしゃるには、それを飲んだのは八四のときだったけど、それからはずっと八四にしか見られなかったって。王様にも差し上げればよろしかったのに』

『とんでもございません、マダム！　もし王様に何か変な薬でも差し上げようとしていると思われたら、医者に追い出されてしまいますよ』

伯爵様は声高にそうおっしゃったのです」

世間がこの男のただならぬ能力を信じるようになると、もうその勢いは止まらなくなってきた。いったん信じてしまうと、どちらの方が強く信じているかを互いに競い合うようになる。このころのパリは、サン＝ジェルマン伯爵の不思議な話で持ち切りだった。いたずら好きな若者たちは、人々がどのぐらい信じやすいかをこんなふうに試していた――ある物まねじょうずな男は、その面白さを買われて上流階級への出入りが許されていた。そこで彼らはその男をつかまえて、サン＝ジェルマン伯と同じ身なりをさせ、マレ街にある家々を訪問させたのだ。男は伯爵の特徴を見事にまねしてみせた。すると、人々はその口から出るでまかせをあっさりと信じてしまうことが分かった。何でも信じてしまう彼らにとっては、どんな作り話でも真実なのだ。男は救世主のことを分かりやすい言葉で語った――ガラリアのカナ（イスラエル北部）で催された結婚式でイエスと一緒に食事をしたのだが、そのとき、まるで奇跡でも起きたかのように水がぶどう酒に変わったんだ……。実際、男はイエスとは大の親友で、「もう少し現実的に物事を考えて慎重に事を運ばないと、惨めな終わり方をするぞ、とイエスに忠告していたんだ」などとも言いだした。おかしなことだが、こんな神を冒瀆するような言動をも信じる者がいたのである。それから三日後のこと、今度はサン＝ジェルマン伯が生まれたのはノアの洪水の直後で、不死身の体だといううわさが流れるようになった。

伯爵本人は世間が言うほどあきれた人間ではなかったが、

うわさ話には矛盾しないよう気を配っていた。高位の人や教養ある人と話をするときは、あまりでしゃばらず、ちょっと口が滑ったという話し方で、何でも信じてくれそうな人と話しているとき以外は、三〇〇年以上生きているなどと言うことはめったになかった。ヘンリー八世のことはまるで親友だったかのように頻繁に口にし、神聖ローマ皇帝カール五世のことも、この皇帝が社交界を大いに賑わしていたかのような話をした。偉人たちとの会話のことも、このように真実味あふれる語りぶりで、その人の服装や風貌、そのときの天気や部屋に置いてあった調度品に至るまで、実に細かいところまで詳しく語るものだから、ほぼ四人のうち三人は伯爵の言葉を信じるようになっていた。また、裕福な高齢の婦人たちから若返りの水が欲しいと再三にわたって求められていたため、これでもかなり儲けていたようだ。だが、伯爵が友人と呼ぶ人々には、自分の暮らしぶりや食事療法のほうがどんな不老長寿の薬より優れているし、食事をしながら酒を飲むのをやめ、常に質素や倹約を心掛ければ、だれでも長生きすることができると話していた。グレシャン男爵はこの方法を採り入れて、二〇〇年生きようとして大量のセンナを摂取していたが、結局は七三歳で亡くなった。ショアズール公爵夫人も同じ療法を採り入れたかったようだが、夫である公爵が、サン＝ジェルマン伯みたいな訳の分からないことで有名な男が勧めるやり方をまねするのはけしからん、と言って許してはくれなかった。

デュ・オーセ夫人はサン＝ジェルマン伯と会い、何度か話をしたこともあるという。年回りは五〇ぐらい、中肉中背で実に表情豊かな人物に見えたようだ。服装はいつも地味だったが、趣味は良かった。いつも飛び切り高価なダイヤの指輪をはめ、かぎたばこ入れと時計には、宝石がふんだんにあしらわれていた。ある日、ポンパドゥール夫人宅に重臣が集まっていると、そこへサン＝ジェルマン伯も現れた。ひざと靴の留め金には見事なダイヤが光っていた。ポンパドゥール夫人もあまりの美しさに、国王でもこんな質の高いダイヤは持ってないだろうと思い、控えの間でそれを外してくるようにと伯爵に言った。伯爵はダイヤを外し、それを持ってまた現れた。同席していたゴンタン氏がそれを鑑定したところ、二〇万リーブル、すなわち八〇〇〇英ポンドは下らないことが分かった。グレシャン男爵も『回想録（Memoirs）』の中で、ある日伯爵がたくさんのダイヤを見せてくれたので、まるでアラジンのランプから出てきた宝物でも見ているようだった、とつづっている。また、宝石についての知識も半端なものではなかったため、伯爵が持っているダイヤはすべて本物だと確信した、とも付け加えている。サン＝ジェルマン伯はポンパドゥール夫人にトパーズやエメラルド、そしてダイヤが入った小箱を見せたことがあるが、これは五〇万リーブルにも相当するものであった。だが伯爵は、そんな財産にはまったく興味がないそぶりを見せていた。薔薇十字団のように、自分も歌の魔法で地中から宝石を引き揚げられるのだということを簡単に信じてもらうためであった。宮廷の貴婦人にも数々の宝石を贈った。そんな伯爵の気前のよさをすっかり気に入ったポンパドゥール夫人。感謝の気持ちとして豪華なエナメルのかぎたばこ入れを贈った。ふたにはソクラテスだろうか、古代ギリシャの賢者が美しく描かれていた。夫人はそんな賢者にサン＝ジェルマン伯の姿をだぶらせていたのである。伯爵は貴婦人にばかり気前がよかったわけではなく、使用人の女たちに対しても同じように接していた。デュ・オーセ夫人はこんなふうに語っている。

「マダムがかなり具合を悪くされて長いすでお休みになっていたとき、伯爵様がお見舞いにいらしたのですが、そのとき、マダムに国王の宝物庫を埋め尽くすほどのダイヤを見せてくださったのです。マダムはわたくしにもそれを見せてくださいました。わたくしは本当にびっくりしたふりをして眺めていましたが、実は、マダムには全部偽物ではないかという合図を送っておりました。すると伯爵様は、めがね入れの倍ぐらいの大きさの手帳をご覧になりながら、何かを探しておられるのです。そして小さな紙包みを二つか三つ取り出すと、それを広げて素晴らしいルビーを見せてくださいました。ところが伯爵様は、人をばかにしたように、緑と白の宝石でできた小さな十字架をテーブルの上に投げつけたのです。わたくしはそれを見て、そんなにさげすんではいけませんと申し上げてから、自分でそれを身に着けてうっとりと見とれておりました。すると伯爵様は、それを受け取ってくれとおっしゃるのです。わたくしはお断りしたのですが、どうしてもとおっしゃって、とうとうわたくしにそれを受け取るという署名をさせようと、必死にマダムを説得しに掛かりました。マダムのほうも、その宝石は一〇〇〇リーブルもしないから大丈夫だろうと思われたのでしょう。わたくしはその十字架を頂きましたが、伯爵様のご配慮には本当に感心いたしました」

サン＝ジェルマン伯がどんなふうに富を手に入れたのかは、依然として謎のままである。ドイツで生命の水を売っていただけでは無理だろうが、一部はそうして手に入れたものだというのは間違いない。ボルテールはサン＝ジェルマン伯が外国政府に雇われていると明言しており、プロイセン国王に宛てた一七五八年四月五日付けの書簡の中では、伯爵がショワズール（ルイ一五世治下の宰相。後に外務大臣に就任する）やカウニッツ（オーストリアの宰相）、ピット（世界戦略に通じた英国の政治家）の秘密をすべて知っているとも記している。この三人が伯爵を何のために利用していたのか、とくにショワズールが何のために利用していたのかは、謎の中でも最大の謎である。

伯爵がダイヤの染みや汚れを除去するこつを知っていたのは間違いなさそうだ。おそらく傷物のダイヤや質の悪いダイヤを安く買い取って、それを後で売ってたんまり儲けていたのだろう。デュ・オーセ夫人は、このことについてもこんな逸話を語ってくれている。

「国王陛下が中ぐらいの大きさで傷があるダイヤを注文され、それを伯爵様のところに持っていかれました。そして重さを量ってから、伯爵様にこうおっしゃったのです。

『このダイヤには傷があるから、今のままでは六〇〇〇リーブルの価値しかないが、傷がなくなれば少なくとも一万リーブルにはなるだろう。余は四〇〇〇リーブル儲けられるかね？』

すると伯爵様はダイヤをじっと見詰めながら、こうお答えになりました。

『大丈夫でございます。やってみましょう。一カ月後にまたお届けに上がります』

約束の日、伯爵様は無傷のダイヤを持って戻っていらっしゃると、それを国王陛下に差し出されました。それはアミアンタス（アスベストの微細種）の布に包まれていましたが、陛下は包みをお開けになると、すぐに重さを量られました。重さはほとんど変わっていませんでした。それから陛下は、そんなことには一言も触れずに、宝石商のゴンタン氏にそのダイヤを送られました。宝石商はそれに九六〇〇リーブルの値をつけました。すると陛下は、ダイヤをまた送り返すよう命じられました。面白いから取っておこうとおっしゃるのです。陛下は驚きを隠せないご様子で、とくに小さなダイヤから大きなダイヤを造れればの話だが、サン＝ジェルマン伯は値千金の男に違いないとおっしゃっていました。でも伯爵様は、それに対してはあいまいなお返事しかしませんでしたが、真珠を大きくして最高の品質のものにする方法なら知っている、とはおっしゃっていました。国王陛下もマダム・ポンパドゥールも、伯爵様には大変注目されておいででした。クノア氏がかつて、伯爵様は詐欺師だと言ったことがありましたが、国王陛下はそんなクノア氏を叱責なさいました。事実、陛下は伯爵様に夢中になっておられたようで、まるで由緒あるお家柄の方であるかのようなお話しぶりでございました」

サン＝ジェルマン伯の使用人は極めつけの無頼漢だったが、伯爵は数百年も前の出来事について話すときには、よくこの男に裏づけを求めていた。この男のほうもなかなかの切れ者で、いつも完ぺきともいえる受け答えで伯爵に助け舟を出していた。紳士淑女が集まる夕食会での出来事だが、伯爵は特別な友人だというイングランド国王リチャード一世とパレスチナで会話を交わしたときの話をしていた。会席者の表情からは、驚きやら不信感やらがはっきりと見て取れた。それを察した伯爵、後ろに立っていた使用人の方を向くと、自分は本当のことを話しているだろう、と念を押すように尋ねた。すると使用人は微動だにせず、こう答えたのだ。

『それは申し上げられません。お忘れですか、ご主人様。わたくしがご主人様にお仕えしてから、まだ五〇〇年しかたっておりませんのですよ！』

『ああ！　そうだった。忘れていたよ。おまえが来る少し前の話だったな』

また、そう簡単にだませない連中と話をすることもあったが、そういうときには、あきれるほど簡単にだまされる連中にはもううんざりだと、侮辱するようなことも口にしていた。グレシャン男爵にも、ある日こんなことを話していた。

「あのパリのばかどもは、わたしが五〇〇歳を過ぎていると思っている。やつらがそう信じているから、わたしもそれを裏切らないようにしているだけなのだ。まあ、見た目よりはずっと年を取っているがね」

この一風変わった詐欺師については、ほかにもさまざまな逸話があるが、彼の性格や気取った様子をご紹介するにはこれで十分だろう。伯爵は賢者の石を探求していたようではあるが、それを手に入れたとは一度も口にしていない。伯爵とは旧知の仲であったドイツのヘッセカッセル公は、伯爵に至急便を送り、パリを離れてドイツの公爵邸で暮らさないかと誘った。伯爵も最後にはその求めに応じた。しかし、サン＝ジェルマン伯についてはこれ以上は何も分かっていない。ヘッセカッセル公の宮殿には、伯爵の言動を記録する言行録の筆者がいなかったからだ。一七八四年、伯爵はシュレスビヒ（デンマークと国境を接する地域）にある友人のヘッセカッセル公の邸宅で世を去った。

カリオストロ

この有名ないかさま師は、サン＝ジェルマン伯の友人であり後継者でもあるが、伯爵よりももっと型破りな人生を送っている。当代切っての大詐欺師で、賢者の石と生命の水を探求した最後の大物ともいえるこの男は、羽振りが良かったのは短期間だったが、その間はヨーロッパでも最も名の知れた人物のひとりであった。

本名はジュゼッペ・バルサモといい、一七四三年ごろにシチリア島パレルモの貧しい家に生まれた。幼いころに父親を亡くすという不幸に見舞われ、ジュゼッペの教育は母方の親族に委ねられることになった。母親は貧しすぎて読み書きぐらいしか教えてやれなかったからである。ジュゼッペは一五歳のときに修道院に入り、そこで化学と物理の基礎を習ったが、実にせっかちな性格で、怠け癖がどうしても直らず、骨の髄まで染みこんだ悪癖からも抜け切れずで、成績はまったく上がらなかった。数年で修道院を出るが、そのときには無知で自堕落な若者、持って生まれた才能はあるが、札つきの不良になっていた。大人になると、自暴自棄になって放蕩や悪行にふけるようになり、やがてフランスでは「いかさま師の団体」、イングランドでは「紳士風の悪漢集団」として知られていた有名な友愛団体（フリーメイソンを指す）に入団。ジュゼッペはとても熱心な団員になった。まずは劇場の割引入場券を偽造して注目を浴びた。後には自分のおじから金品を盗み、遺言を偽造した。こんなことから、ジュゼッペはパレルモの刑務所の常連になる。また、どういう訳か、彼には魔術師だという評判が立っていた——錬金術の奥義を物にできず、金属変成術で造れなかった金が欲しくて悪魔に魂を売り渡した男、といわれていた。だが、ジュゼッペはここで人々の誤解を解くようなことはせず、むしろそう信じてもらえるように仕向けていた。そしてとうとうそれを利用して、マラノという銀細工職人から六〇オンスの金をだまし取り、それが原因でパレルモを追われることになったのである。

「洞窟の中に隠された財宝のありかを教えてやろう。そのためには六〇オンスの金が必要だが、その代わり、掘り起こす手間さえ惜しまなければその財宝は全部おまえのものだ」

ジュゼッペはそう言って銀細工職人をくどいた。二人は真夜中にパレルモから程近い洞窟を掘りに行った。ジュゼッペはそこに魔方陣を描き、悪魔を呼び出して宝のありかを教えるよう命じた。すると、突然数人の男たちが現れた。この詐欺師の共犯者だ。悪魔のような身なりをし、頭には角を、指には長いつめをつけ、どうやら赤と青の炎を口から吐き出しているようだ。彼らはくま手を振りかざしながら哀れなマラノをしつこく攻め立てて瀕死の状態に追い込むと、六〇オンスの金と所持していた貴重品をごっそり略奪した。そしてジュゼッペに率いられ、大急ぎでその場を立ち去った。不幸な銀細工職人。置き去りにされ、生死をさまよっていた。だが、神様は職人に生をお与えになったのだ。朝日が昇ってくると、職人はすぐに意識を取り戻したが、殴打されて受けた傷で体が痛み、だまされたことで心も痛んでいた。職人はとっさに町の治安判事にジュゼッペを告訴しようと思ったが、じっくり考えた揚げ句、状況がすべて明らかになった場合に自分が嘲笑されるのではないかと不安になり、今度最初に出会ったらその場でジュゼッペを殺害して恨みを晴らすという、まさにイタリア人らしい決断を下したのである。この脅しがジュゼッペの仲間に、そしてジュゼッペの耳にも伝わった。ジュゼッペは直ちに貴重品を詰め込んでヨーロッパを離れた。

ジュゼッペは居住地としてアラビアのメディナを選んだ。そこでアルトータスというギリシャ人と知り合ったが、この男、東方のあらゆる言語に堪能で、錬金術の飽くなき探求者でもあった。男は好きな学問のアラビア語の文献を数え切れないほど所持しており、これらの文献を休むことなく熱心に読んでいたので、それをしばらく放っておかないかぎり、るつぼや溶鉱炉に向かっている時間も取れないというありさまだった。そこで男は助手を探していたのだが、そこへうまい具合にジュゼッペが現れたのである。ジュゼッペは好印象を持たれたらしく、その場ですぐに助手として雇われることになった。ところが、師弟関係は長くは続かなかった。というのも、ジュゼッペは野心が強く、頭も良かったので、助手にするにはもったいないというわけである。そこで知り合ってから一五日もたたないうちに、二人は友人として、相棒としてやっていくことになった。アルトータスは錬金術に長年打ち込んでいる間に化学の貴重な発見をしているが、そのひとつが亜麻製品を改良する原料で、その素材を使うと、絹のような光沢や手触りの製品が出来上がるのだ。ジュゼッペは、未発見の賢者の石探しはしばらく置いておいて、この亜麻で一儲けしようではないかとアルトータスに提案。この提案は受け入れられ、二人は大量の亜麻を抱えてアレクサンドリアへ売りに行った。アレクサンドリアには四〇日間滞在したが、その間にかなりの金額を稼ぐことができた。その後、エジプトのほかの都市にも出向き、同じように大儲けすることができた。次に向かったのはトルコ。そこでは薬や魔よけを売った。ヨーロッパに戻る途中、二人は悪天候でマルタ島に寄航することになったが、そこではフリーメイソンの団長《グランドマスター》で、有名な錬金術師でもあったピントからもてなしを受けた。彼らは数カ月の間ピントの実験室で働き、白目の大皿を銀に変えようと必死に実験を重ねた。だが、ジュゼッペはほかの二人ほど錬金術を信じていたわけではなく、すぐに飽きてしまった。そこでピントにローマやナポリに紹介状を何通も書いてもらうと、賢者の石探しと白目の大皿の変成を二人に任せ、マルタ島を発ったのである。

ジュゼッペがバルサモという名前を使わなくなってから

ずいぶんたっていた。その名前には悪いイメージが数多くつきまとっていたからだ。旅をしている間は、少なくとも半分は他人の名を名乗り、それに付随する肩書きを使っていた。フィスキオ勲功爵、メリッサ侯爵、ベルモンテ男爵、ペリリーニ男爵、ダナ男爵、フェニックス男爵、ハラト男爵を名乗ることもあったが、たいていはカリオストロ伯爵を名乗っていた。そのカリオストロ伯爵としてローマに入ったジュゼッペだが、その後は一生その名前で通すことになる。ローマでは薔薇十字思想の復興者と称し、どんな金属でも金に変えられる、自分は透明人間になれる、どんな病気でも治せる、しかも加齢や老化を防止する不老長寿の薬を飲んでいる、などとうそぶいていた。団長《グランドマスター》のピントの紹介で高貴な人々に会うことができたので、生命の水を売ってすぐに金を稼ぐと、ほかのいかさま医師と同じように、患者に自分の能力を絶対的に信用させることで、驚くべき治療も数多くこなしていた――この信用させるというのは、正規の医者と違って、ほとんどの詐欺師が持っている強みであった。

カリオストロがこうして公正に金儲けをしているときに知り合ったのが、ロレンツァ・フェリチアーナといううら若き美女である。貴族の生まれではあったが、財産はなかった。すぐにカリオストロは、その女性に計り知れないほどの才能があることを見抜いた。人を魅了させるほど美しいだけでなく、のみ込みも早く機転が利き、愛想のいい態度や豊かな想像力も持ち合わせていた。また、節操のなさではローマ中探しても彼女に勝る娘はいなかった。まさにカリオストロの妻にはぴったりだった。カリオストロは彼女に結婚を申し込むと、彼女もそれを承諾。結婚後、カリオストロは美しいロレンツァに自分の生業の秘密をすべて教え込んだ。その愛らしい唇には天使や精霊、空気の精や火の精、水の精を呼び出す呪文を、また必要とあらば悪魔や悪霊を呼び出す方法も教え込んだ。ロレンツァはのみ込みの早い生徒で、あっという間に錬金術師が使う隠語や妖術師のまじないをすべて頭に入れてしまった。こうして準備万端整えた二人は希望に胸を膨らませながら、迷信深い人やだまされやすい人から金を巻き上げる旅に出たのだった。

二人はまずシュレスビヒに赴いて、詐欺にかけては大先輩に当たるサン＝ジェルマン伯を訪ねた。伯爵も二人を丁重に迎えてくれた。敬愛するこの紳士からためになる話を聞いて、二人が自分たちの選んだ道への思いを新たにしたのは間違いない。伯爵と別れた二人は、間もなく仕事に取り掛かった。三～四年の間ロシアやポーランド、ドイツを旅し、行く先々で金属変成や占い、口寄せをやり、生命の水を売ったりした。だが、そこから先の二人の行動については詳細な記録がまったく残っていない。やがて一七七六年、二人はイングランドに姿を現し、カリオストロ伯爵と伯爵夫人としてヨーロッパ中にその名をとどろかせるのである。その年の七月、二人はロンドンに到着。そのときには金属製の食器類や宝石、正金など三〇〇〇ポンド相当の財産を所持していた。二人はホイットコム通りにアパートを借り、数カ月間はそこで静かに暮らしていた。同じアパートにブラバリーという名のポルトガル人女性が住んでいたので、伯爵も必要なときには通訳を頼むようになった。伯爵は賢者の石の探求でほとんど実験室にこもっていたが、ブラバリー夫人にはその実験室にいつでも入っていいと伝えていた。そのお返しとして、彼女は雇い主である伯爵の評判を広め、伯爵の非凡な能力を自分と同じように会う人ごとに信じてもらおうと一生懸命働いてくれた。しかし、ブラバリー夫人程度の地位や外見の女性通訳は、伯爵の考える威厳や礼儀作法にはそぐわなかったため、ビッテリーニという外国語の教師を通訳として新たに雇った。ビッテリーニは捨て鉢の賭博師で、無一文になった財産を立て直そうと、ありとあらゆる手を打っていた。そのひとつが賢者の石探しだったのである。男は伯爵の作業を見ているうちに、伯爵はその奥義を知っているものと確信し、宝物殿の黄金の扉が開いたら自分も中に入れるのではないかと思うようになった。ブラバリー夫人よりもずっと熱心だったビッテリーニは、知人だけでなく公の場ではどこでも、伯爵は驚くべき男だ、真の錬金術師だ、莫大な財産を持っているし、鉛や鉄、銅から好きなだけ純金を造ることができる、などと吹聴してくれた。その結果、カリオストロの家には暇人や何でも信じる人、欲張りな人が押し寄せてくるようになった。だれもが「錬金術師」を一目見たい、また、伯爵が造る無限の富の分け前にあずかりたいと目の色を変えていた。

だが、不運なことに、カリオストロは魔の手に落ちてしまうのである。イングランドの人々をだますどころか、伯爵自身が詐欺集団の被害者になってしまったのだ。この集団は伯爵の不思議な能力に全幅の信頼を置いていたが、その伯爵で一儲けしようとしか考えていなかったのである。ビッテリーニは、自分と同じように無一文になったスコットという賭博師に伯爵を紹介した。スコットはこう自己紹介した。

「わたしはスコットランドの貴族ですが、北部地方の遠い山々まで名をとどろかせている驚くべき才能の持ち主にぜひともお会いしてお話がしたい、その一心でロンドンまでやってまいりました」

カリオストロは親切に、そして心を込めてこの男を迎えた。スコット「卿」は、さらにフライという女をスコット夫人だと紹介した。カリオストロ伯爵夫人のお付になって、英国中の貴族に紹介するという役回りであった。事はとんとん拍子に運んだ。「閣下」は、身の回り品がまだスコットランドから届いておらず、ロンドンにも取引銀行がなかった。そこで伯爵から二〇〇ポンドを借りることにした。カリオストロは二つ返事で金を貸した。スコット夫妻の思いやり、彼らが見せる敬意、いや、崇敬の念、そして彼の口から出る言葉のひとつひとつを聞き漏らすまいとする徹底した盲従ぶりにすっかり乗せられてしまったのだった。

捨て鉢な賭博師はだれでもそうだが、スコットも迷信深く、富くじやルーレットではよく魔法やカバラの数字を使っていた。スコットもカバラの写本を持っており、それにはさまざまな算術の組み合わせが載っていた。スコットはカリオストロにその写本を見せながら、数字を選ぶようにと急かした。カリオストロは写本をじっくり見ながら研究したが、自身が述べているように、カバラを信じることはできなかった。だが、彼は一一月六日の当たり番号は二〇だと予測した。そこでスコットは、その数字に借りた二〇〇ポンドの中から少額を賭けてみた。ところが、これが見事に当たってしまったのである。カリオストロはこの成功にそそのかされたのか、次の抽選では二五が当たり番号だと予測。スコットはまた言われたとおりに賭けると、また一〇〇ギニーを勝ち取った。同じ月の一八日は五五と五七だと予測。これも同じように成功した。これに驚き、大喜びしたカリオストロ。今度は他人のためではなく、自分のために運試しをしてみようと決心。スコット夫妻からはまた数字を予測してほしいとしつこく頼まれたが、カリオストロは、スコットのことをまだ信義を重んじる貴族だと信じていたものの、もうそんな願いを聞こうとはしなかった。ところが、スコットが単なるぺてん師で、自称スコット夫人も町の狡猾な女だと分かった途端、二人とその一味に家への立ち入りを一切禁止してしまったのである。

伯爵の超能力をすっかり信じていた彼らは、助けてもらえなくなったことを深く嘆いていた。彼らは何とかして伯爵をなだめようとした。切々と訴えたり、脅したり、わいろで釣ろうとしてみたり。だが、何をやっても無駄だった。カリオストロは彼らとは会おうともせず、話そうともしなかった。その間、彼らは贅沢三昧の暮らしを楽しんでおり、将来への期待を抱きながらどんどん散財していたが、そんな彼らもとうとう窮地に追い込まれてきた。だが、そんな折、伯爵夫人と会う機会を得たフライ嬢は、夫人に空腹を訴えて一ギニーを手にすることができた。それだけでは満足できなかったフライ嬢。最後にもう一度当たり番号を予測してくれるよう、伯爵に頼んでほしいと懇願したのである。伯爵夫人は説得してみることを約束し、頼み込まれたカリオストロは、八が当たり番号だと言ったが、同時に二度と彼らとはかかわらないことをあらためて明言した。ところが、カリオストロも驚き、歓喜したのだが、本当に予想外にも八が次の抽選で大当たりしてしまったのだ。こうしてフライ嬢と仲間たちは一五〇〇ギニーを手に入れると、これまで以上にカリオストロの超能力を確信するようになり、莫大な富を築くまでは絶対に彼を手放すまいと固く決心したのだった。こうして儲けた金で、フライ嬢は質屋から九〇ギニーで美しい首飾りを購入した。続いて宝石商に、二つに仕切られた豪華な金の宝石箱を注文し、一方の仕切りにはその首飾りを、もう一方には良い香りのするかぎたばこを入れた。そして再びカリオストロ夫人との面会を求めると、尊敬と感謝の気持ちだと言って、その宝石箱を受け取ってくれるよう申し出た。中に入っている高価な首飾りについては一言も触れなかった。カリオストロ夫人はその贈り物を受け取った。ところが、それからというもの、夫人は共謀している全員、つまりブラバリー、ビッテリーニ、自称スコット夫妻から、ひっきりなしの迫害を受けるようになったのだ。これで出入り禁止になっていた家にまた入れるようになる……。彼らは内心そう思い込み、毎日のようにくじの当たり番号を聞きに来た。止めようとする使用人を振り切って、勝手に階段を上がってきては、伯爵の実験室に入ろうとすることもあった。カリオストロは彼らのしつこさに業を煮やし、治安判事を呼ぶと言って脅すと、フライ嬢の肩を押して外へ突き出してしまった。

これがカリオストロの災難の始まりだといえるだろう。フライ嬢は、情夫からそそのかされたこともあり、仕返しすることを心に決めた。まずはカリオストロに貸した二〇〇ポンドを返してくれないので逮捕してほしいと訴えた。そしてカリオストロが債務者拘留所（英国では債務未済で逮捕された人間を債務者監獄に収監する前に、債務返済の機会を与えるために一日だけ収監した）に収監されている間に、スコットは下っ端の弁護士を伴って伯爵の実験室に入り込み、錬金術の粉――彼らはそう信じていた――が入っている小箱と、カバラの写本や錬金術に関する文献を盗み出した。さらに、首飾りを返すよう求める訴えも起こしたのである。フライ嬢も、伯爵夫妻は妖術師と魔女であり、悪魔の力を借りて富くじの当たり番号を予想したと言って二人を告発した。富くじの件については、以前ミラー判事も実際に聴取したことがあった。首飾り横領の訴訟は、民訴裁判所の裁判長が審理を担当したが、裁判長は当事者たちに仲裁に応じるよう勧告した。その間、カリオストロは拘置所に入れられたままだったが、数週間後に保釈金を支払ってようやく釈放された。すると待ってましたとばかりに、レイノルズという弁護士がカリオストロの前に現れた。この弁護士も、実は陰謀に深くかかわっていた人物だったのだが、一定の条件ですべての訴訟を示談にしようと言ってきた。そのとき、弁護士と一緒にやって来て扉の後ろに隠れていたスコットがいきなり飛び出してきた。そしてカリオストロの心臓に銃を突きつけながら、当たり番号を予想する術と金属変成の秘密を教えなければ、すぐに撃ち殺すと言って脅迫したのである。レイノルズは怒り心頭に達したふりをしてスコットから銃を取り上げると、伯爵に対し、公平なやり方で二人を納得させてほしい、そして秘密を明かしてほしいと求め、それを約束してくれるなら訴えは全部取り下げるし、これ以上乱暴なことはしない、などと言いだしたのだ。カリオストロはこう答えた。

「どんなに脅かそうが、どんなに頭を下げようが無駄だ。おれには秘密など何ひとつない。おまえたちが盗んだ錬金術の粉は、自分以外の人間が使っても何の価値もないんだ。だが、もしおまえたちが訴えを取り下げて、粉と写本を返してくれるのなら、おれからだまし取った金は全部くれてやるさ」

スコットとレイノルズはこの条件を却下。そして復讐してやると悪態をつきながら出ていった。

カリオストロはイングランドの法体系についても詳しくなかったし、どう対処したらいいのかを助言する友人もいなかったようだ。カリオストロが夫人とこうした問題について話をしていると、保釈保証人のひとりが、貸し馬車を使ってある人物の家まで行こうと誘いに来た。きちんと問題を扱ってくれる人物だという。カリオストロは承諾し、王座裁判所の監獄まで馬車を走らせた。だが、保証人はカリオストロをそこに残して行ってしまった。数時間たってからようやく、カリオストロは自分が収監されたこと、つまり、保証人から引き渡されるという手順を理解したのである。

数週間後、カリオストロは再び自由の身になった。カリオストロとフライ嬢の間に入った仲裁人が彼に裁定を下したのだ。カリオストロは訴えられている二〇〇ポンドの支払いと、伯爵夫人に贈られた首飾りと金の宝石箱の返還を命じられた。これでカリオストロもいささか愛想が尽きてきて、イングランドを離れる決心をした。また、ロンドンで発行されている『ヨーロッパ通信』のフランス人編集者のモランドが、カリオストロの超能力について大々的に報道していたこともその理由である。加えて、彼は議会ではジュゼッペ・バルサモというパレルモの詐欺師だと認知されていたのである。こんな恥辱にはもう耐えられない。カリオストロと夫人は小さな荷物をまとめてイングランドを後にした。所持金はたったの五〇ポンド。イングランドに着いたときには三〇〇〇ポンドもあったのだが。

二人はまずブリュッセルに向かった。ブリュッセルにはまだ望みがあった。そこで二人は生命の水を売りまくり、病気の治療にも精を出し、財産の建て直しを図った。それからドイツを経由してロシアに向かったが、そこでも同じように成功を収めた。金は予想を上回る速さで金庫にたまっていった。二人はもうイングランドで辛酸をなめたことなどすっかり忘れていたが、付き合う人の選び方にはかなり用心深くなっていた。

一七八〇年、二人はストラスブールに乗り込んだが、二人が来る前からその名声はとどろいていた。二人は豪華なホテルに宿を取り、町の名士という名士を食事に招いた。二人にはいくらでも財産があるように見え、もてなしぶりもそれに見合ったものであった。伯爵も伯爵夫人も医者として振る舞い、町で窮乏している人や病に苦しんでいる人には施しをし、助言や薬を与えていた。彼らの治療は本物の医師たちを驚かせた。病気によっては想像力が素晴らしい威力を発揮するということを治療に採り入れていなかったからである。当時はまだ二五歳だった伯爵夫人だが、実に上品で、その美しさと明るさは弾けんばかりであった。自分の長男のことを二八歳になる立派な青年で、数年前からオランダで大尉を務めている、などと公然と語っていた。ところが、この冗談が大成功。夫人は称賛の的になってしまったのである。ストラスブールや周辺からは醜悪な老女たちが伯爵夫人の広間に押し寄せてきて、娘たちと同じように若い盛りの自分に戻れるという水を買い求めた。娘たちも大勢やって来た。今の若々しい魅力を維持したい、ニノン・ド・ランクロ（一七世紀のパリで名をはせた高級娼婦。八〇歳を過ぎても二〇代の肌の美しさを保ち、王侯貴族の男たちを魅了していた）の倍の年になっても、ニノンより魅力的な女性でいたいというわけだ。また、男とてそれは同じ。たぐいまれなる生命の水を数滴飲むだけで、寄る年波にも勝てるなどと考える愚か者がいたのである。実をいうと、伯爵夫人は永遠の美女の化身のような女性、若さと美貌の女神そのものであった。だから老いた男も若者も、この魅惑的な女性のいい香りのする部屋に頻繁に出入りしていたのである。おそらく彼女の超能力に引かれて、というよりは、その物悲しそうな美しい瞳や生き生きとした会話にあこがれて来ていたのだろう。しかし、いくら聖地であがめられようと、カリオストロ夫人は常に夫には忠実であった。彼女が思わせぶりな態度を取っていたのは間違いない。だが、いつも期待を抱かせるだけであった。いくら気を引いても、一定の線を越えることはなかった。男たちをとりこにしたが、虚栄心の強い男なら必ず自慢したくなるような好意的なそぶりはけっして見せなかったのだ。

二人はこの町で多くの著名人と知り合った。貴族出身のロアン枢機卿もそのひとりだが、後に二人をとんでもない逆境に突き落とす人物である。錬金術師としてのカリオストロに多大な信頼を寄せていたらしく、一緒にパリに行かないかと誘ってきた。カリオストロは実際にパリまで行ったのだが、滞在はわずか一三日間であった。ストラスブールの社交界のほうが好みに合っていたようで、結局は首都から遠く離れたところに住みたいという思いを抱いて戻ってきた。ところが間もなく、初めて訪れたときの歓迎ぶりとは打って変わって違っていることに気がついた。人々は理性を身につけ、自分たちがかつて崇拝していた二人に羞恥を感じるようになっていたのである。自分が惜しみなく施しを与えていた一般庶民は、カリオストロを反キリスト主義者だ、さまよえるユダヤ人だ、四〇〇歳の男だ、無知な者たちを破滅に追い込むために送られてきた人間の姿をした悪魔だ、などと言って責め立てるし、裕福で教養もある人々も、よその国に雇われている密使だ、警察の回し者だ、詐欺師だ、邪悪な生活をしている男だ、などと言いだす始末であった。やがて非難の声はどんどん大きくなり、とうとうカリオストロもほかの場所で運試しをしたほうが賢明だと考えるようになった。

二人はまずナポリに向かったが、ここはパレルモに近すぎた。カリオストロは旧友たちに気づかれるのを恐れて、短期間滞在しただけでフランスに戻ってきた。そしてボルドーを次の住まいに決めると、ストラスブールのときと同じような大旋風を巻き起こした。医学と錬金術の新派の創始者を標榜し、あらゆる病を治す能力を持っていると豪語しては、貧しき者にはその貧苦から解放し、病に苦しむ者にはその病の苦しみを和らげると言って宣伝した。カリオストロが滞在していた豪華なホテルに面した道は、一日中一般庶民でごった返していた――足の不自由な人や目の見えない人、病気の赤ん坊を抱いた女たちなど、人間がかかるありとあらゆる病気に侵された人々が、この素晴らしい医師の周りに群がってきた。これで金銭面での不安もなくなり、過去の万能薬での失敗を埋め合わせても余りあるほどであった。周辺の町や村からやって来る人々の数も尋常ではなくなってきた。そこで市吏員も、カリオストロに軍の護衛を付け、秩序を保つために昼夜を問わず部屋の扉の前に常駐させることを認めた。かくしてカリオストロの望みは現実のものとなった。裕福な連中はその思いやりと慈悲心に大きな感銘を受け、超能力をすっかり信じるようになってきた。生命の水も飛ぶように売れ、広間は永遠の生命を買いに来る金持ちの「かも」であふれていた。女たちは何世紀も保つことができるという美しさに引かれ、男たちはやはり何世紀も保つことができるという健康と強靱な肉体に引かれていた。その間、美貌の伯爵夫人は運勢判断や星占いで、金に余裕のある女たちには空気の精を呼び出してみせながら儲けていた。また、夫の信望を傷つけないようにと、ボルドー一豪奢なパーティーを催したりした。

ところが、ストラスブールのときと同じく、ここでも一般大衆の妄想は数カ月続いただけで、ぱっと燃え尽きてしまった。成功に酔いしれていたカリオストロ。一度不信感を抱かせてしまうと、詐欺にも限界があるということを忘れていたのである。墓から精霊を呼び出すと言うと、人々が怪訝な顔をするようになったのである。カリオストロはキリスト教の敵だ、イエスを否定している、さまよえるユダヤ人だとののしられた。そんなうわさがごく一部の人間の間でささやかれているうちは、カリオストロも軽くあしらっていたが、それが町中に広がってくると、もう収入はなくなり、パーティーにもだれひとり来なくなり、道で知り合いに出会っても顔を背けられるようになってきた。そこでカリオストロは、そろそろ逃げだすときだと考えたのである。

このころには地方都市にも飽き飽きしていたカリオストロは、首都のパリに居を移そうと考えた。そしてパリに着くと、今度はエジプトフリーメイソンの復興者で、哲学の新派の創始者であると宣言。さらにロアン枢機卿の人脈を利用して、あっという間に上流階級に入り込むと、妖術師として目を見張るような大成功を収めたのである——当代切っての大物たちが彼を訪れた。薔薇十字団のように、四大精霊と対話をしたり、墓から死者をよみがえらせたり、金属を変成させたりする能力があり、神の特別なご加護の下で自然の奥義を突き止めることができる。カリオストロはそれを得々としていた。また、ディー博士と同じように、天使を呼び出しては未来の謎も解き明かしていた——天使は水晶の中に、またガラスの鐘の下に現れて、彼と言葉を交わしていた。『現代偉人伝（Biographie des Contemporains）』には次のように紹介されている。

「カリオストロのアパルトマンでは、ルクレティウス（ローマの詩人、哲学者）の亡霊と一緒に食事をしないパリの貴婦人などほとんどいない。カエサルやハンニバル、アレクサンドロス大王と戦術の話をしない軍の将校もいないし、キケロの幽霊と法律について議論を戦わせない弁護士もいないだろう」

　死者との対話は高価であった。カリオストロいわく、死者は無報酬でよみがえったりはしないのである。伯爵夫人も、いつものように工夫を凝らして夫を支えていた。彼女は同性にもとても人気があり、感嘆している多くの女たちにカリオストロの超能力について詳細に話して聞かせていた。主人は透明人間になって、思考する速さで世界を飛び回り、同時に数カ所にいることもできるんですのよ……。

　あの有名な「王妃の首飾り事件」に巻き込まれたのは、カリオストロがパリに来て間もなくであった。友人のロアン枢機卿はマリー・アントワネットの魅力のとりこになっていたが、マリーがロアンに対して見せる冷淡な態度や不機嫌な顔つきにひどく苦悩していた。このころ、ラ・モットという伯爵夫人が王妃に仕えており、枢機卿は愚かにもラ・モット夫人に王妃への思いを打ち明けてしまった。それを聞いたラ・モット夫人は枢機卿をあざけりながら、自分の計画を見事に成功させたのである。侍女、つまり王妃に仕える名誉ある女性の立場で、ラ・モット夫人は王妃とパリの裕福な宝石商ベメール氏との商談に同席した。宝石商は豪華絢爛なダイヤの首飾りを王妃に売り込んでいた。それは一六〇万リーブル、つまり六万四〇〇〇ポンドもする高価なものであった。王妃は首飾りを大変気に入ったが、残念ながらそんなお金はないと言って宝石商を退席させた。

ラ・モット夫人はこの高価な装飾品を手に入れたくなり、その計画にロアン枢機卿を利用しようとたくらんだのである。そこで夫人は枢機卿との面会を求め、王妃の冷たい態度を嘆く枢機卿に同情するふりをして、王妃に目を掛けてもらえる方法を知っている、などとそのかした。さらに首飾りの件にも触れながら、王妃が買えないのは残念だなどと語った。愚か者だが金持ちだった枢機卿。その首飾りを買って王妃への贈り物にしようとあっさり口にしてしまった。だがラ・モット夫人は、そんなことをしたら逆に王妃を怒らせてしまうので、絶対にだめだという。枢機卿の仕事は、まず宝石商に信用貸しで王妃に首飾りを売ってもらい、決められた日にその金額を支払うという約束手形を引き受けるように仕向けることであり、宝石商からは後で同意を取りつければいいという。枢機卿は喜んでその提案を受け入れると、自分が王妃から署名をもらってくるから、契約書を作ってくれと宝石商に指示を出した。夫人はしばらくの契約書をラ・モット夫人の手に託した。枢機卿はそしてから、「いいでしょう、承認します。マリー・アントワネット」と空欄に書かれた契約書を持って戻ってきた。そして今回の枢機卿の手際の良さに王妃は大変満足されており、ベルサイユの庭園で枢機卿と会って、感謝のしるしとして花束を贈りたいと言っていたことを伝えた。枢機卿は偽造した契約書を宝石商に見せると、首飾りを手に入れ、それをラ・モット夫人に届けた。ここまでは万事うまくいっていた。夫人の次なる狙いは、王妃との謁見を今か今かと待ちわびている枢機卿を満足させることだった。そのころ、パリにはドリーバという、王妃に似ていると評判の若い女がいた。ラ・モット夫人は、多額の謝礼を払うからと約束して、この女にマリー・アントワネットに成り済まし、夕暮れどきにベルサイユの庭園でロアン枢機卿と会うよう依頼したのである。そして、謁見が行われた。枢機卿は夕暮れのかすかな光に、また自分の期待が大き過ぎたこともあり、王妃にうり二つのこの偽者にすっかりだまされてしまい、ドリーバ嬢から花束を受け取ると、浮かれ気分で帰宅した。その後何日もの間、枢機卿の胸の高鳴りは収まらなかった（**原注**　フランス革命の足音が忍び寄ってきたころ、この不幸なマリー・アントワネットの敵たちはますます憎悪を募らせており、この取引には王妃自身が実際にかかわり、ドリーバ嬢ではなく、王妃自身が枢機卿に会って、花束を渡したのだという説を唱えている。また、この物語そのものも、王妃、ラ・モット夫人、そしてその他の人間が宝石商から一六〇〇万リーブルをだまし取るのために単にでっち上げたものだとしている）。

ところがしばらくすると、王妃の署名が偽造だったことが発覚。宝石商のベメールは、直ちに自分の交渉相手はロアン枢機卿とラ・モット夫人だったと証言した。二人はすぐさま逮捕され、バスティーユに投獄された。厳しい取り調べを受けたラ・モット夫人は、暗にカリオストロの関与をほのめかす自白を行い、それに基づいてカリオストロとその妻は捕らえられ、二人ともバスティーユに送られることになった。恥辱や不名誉にまみれたこの事件は、当然人々の好奇心をかき立てた。パリでは王妃の首飾りのこと以外は話題にも上らなくなり、関与している人間のうち、だれが有罪でだれが無罪かなどという憶測も飛び交った。ラ・モット伯爵はイングランドに逃亡し、多くの人々の意見では、この伯爵が首飾りを持って逃げ、逃亡した先々で首飾りの宝石を少しずつ、いろんな宝石商に売りつけていたということだ。だが、ラ・モット夫人はカリオストロに預けたと主張していた。カリオストロがそれを奪取して、宝石をばらして「類を見ない莫大な財産をさらに膨らませた」のだと。夫人はカリオストロについてこう話している。

「やぶ医者、卑劣な錬金術師、賢者の石を夢見る偽予言者、神を冒瀆する者、勝手にカリオストロ伯爵を名乗る男！」

夫人はさらに、もともとロアン枢機卿を破滅させる計画を立てていたのはカリオストロであり、自分の心に魔法を掛けて計画に加担させたのだ、カリオストロは強盗であり、詐欺師であり、妖術使いだ！とも供述している。

容疑者全員がバスティーユに六カ月以上拘留された後、ようやく公判が始まった。証人の宣誓陳述書の審理が終わると、カリオストロは主犯者だとして最初に答弁を求められた。人々はその答弁を、かたずをのんで聴き入った。カリオストロは芝居じみた態度でこんな答弁を繰り広げた。

「わたしは虐げられている！　皆わたしに言い掛かりをつけている！　皆わたしを誹謗中傷している！　わたしはそんな人間だというのか？　良心に語り掛けてみた。すると人々に拒まれるという沈黙があった！　ずいぶん旅もした――わたしの名はヨーロッパ中で知られているどころか、アジアでもアフリカでも多くの場所で知られている。行く先々で同輩たちの友だと言ってきた。わたしの知識や時間、財産は、すべて苦悩を和らげるために使ってきた！　わたしは医学を学び、医療を施してきた。だが、金が目当てで、そんな最も高尚で慰めになる学問の地位をおとしめたことは一度もない。常に与える側で、受ける側に立ったことはないが、それでも自活してここまでやってこられたのだ。これまでは王室の恩寵にもあずかっていない。そんな慎み深さも持っている。裕福な人にも無料で治療を施し、助言を与えてきた。貧しき人には治療を施すだけでなく、金銭的な援助もしてきた。借金の契約など交わしたこともなく、立ち居振る舞いも純粋かつ汚れないものである」

こうして自画自賛をしつこいほど繰り返した後、カリオストロは、無実の愛妻と何カ月もの間離れ離れになるという逆境にも耐えている、と苦言を呈した。妻はバスティーユに拘留されており、湿った土牢に鎖でつながれているかもしれない。カリオストロはそういう説明を受けていた。カリオストロは首飾りなど持っていないと明確に否定し、見たこともないと証言。また、自分に対するさまざまなうわさや非難は、おそらく自分の過去のさまざまな出来事について秘密にしているから起きたことであり、それをやめてもらうためなら、人々の好奇心を満たし、これまでの経歴について明確に、かつ完全に説明してもいいとまで言いだした。そして現実離れし、にわかには信じ難い話を始めたが、もうだれひとりだますことはできなかった。

「わたしは生まれた場所も両親の名前も知らないが、幼少期をアラビアのメディナで過ごし、アシャラという名で育てられた。メディナの宗教指導者の大邸宅で暮らし、常に使用人が三人控えていた。ほかにもアルトータスという教師がいた。このアルトータスという教師は、わたしのことをとてもかわいがってくれ、わたしの両親のことも話してくれた。キリスト教徒の貴族だったが、わたしが三歳のときに亡くなり、この宗教指導者に養育を託したのだそうだ。アルトータスに何度尋ねても両親の名前を突き止めることはできず、それを知ったら危険な目に遭うといわれれていた。だが、この教師がちょっと口を滑らせたことから、両親がマルタ島の出身だと考えるようになった。そこで一二歳になったときに旅に出て、東方のさまざまな言語を学んだ。メッカには三年間滞在したが、メッカのシャイフ（族長）にはとても親切にしてもらった。その優しさや愛情を込めた接し方から、いつしかこの人物が自分の父親なのではないかと思うようになった。メディナを去るときには涙を流してこの善良な男と別れ、二度と会うことはなかったが、今でも自分がこうしていい暮らしができるのもすべてこの人のおかげだと確信している。ヨーロッパであろうとアジアであろうと、行く先々の大きな金融業者か商館に、自分のために口座を開いてくれているのだ。そこから数千、数十万という単位で金を引き出すことができたが、自分の名前以外には何も聞かれなかった。わたしが「アシャラ」だと言うだけで、必要なものはすべて用意してくれるのだ。だから、すべてメッカのシャイフのおかげだと固く信じていたのだ。これがわたしの財産の秘密であり、生活のために詐欺に頼る必要などあるわけがない。好きなものを何でも買える財産を持っているのに、それに、フランスの王妃が身に着けているものよりずっと高価なものだって買えるというのに、わざわざダイヤの首飾りを盗んでも何の得にもならない」

ラ・モット夫人が訴えているほかの罪状については、短く答弁しただけであった。夫人はカリオストロをやぶ医者呼ばわりした。ただ、カリオストロはそんな言葉は聞いたこともないという。だが、もしそれが医師ではないのに医学の知識があり、無報酬で金持ちにも貧しい人にも治療を施し、どちらからも代金をもらわない人のことなら、自分はそのような人間だし、やぶ医者なのだろうと。また、ラ・モット夫人は卑怯な錬金術師だとも言っていた。カリオストロが錬金術師であろうとなかろうと、「卑怯」だという形容辞は、物ごいをしたり、へつらったりする者にしか使えない言葉であり、自分はどちらもやったことがないと述べた。また、賢者の石を夢見ているという点については、どんな夢を見ようと、そんなことはだれにも話したこともないし、そんな夢のことで人々を混乱に陥れたこともないという。偽予言者だということについても、必ずしもそうだったわけではないと答えた。ロアン枢機卿に対しては、ラ・モット夫人は危険な女だと予言したし、その予言は当たっていた。神を冒瀆しているという点も否定し、宗教を侮辱したことは一度もなく、それどころか、あらゆる人間の信仰を尊重しており、それに口を挟んだことなどないという。薔薇十字団員でもなく、自分が三〇〇歳であるとか、一五〇歳の使用人がいるなどと主張したこともないと語った。よって、ラ・モット夫人の言っていることはすべて誤りであり、彼女は「最も人をばかにしたうそつき(mentiris impudentissime)」だと述べた。カリオストロはこの二語について、フランス語で言うにはあまりにも夫人に失礼なので、弁護士に翻訳するよう頼んだ。

これがカリオストロに掛けられた容疑に対する驚くべき答弁であった。この答弁を聴いて、カリオストロはずっと人を欺いてきた厚かましい詐欺師だと思っていた人々は納得した。今度は弁護士がロアン枢機卿とラ・モット夫人に代わって尋問を受けた。この供述から、枢機卿自身はこの忌まわしい陰謀に利用されていたことが明らかになり、カリオストロにも不利な証拠がないことから、二人とも無罪放免となった。ラ・モット夫人は有罪となり、公開むち打ち刑と背中に鉄で焼印を押す刑を言い渡された。

そしてカリオストロと妻は釈放された。カリオストロは家から押収された書類や物品についてバスティーユの役人に問い合わせてみた。すると多くが盗まれていることが判明。そこで写本と少量の錬金術の粉を取り戻すために訴訟を起こした。だが、問題が解決しないうちに、カリオストロは二四時間以内にパリを出ていくようにとの命令を受けた。今度バスティーユに幽閉されたら二度と出てこられなくなると思い、カリオストロはすぐにパリを出発し、イングランドに向かった。ロンドンに着くと、狂信的な新教徒《プロテスタント》として悪名をとどろかせていたジョージ・ゴードン卿と知り合った。ゴードン卿はカリオストロの訴訟を温かく支持してくれ、新聞に投書して首飾り事件におけるフランスの王妃の行動を非難し、まさに罪を犯しているのは王妃自身だと主張した。この投書のせいで、ゴードン卿はフランス大使の主唱で告訴されると、名誉棄損で有罪判決を受け、罰金と長期の懲役刑に処せられた。

カリオストロと妻はその後イタリアに渡ったが、一七八九年にローマ教皇庁に逮捕され、死刑判決を言い渡された。フリーメイソンの団員であること、異端信仰、そして妖術師だという罪状であった。その後、この理不尽な判決はサンタンジェロ城での終身刑に減刑された。妻のほうは厳しい刑罰を免れて、女子修道院に監禁されることになった。こうして自由を奪われたことで、カリオストロの心はどんどん病んでいった――度重なる不運に、身も心も傷つき、とうとう一七九〇年の初頭に死去。当然の報いだと言ってもいい最期だが、カリオストロに対する判決は、それを宣

得ない。

一九世紀の錬金術

これで実りなき探求で名を成した一連の人物の話は終わりである。錬金術師の身分や性格、暮らしぶりは極めて多岐にわたっていた――真実を探求したが過ちを犯した哲学者もいれば、それを信じた野心家の王族や貧しい貴族もいたし、信じてはいなかったが信じているふりをして同輩をたぶらかし、そのだまされやすさに乗じた腹黒いいかさま師もいた。本章ではこうしたありとあらゆる人々をご紹介してきたわけだが、彼らの伝記を読むと、こうした妄想は完全に無駄だったわけでもないことが分かる。人間は多くを得ようとして奮闘するが、必ずしも無理をし過ぎて失敗に終わるとは限らない。とうてい登れないような山の頂上にはたどり着けなくても、五合目ぐらいまで登れば、途中で知恵や知識のかけらが見つかることもある。化学という有益な学問は、こうした偽の錬金術師から少なからず恩恵を受けているのである。数々の貴重な発見も、不可能なことを探求しているさなかの偶然の産物であり、もしそうした探求を続けていなければ、あと何世紀たっても発見されずに終わっていたかもしれないのである。ロジャー・ベーコンは賢者の石を探求しているときに火薬を発見している。現代でもそれは驚くべき物質である。ファン・ヘルモントも同様の研究でガスの特性を解明した。ゲーベルもやはり化学で重要な発見をしている。パラケルススは、金属を変成させることを死ぬまで夢見ていたが、その間に、水銀が人間を苦しめる最も忌まわしく耐え難い病気の治療に使えることを発見した。

一九世紀のヨーロッパでは新たな錬金術の愛好家の話はまったく聞かれないが、超一流の化学者の間では、近代の人々の考えと同じように、こうした探求はけっして不合理なものでも無駄なものでもないという見方もある。同じように不合理な魔女信仰は、今でもまだ人々の心にくすぶり続けているが、さすがに不老長寿の霊薬があれば何世紀も生きられ、鉄や白目を純金に変えることができるなどと信じる者はほとんどいない。錬金術はヨーロッパでは完全に論破されていると思われるが、東方では今でも広く信じられている。昨今東方を旅した者たちも、必ず錬金術には言及している。中国、ヒンドスタン、ペルシャ、タタール地方、エジプト、アラビア半島ではとくに盛んなようだ。

第六部

宗教の激情

第16章　十字軍
The Crusades

彼らはこの声を聞き、恥じ、翼を拡げて飛びたった。
――中略――
だが、統率者の声に翕然《きゅうぜん》として直ちに従った
――その数、実に無数。
エジプトを災禍が襲った日、
アムラムの子がその力強い杖を
国土の四方に向かって揮《ふる》い、
東風の流れに乗った黒雲のような
蝗《いなご》の大群を呼びよせると、
その大群は神を冒瀆《ぼうとく》して
はばからぬパロの全領土を、
黒々と夜の如く蔽いかくし、
ナイル河の全域を
暗黒に包みこんでしまったことがあるが、
その時の蝗の大群と同じくらい、
悪しき天使の群れも無数であった。
――中略――
そしてその瞬間、この晦冥《かいめい》の中から、
忽然《こつぜん》として空中高く数千、数万の
旗幟が一斉に掲げられ、色鮮やかに翻った。
それと同時に、大きな森かと思われるほど林立する槍が、
蝟集《いしゅう》する無数の兜《かぶと》の群れが、
そしてさらにとうてい知るべくもないほどの
奥行きをもった、延々たる楯の列が、現われた。

――『失楽園』（岩波文庫）

いつの時代にも、その時代ならではの愚行が見られる。それは陰謀や策略、あるいは途方もない空想となり、利欲、刺激を求める気持ち、単に他人と同じことをしていたいという気持ちのいずれかが、さらにそれに拍車を掛ける。思いどおりにならないと、それはいささか狂気をはらむようになり、その狂気が政治的立場や宗教的信条、またはその両方に後押しされていっそうエスカレートしていく。十字軍を突き動かしたのはそうしたさまざまな大義名分であり、これらがすべて重なって、民衆の熱狂の規模という点ではほかに類を見ない異常な事例になったのである。歴史の書

を紐解くと、十字軍の兵士は例外なく無知無学の粗暴な男たちで、参加の動機は凝り固まった偏見から、遠征の旅は血と涙で彩られている、と記されている。一方、中世の騎士物語では、彼らの敬虔な行いや英雄的行為を中心に、その美徳や寛容、自ら勝ち取った不朽の名誉、キリスト教への並々ならぬ奉仕が最も熱く語られている。本章では歴史書と騎士物語の両方にくまなく当たり、事実か否かの判断は歴史に委ねるが、同時代の詩歌や騎士物語を参考にしながら、武器を取り十字軍に仕えた雑多な民衆の真の精神を追究し、彼らの意識や動機、物の考え方にスポットを当てていく。

隠者ピエールが聖戦を説いていたころの西欧の精神を十分理解するには、それよりはるか以前にさかのぼってみる必要がある。八世紀、九世紀、一〇世紀の聖地巡礼についても丹念に調べ、巡礼者が直面した危険や実際に目にした不思議な物事についての話に耳を傾けなければならない。パレスチナ王国への巡礼の旅を始めたのは、当初は改宗したユダヤ人、そして鋭い想像力を宿し、その関心を一手に集める聖地をぜひ訪れたいという、根っからの好奇心に駆られた熱狂的なキリスト教徒であった。敬虔な信者もそうでない者も、一様にエルサレムに殺到した——主の再生と苦悩によって神聖化された地の景観を堪能する巡礼団、そしてすでに広く普及している考え方だとして、いかに極悪非道な罪であろうと、巡礼の旅があまたの罪を十分揉み消してくれると考える巡礼団、そしてもうひとつは、おびただしい数の巡礼者を擁するも、とくにこれといった目的もなく、ただうろついている集団。巡礼は流行しているし、帰ってから珍しい体験話でも吹聴すれば、虚栄心も満たされるというもの。現代の観光客がイタリアやスイスを訪れるように、彼らはパレスチナを訪れたのだ。だが、大多数を占めていたのは真に敬虔な信者であった。その数は年を追うごとに増え、あまりの多さに、ついには「主の軍隊」とまで呼ばれるようになった。情熱に満ちた信者たちは、途中の危険や困難を物ともせずに、福音書に描かれている現場という現場でいつまでも悦に入っていた。彼らにとっては、ヨルダン川の澄んだ水を飲むことや、洗礼者ヨハネが救世主イエスに洗礼を施した、まさにその川で洗礼を受けることが無上の喜びだったのである。荘厳なオリブ山の頂上にある神殿、あるいは主が罪深き人間に代わってはりつけになったおぞましいカルバリオの丘の周辺を、喜びと畏敬の念を抱きながら見て回る。このような巡礼者にとっては、すべてがかけがえのないものであった。熱心に聖遺物を求める者、ヨルダン川の水が入った細口瓶や十字架の道に生えたカビを入れた袋を家に持ち帰ってから、法外な値段で教会や修道院に売りつける者。パレスチナでごろつきが陳列して売っている「真の十字架」の木片、聖母マリアの涙、聖母マリアの衣の切れ端、使徒たちの足のつめ――パウロが張るのを手伝ったテントに至るまで――など、真偽の疑わしい聖遺物を、「驚くほどの費用をかけて、注意深く」西欧に持ち帰る者。一〇〇本の樫の木をもってしても、はりつけに使われた真の十字架の木片として切り売りする木材全部を賄うのは無理だろう。聖母マリアの涙にしても、もし全部集めたら水槽が満杯になっているはずだ。

こうして二〇〇年以上にわたり、巡礼者はパレスチナで妨害に遭うこともなく巡礼を続けていた。見識豊かなハルン・アル・ラシード（アッバース朝第五代カリフ）と直近の後継者たちが、シリアに莫大な富をもたらすこの人々の流入を奨励し、旅人たちを最高の待遇でもてなしてくれたからだ。しかしファーティマ朝カリフの一族――ほかの面では寛大だったが、先代のアッバース一族と比べると財に乏しく、金のためなら平気で悪事を働いた――は、エルサレムに入ってくる巡礼者ひとりひとりに、ビザンツ貨幣を税として課した。貧者にはこれがいたく堪えた。物ごいをしながらヨーロッパを横断し、ようやくヨルダン川にたどり着いた彼らは、希望に胸を膨らませてはいたが、金は一銭も持っていなかった。すぐに激しい抗議の声が上がるようになったが、それでも税は厳しく取り立てられた。税を払えない巡礼者は、従者を伴ってやって来る裕福な信者が代わりに払って中に入れてくれるまで、聖都の門の外で待たされた。ウィリアム征服王の父、ノルマンディー公ロベール二世は、ほかの有力貴族と同じように巡礼を組んだが、エルサレムに着くや、門の外で大勢の巡礼者が税を払ってくれる自分の到着を今か今かと待っているのが分かった。こうした頼み事を拒んだ者はいなかった。

巡礼の数が未曾有の増加を見せると、イスラム教徒のパレスチナ総督にとってはその税収が富源になってきた。一〇世紀末から一一世紀初頭にかけては、奇妙な観念が民衆の心をとらえていた。終末は近い、千年王国が終焉に近づいている、イエス・キリストがエルサレムに現れて人々を裁くだろう。そんなことが広く信じられていたのである。キリスト教世界は大きく揺れた。弱者や軽信者、そして犯罪者は、とてつもない恐怖に襲われた。当時は犯罪者の数が人口の二〇分の一九を上回っていた。彼らは家庭や親族、仕事を捨ててエルサレムに押し掛けては、主が現れて、想像どおり、難儀な巡礼が数々の罪を軽減してくれるのを待っていた。こうした狂乱状態に拍車を掛けるかのように、星が天から落ち、地震が大地を揺らし、猛烈な嵐が森をなぎ倒した。これらはどれも、とくに大気現象は、審判が近づいている予兆だと考えられた。地平線を横切る流星は、辺りを恐怖で包み込んだだけでなく、つえを持ち、頭陀袋を背負い、懇願しながら罪の許しを請う多くの巡礼者をエルサレムに送り出したのである。男ばかりか女や子どもまでもが、天国の扉が開いて神の御子が光臨に包まれて現れるのを期待しながら、大挙して聖都へ向かった。こうした常軌を逸した妄想によって巡礼者の数が増えていったのだが、彼らの苦難もまた増幅していった。西欧とコンスタンチノープルを結ぶどの道にも物ごいがあふれてきた。あまりの数に、立派な慈善家である修道僧でさえ、物ごいに出会うと、何とか自分たちでやっていくようにと信者たちを説き伏せるありさまだった。多くの信者は道端に実っている小果実を喜んで食べたが、これほど大量に巡礼者がなだれ込んでくる前は、修道院からパンや肉を分けてもらっていたようだ。

しかし、巡礼者の苦難はこれにとどまらなかった。エルサレムではもっと残忍な一族が聖地の所有権を握っていた。バグダッドのアッバース朝カリフの後継者はセルジュークという凶暴なトルコ人だったが、彼らは巡礼者を軽蔑と嫌悪のまなざしで見詰めていた。一一世紀のトルコ人は一〇世紀のサラセン人より凶暴で節操がなく、国を蹂躙するおびただしい数の巡礼者に憤慨していた。帰るそぶりをまったく見せないとなると、いっそう腹を立てた。刻々と高まる最後の審判への期待からじっとしてはいたものの、なおも続く群発地震に、最後にはこの地を追われるのではないかと危惧するトルコ人。そんな彼らにとって、前途は多難であった。ありとあらゆる迫害が巡礼者を待ち受けていた。強奪やむち打ちはもちろん、何カ月もの間エルサレムの門に吊るされるなど、入城料のビザンツ金貨を払わされるどころではなかった。

審判の日に対する恐怖心が薄らいでくると、西欧に戻ろうとする巡礼者も現れた。侮辱されたことへの憤りで胸が張り裂けそうになっていたのだ。彼らは行く先々で意気投合した者にキリスト教世界の悪行について事細かに語った。ところが、奇妙なことに、こうした話がさらに巡礼熱をあおることになったのである。巡礼が危険になればなるほど、極悪の罪を償う機会は平等になっていった。苦難も功徳を強調するばかりで、聖墓を訪れて神によく思われようと、方々から新たに大群が押し寄せるのだった。一一世紀全体を覆っていたのは、おおよそこのような精神である。

巡礼の列は今では恐ろしいほどに膨れ上がり、指導者待望論も持ち上がってきた。さあ、いよいよあの男の登場だ。立派に目的を果たした男たちと同じく、隠者ピエールもその時代――後でも先でもない――を代表する男であった。

他人より先に謎を解き明かす鋭さはあったが、物事に熱中しやすく、義侠的で偏屈、狂気の沙汰とはいわないまでも、当たらずしも遠からず。まさにこの時代の申し子である。真の情熱というのは決まって根気強く、説得力があるものだが、この二つの性質が常軌を逸した説教者の名を借りて見事に融合していたのである。アミアンの修道僧だったピエールは、醜く、背も低かったが、瞳は並外れた聡明さと知性をたたえており、兵士にするには大勢の民衆はうってつけだと考えていた。時代の熱狂に取りつかれ、やはりエルサレムに赴いてしばらく滞在していたが、信者に対して情け容赦ない迫害が繰り返されるのを見てついに怒りを爆発させると、帰国に際して彼らの悪事について雄弁に語り、世間を騒がせた。

ピエールの説教の驚くべき成果を詳しく見ていく前に、西欧人の精神状態に着目したほうがいいだろう。そうすれば説教が成功した理由がよく理解できるはずだ。まずは聖職者ありきであった。世の浮沈に目に見える影響を及ぼす僧侶は、常に世間の注目を浴びていた。当時の観念を支配していたのは宗教であり、忠実な信者の大群を成す狼のような残虐者たちを飼い馴らすことができるのは啓蒙家だけであった。とにかく、聖職者第一の時代だったのである——宗教に関しては民衆を奴隷のように服従させる一方で、それ以外にはありとあらゆる弾圧から身を守る手段を与えていた。教会の上層部には時の信心家や学者、賢者が顔をそろえており、その当然の帰結として、彼らはまさにその英知によって、絶大なる権力のさらなる拡大をもくろむようになった。民衆はといえば、自分たちを苦しめる存在だということ以外、王侯貴族のことは何ひとつ知らなかった。国王は封建領主を統治していた。厳密に言えば、権力を振りかざしていた。領主は国王の権力に立ち向かうための、ひれ伏した民主主義の首下を鉄のかかとで踏みつけるためだけの存在で、聖職者以外に仲間はいなかった。その聖職者はといえば、抜け出せないでいる妄信や迷信からくる固定観念を領主らに吹き込んでいたが、神の前では人間は皆平等である、という喜ばしい教義も教えた。こうして領主は、封建制度からは現世では何の権利も得られないことを学び、キリスト教からは来世ではあらゆる権利を得られることを学んだのである。こんな慰めに当面は満足していた領主だったが、それは政治という概念がまだ成熟していなかったからである。聖職者が別の理由で十字軍を提唱したときも、民衆は進んで参加した。猫も杓子も頭の中はパレスチナ一色。二世紀に及ぶ巡礼の話はあらゆる想像力を育み、仲間や案内人、教師がそれぞれの偏見や考え方で戦いを説くようになった。そしてその熱気が、一気に熱狂へと変わっていったのである。

　だが、民衆が宗教に扇動されている一方で、貴族はそれとは別の要因に動かされていた。獰猛で始末に負えず、あらゆる悪事に手を染めた貴族には、美徳などみじんもなく、勇気という取りえだけがそれを補っていた。彼らにとっては、恐怖だけが唯一の宗教。その恐怖とふつふつと沸いてくる一種の動揺がひとつになり、彼らを聖地へと駆り立てたのである。ほとんどの貴族が罪を背負っていた。民衆を脅かし、法を犯し、自分の情熱だけで突き進んできたのだから。聖職者の世俗的な力は軽視していたが、内心は来世について激しく非難する聖職者におじけづいていた。闘いは仕事、生きる喜びであった。気の向くままに行動して構わない、という簡単な条件であらゆる罪の赦免を約束されたわけだから、貴族たちが熱狂し、猛烈な勢いで殺到してきたのも当然だろう。純粋な宗教的動機に踊らされた多くの民衆と同じように、彼らも熱心に十字軍に仕えるようになった。彼らを戦争に駆り立てたのは狂信と好戦性だったが、西欧諸国の王族には、ほかにも貴族たちの熱をあおる理由があった。彼らは政策に目覚めたのである。悪事ばかりたくらみ、血に飢えてそわそわしている男たちがいなくなれば、自分たちが圧倒的優位に立てることに気づいたのだ。傲慢な貴族の鼻をへし折るには、王族の微力では歯が立たず、もっと大きな力が必要だったのだ。これで十字軍に都合のいい大義名分がすべてそろったことになる。国王と聖職者は政治的理由から、貴族は社会不安と所領への愛着から、そして民衆はたったひとりの指導者から巧みに吹き込まれた宗教的情熱と二〇〇年もの間抱き続けた熱い思いから、という具合に、あらゆる階層の人々が一様に戦いに駆り出されるか、戦いをもっとあおるよう仕向けられていったのである。

　東方のキリスト教徒をイスラム教徒の支配から救うため、またイエスの墓を野蛮な異教徒の手から守るため、隠者ピエールが最初にキリスト教世界の力を奮い立たせようという壮大な構想を抱いたのは、まさにパレスチナであった。ピエールはこの構想に没頭した。夢を見ていてもそのことで頭がいっぱいだった。救世主を熱心に信じていたピエールは、ある夢を見た。救世主が自分の前に現れて、その聖なる任務を助け、守ってくれると約束したのだ。たとえ情熱に迷いが生じていても、永遠に情熱を傾ける決意を新たにするには十分な夢だった。

　ピエールは巡礼の苦行と勤めをすべてやり遂げてから、エルサレムにあるギリシャ正教会の総主教、シメオンとの謁見を求めた。ピエールの目には異教徒に映ったが、シメオンがキリスト教徒であることに変わりはなかった。トルコ人がキリスト教徒に繰り返し行っている迫害については、同じように深刻に受け止めていた。ピエールの意図を十分に理解したこの善良な総主教は、ピエールの提案でローマ教皇をはじめキリスト教世界屈指の君主らに書簡をしたためると、信者たちの苦悩や難儀を詳細につづって、彼らを守るために兵を挙げるよう強く要請した。ピエールもぐずぐずしてはいなかった。総主教の慈愛に満ちた別れの言葉を聞くなり、大急ぎでイタリアに戻った。時のローマ教皇はウルバヌス二世。当時の教皇職はけっして楽な仕事ではなかった。前任のグレゴリウス七世の置き土産である神聖ローマ皇帝ハインリヒ四世とのもめ事が数多く残っていたし、フランス国王フィリップ一世が起こした不倫騒動への猛烈な反発から、フィリップ一世も向こうに回していたからである。あまたの危険が取り巻くバチカンでは安全な生活もままならない。そう考えたローマ教皇は、誉れ高きロベルト・ギスカルド（アプーリア伯爵）の庇護の下、イタリア南東部のアプーリアに避難した。ピエールは遠路ローマ教皇の後を追ってきたが、どこで謁見したかは昔の年代記編者も近代の歴史家も正確に記していない。ウルバヌス二世はピエールを心から歓迎し、目に涙を浮かべながらシメオン総主教の書簡を読むと、隠者の説得力ある話に注意深く耳を傾けた。それは教皇がキリスト教会の苦悩にいかに同情しているかを示していた。熱意というのはすぐに伝わるものである。教皇は、情熱を抑え切れないこの男からすぐさまその熱意をくみ取ったようだ。ピエールに全権を与え、外国に派遣して全キリスト教諸国、君主や有力者に聖戦を訴えるよう命じたのである。ピエールは聖戦を説いた。すると多くの君主や有力者がその呼び掛けに応えた。フランス、ドイツ、イタリアがピエールの指令で動きだし、エルサレムの聖丘、シオンの解放に備えた。十字軍初期の時代の歴史家のひとり、ノジャンのギベールは、西欧の狂喜を直接目撃しており、このときのピエールの風采について記述している。ギベールには、ピエールの一挙手一投足が神々しく見えたようだ。民衆はピエールを大いに崇敬し、聖遺物として取っておこうと、ピエールのラバのたてがみを引き抜くほどであった。説教をするときのピエールは、いつも羊毛の上衣にかかとまで届く長丈の黒っぽいマントというでたちだった。素足で、腕もあらわにしていた。肉もパンも口にせず、主に魚とぶどう酒で生命をつないでいた。ギベールはこう話している。

「どこから説教を始めたかは不明だが、説教をしながら村や集落を移動していった。大勢の人が彼を取り囲み、貢ぎ物を渡し、最大限の賛辞を贈ってその高潔さを称えていた。ひとりの人間にこれほどの名誉が与えられた例が過去にあっただろうか」

疲れも見せず、揺るぎない精神で、そして献身的な愛を込めて、ピエールは西欧が本気で奮起するまで、その狂おしいほどの情熱を聴衆に伝え続けた。

この訴えは目覚しい成功を収めたが、一方のローマ教皇も、遠征軍の隊長や指揮官になるべく人物の説得に成功していた。次は一〇九五年秋にプラケンティア宗教会議を召集することだった。聖職者が集まったこの会議では、壮大な構想について話し合い、神聖ローマ皇帝がコンスタンチノープルから派遣した特使団とも面会し、トルコの西欧侵略計画がどの程度進展しているのかを事細かに議論した。当然のことながら、聖職者は満場一致で十字軍に賛成。そして閉会後、聖職者全員が信者に聖戦を説く権限を与えられた。

しかし、イタリアが必要な援助をすべて提供してくれるとは思えず、ローマ教皇は自らアルプスを越え、勇猛で影響力もある貴族や騎士を奮起させようとゴールの地へ赴いたのである。越境して敵対するフランス国王フィリップ一世の領土に足を踏み入れたときの教皇の豪胆さ。いくら教皇の任務とはいえ、これには驚かされる。教皇は慎重な政策だけで動いているのだという見方と、隠者ピエールと同じように、抑え切れない情熱だけで動いているのだという見方があったが、正しいのは後者のほうだろう。民衆は結果のことなど考えもせず、ただそのときの勢いだけで動いていたようだ――フランスの中枢に乗り込んでいった教皇も、呼び掛けに応えてくれた多くの男たちと少しも違わず、衝動的に動いていた。結局、キリスト教会の現状や改革の乱用について熟慮するため、そして何よりも戦争に備えるために、フランス側はクレルモン（オーベルニュ地方の現クレルモンフェラン）に宗教会議を召集し、そこで教皇と会うことにした。それは厳しい真冬のさなかで、領土は雪に覆われていた。宗教会議が開かれている七日の間に教皇自身も民衆に直接訴えるのでは、と期待した人々が、大きな群れをなしてフランス全土から押し寄せてきた。周辺の村や集落はどこも群衆で埋め尽くされ、草地や畑も宿がない人々でごった返した。彼らは木陰や道端にテントを張り、隣人たちも広大な敷地を提供した。

七日間にわたる審議の間に、アンジュー伯爵夫人ベルトラード・ド・モンフォールとの不倫問題と使徒座の最高権威に背いたとして、フィリップ一世の破門宣告が可決された。民衆はこの大胆な措置に驚き、キリスト教会の厳しい対応に改めて畏敬の念を抱いた。教会の義務を遂行する際には、けっして社会的地位に左右されてはならないのだ。高潔かつ頑固愛着と恐怖心とが一気に募ってきた民衆は、一徹な聖職者の説教に、これまで以上に熱心に耳を傾けるようになった。ローマ教皇の演説が刻一刻と迫ってくると、クレルモン大聖堂前の大広場はたちまち人であふれてきた。ローマカトリック教会の豪華絢爛たる僧衣に身を包んだ枢機卿や司教が取り巻く中、正式な祭服をまとって現れた教皇は、このためにわざわざ作られ、真紅の布で覆われた高い舞台に上った。司教や枢機卿の壮麗な列が教皇を囲んでいたが、そんな中、地位は低いが一般社会にとっては重要な隠者ピエールが、質素で飾らない服装で立っていた。ピエールがそこで演説をしたかどうかは歴史家によって見解が分かれるが、そこに立っていたという点では異論はない。おそらく演説をしたと考えるのが妥当だろう。だが、何といっても教皇の演説が最も重要である。教皇が注意を促そうと両手を掲げると、広場は一瞬にして静まり返った。教皇はまず、聖地で信者たちが苦痛に耐えていることを詳しく語り始めた。パレスチナの野原がいかに残虐非道な異教徒に荒らされているか。異教徒は剣とたいまつを手にして住居に押し入り、信者の財産に火を放っている。キリスト教徒の妻や娘たちがどれほど異教徒の欲望の犠牲になっているか。神の祭壇がいかに冒瀆されているか。聖人たちの遺物がいかに踏みにじられたか。

「同胞たちよ」と、雄弁な教皇は続けた（ウルバヌス二世は当時最も弁が立つ男のひとりであった）。

「この話を聞いて余の信念を受け入れ、神から権限と力、偉大なる精神を賜った同胞たちよ、先祖はキリスト教世界を支え、歴代国王は異教徒の侵略を防いできた。汝らにも地上からそうした汚れを一掃してほしいのだ。そして迫害されているキリスト教徒の同輩をどん底から救出してほしいのだ。イエスの墓は異教徒に占領され、聖地もその卑劣な行為に汚されている。さあ、勇敢な騎士たちよ、敬虔なる信者たちよ！　無敵の男たちの子孫よ！　往年の名声を失墜させてはならぬ。妻や子への愛情からこの崇高な戦いへの出陣をためらってはならぬ。主の御言を思い出すのだ。『わたしよりも父または母を愛する者は、わたしにふさわしくない（『マタイによる福音書』第一〇章三七）。おおよそ、わたしの名のために、家、兄弟、姉妹、父、母、妻、子、もしくは畑を捨てた者は、その幾倍もを受け、また永遠の生命を受けつぐであろう（『マタイによる福音書』第一九章二九）』」

教皇の熱意はおのずと伝わり、演説中にも群衆の熱情が何度か炸裂した。教皇はさらに精神論だけでなく、十字軍で武器を取った者が得られる一時的な利益についても語った。パレスチナは家畜の乳と蜂蜜が豊富で、人間を救出した偉大な出来事が起きた場所として、神の目から見ればかけがえのないところである。その地を皆で分かち合おう。教皇はそう約束したのである。そして、神に対しても人間に対しても罪を犯しているのなら許しを請うべきだ、とも語った。

「さあ、罪滅ぼしに出掛けるのだ。信じて行くがいい。この世が終末を迎えたら、来世で不滅の栄光を手にすることができるのだ」

もはや情熱は抑え切れず、大きな叫び声が演説をかき消した。群衆は声をひとつに叫んでいた。

「デュー・ル・ブー！　デュー・ル・ブー！（神のおぼしめしを！　神のおぼしめしを！）」

あくまでも冷静沈着なウルバヌス二世は、その感情の爆発を巧みに利用した。そして再び静けさが戻ると、すかさずこう続けた。

「親愛なる兄弟たちよ、きょうのことは、福音を通じて主が言われたことなのだ。

『二人または三人が、わたしの名によって集まっている所には、わたしもその中にいるのである（『マタイによる福音書』第一八章二〇）』

汝らの心の中に主なる神が宿っていなければ、皆が一斉に同じ言葉を発することはなかろう。だが、むしろそれは汝らの口を借りて神自身が発せられた御言なのだ。その御言を心に刻み込んだのは神だからだ。これをときの声にするのだ。神から発せられた御言を、主の軍隊が敵に向かって猛進するときに叫ぶのだ。

『デュー・ル・ブー！　デュー・ル・ブー！（神のおぼしめしを！）』

もしこの聖なる運動に身を捧げようとしている者がいたら、正式に参加させ、出陣する前に主の十字架を胸か額に付けるように言うがいい。そして出陣の準備ができたら、『また自分の十字架をとってわたしに従ってこない者はわたしにふさわしくない（『マタイによる福音書』第一〇章三八）』という、われらが主の教えを忘れないように、肩に神聖の印を付けさせるがいい」

この宗教会議のうわさは、驚くべき速さで西欧世界の隅々にまで伝わった。はやての騎手が情報を運んでくるよりもはるか前から、遠く離れた地方の民衆にも知れ渡っていた――これは神業としか思えなかった。だれもがそれを話題にし、男たちは覚悟を決めていた。

クレルモン宗教会議から数カ月。フランスとドイツでは奇妙な光景が見られるようになった。敬虔な信者、狂信者、貧者、放蕩者、老若男女、子どもや足の不自由な者までが、大勢参加してきたのである。どの村でも聖職者は大忙しだった。興奮を持続させたり、赤十字を身に着ける者に終身手当てを約束したり、拒絶したりためらったりしている臆病者に最も威厳のある弾劾を浴びせたり……。十字軍に参加した債務者は教皇令でその債務を免除され、ありとあらゆる無法者も同じ条件で正直者と平等に扱われた。参加者の財産はキリスト教会の保護下に置かれ、聖パウロと聖ペテロも天から降りてきて、留守中の巡礼者の財産を守ってくれると考えられた。悪い兆しや予兆も、群衆の熱をあおった。異常な輝きを放つオーロラが現れると、大勢の十字軍兵士はじっと見詰めながら、大地にひれ伏して礼拝した。これは神のとりなしの確かな予兆であり、異教徒を征伐する自分の軍を象徴しているのだ。彼らはそう考えたのだ。奇跡の報告も至るところで相次いだ。ある修道僧は、巨人のような二人の戦士が馬上で闘っている夢を見た。ひとりはキリスト教徒で、もうひとりはトルコ人。二人は燃える剣を振りかざして天国で闘っていたが、もちろんキリスト教徒がトルコ人を圧倒していた。天から落ちる無数の星は、そのひとつひとつが異教徒の敵の敗北を象徴していた。シャルルマーニュ（カール大帝）も墓から起き上がり、敵陣に包囲された主の軍隊を勝利に導いたとされている。民衆の狂気の中でもとくに意表を突いたのが、女たちの熱狂ぶりである。聖戦のためならすべてを投げ打ってもいいと、至るところで恋人や夫を激励する姿が見られた。その情熱を永遠に忘れないようにと、胸や腕に十字の印を焼きつけて、赤い染料で傷口を染める者もいた。もっと熱狂的な女は、子どもの柔らかい手足や幼児の胸にまで同じように印をつけていた。

財産を所有している者は、現金化してしまおうと市場に殺到した。土地と家はその四分の一の価値にしかならなかったが、武器や武具、携帯品などは同じように高値が付いた。ノジャンのギベールによると、とうもろこしは不作の年に備えた貴重品だったのだが、いきなり豊作になったため、備蓄の価格が下落。羊七匹も五ドゥニエで取引されていたようだ。貴族たちも、自分の土地を担保に入れてユダヤ人や異教徒からわずかな金を借りた。また封土内の村や共同体に特権を与え、数年前ならばかにして受け取らなかった金も受け取った。エルサレム奪回のために剣を買おうと、農民はすきを、職人は道具を必死で売ろうとした。女たちも装身具を処分した。その年（一〇九六年）の春と夏の間は、地区の集合場所に指定された村や集落へ急ぐ十字軍兵士たちで道があふれ返っていた。ある者は馬で、ある者は荷車でやって来た。小舟やいかだで川を下ってくる者は妻子を連れていたが、皆エルサレム行きを望んでいた。しかし、大半の人が、エルサレムがどこにあるかも知らなかった。ギベールによると、八万キロぐらい離れたところいたらしい。

「あそこがエルサレム？　あれがそうなの？」

村や城郭が見えてくると、子どもたちはそう声を上げた。パラティン伯らは遠征への意欲にみなぎっていたし、下級騎士たちも皆同じ情熱に駆られていた。貧者でさえ情熱に駆られてたいまつを手にしていたし、いや、金が足りないと考え込む者、農場を明け渡すべきか、それともぶどう園か畑にするべきか、などと考える者はひとりもいなかった。だれもがすぐさま財産の投げ売りを始めた。まるで一刻も早く身代金を払って恐ろしい監禁状態から抜け出そうとしていたかのようだ。参加する決心がつかない者は、金品を破格の値段で処分しているのを見ては嘲笑し、遠征は悲惨だ、帰りはもっと大変だ、などと言い放っていた。だがそんな彼らも、翌日には突如、皆と同じように熱狂に駆られるありさま。大声で嘲っていた者も、全財産を投げ出してわずかなクラウン貨幣と交換し、ついさっきまであれほどばかにしていた相手と一緒に出発するのだった。嘲笑していた者は、たいていしっぺ返しを食らった。躊躇しているのを聞きつけた熱心な隣人から、軽蔑の印として編み棒か糸巻き棒が贈られてくるのだ。これにはだれもが閉口した――要するに、主の軍隊に大きく貢献したのは、笑い者にされるのではないかという恐怖心だったのである。

十字軍のもうひとつの成果が、宗教への服従である。ここから、あの奇妙な「神の休戦」という制度が生まれるのである。一一世紀の初め、民衆の苦悩に同情はすれども和らげることができずにいたフランスの聖職者は、有名な「神の平和」協定を公布して封建領主の強欲と横暴さを抑え込むことで、普遍的な親善精神を盛り上げようとした。この協定に従う者は全員、どんな被害を被っても復讐しない、他人から不当に奪った財産の利益を享受しない、武器を濫用しないと宣誓させられたが、その見返りとして、全員がすべての罪を容赦してもらえた。ところが、この「平和」の概念は善意にあふれていたものの、偽誓ばかりが目立ち、以前と同じように手がつけられない暴力が横行するようになってきた。一〇四一年には異教徒同然の支配者の憤りを鎮めようと、また別の対策が講じられ、「神の休戦」が正式に宣言された。「平和」は毎週水曜日の夕方から翌週月曜日の朝まで続き、その間は何か口実をつけて再び暴力行為に及んだり、被害を被ったとして復讐をたくらんだりすることが厳しく禁じられた。だが、こうしたやり方で人々を教化するのは無理というもの。週五日間などとんでもないとして、おとなしくすると誓う者はほとんどいなかった――仮に誓ったとしても、残りの二日間でたっぷり埋め合わせをした。その後「休戦」は土曜日の夜から月曜日の朝までに短縮されたが、暴力や流血事件は後を絶たなかった。ウルバヌス二世はクレルモン会議で改めて休戦を正式に宣言した。すると確固たる宗教観を抱く者は慌ててそれに従い、十字軍に参加するのだという崇高な思いを前に、つまらない感情をすべてかなぐり捨てたのである。封建領主は抑圧をやめ、強盗は略奪をやめ、民衆は不平不満を口にしなくなった。だれもがまったく同じ思いを抱いていた。ほかの考え方が入り込む余地はなかったようだ。

こうした雑多な連中の野営地は、一風変わった様相を呈していた。領主の旗印の下に集結した臣下はその領主の館の周りにテントを張り、自分のために参加した者は、まず村や集落の周辺に仮の小屋や兵舎を建ててから、民衆の遠征隊長らと合流した。フランスの牧草地はテントで埋まった。兵士たちはパレスチナに到着したらあらゆる罪の許しを請うことになっていたため、皆、底なしの放蕩に耽った。高級娼婦は肩に赤十字の印をつけながら、好色な巡礼者相手に破廉恥な商売に精を出した。どちらにも良心の呵責などなかった。大食漢は食欲を抑えられず、あちらこちらで暴飲暴食。熱心に主に仕えればどんな過ちも愚行も帳消しにしてもらえるし、凝り固まった隠者と同じように救済が保証されるとなれば、無学の者にとってはこんなに魅力的なことはない。陣地からはどんチャン騒ぎの下品な騒音と祈禱を捧げる声とが一緒に聞こえてきた。

さて、そろそろ遠征の指揮官たちの話に移ろう。隠者ピエールの下に集まった大勢の人々は、発起人であるピエールが指揮官に最適だと考えていた。大胆不敵な傭兵には、決まって「無一文のゴーティエ」「文無しバルテール」といったもったいぶった称号がついていたが、それは名家の出であり、戦術に長けていることの証しでもあった。ドイツから来たもうひとつの集団は、ゴットシャルクという、修道僧の模範のような男を旗頭にしていたが、この男については、手のつけられない狂信者だということ以外、何ひとつ知られていなかった。こうした集団が全部集まると三〇万人にもなったが、これは西欧でも指折りの極悪人の集まりであった。規律も信仰心も真の勇気もない彼らは、疫病のように各国を駆け抜けては、行く先々で恐怖と殺りくの種をまき散らした。最初に出発したのは文無しバルテール率いる集団で、クレルモン宗教会議からわずか数カ月後の一〇九六年初春のことだった。この型破りな軍の兵士たちは皆、だれにも干渉されず思いどおりにやりたがっていたが、名目上の指導者と同じく金に困り、遠征中の生活の糧を路上の施しに頼っていた。ハンガリーの民衆も、最初のうちは潮の干満のようにドイツを通って来る彼らをある程度親切にもてなしていた。ハンガリーの民衆の場合、十字軍そのものに参加する情熱はまだそれほどでもなかったが、兵士たちを支援して目的を果たしたいという気持ちは十分にあった。だが、残念ながら、そんな思いやりも長くは続かなかった。集団は必需品である食糧に不満を漏らし、相変わらず贅沢な食事を切望したのである。そして郊外の民家を襲撃しては略奪した。殺人事件に発展するとは予想外だったが、ここでは抵抗運動が起きてしまった。彼らがゼムリン（ハンガリー名はツィモニー）に到着すると、激怒したハンガリー人が大挙して十字軍の指揮官の背中に襲い掛かった。そして相当数のごろつきを殺害したうえ、武器や十字架を取り上げると、戦利品としてそれらを都市の城壁に掲げたのである。バルテールはもう報復どころではなかったし、その条件も失われていた。略奪に挑発されたイナゴが大量発生したかのように、軍は破滅寸前の状態で、決然とした敵の普通の攻撃にも耐えられなくなっていたからだ。怒り心頭に達したハンガリー人は彼らの背中を襲撃し続け、とうとう領土から完全に追放した。ブルガリアに入ったバルテールには、もう運は残っていなかった。都市や村に通行を拒否されたのである。集落も食糧の提供を拒否し、市民や郊外の住民も一致団結して、信奉者を何百人も虐殺した。これでは前進するどころか後退だ。しかし、バルテールはここでもたもたしているわけにもいかず、旅を続け、飢えた兵士らと共にコンスタンチノープルへ向かった。剣の数は当初の三分の一にまで減っていた。

情熱的な隠者に率いられた大群が、大量の荷物を抱えてそのすぐ後ろに続いた。女や子どもだけでも、十分ひとつの集団ができるほどだった。文無しバルテールの集団よりひどい集団がいたとすれば、それは隠者ピエールの軍だろう。資金も豊富で、ハンガリーを通行中は略奪の必要などなかったはずなのだが、ゼムリンに着いた途端、先に通過した軍の武器や十字架が城門に吊るされているのを目の当たりにし、怒りが込み上げてきたのである――もしゼムリン経由ではなく別のルートをたどっていたら、妨害されることもなく旅を続けられたはずだ。彼らは今まで抑えていた残忍さを一気に噴出させ、都市を激しく攻撃した。包囲軍も入城してきたが、ただ数が多いだけで力はなく、とてつもない恐怖を前に降伏してしまった。その後は勝利と蛮行、不道徳が入り乱れ、ありとあらゆる邪悪な情熱が、汚れや復讐、肉欲、強欲におぼれることを許された――不運なゼムリンではそれぞれの犠牲者が何百と出た。狂人が大火災を引き起こすのは簡単だが、その火を消すには多くの知恵者が必要だ。民衆の怒りに火をつけてしまった隠者ピエールだが、その怒りを鎮めるとなると、彼も無力であった。信奉者たちの暴動はとどまるところを知らなかったが、報復に対する恐怖心からか、ようやく収拾がついてきた。ゼムリンの大惨事を知らされたハンガリー国王も、打倒ピエールを叫んで、十分な兵力で攻めてきた。ピエールは陣を解体してモラバ川のほうへ退散した。モラバ川はドナウ川に注ぐ急流の大きな川で、ベオグラードの東側まではあとほんの数キロであった。だが、憤激したブルガリア人の集団がここで待ち構えており、川を越えさせてなるものかとピエールを攻撃した。大勢の信奉者が川で命を落とし、残る信奉者もブルガリア人の剣に倒れた。古い年代記はピエールの軍の被害の程度については具体的に記していないが、あいまいな言葉で「甚大であった」としている。

ニッサでは、ブルガリア公が襲撃を恐れて防備を固めていた。しかし、これまでの経験から多少は分別がついてきたピエール。対立を避けるのが一番だと考えて、城壁の下でおとなしく三夜を過ごした。ブルガリア公も無駄に軍の敵意を燃やすようなことはしたくなかったので、民衆に食糧の供給を許した。翌朝、ピエールは平穏無事に出発したが、軍の本隊に後れを取ったドイツ人の浮浪者が数人、ブルガリア人の水車小屋や民家に放火した。その前夜、ドイツ人と火を放たれたブルガリア人との間でちょっとした小競り合いがあったようだ。十字軍に不信感を抱いていたニッサ市民は、最悪の事態に備えていたが、そんな市民がいきなり飛び出してきて、報復ののろしを上げた。略奪者はめった打ちにされ、ピエールは追い詰められ、大量の手荷物を抱えて後ろからついて来た女や子どもは全員捕らえられた。ピエールは直ちにニッサに引き返し、ブルガリア公に説明を求めた。ブルガリア公は民衆の怒りを買ったのだと堂々と述べたが、ピエールにはその非道な行為について弁解する余地はなかった。交渉が始まった。交渉の成功が約束されると、ブルガリア人は女と子どもを解放し始めたが、好き勝手に振る舞うばかりの無規律な十字軍兵士らは、城壁を登って村を奪取しようとたくらんでいた。ピエールが抑え込もうとしても無駄だった。混乱が広がり、捨て身の短期決戦。やがて兵士たちは武器を捨てて、四方八方に遁走した。巨大な軍は完敗。死者の数も数百どころか数千にも達していた。

ピエールはこの決戦の野から逃れ、ニッサから数キロ離れた森に避難した。あらゆる人間から完全に見捨てられた森。このあまりにも無残な敗北の後に、

とどめを刺されたその胸が
深い悲しみに切り裂かれた

のか、それとも激しい情熱が不幸な事件を乗り越えて、自分が引き起こした戦いの最終的勝利の絵を描いたのかは、興味深いところである。つい最近まで数千もの男たちを率いていたのが、今や人里離れた森に身を潜めている。すぐにでもブルガリア人の追っ手に発見されて、道半ばで夢を断念せざるを得ない状況にあったピエールだが、とうとうチャンスがすぐそばまで訪れた。勇敢な二～三人の兵士が、五〇〇〇人もの浮浪者を集めていたのだ。皆喜んで隠者を受け入れた。そして話し合いが持たれ、散り散りになった残存兵を集結させることで決着した。丘の上にはたいまつがたかれ、偵察兵が逃亡者捜しに行かされた。仲間が近くにいることを知らせるために、ときどき警笛も鳴らされた。日が暮れる前にはピエールも七〇〇〇の男たちの頭《かしら》になっていた。翌日さらに二万人を加えたピエールは、惨めな残存兵らと共にコンスタンチノープルを目指した。残りの信奉者はブルガリアの森で果てていた。

コンスタンチノープルでは、文無しバルテールが先に来て待っていた。ピエールはビザンツ皇帝アレクシウス一世に歓迎された。惨めな挫折を味わったので、信奉者たちも少しは慎み深くなったかと思いきや、残念ながら、騒々しさと略奪好きは直らなかった。周囲の仲間から必要品を気前よく提供してもらっていたのに、略奪をやめることができなかったのだ。ピエールがいくら鎮めても効果はなかった――ピエールにはもはや彼らの激情を抑える統率力はなく、せいぜい最下級の兵士たちを抑えられるにすぎなかった。単なるいたずらからだが、彼らはコンスタンチノープルの公共の建物に火を放ったり、教会の屋根を覆う鉛板を剝ぎ取ったりした。そしてその鉛板を後で都市周辺で売って古剣と交換していたのである。アレクシウス一世が十字軍に嫌悪感を抱くようになったのはこのころだと思われるが、それはその後の皇帝のあらゆる行動に現れてくる。ピエールの軍の後に来た礼儀正しく立派な軍に対しても同じであった。ひょっとしたらトルコ人よりもこの西欧人のくずのほうが厄介な敵かもしれない……。そう感じたアレクシウスは、ある口実を思いつき、彼らをさっさと小アジアに向かわせた。ところが、バルテールと一緒にボスフォラス海峡を渡ったものの、追随者のあまりの多さに、ピエールは旗頭として目的を達成するのを断念。そして彼らを先に行かせ、食糧の供給を確保するためアレクシウスと交渉するからと偽って、自分はコンスタンチノープルに引き返してしまったのだ。敵国にいるのを忘れていた十字軍の兵士たち。団結することが一番だというのに、けんかに明け暮れていた。文無しバルテール率いるロンバルディア人とノルマン人の間で、またピエールが率いるフランク人とドイツ人の間でも激しい争いが起きていた。ノルマン人はロンバルディア人と別れると、レイナルドまたはラインホルトという男を指導者に選出してから前進し、エグゾロゴルゴンの要塞を占領した。だが、皇帝スレイマン一世が総力を挙げて厳戒態勢に入っていた。要塞から追い出された十字軍の一行は、少し離れたところで伏兵として配置していたが、不意にめった打ちにされ、エグゾロゴルゴンは四方を完全に包囲されてしまった。包囲戦は八日間続き、その間キリスト教徒は水不足からこれまでにない辛酸をなめることになった。援助の希望、つまり絶望のエネルギーがどのぐらい彼らをつなぎ留めておけたのかは分からないが、裏切り者の指揮官は、キリスト教の信仰を捨てて遠征を中止し、要塞をスルタンに明け渡してしまった。二〜三人の幹部は彼に追随したが、残りの多くはイスラム教への改宗を拒んだため、無情にも剣に倒れた。こうして隠者ピエールと西欧から旅を続けてきた巨大な軍隊は、自滅という悲惨な最期を遂げたのである。

文無しバルテールとその信奉者も悲惨な運命をたどった。エグゾロゴルゴンの大惨事の報を受けた彼らは、すぐさま対トルコ戦を申し出たが、優れた戦略家にもなれる立派な兵士しか望んでいなかったバルテールは、冷静に現段階でのあらゆる危険について熟慮した。このように敵が圧勢な国で確固たる活動を展開するには、自分の兵力ではとうてい不十分だったし、敗北を喫しているとなると、最後の頼みの綱となる安全な地位も期待できなかった。そこでバルテールは、援軍が到着するまで進軍しないことを発表したが、この慎重な意見はまったく支持を得られなかった――軍は声高に指揮官への不満をあらわにすると、バルテール抜きで前進する準備に取り掛かった。すると勇敢なバルテールがまた軍の先頭に立った。そしてここから、一気に破滅へと向かっていくことになるのである。ニカエア（現在のイズニク）を目指して進んだバルテールは、オスマントルコ軍に阻止された。その後壮絶な戦いが続き、トルコ軍は恐ろしい破壊をもたらした――二万五〇〇〇人のキリスト教徒のうち、二万二〇〇〇人が虐殺された。中にはゴーティエも含まれていた。七カ所刺されたのが致命傷となった。残る三〇〇〇人はキボトスに撤退し、そこに塹壕を掘って身を隠した。

隠者ピエールと同じように、バルテールも自分の呼び掛けに応えて祖国を見捨てた追随者のあまりの多さにうんざりし、彼らの不運を悲しみ、哀れに思うようになった。だが、かつての情熱が再燃してくると、ビザンツ皇帝アレクシウス一世の足元にすがり、目に涙を浮かべながら懇願した。キボトスにいるわずかな生存者に救いの手を差し伸べていただきたいと。皇帝は承諾し、救援活動のために軍を派遣してくれたが、軍が到着したときには全滅の一歩手前であった。トルコ軍に包囲され、絶体絶命の事態に陥っていたのだ。交渉の結果、残った三〇〇〇人は護衛に付き添われて無事にコンスタンチノープルへ向かうことになった。アレクシウスは以前、コンスタンチノープルにとどめておくには人数が多すぎる、とかなり悩んだ末、全員に武装を解除させ、ひとりひとりにいくらかの金を渡して自国に送り返したことがあった。

こうしたことが起きている間にも、新たな大群がドイツの森や荒野から聖地を目指して出発していた。指揮を執っていたのはゴットシャルクという狂信的な司祭で、ゴーティエや隠者ピエールと同じく、ハンガリー経由のルートを選んだ。歴史にはこの大群の起居振る舞いや運命に関する詳細な記録がほとんど残っていないが、人数は少なくとも一〇万人に達していた。途中の略奪や殺人も日常茶飯事で、貧しい国民はその数の多さと略奪に自暴自棄になりかけていた。東フランク王カールマンは、彼らを追放しようと大胆な手に打って出た――民衆の憤まんが頂点に達していたため、十字軍を一掃すれば満足するだろうという結論にほかならなかった。ゴットシャルクは自分の部隊が与えた損害分だけでなく、先に来ていた軍の分も含めて罰金を払わされる羽目になった。また、彼らは何らかの方法で武器を放棄させられた。すると凶暴なハンガリー人は、彼らが丸腰だと見るや襲い掛かり、皆殺しにしてしまった。どのぐらいの人数が死を免れたかは不明である――だが、パレスチナにたどり着いた兵士はひとりもいなかった。

ほかにもドイツやフランスから無名のリーダーが陣頭指揮を執る大群が押し寄せてきたが、皆、過去のどの集団よりも残忍で狂信的な集団だった。その狂信ぶりは、隠者ピエールの信奉者の中でも屈指の無法者よりはるかに上手であった。一〇〇〇～五〇〇〇人のいくつかの部隊に分かれて国を横断していたが、略奪や殺りくに興じていた。肩には十字軍の印を付けてはいたが、昔からイエスの宿敵であるユダヤ人を放っておいて、トルコ人を征伐しに聖地へ向かうというばかげた行為を痛罵していた。そしてこの不幸な民に対する恐ろしい報復を誓い、まずは残酷な手足切断から始め、手を出せるヘブライ人というヘブライ人をひとり残らず殺害していった。アルベルトス・アクエンシスの証言によると、彼らは放蕩の限りを尽くした生活を送っており、その悪を制することができるのは彼らの迷信からくる恐怖心だけだった。ユダヤ人狩りをするときには必ず神聖な生き物だと信じられているガチョウや山羊の後をついて行った。ガチョウや山羊は、異教徒が後ずさりするのを見つけると神通力が働いて勢いづくからである。聖職者が必死の救助活動を行ったにもかかわらず、ドイツだけでも一〇〇〇人以上のユダヤ人が虐殺された。その残虐非道は筆舌尽くし難く、多くのユダヤ人が彼らの手に掛かるよりも自決の道を選んだほどである。

こうした厄介者から西欧を解放するのは、またも多くのハンガリー人の仕事になった。もはや殺害するユダヤ人がひとりもいなくなると、大群はひとつにまとまって、かつての道、過去に犠牲になった三〇万人の血で染まり、また新たな血で染め直される道を、聖地へと向かっていった。大群の数についての記述はないが、おびただしい数がハンガリーで死亡しているため、一九世紀初期の著述家も、その数に関する十分な情報を提供できないことに落胆しながら、野原には実際に死骸がうずたかく積まれ、そのときはドナウ川の水も数キロにわたって血の色に染まっていたと述べている。最も悲惨な大虐殺があったのがドナウに面したメルスブルクであった――その大虐殺の規模たるや、全滅と言っても過言ではなかった。当初はハンガリー人に川越えを阻止されていたが、十字軍は強引に川を渡ると、狂ったように都市を見境なく攻撃し、城壁の突破に成功した。だがこのとき、兵士らは得体の知れない恐怖に襲われた。彼らは武器を投げ出すと、狼狽しながら逃げていった。だが、なぜなのかもどこへ逃げていいのかも分からなかった。ハンガリー人は剣を振りかざしながら彼らの後を追い、容赦なく刺した。その数はあまりにも多く、埋葬されていない死体でドナウの流れもせき止められたといわれている。

これが西欧の狂気の中でも最悪の発作であった。やがて時代が変わり、今度は騎士団が登場する。冷静沈着で不屈の勇気を兼ね備えた男たちが、入念に練り上げた計画を基に、アジアにおける西欧人の壮大なプロジェクトを先導するために立ち上がったのだ。過去の十字軍の残忍非道を歴史の糾弾に委ねた中世の騎士物語は、彼らにうっとりするような形容辞を与えた。そんな指導者の中でもひときわ目立っていたのが、ロレーヌ公ゴドフロワ・ド・ブイヨンとトゥールーズ伯レイモンである。西欧の王族の血を引くあと四人の指導者――フランス国王の弟のベルマンドワ伯ユーグ、ウィリアム・ルーフス（イングランド国王ウィリアム二世。赤毛だったためルーフスと呼ばれる）の兄のノルマンディー伯ロベール、フランドル伯ロベール、そしてあの有名な英雄ロベルト・ギスカルドの長男でタラント公のボエモン一世――も十字架を背負い、軍を従えて聖地奪回に向かった。だれもが時代の熱狂に踊らされていたが、宗教的動機で動いた者は皆無であった。無一文のゴーティエのように果敢でもなく、隠者ピエールのように狂信的でもなく、修道僧ゴットシャルクのように獰猛でもなかったが、それぞれの性質が少しずつ備わっており、果敢さは慎重さで、宗教熱は俗世の情報で、獰猛性は騎士道精神で抑えられていた。彼らには民衆の激しい欲求をどこへ持っていけばいいかが分かっていた――その欲求を抑えようという意図も関心もなかったため、最終的には勢力拡大という避難所にたどり着くことを期待して、その欲求の導き手になったのだ。多くの弱小諸侯をはじめ、フランスとイタリアからは貴族の精華が、ドイツやイングランド、スペインからも数人が集結した。あまり人数が増えても困る、全員で同じ道をたどったら食糧調達が困難になる。そんな賢明な意見も出た。そこで彼らは別行動を取ることで意見が一致。ゴドフロワはハンガリーとブルガリアを、トゥールーズ伯はロンバルディアとダルマチアを、ほかの指揮官たちはアプーリアを経由してそれぞれコンスタンチノープルに向かい、そこで合流することになった。彼らが率いる兵力の評価はまちまちだ。ビザンツ帝国の皇女アンナ・コムネナは、そのおびただしい人数を、海岸の砂、あるいは天空の星に例えている。シャルトル司教のフュルベールは比較的信頼できる数字を挙げている。兵士たちがビテュニア（小アジア北西部にあった古代王国）のニカエアを包囲しているときに全部隊の人数を計算したら、司祭や女、子どもを除き、騎兵が一〇万人、歩兵が六〇万人であったと述べているが、これはけっして突拍子もない数字ではない。歴史家のギボンは、これは誇張された数字だという見解であり、実際の人数はこれを大幅に下回っていたと考えている。後にアンナ皇女が、ゴドフロワ率いる兵力は騎兵と歩兵を合わせて八万人いたと述べているが、ほかの指導者もそれぞれ同じぐらい大勢の兵士を率いていたとすると、合計は五〇万近くになる。だが、出陣時にはゴドフロワの部隊が明らかに最多の兵士を抱えていたし、ほかのどの部隊よりも途中の苦難が少なかったことを考えると、これもやや多いだろう。

ギリシャの領土に最初に足を踏み入れたのはベルマンドワ伯ユーグであった。ドゥレスに着いたユーグは、皇帝代理から最高の敬意と丁重さで迎えられ、信奉者には豊富な食糧が提供された。ところがそのユーグが突然、理由も告げられないまま、アレクシウス皇帝の命令で捕らえられ、厳重な監視の下、コンスタンチノープルに移送されてしまったのだ。皇帝がこうした危険で軽率な措置を決めた理由については、著述家によって見解はまちまちだが、どの著述家も、ユーグが親切なもてなしを踏みにじり、法を犯したのは言語道断だとして糾弾している。アレクシウスがこうした行動に出た一番の理由は、歴史家のギベールも示唆しているとおり、十字軍がビザンツ皇帝の座を狙っているのではないかと恐れたからである。そしてユーグを釈放する見返りに自分に忠誠を誓わせるべく、こうした極端な手段に訴えたのだ。十字軍のほかの指導者たちも、フランス国王の弟として知られるこの伯爵に喜んで倣うだろう。アレクシウスはそう考えたというのである。しかし、結局のところ、明らかな悪事を働くような男がそう簡単に改心するはずがなく、アレクシウスはひどく失望した。だがこの政策方針は、まさにアレクシウスの偏狭さを示すものであった。極度に洗練された豪奢な宮廷には、士気を奪うような雰囲気がある。そんな雰囲気に浸っていたアレクシウスは、頑健で野心あふれる西欧の戦士たちが流入してくるのを恐れており、立ち向かう気力もなかったので、卑劣にもその力をそいでやろうと考えたのである。もし領内に指揮官たちを住まわせて自分自身に危険が及ぶなら、すぐにでも回避することはできた。やり方は簡単だ。自分が西欧人の運動の先頭に立って、そのエネルギーを彼らが公然と認める目的、つまり聖地奪回に振り向ければいいのだ。ところがこの皇帝、十字軍のトップに就くどころか、以前もそうだったかもしれないが、自分を憎悪し、軽蔑する男たちの奴隷になってしまっていた。使節団を介してローマ教皇に取り入りたいがために、十字軍にはかなりの援助をしていたのだが。残忍卑劣なゴーティエやピエールの信奉者たちのせいで十字軍全体を嫌悪の目で見るようになったのは確かだが、それはあくまでも狭量な小人物の嫌悪であり、自分の優柔不断やいい加減さを言い繕う、つまり正当化するための口実だったのである。

ゴドフロワは平穏に、そして整然とハンガリーを横断した。メルスブルクに到着すると、めった切りにされたユダヤ人の死体が散乱しているのが分かり、国王にハンガリー人が彼らを襲った理由を尋ねた。国王はハンガリー人が犯した残虐行為について詳細に語り、それがもっぱら自衛のためだったことを説明した。高い志を持った指揮官は納得し、妨害をすることもされることもなくメルスブルクを通過した。フィリッポポリに着くと、ベルマンドワ伯が監禁されていることを初めて知らされた。ゴドフロワは直ちにアレクシウスに使者を派遣して伯爵の釈放を求め、もし拒否したら兵火と殺りくをもって国を破壊すると脅した。フィリッポポリで一日待機した後、ゴドフロワはアドリアノープルに向かい、要求を拒否するというアレクシウスの返事を持ち帰った使者とそこで落ち合った。十字軍の指揮官の中では最も勇敢で、確固たる精神の持ち主でもあるゴドフロワ。彼は前言を翻すような男ではなかった。国は略奪者の手に落ちたのである。アレクシウスはここでもまた大失態をやらかしてしまい、囚人の釈放に同意すると、十字軍はただ恐喝していただけではないという恐ろしい経験から学んだ。最初は誠意のない対応だったこともあり、今回は臆病になってしまったのだ。だが敵には（十字軍兵士は自分たちで考えるしかなかった）、与えた被害の大きさを忘れるな、そして自分の正義感からは何も期待できないが、恐怖心からは何でもやる、という教訓を与えた。ゴドフロワはコンスタンチノープル近郊の野営地に数週間とどまったが、アレクシウスにとってはひどい頭痛の種であり、ベルマンドワ伯のときと同じように、ゴドフロワにもどうにかして忠誠を誓わせようとした。あたかも宣戦布告をして十字軍と開戦したかのように振る舞い、軍を派遣したかと思うと、今度は十字軍への食糧供給を拒み、市場には十字軍への販売禁止を命じたこともあったが、平和と親善を全面的に支持し、ゴドフロワに高価な贈り物を届けたこともあった。律儀なゴドフロワだったが、皇帝のうわべだけの親切にはうんざりしてきた。攻撃にも悩まされるようになり、ついには分別より憤りのほうが勝ってしまった。ゴドフロワはとうとう匙を投げ、コンスタンチノープル周辺を兵士らに略奪させた。周辺の農家からは六日間にわたって火の手が上がり、アレクシウスを震え上がらせたが、ゴドフロワの予想どおり、アレクシウスは自分の過ちを悟ったのである。コンスタンチノープル市内が次の標的になるのではないかと恐れたアレクシウスは、使者を派遣してゴドフロワとの面会を求め、同時に誠意の印として自分の息子を人質に差し出すことを申し出た。ゴドフロワは面会を承諾した――しかし、この無用な衝突に終止符を打つべきか、それとも説明のつかない何か別の理由で、君主たるアレクシウスに臣従の礼を尽くすべきか。面会のとき、ゴドフロワは数々の栄誉を授けられ、当時の奇妙な慣習に従って、家子として「名誉ある養子縁組」の儀礼を受けたのだった。その席上、ゴドフロワと弟のボードワン・ド・ブイヨンは礼儀正しく振る舞ったが、信奉者たちの横柄な態度を抑えることはできなかった。彼らはこんな偽善者と関係を結ぶことになろうとは夢にも思っていなかった。粗暴な隊長のパリ伯ロベールは、過去に王座に自ら腰掛けるといった無礼な態度を取ったこともある――こんな侮辱的な行動にもアレクシウスは鼻であしらうだけでめったに腹を立てることはなかったが、このときばかりは、いくら進歩的な人物だとはいえ、この大群に不信感を抱かずにはいられなかった。背信行為をしていたとはいえ、アレクシウスにはいささか同情を感じざるを得ない。この時期のアレクシウスの生活は、厚かましい十字軍兵士たちのおかげでまさに悲惨な状態が続いており、仮に事態が悪化して彼らの野心の矛先がビザンツ帝国征服にでも向けられたら、と考えると、彼らの悪事に対するいわれのない恐怖がないわけでもなかった。娘のアンナ・コムネナは当時の皇帝の生活ぶりを深く嘆いており、あるドイツ人学者もその著書の中で、皇女の許可を得て次のように記している。

「アレクシウスは、いかなる場合も十字軍兵士たちの気分を害さないようにと、彼らの思いつきや（多くの場合）無理な要求にはすべて従っていた。痛風の激痛が走るときには、その痛みに耐えてまで従った。結局、アレクシウスはこの痛風がもとで生涯を閉じることになるのだが。アレクシウスとの謁見を望む兵士は皆、近づくことを許された――アレクシウスは長々と続く大演説を辛抱強く聴いていたが、その饒舌ぶりと熱意にいつも疲労困憊していた。また、彼らの下品で傲慢な言葉遣いにも、我慢の限界をおくびにも出さずにじっと耐え、逆にこうした無作法な攻撃から帝位の威厳を保とうとする将校らを厳しく叱責した。ほんのささいな言い争いでも、それが大きな災いのもとになるのを心配してびくびくしていたからだ。伯爵らはその爵位や皇帝の尊厳にふさわしくない行列を引き連れてやって来ることがたびたびあったが――部隊の兵士全員を伴って来ることもあり、皇帝の居室部分が兵士たちで埋まった――アレクシウスは平静を保っていた。四六時中彼らの話に耳を傾けた――夜明けから日没までずっと玉座に座ったまま、彼らの望みや要望に対処することもたびたびあった。飲食で気分転換をする時間が取れないことも多かった。眠れない夜も多く、両手で頭を支えながら玉座で居眠りをしてしまうのだが、そんなさなかにも無礼な騎士たちが次々に現れては熱弁を振るい、うたた寝を妨害した。昼夜の警備で疲れ切って立っているのもやっとという廷臣たちも、皆へなへなと座り込んでしまったが――外の長いすに座り込む者もいれば、床に座る者もいた――、アレクシウスはまだ力を振り絞り、ラテン人が不満を口にする機会や口実を与えないようにと、一見注意を払っているかのように彼らの退屈なおしゃべりを聴いていた。このような恐怖と不安の中で、アレクシウスはどのように皇帝らしく、また威厳をもって振る舞うことができたのだろう？」

しかし、アレクシウスが数々の侮辱を受けたのは自業自得である――アレクシウス自身の不実な言動のせいで、十字軍兵士たちは彼に大いに疑念を抱き、ついにはこんな名言まで飛び出す始末であった。

「西欧人やラテン人のキリスト教徒から見たら、トルコ人やサラセン人はアレクシウス皇帝とギリシャ人よりはまし」

アレクシウスは、新たに指揮官が到着するたびに、次々に宗主として彼らに忠誠の誓いを立てさせようとしたが、ここではそのときのわいろや脅迫、甘言や敵意といったさまざまな措置や行為について詳述する必要はないだろう。十字軍誕生の契機となった西欧の狂気という観点から見ると、十字軍の話とはあまり関係ないからである。何かにつけ、アレクシウスはひとりひとりの指揮官に不毛の主従関係を強要することに執心し、臣下の誓いを立てなければ小アジアへの進入を許さなかった。ただ、トゥールーズ伯レイモン・ド・サン＝ジルだけはその宣誓をかたくなに拒んだ。

コンスタンチノープルに滞在していても、十字軍には何の得にもならなかった。一方ではけんかや不和、もう一方では快楽と腐敗が充満した宮廷の影響。これが彼らの精神の弾力性を奪い、当初の熱意をそいでいったのである。あるとき、トゥールーズ伯率いる軍があわや解体という事態に陥ったが、もし指揮官が兵士らにボスフォラス海峡を渡らせていなければ、おそらく解体は免れなかっただろう。アジア入りした彼らは、多少元気を取り戻し、危険や困難が襲ってくるといっそう作業に精を出した。最初の作戦はニカエアの包囲攻撃であり、ニカエアの占領に心血が注がれた。

ゴドフロワとベルマンドワ伯は、コンスタンチノープルを発ってから別々にニカエアに到着し、城壁の下で合流した。既述の指揮官たちとは別に、この包囲戦を闘った十字軍兵士の中にも高名な人物がいる。勇敢で寛大なタンクレッド。その名と声価は、イタリアの詩人タッソーの叙事詩『解放されたエルサレム（Gerusalemme Liberata）』で不朽のものになっている。豪胆なルピュイの司教で、後にエルサレム国王の座に就くボードワン、そして隠者ピエール。今では孤高の兵士といってもよく、かつての権力も影響力もすっかり影を潜めてしまっていた。ルーム・セルジュー ク朝の支配者キリジ・アルスラーンは、騎士物語ではその偉業が偽りの栄光に包まれているが、タッソーの読者にはスレイマンという名でよく知られている。アスルラーンはニカエア防衛に向かうが、執拗な攻防が繰り返された後に敗退した。そこでキリスト教徒が見せた武勇はアルスラーンを驚かせた。このトルコのスルタンは、統制力のある指揮官がいなければ、隠者ピエールの軍と同様、彼らも無規律で自由奔放に振る舞うだろうと思っていた。だが、実際にはまったく逆であった。凶暴だが、手に負えないほどでもない熱狂ぶりを見せる軍のトップには、百戦錬磨の指導者がいたのである。これらの交戦では、双方で数千の兵士が倒れ、双方で最もおぞましい残虐行為が繰り広げられた。十字軍兵士は殺したイスラム教徒を斬首してから、その首を戦利品として荷かごに入れてコンスタンチノープルに送った。アルスラーンが暫定的な敗北を喫した後は、ニカエアの包囲戦がさらに激化した。トルコ軍は頑強に守備を固め、十字軍兵士に毒矢の雨を浴びせた。不運な兵士が城壁の下で死ぬと、彼らは鉄のかぎ状のものを垂らして死体を引き揚げ、裸にして手足を切断してから、また包囲軍に投げ返してきた。包囲軍には十分な兵糧が供給された。包囲は三六日間続いたが、双方とも一瞬の油断もすきも見せなかった。このときの十字軍指導者たちの神業に近い武勇については、さまざまな形で語られている――ひとりの人間がいかにして一〇〇〇人もの男たちの指揮を執ったのか、忠実な信徒の放つ矢はなぜ必ず命中したのか。ゴドフロワ・ド・ブイヨンのある逸話は、武勇伝にはうってつけだ。フランクの年代記作者、エクスのアルベールが語るとおり、それは単にゴドフロワの武勲に娯楽性があるとの評価が高いからではなく、兵士たちの軽信性が伝播しやすいことを示しているからだ――十字軍を勝利に導いたのと同様、何度となく敗北寸前にまで追い込んだのも、この軽信性であった。巨大な彫像にもなっているあるトルコ人は、ニカエア城砦の頂銃眼に毎日のように陣取ると、大弓を引いてキリスト教徒軍を大混乱に陥れた。放つ矢の速さはともかく、百発百中なのである。十字軍の兵士は男の胸を何度も狙うが、矢はどれもかすることなく、一番目立つ場所に立つ男の足元に落ちてしまった。どうやら不死身のようだ――やつこそ悪魔に違いない、人間の手で打ち勝つのは不可能だ、という報告が瞬く間に外国にも届いた。ゴドフロワはイスラムの魔物などまるで信じておらず、できれば腕利きの兵士たちをあっという間に無力にしたこの動揺を収拾したかった。そこで巨大な石弓を抱えると、軍の先頭に進み出て、恐ろしい射手にしっかりと狙いを定めた。矢は男の心臓に命中。大きな手応えがあった。男は防衛軍のどよめきと包囲軍の「デュー・アジュバ！　デュー・アジュバ！（神が助けてくださった！　神が助けてくださった！）」の掛け声の中で倒れた。

これでようやく邪魔者が全部片づいた。そう思った十字軍兵士はニカエア占領の準備に取り掛かった。すると驚いたことに、アレクシウス皇帝の旗が頂銃眼のほうに翻っているではないか。ファティシウス、またはタティヌスという名の皇帝の使者がビザンツ軍と一緒になって、十字軍が防衛をおろそかにしていた場所で何とか入城許可を取りつけようとしており、十字軍に降伏するのではなく皇帝に降伏するよう、トルコ軍を説得していた。この策略に気づいたとき、軍には大きな憤りが広がった。最大のピンチに立たされた兵士たちだったが、攻撃を再開してこのギリシャ人使者を攻めることはできなかった。

しかし軍は進攻し、何らかの方法で二つの部隊に分かれた。自然とそうなったのだ、と言う歴史家もいるが、双方の同意に基づいて、また途中で食糧を調達しやすくするためにそうしたのだ、と言う歴史家もいる。第一の部隊はボエモン、タンクレッド、ノルマンディー公率いる兵士から成り、第二の部隊はゴドフロワとほかの指揮官らが率いる部隊で、少々離れたルートを右へ進んだ。ルームのスルタンは、ニカエアで敗北を喫した後、十字軍を一撃の下に崩壊させるべく、陰で奮闘しており、スルタンに忠誠を誓う無数の部族をあっという間に集めてきた。控えめな計算でも、その数は二〇万人に上り、主に騎馬隊であった。スルタンはその軍と共に、ドリレーウム渓谷で第一の部隊を襲撃した。トルコ騎兵隊の第一陣が丘の上から自分たち目掛けて押し寄せてくるのを十字軍が目にしたのは、一〇九七年七月一日の早朝。ボエモンは身支度を整える間もなく、病人や体の不自由な者たちを後方に移動させた。するとそこへ東方の圧倒的な武力が襲い掛かってきた。ほとんどが歩兵だったキリスト教徒軍は、四方八方に飛びのいた。トルコ軍馬の蹄、そして射手が放つ毒矢が、数百人を手当たり次第になぎ倒した。騎士団の精鋭を失ったキリスト教徒たちが荷物の後ろに引き下がると、おぞましい大虐殺が始まった。女も子どもも病人も容赦なく惨殺された。十字軍は窮地に追い込まれた。するとまさにそのとき、ゴドフロワとトゥールーズ伯が姿を現し、戦いの形勢を一変させたのである。その後しぶとい交戦でトルコ兵は逃走し、その豪華な陣営も十字軍の手に渡った。十字軍の死者は、誉れ高き数人の指揮官を含めておよそ四〇〇〇人に上った。この中にはパリ伯ロベールとタンクレッドの兄弟のウィリアムもいた。トルコ軍の死者はこの数を上回ってはいなかったが、戦い方を変える必要はあった。スルタンはけっして負け戦をしたわけではない。まだ巨大な兵力を残している軍と共に十字軍のどちらかの部隊に付き、国中を蹂躙していたのである。敵の作戦にまだ気づいていない十字軍兵士は、トルコ陣営に食糧が豊富にあるのを見つけた――だが、これを節約するどころか、何日もの間贅の限りを尽くしてしまった。間もなく、自分たちの不注意の高い代償を払わされることになった彼らは、荒廃したフリギアの国をアンティオケッタへと歩を進めたが、自分たちの食べ物に困っただけでなく、牛が食む牧草にも事欠くようになった。空からは太陽が照りつけ、それだけでも地上の水分が枯渇した。スルタン側の扇動役の任務は、間違いなく達成されていた。行進を始めてから二日目にならないと水も手に入らなかったのだから。巡礼者は一日に五〇〇人ずつ命を落としていった。馬も路上で死んでいったため、馬が運んでいた荷物は、犬や羊、豚の背に載せて運ぶか全部捨てるかのどちらかしかなかった。その後も災難が続き、キリスト教徒は無謀極まりない不品行に走った――しかし、この期に及んで、贅沢が不和の原因だということにはまったく気づいていなかった。軽視されることも多い宗教だが、ここでは不幸という厳格な姿で現れ、彼らの死に際に永遠の至福を約束して激励した。

とうとうアンティオケッタに到着した。水も豊富にあったし、瀕死の牛に食べさせる牧草もあった。再び豊富な食糧に囲まれた。彼らはそこにテントを張った。しかし、飢えという苦い経験からは何も学んでおらず、またしても贅沢三昧の日々を送った。

一〇月一八日、彼らは堅固なアンティオキア市を包囲。このアンティオキアの包囲、そしてその包囲による出来事は、十字軍史上でも屈指の驚愕の事件である。小高い丘の上に位置し、オロンテス川が流れるこの都市は、戦略的には当然有利な場所であり、トルコの守備隊にも、長期間の包囲に耐えられるよう十分な食糧が供給されていた。この点ではキリスト教徒も運に恵まれていたのだが、あいにく、彼らは知恵に恵まれていなかった。兵力は三〇万人に上ったが、アルジーユのレイモンによると、食糧はたっぷりあり、美味なものばかりなのに、どの家畜を殺してもその大部分を無駄にしてしまい、肉の特定の部位だけしか口にしなかったそうだ。彼らの贅沢は常軌を逸しており、一〇日もしないうちにまた飢えが顔をのぞかせるようになった。奇襲攻撃で都市を占拠するという無駄な試みの後も、飢えていたので敵を兵糧攻めにしようとしたが、空腹でその意欲もなくなっていた。指揮官たちにも遠征の疲れが出てきた。ボードワンはすでに軍の本隊を離れており、エデッサに向かう途中でこの小国の最高権力に取り入ろうともくろんでいた。ほかの指揮官にも以前の情熱はなかった。シャルトル公ステファンとベルマンドワ伯ユーグは、自らの愚行と浪費が招いた不自由に耐えられず、動揺を見せ始めた。隠者ピエールでさえ、食糧が底を突いてくると悲観するようになった。飢餓は切迫し、空腹も限界に達した。とうとう人肉しか食べるものがなくなってくると、ボエモンとフランドル伯ロベールが食糧調達の旅に出た。この旅はうまくいったと言えるだろう――だが、二人が持ってきた救援物資もすぐに底を突き、わずか二日間でまた以前と同じように困窮した。ギリシャ人指揮官でアレクシウス皇帝代理でもあったファティシウスは、食べ物を探しに行くという口実で自分の部隊を見捨てたが、十字軍の多くの部隊でも同じことが起きていた。

残された者たちの苦悩はさらに深まり、予兆や前触れに強い関心を寄せることで苦悩を和らげようとした。こうした予兆は、熱心な者が見る幻覚と共に、彼らが勝利を予言したり敗北を想像したりすると、それに応じて彼らを元気づけたり落胆させたりを繰り返した。あるときは激しいハリケーンが大木をなぎ倒し、指揮官たちのテントを吹き飛ばした。また地震で兵舎が揺れたりすると、十字軍運動に何か不吉なことが起きる前触れではないかと考えられた。だが、その直後に現れた彗星が意気消沈している彼らを救った――彼らはその鋭い想像力で、輝く十字架の形が勝利へ導いてくれると考えるようになったのだ。しかし、最悪の災難は飢餓ではなかった。体に悪い食べ物と隣接した沼地の淀んだ空気が疫病を引き起こし、敵の放つ矢よりも速く、彼らの命を奪っていったのである。一日に一〇〇〇人もが命を落とし、とうとう埋葬場所を探すのも困難を極めるようになってきた。また、そうした苦悩に拍車を掛けるように、全員が隣人に警戒心を抱くようにもなってきた――陣地にはトルコ軍の回し者が出没しており、防衛側に敵の動向と困窮状態に関する情報を毎日のように送っていたからだ。残酷非道は絶望から生まれたのだろう。ボエモンは二人の密偵を摘発し、兵士らの面前で、またアンティオキアの頂銃眼からも見えるところで生体火刑にさせた。だが、こうした見せしめも効果はなかった。密偵の数は一向に減らず、トルコ軍は相変わらず陣営の情報をキリスト教徒軍と同じように得ていたのである。

物資満載の援軍がヨーロッパから到着したという知らせに、窮地に追い込まれていた彼らは大喜びした。ありがたい援軍が、アンティオキアから一〇キロほど離れたサンシメオン港に上陸したのだ。そこへボエモンとトゥールーズ伯に率いられた餓死寸前の十字軍兵士たちが、従僕や臣下を激しく振り切りながら取り乱してやって来て、物資を安全に陣地まで運んでいった。この到着についてあらかじめ警告を受けていたアンティオキアの駐屯隊は警戒体制に入っており、トルコの射手隊を派遣していた。山並みに隠れて待ち伏せし、帰りを狙うためだった。物資を抱えたボエモンは、岩がごろごろした山道でトルコ軍に遭遇した。多くの信徒が虐殺されたが、ボエモン自身はどうにか陣地まで逃げて敗北を知らせた。ゴドフロワ、ノルマンディー公、そしてほかの旗頭たちは、この戦闘のうわさを聞きつけて、すぐさま救助に向かう準備に入った。軍も情熱と空腹の両方に駆り立てられて直ちに動きだし、トルコ軍が戦利品を掲げてアンティオキアに到着しないうちにその勝利を阻止しようと、足早に行進した。激闘は正午から夕暮れまで続いた。十字軍が優位に立つと、そのまま優勢を維持し、ひとりひとりがまるでその日の運命が自分だけに懸かっているかのように闘った。トルコ兵のうち数百人がオロンテス川で、二〇〇〇人以上が戦場で果てた。彼らが救援物資をすべて奪取し、無事に陣地まで運んでくると、そこへ十字軍の兵士たちが叫びながら戻ってきた。

「ハレルヤ！」

「デウス・アジュバ！　デウス・アジュバ！（神が助けてくださった！　神が助けてくださった！）」

この食糧は数日間持ったが、しっかり節約していればもっと長持ちしたはずだ――しかし、指揮官たちにすでに威光はなく、その分配をきちんと管理することもできなかった。飢餓がまた足早に近づいてくると、そんな状況に耐えられなくなったブロア伯ステファンは、四〇〇〇人の信奉者と共に陣地から引き揚げて、アレキサンドレッタに新たに陣を張った。ステファンらの離脱に、残された者たちは精神的に大きな打撃を受けた――指揮官の中でも最も性急で功名心に燃えていたボエモンは、急いで手を打たないと遠征は台無しになってしまうと考えた。断固とした措置を取る必要があった――軍は長引く包囲に不平を漏らしていたし、スルタンはそんな軍を鎮圧するために兵力を増強していた。十字軍の粘りにアンティオキアも数カ月は抵抗するかもしれないが、内部で裏切りがあったのでは、いくら勇気を振り絞って奮闘しても徒労に終わるだけだ。

トルコの皇子でアンティオキアのアミール（初期イスラム時代の地方総督）でもあったバガシハンは、フィルーズという名のアルメニア人に、山あいの通行を監視する城壁の塔の防衛を任せていた。ボエモンのほうは、キリスト教を信仰する密偵に洗礼で自らの名をつけており、その密偵を使ってこの隊長と毎日連絡を取り合い、十字軍に哨所を明け渡せば飛び切り上等の褒美を与えることを隊長に約束していた。最初にそれを申し出たのがボエモンだったのかこのアルメニア人だったのかは不明だが、両者の間に早々に暗黙の取り決めができていたのは間違いない――そしてある晩、この計画を実行することが決まった。ボエモンはそれをゴドフロワとトゥールーズ伯レイモンに伝えた。もしこの包囲戦で勝利したら、自分をアンティオキア公という高位に就かせてくれる約束だと。ほかの指揮官たちは躊躇した。そして権力欲と嫉妬心から、この陰謀者のたくらみに手を貸すのを拒んだ。だが慎重な検討を重ねた結果、彼らは黙従することを決め、遠征隊として七〇〇人の勇敢な騎士を選出したが、情報漏れを心配して、この真の目的は軍のほかの兵士たちには極秘にされた。準備万端整うと、七〇〇人が迫りつつあるスルタン軍の伏兵攻撃を計画しているという報告がもたらされた。

すべてがアルメニア人隊長の危険な企てに有利に働いた。

隊長はぽつんとそびえる見張り塔で、十字軍が接近しているという、約束どおりの通達を受け取った。嵐の闇夜――星はひとつも見えず、荒れ狂う暴風があらゆる物音をかき消していた。土砂降りの雨。フィルーズの見張り塔と隣接する塔の監視兵には、風で騎士たちの足音も聞こえず、暗さと悪天候でその姿も見えなかった。城壁が見えてくると、ボエモンはこのアルメニア人隊長との打ち合わせのため、通訳を行かせた。隊長は急いで入れと言う。武装した兵士がたいまつを持って頂銃眼を三〇分ごとに巡回していた。だが、その間をくぐって、彼らは通り抜けに成功。指揮官らはすぐに城壁の下に到達した。フィルーズがロープを緩めた。ボエモンはロープを隠れ場所のはしごの端に結びつけた。フィルーズがはしごを立て掛けて支えている間に、騎士たちは上っていった。無謀な騎士たちも一瞬恐怖に駆られ、全員が二の足を踏んだ。そしてようやく、上方からフィルーズに勇気づけられたボエモンがはしごを数段上ると、ゴドフロワ、フランドル伯ロベール、その他大勢の騎士がそれに続いた。だが、全員がはしごを上って進んでいると、その重みに耐えられなくなったはしごが折れてしまった。大勢の騎士が折り重なるように地面にたたきつけられ、重い鎖よろいが騒々しい音を立てた。これで一巻の終わりか。だれもがそう思ったが、山あいを抜ける一陣の風のうなり声が物音を一掃し、雨で増水したオロンテス川の轟音も手伝って、歩哨には何も聞こえなかった。はしごはすぐに修理され、騎士は二人ずつ上って無事に砲床まで上り詰めた。六〇人が上り終わると、巡回兵のたいまつが城壁の角に見えてきた。騎士たちは扶壁の後ろに隠れ、じっと息を潜めて巡回兵が来るのを待った。巡回兵が手の届くところまで近づいてきた。すると巡回兵をいきなり捕らえ、巡回兵が警笛を鳴らそうと口を開く前に息の根を止め、永遠にその口をふさいでしまった。騎士たちは塔のらせん階段を大急ぎで下りると、正門を開けて仲間たちを全員中に入れた。この作戦全体を把握していたトゥールーズ伯レイモンは軍の本隊と共に残っていたが、このとき警笛の音を聞いた。入城成功の合図だった。レイモンは歩兵軍の陣頭指揮を執り、アンティオキア市を内外から攻撃した。

献身的なアンティオキアでのおぞましい夜。この夜の出来事ほど恐ろしい場面は想像もつかない。十字軍兵士は目に見えない恐怖と闘っていたのだ。恐怖は狂信と苦痛の両方にあおられた。男も女も、子どもまでもが無差別に惨殺され、街路は血みどろになった。深閑とした闇がさらに破壊のつめ跡を広げた。夜が明けると、十字軍兵士たちは味方の胸に剣が突き刺さっているのを目の当たりにした。敵と間違えて刺してしまったのだ。トルコ軍司令官は、まずは砲郭に逃げ込んだが、そこも安全でなくなると、今度は山あいに逃亡した。しかし、そこで見つかって惨殺され、白髪の頭部は戦利品としてアンティオキアに運ばれた。陽光が差してくると大虐殺も収まり、十字軍兵士は略奪に没頭した。金や宝石、絹やビロードの衣服は山のように出てきたが、彼らにとってそれ以上に大切な食糧はほとんど何も見つからなかった。とうもろこしなどほとんどなく、気の毒なことに、食糧事情については包囲軍も防衛軍もあまり変わらなかったということが分かった。

だが、彼らが新たな陣地に落ち着いて食糧調達に必要な手を打つ間もなく、アンティオキアはトルコ軍に包囲されてしまった。ペルシャのスルタンは巨大な軍を編成し、モスル（イラク北部の都市）のアミール、カルブーカーに指揮を委ねると、キリスト教徒のイナゴどもを国内から掃討せよとの指令を出した。カルブーカーはキリジ・アルスラーンと連絡を取り、両軍で都市を包囲した。キリスト教徒軍はすっかり意気阻喪してしまった。多くの兵士は包囲軍の警戒の目を巧みにかわしてアレキサンドレッタのブロア伯ステファンの元に逃走すると、その悲惨な体験とこれ以上戦争を続けても勝ち目がないことを誇大拡張して語った。ステファンは陣を解体し、コンスタンチノープルに向けて退散した。途中、大軍を率いたアレクシウス皇帝と出くわした。皇帝は、キリスト教徒に占領された小アジアの奪還へと急いでいた。ステファンはその惨めな誓約の話を聞くとすぐに引き返し、残存兵に自分たちでやっていくようにと言い残して、ブロア伯と共にコンスタンチノープルへ向かった。

この離脱の知らせに、アンティオキアにはいっそう落胆が広がった。軍でお払い箱になった馬はすべて食用に回され、犬や猫、ねずみは法外な値で売られた。害虫までもが貴重品扱いされるありさまだった。飢餓の拡大と共に疫病も蔓延し、当初は三〇万人でアンティオキアを包囲していたのだが、短い期間でそれがわずか六万人にまで激減した。しかし、この非情な逆境で軍は総崩れしたものの、指揮官たちのきずなはいっそう強まり、ボエモン、ゴドフロワ、そしてタンクレッドは、命の続くかぎり、けっしてあきらめないことを誓った。ボエモンは兵士を鼓舞しようとしたが、徒労に帰した。全員が疲労困憊していたので、彼の脅迫も約束もはねつけられた。兵舎に閉じこもって外に出るのを拒む者もいた。そこでボエモンは、彼らを任務に就かせようとして陣地全体に火を放った。多くの兵士が焼死したが、ほかの兵士はまるで無関心という様子で傍観していた。ボエモン自身は名誉欲から参加しており、十字軍の本質についても知らなかったし、西欧からこんなに大勢の人間を駆り立てた宗教熱についても理解していなかった。ところが、ある明敏な司祭がひとつの計画を練っていた。これは兵士たちの信頼をすっかり回復し、病気や衰弱、飢えに苦しむ六〇〇〇〇人の狂信者たちに、丸々と太り、彼らの六倍もの兵力を抱えるペルシャのスルタンの大軍との戦いを前に、驚くべき勇気を与えるものとなった。

司祭は南仏プロバンスの生まれで、ピエール・バルテルミーというが、無頼漢なのか狂信者なのか、それともその両方なのか、主導者なのかだれかの手先なのかは、今後も疑問点として残るだろう。ただ、バルテルミーがアンティオキアの包囲を解き、十字軍に最終的な勝利をもたらすきっかけになったことだけは確かである。バルテルミーがトゥールーズ伯レイモンを訪れたのは、さまざまな苦難から十字軍の戦力がすっかり衰え、だれもが希望を失っていた、まさにそのときだった。だいじな話がある、と言って面会を求めてきたのだ。要請は当意即妙に受け入れられた。バルテルミーは語った。数週間前のことだが、キリスト教徒軍がアンティオキアを包囲しているとき、彼はひとりテントで休んでいると、地震が来たので驚いた。地震は軍全体を震撼させた。大きな恐怖の中、彼は「神様、お助けを！」と叫ぶことしかできなかったが、ふと振り向くと、二人の男が目の前に立っていた。光背に包まれていたので、すぐに二人が天から降りてきたのだと分かった。ひとりは高齢で黒い瞳、白髪混じりの赤みがかった髪に、ふわりと垂れたグレーのあごひげを生やしていた。もうひとりは大柄の眉目秀麗な若者で、その物腰には何か神々しいものがあった。口を開いたのは高齢の男ひとりで、自分はキリストの使徒の聖アンデレだが、レイモン伯、ルピュイの司教、アルタプルトのレイモンを探し出し、なぜ司教は民衆に十字軍参加を提唱しなかったのか、なぜ司教の十字架で十字を切って祝福しなかったのかを尋ねてほしいと言った。そして肌着一枚だったバルテルミーを持ち上げると、空を飛んでアンティオキアの中心地まで運んでいった。さらに当時はサラセン人のモスクだった聖ペテロ教会の中まで連れてくると、祭壇の南側に続く踏み段近くの柱の前で止まった。祭壇には燭台が二つつるしてあり、日光より明るい光を放っていた――バルテルミーはまだ気づいていなかったが、離れたところに立っていた若いほうの男が、祭壇の踏み台に近づいてきた。使徒は地下に降りていって、槍を持って戻ってくると、バルテルミーにその槍を手渡しながら、局面を打開したのはまさにこの槍だ、そこから救世が始まったのだと語った。バルテルミーは歓喜の涙を浮かべながらその聖なる槍を掲げると、これを持ち帰ってレイモン伯に届けたいと使徒に懇願した。ところが、使徒はそれを拒否し、槍を再び地下に埋めてしまった。そしてアンティオキアが異教徒に勝利したら、えりすぐりの男一二人と共に訪れて同じ場所を掘るように、と命じたのである。使徒はまたバルテルミーを持ち上げて、テントまで運んできた。そして二人とも目の前から姿を消した。バルテルミーによれば、こんな不思議な話をしても幹部には信じてもらえないだろうと思い、あえてお告げのことは黙っていたのだそうだ。それから数日後、バルテルミーが食べるものを探しに兵舎を出ようとしていると、また聖人たちが現れた。このときは若者の神々しい目が彼をとがめているように見えた。バルテルミーはその任務を果たすのに最適な男をだれか選んでほしいと懇願したが、使徒はそれを拒否し、命令に背いた罰として、彼の目を強打して重症を負わせた。なぜ任務を果たすのがそれほど嫌なのか、彼自身にもよく分からなかったが、それでもまだ躊躇していた。三度目に使徒とその若者が現れたとき、バルテルミーは聖シメオン教会の修道士ウィリアムと一緒にテントの中にいた。このとき、聖アンデレは、ヨルダンに来たらヨルダン川では沐浴せずに、聖なる川の水を振り掛けて清めた亜麻の肌着とズボンを身につけて小舟で渡るように、との命令をトゥールーズ伯に伝えるよう告げた。このときの肌着とズボンを、彼は後になっても槍と一緒に保管していた。ウィリアムには聖人の姿は見えなかったが、命令を下す声ははっきりと聞き取れた。バルテルミーはまたも任務を怠ると、またしても聖人が現れた。今度はマミストラ港からキプロスに向けて出航しようとしているときだった。聖アンデレは、これ以上命令を拒んだら永遠に地獄落ちだと彼を脅した。これでバルテルミーは、これまでの啓示をすべて公にしようと決心したのである。

司祭と一緒にこの話をでっち上げたのは間違いなくトゥールーズ伯レイモンだろう。そのレイモン、どうやらこの話に心を打たれたらしく、すぐさまルピュイの司教とアルタプルト伯レイモンを呼びにやらせた。ルピュイの司教はすぐにこんな話を全部信じるわけにはいかないと言って、一切のかかわり合いを拒んだが、トゥールーズ伯のほうは、これで十分に兵士を鼓舞できるとみると、実際には信用していなかったが、信用したふりをした――そして最後には、かつての興奮状態にまで民衆の心を高揚させれば、きっとこの話の利用価値が出てくるかもしれない、と司教に強調した。司教も渋々、聖なる武器捜しに正式に同意した。翌々日がその儀式の日と決まった。とりあえず、神聖を汚すような好奇心から厳しく追及されて窮地に追い込まれることのないようにと、バルテルミーは伯爵付き司祭として、レイモンの世話役を任された。

即刻、一二人の敬虔な男たちが任務遂行担当に選ばれた。トゥールーズ伯と伯爵付き司祭も含まれていた。彼らは日の出と共に穴を掘り始め、日没近くまで根気よく掘り続けたが、槍は見つからなかった――もしバルテルミー自身が穴の中に降りていって、信徒たちが勝利できるよう槍を出してくださいと神に祈らなければ、一日中掘っても骨折り損に終わっていただろう。やはり、蛇の道はヘビ――バルテルミーには分かっているのである。彼も槍も同時に穴に入っていったのだから。突然、バルテルミーとトゥールーズ伯の目が槍の先端にくぎづけになった。トゥールーズ伯は、教会の周りに集まった大勢の人々の目の前でそれを引き抜くと、うれしさに涙しながら槍にキスをした。槍はすぐさま、すでに用意されていた紫色の上等な布に包まれ、そのままの状態でこれみよがしに信徒たちに公開された。教会の建物には信徒たちの歓喜の叫び声がこだました。

その晩、また別の幻覚を見たバルテルミーは、その日から軍の「予言者」となった。翌日、彼はこう語った。

「使徒の聖アンデレと『神々しい御姿の若者』がまた現れて、揺るぎない敬神の念に対する褒美としてトゥールーズ伯が軍の先頭に聖槍を掲げるべきである、そして聖槍が発見された日をキリスト教世界全体の盛大なる祝祭日とする、と命じられた」

また聖アンデレは、柔和な相棒の手足に開いている穴を見せた――バルテルミーはそのとき、畏れ多き救世主の前に立っていることを確信したのである。

バルテルミーは幻覚を見たことで大きな栄誉を勝ち取り、幻覚も伝染病のように広がっていった。ほかの修道僧にも聖人が現れ、最後まで果敢に耐え抜いたら軍には勝利を、敗者には永遠の栄光という栄誉を約束した。戦争の疲れと窮乏とでへとへとになった二人の兵士がこっそり陣営を抜け出したのだが、突然ボエモンに会いに戻ってきた。彼らは「二人の亡霊と出会ったが、二人とも激怒しながら軍に戻れと命令した」と言う。ひとりの兵士によると、それは数カ月前の戦いで殺された自分の兄弟で、頭上には光輪が見えたそうだ。もうひとりの話はもっと大胆だった。語り掛けてきた亡霊は救世主イエスその人で、任務に戻れば褒美として永福を、もし任務を拒否すれば永遠の業火という苦痛を約束したらしいのだ。二人を疑う者はひとりもいなかった。軍はたちまち勇気を取り戻した。落胆は希望に変わり、武器という武器は再び威力を増し、空腹の苦しみも当面は忘れられた。西欧から伝わってきた情熱が以前のように再び熱を帯びてくると、彼らは大声で叫びながら敵との対決を望んだ。指揮官たちも意欲を見せた。救済の唯一のチャンスは戦闘にあったのだから。うさんくさいとは思いながらも槍の話を受け入れたゴドフロワとボエモン、そしてタンクレッド。勝利の扉をこじ開けてくれそうな詐欺の評判を傷つけるほど浅はかではなかった。

カルブーカーの陣営には、あらかじめ隠者ピエールが派遣されており、ピエールは二つの宗教間の争いには各軍で選抜した最も勇敢な兵士たちが決着を付けたらどうか、と提案した。カルブーカーは軽蔑するような目つきをしながらピエールに背を向けると、物ごいや泥棒の集団からの申し出には一切応じられないと答えた。ピエールはこの無礼な返事をアンティオキアに持ち帰った。直ちに攻撃の準備が始まった――敵は相変わらず、キリスト教徒の陣地の動きを完全に把握していた。アンティオキアの城砦はまだ彼らの占領下にあり、市内を見下ろしていた。要塞の指揮官も中の様子をはっきりうかがうことができた。一〇九八年六月二八日の朝、その一番高い塔には黒旗が掲げられた。包囲軍にキリスト教徒軍の出陣が間近に迫っていることを告げていた。

イスラムの指揮官たちは、飢餓と病気が敵の多くをむしばんでいるのを知っていた。馬を御する騎士は二〇〇人にも満たず、歩兵も体調不良で衰弱しているのが分かっていたからだ――だが、迷信のようなものが彼らに驚くような勇気を与えていたとは思ってもいなかった。最も軽蔑していた槍の話、そして楽勝するという保証の話も、猛攻撃の準備に取り掛かるには何ら障害にはならなかった。城砦の黒旗が敵の接近を告げたのはカルブーカーがチェスに興じているときだったが、彼はつまらない敵のことを考えるのはゲームが終わってからだと豪語していた。無関心だったカルブーカーの目を覚ましたのは、前進していた二〇〇〇人の大軍の敗北であった。

この最初の勝利の後、十字軍は嬉々として山あいに進攻し、騎馬隊が戦術を展開できないところまでトルコ軍をおびき出したいと思っていた。ノルマンディー公、フランドル伯ロベール、そしてベルマンドワ伯ユーグを先頭に、彼らは意気揚々と豪勢な敵陣のそばまでやって来た。三人の旗頭のすぐ後にはゴドフロワ・ド・ブイヨンとルピュイの司教アデマールが続いた。よろいで完全武装したルピュイの司教は、軍全体から見えるところに聖槍を掲げていた。ボエモンとタンクレッドは後衛を務めた。

敵もそう見下げたものではない。そう気づいたカルブーカーは、自分の過ちを取り繕うために積極的な手を打って、キリスト教徒と前線で対峙する準備に入りながら、後方で敵を攻めるためにルーム・セルジュークのスルタン、スレイマンを派遣した。この動きを悟られないようにと、カルブーカーが地を覆う芝や雑草に火を放つと、スレイマンは騎馬隊と共に大きく迂回しながら煙の中を進み、後方にうまく陣を敷くことができた。前線では激しい攻防が展開された。トルコ軍の矢があられのように降り、よく訓練された騎兵大隊が切り株のような蹄で十字軍兵士を踏みつけていった。しかし、やはり乱闘は不安であった。地上戦ではキリスト教徒軍が優勢で、あっという間に追い上げてきたからだ。スレイマンの大部隊が後方に到着したのはそのときだった。ゴドフロワとタンクレッドが大急ぎでボエモンの救助に向かうと、その猛烈な勢いにトルコ軍の下士官らは動揺した。ルピュイの司教はひとりプロバンス人らと残り、カルブーカーが自ら率いる歩兵軍団を妨害した――聖槍のおかげで、隊列でも一番卑劣な兵士が英雄として祭り上げられることになったわけだ。だが、やはり敵の隊列は果てしなく長そうだった。キリスト教徒はあらゆる方面から攻撃を受け、とうとう譲歩し始めた。トルコ軍は勝利を確信した。

そのとき、キリスト教徒軍から叫声が上がった。聖人が一緒に闘ってくれている、という声であった。一面焼け野原の燃えた草からは煙が輪を描くように立ち上り、異様な形の白い雲になって、遠くの山頂に掛かっている。戦闘の混乱の中で何となくこれを眺めていた想像力豊かな狂信者が、仲間に声を掛けた。聖人の軍隊だ。見てみろよ、白衣姿で白馬にまたがって助けに来てくれたぞ。丘になだれ込んでくる。全員の視線がたちまち遠くに立ち上る煙のほうに注がれた。だれもが確信した。

「デュー・ル・ブー！　デュー・ル・ブー！（神のおぼしめしを！　神のおぼしめしを！）」

伝統的なときの声が戦場にとどろいた。どの兵士も神が援軍を送ってくださったのだと思い、今までにない力がみなぎってくるのを感じながら闘った。ペルシャ軍とトルコ軍は狼狽し、四方八方に遁走した。カルブーカーは軍を再び集結させようとしたが、無駄に終わった。恐怖というのは情熱よりも伝わりやすく、彼らはまるで猟犬に追われる鹿のように山あいに逃げていった。二人の指揮官もこれ以上闘っても無駄だと考え、残った兵士らと共に退散した。巨大な軍隊は、戦場で死んだ七万人ほどの兵士を残してパレスチナへと散っていった。

その飛び切り豪勢な陣営が、とうもろこしの豊富な備蓄、羊や雄牛の群れと共に十字軍の手中に転がり込んできた。山ほどあった宝石や金、贅沢なビロードは軍で山分けされた。タンクレッドは逃亡者を追って丘の上までやって来たが、その収穫の多さは兵舎に残っている兵士のそれと変わらなかった。逃亡者が逃げた道には貴重品があふれ、純血アラブ馬も多数残っていたため、キリスト教徒の騎士全員が駿馬を手に入れることができた。この戦闘で、十字軍はおよそ一万人を失った。

アンティオキアへの帰還は確かに喜びであった――一度は要塞を明け渡したものの、トルコ人の守備隊の多くはキリスト教信仰を受け入れ、それ以外の兵士は退散した。ルピュイの司教が厳粛なる感謝の祈禱を捧げた。礼拝には軍の兵士が皆参加し、皆が聖槍を参拝した。

熱狂は数日間続いた。軍は全員の最終目的であるエルサレムに早く行きたいと声高に要求した。ところが、指揮官らはだれひとり動こうとはしなかった――中でもゴドフロワやタンクレッドは、自分勝手だという理由で慎重だったが、トゥールーズ伯やボエモンは、私利私欲のため乗り気であった。指揮官全員の間でまた激しい衝突が起きた。トゥールーズ伯レイモンは市内の警備のためにアンティオキアに残ったが、ペルシャ側からの攻撃の心配が一切ないと分かるや、都市の明け渡しを求めた。ほかの指揮官たちも、帰還する途中で城壁にレイモンの旗印がなびいているのを目にした。ところが、これがボエモンの感情を逆なでしたのである。第一、都市が陥落したら褒美としてアンティオキア公国をもらえるという約束ではなかったか。ゴドフロワとタンクレッドはこの主張を支持し、議論を上下した結果、レイモンの旗を塔から下ろして、代わりにボエモンの旗を掲げた。ボエモンがアンティオキア公の座に就いたのはこのときである。だがレイモンは、都市の門のひとつと隣接する塔の所有権は自分にある、という主張を繰り返すばかり。レイモンが数カ月間そうした主張を続けたため、ボエモンはかなり閉口し、これが軍の名誉にかかわる大騒動へと発展した。レイモンの野心はボエモン自身のそれと比べたら、またエデッサに滞在してちょっとした統治者気分を味わっていたボードワンのそれと比べても、少しも理不尽ではなかったが、その後のレイモンの評判はがた落ちになってしまった。

ピエール・バルテルミーの成れの果ては記録にとどめておく価値がある。槍の一件で名誉や尊敬を一身に集めてしまったことから、その後も道義上、自分をこれほどの重要人物に押し上げた幻覚を見続ける義務があると思っていた。あれはいたずらだったのに……。多くのうそつきと同じで、バルテルミーにも実に嫌な記憶として残っていた。そこでだれの目にも明白なやり方で、それぞれの夢をつじつまが合わないものにしてやろうと考えた――ある晩、聖ヨハネが現れて話をしてくれたのだが、一週間後には聖パウロが現れて全然違う話をするものだから、すっかり頭が混乱してしまった。当時の一般大衆の軽信性には大きな落とし穴があった。バルテルミーの幻覚も常識外れで言語道断な話に聞こえたに違いない。槍の話を信じていた者ですら、これ以上バルテルミーの奇跡の話はうのみにしたくないと言いだす始末であった。とうとうボエモンもトゥールーズ伯を困らせてやろうとして、哀れなバルテルミーを火責めの刑に処して、槍の話が真実かどうかを証明させようと言いだした。火責めは当時ごく普通に行われていたので、バルテルミーもこれを拒むわけにはいかず、トゥールーズ伯と伯爵付き司祭のレイモンに激励されながら、できるだけ早い日にちを指定した。試練の前夜は食を絶ち、祈りを捧げて過ごした。当日の朝は、慣例にのっとって槍を手にしながら正々堂々と拷問台に向かった。軍の兵士は全員が周りを取り囲み、やきもきしながら結果を見守った。大勢の兵士が、まだその槍は本物で、バルテルミーも聖者だと信じていた。アルジーユのレイモンが祈禱を捧げる中、バルテルミーは拷問台に上った。だが、あと少しで通り抜けられるというところまで来ると、苦痛で冷静さを失ってしまった。熱さで目をやられ、激しく苦悶していると無意識のうちに後ろを向いてしまい、炎の外に出るはずが、再び炎の中に戻ってしまったのだ。その結果、全治不能の大やけどを負い、数日間はどうにか持ちこたえたものの、結局は激しくもがき苦しみながら息絶えた。

ほとんどの兵士は病気、けが、衰弱のいずれかで苦しんでいたが、それを解決したのはゴドフロワであった――運動のリーダーであることはそれとなく認知されていた。つまりゴドフロワは、エルサレムに向けて発つ前に、軍には休息を取る時間が必要だと判断し、ちょうど七月だったので、八月と九月の暑い時期は城壁の中で過ごして元気を回復し、一〇月になってからエルサレムに出発すべきだと提案したのである。西欧から新たにやって来る兵士もいるから人数も増えているはずだ。最終的にはこの案が採用されたが、軍の熱狂的な兵士たちは、それでも予定が遅れることに文句を垂れていた。その間に、ベルマンドワ伯がコンスタンチノープルのアレクシウス皇帝付き大使の元に派遣されていた。目的を基本的に放棄したことを非難し、約束どおり援軍を派遣してくれるよう説得するためだった。伯爵は誠実に自分の任務を果たすと（アレクシウスのほうは、このことに一切注意を払わなかった）、しばらくの間コンスタンチノープルにとどまっていたが、やがて彼の情熱も、もともとけっして激しいものではなかったのだが、冷めていった。伯爵は十字軍に嫌気が差してフランスに帰国してしまい、もう二度と干渉するのはよそうと決心したのだった。

ところで、ほかの指揮官たちはアンティオキアにとどまることに決めていたが、その平穏な生活もあまり長くは続かなかった。うっ憤晴らしの標的であるトルコ人がもうパレスチナにはいないと分かり、きっと互いに攻撃し合っていたのだろう。ゴドフロワはエデッサに赴いた。弟のボードワンがサラセン人を国から追放するのを手伝うためだった。ほかの指揮官たちは、気まぐれだ、権力欲が強いとして、彼らに別の反感を抱き続けていた。だが、じっと我慢して待っていた軍もついにエルサレムに向かうことになった。指揮官たちも、これ以上遅らせるわけにはいかなくなったからだ。そしてレイモン、タンクレッド、ノルマンディー伯ロベールがそれぞれの部隊と共に出発し、小さいが堅固な都市マラーを包囲した。だが、例によってその日暮らしの彼らは、包囲軍の一週間分の食糧も携えておらず、食糧不足に大いに悩まされた。やがてボエモンが支援に来てくれたが、市内は嵐に見舞われた。この包囲に関連して、年代記編者であるアルジーユのレイモン（聖槍事件に登場する伯爵付き司教レイモンと同一人物）はある伝説を語っているが、レイモンはそれが真実であることを心から信じており、タッソーもその伝説に基づいて最も美しい詩を作っている。これは後世に残しておく価値がある。この時代の精神や十字軍兵士たちが極限状態で見せた驚くべき雄々しさがどこからきているのかをよく表しているからだ。レイモンはこう語っている。

「ある日のこと、リボーモンのアンセルムは、マラーで殺されたサンポール伯の子息の若きアンジェルランが自分のテントに入ってくるのを眺めていた。アンセルムは話し掛けた。

『どうしてかね、戦場では戦わなかったじゃないか、具合はどうなのかい？』

『ご存じでしょう。イエス・キリストのために闘った者は不死身なのです』

『それにしても、そなたを取り巻く不思議な光はどこから来ているんだね？』

その問い掛けに、アンジェルランは天を指さした。するとアンセルムにはダイヤモンドとクリスタルの宮殿が見えた。

『あなたを驚かせた美しい光はあそこから来ているのです。わたしの住まいですよ。あなたにはもっと素晴らしい住まいをご用意しましょう。すぐに住めるようになりますよ。ではご機嫌よう。明日またお会いしましょう』

アンジェルランはそう言うと、また天に戻っていった。幻覚に圧倒されたアンセルムは、翌朝司祭のところに使いをやって秘跡を授かった。そして、元気はつらつとしているのに友人たち全員に別れを告げると、自分の死期が近づいていることを話した。それから数時間後、敵の突撃に、アンセルムは剣で応戦した。ところがトルコ軍の投石器から飛んできた石が額に当たり、天国に、彼のために用意された美しい宮殿へと旅立っていった」

アンティオキア公とトゥールーズ伯がこの都市攻略の件でまた言い争いを始めた。ほかの指揮官らがなだめるのに最も苦労した争いであった。行軍にも遅れが出た。アルチャスに入る前はとくに遅れが生じ、軍も憤慨して、すぐにでもエルサレムまで導いてくれる指揮官を新たに選出しようとした。それに奮起したゴドフロワは、アルチャスの陣地に火を放って出発した。間もなくトゥールーズ伯率いる数百人のプロバンス人が追いついてきた。形勢が一変したことを察したトゥールーズ伯は彼らの後を急ぎ、悲嘆や苦悩、危険に見舞われながらも、長い間の念願だった聖都へと歩を進めた。エマオ（エルサレム近郊の町）では、異教徒の抑圧からの早期救出を懇願するベツレヘムのキリスト教徒の代表団と出会った。救世主イエス生誕の地、ベツレヘム。心地よい響きだった。まさに聖地に近づいていた。

彼らはそれを実感し、多くがうれしさのあまり涙した。エクスのアルベールによると、彼らはあまりの感動で兵舎では夜も眠れず、夜明けまで出発を待ち切れずに、夜半を過ぎると間もなく希望と情熱を膨らませて出ていったそうだ。鎖かたびらで身を固めた部隊も、しっかりした足取りで四時間以上も暗闇を歩き続けた。やがて雲ひとつない空に日が昇ってくると、エルサレムの塔や小尖塔が見えてきた。心の琴線が震えた。もう乱暴な狂信者などではなく、従順で謙虚な巡礼者になっていた。彼らは芝生にひざまずくと、目に涙を浮かべながら互いにこう叫んだ。

「エルサレムだ！　エルサレムだぞ！」

聖なる大地にキスをする者、芝生に大の字に横になる者。自分の体が最大限大地と直接触れられるよう、芝生に大の字に横になる者。大声で祈りを捧げる者。西欧から軍に同行し、ありとあらゆる危険や疲労、窮乏を共にしてきた女や子どもは、もっと喜びを爆発させていた（**原注**　歴史家のギベールは、この少年十字軍の模倣行動についての興味深い例を挙げている。ギベールによると、アンティオキア包囲戦の間、キリスト教徒とサラセン人の少年たちが、自分たちの中から選んだ隊長の指揮の下、毎晩市内や陣営から大勢飛び出してきた。剣の代わりに棒切れを、矢の代わりに石を武器にして、戦闘隊形で整列すると、祖国の喚声を上げながら必死で闘っていた。このときのけががもとで両目を失明した者もおり、多くの少年たちがその後一生不自由な体になってしまった）。長い間温めてきた情熱から参加した女たち、そして単なる人まねで参加した子どもたちは、祈りを捧げ、涙を流し、その穏やかな顔が紅潮するほどに笑みをこぼした。

最初の歓喜の激発が鎮まると、軍は前進し、都市をあらゆる方面から包囲した。間もなく突撃の火ぶたが切って落とされたが、キリスト教徒軍で最も勇猛果敢な騎士を何人か失ってからは、攻撃も捨て鉢になり、再び通常の包囲戦の準備を始めた。直ちに大石弓や可動式の塔、破城槌が、木の生皮で覆ったソーと呼ばれる木製の機械で造られた。ソーの内部では、坑夫が城壁の下にトンネルを掘っていた。自分たちのくだらない争い事に悩まされていた軍の士気を再び高め、規律を取り戻そうと、指揮官たちは互いに友情の握手を交わし、タンクレッドとトゥールーズ伯は兵士全員の目前で抱擁を交わした。聖職者は力強い声で運動を支え、身分の上下の別なく団結と友好を説いた。厳かな行列も都市の至るところで組まれ、兵士たちも全員参加した。福音書でとくに神聖な場所だとされている場所に来ると、必ずそこで祈りが捧げられた。

サラセン人は、城壁の上で何ら警戒することなくこの行列を見物していた。そして軽く見ていたキリスト教徒をいきり立たせてやろうと、粗末な十字架を作って城壁に取りつけると、それにつばを吐いたり、泥や石を投げつけたりした。信仰の象徴を侮辱したとして怒り狂った十字軍兵士たち。彼らの勇気は獰猛さに、そして情熱は狂気へと変わった。戦闘の準備が万端整うと、再び攻防が始まったが、キリスト教徒軍には勢いがあった。個人の権利を侵害されると、決まって激昂するからだ。だれもがそれぞれに激しい怒りを感じ、騎士たちも最下層の兵士と一緒になって、進んで大槌造りに励んだ。サラセン軍からは矢や焼夷弾が矢継ぎ早に飛んできたが、巨大な破城槌は相変わらず城壁を打ちつけていた。一方、軍随一の射手たちは、頂銃眼の上にいるトルコ軍に一撃を加えるため、塔の各階で引っ張りだこになっていた。ゴドフロワ、レイモン、タンクレッド、そしてノルマンディー伯ロベールは、それぞれ塔の上で何時間もの間、疲れも見せずに闘った。反撃されることもあったが、必ずすぐに形勢を立て直した。トルコ軍ももはや敵を甘く見てはおらず、夜のとばりが休戦を告げるまで、技と勇気が続くかぎり防衛した。その夜、キリスト教徒軍の兵舎では、皆なかなか眠りに就くことができずにいた。昼間の激戦での勝利を祝い、司祭が厳粛な祈りを捧げていたのだ。兵士たちは熱心に耳を傾けた。そして夜が明けるが早いか、全員が闘志をみなぎらせた。女や子どもも兵士たちに手を貸したが、子どもたちは、至るところに矢が落ちているのも意に介さずに、のどを渇かした戦士たちに走って水を届けていた。きっと聖人がこうした苦労に手を差し伸べてくれているのだ。そしてそう言い聞かせられてきた兵士が困難に打ち勝つことができるのだ。だれもがそう考えた。いくら巨大な兵力を抱えていても、信じる気持ちがなければ困難にひるんでしまい、敗戦を喫する以外になかっただろう。ついにトゥールーズ伯レイモンがはしごで城壁を突破した。それとまさに時を同じくして、タンクレッドとノルマンディー伯ロベールが城壁の門のひとつをこじ開けるのに成功。トルコ軍が被害の復旧に行ってしまうと、頂銃眼には人がいないと見たゴドフロワが、可動式の塔の吊り上げ橋を下ろして飛び出してきた。その後を部隊の騎士全員が続いた。エルサレムの城壁に十字軍の旗が掲げられたのは、その直後だった。十字軍兵士はもう一度力強い喚声を上げると、一挙に中になだれ込み、都市を占拠した。路上では激闘がしばらく続いたが、キリスト教徒軍は信仰が侮辱されたことを思い出し、老若男女、病人にも元気な者にも分け隔てなく容赦ない攻撃を加えた。どの指揮官も、大虐殺を中止せよとの命令を自由にくだせる立場にないと思っていた。もしできたとしても、けっして従わなかっただろう。サラセン人は大勢でスレイマンのモスクに逃げ込んだが、中で防備を固める間もなく、キリスト教徒軍に襲撃された。このモスクだけで一万人の死者が出たといわれている。

長い間顧みられることがなかった隠者ピエール。だが、その情熱と苦難とがこの日ようやく報われた。戦闘が終わるや、エルサレムのキリスト教徒たちは避難場所から飛び出してきて、解放軍を歓迎した。すると一目見て、この隠者が数年前、彼らが受けた虐待や侮辱について雄弁に語り、彼らに代わって西欧の諸侯や民衆を鼓舞した巡礼者だと分かった。彼らは深い感謝の言葉を叫びながら隠者の長衣のすそにしがみつき、祈りを捧げながら、隠者のことは一生忘れまいと誓った。大勢の人々が隠者の首にすがりついて涙を流し、エルサレム解放はもっぱら隠者の勇気と忍耐のおかげだと口々に叫んだ。その後ピエールはこの聖都で教会の役職に就いたが、どのような職に就いたのか、最後はどのような運命をたどったのか、歴史はまったく語っていない。一説によると、フランスに帰国して修道院を創設したということだが、この話にも確たる根拠はない。

さて、西欧の民衆が家庭を捨ててまで夢見た壮大な目的はここでようやく達成された。エルサレムのイスラム教寺院は、真の信徒のための教会に変わり、カルバリオの丘やイエスの墓も、異教徒の侵略や権力に汚されることがなくなった。この使命を果たしたのは民衆の狂ったような情熱だが、その情熱も当然ながら落ち着いてきた。エルサレム奪回の報を受け、西欧からは大勢の巡礼者が訪れるようになった――中でもシャルトル伯ステファンとベルマンドワ伯ユーグは、十字軍を脱走した罪の償いにやって来た。しかし、国民を駆り立てたかつてのような熱狂は見られなかった。

これで第一回十字軍の話は終わりだが、第二回十字軍について理解を深めるには、その間の歴史について詳述してから、ラテン人の王が統治したエルサレム王国の歴史、まだ征服されていないサラセン人との長く不毛な戦い、そして人々の情熱を激しく消耗し、悲しくも多くの人命が無駄に失われた、見るも無残な結末をざっと見ていく必要がある。

十字軍の兵士は、直ちにエルサレムに正式な統治者を据える必要があると考えた。ボエモンやトゥールーズ伯ならこの話に喜んで飛びついていたのだろうが、意欲という点ではこの二人よりやや欠けていたゴドフロワ・ド・ブイヨンが渋々引き受けることにした。彼が国王の盾形マントを身に着けることはめったになかったが、後にサラセン人が首都を脅かすと、精力的に、そして鋭い判断力で、せっかくの優勢を維持しようと奮闘し、エルサレムが包囲される前に敵と対決するために軍を進めた。そしてアスカロンで敵を撃破して圧勝。敵は多くの犠牲者を出した。だが、ゴドフロワは致命的な病に襲われ、エルサレム王の座を享受する間もなく世を去ってしまった。わずか九カ月間の統治だったが、その跡を継いだのが弟のエデッサ伯ボードワンである。エルサレムの条件はこのボードワン国王の統治によって大きく改善し、領土も拡大したが、王位継承者に確固たる地位を残すことはできなかった。五〇年にわたって――この五〇年間のエルサレムの歴史は、歴史を学ぶ者にとっては興味深い内容がぎっしり詰まっている――、十字軍兵士は間断なく敵意にさらされ、勝ち戦で領土を獲得することもあれば、負けて失うこともあった。しかし、日に日に勢力は衰え、やがては分裂していった。一方のサラセン軍は勢力を増し、団結してキリスト教徒軍を撃破するようになった。最も騎士道的な性格がよく表れていたのはこの時期の戦闘である。一握りの勇敢な騎士による武勲が今でもシリアに残っているが、戦史にはこれらに匹敵するものはほとんど見当たらない。しかし年月がたつにつれ、凶暴な野蛮人に近い西欧人よりはるかに優れたサラセン人の勇敢さ、そして洗練された身のこなしや高度な文化に対し、キリスト教徒も尊敬や感嘆の念を抱かずにはいられなくなってきた。東方の黒い目の乙女との縁組にも、宗教の違いは障害にならなくなってきた。異教徒の妻を初めてめとったのはボードワン国王自身だったが、やがてこうした結婚も珍しくなくなっただけでなく、あらゆる階層に広まっていった。中にはパレスチナ移住を決め込んだ騎士もいた。だが、東方の女性には、キリスト教徒の貴族と結婚する前に洗礼を受けることが義務づけられていた。当然ながら、彼らやその子どもたちは、エルサレムを攻略した狂信者たちと比べるとサラセン人を忌み嫌っていなかった。かつての狂信者は、異教徒を容認するのは神の怒りに触れる罪だと思っていた。したがって、後のエルサレム国王の下で続いた最も厄介な戦闘を闘ったのは、栄光という希望に魅せられ、狂信にあおられて西欧から時折やって来る新米の未熟な兵士たちだったのである。彼らは当初の移民とサラセン人との休戦協定を何のためらいもなく破ったため、多くの信徒仲間に対する辛らつな報復を招いてしまった。情熱を抑える思慮分別を身に着けた信徒たちにとっては、平和に暮らすことが一番の願いだったのだが。

こうした意に満たない状態は一一四五年が暮れるまで続いた。この年は、キリスト教王国の国境の都市エデッサがサラセン人の手に落ちた年である。サラセン軍を指揮していたのは、豪放磊落な支配者ザンギーであった。その没後はヌール・アッディーンが跡を継いだが、彼も父親譲りで、やはり豪放磊落な性格であった。エデッサ伯は要塞奪還を試みたが、失敗に終わった。大軍を率いて救出にやって来たヌール・アッディーンが大量殺戮によって伯爵を打倒し、エデッサに進攻。そして二度とエデッサがエルサレム王国の防壁にならなくなるほど、徹底的に要塞を破壊した。これで首都への道が開かれると、キリスト教徒は狼狽した。ヌール・アッディーンはエルサレム進攻の好機を狙っていただけだったのだが、分裂し弱体化していた十字軍は、うまく抵抗できるような状態ではなかったのだ。すっかり悲嘆に暮れ、警戒心におののいた聖職者は、ローマ教皇や西欧諸国の君主らに再三書簡を送って、エルサレム解放のために改めて十字軍の便を図ってくれるよう要請した。これまでのパレスチナの司祭の多くはフランス人であり、彼らも当然祖国を当てにしていた。彼らはルイ七世に執拗に請願書を送り続けた。フランスの騎士団も、再びイエス生誕の地の防衛軍結成を協議し始めた。第一回十字軍には参加しなかった西欧諸国の君主らも関心を持ち始め、ようやく重い腰を上げた。そこへある男が登場した。隠者ピエールのように説得力があり、ピエールと同じように民衆を熱狂させた男である。

しかし、二回目のときの熱意は一回目ほどではなかった――実際、その熱狂ぶりは隠者ピエールの時代にピークを迎えており、その後徐々に下火になっていた。第三回十字軍のときは第二回十字軍のときより冷め、第四回十字軍のときは第三回十字軍よりさらに冷める、といった具合であった。そして民衆の情熱が完全に冷め切ったとき、エルサレムはついに元のあるじに返還されるのである。キリスト教世界にも何ら動揺は起きなかった。これにはさまざまな理由が考えられる。第一に、西欧世界は度重なる戦いで疲弊しており、「アジアに飛び込んでいく」のに飽き飽きしてきたということである。だが、フランスの歴史家フランソワ・ギゾ氏は、ヨーロッパ文明に関する素晴らしい講義の中で見事にこの見解に異論を唱え、独自の見解を発表した。こちらのほうがはるかに説得力がある。八回目の講義で、ギゾ氏はこう述べている。

「西欧は度重なるアジア侵略で疲れてしまったのだ、と繰り返しいわれているが、この表現は正しくない。人間は実際にやっていないことで疲れる、つまり祖先の仕事で自分たちが疲れるわけがないからだ。疲れというのは個人的なもので、受け継がれる感覚ではない。一三世紀の人間は一二世紀の十字軍で疲れていたのではない。別の原因があったのだ。人々の考え方や感情、社会的条件は激変した。欲望や要求もかつてのそれとは異なり、信仰も変化してきた。人々は先祖が確信していたものをどうしても信じられなくなったのだ」

実は、ここに変化の真義が潜んでいるのである――そして十字軍の歴史をさらに紐解き、ゴドフロワ・ド・ブイヨン、ルイ七世、リチャード一世が十字軍運動の指揮を執っていたそれぞれの時代の民衆の精神状態を比較してみると、それが正しいことがさらに明確になってくる。人々の知識や考え方が大きく変化し、西欧文化が発展する契機となったのは、十字軍そのものなのである。ゴドフロワの時代には、貴族という貴族が権力を握り、強圧的で、王侯にとっても民衆にとっても一様に不快な存在であった。無知と迷信にどっぷり浸った社会階層と一緒に貴族もいなくなってくれれば、その間に王侯も民衆も、再び貴族の圧政が始まってもそれに対抗できるよう鍛えられるし、自由になればなっただけ洗練もされてくる。十字軍熱が最も高かったフランスでは、まさにこの時期にコミューン（自治都市）が力を蓄え、君主が理論上の権威だけでなく実際上の権威も手に入れている。秩序と安楽さが広く浸透し始めたことで、第二回十字軍が提唱されても、家庭を見捨ててまで進んで参加するような男は、最初の十字軍のときと比べるとぐんと減ってきた。聖地から戻った巡礼者は、出発前よりも精神面では自由で開放的になっていた。自分たちより洗練された人々と接していたからだ。より広い世界でさまざまなことを見聞してきたからだ。無知からくる先入観や偏執も、わずかではあるが、和らいでいた。騎士道制度もその影響力を行使し、十字軍の厳しい試練を通してそれに磨きを掛けることで、貴族たちの気質を穏やかにし、人間味を増していったのである。トゥルベール（北仏恋愛詩人）やトゥルバドゥール（南仏恋愛詩人）は、どの社会階層の耳にも心地よい恋愛や戦争の詩歌をとうとうと歌い上げ、第一回十字軍の時代には理性ある者すべての心に充満していた悲観的な迷信を吹き飛ばすのに一役買った。男たちも、もう精神的には司祭の言葉に縛られなくなり、以前にははっきり見られた軽信性もずいぶんと薄らいできた。

十字軍はこれまで大陸のほうを向いてばかりで、イングランドにはあまり目を向けてこなかった。大陸に比べてあまり盛り上がらなかったからではない。イングランドの人々はもっと深刻な問題を抱えており、それに関心が集中していたからだ。領土が侵略されたばかりで深く傷つき、パレスチナのキリスト教徒の災難ごときに同情している余裕などなかったのだ。第一回十字軍にはだれも参加していないし、第二回十字軍のときにもほとんど参加者はいなかった。参加したのも主にノルマン系の騎士とその家臣であり、サクソン人の自由農民や一般大衆ではない。賢明な者なら、「親切は身近なところから始めよ」と考えるのが普通だろう。残念ながら、彼らもそう思っていたのは間違いない。

十字軍熱が一段と盛り上がっていたのはドイツである。十字架の旗下に続々と集まってきた未熟で野蛮な民衆の群れは、他国ではとっくに熱が冷めているというのに、まったく減ることはなかった。当時のドイツは、はつらつとしている周辺諸国と比べると蛮行の泥沼状態にあり、そうした先入観から彼らを解放するには長い年月が必要だった。実際、第二回十字軍は主にこの地域から兵士の供給を受けており、十字軍遠征の評判が多少なりとも維持できていたのはここだけである。

西欧がこのような精神状態にあったころ、ローマ教皇エウゲニウス三世がシリアのキリスト教徒の度重なる懇願に心を動かされ、聖ベルナールに新たな十字軍を提唱するよう命じていた。聖ベルナールはこの任務にはうってつけの人物だった。人に訴える力では右に出る者がおらず、聴衆の涙や笑い、憤激を自由に操って満足させていた。また、厳格で無私の徳を実践していたため、名指しで中傷することもできなかった。教会では高位を約束されていたが、それを拒否し、単なるクレルボー修道院長の職で満足していた。好きなときに余暇を楽しめなくなるし、悪弊を見つけたら声を上げて指摘することもできなくなるからだ。ベルナールの中にいる厳格かつ妥協を許さない叱責者と出会っても、その叱責に対抗できるほど傲慢な悪党はおらず、その同情に見合うほど卑しい悪党もいなかった。かつて隠者ピエールがそうであったように、ベルナールも時代を代表する人物であった。ピエールは情熱に訴えたが、ベルナールはより理性に訴えた。ピエールは暴徒ばかりを集めたが、ベルナールは軍隊を集結させた。二人とも情熱と忍耐力は等しく併せ持っていた。それは衝動からくるもの、もうひとつは信念からくるものであった。また、ベルナールにはキリスト教会の影響力を強めたいという野心もあった。彼はその大集団の大黒柱であり、看板だったのである。

ベルナールの最初の改心は、自分を主役に据えることであった。フランス国王ルイ七世は縁起も担ぐし専制的でもあったが、ビトリー（現在のビトリーラフランソワ。シャンパーニュ地方の郡庁所在地）の略奪のときに有名な大虐殺を許可したことで自責の念に駆られており、やや興奮状態にあった。そこでルイ七世は聖地遠征を引き受けることを誓ったのである（**原注**　ビトリーの略奪は、ルイ七世の永久に消えることのない汚点である。歴代の国王はローマ教皇の法外な権力に長い間抵抗しており、ルイも同じ方針を採っていた。ブールジュの教会支部が国王の同意なしに大司教を選出したため、国王はその選挙の無効を宣言し、抵抗する聖職者に対して厳格かつ迅速な措置を講じた。するとシャンパーニュ伯ティボーは教皇の権威を守るために武器を取り、ビトリーの町に立てこもった。国王は反逆者を厳しく罰するため、直ちに出陣し、町を包囲した。そのあまりの迫力に、伯爵も降伏せざるを得なくなった。一三〇〇人以上もの住民が教会に避難したが、そのうちちょうど半分が女と子どもであった。そして城門が開くと、すべての抵抗運動は終結した。だが、国王は無慈悲にも教会に放火するよう命じ、一〇〇〇人が焼死した）。聖ベルナールが説教を始めたときには、ルイはもうその気になっており、十字軍参加を説得する必要もなかった。ルイの話は貴族に大きな衝撃を与えた。貴族の場合、聖戦で先祖が犠牲になったことで多くが貧窮化しており、外国を征服して台無しになった財産を建て直そうと考えていたからだ。彼らは自分たちが支配できる家臣と共に軍を編成し、その数はわずかの間に二〇万人を数えるほどに膨れ上がった。フランス中部のベズレーでは民衆の前に舞台が設えられ、ルイは聖ベルナールから十字架を手渡された。儀式には数人の貴族、三人の大司教、そして公爵夫人のエレオノール・ダキテーヌが列席し、十字軍に登録した。聖ベルナールは僧衣を細かく裁断して十字架を作ると、それを人々の衣服に縫いつけた。教皇から軍に向けて勧告が読み上げられ、十字軍に参加する者はすべての罪が赦免された。そして聖なる巡礼の参加者は、足手まといになるような重い荷物や余計なものを持っていかないこと、一本道を外れないよう、貴族は犬や鷹を旅に連れていってはならないことが告げられた。第一回十字軍のときにはこうしたことが何度もあったからだ。

聖ベルナールに軍の指揮官を、という申し出があったが、ベルナールは自分の性には合わないとして、賢明にもその職務を断った。サンドニでルイ七世を遠征隊長として厳粛に聖別した後も同じように国内を巡回し、行く先々で民衆を鼓舞していた。その神聖さは民衆を陶酔させ、ベルナールは予言の力を吹き込まれており、奇跡を起こす力があるとさえいわれた。その雄弁さに刺激され、その予言に元気づけられた多くの女たちは、夫や子どもを見捨て、男装していそいそと闘いに出発した。ベルナール自身は教皇に書簡をしたため、順調にいったことを詳細につづり、市内には闘える住民はひとりも残っておらず、城郭や街角はどこも出陣する夫に涙する女たちであふれていると伝えた。しかし、このように目に見えるほどの熱狂ぶりだったにもかかわらず、実際に武器を取った者はそれほど多くはなく、第一回十次軍の大群とは比較にならなかった。多く見積もっても二〇万に満たない集団は、ベルナールが言及しているかぎりでは、フランスのような国の人減らしに貢献することはなかった。したがって、ベルナールの国内情勢に関する記述は誇張されていると言わざるを得ない。

ルイ七世の有能な宰相シュジェールは、時期が時期だけに国内にいてほしいのに長期不在は困るとして、遠征を思いとどまらせようとルイを説得した。しかしルイは、ビトリーでの残虐行為で自責の念に駆られていたため、当時のキリスト教が十分な償いだと考えていた唯一の償いをしたいと思っていた。また、教会の世俗権力が自分の特権を侵害してきたときはその権力に立ち向かっていけたが、自分に都合がいいときや先入観と一致した場合には、いつでも心の決定に全面的に服従できるのだということも世界に示したかったようだ。シュジェールの訴えもむなしく、ルイはサンドニで巡礼のつえを受け取ると、出発の準備をすべて整えたのだった。

一方、聖ベルナールはドイツ入りしていた。説教は同じように成功した。神聖なるベルナールの名声はすでにとどろいており、どこへ行っても感嘆して説教に耳を傾ける民衆があった。言葉はまったく理解できなかったが、この神聖なる人物を一目見ようと、多くの民衆が群がってきた。騎士たちも大挙して十字軍に登録し、それぞれがベルナールから十字架の印を手渡された。だが、ゴットシャルクのときのように民衆をまんまと連れていくことはできなかった。民衆が二〇万～三〇万もの巨大な集団になり、イナゴの大量発生のように全国に群がっていたとは思えないが、やはりその熱狂ぶりにはすさまじいものがあった。奇跡を起こしたのはこの説教者だという荒唐無稽な話が人々の間で徐々に信じられるようになり、田舎者たちが全国から集まってきた。悪魔もベルナールの前から姿を消し、悪性の病気はベルナールが触ると治るともいわれていた（**原注**　リエージュ大聖堂の助祭長フィリップは、聖ベルナールがこの三四日間の任務中に起こした奇跡についてすべて詳細に記録している。奇跡はほぼ一〇日に一度の割合で起きた。信奉者らは、聖ベルナールが起こした奇跡を半分しか見られなかったとして、ベルナールに大挙して群がる民衆に大いに不満を漏らしていたが、奇跡を信じているかぎり他人の目を進んで信じ、だれが一番信じやすいかを互いに競い合っていたようだ）。神聖ローマ皇帝コンラート三世も、ついにベルナールの信奉者に感化され、十字軍に参加する意思を表明した。

コンラート三世の命令で準備は精力的に進められ、三カ月もしないうちに、コンラートは少なくとも戦闘可能な人員が一五万人を数える軍の指揮官になっていた。それ以外にも、夫や恋人について行く女が大勢いた。一隊は男らしく身構え、武装して出発した。指揮官は金色のゲートルと厚底の編み上げ長靴を身に着けていたので、黄金の御足のご婦人というあだ名を頂戴した。コンラートはフランスのルイ七世よりもかなり前から出発の準備を整え、ハンガリーとブルガリアを住民感情に配慮しながら通行し、一一四七年六月にコンスタンチノープルに一番乗りした。

ビザンツ皇帝マヌエル・コムネヌスは、アレクシウスから皇位だけでなくその政策も継承しており、首都を食いつぶし、静寂をぶち壊しにやって来る新たな軍隊を警戒していた。領土の通行を拒否できるほどの勇気はないが、あまりの不信感から軍を歓迎することもできない。かといって、戦争になったら自分が優位に立てる保証はない。皇帝ははなからいら立っていた。臣下は高度な文明を誇りに思っており、ドイツ人のことを野蛮人と呼んでいた。ドイツ人のほうも、野蛮人に近かったとしても、少なくとも素直で率直であり、ギリシャ人のことは二枚舌を使う悪党、反逆者だと言ってやり返していた。両者の間には口論が絶えず、コンラートも、移動中は秩序をきちんと維持できていたのに、コンスタンチノープルに着いた途端に憤りを抑えられなくなってしまった。これは情報に乏しい当時の歴史家が具体的に述べた、というより示唆したことだが、ギリシャ人が嫌がらせばかりするものだから、ドイツ人は皇帝の庭園に押し入ったようだ。庭園には飼い馴らされた珍しい動物がたくさんおり、動物たちが飼育されながら自然の習性に従って暮らせるよう、敷地には木立や小洞窟、林、小川が配置されていた。まさに野蛮人の名のとおり、激怒したドイツ人はこの美しい庭園を荒らし回り、貴重な動物たちを殺したり逃がしたりした。マヌエルにはこの惨状を阻止する能力も勇気もなく、宮殿の窓からただ眺めていただけだといわれているが、ドイツ人には完全に愛想を尽かし、前任者のアレクシウスと同じく、機会あらば直ちに彼らを排斥しようと決心した。そして丁重に面会を求める伝言をコンラートに送ったが、コンラートは、コンスタンチノープルの城壁の中では皇帝を信任するのを拒んだ。ドイツ人などを追い掛けていたのでは自分の尊厳も安全も守れないと考えたマヌエル。数日間は口先だけの交渉を続け、ようやく十字軍に案内人を付けて小アジアまで連れていくことに同意した。コンラートは兵士を引き連れてヘレスポント海峡を渡った。前線ではコンラート自身が、後方では好戦的なフライジンゲン大司教が指揮を執った。

多くの歴史家は、このビザンツ皇帝が案内人をそそのかし、神聖ローマ皇帝の軍隊を危険と困難に導くよう指示していたと考えている。確かに案内人は、水や食糧を与えて小アジアに連れていったのではなく、カッパドキアの荒野に連れていっている。カッパドキアでは十字軍も何ひとつ調達できず、いきなり巨大な兵力を率いたセルジュークのスルタンに攻撃されてしまった。この事実だけを見ても、案内人が不実を働いたのは明らかだ。十字軍はトルコ軍を一目見るなり逃げ出してしまった。軍と一緒に取り残されたキリスト教徒は、分が悪い戦闘を強いられ、不毛の荒野で路頭に迷い、途方に暮れた。重い鎖かたびらで身動きが取れないドイツ人は、トルコの身軽な軍馬の攻撃にうまく抵抗することもできなかった。急に上から飛び掛ってきたかと思うと、次の瞬間にはもう視界から消えているのである。前に後ろに、機敏な敵は彼らに矢の雨を降らせ、沼地やくぼ地におびき寄せた。そして長い戦闘の後、十字軍がようやく逃れられたときには大勢の犠牲者を出していた。こんな闘い方に面食らった彼らは、完全に方向感覚を失った。これでは前進するどころか後退だ。食糧不足にも悩まされ、あっさりと追っ手の餌食になる始末。ドイツ遠征隊でも最も勇敢な指揮官だったベルンハルト伯も、部隊の兵士全員と共に包囲され、トルコ軍の矢から逃れることはできなかった。コンラート自身も再び重症を負ってしまい、危うく魔の手に掛かるところだった。これほどまでに粘り強い敵に比べ、防戦一方の無力なドイツ軍。一〇万人の歩兵と七万頭の馬を擁する堂々たる兵力を誇っていたのが、コンラートがようやくニカエア市に到着したときには、わずか五〇〇〇～六〇〇〇人にまで減っており、しかもそのほとんどが負傷していたか疲れ切った状態であった。

ビザンツ皇帝には要注意だ。そう警告されてはいたものの、まさか裏切るとは思っていなかったルイ七世。ルイは軍を率いて前進し、ウォルムスとラティスボン（現在のレーゲンスブルク）を経由してコンスタンチノープルへ向かった。ラティスボンでは、美辞麗句を散りばめた親書を携えたマヌエルの代表団と面会した。ラングル大司教が手紙を読んでいる間、ルイは顔を紅潮させていたといわれている。この代表団の狙いは、十字軍がギリシャの領土を平和的かつ友好的に通行すること、そしてビザンツ皇帝に小アジアの占領地を明け渡すという約束をフランス国王から取りつけることであった。一つ目の申し入れは即刻了承されたが、二つ目は無視され、それ以上は納得できないとして却下された。そしてルイは軍を進め、ハンガリーを通過してコンスタンチノープル郊外に陣を張った。

ルイが到着すると、マヌエルは親しみを込めた招待状を送って、何人か従者を連れて市内に入るよう促した。ルイはすぐにそれを受諾し、宮殿のポーチのところで皇帝の出迎えを受けた。口先だけの約束が交わされた。将来の占領地の明け渡しを何とか約束させようと、皇帝はありとあらゆるお世辞や論法を駆使し、あの手この手で訴えた。ルイは頑固に約束を拒むと、皇帝は信用できない男だという確信を抱きながら軍に戻った。交渉は数日間続いたが、フランス軍にとっては不満だらけであった。そしてビザンツ皇帝とトルコのスルタンとの条約締結の知らせを受けると、その不満が憤激に変わり、指揮官らもコンスタンチノープルに向けて出発するよう求め、こんな危なっかしい都市は木っ端みじんにしてやると悪態をついた。ルイはこの求めに応じる気にはなれなかったが、陣を解いてアジアに渡った。

ここで初めて、ルイは神聖ローマ皇帝の災難の話を耳にした。ニカエア城壁の下で窮地に陥っているのが分かったのである。二人の君主は連合軍を結成し、海沿いを行進してエフェソスを目指した。ところが、コンラートはフランス軍の人数の多さに嫉妬して、いきなり残存兵と共に引き揚げると、コンスタンチノープルに戻ってしまったのである。ライバルの家臣に成り下がるのが嫌だったのだろう。マヌエルは満面に笑みをたたえ、このドイツ人を丁重に迎え入れると、しみじみと犠牲者への哀悼の言葉を述べた。そして案内人のばかさ加減と裏切り行為についてあからさまに悪口を言いだしたので、コンラートもマヌエルの誠意を信用し始めていた。

エルサレムを目指して前進していたルイは、ミアンデル川（現在のメンデレス川）の両岸で敵と対峙した。トルコ軍は川の通行に待ったを掛けたが、ルイは農民に金を握らせて、さらに川下の渡り場を教えてもらった。そして難なく川を渡ると、トルコ軍に猛攻を仕掛けて退散させた。トルコ軍が本当に敗退したのか、それとも単に負けたふりをしていただけなのかは定かではないが、どうやら後者のほうが正しいようだ。たぶん、侵略者をさらに不利な状況に追い込もうという申し合わせでもあったのだろう。もしうまくいけば、ルイの軍が壊滅状態になるのはほぼ間違いない。そういうたくらみがあったとすれば、首謀者の念願は達成されたことになる。十字軍兵士たちは勝利から三日目に険しい山道に入った。山頂ではトルコ軍が巧みに潜伏していたが、軍が潜んでいる気配などみじんも感じさせなかった。十字軍兵士らは、「一歩ずつ、ゆっくりと」急な上り坂を苦労しながら登っていた。すると突然、巨大な岩が絶壁から転げ落ちてきた。岩は恐ろしい音を立てながら砕け、辺りを大混乱に陥れた。と同時に、隠れていたトルコの射手が飛び出してきて、歩兵目掛けて雨のように矢を浴びせた。一度に何百人もの歩兵が死んだ。トルコ兵が軍馬の上から放った矢は、騎士の鉄の鎖かたびらに当たって無事に跳ね返ったが、その騎兵と馬は怒濤のように流れる滝に落ちていった。後方部隊に指令を出していたルイは、負傷者と遊撃隊の眼前で猛攻があったという最初の通告を受けると、敵の数は分からなかったが、自分がいるから大丈夫だと、軍を襲っている恐怖と狼狽を鎮めるよう積極的に前に出た。だが、そんな努力もすべて水の泡。前進しようとすると、相変わらず巨大な石が上から投げつけられてくるので、兵士や馬を前に押しやりながら進まなければならなかった。頂上まで何とかたどり着いた兵士も、至近距離でトルコ兵と出くわすと、仲間の頭上に真っ逆さまに突き落とされるのだった。ルイは死に物狂いで闘ったが、敵の手に落ちないようにするのは一苦労であった。そしてついに暗夜に乗じて残存兵らと逃亡し、アッタリアを前に改めて陣を敷いた。ここでルイは、混乱し意気阻喪している信奉者たちの規律と勇気を取り戻し、今後の予定を隊長らと話し合った。病気と飢餓の両方に苦しめられた後、軍はアンティオキアに向けて出発することで決着した。アンティオキアは、タラント公ボエモンの後継者の下でまだ独立した公領を維持していた。このとき、その統治権がエレオノール・ダキテーヌの叔父のレイモンに与えられた。レイモンはこのフランスの女帝との関係を利用して、ルイに十字軍——エルサレム王国の防衛——という壮大な目的を断念させ、アンティオキアの領土と権力を拡大する際の協力関係を取りつけようとしていた。トリポリ伯も同じような構想を描いていたが、ルイはこれらの申し出を二つともはねつけて、少々遅れを取ったが、エルサレムへと向かった。コンラートのほうは、マヌエル・コムネヌスから援軍派遣の約束を取りつけて——援軍が来てくれたことは一度もなかったし、コムネヌスは派遣するつもりもなかった――コンスタンチノープルを離れ、先に来てルイを待っていた。

パレスチナ王国にいるキリスト教徒の王族と十字軍の指揮官たちの大会議が召集され、その後の作戦について話し合われた。その結果、連合軍はエデッサに進軍せずにダマスクスを包囲してサラセン軍を圧倒すれば、それがさらに十字軍の大義になるのではないか、との判断に至った。大胆な構想であった。もし果敢に最後までやり遂げれば、勝ち戦になるのはほぼ間違いない。だがキリスト教徒の指揮官たちは、壮大な計画の原動力となる連合の必要性を経験からは学んでいなかった。その構想の方針には全員が合意したものの、方法論については皆それぞれ独自の考えを持っていた。アンティオキア公とトリポリ伯は互いに嫉妬し、エルサレム国王に嫉妬していた。コンラート皇帝もフランス国王をねたんでおり、ルイは全員に反感を抱いていた。だが、ルイは粛然たる誓いに基づいてパレスチナに入っていた――ルイの信条は、偏狭だといえるかもしれないが、偽りのないものであり、自分の心を突き動かした動機を支えるものがなくなる最後の最後までとどまる決意を固めていた。

そういう訳で、ダマスクス包囲戦の火ぶたが切って落とされ、キリスト教徒軍はずば抜けた技と気迫とで、はなから圧倒的な優位を勝ち取った。包囲戦は数週間続き、やがて破壊された要塞と抵抗力が落ちた防衛側の様子から、ダマスクスはこれ以上抵抗できないことがはっきりした。すると指揮官たちのばかげた嫉妬心から摩擦が生じ、それがすぐに包囲戦だけでなく、十字軍そのものの決定的な敗因となった。今回、キリスト教徒軍の指揮官たちにはあまり機敏性が見られなかった。まだ攻略していない都市の所有権をめぐって、彼ら同士が熾烈な争いを始めたからだ。アンティオキア公とトリポリ伯はすでに決まっていたので、ダマスクス領の所有権を二〇人が要求してきた。そこでだれにその名誉を授けるかを決める指揮官たちの大会議が開かれた。このくだらない議論のために何日もの貴重な日々が費やされたが、敵はその間に黙って力を蓄えていたのである。そして激しい議論を重ねた結果、ついに聖地を二度訪れているフランドル伯ロベールにその爵位を授けることで合意した。残りの者は、ロベールを承認しない、あるいはもっと公平に配慮してくれなければ包囲戦には協力しないなど、拒絶する姿勢を見せた。兵舎には疑心暗鬼が充満してきた。陰謀だの謀反だのと、不吉このうえないうわさも流れた。納得できない彼らはとうとう引き揚げて都市の反対側に陣を張ると、勝ち目もないのに自分たちで作戦を開始する始末であった。まもなく軍の残りの兵士らと合流したが、その結果、都市でも一番守備がおろそかになっている側面と取り壊し作業がすでにかなり進んでいる側面とが無防備になってしまった。敵はすかさずそこにつけ入ると、十字軍兵士たちが理性を取り戻さないうちに、豊富な兵糧を受け取って、城壁を強化した。すると格好の事件が起きた。しかし、時すでに遅し。モスルの有力なアミール、サイーフ・アッディーン（サファディン）がすぐそばまで迫っていたのである。強行軍で、大軍を率いて都市の救済に向かうところであった。愚鈍な十字軍は慌てて包囲戦を放棄すると、敵を弱体化するどころか、自分たちが無力になっただけでエルサレムに引き揚げていった。

新たな情熱ももうすっかり冷めていた――最下層の兵士でさえ悲観的になっていた。コンラートは当初の激しい情熱から大いに期待されていたのだが、軍の哀れな残存兵と共に西欧に帰ってしまった。ルイは宰相シュジェールから帰国するよう執拗に迫られたが、屈辱のあまりしばらくは動くこともできなかった。これで第二回十字軍は終わりを告げたのである。まさに敗北の歴史であった。エルサレム王国の状況は彼らが西欧を発つ前よりも悪化し、指揮官たちには不名誉が、すべての関係者には落胆が残っただけであった。

まったく異なる結果を予言していた聖ベルナールは、その後いささか評判を落とし、ほかの多くの予言者たちと同じように、自国で栄誉を失うという憂き目を見た。さらに悪いことに、他国でも栄誉を勝ち取ることはできなかった。ただ、ベルナールの前に立ちはだかり、軽信性の波をせき止める熱き提唱者がいなかったわけではないが、もしいたら、だれにも妨害されることなくベルナールの評判をさらっていったことだろう。フライジンゲン大司教は、予言者の予言は必ずしも当たるわけではなく、十字軍兵士たちの悪行が神の怒りを買ったのだと述べた。だが、ベルナールのために用意された最も巧妙な釈明はジョフロワ・ド・クレルボーが著したベルナールの伝記に見られるが、そこでベルナールは、十字軍はけっして不幸な出来事ではなかったと執拗に主張している。ベルナールはハッピーエンドを予言していたが、そのハッピーエンドとは、輝かしい殉教者たちで天国を満たすことにほかならないというのである。この狡猾な弁論者が熱狂的なベルナールの言うことに多少は納得していたのは間違いない。当時でも自分の見解を持っている者は少なからずいた。つまり、皆「意に反して納得させられていた」のである。

今度は第三回十字軍と、それを不可避なものにした大義名分について考えてみよう。一時的な狂乱も、第一回十字軍の遠征以降は徐々に鎮まり、このころにはすっかり影を潜めていた、あるいはほぼそれに近い状態であった。西欧諸国も、諸侯が武装するのを冷ややかな目で見詰めていた。ところがこのころは、戦争という本来の得意分野で栄えてきた騎士団が全盛期を迎えていた。民衆が熟練した多くの兵士の提供を拒んだときも、騎士団は聖地に軍を送り続けていた。第三回十字軍の着想を与えたのは宗教よりも詩歌だったのだが、詩歌は当時、その痛烈な意味が「高尚すぎて一般受けせず」、十字軍はあらゆる注意を喚起しなければならないという別の問題を抱えていた。だが騎士やその臣下たちは、吟遊詩人や宮廷詩人、トゥルベールやトゥルバドゥールが口ずさむ戦いの詩や恋愛の歌に喜んで耳を傾け、聖地で武勲を立てて貴婦人の気を引くことに夢中になっていた。したがって、第三回十字軍は十字軍の歴史上最もロマンチックなものとなったのである。男たちが闘ったのは、東方でイエスの墓を守り、キリスト教王国を維持するためというよりも、名誉や称賛が得られる最良かつ唯一の舞台で自分の名誉や称賛を勝ち取るためだったのだ。狂信者ではなく兵士として、宗教ではなく栄誉のために、殉教という名誉ではなく美しい女性たちの気を引くために闘ったのである。

サラディンが東方の支配権を獲得することになった出来事や、度重なる交戦の後にサラディンがどのようにイスラム旗を再びエルサレムの頂銃眼に立てたのかについては詳しく論じる必要はないだろう。キリスト教徒の騎士や民衆は、聖ヨハネ騎士団やホスピタル騎士団、テンプル騎士団も含めて底なしの悪におぼれ、取るに足らない嫉妬や不和で分裂し、賢明で無敵のサラディンが十字軍鎮圧のために送り込んできた熟練の軍隊にも抵抗することはできなかった。十字軍敗退の知らせに西欧の騎士団の間にも重苦しい空気が広がった。高貴な団員は、血縁関係や友人関係など、多くの面でパレスチナ住民とつながりがあったからだ。ティベリアス（イスラエルの町でユダヤ教の聖地）の大戦ではサラディンが恐ろしい大虐殺でキリスト教徒軍を撃破したが、その報がまず西欧に届くと、その後は続けざまにエルサレム、アンティオキア、トリポリ、その他の都市も攻略されたという知らせが届いた。動揺と落胆が聖職者を襲った。ローマ教皇ウルバヌス二世はその知らせを聞いてひどく動揺し、深い悲しみに身をやつし、以後ほとんど笑みを見せることなく、永遠の眠りに就いた。後を継いだグレゴリウス八世も大きな喪失感を味わっていたが、耐える力はあり、キリスト教世界の全聖職者に対し、聖墓奪回のために武器を取るよう民衆を奮起させよ、という指示をくだした。テュロス大司教のウィリアムは隠者ピエール率いる軍で控えめに仕えていたが、西欧の王族らに自分が実際に目にした窮状を訴え、救出を請うためにパレスチナを離れていた。誉れ高き神聖ローマ皇帝フリードリヒ一世、通称「赤ひげ帝（バルバロッサ）」は、早々と軍を召集すると、以前のように遅れることなくシリアに乗り込んで十字軍を待ち、サラセン人を破ってからイコニウム（現在のコンヤ）を占領したが、残念ながら道半ばで世を去った。その後はシュバーベン公が遠征の指揮を執った。シュバーベン公はそれほど有能な武将ではなかったが、後進したこと以外は何ら危険には遭遇せず、西欧から援軍が到着するまでアンティオキアに確固たる拠点を維持することができた。

イングランド国王ヘンリー二世とフランス国王フィリップ二世（フィリップ・オーギュスト）はそれぞれ騎士団を率い、影響力を最大限に生かして十字軍を支援したが、やがて祖国周辺で起きた戦争や紛争で、しばらくは十字軍から遠ざかることになった。二人は一一八八年一月、騎士と戦士の壮麗な隊列と共にノルマンディー地方のジゾールで落ち合った。このときの会議にはテュロス大司教のウィリアムも出席しており、並々ならぬ説得力で十字軍の大義を説明すると、出席者全員が宣誓書でエルサレム遠征を誓った。また、サラディンの一〇分の一税と呼ばれ、全財産の一〇分の一に相当する税を、不動産・動産を問わず、キリスト教世界で十字軍に参加できない者あるいは参加したくない者全員に強制的に課すことで合意した。平信徒であろうと聖職者であろうと、封土の領主は皆、各自の管轄領内で一〇分の一税を徴収することになり、納税を拒否した者は、その法令によって領主の農奴に、つまり無条件所有物となった。さらに十字軍の参加者には最大限の恩恵が与えられた――借金であろうと強盗であろうと殺人であろうと、何らかの手段で自由に彼らを抑えつけることはできなくなった。会議が終了するや、フランス国王はパリ高等法院に召喚され、そこで決議が正式に追認された。同じくヘンリー二世も、ノルマンディーの領土についてはルーアン高等法院で、イングランドの領土についてはノーサンプトン州ゲッディントンの議会で決議を追認した。だが昔の年代記作家ジョン・ストーの言葉を借りると、次のようになる。

「国王は聖地への遠征について協議するため議会を召集し、そのために一〇分の一税を課すということで、国全体の秩序を乱した」

しかし、税金で「秩序を乱された」のはイングランドだけではなかった。フランスの民衆もけっして心穏やかではなく、それ以来、十字軍に対する無関心が嫌悪へと変わっていった。民衆は半分を、いや、自分の好きな計画を推進するためなら全財産を納めるべきだ。聖職者はことのほか意気込んでそう主張していたのだが、その聖職者でさえ、自分では一銭たりとも払おうとしなかった。ほかにもランスの聖職者が納税を求められたが、彼らは国王に代表団を派遣し、祈りを捧げて支援するからそれでどうかご勘弁を、貧しいゆえ、それ以外の方法では寄進はしかねる、と国王に懇願した。そんなことは百も承知のフィリップ・オーギュスト。聖職者を懲らしめる意味で、周辺の貴族三人を使って教会の敷地を荒廃させた。そんな不法行為の知らせを受けた聖職者は、国王に補償を求めた。

「お祈りを捧げて支援いたしますゆえ、どうか伯爵殿下には教会に余計なことをさせないでいただきたい」

修道僧は恩着せがましくそう言った。国王はその約束を守ったが、貴族たちの態度は相変わらずで、その後も教会を破壊し続けた。聖職者は再度国王に懇願した。

「余にどうしろというのじゃ？」

彼らの抗議に対して、国王はそう言った。

「そなたは余が必要とする祈りを捧げてくれた。だから余もそなたが必要とするものを与えたまでだ」

修道僧はその言葉の意味を解し、もう交渉はここで打ち切って、サラディンの一〇分の一税を払ったほうが得策だと悟った。

このエピソードは十字軍の不人気を示している。聖職者が納税を嫌がるぐらいだから、民衆はもっと嫌がっていても不思議ではない。だが、西欧の騎士団は乱闘に飢えていた――一〇分の一税は厳しく徴収されるし、イングランドやフランス、ブルゴーニュ、イタリア、フランドル、ドイツからやって来た軍は早々と聖地に向かっていたからだ。ところが十字軍を先導してきた二人の国王は、リチャード一世獅子心王として名を残すことになるアキテーヌ公リシャールがトゥールーズ伯爵領に侵略したことで騒動に巻き込まれ、予定していたパレスチナ遠征にも遅れが生じてしまった。フランスとイングランドの戦争も激しさを増し、早期終結の見込みがほとんどなくなってきた。そこで十字軍を目指していた多くの貴族は、合間を縫って争い事に決着をつけてもらうために二人の国王を残し、自分たちだけでパレスチナへ向かった。

ヘンリー二世が敵との戦いから、そして子どもたちの裏切りと親不孝から逃れることができたのは、忍び寄る死によってであった。ヘンリー二世の息子、リチャード一世は、すかさずフィリップ・オーギュストと同盟を結んだ。若くて雄々しく、血気にはやるこの二人の国王は、全精力を十字軍に傾けた。二人はノルマンディーのノナンクールで素晴らしい従者を大勢手に入れた。そして集合した騎士団の目の前で、彼らは同志として抱き合い、聖地から帰還後四〇日間は仲間として、真の協力者として生きることを誓った。遠征を台無しにするような愚行や悪行を陣営から一掃しようと、軍を統制するための法規定も定めた。賭博が広く横行し、けんかや流血事件の大きな火種となっていたことから、この法規定には、騎士階級以下の兵士に賭け事を禁止する項目も盛り込まれた。騎士と聖職者には賭け事が許されたが、一日に二〇シリング以上負けても勝ってもいけなかった。違反したら一〇〇シリングの罰金。国王の近臣にも同一の限度が設けられたが、彼らが違反した場合は、裸にされ、三日間にわたって軍の手でむち打たれることになった。他人を殴ってけがを負わせた兵士は、その手の切断を命じられ、同胞の兵士を殺した者は、殺された兵士の死体と一緒に生きたまま縛られて、一緒に葬られることになった。若い女はだれひとり軍と行を共にすることが許されなかった。男装して法の網をくぐる勇気のない身持ちの悪い多くの女たち、そして貞節な多くの女たちにとっては残念な規定だった。ところが志高く愛情豊かな女たちは、未婚女性も既婚女性も皆、危険を顧みず、リチャード一世のことなどお構いなしに、剣か槍を携えて夫や恋人について行った。ただ、満五〇歳を過ぎた洗濯婦と、やはり満五〇歳を過ぎた女性だけは、私服で同行することが許された。

こうした規定を発布した二人の国王は、共にリヨンまで行進すると、そこで一度別れ、メッシーナ（イタリア・シチリア島北東部の港市）で再び落ち合うことにした。フィリップはアルプスを越えてジェノバに入り、そこから船に乗って無事に待ち合わせ場所までたどり着いた。リチャード一世のほうはマルセイユを経由し、そこから同じように船でメッシーナに入った。途中、リチャードの激しい気性から小競り合いに発展することもしばしばで、そうなると、すぐに熱くなり、国王に追随した。国王と同じく勇ましいが愚か者ばかりの騎士や信奉者がすぐに熱くなり、国王に追随した。メッシーナでは、シチリア人があらゆる生活必需品を途方もない値段で売っていた。軍はむなしくも抗議した。ところが二言、三言、言葉を交わしているうちにけんかになり、シチリア人との商取引は無理だと言って、最後の手段としてシチリア人から強奪してしまったのだ。すると乱闘が頻発するようになり、リチャード一世の寵臣だったルブランが命を落とす結果になった。市民を助けようと、あちらこちらから農民が押し寄せてきた。乱闘は瞬く間に大きくなった。寵臣を失っていら立っていたリチャード一世は、シチリア王タンクレアウスが自国民を率いて闘っているという報告にも刺激され、騎士の精鋭らと共に乱闘に加わった。そしてシチリア人を撃退し、剣を手にして都市を攻撃。そして頂銃眼に突入してシチリアの旗を引きずり下ろし、代わりに自分たちの旗を掲げた。この衝突にフランス国王は激怒した。このとき以来、フィリップ・オーギュストはリチャード一世を妬むようになり、自分の構想ではエルサレムのキリスト教王国は再建できない、独力で征服したほうがいいのではないか、と心配になってきた。しかし、フィリップはイングランド人とシチリア人と和平を回復するために一肌脱ぎ、その後間もなくアッコン（イスラエル北西部の港市）に向けて出航した。心の中には連合軍に対する不信感が芽生えていた。

リチャードは無気力状態のまま数週間そこにとどまった。彼の気性の激しさを考えると、なぜ無気力なのかはまったく説明がつかなかった。シチリア人とはけんかをしなくなり、のんびりと贅沢な生活を送り、快楽におぼれる中で、領土を発った目的も自分が軍に導入した手ぬるい規律のことも忘れていた。だが、縁起を担ぐ兵士たちの言葉を聞いて、ようやく義務感を取り戻した――ここ数日、毎夜立て続けに彗星が見えるんだ。こんなところでぐずぐずしているから神が仕返ししてやろうと自分たちを脅かしているのだ。流星も同じような警告を発していると考えられた。また、ヨアヒムという名のある狂信者も、抜き身の剣を手に、肩まである長い髪を振り乱しながら兵舎を駆け抜け、一晩中怒号を上げては、今すぐここを発たないと疫病や飢餓、ありとあらゆる災難に見舞われるだろう、などと予言した。リチャードにはこのような暗示を無視するほど分別があるとは思えなかったが、自分の怠慢を謙虚に悔い改めて、アッコンへ出航した。

激しい嵐のせいで船隊は散り散りになったが、主力部隊と共にどうにか無事にロードス島に到着した。ここで三隻の船がキプロス島の岩石の多い海岸で座礁したことを知った。そして東ローマ帝国キプロス総督であるイサキオス・コムネヌスが、臣下に不幸な乗組員からの略奪を許したこと、さらにはリチャードの婚約者のベレンガリア妃と家臣のひとりであるその姉妹が暴風雨のためにリミッソ港に流されていたが、保護するのを拒否していることも分かった。いきり立ったリチャードは復讐を誓い、家臣を全員招集してリミッソ港へ引き返した。イサキオスは謝罪も説明も拒否した。軽くあしらわれたくないと思ったリチャードは、島に上陸すると徹底的に攻撃を加え、国全体に軍税（占領地の住民に課した税金）を課した。迎撃するために派遣されてきた軍は多くの犠牲者を出し、壊滅状態となった。

アッコンに到着したリチャードは、西欧の全騎士団がすでに到着していることを知った。エルサレム国王のギー・ド・ルジニャンは、以前から大胆不敵なテンプル騎士団やホスピタル騎士団、聖ヨハネ騎士団を召集し、アッコンを執拗に攻めていたが、スルタン・サラディン率いる軍の守備は固く、その数も規律も秀でていた。しかし、二年に及んだ激しい攻防戦で、十字軍は敵を退陣させようと超人的な力を発揮した。野外ではさまざまな戦闘が繰り広げられたが、双方とも決定力を欠き、ギー・ド・ルジニャンもとうとう、西欧から援軍が来てくれなければ勝ち目はないとあきらめかけていた。だからフィリップ・オーギュストが騎士を大勢引き連れて到着したときの喜びようといったら、それは大変なものだった。あとはもう、獅子心王がやって来て都市に最後のとどめを刺してくれるのを待つだけだった。イングランドの船隊が初めてシリア沿岸に接近してくるのが見えると、キリスト教徒の陣営では至るところで叫び声が上がった。リチャードが部隊と一緒に上陸したときにも、まだ南方の山々には大きな声がこだましていた。そこにはサラディンが軍と一緒に身を潜めていた。

今回の十字軍の特徴は、キリスト教徒もイスラム教徒ももはや相手を野蛮人ではない、相手に対する慈悲も罪悪ではない、と考えるようになった点であろう。軍同士も互いの勇気と寛容に最大級の賛辞を贈り、たまの休戦の折には愛想よく接していた。イスラム教徒の戦士はキリスト教徒の騎士に礼儀を尽くし、こんなに素晴らしい人間がイスラム教徒でないのは惜しいとさえ思っていた。キリスト教徒のほうもまったく同感で、サラセン人の貴族を高く褒め称え、その寛大さと勇気が福音書では疑念によって汚されているとを思い嘆いていた。だが、いったん衝突が起きると、そんな気持ちも全部吹き飛んでしまい、死闘にまで発展するのである。

メッシーナの事件以来、フィリップは嫉妬心を抱いており、国王は二人とも一致団結して行動するのを拒んでいた。フィリップは都市を合同で攻撃するのではなく、単独で攻撃したが、撃退されてしまった。フィリップは、イングランドを見捨ててフランスのために闘う騎士たち全員に毎月金貨三枚ずつを渡してたぶらかし、リチャード一世の兵士たちの忠誠を捨てさせようとした。リチャードのほうも、イングランドの旗の下で闘うフランス人騎士全員に金貨四枚を渡すと約束し、金貨三枚の威力をなくしてしまおうと考えた。こんな取るに足らないライバル意識で、彼らはずいぶん時間を無駄にした。これは信奉者たちの規律や効率から考えると大きな損失であった。だが、いい効果をもたらしたことも確かである。この二つの軍がただ駐留しているだけで、包囲されている都市は食糧を受け取ることができず、住民も飢餓から困窮を極めていた。サラディンも彼らを救済してかかわり合いを持つような危険なまねはせず、両者の対立で敵が弱体化するのを待っていたほうがいいと考えた。だが、それでサラディンは格好の餌食となってしまった。もしアッコンの困窮がどの程度悲惨だったかに気づいていたら、おそらく考えを変えていただろう。しかし、離れていたので分からず、分かったときにはもう手遅れだった。短い休戦の後、都市は厳しい条件で降伏したが、あまりにも条件が厳しく、サラディンもその後、条約の批准を拒否。エルサレムのイスラム教徒が分捕った真の十字架に使われた木を元どおりにすること、合計二〇万金貨を支払うこと、アッコンにいるキリスト教徒の捕虜全員、そしてサラディンに拘留されている二〇〇人の騎士と一〇〇〇人の兵士を一緒に釈放すること、これが主な条件であった。東方の君主は、十分に想像はしていたかもしれないが、十字架の木がそれほど大切なものだとは思っていなかった。だが、それとは裏腹に、十字架の木をぜひ保管しておきたいとも思っていた。敵が勇気を取り戻すには、十字架の木を持っていることが勝利よりも効果があることを知っていたからだ。だからサラディンはその引き渡しを拒否したのである。つまりほかの条件にはすべて応じるということだ。リチャードは、以前に脅していたとおり、サラセン人の捕虜を全員殺すよう乱暴に命じた。

都市の占領は、キリスト教徒の指揮官同士の不幸な争いを新たに引き起こしただけであった。オーストリア大公は、正当な根拠もないのにアッコンの塔に自分の旗を掲げた。リチャードはそれを見つけるや、間髪を入れずに自分の手で引き裂いて、足で踏みにじった。フィリップは大公に同情してはいなかったものの、リチャードのでしゃばりに腹を立て、今まで以上に二人の国王の間を引き裂いた。エルサレムの王位をめぐって、ギー・ド・ルジニャンとコンラド・ド・モンフェラの間にもばかげた争いが勃発した。下級の騎士たちもすぐにこの悪い例に倣ったため、キリスト教陣営には妬みや不信、敵意が充満した。こうした混乱のさなか、フランス国王が突然、帰国する意思があることを発表したのである。リチャードはひどく憤慨してこう叫んだ。

「よその国まで来てみっともない、フランス全体の恥だ。どんな理由があるかは知らないが、途中で投げ出すとは！」

だが、フィリップは帰ってしまった。東方の住まいが健康をむしばんでいた。どうしても主役を演じたかったフィリップは、リチャード王の引き立て役に甘んじるぐらいなら何の役も演じたくなかったのだ。彼はブルゴーニュ人の小さな派遣隊を残して、軍の残存兵と共にフランスに帰国。だが獅子心王のほうは、大勢のライバルの中でも最大のライバルがいなくなったというよりは、壮大な計画を実行に移すための右腕が折れてしまったことを痛感していた。

フィリップが帰途に就いた後、リチャードはアッコンの防備を再び固めた。教会でのキリスト教の礼拝も復活させると、それを守るためにキリスト教徒の駐屯兵を残し、海岸沿いをアスカロンに向けて行進した。警戒中のサラディンは、軽騎兵にキリスト教徒軍の後方を攻撃させた。一方判断を誤ったサラディンは、フィリップが離脱したことで弱体化したものと思っており、彼らを全面戦争に引きずり込もうとしていた。両軍はアゾトゥス付近で対峙。熾烈な闘いが繰り広げられ、サラディンは敗退、逃亡した。これでキリスト教徒は、大手を振ってエルサレムへの道を歩けるようになった。

またも不協和音が悪意に満ちた力を振るい、リチャードが勝利に乗じてさらに進攻するのを邪魔してきた。リチャードの意見は、彼の勇気と影響力に嫉妬を感じているほかの指揮官たちから常に反対された。軍のほうは、当初の予定どおりにエルサレム、いや、アスカロンに向けて行進するのではなく、ヤッファに歩を進めた。ヤッファではただぶらぶらしているだけだったが、やがてサラディンが再び戦争を仕掛けてきた。

むなしい戦争と何の実りもない交渉とに長い月日が費やされた。エルサレム奪還がリチャードの願い。しかし、困難が行く手を阻み、いくら勇猛果敢なリチャードでも克服することはできなかった。不運の原因は、少なからずその目に余る自尊心にあった――だから心底協力したがっている多くの親切な者たちが近寄れなかったのである。ようやく聖地に向けて行進することで合意ができた。だが、行進は遅々として進まず、兵士たちは不平を口にし、指揮官たちも退却することを考えた。暑くて空気も乾燥しており、水を手に入れることもできなかった。サラディンが途中の泉やため池をふさいでいたのである。こうした不自由な状態の中、軍も先に進む意欲をなくしていた。ベツレヘムで会議を開き、退却するべきか、それとも先へ進むべきかを議論した。その結果、退却することが決まり、直ちに準備が始まった。リチャードはまずエルサレムの塔が見える丘に登ると、こんなに近くまで来ているのに解放してやれないことに心を乱し、盾で顔を覆いながら号泣したといわれている。

軍は二つの部隊に分かれ、小さいほうの部隊はヤッファに、リチャードとブルゴーニュ公が率いる大部隊はアッコンに引き返した。リチャードが西欧に帰る準備を整えていると使者がやって来て、ヤッファがサラディンに包囲されている、すぐに開放しないと占領されてしまう、という情報を伝えた。ブルゴーニュ公率いるフランス軍は戦争にうんざりしており、ヤッファの同胞を救済しに行くのを拒否。リチャードのほうは意気地のなさを恥じて赤面すると、イングランド兵を招集して救出に向かい、危機一髪のところでヤッファに到着した。サラセン軍はリチャードの名を聞くなり逃げだした。それほど彼の武勇はサラセン人に恐れられていたのだ。サラディンは彼を温かい称賛の目で見詰めており、リチャードが勝利を収めた後に和平を要求すると、喜んで受け入れてくれたのである。三年八カ月間の休戦が決まり、その間キリスト教徒の巡礼者は、何にも妨害されず、税も払わず、自由にエルサレムを訪問することができた。十字軍には、国の介入はあるが、テュロスとヤッファを保有することが許された。サラディンは君主らしい寛大さを見せ、多くのキリスト教徒にエルサレム訪問を勧めた――指揮官のうち数人がその申し出にあずかり、だれもが神聖視するエルサレムの景観をゆっくりと堪能した。彼らの多くはスルタンの宮殿で数日間もてなしを受け、帰ってからはこの高貴な異教徒を褒め称えるばかりであった。リチャードとサラディンとは面識はなかったが、サー・ウォルター・スコットの素晴らしい小説〔『アイヴァンホー』（岩波文庫）を指す〕に圧倒された多くの読者には忘れられないものとして残っているだろう。だが、二人は敵の武勇や気高さを称賛し合っており、負担の少ない条件で折り合いをつけていたのである。もし互いに称賛する気持ちがなければ、どちらか一方がはるかに難儀な条件をのまざるを得なかったはずだ。

イングランド王はもう出発を遅らせることはできなかった。祖国からやって来た使者が、王位転覆を狙った陰謀をつぶすために国王に帰国を促す緊急の知らせを持ってきたからだ。オーストリア領で長期間監禁されたことと最終的な身代金の話は有名なので、ここでは省く。こうして第三回十字軍は幕を閉じた。第一回、第二回のときと比べると死者は少なかったが、何ら実を結ばなかったという点ではまったく同じである。

今や民衆の熱狂の炎もすっかり色あせてしまい、ローマ教皇や君主らがいくら努力しても再び熱い炎を燃やすことはできなかった。そしてろうそくの火が消えるときのようにゆらゆら揺らめいたかと思うと、最後の最後にぱっと燃え尽きて、そのまま永遠に消えてしまったのである。

第四回十字軍は、民衆の感情と一体になっていたが、とくに取り上げる必要はない。イングランド王リチャードとの休戦協定締結から一年後には、サラディンが死去。それに伴い、サラディンの広大な領土は小さく分割された。弟のアル・アーディルがシリアにつけ入るが、占拠している間もサラディンの息子たちの勢力争いに悩まされた。西欧にこの情報が伝えられると、ローマ教皇ケレスティヌス三世は、今こそ新たな十字軍を提唱する好機だと考えたが、西欧諸国はいずれも乗り気ではなく、冷やかな反応を示した。民衆にも情熱はなく、国王たちも国内問題のほうに気を取られており、十字軍どころではなかった。西欧の君主で十字軍を奨励したのは、神聖ローマ皇帝ハインリヒ六世ただひとりであった。その後援の下、ザクセン公とバイエルン公が大軍を率いて出陣。彼らはパレスチナの地を踏んだが、キリスト教徒の住民からはけっして歓迎されることはなかった。サラディンの緩やかな統治のおかげで安息と寛容を享受していたところに乗り込んできたものだから、安息も寛容も脅かされることになったからだ。そのため、ドイツ人をでしゃばりの侵略者だと考えて、アル・アーディルとの交戦でも少しも激励することはなかった。その結果、十字軍の惨状は前回の戦いを上回ってしまった――ドイツ人はユダヤのキリスト教徒と敵対するサラセン人の怒りを買うどころか、ヤッファという堅強な都市を失い、欧州からやって来た軍の九割が崩壊してしまった。これが第四回十字軍の結末である。

第五回十字軍は重要であり、しかも提唱者が想像もしていなかった結果をもたらした――コンスタンチノープルを攻略しただけでなく、東ローマ帝国にフランスの王朝まで創設したのである。後継のローマ教皇はそれぞれ、あらゆる手段を駆使して教皇の支配力を維持すること、これで文句なく一致していたが、ほかの点では歴代の教皇とは大きく見解を異にしていた。十字軍としては、これを支援できそうな構想は何もなかった。シリアで死ぬまで闘うよう教皇が西欧の国王や貴族を説得しているかぎり、教皇自身の領土での支配権は安泰だった。だから十字軍が成功しようがしまいが、タイミングが良かろうが悪かろうが、十分な兵力と軍資金が調達できようができまいが、どうでもよかったのである。ローマ教皇インノケンティウス三世は、手に負えないイングランド王とフランス王を完全に抑えつけられたら、さぞ得意になっていただろう。ジョンもフィリップ・オーギュストも戦いに明け暮れ、教会の逆鱗に触れて破門にされていたが、国内では重要な改革に多忙を極めていた――フィリップは家臣に特権を与えるのに忙しく、ジョンはジョンでフィリップに屈服させられていた。そこで教皇の使者は二人に必死に働き掛けたが、無駄に終わった――これまでの十字軍のときは、強力な説教者の熱弁が貴族を扇動し、そうした貴族を通してかなりの民衆が動いていた。ヌイイー大司教のフールクは、野心家で進取の気性に満ちた僧侶だったが、ローマ教皇庁の考えを完全に理解し、聴衆が集まる場所では必ず十字軍を説いた。運は僧侶に味方した。これまではだいたい改宗者など見つからず、見つかったとしても十字軍には冷ややかだったので、これは僧侶の予想を超えていた。シャンパーニュ伯ティボーが大々的に馬上槍試合を主催し、西欧中からあらゆる貴族を招待していた。二〇〇〇人を超える騎士が家臣を伴って参加しており、さらに大勢の民衆が試合を見守っていた。フールクはそんなお祭り騒ぎのさなかにやって来たのである。彼は絶好の機会だとみると、言葉巧みに民衆に語り掛け、今度の十字軍に登録するよう熱心に呼び掛けた。若くて情熱もあり、興奮しやすいシャンパーニュ伯は、その手で十字架を拝領した。急に十字軍熱が広まった。ブロア伯シャルルもそれに倣った。参加していた二〇〇〇人の騎士のうち、拒否したのはわずか一五〇人であった。民衆の熱狂もかつてのように爆発寸前となった。フランドル伯、バール伯、ブルゴーニュ公、モンフェラ侯は、臣下を全員引き連れて長い隊列を作り、わずかの間に効果的な軍隊を勢ぞろいさせ、パレスチナ進軍の準備を整えた。

陸路の旅が危険なことは百も承知。そこで十字軍は、船で移動させてもらえるようイタリアの複数の都市国家と契約を結んだ。ベネチア共和国総督で高齢のダンドロは国のガレー船を提供してくれたが、十字軍はベネチアに着いた途端、要求された船賃の半分も払えないほど金がないことに気がついた。あの手この手の資金集めが始まった。兵士たちは鉄のよろいを溶かし、婦人たちは装身具を手放した。信徒からも寄付を募ったが、西欧の信徒は用心深い人間ばかりだということが徐々にはっきりしてきた。ダンドロは最後の手段として、もし先にザーラ（現在のザダル。クロアチア南部の沿岸都市）の奪還に手を貸してくれれば、共和国の負担で十字軍をパレスチナまで送り届けようと申し出てくれた。ザーラはハンガリー王に占拠されたばかりであった。十字軍は同意したが、怒り心頭に達した教皇は、エルサレム遠征から脇へそれた者は全員破門にする、と脅しを掛けた。しかし、教会がこうして猛烈に非難したにもかかわらず、十字軍がパレスチナに向かうことはなかった。間もなくザーラ包囲戦が始まった。ザーラは果敢に守ったが、結局は無条件降伏。もし十字軍が希望すれば、彼らはサラセン軍との戦いにベネチアの武力を自由に使えることになったのだが、こうした予期せぬ事態に、指揮官たちの野心は別のところへ向かっていた。

ビザンツ皇帝マヌエル・コムネヌスが没すると、帝国は分裂を余儀なくされた。息子のアレクシオス二世が帝位を継いだが、間もなくおじのアンドロニコスに殺害された。アンドロニコスも即位はしたものの、短命に終わった。同じ一族のイサキオス・アンゲロスがこの強奪者に反旗を翻したのだ。激戦の末、イサキオスが勝利し、アンドロニコスを処刑。イサキオスも帝位に就くが、やはり失脚した。

退位に追い込んだのは弟のアレクシオスだったが、彼はイサキオスの統治能力を奪うため、目をつぶし、地下牢に幽閉してしまったのだ。ところが、このアレクシオス三世の在位期間も穏やかとはいえなかった。やはりアレクシオスという名だが、不幸なイサキオスの息子がコンスタンチノープルから戻っており、十字軍がザーラを包囲していると いう知らせを聞くと、おじを帝位から引きずり下ろすのに手を貸してほしいと、十字軍に破格の条件を提示してきたのである。その条件とは、もし十字軍の援護でアレクシオスが父親の領土で再び即位できたら、ギリシャ正教会をローマ教皇の支配下に置く、ビザンツ帝国の全兵力をパレスチナ征服のために貸与する、そして十字軍兵士たちに二〇万マルクの銀貨を支給する、というものであった。この申し出は受け入れられたが、指揮官数人については、もし教皇の同意を得られなければ計画を自由に放棄してもよいという条件が付けられた。だが、恐れる必要はなかった。分裂しているビザンツ領を教皇庁に献上するというのは、教皇にしてみれば、パレスチナのサラセン勢力を一掃するよりもうまい話だったのである。

十字軍は直ちにコンスタンチノープルへ進軍した。作戦は巧みに、かつ勇敢に遂行されたので動揺が広がり、強奪者も帝位奪回を完全に断念せざるを得なくなった。抵抗もむなしく、アレクシオス三世は都市を運命の手に委ねて逃亡。潜伏先はだれにも分からなかった。視力を失った老齢のイサキオスは、臣下によって地下牢から救出され、十字軍にアレクシオス三世が逃亡したことを報告しないうちに帝位を奪回。やがて息子のアレクシオス四世が統治に協力した。

ところが、この条件がギリシャ人の感情を逆なでし、聖職者たちもローマ教皇庁の支配下に置かれるのを拒んだ。最初のうちはアレクシオスも臣下たちに条件をのむよう説得し、十字軍にも、まだとても安定しているとは言えない皇帝の座が安定するまではコンスタンチノープルにとどまってくれるよう懇願した。ところが、臣下の間ではアレクシオスの評判がすこぶる悪くなっていた――しかも、補助金を出すという約束を破って十字軍兵士も怒らせていた。とうとう両者が――民衆は暴政だとして、そして元友人からは裏切りの報復として――アレクシオスに宣戦布告。アレクシオスは自らの宮殿で護衛隊に捕らえられ、投獄された。十字軍のほうは首都の包囲に備えていた。ギリシャ人は直ちに新たな皇帝の選定に入った。勇猛果敢で精力的で、しかも忍耐強い男を探した揚げ句、アレクシオス・ドゥカスに白羽の矢を立てた。皇帝としての資質はほぼ申し分なく、求められる美徳も備わっている。ドゥカスはムルヅフォロスという名で即位した。初仕事は年少の先任者を追い払うことだった――失意の男はすでに失明した老齢のイサキオスを始末しており、邪魔者は全員いなくなっていた。そして若きアレクシオスもその後間もなく獄死した。

その後、ギリシャ人とフランク族の間で死闘が繰り広げられた。そして一二〇四年の初春、ついにコンスタンチノープル襲撃の地ならしが始まった。フランク族とベネチア人は、兵士たちで戦利品を分配する協定を結んだ――勝ち戦になると確信していたので、敗戦することなど計算には入れていなかった。この自信が勝利につながったのである。裏切り者が臆病なのは世の常だが、ギリシャ人も不吉な予感に手も足も出なくなっていた。ところが、勇猛果敢との呼び声も高く、巨万の富も思いのままのムルヅフォロスであったはずが、十字軍の攻撃を食い止める効果的な手を何ひとつ打たなかったのである。これにはどの歴史家も驚いている。兵士の数も、彼が投入できる数と比べたらごくわずかであった。激しい攻防が続いた後、撃退されもしたが、翌日には激しさを倍増させて反撃し、十字軍は武器を城壁にたたきつけながら、抵抗する者をすべて殺し、ほとんど犠牲者を出すことなく市内に突入していった。ムルヅフォロスは逃亡し、コンスタンチノープルは勝者の手に明け渡されることになった。莫大な富が残されていた。貨幣だけでも騎士全員に銀貨二〇マルクずつ、武器を持って闘った大地主や使用人全員に一〇マルクずつ、弓の射手全員に五マルクずつを分配しても十分に足りた。ぶどう酒や果実は乏しかったが、宝石やビロード地、絹織物、華麗な衣装、そしてあらゆる種類の高価な品々。これらも全部手中に収め、ベネチアの商人に売ってから、儲けを軍で山分けした。二〇〇〇人が剣に倒れたが、勝者の注意を引くような略奪が少なければ、逆におそらく大量の死者が出ていたはずだ。

歴史を汚す数々の血みどろの戦い。そんな戦いでは、神の創造物であることなどまるで意に介さずに、兵士はその最高傑作である人間を情け容赦なく破壊する。しかし、美しい芸術作品には敬意を払い、破壊するのをためらうものである。女や子どもはあやめても、絵画は容認する。病人や体の不自由な者、白髪の老人は傷つけても、素晴らしい彫刻作品を壊したりはしない。ところがコンスタンチノープルに進軍したラテン人は、神の創造物にも人間にも敬意を払うことなく、その荒々しい残虐性を人間で発散させ、その貪欲さを芸術作品で満足させていたのである。芸術作品としては破格の値段が付く美しいブロンズ像も、多くが粉々に破壊され、古剣として売り飛ばされた。精巧な細工を施した大理石も、さすがにこんなにひどい使われ方はしなかっただろうが、それでも見境なく破壊された。もしかしたら、もっとたちが悪かったかもしれない。

　殺りくが終わり、戦利品も分配されると、会議を開いて皇帝を選出することになり、フランク人から六人、ベネチア人から六人がそれぞれ選ばれた。彼らはすでに候補者の中から最適任者を選ぶことを宣誓して誓っていた。フランドル伯ボードワンとモンフェラート侯ボニファチオとの間で票が割れたが、最終的には前者に落ち着いた。ボニファチオは直ちに深い緋色の衣装に身を包み、新たな王朝の創始者となった。ところが、早死にしてしまったため、権力を行使して後継者のために基盤固めをするには至らなかった。後継者も間もなく倒された。それから六〇年もしないうちに、コンスタンチノープルにおけるフランク族の支配は、ムルヅフォロスの統治下で突如として悲惨な最期を迎えることになったのである。まさにこれが第五回十字軍の結末である。

　ローマ教皇インノケンティウス三世は、こうした結末には必ずしも嫌な感情を抱いていなかったが、聖地奪回という点で何ら成果を上げていないことは残念に思っていた――だからこの時点でも、都合のいい機会をとらえては新たな十字軍の必要性を強く説いていたのである。だが、一二一三年までは、教皇の強い勧告も信徒たちを西欧にとどめておく程度の効果しかなかった。毎年春と夏になると、巡礼団が同胞を支援するためにパレスチナに出発したが、十字軍を結成できるほどの数にはならなかった。この定期的な巡礼は、「三月の旅」、または「聖ヨハネ祭の旅」と呼ばれた。全員がサラセン人と闘う武装兵だったわけではなく、献身的な愛情から巡礼に参加した者もおり、そんな彼らは宣誓をして、身の回り品と財布以外は何も持参していなかった。一二一三年初春のことだが、十字軍でも類を見ない部隊がフランスとドイツで戦いののろしを上げた。おびただしい数の少年少女が、二人の修道僧の説得にそそのかされてパレスチナへ向かおうとしていたのだ。複数の報告によると、その数は三万人にも上っていた。明らかに何の目的もなくぶらぶらしている子や親に見捨てられた子ばかりだった。大都市に群がっていることが多く、非行や破天荒な生活におぼれ、何にでも手を出したがる連中である。僧侶たちは、シリアに連れていくと言って子どもたちをだまし、奴隷船に送り込んでアフリカの沿岸地域に奴隷として売り飛ばすという、とんでもないことを考えていたようだ。かわいそうな大勢の犠牲者がマルセイユから出航したが、二～三隻を除いて、船はイタリアの海岸で座礁し、全員が死亡してしまった。助かった者は無事にアフリカに到着し、奴隷として買われてアフリカの奥地に送られた。もう一隻の船はジェノバにたどり着いたが、この恐ろしい悪巧みの共謀者は、すべてマルセイユで話をつけてもらおうと思い、港では何もしなかったため、ジェノバ人が全員に帰国を促した。

一七世紀の神学者トマス・フラーは、『聖戦の歴史(History of the Holy Warre)』という奇想天外な歴史をつづった著作の中で、この十字軍は悪魔のひらめきがなした業だと述べており、理由も付け加えている――これは今読むと笑ってしまうかもしれないが、この立派な聖職者は大まじめに論じているのである。フラーの説はこうだ。

「人食いで食傷ぎみだった悪魔が、弱った胃を休めるのに子どもの血で作った強壮剤を欲しがったのだ」

要するに、羊の肉を食べ飽きた食い道楽が、代わりに仔羊を食べたがるのと同じだというわけである。

ほかの著述家も、卑劣な僧侶の説教が子どもたちをだますのに効果があったので、彼らは「おお、主なるイエスよ、われらに十字架を取り戻したまえ!」などと叫びながら国中を走り回っており、差し錠もかんぬきも、父親に対する恐怖心も、母親の愛情も、エルサレムへの旅を思いとどまらせるには至らなかった、と述べている。

こうした異様な出来事については、詳しい材料がほとんどなく、乱雑にもなってしまうため、このテーマに言及している一九世紀初期の著述家は挙って、こんな謀略を考え出した僧侶の名前や、彼らがその後どうなったかをいちいち挙げ連ねても無駄だと考えている。分け前にあずかることになったマルセイユの二人の商人は、別件で裁判に付されて死刑になったといわれている――本件に関して何か事情を話したのかどうかは不明である。

教皇インノケンティウス三世は、少年十字軍ができたいきさつについては知らなかったようだ。大勢が十字架を掲げ、聖地へ向かって行進していることを知らされると、こう叫んでいたのだから。

「われわれが寝ている間も、あの子らは起きているのか!」

明らかに教皇は、西欧人がまだパレスチナ奪回に熱心であり、この子どもたちの熱意はあまり熱心でなかった自分自身に対する叱咤激励だと考えたようだ。教皇はすぐさま重い腰を上げると、キリスト教世界の聖職者に回勅を送り、新たな十字軍を説くよう勧告した。例によって、ほかに何もすることがない向こう見ずな貴族が大勢、従者を伴って参加した。こうして一団を募っている間に開かれたラテラーノ公会議では、教皇自身も十字架を掲げ、聖墓防衛のために主の軍隊の指揮を執ることを宣言した。もちろん十分な情熱もあったからのことだろうが、死期が近づいており、その計画は実を結ばないうちに頓挫してしまった。後を継いだ教皇は、同行するのは拒んだが、十字軍を激励した。引き続きフランス、イングランド、ドイツで軍備が進められた。これらの国からは重要な指導者はだれも参加しなかった。参加した君主は、暇を持て余していたか、領土を離れたがっていたかどちらかのハンガリー王アンドラーシュ二世ただひとりであった。アンドラーシュの旗の下にはオーストリア公とバイエルン公がドイツ人の大軍を引き連れて参加した。彼らはスパラト（現在のスプリト。クロアチアにあるアドリア海沿岸都市）まで行進すると、船でキプロスへ渡り、そこからアッコンに入った。

ハンガリー王は何につけても腰抜けで優柔不断であったが、腕利きの軍隊の指揮官として聖地に立った。サラセン軍は不意を突かれ、何週間かは何の抵抗もできなかった。アンドラーシュは最初の敵軍を撃破すると、サラセン軍が建造したばかりの重要な要塞を占拠しようと、タボール山を目指して進軍した。そして難なく山頂に到着。耐えるのはそう大儀そうでもなかったのだが、気弱な心が急に頭をもたげてきた。ハンガリー王は一撃も加えずにアッコンに引き返してしまった。そしてあっさりと遠征そのものも放棄して帰国してしまったのである。

ずいぶんたってからだが、西欧からぱらぱらと援軍がやって来た。そして今では遠征隊長となったオーストリア公が、まだサラセン軍を本気で苦しめるのに十分な兵力を指揮下に治めていた。オーストリア公はほかの指導者たちと相談しながら、十字軍の全精力をエジプトに向けることを決断した。エジプトにはパレスチナとの関係でサラセン軍の拠点があり、そこから十字軍と闘う兵士がスルタンによって次々と徴用されていた。最初の標的に決まったのは、ナイル川を眼下に従え、エジプトの最重要都市のひとつでもあるダミエッタであった。直ちに包囲戦が始まり、精力的な戦局が続いた。やがて十字軍が塔を占拠。ナイルの真ん中に突き出た塔は、ダミエッタの重要拠点と考えられていた。

成功を喜び合いながら、先へ進む時間を飲めや歌えの大騒ぎで無駄にしている間に、彼らは博学のスルタン、アル・アーディルの死を知らされた。二人の息子、アル・マリク・アル・カーミルとアル・アジズ・ムハンマドが帝国を二分割していた。シリアとパレスチナはムハンマドの領土に入っていたが、エジプトのほうはアル・カーミルの持ち分に割り振られ、当面はアル・カーミルが総督代理を務めていた。だがエジプト人には評判が悪く、彼らに反乱を起こされて、十字軍にも今まで以上に征服する好機を与えてくれた。ところが、大昔から変わっていないが、短気で放縦な十字軍はその好機を見逃してしまったのである。あるいは分かっていたのに、それにつけ入ることができなかったのだ。彼らがダミエッタの城壁の下でどんチャン騒ぎやけんかに興じている間に、反乱は鎮圧され、アル・カーミルがエジプトの支配権を確立した。ムハンマドと同じく、アル・カーミルの次なる関心事はキリスト教徒をダミエッタから追い出すことだった。そしてそれから三カ月の間、彼は防衛軍に兵力を投入するか、包囲軍を全面戦争に持ち込むことに心血を注いだ。しかし、そのどちらも失敗に終わってしまった。ダミエッタの飢饉は目を覆うばかりで、害虫でさえ何でも贅沢品だと考えられ、途方もない値で取引されていた。犬の死骸にも、栄華を誇っていた時期の生きている雄牛より高い値が付いていた。体に良くない食べ物が病をもたらし、都市はもはや城壁を守る兵士たちの絶対的な困窮には耐えられなくなっていた。

ムハンマドとアル・カーミルは一様に自らの保身に躍起になっていたが、都市の運命についてはある程度覚悟しており、十字軍の指導者らと会議を持って、唯一エジプトからの撤退を条件に、キリスト教徒にパレスチナ全土を譲渡すると申し出た。しかし、こんな有利な条件は無分別で誤ったものなので信用できない。十字軍側はそう言ってはねつけたのである。それはとくに無学で頑固な狂信者、ペラギウス枢機卿の説得のたまものであった。枢機卿はオーストリア公に、そしてフランスとイングランドの指導者に、異教徒は一度も約束を守ったことがないし、あんな提案は見掛け倒しだとしきりに主張していたのである。会議は十字軍側から突然打ち切られ、ダミエッタの城壁にとどめの一撃が加えられた。防衛軍は抵抗することはしたものの、まったく勝ち目はなく、キリスト教徒軍にそのまま入城を許してしまった。だが、七万人いた人口が三〇〇〇人しか残っていないのに気がついた——疫病と飢餓という双子の悪魔による破壊の跡はそれほどすさまじかったのである。

ダミエッタで数カ月が過ぎた。気候のせいで気分が優れないのか、判断力が鈍ったのか、キリスト教徒たちはダミエッタを征服してからというもの、すっかり脱力感に襲われ、これまで以上に羽目を外して暴動や乱行にふけるようになった。シャンパーニュの騎士ジャン・ド・ブリエンヌは、妻の権限で名目上のエルサレム王ではあったが、指揮官たちの腰抜けぶりや横柄さ、争い事にすっかり愛想を尽かし、十字軍を離脱してアッコンに引き揚げてしまった。大軍も西欧に引き返してしまったので、残されたペラギウス枢機卿は、この計画全体を台無しにしたければいつでもできる状態になっていたが、どうにかジャン・ド・ブリエンヌのご機嫌を取ると、混成軍を伴ってカイロ攻撃へと歩を進めた。だが、もうあとほんの数時間でカイロに到着するというとき、自分の部隊が無能だというのに気がついた。枢機卿は慌てて引き返したが、出発してからすでにナイルの水かさが増していた。水門を開くも、ダミエッタに戻る手だては何もなかった。窮地に立たされた枢機卿は、以前ははねつけていた和平を訴えた。枢機卿にとっては幸いだったが、寛大なアル・カーミルとムハンマドはまだ喜んで聞き入れようとしていた。間もなくダミエッタは明け渡され、枢機卿も欧州へ戻った。アッコンに引きこもっていたジャン・ド・ブリエンヌは、王国の犠牲者を追悼しながら、うわべだけの仲間たちのばかさ加減に憤りを募らせていた。本来なら彼らが助けてくれなければならないのに、その国を台無しにしてしまったのだから。こうして第六回十字軍は幕を下ろしたのだった。

第七回十字軍はさらに大きな成功を収めた。神聖ローマ皇帝フリードリヒ二世は、軍を率いてパレスチナ防衛に向かうと何度も誓いを立てていたが、それよりさらに差し迫った重要な問題で、幾度となく遠征を思いとどまらざるを得なくなっていた。ムハンマドは温和で良識ある皇帝で、シリアのキリスト教徒もその統治下で安息と寛容を享受していた。だがジャン・ド・ブリエンヌは、自分の領土を何の努力もせずにみすみす失いたくはなかったし、西欧の教皇たちも、かねてから自分たちの権力拡大のために諸国を巻き込もうともくろんでいた。当時は効果的な支援ができる君主はフリードリヒ二世ただひとり。ジャンはそんなフリードリヒ二世にもっと熱い情熱を吹き込もうと、自分の娘であり、エルサレム王国の女相続人でもある若きイザベル女王との結婚話を持ち出した。フリードリヒは大喜びで結婚に同意した。ローマにいたイザベルは早速アッコンに入ると、盛大な結婚式が催された。父親のジャンは娘婿のために全権を放棄し、エルサレムは再び国王、自分の主張を押し通したいという願望だけでなく、押し通す権限を得た国王を頂くことになったのである。直ちに新しい十字軍の準備が始まった。そして六カ月後、フリードリヒはよく統制の取れた六万の男たちの指揮官になった。一三世紀イングランドの年代記作者マシュー・パリスによると、イングランドでも同規模の軍隊が召集されたらしく、十字軍関連のほとんどの著述家がこの説を採用している。まだ娘と皇帝との結婚話など出てきていないころの話だが、ジャン・ド・ブリエンヌがイングランドにいるときは、ヘンリー三世とその臣下たちに失った領土奪還の支援を懇願していたが、大した力添えを得ることはできなかった。グラフトンは『クロニクル』の中で、こう述べている。

「彼は再び出発したが、それほど心穏やかではなかった」

だが、西欧の政界に大きな影響力を持つある男が登場すると、かつての獅子心王の時代のように、イングランドの貴族は自分を犠牲にして十字軍運動に参加する覚悟を固めたのだった。

フリードリヒの軍はブリンディジ（イタリア・アプーリア州のアドリア海に面した港市）に陣営を張ったが、兵士たちの間に疫病が顔を出すようになり、出発が数カ月遅れてしまった。そうこうしている間に、イザベル女王が産床で世を去った。ジャン・ド・ブリエンヌはすでに全権を放棄したことを悔いていたが、それに加えてフリードリヒの度重なる無頓着で侮辱的な行動に対しても激怒しており、二人を結びつけていた唯一の縁も娘の死で切れるとみるが早いか、すかさず動きだすと、全権放棄を撤回し、一度放棄した名誉ある王座に復帰できるよう、ローマ教皇に働き掛けたのである。傲慢で協調性に欠け、しかも執念深い性格のローマ教皇グレゴリウス九世は、フリードリヒの反抗的な態度にかなりの怨念を抱いており、ジャン・ド・ブリエンヌの申し出を必要以上に激励した。だがフリードリヒは二人をさげすみ、兵士たちの病気が快方に向かうと、すぐにアッコンに向けて出航した。ところがフリードリヒ自身が病魔に襲われてしまい、出航してから間もなく最寄りのオトラント港に引き返す羽目になった。そのときグレゴリウス九世は、ジャン・ド・ブリエンヌのために、何かにかこつけて皇帝を破門してやろうと決断した。フリードリヒも、初めのうちは破門をこのうえない侮辱だと思っていたが、体調が回復すると、刑罰を受けないからといって怒られるわけではない、と自分を納得させ、教皇領を破壊させようと、部隊をいくつか送り込んだ。だが、これは事態を悪化させただけであった。グレゴリウス九世はパレスチナに使節団を派遣して、違反したら厳罰に処するとして、信徒たちに破門した皇帝との接触を一切禁止させたのである。こうして両者の間で心に思い描いていた計画は、まさにサラセン人が願っていたとおり、見事に破綻しそうになってきた。フリードリヒはなおも十字軍に情熱を傾けていた。今やエルサレム国王の座に就いていたからだ。そしてキリスト教世界のためでもその代表であるローマ教皇グレゴリウス九世のためでもなく、自分のために闘っていたからだ。ジャン・ド・ブリエンヌが西欧を発つ準備をしているといううわさを耳にすると、自分も急いで出発し、無事にアッコンに到着した。ところが、ここで初めて、フリードリヒは破門の恐ろしい威力を思い知ったのである。パレスチナのキリスト教徒はけっして彼を助けようとはしなかった。しかも、忌み嫌ってはいなかっただろうが、疑いの目で見詰めていた。テンプル騎士団やホスピタル騎士団、ほかの騎士団も、最初は皆同じ感覚を分かち合っていたが、さしたる関係もない大物に盲従するような男たちではなかった。それで自分たちの利権が脅かされるとなれば、なおさらであった。

フリードリヒは、西欧を発つ前からスルタン・アル・カーミルと聖地奪回の交渉に入っていたようだ。アル・カーミルのほうも弟のムハンマドの野望に嫉妬しており、フリードリヒがエジプトのさらに重要な領土の占領を保証してくれるというのであれば、そうした趣旨の協定を結ぶ用意があったのだ。だが、十字軍がパレスチナ入りする前に、アル・カーミルは弟の死によってあらゆる恐れから解放されてしまった。とはいうものの、すでにおびただしい数のキリスト教徒やサラセン人の血で染まった不毛地帯を十字軍と争っても意味がないと判断し、イスラム教徒にはエルサレムの寺院で自由に礼拝することを認めるという条件をひとつだけ付けて、三年間の休戦を提案した。だが、偏狭なパレスチナのキリスト教徒は、このめでたい結末にも満足しなかった。彼らには寛大さが欠けていたのだ。他人に進んで恩恵を与える気になどなれず、自分たちの敵に許された自由な礼拝に対しては文句ばかり垂れていた。不当な措置に彼らの態度も横柄になり、教会から破門されている皇帝が何かの条約の当事者になることにも異議を唱えていた。フリードリヒは新たな問題にもうんざりしたが、テンプル騎士団とホスピタル騎士団が信義を尽くしてくれていたため、王座に就くべくエルサレムへ乗り込んだ。しかし、すべての教会が彼に扉を閉ざし、王冠を授けてくれる司祭さえ見つからないありさまであった。長いこと教皇の権力を軽蔑していたのだから、今さらおじけづくことはない。これほど不当な圧力を掛けられ、戴冠式をつかさどる司祭もいないとなると、もう自分で戴冠式を執り行うしかない。フリードリヒは祭壇にある王冠を自らの手に取ると、堂々と、誇らしげに頭上に載せた。民衆の称賛の声も拍手喝さいもなく、聖職者の賛美歌や勝利をたたえる聖歌もなかったが、新国王を死守する証しとして、無数の剣が抜かれた。

パレスチナの不安定な王座と不毛な土地のために、フリードリヒが長期にわたって祖国の統治権を見捨てるとは思えなかった。六カ月とたたないうちに、彼には新たな課題が十分に見えてきていたし、さらに重要な関心事が帰国を促していた。ジャン・ド・ブリエンヌは公然と教皇ゴレゴリウス九世と結託してフリードリヒに対抗しており、実際に彼の領土を荒らすために教皇軍の指揮官として雇われていた。聡明なフリードリヒは帰国を決意。フリードリヒは、残念ながらおまえたちの主人はこのおれだ、ということをかつて侮辱した連中に再認識させると、パレスチナへののろいをたっぷり積み込んで出航した。これで第七回十字軍は終わりを告げるわけだが、今回は障害や不利な条件ばかりだったにもかかわらず、聖地にとっては、以前のどの十字軍よりも実質的に有益なものとなった――これはもっぱらフリードリヒの勇気と寛大なスルタン・アル・カーミルのおかげである。

皇帝がエルサレムを発った直後のこと、新たに統治権を請求する者がエルサレム統治へと旅立った。それはキプロス女王で、シャンパーニュ伯爵夫人マリーとは腹違いの姉妹のアリックスであった――マリーは結婚によってその権利をジャン・ド・ブリエンヌに譲っていた。ところが巨大な軍隊がフリードリヒについて行ってしまい、アリックスもやむなく身を引いたのだった。

十字軍にとっては穏やかな結末だったが、西欧には純粋な喜びをもたらしたわけではない。フランスとイングランドの騎士団には休む間もなかった。休戦協定が結ばれるはるか前から、第八回の遠征隊員を募っていたからである。パレスチナにも充実感がみなぎっているとは言い難かった。周辺の弱小イスラム諸国が、休戦とは関係なく、引きも切らずに国境都市に攻撃を仕掛けてきていたのだ。常に騒然としているテンプル騎士団もアレッポのスルタンと熾烈な闘いを繰り広げていたが、最後にはほぼ全滅してしまった。

その大虐殺のあまりのすさまじさに、西欧中にも彼らの悲運の物語が伝わった。無数の高貴な騎士たちも、崇高かつ感動的な数々の思い出を秘めた騎士団の絶滅を防ごうと、武器を取った。アル・カーミルは十字軍の準備が始まっているのは知っていたが、寛大さは十分に示したと思っており、まさに休戦が終わるその日に攻撃を開始して、キリスト教徒軍の乏しい兵力を一掃してからエルサレムへ進軍し、占拠することを想定していた。十字軍はこの情報が西欧に伝わる前に、ナバール王、ブルゴーニュ公、ブルターニュ伯、その他の指揮官を旗頭に出発していた。エルサレムはすでに占領されていたが、到着した彼らは、スルタンが他界し、統治権を請求するライバルに分裂させられたその領土が最高権力者の手に渡っていることを知った。身内同士の権力争いが敵の団結力を強化する結果になったのだ。これまでのどの十字軍でもそうであったように、封建領主はそれぞれが軍の隊長であり、自分の責任において行動し、基本計画など参考にすることはなかった。そして、結局は何ひとつできないまま終わってしまうのである。ある指揮官が一時的に優位に立てても、それを圧勝に持っていく術を持っていない。そうこうしている間に別の軍が敗退してしまう。自分たちで立て直す術も持っていない。こうして戦争はずるずると長引き、ガザの戦いにまで発展し、ナバール王が敗北し、大勢の犠牲者を出すことになる。そして全滅することだけは避けたいと、カラク（現在のヨルダン領）のアミールと厳しい不平等条約を締結することを受け入れるのである。

この重大な局面で、ようやくイングランドからの援軍が到着した。軍を率いていたのは、若き獅子心王の異名を持ち、その勇猛果敢さを受け継いだコーンウォール伯リチャードであった。軍は頑強で、希望に満ちていた。兵士らは自信を持ち、指導者を信頼し、勝利に慣れている男たちであった。彼らの到着で事態は一変。エジプトの新しいスルタンはダマスクスのスルタンと対立していたが、二つの強い敵と相対するほどの兵力はなかった。そこでエジプトのスルタン、アル・カーミルは、使者をコーンウォール伯に派遣して、捕虜を交換し、聖地を完全に譲渡することを提案した。リチャードは単なる闘いのための闘いに来たわけではなかったので、この有利な条件にすぐに同意し、一撃も加えることなくパレスチナの解放者となった。するとアル・カーミルは、今度は自分の軍をすべてイスラムの敵との戦いに回したため、リチャードも欧州に戻った。第八回十字軍はこうして終わり、ほぼ万人に有益な結末を迎えたのだった。キリスト教世界には、もうこれ以上東方に勇猛な兵士たちを送り込む口実はなかった。どう見ても聖戦は終わっていたからだ。キリスト教徒はエルサレム全域、トリポリ、アンティオキア、エデッサ、アッコン、ヤッファ、そして事実上ユダヤのほぼ全域を掌握していた――身内同士がもう少し仲良くやっていれば、大きな困難もなく、隣国の嫉妬や敵意を乗り越えられたはずだ。ところが、これほど悲惨な結果になるとは予想もできなかったが、ある事件がこのまずまずの展望を台無しにしてしまったのである。十字軍への情熱と憤激が、最後にもう一度燃え盛った。

チンギス・ハーンとその子孫が台風のようにアジアを席巻し、進攻しながらあらゆる時代の歴史的建造物を破壊していた。北方や東方の辺境では無数の君侯国が誕生しては消えていったが、トルコ系のホラズム帝国もこの無敵の大集団に侵略され、滅亡した国である。中央アジアの遊牧民であるホラズムは、気性が荒く、野蛮な民族だったが、こうして祖国を追われると、今度はたいまつと剣を手に、安息の地を求めて南アジアに散っていった。ところが移動中、彼らは衝動的に進路を変えてエジプトを目指してきたのである。エジプトのスルタン、アル・カーミルは、肥沃なナイル流域に物欲しそうな視線を投げるこの大群に抵抗することはできなかったが、どうにか彼らの目をそらせようと、指導者に使者を派遣して、パレスチナ定住を促した。野蛮な遊牧民の集団はこの申し出を受け入れ、十字軍が何の報告も受け取らないうちにパレスチナに入ってきた。どうしようもないほど突然の出来事であった。まるでシムーム（砂を含んだ強い熱風）のように前進し、放火や破壊を繰り返しながら、住民が振り向く間もなくエルサレムの城壁までやって来たのである。人間も財産も容赦しなかった。祭壇の前で女や子ども、司祭を殺害し、もう何世紀もの間眠っているような洞窟の神聖まで汚していった。キリスト教信仰の名残は片っ端から破壊し、戦争史上類を見ないほど残忍極まりない罪を犯した。エルサレムの住民のうち七〇〇〇人ほどが避難したが、その姿が見えなくならないうちに、残忍な彼らは住民たちをおびき出すために十字軍旗を城壁に掲げた。この策略は大成功。哀れな住民たちは、助けがやって来たのだと思い、住まいを取り戻そうとして戻ってきたのである。彼らはほぼ全員が虐殺され、エルサレムの街は血の海と化していった。

この不気味な敵を一掃するため、テンプル騎士団、ホスピタル騎士団、チュートン騎士団が長年にわたって互いに抱いていた激しい敵意を忘れて手を携えた。彼らはまだ残っていたパレスチナの騎士団とヤッファに地歩を固め、エミッサとダマスクスのスルタンから、共通の敵を撃退する際の援護を取りつけようとした。イスラム教徒からの援軍は、最初はわずか四〇〇〇人にすぎなかったが、ヤッファ領主のバルテール・ド・ブリエンヌが、その援軍と共にホラズムに闘いを挑む決心を固めた。しかし、絶望的ともいえるほど酷く、容赦なく残忍な戦いに最後まで持ちこたえることはできなかった。二日間の戦闘で二人の明暗ははっきりと分かれた。エミッサのスルタンは要塞に逃れ、バルテール・ド・ブリエンヌは敵の手に落ちた。この勇敢な騎士はヤッファの城壁の前で両腕を十字架に吊るされ、ホラズムの武将は、都市が降伏するまでそのままにしておくと宣言。バルテールはか細い声を上げたが、それは降伏を勧告するためではなく、兵士たちに最後まで耐え抜くよう命じるためであった。しかし、そんな勇ましさも空回りするばかり。おぞましい大虐殺が行われ、あれほど大勢いた騎士団員だが、生き延びたのはホスピタル騎士団員が一六人、テンプル騎士団員が三三人、チュートン騎士団員が三人のみ。彼らは軍の生き残りと共にアッコンに逃亡し、ホラズム朝がパレスチナを支配することになった。

シリアのスルタンにしてみれば、隣人にするにはこんな凶暴な遊牧民よりキリスト教徒のほうがましだった。エジプトのスルタンもこんな野蛮な敵に援軍を送ったことを後悔し始め、彼らをパレスチナから追放するため、エミッサとダマスクスのスルタンと手を組んだ。こうして敵意をむき出しにして四方から包囲されると、二万人程度しかいなかったホラズムの兵士はまるで歯が立たなかった。スルタンの連合軍は数回の戦いで彼らを撃退。小作人も一丸となってあだ討ちに立ち上がった。徐々に敵の数が減ってきた。敗れた敵に情けは無用。ホラズムの指導者は殺害された。五年にわたる捨て身の戦いの末、ようやくホラズムは壊滅。パレスチナは再びイスラムの領土に返り咲いたのだった。

この目を覆いたくなるような大惨事の少し前、パリで病に倒れた聖王ルイ九世は、熱にうなされながら、キリスト教徒とイスラム教徒の軍がエルサレムの前で戦い、大虐殺の末、キリスト教徒が敗北を喫するという夢を見ていた。縁起を担ぐルイはこの夢に心を大きく揺さぶられ、健康が回復したら巡礼を率いて聖地に赴くことを固く誓った。パレスチナの不幸な事件、そしてエルサレムとヤッファでの恐ろしい大虐殺の知らせが西欧に伝わると、ルイはそのときに見た夢を思い出した。これは天からじかに伝えられたお告げだ。そう確信したルイは、十字架を背負い、軍を率いて聖墓救出に向かう準備を始めた。このとき以来、ルイは毛皮で縁取りした緋色の盾形マントを脱ぎ捨てて、地味なサージの衣服をまとった巡礼者になったのである。頭の中は計画を実行に移すことでいっぱいで、自分がいなくなると国内情勢が悪化する可能性もあったが、出発の準備には余念がなかった。ローマ教皇インノケンティウス四世はルイの熱意を褒め称え、あらゆる支援を行った。イングランドのヘンリー四世には書簡を書いて、国内で十字軍運動を促進するよう求め、西欧全体の聖職者と信者には寄付を呼び掛けた。そして高名なソールズベリー伯ウィリアム・ロングスウォードが、十字架を身に着けて大勢の果敢な騎士と兵士の指揮を執ることになった。しかしフランスでもイングランドでも、民衆の熱狂を呼び起こすには至らず、立派な軍隊が組織されてはいたが、大衆が共感することはなかった。税金が熱を冷ます大きな要因になっていたのだ。騎士が十字軍参加を拒否しても、もはや不名誉にはならなかった。当時一世を風靡していたフランスの吟遊詩人、リュトブフは（一二五〇年）、十字軍に参加した人と参加しない人の対話を歌にして詠んでいる。十字軍に参加した人は、参加していない人に武器を取らせ、聖なる大義のためにすべてを投げ打つよう、手を変え品を変え説得している。だが、参加していない人の論法の勢いからすると、この吟遊詩人が参加していない人に好意的だったのは明らかだ。仲間の十字軍参加者の切羽詰まった誘いに、リュトブフはこう応えている。

汝の言うとおり、確かに正しい。
まさにその地へわれも急がん、

皆で血を流し、その地を奪還せん。
さもなくば、わずかの土地も勝ち得まい。
されどここには、打ちひしがれし、哀れな妻と幼子が、
後に残され、悲嘆に暮れる。
上等なわが家も荒れ果てん。
留守中は飼い犬にすべて任せし。
されど、立派な友よ、われは知っている。
機知に富む賢者の古きことわざを。
手に入れたるものをわれらも守らん、
忠誠、われそれに従うべし。

これがおおよその世論だったため、ルイ九世が軍を組織し、出発に必要な準備を整えるのに優に三年かかっていても不思議ではない。すべてが整うと、ルイは王妃と二人の弟（アンジュー伯シャルルとアルトア伯ロベール）、そしてフランス屈指の高貴な騎士の大隊列を伴って、まずはキプロスに向けて出航した。もうひとりの弟、ポワティエ伯アルフォンスは別の部隊を招集するためにフランスに残り、国王に数カ月遅れて出発した。軍はキプロスに集結した。ウィリアム・ロングスウォード率いるイングランドの十字軍だけでも、兵士は五万人に上っていた。再び疫病が猛威を振るい、多くが犠牲になった。その結果、春になるまでキプロスにとどまっていたほうがいいという結論に達した。ルイは自分の兵士を全員引き連れてエジプトに乗り込んだが、激しい雷雨で船隊がばらばらになってしまい、ダミエッタに着いたときには、わずか数千人の部隊になっていた。しかし、彼らは血気にはやり、希望に胸を膨らませていた。だからアイユーブ朝のスルタン・サーリフが圧倒的に優勢な兵力を伴って海岸に現れたときも、残りの軍の到着を待たずに上陸を決めたのである。ルイ自身も焦る気持ちを抑え切れず、船から飛び降りて海岸を進んでいった。兵士たちもそんな情熱あふれる勇気に触発されて、最初の十字軍以来の伝統的な喚声を上げながら後に続いた。

「デュー・ル・ブー！　デュー・ル・ブー！（神のおぼしめしを！　神のおぼしめしを！）」

トルコ軍は狼狽した。騎馬隊は奇襲攻撃を掛けようとしたが、十字軍の騎士たちが海辺の砂に盾を深く突き立てて、上から狙えるように盾の上に槍を載せ、威圧感を与えるような障壁を築いていたので怖くて突進できず、くるりと後ろを向いて逃走してしまった。このときのパニックで、サラセン軍の間に誤報が流れた。スルタンが殺されたというのである。混乱は瞬く間に広がった――「完敗」だった。ダミエッタは明け渡され、その晩、勝利に沸く十字軍は都

市に指令本部を設置した。嵐で指導者と離れ離れになっていた兵士たちも、その後間もなく到着した。ルイも、自分の野望が間違いではなかったことを証明できる立場に立てたのである。それはパレスチナだけにとどまらず、エジプトも征服するという野望であった。

しかし、過信が軍の破滅につながった。もう十分に目的は達成した、やり残したことはない。彼らはそう考えると気が緩み、贅沢に耽ってしまった。ルイの命令でカイロに向けて行進していたときは、もう同じメンバーではなかった。成功は彼らを奮起させるどころか、やる気を奪っていった。飲食や乱行が病気の引き金となり、このだれも経験したことがないような暑さで疫病がさらに蔓延した。カイロへと続く道の途中、マンスーラに向けて行進中にタニア運河で検問があった。堤防ではサラセン軍が整列して、通行を阻止しようとした。ルイは急いで橋を架けろと命じた。作業は二つの船首楼か高い可動式の塔に隠れて行われた。サラセン軍は、すぐに「ギリシャの火」（火炎瓶、一種の火炎放射器のようなもの）を大量に投げつけて破壊してしまうと、ルイはほかに何か打つ手はないものかと頭をひねった。そして小作人に結構な額のわいろを手渡して、歩いて渡れそうな浅瀬を教えてもらうことにした。まずアルトア伯と一四〇〇人の兵士が行ってみた。その間、ルイは軍の本隊と共に残り、サラセン軍と対峙した。アルトア伯は無事に川を渡り切り、上陸を阻止するために送られてきた選抜隊を撃破した。勝ったことで意気が上がった雄々しい伯爵は、兵士の数が乏しいことなど忘れてしまい、うろたえている敵をマンスーラへと追い込んでいった。こうなるともう、仲間の兵士たちを助けることなどどうでもよくなってきた――イスラム教徒はそれを察していた。アルトア伯は、マンスーラの駐屯隊、そして周辺地域から来た援軍で大きく膨らんだ兵力を従えながら、本来の自分を取り戻していった。戦いはすでに白兵戦と化していた。キリスト教徒は全身全霊の力を振り絞って闘った。ところが、徐々に彼らを取り囲む敵の数が増えてくると、勝利はおろか、逃亡できる見込みすら完全に断ち切られてしまったのである。アルトア伯は真っ先に殺害の対象になった。ルイが救出にやって来たときには、勇敢な前衛もほぼ総崩れであった。一四〇〇人の兵士のうち、残ったのはわずか三〇〇人。戦闘は、今や三倍もの激しさをはらんできた。フランス国王とその軍隊は並外れた勇姿を見せ、サラセン軍もアミールの指揮の下、最後の決戦で新しくやって来て沿岸地域に定住している西欧人の撲滅を心に固く誓っているかのように闘った。夜露が落ちるころには、マンスーラの戦場はキリスト教徒が支配しており、勝者を自負していた。

だが、サラセン軍は身を引いただけで、退却したわけではなかったのだ。うぬぼれから、彼らはそれを認めようとはしなかったが、決戦でキリスト教徒軍は完全に解体し、今後の征服の望みもすべて立ち消えてしまったことが、指揮官たちには痛いほど分かっていた。

こうした事実に強く心を動かされた十字軍兵士たちは、和平を訴えた。スルタンも、ダミエッタからの即時撤退を要求し、その条件をのむまでルイ自身を人質として取ると主張した。キリスト教徒軍はすぐにそれを拒否。交渉は暗礁に乗り上げた。そして今度は撤退することで決着を見たが、機敏なサラセン軍はすでに前衛と後衛に控えており、撤退を限りなく難しくしただけでなく、大勢の落伍兵の行く手を遮ったのである。数百人がナイルでおぼれ、ほかのあらゆる災害から逃れられた者たちも、悲惨にも病気や飢餓に襲われた。ルイ自身も病気や疲労、落胆から衰弱してしまい、馬にまたがることもできなくなっていた。こうした逃走中の混乱のさなか、ルイは側近らとはぐれ、エジプトの砂漠の中ですっかり路頭に迷ってしまった。病気、衰弱、そして孤独。ただひとり行を共にしていたジェフロワ・ド・サルジンという騎士が、ルイを小村の粗末な小屋に連れていった。死の訪れを絶えず予感しながら、ルイは数日間床に伏していたが、そのうちにサラセン人に見つかってしまい、捕虜として連行された。ところがそのサラセン人、身分が高い国王ルイに礼節を尽くして接し、その不運な境遇には同情を惜しまなかったのである。そんなサラセン人の看病のおかげで、ルイは見る見る健康を取り戻していった。さあ、今度はルイの受け渡しを考える番だ。

サラセン軍は金銭だけでなく、アッコン、トリポリ、そしてパレスチナのほかの都市の明け渡しも要求した。ルイは即座に拒否。その自尊心の高さと勇気は、スルタンをして、今まで会った異教徒では一番の誇り高き男とまで言わしめるほどであった。押し問答が続いた後、スルタンはこれらの条件を撤回し、ようやく条約が成立した。ダミエッタはイスラム教徒に返還され、一〇年間の休戦合意が成立。ルイと捕虜全員の釈放と引き換えに、一万ビザンツ金貨が支払われた。ルイはヤッファに引き返し、パレスチナにおけるほかの占領地だけでなく、ヤッファとカエサレアにもきちんとした防衛体制を整えた。それに二年を費やしてから、ルイは帰国。聖人としての名声は欲しいままにしたが、戦士としての評判はさっぱりであった。

年代記作家のマシュー・パリスは、ルイがエジプトに滞在していた一二五〇年は、「多くのイングランド人が聖戦に出陣する決意を固めた年であり、国王は自国の港の監視をおろそかにし、民衆が外国に出ていくのを防ぐことができなかった」と記している。しかし、フランス国王が撤退し、捕虜になったという便りが届くと、そんな熱も冷めてしまい、十字軍は歌われこそすれ、人々の話題に上ることはなくなった。

しかし、フランスではそれとまったく逆の感情が芽生えていた。国王が捕虜になったという知らせは驚きをもって受け止められ、全国に広がった。ある狂信的なシトー派の修道僧がいきなり村にやって来て、人々に説教を始めた。聖人と殉教者の大軍を従えた聖母マリアが現れて、十字架を守るため、羊飼いと農民を奮起させるよう自分に命じた、というのである。修道僧は彼らにしか演説をしなかったが、その流暢な弁舌に多くの人々が周りを取り囲み、僧侶の導くところならどこへでもついて行きそうな雰囲気であった。牧草地やとうもろこし畑は見捨てられ、牧童、または歴史用語で「パストゥロー」と呼ばれる羊飼いの少年たちは、最終的に五万を上回る数に膨れ上がった。国王の留守中に摂政として国を治めていた王母ブランシュも、当初はパストゥローの部隊を激励していたが、彼らはすぐに不愉快な行為に走るようになり、おとなしい性格の者はそれを抑えるほうに回るようになった。強奪、殺人、暴力。これが連中のやり方だった。善良な少年たちは、政府の支援を受けながら、団結して彼らの鎮圧に当たった。最終的には分散していったが、すでに三〇〇〇人が大虐殺の犠牲になっていた。大虐殺はもっと大規模なものだったと述べている著述家も多い。

一二六四年に一〇年間の休戦期間が終わると、聖王ルイ九世は二つの強い動機に駆られ、パレスチナ解放に向けて二度目の遠征隊を組むことを決意した。二つの動機とは、狂信、そして軍人としての名誉を挽回したいという思いだったが、ルイに寄生し、自分たちの存在を誇示しようとする連中は頭を抱えてしまった。ローマ教皇はもちろんルイの計画を奨励した。これで再び西欧の騎士団が動員されることになったのである。一二六八年、イングランドの王位継承者であるエドワードが十字軍参加の決意を表明し、ローマ教皇クレメンス四世も高位聖職者や司祭に親書を送り、説得と資金提供で十字軍を支援するよう命じた。イングランドの聖職者も一〇分の一税の支払いに同意し、政令によって、聖ミカエル祭で全信者のとうもろこしと動産から二〇分の一を徴収することになった。

頭脳明晰な少数の政治家は、そんなことをしたら繁栄を誇った王国も没落の一途をたどるだけだと力説しながら抗議したが、ルイは出発の準備に余念がなかった。戦争好きな貴族も大喜び。こうして一二七〇年の春、ルイは六万の兵を従えて出航したのである。ところが、険悪な天候でサルデーニャ島に流され、そこで計画が変更された。ルイが当初計画していたアッコン行きは取りやめになり、代わりにアフリカ大陸のチュニスに進路を変更することになった。チュニス国王は、以前にキリスト教徒とその信仰には自分自身好意的であることを表明していたので、ルイにもそんなチュニス国王を改宗させられるのではないか、またその援軍をエジプトのスルタンから守れるのではないか、という期待もあったようだ。ルイはよくこう言っていた。

「何という名誉じゃ！　余がイスラムの君主の後見人になれるかもしれんとは！」

こんな思いに胸を膨らませながら、ルイはアフリカ大陸の土を踏んだ。カルタゴはもうすぐそこだ。しかし、ルイは相手のことなどまったく考えていなかった。チュニス国王には改宗する気などさらさらなかったし、十字軍を支援するつもりもまったくなかった。それどころか、まるで非常事態が発生して急きょ召集されたかのような大軍を従えて上陸されるのには反対だったのである。だが、まずはフランス軍がしっかりと陣を固め、イスラム教徒に多大な損害を与えて撃退した。さらに、対抗するために派遣されてきた援軍からも優勢を勝ち取った。ところが伝染病が彼らの間に広まり、その後の勝利にすべて待ったが掛かってしまった。一日に一〇〇人の割合で兵士が死んでいった。同時に、敵のほうにも伝染病と同じぐらいの大惨事が起きた。ルイ自身も最初に病に倒れたひとりであった。疲労で体力も弱っており、フランスを発つ前から甲冑の重さに耐えられるような状態ではなかった。愛する国王もそう長くは持つまい。悲嘆に暮れる兵士たちはすぐに直感した。それから数日後、聖王ルイは兵士や家臣らに大いに惜しまれつつ、歴史に類を見ないほどの声価を残して、カルタゴで永眠した。享年五六歳であった。教会関係の著述家にとって、ルイは模範的な国王である。彼らの目にはどんな短所でも長所に映る。それは短所がその原因を次々と表に出しながら現れるからである。より公平な目を持つ歴史家は、ルイの狂信的な部分は非難していても、数々のまれに見る優れた資質に恵まれており、歴史を見渡しても空前絶後の人物である、と称賛している。

弟のアンジュー伯シャルルは、シチリア領で起きた革命の後に国王の座に就いた。ルイの死を聞かされる前に、彼は大規模な援軍を伴ってメッシーナを出航していた。カルタゴ付近に上陸すると、軍楽隊の太鼓やらっぱが鳴り響く中、軍の先頭に立って行進した。だが間もなく、遅きに失したことを知らされると、兵士たちの目もはばからずに涙を見せた。

イングランドでは十字軍はほとんど支持を得られず、王位継承者でさえ、わずか一五〇〇人の兵を召集できたにすぎなかった。王太子エドワードは、その小さな軍を従えて、ドーバーからボルドーへ向けて出航した。ボルドーにはフランス国王がいると思っていたのだが、聖王ルイは数週間前に発っていた。そこでエドワードも、ルイを追ってサルデーニャ島へ、そしてチュニスへと向かった。だがルイはエドワードがアフリカに着く前にすでに世を去っており、フランスとチュニスの間に和平が締結されていた。だがエドワードは十字軍を断念しない決意を固め、シチリアに戻って一冬を過ごし、乏しい兵力の増強に努めた。そして翌年の春、パレスチナに向けて改めて出航し、無事にアッコンに到着した。キリスト教徒たちは、例によって互いの嫉妬と敵対感情で悲嘆に暮れていた。二大軍隊組織は相変わらず敵意をむき出しにしており、手に負える状態ではなかった。互いに対立し、世界中を敵に回していた。王太子エドワードの到着は、彼らの取るに足らない争いをやめさせ、帰依した国の解放に向けた最後の運動に心をひとつにさせるきっかけにはなった。実働六〇〇〇人の戦士から成る軍が直ちに組織され、王太子エドワードの軍に加わると、新たな戦闘の準備が始まった。獰猛なマムルーク朝のスルタン、バイバルスは、流血の革命によって皇帝の座に上り詰めたものの、当時は近隣諸国をすべて敵に回して戦いに明け暮れていたため、十字軍に全戦力を集中させることができなかった。エドワードはこれに乗じ、正々堂々とナザレスに向けて行進すると、トルコ軍を撃破して、ナザレスを占領。エドワードの運はこれで尽きてしまった。暑さで兵士たちの間に疫病が蔓延しており、遠征のリーダーであるエドワード自身も真っ先に病に倒れてしまったのだ。しばらく病床に伏していたが、徐々に回復してくると、そこへ重要な話があると言って使者がやって来て、至急便を何通かエドワードに手渡した。エドワードがそれを読むのに集中していると、不忠の使者は剣帯から短剣を抜いて、エドワードの胸を一突き。幸い、傷はそう深くはなく、少しは体力も回復していたので、エドワードは刺客と格闘しながらその短剣で刺客を刺し殺し、大声で助けを呼んだ。その声を聞きつけてやって来た従者は、エドワードが大量に出血しているのを見つけた。検査の結果、短剣には毒が塗られていたことが判明。直ちに傷口の消毒が行われた。テンプル騎士団の総長が送ってきた解毒剤で、毒が回る危険はすべて除去された。イギリスの歴史家カムデンはその著作の中で、この話をより一般受けする形に、より美しい形に変えて描いており、妻のエリナーが雄々しい夫への愛情から、自分の命の危険を冒して傷口の毒を吸ったことにしている。一七世紀の神学者トマス・フラーの言葉を借りると、次のようになる。

「あまりにも哀れを誘う話で、信用できない。愛情という美徳で清めた女の舌は素晴らしい治療法だが、けっして善い行いではない」

エドワードは、刺客はエジプトのスルタンの手下ではないかと疑っていた。間違いない。理由もないわけではない。嫌疑は募る一方だったが、刺客の突然の死によって、真実を突き止める大事な糸口は永久に失われてしまった。傷も癒えてきたエドワードは攻撃再開の準備に入ったものの、スルタンのほうは利益を守ることで精いっぱいで、十字軍に和平を提案してきたのだ。当面はそのほうが重要だったのだ。敵側がこうした消極戦術に出たのは、エドワードの激しい気性を考えて、もっと戦争をしたいと躍起になることを計算してのことであった。しかし、エドワードにもほかに守るべきものがあった。父親のヘンリー三世が死去し、イングランドはエドワードの帰国を望んでいる、という知らせがパレスチナに届いたのである。エドワードはスルタンの条件をのんだ。キリスト教徒に聖地における占領地の保有を認め、一〇年間の休戦を宣言する、という条件であった。そしてエドワードはイングランドに旅立ち、最後の十字軍が幕を下ろすことになったのである。

その後の聖地の悲運についてはて手短に話そう。キリスト教徒は過去の数々の苦難や隣国の妬みなどは気に留めず、マルカブ（シリア北西端）付近でエジプトの貿易商を数人殺害し、最初に休戦条約を破ってしまった。この暴挙に対し、スルタンが直ちにマルカブ城塞を占領して報復に出たため、両国間で再び戦争が火を噴いた。マルカブは果敢に防衛したが、西欧からの援護もなく、陥落を阻止することはできなかった。次はトリポリが陥落。その後、ほかの都市も次々と陥落し、とうとうキリスト教徒の占領地はパレスチナではアッコンだけになってしまった。

テンプル騎士団の総長は、小さいが献身的な部隊をかき集めると、キプロス王が提供してくれたわずかな援軍と共に、最後の領土を死守する準備に取り掛かった。だが西欧は援助を求める彼の叫びに耳を貸そうとせず、敵軍の数の多さにも圧倒されて、献身的な勇気も空回りするばかりであった。この悲惨な包囲戦で、キリスト教徒軍はほぼ全滅したと言っていいだろう。キプロス王は抵抗しても無駄だと分かるや即座に逃亡し、テンプル騎士団の総長も騎士たちの頭上に転落し、無数の刺し傷を負った。七つのテンプル騎士団、そして多数のホスピタル騎士団だけは、この恐ろしい大虐殺を免れた。勝利したイスラム教徒は都市に放火し、これでキリスト教徒によるパレスチナ支配が永久に終わりを告げたのだった。

この情報が西欧にもたらされると、聖職者の間には恐怖と悲嘆が広まり、聖地奪回運動のために、もう一度諸国の全身全霊を奮い立たせようとした。しかし、大衆の狂気はもうその仕事を終えており、情熱のほとばしりも決められた時代を焼き尽くし、二度とその炎を燃やすことはなかった。時折、騎士がひとりぽつんと武器を取る決意を表明したり、国王が遠征を素っ気なく激励したり、ということはあったが、いつしか人々の話題にも上らなくなると、そんな姿も途端に見られなくなってきた。たとえかすかな炎でも、もう一度火がつくまでにはさらに長い時間が必要だろう。

ところで、こうした一連の戦争は最終的にどのような結果をもたらしたのだろう？　西欧は巨万の富を使い果たし、二〇〇万の人々の血を無駄に流し、たった一握りの好戦的な騎士たちにおよそ一〇〇年にわたってパレスチナを支配させたのである！　もしキリスト教世界が今日まで領土を保有していたとしても、多大な犠牲を払わずにその利点を享受することはできないだろう。しかし、狂信が生まれ、妄想に操られていたとはいうものの、十字軍は紛れもない弊害をもたらしただけではない。封建領主は自分たちの文化より優れた文化を持つアジアと接することで、立派な社会の一員となった。民衆はそのわずかな権利を守れるようになったし、国王も貴族とは争わなくなり、優れた法律を作る時間の余裕もできた。人間の精神は辛い経験から多少の知恵を身に着け、ローマの聖職者たちが長年包み隠してきた迷信という泥沼から抜け出すことで、迫り来る宗教改革の種子をもらう用意ができたのである。要するに、全知全能の神は悪から善を導き、東方との対立の引き金となった、まさに狂信という手段で、西欧文明の進歩と至福を説いたのである。しかし、このテーマ全体は興味が尽きないもののひとつであり、関連するテーマをすべて取り上げていたら本書の枚数ではとうてい足りなくなる。賢明な学生なら自分の結論を導くことができるだろう。また、自分の力を発揮できる学問としては、この西欧の狂気、つまりそのメリットとデメリット、その因果関係を追究する学問は最高であろう。

■著者紹介

チャールズ・マッケイ（Charles Mackay）

1814年、スコットランドのパースで生まれる。幼くして母親を亡くし、海軍大尉だった父親もワルヘレン島遠征中にマラリアで倒れたため、チャールズは里親に育てられ、ブリュッセルで教育を受ける。1835年に『モーニング・クロニクル』紙で新聞記者としてのキャリアをスタートさせ、1844年には『グラスゴー・アルゴス』紙の主幹となり、チャールズ・ディケンズが創刊した『デイリー・ニューズ』紙にも記事や詩歌を寄稿。後に『ロンドン・イラストレーテッド・ニューズ』紙の主幹となる。作詞家としても活躍し、『群衆の声』という歌集を出版。うち何編かはヘンリー・ラッセルによって曲が付けられ、大流行した。南北戦争中は『タイムズ』紙の特派員として活躍したが、その後執筆業に専念。本書のほかにも晩年には自伝を著している。1889年没。

■訳者紹介

塩野未佳（しおの・みか）

成城大学文芸学部ヨーロッパ文化学科卒業（フランス史専攻）。編集プロダクション、大手翻訳会社勤務の後、クレジットカード会社、証券会社等での社内翻訳業務を経て、現在はフリーランスで英語・フランス語の翻訳業に従事。経済、ビジネスを中心に幅広い分野を手掛けている。

宮口尚子（みやぐち・ひさこ）

ミネソタ大学（University of Minnesota）国際関係学部卒業。帰国後、特許翻訳会社にて翻訳者として勤務。主に、特許明細書や法律文書の翻訳を行う。その後、独立し、翻訳通訳サービス事務所を設立。自ら翻訳者・通訳者をしながら小規模ながら事務所を維持している。現在、専属契約期間を経て、通訳・翻訳を含む海外担当者として広告代理店に勤務。

2004年7月22日　初版第1刷発行
2008年10月5日　　　第2刷発行
2011年2月5日　　　第3刷発行
2012年11月5日　　　第4刷発行
2018年2月1日　　　第5刷発行

ウィザードブックシリーズ⑦⑤

狂気とバブル

なぜ人は集団になると愚行に走るのか

著　者　チャールズ・マッケイ
訳　者　塩野未佳、宮口尚子
発行者　後藤康徳
発行所　パンローリング株式会社
〒160-0023　東京都新宿区西新宿 7-9-18-6F
TEL 03-5386-7391　FAX 03-5386-7393
http://www.panrolling.com/
E-mail　info@panrolling.com
編　集　エフ・ジー・アイ（Factory of Gnomic Three Monkeys Investment）合資会社
装　丁　新田“Linda”和子
印刷・製本　株式会社シナノ

ISBN978-4-7759-7037-9

ウィザードブックシリーズ 226

アメリカ市場創世記

1920-1938年大恐慌時代のウォール街

ジョン・ブルックス【著】

定価 本体2,200円+税　ISBN:9784775971932

ウォール街が死んだ日の迫真のノンフィクション 歴史を見れば、未来が見える

ビジネス作家のなかでも傑出した一人であるジョン・ブルックスが、史上最もよく知られた金融市場のドラマである1929年の世界大恐慌とその後遺症の雰囲気を完璧に伝えているのが本書である。遠い昔々のことと思っている現代の読者にとっても身近で興味深い話題が満載されている。本書は戦争をはさんだ時代に起きたウォール街の盛衰と痛みを伴う再生を描いた劇的な年代記だ。この時代に生きた最も印象的なトレーダー、銀行家、推進者、詐欺師の人生と運命に焦点を当て、好景気にわいた1920年代の貪欲、残忍さ、見境のない高揚感、1929年の株式市場の大暴落による絶望、そしてそのあとの苦悩を生き生きと描き出している。

ウィザードブックシリーズ 164

電子書籍版あり

チャートで見る 株式市場200年の歴史

マーケットのサイクルとアノマリーを図説解説

ケン・フィッシャー【著】

定価 本体3,800円+税　ISBN:9784775971314

一家に1冊――投資家のための「座右の書」！ バブル・不況・金利・戦争・物価・原油・不動産などの推移がひと目でわかる

ウォール街は、表面的には常に変化している。しかし少し掘り下げれば、ちょっとした出来事や興味深い現象がほぼ毎日起こっては消えていくだけで、本当に重要なことは長い年月を経ても変わらないことがすぐに分かるだろう。実際、今日金融界で起こっていることは歴史のなかで何度も繰り返し起こっており、そのときを基に作成さ れた金融チャートにサイクルやトレンドとしてとらえられている。そこで、これらのチャートを正しく理解すれば、今日のマーケットが今後どのように動いていくかはっきりと分かり、最高の投資判断が下せるようになる。

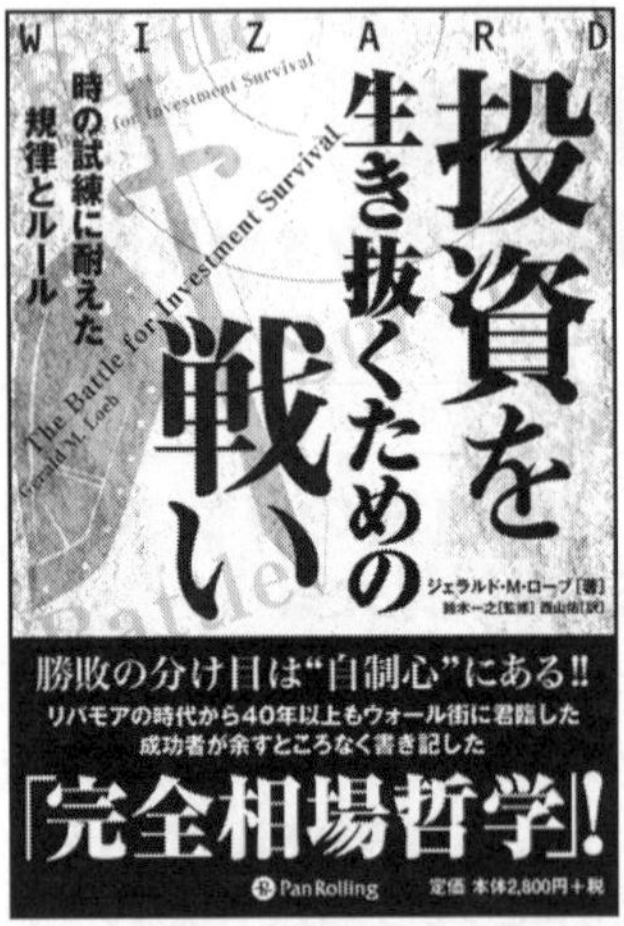

ウィザードブックシリーズ 161

投資を生き抜くための戦い

ジェラルド・M・ローブ【著】

定価 本体2,800円+税　ISBN:9784775971284

電子書籍版あり

マーケットの魔術師たちから愛読されつづける投資のバイブル

勝敗の分け目は"自制心"にある!

リバモアの時代から40年以上もウォール街に君臨した成功者が書き記した「完全相場哲学」!!

本書は、ローブが株式投資に心血を注ぎ、完璧なまでに築き上げた規律と売買ルールの金言集である。彼自身が、戦場ととらえた株式相場の真髄が余すところなく記されている。それは多くの大トレーダーから、投機を始める前に読むべき本として推薦されている。CAN-SLIMで有名なウィリアム・オニールが自著『オニールの空売り練習帖』の巻頭で本書を掲げ、『スペランデオのトレード実践講座』の著者ビクター・スペランデオも本書に高い評価を与えている。

ウィザードブックシリーズ 175

投資家のヨットはどこにある?
プロにだまされないための知恵

フレッド・シュエッド・ジュニア【著】

定価 本体1,800円+税　ISBN:9784775971420

金融業界の人々を痛烈に風刺したウォール街の名作

昔々のものがたり。おのぼりさんの一行が、ニューヨークの金融街を見学させてもらっていた。

一行がウォール街にほど近いバッテリーパークへやって来ると、ガイドのひとりが停泊中のすばらしいヨットの数々を指さして言った。「ごらんください。あそこに並ぶヨットは、みな銀行家やブローカーのものですよ」気のきかない田舎者がこう聞いた。「お客のヨットはどこに?」。このジョークは、投資の世界ではリターンが不確実であるのに対して、コストが確実にあることを的確に象徴したものだ。そして、著者シュエッドが本書で明らかにした金融業界の本質は、今も昔も変わらない。

ウィザードブックシリーズ204

アノマリー投資

市場のサイクルは永遠なり

ジェフリー・A・ハーシュ【著】

定価 本体2,200円+税　ISBN:9784775971710

歴史（マーケット）は何度も何度も繰り返す！知っておくのと知らないのでは大差がつく市場のサイクル

いかなるときでも、株式市場の方向性を予測するのは、不可能とは言えなくとも大変難しいものだ。しかし、市場に明確で予測できる周期的なパターンがあることもまた事実である。例えば歴史的に見ると、株を保有する最高の半年は11月から4月までであり、10月か11月に買って4月か5月に手仕舞えば、利益を増やしつつ、リスクを大幅に減らすことができる。市場について、ほかにどういう重要な教訓が歴史から得られるだろうか？ 投資戦略を最適なものにするために、知っておくべき重要なサイクルやパターンは何だろうか？ 本書でそれを見つけてほしい。

DVD アノマリー投資

2025年の株価サイクル

ジェフリー・A・ハーシュ

定価 本体3,800円+税　ISBN:9784775964408　62分
英語音声・日本語字幕版

**好景気、戦争、インフレと大統領選挙
相場の大転換には、ある周期性があった！**

いつの時代も、株式市場の未来を予測するのは難しい。しかし、市場にトレンドをもたらす出来事や、人の心理・習慣には周期的なパターンがある。ウォール街は時の流れに支配されたリズムに合わせて動いている。HFT（高頻度トレード）やスマートフォンが普及した現代においても、昔ながらの人々の習慣は変わりなく、戦争やインフレ、政治変動は株式市場の値動きに長期的にも短期的にも影響を及ぼすものだ。

今回講師は、サイクルに基づくトレード戦略や投資戦略の中でも、時の試練に耐えてきた驚くほどシンプルな法則について語る。たとえ強気相場でも弱気相場でも、マーケットを支配する大きな流れを理解すれば、市場平均以上のリターンを得る力をつけることができるだろう。

ウィザードブックシリーズ 147

千年投資の公理

売られ過ぎの優良企業を買う

パット・ドーシー【著】

定価 本体2,000円+税　ISBN:9784775971147

1000年たっても有効な永遠不滅のバフェット流投資術！
未曽有の金融危機に最適の投資法！

100年に一度の経済危機は100年に一度の買いの大チャンス！
売られ過ぎた超優良銘柄を探せ！
バフェット流の「堀」を持つ優良企業の発掘法「堀」のある売られ過ぎの優良企業でポートフォリオを埋め尽くそう！

浮かれすぎたバブル期とは反対に、恐慌期や経済危機の時期には人心が冷え切っているために優れた企業も売られ過ぎになり、あとから見たときに絶好の買い場になっている場合が多い。バフェット流の経済的な「堀」のある企業の見つけ方を初心者にも分かるように、平易なやり方で紹介する。

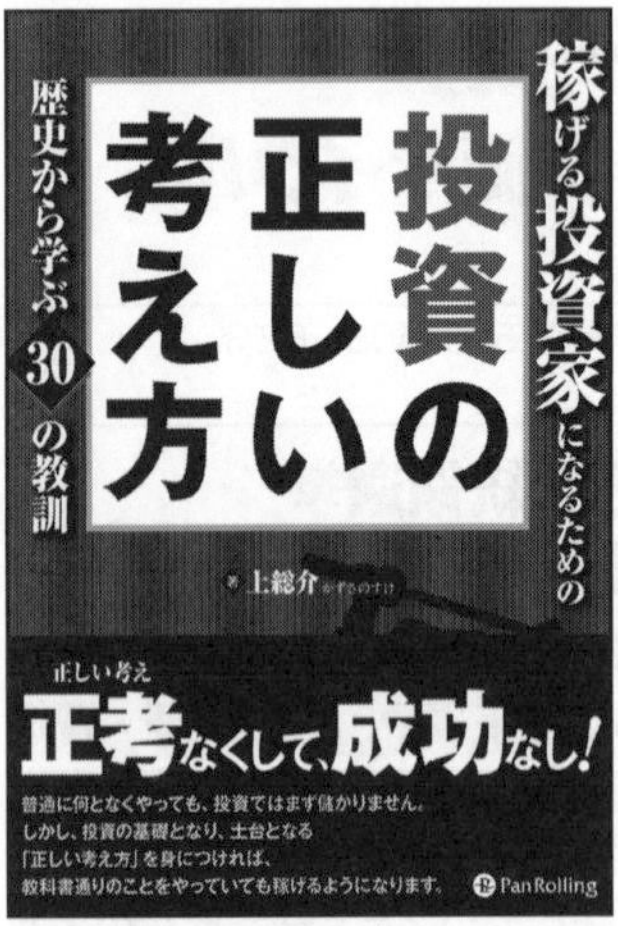

稼げる投資家になるための投資の正しい考え方

上総介（かずさのすけ）【著】

定価 本体1,500円+税　ISBN:9784775991237

投資で真に大切なものとは？
手法なのか？ 資金管理なのか？それとも……

「投資をする（続ける）うえで、真に大切なものは何ですか」と聞かれたら、皆さんはどう答えるだろうか？「手法が大事」「いやいや、やはり資金管理がうまくないと勝てない」と考える人もいる。どれが正しいのかは、人それぞれだと思うが、本書ではあえて、この問いに答えを出す。それは「正しい考えのもとで投資をすること」である。

何事も、土台がしっかりしていなければ、いくら上物を豪華にしても、長くは保ちません。あせらず、ゆっくり、投資の基礎を固めることから始めてみてはどうでしょうか。「正しい考え方」が身につけば、特殊な投資テクニックなどがなくても、投資の基本を忠実に行うことで稼げるようになっていくことだろう。

ウィザードブックシリーズ 136

成長株投資の公理

株で資産を築く8つの法則

ルイス・ナベリア【著】

定価 本体2,200円+税　ISBN:9784775971024

成長株投資で成功する秘訣！
利益を極大化する成長株投資の奥義！

ルイス・ナベリアは現在最も注目されている成長株投資家のひとりである。彼は27年間にわたって成長株投資で目を見張るような利益を手にしてきたほか、市場平均を25%も上回るリターンを投資家に上げさせてきた。ルイス・ナベリアは健全な成長株に投資することによって生計を立ててきた。彼はこの投資法によって経済的な夢を現実のものとしたのである。分かりやすい言葉で書かれたこの本には、ウォール街の証券会社などにはだまされず、今のマーケットで真の富を築く具体的なアプローチが示されている。

ウィザードブックシリーズ 136

市場ベースの経営

価値創造企業コーク・インダストリーズの真実

チャールズ・G・コーク【著】

定価 本体2,800円+税　ISBN:9784775972113

「良い利益」とは、顧客が進んでお金を使い、生活を豊かにする商品やサービスから生まれる！

本書では、およそ60年間にわたるビジネスを通じて、これまで語られることのなかった真実のストーリーをひも解きながら、コークのMBMの5つの要素を紹介していく。どのような規模の企業・業界・組織においても、より多くの良い利益を生みだすために、MBMのフレームワークをどう適用すればよいのかを示していく。リーダー、起業家、学生にとって、あるいはよりフェアで豊かな市民社会を作りたいと思っている人々にとっての必読の書である。史上最高の経営書の1冊であることに間違いなしだ。

ウィザードブックシリーズ 233

完全なる投資家の頭の中
マンガーとバフェットの議事録

トレン・グリフィン【著】

定価 本体2,000円+税　ISBN:9784775972021

当代随一の投資家は人生でも成功者だった！
バフェットのビジネスパートナーの決定版！

バークシャー・ハサウェイの洞察力に満ちた副会長であり、ウォーレン・バフェットの無二のパートナーであるチャーリー・マンガー。本書は、マンガーへのインタビューや彼の講演、文章、投資家への手紙、そして、たくさんのファンドマネジャーやバリュー投資家やビジネス事例史家の話から抽出した要素を再構築して、マンガーの投資戦略に不可欠なステップを明かした初めての試みである。ベンジャミン・グレアムのバリュー投資システムから派生したマンガーの手法は非常に明快で、普通の投資家でもすぐに自分のポートフォリオに応用できる。しかし、本書はただの投資本ではない。これはあなたの人生を助けるメンタルモデルを育んでいくための教えでもあるのだ。

ウィザードブックシリーズ 10

電子書籍版あり　オーディオブックあり

賢明なる投資家
割安株の見つけ方とバリュー投資を成功させる方法

ベンジャミン・グレアム【著】

定価 本体3,800円+税　ISBN:9784939103292

市場低迷の時期こそ、
威力を発揮する「バリュー投資のバイブル」

ウォーレン・バフェットが師と仰ぎ、尊敬したベンジャミン・グレアムが残した「バリュー投資」の最高傑作！　だれも気づいていない将来伸びる「魅力のない二流企業株」や「割安株」の見つけ方を伝授。20世紀の最も偉大な投資アドバイザー、ベンジャミン・グレアムが残した永遠のベストセラー『賢明なる投資家』は、世界中の何十万という人々に読まれ、大きな影響を与えてきた。1949年に初版が上梓されて以来、「バリュー投資」という独自の普遍的な投資原理によって、ベンジャミン・グレアムの著作は常に信頼の厚い投資手引書であり続けている。その投資原理は、投資家たちが重大なミスを犯す可能性から身を守るために一役買い、また彼らが安心して投資を続けられる長期戦略を練るための方法を指南している。